下野新聞模擬テスト過去問題集

志望校決定に
役立つデータ収録！

問題編

令和５年度

10月　1日実施　第198回
11月　5日実施　第199回
12月　3日実施　第200回
1月21日実施　第201回

令和４年度

10月　2日実施　第192回
11月　6日実施　第193回
12月　4日実施　第194回
1月22日実施　第195回

解答・解説編

令和５年度

10月　1日実施　第198回
11月　5日実施　第199回
12月　3日実施　第200回
1月21日実施　第201回

令和４年度

10月　2日実施　第192回
11月　6日実施　第193回
12月　4日実施　第194回
1月22日実施　第195回

解答用紙

2022・2023

[令和7年高校入試受験用]

下野新聞社

受験生の皆さんへ

下野新聞社は高校受験生を応援しています！

下野新聞社は50余年にわたり、高校入試の対策として中学３年生を対象に下野新聞模擬テストを実施しています。下野新聞模擬テストは県内で最も多くの中学生が受験する信頼度の高いテストで、試験結果のデータは志望校を決定するのに役立ち、高い評価を得ています。

平成24年度から下野新聞模擬テストの過去の問題と解答・解説を収録した「下野新聞模擬テスト過去問題集」を発行しています。

本書には、令和４年度と令和５年度に実施した各４回分の問題と解答・解説に加え、前年度実施した第200回下野新聞模擬テストの試験結果のデータも収録しています。総合得点、偏差値、志望校別得点順位などのデータは自分の適性に応じた志望校を選択するのに役立つ資料です。５教科すべての問題が解き終わったら採点をして、試験結果のデータを見ながら自分がどのくらいの位置にいるのかを確認してください。下野偏差値ランキング2024で昨年度の合格者の偏差値も確認してみましょう。

また、解けなかった問題を解答・解説で十分に理解しましょう。自分の苦手な教科や弱点を克服することで志望校合格につながります。間違えた箇所はしっかり復習することが大切です。

受験生の皆さん、早めに学習計画を組み立て志望校合格に向けてがんばりましょう。下野新聞社は高校受験生を応援しています。

CONTENTS
〈目次〉

資料編

問題編

掲載広告

解答・解説編

下野新聞模擬テスト過去問題集

本書の使い方

下野新聞模擬テストは県内の各中学校の学習進度を十分配慮して問題を作成しています。問題を解くにあたり学習進度に合った実施月の問題を解くことをお薦めします。
下記の順番で過去問に取り組み、自分の位置を確認してみましょう。

STEP 1 解答用紙を準備

巻末にある解答用紙を切り取りましょう。拡大コピーすると使いやすくなります。

STEP 2 制限時間で解く

それぞれの制限時間を守って問題を解きましょう。

STEP 3 解答・解説で自己採点

5教科すべての問題が解き終わったら、解答・解説を見ながら採点をして、5教科の合計得点を出しましょう。

STEP 4 参考集計表で自分の位置を確認

得点	偏差値	宇都宮	宇都宮東	宇都宮南	宇都宮
学科名		普通	普通	普通	普通
定員		280	160	320	32
(最高点)		(482)	(451)	(380)	(402
500～491	77.5～77.5				
490～481	75.8～75.8	1			
480～471	74.7～74.5	2			
470～461	74.4～73.4	3			
460～451	73.3～72.2	8	1		
450～441	72.1～71.0	23			
440～431	70.9～69.9	45			
430～421	69.7～68.7	79 Ⓐ			
420～411	68.6～67.5	123			
410～401	67.4～66.4	160 Ⓑ	2		
400～391	66.2～65.2	210	7		
390～381	65.1～64.0	245	11		
380～371	63.9～62.8	276	13	1	

令和5年12月実施の第200回の下野新聞模擬テストの試験結果を参考集計表として掲載しています。合計得点が出たら、同じ実施月の参考集計表にある志望校別得点順位表を使って自分の位置を確認しましょう。

STEP 5 下野偏差値ランキング2024で志望校の偏差値を確認

下野偏差値ランキング2024 合格者50%ライン

参考集計表で確認した自分の志望校偏差値と「下野偏差値ランキング2024」で昨年度の合格者の志望校偏差値を比較しましょう。志望校を決定する目安となります。

※6ページの「下野偏差値ランキング2024」は昨年度の下野新聞模擬テスト受験者を対象に実施した入試結果を基に算出しています。ランキングはその高校に合格した受験生の上位から50%ラインの偏差値で表しています。下野新聞模擬テストを受験して、志望校に対する自分の位置を確認することも大切です。成績表には合格可能性を含め高校受験に必要なデータが収録されています。

STEP 6 苦手な教科や弱点を克服

解けなかった問題を解答・解説で十分に理解しましょう。苦手な教科や弱点を克服することが志望校合格へとつながります。しっかり復習しましょう。

下野偏差値ランキング2024 合格者50%ライン

下野偏差値	栃木県立高校
68	宇都宮(普通)
67	宇都宮女子(普通)
63	石橋(普通)
62	栃木(普通)
61	宇都宮東(普通)　宇都宮中央(普通)
60	栃木女子(普通)
57	宇都宮北(普通)　鹿沼(普通)　足利(普通)　大田原(普通)
55	小山(普通)　真岡(普通)　大田原女子(普通)
54	宇都宮中央(総合家庭)
53	真岡女子(普通)
52	栃木翔南(普通)　佐野(普通)
51	宇都宮工業(建築デザイン)　小山(数理科学)　矢板東(普通)
50	宇都宮南(普通)　宇都宮工業(電気情報システム)　宇都宮商業(商業)　鹿沼東(普通)　佐野東(普通)　黒磯(普通)
49	宇都宮商業(情報処理)　小山西(普通)
48	宇都宮工業(機械システム)
47	宇都宮白楊(食品科学)　那須拓陽(普通)　さくら清修(総合学科)
46	宇都宮白楊(生物工学)　宇都宮白楊(流通経済)　今市(総合学科)　茂木(総合学科)
45	宇都宮白楊(服飾デザイン)　栃木商業(商業)　那須清峰(電気情報)
44	宇都宮白楊(農業経営)　宇都宮白楊(情報技術)　宇都宮工業(環境建設システム)　小山城南(総合学科)　栃木工業(電子情報)　栃木商業(情報処理)　佐野松桜(商業)　足利清風(普通)
43	那須拓陽(食品化学)　那須拓陽(食物文化)　黒磯南(総合学科)
42	宇都宮清陵(普通)　上三川(普通)　足利工業(産業デザイン)　真岡工業(電子)
41	宇都宮白楊(農業工学)　鹿沼商工(情報科学)　鹿沼商工(商業)　栃木工業(電気)　壬生(普通)　佐野松桜(介護福祉)　烏山(普通)　那須清峰(商業)
40	栃木工業(機械)　佐野松桜(家政)　真岡工業(機械)　那須拓陽(生物工学)　那須清峰(機械)　那須清峰(機械制御)
39	栃木農業(動物科学)　佐野松桜(情報制御)　足利清風(商業)　真岡北陵(食品科学)　真岡北陵(総合ビジネス)　那須拓陽(農業経営)
38	鹿沼南(ライフデザイン)　小山南(普通)　足利工業(電気システム)　足利工業(機械)　真岡工業(生産機械)　真岡工業(建設)　益子芳星(普通)　那須清峰(建設工学)　矢板(介護福祉)
37	鹿沼南(普通)　今市工業(電気)　今市工業(建設工学)　小山北桜(生活文化)　栃木農業(食品科学)　足利南(総合学科)　真岡北陵(生物生産)　真岡北陵(介護福祉)　黒羽(普通)　矢板(栄養食物)　高根沢(普通)
36	今市工業(機械)　小山北桜(総合ビジネス)　高根沢(商業)
35	鹿沼南(食料生産)　小山南(スポーツ)　小山北桜(建築システム)　真岡北陵(農業機械)　矢板(機械)　矢板(電子)
34	鹿沼南(環境緑地)　日光明峰(普通)　小山北桜(食料環境)　栃木農業(植物科学)　栃木農業(環境デザイン)　矢板(農業経営)
32	馬頭(水産)　那須(普通)
31	馬頭(普通)
30	那須(リゾート観光)

■下野偏差値は、昨年度の下野新聞模擬テスト受験者を対象に実施した入試結果調査を基に算出しています。
■ランキングはその高校に合格した受験生の上位から50%ラインの偏差値で表しています。一つの指標としてください。
■この偏差値は昨年度のものです。今年度の下野新聞模擬テストを実際に受験することにより、正確なあなたの志望校選定データが提供されます。

下野偏差値	栃木県内私立高校・国立
69	作新学院(トップ英進SIクラス)
67	文星芸大附(英進Ⅰ類) 佐野日大(特進α)
65	作新学院(トップ英進SⅡクラス) 宇都宮短大附(特別選抜)
62	國學院栃木(特別選抜S)
61	小山高専(物質工学) 小山高専(電気電子創造工学)
60	小山高専(機械工学) 小山高専(建築) 作新学院(英進・英進選抜) 文星芸大附(英進Ⅱ類) 白鷗大学足利(特別進学S)
58	宇都宮文星女子(秀英特進〈英語留学〉) 宇都宮短大附(特進) 佐野日大(特別進学)
57	宇都宮文星女子(秀英特進)
55	白鷗大学足利(特別進学) 國學院栃木(特別選抜)
54	作新学院(英進・英進クラス) 矢板中央(特進)
51	作新学院(総合進学・特別進学) 宇都宮短大附(進学) 佐野日大(スーパー進学)
50	星の杜(普通〈進学〉)
49	國學院栃木(選抜)
48	文星芸大附(進学) 宇都宮文星女子(普通〈選抜進学〉)
47	佐野日大(N進学)
46	足利短大附(普通) 白鷗大学足利(進学)
45	宇都宮短大附(応用文理)
44	作新学院(総合進学・進学) 宇都宮短大附(音楽) 足利大附(普通) 國學院栃木(文理)
43	作新学院(美術デザイン)
42	作新学院(電気電子システム) 宇都宮短大附(情報商業)
41	作新学院(商業システム) 文星芸大附(美術デザイン) 宇都宮文星女子(普通〈美術デザイン〉) 宇都宮短大附(生活教養〈女〉) 宇都宮短大附(調理) 白鷗大学足利(総合進学)
40	矢板中央(普通)
39	作新学院(ライフデザイン) 作新学院(自動車整備士養成) 宇都宮文星女子(普通〈文理探究〉) 足利大附(情報処理)
38	作新学院(普通科総合選択) 文星芸大附(総合)
37	宇都宮文星女子(総合ビジネス〈ICT〉) 足利大附(工業) 矢板中央(スポーツ)
36	足利大附(自動車) 青藍泰斗(普通) 青藍泰斗(総合ビジネス)
35	文星芸大附(総合ビジネス) 宇都宮文星女子(総合ビジネス〈会計・流通〉) 佐野清澄(生活デザイン) 佐野清澄(普通) 青藍泰斗(総合生活〈女〉)

高校入試中サポ講座

合格への近道

下野新聞は、過去40年以上にわたり高校進学を目指す中学生の進学指導を行っており、教育関係者の方々より高い評価を得ています。4月から土曜日と日曜日の週2回、11月からは月・水・金・土・日曜日の週5回**「高校入試中サポ講座」**を新聞紙上に掲載しています。
学校の授業内容と並行して出題される問題を通じ、実力アップを図ってください。

下野新聞社キャラクター「どっとこちゃん」

令和6年度 日程・出題内容一覧表

下野新聞紙上で連載中!

◆国語・社会・数学・理科・英語各25回ずつ掲載。基礎からしっかり学べます。

回＼教科	国語	社会	数学	理科	英語
1	4/6(土) 説明的文章、漢字	4/7(日) 地球の姿をとらえよう	4/13(土) 正の数・負の数	4/14(日) 植物の特徴と分類	4/20(土) be動詞(現在、過去)
2	4/21(日) 説明的文章、漢字	4/27(土) 文明のおこりと日本の成り立ち、古代国家の歩みと東アジアの世界	4/28(日) 文字式と式の計算	5/4(土) 動物の特徴と分類	5/5(日) 一般動詞(現在、過去)
3	5/11(土) 文学的文章(小説)、漢字	5/12(日) 日本の姿をとらえよう	5/18(土) 1次方程式とその利用	5/19(日) いろいろな物質、気体の発生と性質	5/25(土) 進行形
4	5/26(日) 説明的文章、漢字	6/1(土) 中世社会の展開と東アジアの情勢、世界の動きと天下統一	6/2(日) 比例と反比例	6/8(土) 水溶液、物質の状態変化	6/9(日) 助動詞、未来表現
5	6/15(土) 古文、小問	6/16(日) 人々の生活と環境	6/22(土) 平面図形と空間図形	6/23(日) 光による現象、音による現象	6/29(土) 名詞、代名詞、冠詞
6	6/30(日) 文学的文章(随筆)、漢字	7/6(土) 近世社会の発展、近代ヨーロッパの世界支配と日本の開国	7/7(日) 連立方程式の基礎	7/13(土) 力による現象	7/14(日) 形容詞、副詞
7	7/20(土) 文学的文章(小説)、漢字	7/21(日) 世界の国々を調べよう	7/27(土) 連立方程式の利用	7/28(日) 火山、地震	8/3(土) 比較
8	8/4(日) 説明的文章、漢字	8/10(土) 近代日本の歩み	8/11(日) 1次関数の基礎	8/17(土) 地層、大地の変動	8/18(日) いろいろな文(命令文、There is～など)
9	8/24(土) 俳句・短歌(和歌)	8/25(日) 世界から見た日本の姿	8/31(土) 1次関数の応用	9/1(日) 物質の成り立ち、さまざまな化学変化	9/7(土) いろいろな疑問文
10	9/8(日) 説明的文章、漢字	9/14(土) 現代社会とわたしたちの生活	9/15(日) 平行と合同 ※反例追加	9/21(土) 化学変化と物質の質量の規則性	9/22(日) 不定詞(1)
11	9/28(土) 文学的文章(随筆)、漢字	9/29(日) 二度の世界大戦と日本、現代の日本と世界	10/5(土) 三角形	10/6(日) 生物の体をつくる細胞、植物の体のつくりとはたらき	10/12(土) 不定詞(2)、動名詞(1)
12	10/13(日) 説明的文章、漢字	10/19(土) 都道府県を調べよう	10/20(日) 平行四辺形	10/26(土) 動物の体のつくりとはたらき、感覚と運動のしくみ	10/27(日) 1・2年の総復習
13	11/1(金) 古文、小問	11/2(土) 人間の尊重と日本国憲法	11/3(日) データの活用と確率 ※箱ひげ図追加	11/4(月) 地球の大気と天気の変化	11/6(水) 受け身
14	11/8(金) 説明的文章、漢字、敬語	11/9(土) 歴史のまとめ(古代～平安時代)	11/10(日) 展開と因数分解	11/13(水) 電流の性質	11/15(金) 現在完了(1)
15	11/16(土) 文学的文章(小説)、漢字	11/17(日) 世界地理のまとめ	11/18(月) 平方根	11/20(水) 電流の正体、電流と磁界	11/22(金) 現在完了(2)、現在完了進行形
16	11/23(土) 説明的文章、漢字	11/24(日) 現代の民主政治と社会	11/25(月) 2次方程式とその利用	11/27(水) 生命の連続性 ※多様性と進化追加	11/29(金) 前置詞、接続詞、連語
17	11/30(土) 古文	12/1(日) 歴史のまとめ(鎌倉～江戸時代)	12/2(月) 関数$y=ax^2$	12/4(水) 力と物体の運動 ※水圧、浮力追加	12/6(金) いろいろな会話(1)、原形不定詞
18	12/7(土) 説明的文章、漢字	12/8(日) 日本地理のまとめ	12/11(水) 関数$y=ax^2$の応用	12/13(金) 仕事とエネルギー	12/14(土) 関係代名詞
19	12/15(日) 文学的文章(小説)、漢字	12/16(月) わたしたちの暮らしと経済	12/18(水) 図形と相似の基礎 ※誤差と有効数字追加	12/20(金) 水溶液とイオン	12/21(土) 分詞、動名詞(2)
20	12/22(日) 文学的文章(随筆)、漢字	12/23(月) 歴史のまとめ(明治時代～現代)	12/25(水) 図形と相似の応用	1/6(月) 酸・アルカリと塩	1/8(水) 間接疑問文
21	1/10(金) 小問、古典総合	1/11(土) 地球社会とわたしたち	1/12(日) 円、三平方の定理の基礎	1/13(月) 地球の運動と天体の動き	1/15(水) いろいろな会話(2)
22	1/17(金) 作文	1/18(土) 地理分野の総合	1/19(日) 三平方の定理の応用	1/20(月) 太陽系の天体、恒星の世界	1/22(水) 仮定法
23	1/24(金) 小問、古文	1/25(土) 公民のまとめ(政治)	1/26(日) 図形の総合問題	1/27(月) 自然と人間	1/29(水) 総合問題(Ⅰ)
24	1/31(金) 説明的文章総合	2/1(土) 歴史分野の総合	2/2(日) 数式と規則性の総合問題	2/3(月) 総合問題(1)	2/5(水) 総合問題(Ⅱ)
25	2/7(金) 文学的文章(小説)総合	2/8(土) 公民のまとめ(経済)	2/9(日) 関数の総合問題	2/10(月) 総合問題(2)	2/12(水) 総合問題(Ⅲ)

※新聞休刊日の変更や紙面の都合上、掲載日程や内容が変わる場合がございます。

参考集計表

第200回 下野新聞模擬テスト
(令和5年12月3日実施)

科目	国語	社会	数学	理科	英語	合計
平均点	65.9	53.2	46.1	49.3	46.5	261.1

◎総合・男女別分布表&順位表
◎教科別得点分布表&%表
◎総合得点・偏差値・順位早見表
◎教科別得点・偏差値・順位早見表
◎志望校別得点順位表

◎全日制高校の普通科および総合学科の受験者数には学区外の受験者数が含まれております。
◎志望校別得点順位表は第一志望者の順位です。
◎偏差値は次の公式を用いて算出しています。
(小数点第1位を四捨五入)

$$偏差値=\frac{(個人の得点-平均点)\times 10}{標準偏差}+50$$

●この集計表の栃木県内の県立高校・私立高校の募集定員は令和5年度募集定員見込みに基づいて作成しました。
●県外高校につきましては、一部前年度募集定員を適用しております。予めご了承ください。

第200回 下野新聞模擬テスト

総合・男女別分布表＆順位表

得点	総合		男子		女子	
	人員	順位	人員	順位	人員	順位
500～496	1	1			1	1
495～491						
490～486						
485～481	1	2	1	1		
480～476						
475～471	3	3	2	2	1	2
470～466	2	6	1	4	1	3
465～461	6	8	4	5	2	4
460～456	12	14	5	9	7	6
455～451	15	26	12	14	3	13
450～446	21	41	18	26	3	16
445～441	14	62	7	44	7	19
440～436	29	76	19	51	10	26
435～431	39	105	17	70	22	36
430～426	41	144	27	87	14	58
425～421	53	185	37	114	16	72
420～416	60	238	33	151	27	88
415～411	53	298	26	184	27	115
410～406	65	351	41	210	24	142
405～401	80	416	41	251	39	166
400～396	66	496	38	292	28	205
395～391	81	562	47	330	34	233
390～386	90	643	42	377	48	267
385～381	105	733	57	419	48	315
380～376	104	838	58	476	46	363
375～371	108	942	55	534	53	409
370～366	136	1050	76	589	60	462
365～361	122	1186	57	665	65	522
360～356	116	1308	52	722	64	587
355～351	145	1424	67	774	78	651
350～346	163	1569	80	841	83	729
345～341	147	1732	76	921	71	812
340～336	164	1879	75	997	89	883
335～331	155	2043	86	1072	69	972
330～326	163	2198	80	1158	83	1041
325～321	161	2361	84	1238	77	1124
320～316	177	2522	83	1322	94	1201
315～311	180	2699	71	1405	109	1295
310～306	157	2879	77	1476	80	1404
305～301	178	3036	86	1553	92	1484
300～296	196	3214	98	1639	98	1576
295～291	200	3410	87	1737	113	1674
290～286	204	3610	109	1824	95	1787
285～281	196	3814	103	1933	93	1882
280～276	205	4010	96	2036	109	1975
275～271	207	4215	108	2132	99	2084
270～266	191	4422	88	2240	103	2183
265～261	182	4613	92	2328	90	2286
260～256	177	4795	87	2420	90	2376
255～251	196	4972	91	2507	105	2466

得点	総合		男子		女子	
	人員	順位	人員	順位	人員	順位
250～246	194	5168	92	2598	102	2571
245～241	207	5362	97	2690	110	2673
240～236	190	5569	94	2787	96	2783
235～231	196	5759	103	2881	93	2879
230～226	195	5955	97	2984	98	2972
225～221	178	6150	80	3081	98	3070
220～216	209	6328	107	3161	102	3168
215～211	168	6537	87	3268	81	3270
210～206	151	6705	61	3355	90	3351
205～201	167	6856	81	3416	86	3441
200～196	157	7023	87	3497	70	3527
195～191	181	7180	104	3584	77	3597
190～186	153	7361	75	3688	78	3674
185～181	135	7514	74	3763	61	3752
180～176	144	7649	72	3837	72	3813
175～171	144	7793	76	3909	68	3885
170～166	137	7937	80	3985	57	3953
165～161	125	8074	65	4065	60	4010
160～156	137	8199	71	4130	66	4070
155～151	132	8336	81	4201	51	4136
150～146	101	8468	50	4282	51	4187
145～141	101	8569	54	4332	47	4238
140～136	89	8670	47	4386	42	4285
135～131	98	8759	64	4433	34	4327
130～126	73	8857	44	4497	29	4361
125～121	83	8930	56	4541	27	4390
120～116	77	9013	50	4597	27	4417
115～111	67	9090	40	4647	27	4444
110～106	53	9157	33	4687	20	4471
105～101	60	9210	37	4720	23	4491
100～ 96	41	9270	26	4757	15	4514
95～ 91	33	9311	21	4783	12	4529
90～ 86	31	9344	22	4804	9	4541
85～ 81	23	9375	17	4826	6	4550
80～ 76	32	9398	26	4843	6	4556
75～ 71	20	9430	12	4869	8	4562
70～ 66	7	9450	3	4881	4	4570
65～ 61	12	9457	10	4884	2	4574
60～ 56	11	9469	8	4894	3	4576
55～ 51	7	9480	5	4902	2	4579
50～ 46	2	9487	1	4907	1	4581
45～ 41	3	9489	3	4908		
40～ 36	1	9492			1	4582
35～ 31	4	9493	3	4911	1	4583
30～ 26						
25 以下						
合計	9496		4913		4583	

第200回 下野新聞模擬テスト

教科別得点分布表＆%表

得点	国語 人員	国語 %	社会 人員	社会 %	数学 人員	数学 %	理科 人員	理科 %	英語 人員	英語 %
100			4	0.04	11	0.12	3	0.03	2	0.02
99					1	0.01				
98	1	0.01	7	0.07	11	0.12	2	0.02	9	0.09
97					5	0.05	2	0.02	3	0.03
96	3	0.03	29	0.31	22	0.23	6	0.06	19	0.20
95					9	0.09	6	0.06	16	0.17
94	5	0.05	43	0.45	26	0.27	10	0.11	18	0.19
93	3	0.03			18	0.19	9	0.09	34	0.36
92	23	0.24	57	0.60	32	0.34	14	0.15	22	0.23
91	18	0.19			25	0.26	19	0.20	28	0.29
90	48	0.50	71	0.75	26	0.27	30	0.32	50	0.53
89	48	0.50			32	0.34	21	0.22	48	0.51
88	74	0.78	105	1.10	20	0.21	40	0.42	47	0.49
87	81	0.85			49	0.52	25	0.26	49	0.52
86	93	0.98	107	1.13	28	0.29	36	0.38	55	0.58
85	141	1.48			38	0.40	49	0.52	44	0.46
84	141	1.48	145	1.53	33	0.35	52	0.55	54	0.57
83	170	1.79			52	0.55	51	0.54	79	0.83
82	177	1.86	174	1.83	68	0.72	69	0.73	74	0.78
81	234	2.46			47	0.49	69	0.73	64	0.67
80	217	2.28	172	1.81	54	0.57	63	0.66	74	0.78
79	282	2.97			48	0.50	85	0.89	75	0.79
78	252	2.65	208	2.19	40	0.42	92	0.97	78	0.82
77	292	3.07			62	0.65	104	1.09	86	0.91
76	277	2.91	216	2.27	70	0.74	98	1.03	87	0.92
75	281	2.96			84	0.88	93	0.98	118	1.24
74	291	3.06	244	2.57	69	0.73	96	1.01	84	0.88
73	288	3.03			88	0.93	124	1.31	92	0.97
72	302	3.18	277	2.91	88	0.93	147	1.55	96	1.01
71	287	3.02			110	1.16	109	1.15	88	0.93
70	291	3.06	277	2.91	88	0.93	153	1.61	82	0.86
69	308	3.24			92	0.97	111	1.17	108	1.14
68	280	2.95	307	3.23	98	1.03	126	1.33	94	0.99
67	256	2.69			97	1.02	141	1.48	125	1.32
66	262	2.76	317	3.34	105	1.10	141	1.48	93	0.98
65	246	2.59			114	1.20	146	1.54	110	1.16
64	259	2.72	321	3.38	117	1.23	165	1.74	91	0.96
63	235	2.47			111	1.17	150	1.58	115	1.21
62	243	2.56	352	3.70	133	1.40	147	1.55	116	1.22
61	234	2.46			139	1.46	173	1.82	97	1.02
60	207	2.18	332	3.49	113	1.19	147	1.55	114	1.20
59	189	1.99			144	1.51	193	2.03	123	1.30
58	164	1.73	333	3.50	145	1.53	146	1.54	118	1.24
57	163	1.71			157	1.65	166	1.75	131	1.38
56	147	1.55	316	3.32	134	1.41	162	1.71	114	1.20
55	161	1.69			182	1.91	161	1.70	117	1.23
54	147	1.55	343	3.61	167	1.76	175	1.84	135	1.42
53	135	1.42			192	2.02	185	1.95	121	1.27
52	120	1.26	329	3.46	164	1.73	168	1.77	128	1.35
51	129	1.36			179	1.88	148	1.56	132	1.39
50	94	0.99	390	4.10	188	1.98	164	1.73	127	1.34
49	102	1.07			187	1.97	181	1.91	139	1.46
48	109	1.15	337	3.55	187	1.97	153	1.61	131	1.38
47	77	0.81			185	1.95	160	1.68	148	1.56
46	75	0.79	346	3.64	194	2.04	201	2.12	149	1.57
45	83	0.87			181	1.90	159	1.67	147	1.55
44	80	0.84	312	3.28	170	1.79	176	1.85	157	1.65
43	54	0.57			185	1.95	156	1.64	143	1.51
42	56	0.59	344	3.62	168	1.77	168	1.77	141	1.48
41	47	0.49			168	1.77	156	1.64	157	1.65
40	56	0.59	313	3.29	151	1.59	132	1.39	153	1.61
39	31	0.33			165	1.74	152	1.60	131	1.38
38	44	0.46	297	3.13	156	1.64	129	1.36	151	1.59
37	30	0.32			129	1.36	150	1.58	160	1.68
36	40	0.42	257	2.70	150	1.58	139	1.46	157	1.65
35	38	0.40			148	1.56	123	1.30	151	1.59
34	34	0.36	263	2.77	144	1.51	135	1.42	177	1.86
33	33	0.35			129	1.36	127	1.34	167	1.76
32	26	0.27	251	2.64	138	1.45	122	1.28	152	1.60
31	21	0.22			110	1.16	142	1.50	146	1.54
30	20	0.21	218	2.29	126	1.33	105	1.11	184	1.94
29	20	0.21			119	1.25	105	1.11	185	1.95
28	20	0.21	215	2.26	127	1.34	112	1.18	183	1.93
27	7	0.07			125	1.32	130	1.37	164	1.73
26	17	0.18	190	2.00	106	1.12	101	1.06	155	1.63
25	10	0.11			132	1.39	99	1.04	167	1.76
24	8	0.08	164	1.73	113	1.19	85	0.89	154	1.62
23	6	0.06			104	1.09	106	1.12	135	1.42
22	13	0.14	129	1.36	126	1.33	73	0.77	143	1.51
21	7	0.07			114	1.20	74	0.78	154	1.62
20	4	0.04	111	1.17	97	1.02	97	1.02	132	1.39
19	5	0.05			97	1.02	78	0.82	132	1.39
18	3	0.03	92	0.97	74	0.78	71	0.75	97	1.02
17	7	0.07			87	0.92	74	0.78	106	1.12
16	3	0.03	63	0.66	84	0.88	61	0.64	112	1.18
15	5	0.05			70	0.74	63	0.66	71	0.75
14	2	0.02	64	0.67	78	0.82	60	0.63	63	0.66
13	4	0.04			64	0.67	62	0.65	70	0.74
12	4	0.04	33	0.35	80	0.84	54	0.57	58	0.61
11	2	0.02			42	0.44	50	0.53	48	0.51
10			15	0.16	75	0.79	36	0.38	40	0.42
9	1	0.01			33	0.35	34	0.36	16	0.17
8	2	0.02	8	0.08	68	0.72	31	0.33	34	0.36
7					26	0.27	19	0.20	17	0.18
6			3	0.03	57	0.60	26	0.27	18	0.19
5	1	0.01			8	0.08	13	0.14	4	0.04
4	1	0.01	1	0.01	50	0.53	15	0.16	12	0.13
3					4	0.04	2	0.02		
2			2	0.02	38	0.40	8	0.08	1	0.01
1										
0					11	0.12	1	0.01	2	0.02
総計	9507		9504		9505		9498		9498	

第200回 下野新聞模擬テスト

総合得点・偏差値・順位早見表

得点	偏差値	同点者数	順位
500			
499			
498			
497			
496	78	1	1
495			
494			
493			
492			
491			
490			
489			
488			
487			
486			
485			
484			
483			
482	76	1	2
481			
480			
479			
478			
477			
476			
475			
474			
473			
472	75	2	3
471	75	1	5
470	74	1	6
469			
468			
467			
466	74	1	7
465	74	3	8
464			
463	74	1	11
462			
461	73	2	12
460	73	1	14
459	73	2	15
458	73	3	17
457	73	2	20
456	73	4	22
455	73	4	26
454	73	5	30
453			
452	72	1	35
451	72	5	36
		40	

得点	偏差値	同点者数	順位
450	72	2	41
449	72	5	43
448	72	7	48
447	72	5	55
446	72	2	60
445	72	3	62
444			
443	71	6	65
442	71	3	71
441	71	2	74
440	71	10	76
439	71	9	86
438	71	2	95
437	71	4	97
436	70	4	101
435	70	5	105
434	70	8	110
433	70	6	118
432	70	12	124
431	70	8	136
430	70	7	144
429	70	9	151
428	70	7	160
427	69	7	167
426	69	11	174
425	69	11	185
424	69	11	196
423	69	10	207
422	69	9	217
421	69	12	226
420	69	13	238
419	69	13	251
418	68	6	264
417	68	12	270
416	68	16	282
415	68	9	298
414	68	12	307
413	68	9	319
412	68	11	328
411	68	12	339
410	67	14	351
409	67	7	365
408	67	9	372
407	67	13	381
406	67	22	394
405	67	12	416
404	67	14	428
403	67	21	442
402	67	19	463
401	66	14	482
		455	

得点	偏差値	同点者数	順位
400	66	12	496
399	66	15	508
398	66	14	523
397	66	15	537
396	66	10	552
395	66	10	562
394	66	18	572
393	65	14	590
392	65	17	604
391	65	22	621
390	65	20	643
389	65	27	663
388	65	9	690
387	65	22	699
386	65	12	721
385	65	22	733
384	64	19	755
383	64	25	774
382	64	20	799
381	64	19	819
380	64	18	838
379	64	19	856
378	64	24	875
377	64	23	899
376	63	20	922
375	63	20	942
374	63	27	962
373	63	18	989
372	63	18	1007
371	63	25	1025
370	63	34	1050
369	63	21	1084
368	63	23	1105
367	62	35	1128
366	62	23	1163
365	62	22	1186
364	62	25	1208
363	62	31	1233
362	62	19	1264
361	62	25	1283
360	62	23	1308
359	61	23	1331
358	61	18	1354
357	61	29	1372
356	61	23	1401
355	61	27	1424
354	61	30	1451
353	61	29	1481
352	61	29	1510
351	61	30	1539
		1073	

得点	偏差値	同点者数	順位
350	60	26	1569
349	60	33	1595
348	60	41	1628
347	60	31	1669
346	60	32	1700
345	60	40	1732
344	60	23	1772
343	60	22	1795
342	60	25	1817
341	59	37	1842
340	59	26	1879
339	59	40	1905
338	59	28	1945
337	59	34	1973
336	59	36	2007
335	59	28	2043
334	59	28	2071
333	58	33	2099
332	58	32	2132
331	58	34	2164
330	58	35	2198
329	58	27	2233
328	58	41	2260
327	58	29	2301
326	58	31	2330
325	58	33	2361
324	57	31	2394
323	57	37	2425
322	57	27	2462
321	57	33	2489
320	57	37	2522
319	57	33	2559
318	57	32	2592
317	57	35	2624
316	56	40	2659
315	56	35	2699
314	56	31	2734
313	56	27	2765
312	56	42	2792
311	56	45	2834
310	56	36	2879
309	56	38	2915
308	56	16	2953
307	55	40	2969
306	55	27	3009
305	55	41	3036
304	55	42	3077
303	55	27	3119
302	55	34	3146
301	55	34	3180
		1645	

得点	偏差値	同点者数	順位
300	55	38	3214
299	54	31	3252
298	54	39	3283
297	54	54	3322
296	54	34	3376
295	54	35	3410
294	54	32	3445
293	54	34	3477
292	54	50	3511
291	54	49	3561
290	53	44	3610
289	53	38	3654
288	53	41	3692
287	53	45	3733
286	53	36	3778
285	53	38	3814
284	53	33	3852
283	53	43	3885
282	52	50	3928
281	52	32	3978
280	52	37	4010
279	52	43	4047
278	52	45	4090
277	52	45	4135
276	52	35	4180
275	52	49	4215
274	52	39	4264
273	51	42	4303
272	51	44	4345
271	51	33	4389
270	51	29	4422
269	51	43	4451
268	51	46	4494
267	51	38	4540
266	51	35	4578
265	51	35	4613
264	50	32	4648
263	50	34	4680
262	50	44	4714
261	50	37	4758
260	50	34	4795
259	50	40	4829
258	50	39	4869
257	50	34	4908
256	49	30	4942
255	49	47	4972
254	49	33	5019
253	49	46	5052
252	49	37	5098
251	49	33	5135
		1954	

得点	偏差値	同点者数	順位
250	49	36	5168
249	49	47	5204
248	49	34	5251
247	48	33	5285
246	48	44	5318
245	48	35	5362
244	48	41	5397
243	48	43	5438
242	48	40	5481
241	48	48	5521
240	48	42	5569
239	47	30	5611
238	47	36	5641
237	47	38	5677
236	47	44	5715
235	47	47	5759
234	47	37	5806
233	47	36	5843
232	47	40	5879
231	47	36	5919
230	46	36	5955
229	46	31	5991
228	46	39	6022
227	46	52	6061
226	46	37	6113
225	46	40	6150
224	46	43	6190
223	46	26	6233
222	45	33	6259
221	45	36	6292
220	45	46	6328
219	45	46	6374
218	45	47	6420
217	45	38	6467
216	45	32	6505
215	45	36	6537
214	45	35	6573
213	44	30	6608
212	44	37	6638
211	44	30	6675
210	44	33	6705
209	44	25	6738
208	44	35	6763
207	44	31	6798
206	44	27	6829
205	43	40	6856
204	43	36	6896
203	43	31	6932
202	43	30	6963
201	43	30	6993
		1855	

得点	偏差値	同点者数	順位
200	43	31	7023
199	43	23	7054
198	43	31	7077
197	43	35	7108
196	42	37	7143
195	42	46	7180
194	42	29	7226
193	42	39	7255
192	42	33	7294
191	42	34	7327
190	42	30	7361
189	42	25	7391
188	42	23	7416
187	41	38	7439
186	41	37	7477
185	41	31	7514
184	41	25	7545
183	41	23	7570
182	41	27	7593
181	41	29	7620
180	41	25	7649
179	40	16	7674
178	40	37	7690
177	40	38	7727
176	40	28	7765
175	40	31	7793
174	40	33	7824
173	40	30	7857
172	40	27	7887
171	40	23	7914
170	39	25	7937
169	39	31	7962
168	39	30	7993
167	39	25	8023
166	39	26	8048
165	39	16	8074
164	39	33	8090
163	39	32	8123
162	38	25	8155
161	38	19	8180
160	38	16	8199
159	38	38	8215
158	38	23	8253
157	38	36	8276
156	38	24	8312
155	38	23	8336
154	38	31	8359
153	37	29	8390
152	37	24	8419
151	37	25	8443
		1445	

得点	偏差値	同点者数	順位
150	37	19	8468
149	37	21	8487
148	37	19	8508
147	37	24	8527
146	37	18	8551
145	36	20	8569
144	36	18	8589
143	36	26	8607
142	36	16	8633
141	36	21	8649
140	36	19	8670
139	36	16	8689
138	36	24	8705
137	36	11	8729
136	35	19	8740
135	35	15	8759
134	35	20	8774
133	35	22	8794
132	35	21	8816
131	35	20	8837
130	35	12	8857
129	35	15	8869
128	34	14	8884
127	34	17	8898
126	34	15	8915
125	34	13	8930
124	34	18	8943
123	34	16	8961
122	34	20	8977
121	34	16	8997
120	34	18	9013
119	33	23	9031
118	33	12	9054
117	33	13	9066
116	33	11	9079
115	33	10	9090
114	33	10	9100
113	33	17	9110
112	33	19	9127
111	33	11	9146
110	32	5	9157
109	32	11	9162
108	32	11	9173
107	32	14	9184
106	32	12	9198
105	32	15	9210
104	32	8	9225
103	32	14	9233
102	31	10	9247
101	31	13	9257
		802	

得点	偏差値	同点者数	順位
100	31	11	9270
99	31	8	9281
98	31	14	9289
97	31	4	9303
96	31	4	9307
95	31	5	9311
94	31	10	9316
93	30	7	9326
92	30	7	9333
91	30	4	9340
90	30	6	9344
89	30	6	9350
88	30	7	9356
87	30	8	9363
86	30	4	9371
85	29	10	9375
84	29	5	9385
83	29	3	9390
82	29	2	9393
81	29	3	9395
80	29	8	9398
79	29	4	9406
78	29	6	9410
77	29	7	9416
76	28	7	9423
75	28	5	9430
74	28	3	9435
73	28	5	9438
72	28	3	9443
71	28	4	9446
70	28	2	9450
69			
68			
67	27	2	9452
66	27	3	9454
65	27	2	9457
64	27	3	9459
63	27	3	9462
62	27	1	9465
61	27	3	9466
60	27	1	9469
59	26	3	9470
58	26	5	9473
57	26	1	9478
56	26	1	9479
55	26	2	9480
54	26	2	9482
53			
52	26	1	9484
51	25	2	9485
		217	

得点	偏差値	同点者数	順位	得点	偏差値	同点者数	順位	得点	偏差値	同点者数	順位
50											
49	25	2	9487								
48											
47											
46											
45	25	2	9489								
44											
43											
42											
41	24	1	9491								
40											
39											
38	24	1	9492								
37											
36											
35	24	1	9493								
34	24	1	9494								
33	23	1	9495								
32											
31	23	1	9496								
30											
29											
28											
27											
26											
25											
24											
23											
22											
21											
20											
19											
18											
17											
16											
15											
14											
13											
12											
11											
10											
9											
8											
7											
6											
5											
4											
3											
2											
1											
0											
		10									

第200回 下野新聞模擬テスト

教科別得点・偏差値・順位早見表

得点	国語			社会			数学			理科			英語		
	偏差値	同点者数	順位	偏差値	同点者数	順位	偏差値	同点者数	順位	偏差値	同点者数	順位	偏差値	同点者数	順位
100				75	4	1	76	11	1	76	3	1	75	2	1
99							76	1	12						
98	73	1	1	74	7	5	75	11	13	75	2	4	74	9	3
97							75	5	24	74	2	6	74	3	12
96	72	3	2	73	29	12	74	22	29	74	6	8	73	19	15
95							74	9	51	73	6	14	73	16	34
94	70	5	5	72	43	41	73	26	60	73	10	20	72	18	50
93	69	3	10				73	18	86	72	9	30	72	34	68
92	69	23	13	71	57	84	72	32	104	72	14	39	71	22	102
91	68	18	36				72	25	136	71	19	53	71	28	124
90	67	48	54	69	71	141	71	26	161	71	30	72	70	50	152
89	67	48	102				71	32	187	70	21	102	70	48	202
88	66	74	150	68	105	212	70	20	219	70	40	123	69	47	250
87	65	81	224				70	49	239	69	25	163	69	49	297
86	64	93	305	67	107	317	69	28	288	69	36	188	68	55	346
85	64	141	398				69	38	316	68	49	224	68	44	401
84	63	141	539	66	145	424	68	33	354	67	52	273	68	54	445
83	62	170	680				68	52	387	67	51	325	67	79	499
82	62	177	850	65	174	569	67	68	439	66	69	376	67	74	578
81	61	234	1027				67	47	507	66	69	445	66	64	652
80	60	217	1261	64	172	743	66	54	554	65	63	514	66	74	716
79	59	282	1478				66	48	608	65	85	577	65	75	790
78	59	252	1760	63	208	915	65	40	656	64	92	662	65	78	865
77	58	292	2012				65	62	696	64	104	754	64	86	943
76	57	277	2304	62	216	1123	64	70	758	63	98	858	64	87	1029
75	57	281	2581				64	84	828	63	93	956	63	118	1116
74	56	291	2862	61	244	1339	64	69	912	62	96	1049	63	84	1234
73	55	288	3153				63	88	981	62	124	1145	62	92	1318
72	54	302	3441	60	277	1583	63	88	1069	61	147	1269	62	96	1410
71	54	287	3743				62	110	1157	61	109	1416	61	88	1506
70	53	291	4030	59	277	1860	62	88	1267	60	153	1525	61	82	1594
69	52	308	4321				61	92	1355	60	111	1678	61	108	1676
68	52	280	4629	58	307	2137	61	98	1447	59	126	1789	60	94	1784
67	51	256	4909				60	97	1545	59	141	1915	60	125	1878
66	50	262	5165	57	317	2444	60	105	1642	58	141	2056	59	93	2003
65	49	246	5427				59	114	1747	58	146	2197	59	110	2096
64	49	259	5673	56	321	2761	59	117	1861	57	165	2343	58	91	2206
63	48	235	5932				58	111	1978	57	150	2508	58	115	2297
62	47	243	6167	55	352	3082	58	133	2089	56	147	2658	57	116	2412
61	47	234	6410				57	139	2222	56	173	2805	57	97	2528
60	46	207	6644	54	332	3434	57	113	2361	55	147	2978	56	114	2625
59	45	189	6851				56	144	2474	55	193	3125	56	123	2739
58	44	164	7040	53	333	3766	56	145	2618	54	146	3318	55	118	2862
57	44	163	7204				55	157	2763	54	166	3464	55	131	2980
56	43	147	7367	52	316	4099	55	134	2920	53	162	3630	54	114	3111
55	42	161	7514				54	182	3054	53	161	3792	54	117	3225
54	42	147	7675	50	343	4415	54	167	3236	52	175	3953	54	135	3342
53	41	135	7822				53	192	3403	52	185	4128	53	121	3477
52	40	120	7957	49	329	4758	53	164	3595	51	168	4313	53	128	3598
51	39	129	8077				52	179	3759	51	148	4481	52	132	3726

得点	国語			社会			数学			理科			英語		
	偏差値	同点者数	順位	偏差値	同点者数	順位	偏差値	同点者数	順位	偏差値	同点者数	順位	偏差値	同点者数	順位
50	39	94	8206	48	390	5087	52	188	3938	50	164	4629	52	127	3858
49	38	102	8300				51	187	4126	50	181	4793	51	139	3985
48	37	109	8402	47	337	5477	51	187	4313	49	153	4974	51	131	4124
47	36	77	8511				50	185	4500	49	160	5127	50	148	4255
46	36	75	8588	46	346	5814	50	194	4685	48	201	5287	50	149	4403
45	35	83	8663				50	181	4879	48	159	5488	49	147	4552
44	34	80	8746	45	312	6160	49	170	5060	47	176	5647	49	157	4699
43	34	54	8826				49	185	5230	47	156	5823	48	143	4856
42	33	56	8880	44	344	6472	48	168	5415	46	168	5979	48	141	4999
41	32	47	8936				48	168	5583	46	156	6147	47	157	5140
40	31	56	8983	43	313	6816	47	151	5751	45	132	6303	47	153	5297
39	31	31	9039				47	165	5902	45	152	6435	47	131	5450
38	30	44	9070	42	297	7129	46	156	6067	44	129	6587	46	151	5581
37	29	30	9114				46	129	6223	44	150	6716	46	160	5732
36	29	40	9144	41	257	7426	45	150	6352	43	139	6866	45	157	5892
35	28	38	9184				45	148	6502	43	123	7005	45	151	6049
34	27	34	9222	40	263	7683	44	144	6650	42	135	7128	44	177	6200
33	26	33	9256				44	129	6794	42	127	7263	44	167	6377
32	26	26	9289	39	251	7946	43	138	6923	41	122	7390	43	152	6544
31	25	21	9315				43	110	7061	41	142	7512	43	146	6696
30	24	20	9336	38	218	8197	42	126	7171	40	105	7654	42	184	6842
29	24	20	9356				42	119	7297	40	105	7759	42	185	7026
28	23	20	9376	37	215	8415	41	127	7416	39	112	7864	41	183	7211
27	22	7	9396				41	125	7543	39	130	7976	41	164	7394
26	21	17	9403	36	190	8630	40	106	7668	38	101	8106	40	155	7558
25	21	10	9420				40	132	7774	38	99	8207	40	167	7713
24	20	8	9430	35	164	8820	39	113	7906	37	85	8306	40	154	7880
23	20	6	9438				39	104	8019	37	106	8391	39	135	8034
22	20	13	9444	34	129	8984	38	126	8123	36	73	8497	39	143	8169
21	20	7	9457				38	114	8249	36	74	8570	38	154	8312
20	20	4	9464	33	111	9113	37	97	8363	35	97	8644	38	132	8466
19	20	5	9468				37	97	8460	35	78	8741	37	132	8598
18	20	3	9473	31	92	9224	36	74	8557	34	71	8819	37	97	8730
17	20	7	9476				36	87	8631	34	74	8890	36	106	8827
16	20	3	9483	30	63	9316	36	84	8718	33	61	8964	36	112	8933
15	20	5	9486				35	70	8802	33	63	9025	35	71	9045
14	20	2	9491	29	64	9379	35	78	8872	32	60	9088	35	63	9116
13	20	4	9493				34	64	8950	32	62	9148	34	70	9179
12	20	4	9497	28	33	9443	34	80	9014	31	54	9210	34	58	9249
11	20	2	9501				33	42	9094	31	50	9264	33	48	9307
10				27	15	9476	33	75	9136	30	36	9314	33	40	9355
9	20	1	9503				32	33	9211	30	34	9350	33	16	9395
8	20	2	9504	26	8	9491	32	68	9244	29	31	9384	32	34	9411
7							31	26	9312	29	19	9415	32	17	9445
6				25	3	9499	31	57	9338	28	26	9434	31	18	9462
5	20	1	9506				30	8	9395	28	13	9460	31	4	9480
4	20	1	9507	24	1	9502	30	50	9403	27	15	9473	30	12	9484
3							29	4	9453	27	2	9488			
2				23	2	9503	29	38	9457	26	8	9490	29	1	9496
1															
0															

志望校別得点順位表の見方

志望校別得点順位表は、第200回下野新聞模擬テストの受験者の中での志望校別の順位がわかります。

得点	偏差値	宇都宮	宇都宮東	宇都宮南		
学科名		普通	普通	普通	普通	普
定員		280	160	320	320	280
(最高点)		(482)	(451)	(380)	(402)	(472)
500～491	77.5～77.5					
490～481	75.8～75.8	1				
480～471	74.7～74.5	2				1
470～461	74.4～73.4	3				2
460～451	73.3～72.2	8	1			5
450～441	72.1～71.0	23				14
440～431	70.9～69.9	45				23
430～421	69.7～68.7	79				52
420～411	68.6～67.5	123 Ⓐ				74
410～401	67.4～66.4	160 Ⓑ	2		1	122
400～391	66.2～65.2	210	7		2	158
390～381	65.1～64.0	245	11		4	199
380～371	63.9～62.8	276	13	1	8	233
370～361	62.7～61.7	302	18		14	265
360～351	61.6～60.5	333	23		22	30
350～341	60.4～59.3	350	28	2	36	3
340～331	59.2～58.2	366	34	3	55	
330～321	58.1～57.0	377	38	4	84	
～311	56.9～55.8	385	40	8	1	
301	55.7～54.7	389	44	16		
	54.5～53.5	390	45			
	4～52.3	391				

①まず第200回下野新聞模擬テストをやり、採点をして、自分の得点を確認します。

②得点は 10 点ごとに表示されているので、自分の得点が含まれた欄と志望校の交差した欄を見ますⒶ。

③次に、その欄の下を見て、その数から 1 を引きますⒷ。

④これで、あなたの順位が A ～ B 番までの範囲にあるということがわかります。

⑤例えば、あなたの第一志望が宇都宮高校で、得点が 415 点だった場合、順位表の得点 [420 ～ 411] と、[宇都宮高　普通] の交差した欄を見ます。その数 [123] と、その欄の下の数字から 1 を引いた数 [(160 − 1 =) 159] の範囲に、あなたが位置していることになります。つまり、順位が [123 ～ 159] 番だったことがわかります。

第200回 下野新聞模擬テスト

志望校別得点順位表

得点	偏差値	宇都宮 普通	宇都宮東 普通	宇都宮南 普通	宇都宮北 普通	宇都宮女子 普通	宇都宮中央 普通	宇都宮中央 総合家庭	宇都宮白楊 農業経営	宇都宮白楊 生物工学	宇都宮白楊 食品科学	宇都宮白楊 農業工学	宇都宮白楊 情報技術	宇都宮白楊 流通経済	宇都宮白楊 服飾デザイン	宇都宮工業 建築デザイン	宇都宮工業 環境建設システム	宇都宮工業 電気情報システム	宇都宮工業 機械システム	宇都宮商業 商業	宇都宮商業 情報処理	宇都宮清陵 普通	鹿沼 普通	鹿沼東 普通	鹿沼南 食料生産
定員		280	160	320	320	280	240	40	40	40	40	40	40	40	40	40	80	80	120	200	80	160	240	160	40
(最高点)		(482)	(451)	(380)	(402)	(472)	(434)	(357)	(312)	(304)	(337)	(240)	(330)	(313)	(285)	(374)	(281)	(378)	(361)	(345)	(333)	(308)	(425)	(339)	(221)
500～491	77.5～77.5																								
490～481	75.8～75.8	1																							
480～471	74.7～74.5	2				1																			
470～461	74.4～73.4	3				2																			
460～451	73.3～72.2	8	1			5																			
450～441	72.1～71.0	23				14																			
440～431	70.9～69.9	45				23	1																		
430～421	69.7～68.7	79				52	2																1		
420～411	68.6～67.5	123				74	4																		
410～401	67.4～66.4	160	2		1	122	8																		
400～391	66.2～65.2	210	7		2	158	19																		
390～381	65.1～64.0	245	11		4	199	31																2		
380～371	63.9～62.8	276	13	1	8	233	55									1		1					6		
370～361	62.7～61.7	302	18		14	265	85											2	1				10		
360～351	61.6～60.5	333	23		22	300	136	1								2		3					20		
350～341	60.4～59.3	350	28	2	36	321	194	2										5		1			35		
340～331	59.2～58.2	366	34	3	55	347	254	3			1							6	2	3	1		55	1	
330～321	58.1～57.0	377	38	4	84	361	314	4					1			3		9	4	6	2		80	3	
320～311	56.9～55.8	385	40	8	140	365	360	5	1				4	1		4		11		13			98	5	
310～301	55.7～54.7	389	44	16	187	370	422	12		1	2					6		16	5	17		1	131	9	
300～291	54.5～53.5	390	45	27	250		444	14		2	3			2		10		19	9	21	3		155	12	
290～281	53.4～52.3	391	46	49	305	372	469	16	2		5		5	3	1	13	1	22	13	35	6	3	192	21	
280～271	52.2～51.2	394	52	74	357		492	19		3	7		6	6	2	17	2	25	22	55	14		216	30	
270～261	51.0～50.0			106	393	375	507	28	3		9			8	3	22	3	33	27	66	20	5	249	47	
260～251	49.9～48.8	395	53	144	420		510	35	5	4	10			10		24	5	41	31	75	22	8	270	59	
250～241	48.7～47.7			181	441	376	516	38	6	7	17			12	4	28	7	45	41	90	24	9	281	71	
240～231	47.5～46.5		54	221	453	377	522	39	8	12	25	1	8	15	7	29	11	47	55	107	29	16	289	88	
230～221	46.4～45.3			259	467	378	524	42	9	19	28	2	10	16	10	31	14	54	62	123	36	22	295	110	1
220～211	45.2～44.1		55	286	473		525	44	11	25	30	3	13	19	15	36	16	63	82	135	39	29	297	124	
210～201	44.0～43.0			320	478				15	28	40	6	18	21	21	40	20	70	91	150	44	40	298	134	
200～191	42.9～41.8	396		333	482		527		18	35	45	9	22	27	24	45	25	75	100	157	46	51		147	
190～181	41.7～40.6			355			530	48	26	40	52	11	25	33	27		33	77	111	162	47	58	300	152	
180～171	40.5～39.5		56	368	484				28	42	56	12	27	35	31		36	79	118	171	49	70		157	
170～161	39.4～38.3			377	485	379	531	49	33	46	61	14	30		35	47	38		125	173	51	77		160	2
160～151	38.2～37.1			383		380	532		37		64	21	33		37	49	42	80	126	176	54	86	301	161	
150～141	37.0～36.0			385	486				41	50	68	24	38	37	39	51		82	130	177	55	98		162	
140～131	35.8～34.8			390		381			46		69	26	39	39		52	49	83	132			112		164	3
130～121	34.7～33.6		57	393								27	40		40	53	50	85	133	179		121			4
120～111	33.5～32.5			396							71				41	55	51		136	180		129		165	5
110～101	32.3～31.3		58	398	488							28						86	138	181		132			6
100～ 91	31.2～30.1	397		399					49		72	30	42					87				137			
90～ 81	30.0～28.9					382				52						56			142			138		166	8
80～ 71	28.8～27.8													40				89		183		140			9
70～ 61	27.7～26.6																								
60～ 51	26.5～25.4																			185					
50～ 41	25.2～24.3																								
40～ 31	23.9～23.1	398																							
30～ 21																									
20～ 以下																									
縦計		398	58	399	489	382	532	49	49	52	72	30	43	40	41	56	54	89	143	185	55	140	301	166	9

得点	偏差値 ＼ 志望校名	鹿沼南	鹿沼南	鹿沼南	鹿沼商工	鹿沼商工	今市	今市工業	今市工業	今市工業	日光明峰	石橋	上三川	小山	小山	小山南	小山南	小山西	小山北桜	小山北桜	小山北桜	小山北桜	小山城南	栃木	栃木女子
	学科名	環境緑地	ライフデザイン	普通	情報科学	商業	総合学科	機械	電気	建設工学	普通	普通	普通	普通	数理科学	普通	スポーツ	普通	食料環境	建築システム	総合ビジネス	生活文化	総合学科	普通	普通
	定員	40	40	40	40	120	160	80	40	40	80	240	160	160	40	80	80	200	40	40	40	40	200	240	240
（最高点）		(177)	(208)	(223)	(295)	(228)	(316)	(153)	(140)	(145)	(198)	(456)	(284)	(406)	(449)	(285)	(310)	(341)	(184)	(180)	(197)	(171)	(334)	(471)	(496)
500〜491	77.5〜77.5																								1
490〜481	75.8〜75.8																								
480〜471	74.7〜74.5																							1	
470〜461	74.4〜73.4																								
460〜451	73.3〜72.2											1													
450〜441	72.1〜71.0														1									2	2
440〜431	70.9〜69.9											2												3	3
430〜421	69.7〜68.7											3												5	4
420〜411	68.6〜67.5											15												14	
410〜401	67.4〜66.4											25		1										25	7
400〜391	66.2〜65.2											46		2										35	12
390〜381	65.1〜64.0											68												50	16
380〜371	63.9〜62.8											110		3	2									68	33
370〜361	62.7〜61.7											144		8										95	50
360〜351	61.6〜60.5											179		13										118	63
350〜341	60.4〜59.3											224		19				1						132	91
340〜331	59.2〜58.2											256		28									1	158	123
330〜321	58.1〜57.0											286		40				2					2	183	149
320〜311	56.9〜55.8						1					313		55	4			3					3	201	169
310〜301	55.7〜54.7											327		72	6		1	8						212	200
300〜291	54.5〜53.5				1							333		94	8			10					5	219	218
290〜281	53.4〜52.3						2					343	1	120	9	1		17					7	230	232
280〜271	52.2〜51.2											347		144	13			30					10	232	241
270〜261	51.0〜50.0						4						3	166	14			50					13	234	247
260〜251	49.9〜48.8						10					353		179	17			73					20	236	252
250〜241	48.7〜47.7						17					354	5	196			2	100					28	237	254
240〜231	47.5〜46.5						27					356	7	210	18			122					44		256
230〜221	46.4〜45.3			1		1	37						13	215	23		3	146					61		258
220〜211	45.2〜44.1				2	7	52						18	218	25			166					79		260
210〜201	44.0〜43.0		1		5	12	64						25	219	26	2	4	185					101		
200〜191	42.9〜41.8			2		13	77				1		35	221		4	5	195			1		131		261
190〜181	41.7〜40.6				7	17	88						51	223		5	6	207	1				152	238	
180〜171	40.5〜39.5	1		4	12	27	96						56		29	7	9	220	2	1	2	1	165		262
170〜161	39.4〜38.3	4			14	33	103						73			13	15	228	3	5	5	2	183		
160〜151	38.2〜37.1			5	15	44	116	1					82			22	17	232		6	6	3	198		
150〜141	37.0〜36.0	6	2	7	18	51	122			1			98			26	19	236		8	8	5	206		
140〜131	35.8〜34.8	7	3	10	19	55	123	2	1				106			29	23	237	4	11	10	8	216		
130〜121	34.7〜33.6		4	12	21	64	124	4	2		2		110			32	30		5		12	12	222		
120〜111	33.5〜32.5	9	6	14	23	67	125	5			4		114			40	36			13	15	13	227		
110〜101	32.3〜31.3	10	8	17	24	68		8					116	225		43	42	238	8	14		15	230		
100〜 91	31.2〜30.1	12			25	71		10		3						46	49		9	18		16	231		
90〜 81	30.0〜28.9					75		11			6						53		10	19	16	17	234		
80〜 71	28.8〜27.8		9						5				118				56		11	20	17		236		
70〜 61	27.7〜26.6				26	77					7		120										238		
60〜 51	26.5〜25.4	14														49	59		12				239		
50〜 41	25.2〜24.3										9														
40〜 31	23.9〜23.1															50						18			
30〜 21																									
20〜以下																									
縦計		14	10	19	26	77	125	13	5	3	9	358	120	225	29	50	59	238	13	20	17	18	239	238	262

志望校別得点順位表

得点 ＼ 志望校名	偏差値	栃木農業	栃木農業	栃木農業	栃木農業	栃木工業	栃木工業	栃木工業	栃木商業	栃木商業	栃木翔南	壬生	佐野	佐野東	佐野松桜	佐野松桜	佐野松桜	佐野松桜	足利	足利南	足利工業	足利工業	足利工業	足利清風	足利清風
学科名		植物科学	動物科学	食品科学	環境デザイン	機械	電気	電子情報	商業	情報処理	普通	普通	普通	普通	商業	介護福祉	情報制御	家政	普通	総合学科	産業デザイン	電気システム	機械	普通	商業
定員		40	40	40	40	80	40	40	120	40	200	160	160	200	40	30	80	40	240	160	40	40	80	80	80
(最高点)		(180)	(238)	(203)	(196)	(268)	(277)	(355)	(312)	(266)	(353)	(247)	(426)	(414)	(259)	(258)	(291)	(272)	(419)	(262)	(296)	(261)	(229)	(327)	(281)
500～491	77.5～77.5																								
490～481	75.8～75.8																								
480～471	74.7～74.5																								
470～461	74.4～73.4																								
460～451	73.3～72.2																								
450～441	72.1～71.0																								
440～431	70.9～69.9																								
430～421	69.7～68.7												1												
420～411	68.6～67.5													1					1						
410～401	67.4～66.4																								
400～391	66.2～65.2																		2						
390～381	65.1～64.0																		8						
380～371	63.9～62.8																		13						
370～361	62.7～61.7												2						22						
360～351	61.6～60.5							1			1		3						38						
350～341	60.4～59.3										3		5	2					50						
340～331	59.2～58.2										7		7	3					70						
330～321	58.1～57.0										11		8	4					95					1	
320～311	56.9～55.8								1		21		10	5					119						
310～301	55.7～54.7								2		29		14	9					139						
300～291	54.5～53.5								4		42		18	14			1		176		1			2	
290～281	53.4～52.3							2	5		54		23	29			2		211					4	1
280～271	52.2～51.2						1	4	9		69		26	44			5	1	234		2			5	
270～261	51.0～50.0					1	2	6	13	1	91		35	61			6		263	1		1		6	
260～251	49.9～48.8					2		7	16	2	111		37	88	1	1	7		279		3			7	
250～241	48.7～47.7					4	3	9	21	4	127	1	45	118	3		8		292					8	
240～231	47.5～46.5		1			6		11	29	5	140		48	145	7		10	2	302	3		2		12	2
230～221	46.4～45.3					11	4	12	40	7	150	2	50	164	11	2	12	4	309		4		1	20	3
220～211	45.2～44.1		2			13	5	14	50	12	161	5		187	17	3	14		312	4	6			24	5
210～201	44.0～43.0			1		19	8	16	60	15	166	10	52	202	21	4	15	5	315	5		3	2	35	8
200～191	42.9～41.8		3		1	21	9	19	64	17	169	16	53	209	25		19	6	317	7	7		3	44	11
190～181	41.7～40.6		4	2	2	23	12	22	78	19	173	26		223	29	5	20	7		9	8	5	6	50	16
180～171	40.5～39.5	1	6	5	5	29			87	23	174	35	54	225	36	7	25	9		11	10	10	9	58	18
170～161	39.4～38.3	3	10	7	6	34	15	25	92	24	175	46	55	229	39	9	30	13		14			10	63	22
160～151	38.2～37.1	6	12	14		42		27	93	26		57		230	42	11	33	16		20	11	12	12	69	26
150～141	37.0～36.0	11	14	17	8	48	17	28	100	27		72		231	46	13	42	22	318	26			16		33
140～131	35.8～34.8	13	16	20	10	52	22		107			83				14	45	26		28	14	13	19	74	38
130～121	34.7～33.6	14	20	23			23			29		85					49			33	17	15	22		
120～111	33.5～32.5	17	25	27	13	56	25	29				88					51	28		40		16	24		43
110～101	32.3～31.3	21	29			59	28		110			97			47		53	29		45			28	76	48
100～ 91	31.2～30.1	23	33	31					112	30		101			49		54			50	18		29		
90～ 81	30.0～28.9		36	34				30				102								56		19			
80～ 71	28.8～27.8		38	35	15			31				103						30		59	19	20	30		
70～ 61	27.7～26.6	28	39		18																		31		
60～ 51	26.5～25.4	29			19										50					62					50
50～ 41	25.2～24.3																						32		
40～ 31	23.9～23.1	30																							
30～ 21																									
20～ 以下																									
縦計		30	39	35	20	60	28	31	112	30	177	103	56	231	50	15	54	30	318	63	19	20	32	77	50

得点	偏差値 ＼ 志望校名	真岡	真岡女子	真岡北陵	真岡北陵	真岡北陵	真岡北陵	真岡北陵	真岡工業	真岡工業	真岡工業	真岡工業	益子芳星	茂木	烏山	馬頭	馬頭	大田原	大田原女子	黒羽	那須拓陽	那須拓陽	那須拓陽	那須拓陽	那須拓陽
	学科名	普通	普通	生物生産	農業機械	食品科学	総合ビジネス	介護福祉	機械	電子	生産機械	建設	普通	総合学科	普通	普通	水産	普通	普通	普通	農業経営	生物工学	食品化学	食物文化	普通
	定員	200	200	40	40	40	40	30	40	40	40	40	120	160	160	40	25	200	200	80	40	40	40	40	80
(最高点)		(451)	(410)	(205)	(177)	(239)	(268)	(206)	(249)	(285)	(189)	(318)	(250)	(312)	(315)	(151)	(172)	(448)	(403)	(195)	(235)	(247)	(242)	(253)	(299)
500〜491	77.5〜77.5																								
490〜481	75.8〜75.8																								
480〜471	74.7〜74.5																								
470〜461	74.4〜73.4																								
460〜451	73.3〜72.2	1																							
450〜441	72.1〜71.0																	1							
440〜431	70.9〜69.9																								
430〜421	69.7〜68.7																								
420〜411	68.6〜67.5																								
410〜401	67.4〜66.4		1															2	1						
400〜391	66.2〜65.2	2																3							
390〜381	65.1〜64.0	4	3															5	3						
380〜371	63.9〜62.8	9	4															9	4						
370〜361	62.7〜61.7	10	5															14	7						
360〜351	61.6〜60.5	13	8															25	11						
350〜341	60.4〜59.3	16	10															28	16						
340〜331	59.2〜58.2	22	12															43	20						
330〜321	58.1〜57.0	27	17															53	33						
320〜311	56.9〜55.8	33	27									1		1	1			66	41						
310〜301	55.7〜54.7	43	33											2				74	57						
300〜291	54.5〜53.5	58	47											3				86	69						1
290〜281	53.4〜52.3	65	61							1					2			99	80						3
280〜271	52.2〜51.2	76	71											4				107	96						5
270〜261	51.0〜50.0	84	82				1							8	4			117	105						6
260〜251	49.9〜48.8	98	95											14	5			126	117					1	10
250〜241	48.7〜47.7	103	111						1	2			1	17	10			129	123			1	1	2	13
240〜231	47.5〜46.5	109	123			1				3			2	23	11			135	126		1		2		17
230〜221	46.4〜45.3	114	131			4	2		2	4				25	13			137	131				3	4	29
220〜211	45.2〜44.1	116	136				3		3	5		2		29	16			140	134		2			7	33
210〜201	44.0〜43.0	121	140	1				1	4					36	17				136				6	8	39
200〜191	42.9〜41.8	123	144			5	4		5	7			3	45	23			141		1		2	9	9	43
190〜181	41.7〜40.6		151				5		7	8	1		5	49	28				138		3	4		11	48
180〜171	40.5〜39.5	129	154	3	1	6	6		9	9		3	9	55	34		1					5	11	13	49
170〜161	39.4〜38.3		155	5	2	9	8		11		2	5		57	39						4	6		15	50
160〜151	38.2〜37.1	132		8		10	9	2	12	11	3	6		63	42	1	2	143		2	5	7		16	52
150〜141	37.0〜36.0		158	10		12			14		4	7	10	66	45					3	8	8	14		
140〜131	35.8〜34.8			11	3	14	10		17		7	8	14		46	2		144		4	9	9			
130〜121	34.7〜33.6	133		12		15	11		18	13	9		19		49		3			8		11	15		57
120〜111	33.5〜32.5				4			3			10	10	21			3				10		12	17		
110〜101	32.3〜31.3			13				4			11			68						13	11			19	58
100〜 91	31.2〜30.1			15	6			5				13	23			4				15		13			
90〜 81	30.0〜28.9				8		12		19	14		14					4			16	12			20	
80〜 71	28.8〜27.8			17	9	16							25				5			18	13				
70〜 61	27.7〜26.6			18						15						5									
60〜 51	26.5〜25.4																7								
50〜 41	25.2〜24.3											16												21	
40〜 31	23.9〜23.1																								
30〜 21																									
20〜 以下																									
縦計		133	158	18	10	17	12	5	19	15	13	16	25	68	49	5	7	144	139	20	13	13	19	21	58

得点	偏差値 ＼ 志望校名	那須清峰	那須清峰	那須清峰	那須清峰	那須清峰	那須	那須	黒磯	黒磯南	矢板	矢板	矢板	矢板	矢板	矢板東	高根沢	高根沢	さくら清修	小山高専	小山高専	小山高専	小山高専	作新学院	作新学院
	学科名	機械	建設工学	電気情報	機械制御	商業	普通	リゾート観光	普通	総合学科	農業経営	機械	電子	介護福祉	栄養食物	普通	商業	普通	総合学科	機械工学	物質工学	建築	電気電子創造工学	トップ英進ＳⅠク	トップ英進ＳⅡク
	定員	40	40	40	40	40	40	40	200	160	40	40	40	30	40	160	80	80	240	40	40	40	80	20	60
(最高点)		(223)	(249)	(280)	(222)	(234)	(117)	(78)	(379)	(269)	(157)	(205)	(131)	(208)	(232)	(369)	(209)	(214)	(318)	(448)	(449)	(407)	(472)	(496)	(465)
500～491	77.5～77.5																							1	
490～481	75.8～75.8																							2	
480～471	74.7～74.5																						1	3	
470～461	74.4～73.4																							5	1
460～451	73.3～72.2																							12	2
450～441	72.1～71.0																			1	1		2	35	9
440～431	70.9～69.9																				3			63	14
430～421	69.7～68.7																				4			120	28
420～411	68.6～67.5																			2	5		3	176	47
410～401	67.4～66.4																			5	6	1	4	239	76
400～391	66.2～65.2																			8		2	10	305	117
390～381	65.1～64.0																			13		3	12	355	157
380～371	63.9～62.8								1											17	8	8	18	401	198
370～361	62.7～61.7															1				21	14	12	22	435	241
360～351	61.6～60.5								2							3				25	18	15	31	463	293
350～341	60.4～59.3								3							5				30	23	19	39	484	331
340～331	59.2～58.2								4							7				37	26	23	49	498	365
330～321	58.1～57.0								6							8				43	31	26	63	508	392
320～311	56.9～55.8								8										1	46	33	31	69	516	403
310～301	55.7～54.7								10							13			3	53	38	33	83	518	419
300～291	54.5～53.5								19							16			5	60		35	89	519	422
290～281	53.4～52.3								26							21			11	66	41	38	94	520	428
280～271	52.2～51.2			1					32							22			20	70	43	42	99	525	431
270～261	51.0～50.0								46	1						26			30	71	45	46	103	526	432
260～251	49.9～48.8								56	3						31			38	76		47	111	527	433
250～241	48.7～47.7		1						74	5						34			50	79			113		434
240～231	47.5～46.5					1			86	10					1	38			77	80		48	114	530	437
230～221	46.4～45.3	1	2	2	1				100	12						41			91	81			116	531	438
220～211	45.2～44.1	2		3					114	20						43		1	109				117	533	
210～201	44.0～43.0			5		2			124	25		1		1		44	1	2	137	82					
200～191	42.9～41.8	3		6	2	5			127	33					2	45	3	4	149	83			119		
190～181	41.7～40.6	4		9					131	38		2			3				160		46			535	
180～171	40.5～39.5	6	4	11	3				134	49		3		2			4	5	173	84		50		536	
170～161	39.4～38.3		8	12	5	7			137	55					4	46	6		183						
160～151	38.2～37.1	7	9	15						60	1			3			9	6	186					537	
150～141	37.0～36.0	9	12						140	63	2			4	7		13	8				51			
140～131	35.8～34.8	10	13	16	8				141	69	3		1		9		15	12	191			52			
130～121	34.7～33.6		14	18	10					70	4			5	11		19	13	193					538	
120～111	33.5～32.5	12	16		11		1			75		4	2	6				16							
110～101	32.3～31.3	13									7		3	10		47	21		198						
100～ 91	31.2～30.1		17							77								21							
90～ 81	30.0～28.9									78			4				22							539	
80～ 71	28.8～27.8				12			1					5					22							
70～ 61	27.7～26.6										8						24								
60～ 51	26.5～25.4																								
50～ 41	25.2～24.3																	23							
40～ 31	23.9～23.1											5													
30～ 21																									
20～ 以下																									
縦計		13	17	18	12	7	1	1	142	78	8	5	5	10	11	47	24	23	198	84	46	52	119	539	438

得点	偏差値＼志望校名	作新学院	作新学院	作新学院	作新学院	作新学院	作新学院	作新学院	作新学院	作新学院	作新学院	文星芸大附	文星芸大附	文星芸大附	文星芸大附	文星芸大附	文星芸大附	宇都宮文星女子	宇都宮文星女子	宇都宮文星	宇都宮文星女子	宇都宮文星女子	宇都宮文星	宇都宮文星	宇都宮短大附
	学科名	英進・英進選抜	英進・英進クラス	総合進学・特別進	総合進学・進学	電気電子システム	美術デザイン	ライフデザイン	普通科総合選択	自動車整備士養成	商業システム	英進Ⅰ類	英進Ⅱ類	進学	総合	美術デザイン	総合ビジネス	秀英特進	英語留学	普通<美術デザイ	普通<選抜進学>	普通<文理探求>	総合ビジネス<Ⅰ	総合ビジネス<会	特別選抜
	定員	70	150	60	450	80	80	80	280	80	80	20	40	60	200	20	180	40	30	30	30	150	20	90	30
(最高点)		(425)	(433)	(398)	(429)	(323)	(334)	(315)	(325)	(330)	(328)	(470)	(436)	(364)	(312)	(201)	(276)	(458)	(370)	(317)	(383)	(324)	(219)	(269)	(472)
500～491	77.5～77.5																								
490～481	75.8～75.8																								
480～471	74.7～74.5																								1
470～461	74.4～73.4											1													2
460～451	73.3～72.2											3						1							5
450～441	72.1～71.0											7													12
440～431	70.9～69.9		1									13	1												25
430～421	69.7～68.7	1	2		1							19	3												48
420～411	68.6～67.5	2	3									26						2							79
410～401	67.4～66.4	7	4									35													120
400～391	66.2～65.2	24	10	1								43	5												165
390～381	65.1～64.0	46	17	2	2							59	10					4			1				207
380～371	63.9～62.8	62	31		3							70	19					8							252
370～361	62.7～61.7	94	45	5								82	30	1				10	1		2				293
360～351	61.6～60.5	136	66	7	4							96	43					13							335
350～341	60.4～59.3	189	96	10	7							104	52					17			3				373
340～331	59.2～58.2	246	130	17	9		1					111	59	4				23	2		5				409
330～321	58.1～57.0	320	192	27	11	1			1	1	1	120	72	5				28	3		7	1			433
320～311	56.9～55.8	361	259	38	21		2	1	3			123	81	10	1			33		1	9				451
310～301	55.7～54.7	413	331	60	32	2	3		4		2	124	94	11				37			11	2			462
300～291	54.5～53.5	448	402	88	45	3	4		6		3	125	101	14	2				4	2	14	4			474
290～281	53.4～52.3	478	481	124	66	6	6		11	2	5	127	109	16				40			17				482
280～271	52.2～51.2	500	553	162	107	11		2	14				118	21	3		1	43			24	7			488
270～261	51.0～50.0	512	616	207	156	13	7		16		8	129	121	28	5		3	50		3	29			1	495
260～251	49.9～48.8	522	661	248	222	18	8	3	20	4	11		124	32	6		4			4	34	8			
250～241	48.7～47.7	529	699	281	284	24	10	8	27	5	13	130	130	35	7			53		7	42	10		3	
240～231	47.5～46.5	534	721	313	356	30	15	11	42	6	19		133	45	11		5	54	5	9	45	13		4	498
230～221	46.4～45.3		741	345	462	37	19	15	53		22	131	135	53	17		6	55	9	10	50	15			
220～211	45.2～44.1	540	757	362	556	49	24	21	74		35		136	61	27		7	56		11	55	19	1	5	
210～201	44.0～43.0		768	384	653	64	30	26	96	8	44		137	67	33	1	12			12	59	25		6	
200～191	42.9～41.8	541	772	399	724	74	39	36	133	11	53		138	74	43		13				64	40			
190～181	41.7～40.6	542	777	416	813	84	42	43	168	14	64			79	60		17	58		15	69	49	2	8	
180～171	40.5～39.5	543	779	423	881	98	47	49	207	19	73			81	70	2	22			17	71	60		9	499
170～161	39.4～38.3			431	937	105	53	61	254	27	80			84	84	3	27					70	5	13	
160～151	38.2～37.1		782	434	993	110	60	68	303	28	93			87	101	4	38			18	73	77	6	15	
150～141	37.0～36.0			438	1032	119	64	76	351	37	106			91	113	6	49	59		19	76	84	10	18	
140～131	35.8～34.8		785		1061	127	71	85	390	42	116			92	125	8	60			21	78	94	13	22	500
130～121	34.7～33.6			443	1083	138	78	91	437	50	120			95	143	10	72					100	16	24	
120～111	33.5～32.5				1099	148		103	471	53	125				154	15	95			23	80	110			501
110～101	32.3～31.3			445	1113	154	82	110	510	59	127			96	171	16	111			25		117	19	25	
100～ 91	31.2～30.1				1126	159	85	116	541	67	130			97	180	18	127			26		126	20	26	
90～ 81	30.0～28.9				1128	164	86	119	553	71	136	132			189		141					129	22	28	
80～ 71	28.8～27.8				1132	166		120	560	74	141			98	192		156			27		130	23	29	
70～ 61	27.7～26.6				1133	169			566		144				193		169				81				502
60～ 51	26.5～25.4								568						196	20	171								
50～ 41	25.2～24.3					170			570	76					197		173								
40～ 31	23.9～23.1							123	571								174								
30～ 21																									
20～ 以下																									
縦計		543	785	445	1133	170	86	123	571	76	144	132	138	98	197	20	175	59	9	27	81	131	24	32	502

得点	偏差値	宇都宮短大附	宇都宮短大附	宇都宮短大附	宇都宮短大附	宇都宮短大附	宇都宮短大附	宇都宮短大附	足利短大附	足利大付	足利大付	足利大付	足利大付	白鷗大学足利	白鷗大学足利	星の杜	國學院栃木	國學院栃木	國學院栃木	國學院栃木	矢板中央	矢板中央	矢板中央	佐野日大	佐野日大
	学科名	特進	進学	応用文理	生活教養<女>	情報商業	調理	音楽	普通	普通	工業	情報処理	自動車	特別進学S	特別進学	普通	選抜	特別選抜	文理	特別選抜S	特進	普通	スポーツ	特進α	特別進学
	定員	90	160	230	120	120	80	40	160	160	320	40	100	35	70	150	150	150	270	30	60	300	40	30	120
(最高点)		(466)	(426)	(338)	(304)	(313)	(310)	(420)	(356)	(396)	(304)	(281)	(237)	(441)	(396)	(465)	(440)	(423)	(332)	(496)	(394)	(315)	(216)	(465)	(440)
500～491	77.5～77.5																			1					
490～481	75.8～75.8																								
480～471	74.7～74.5																			2					
470～461	74.4～73.4	1														1								1	
460～451	73.3～72.2	2																		3				2	
450～441	72.1～71.0													1		2				5				4	
440～431	70.9～69.9	3												2			1			9				7	1
430～421	69.7～68.7	5	1											3				1		12				19	5
420～411	68.6～67.5	9						1						8						25				31	6
410～401	67.4～66.4	16	2											10		3				38				45	12
400～391	66.2～65.2	30	3							1				12	1			2		58	1			54	15
390～381	65.1～64.0	41	4											18	5	4	2	3		69				65	20
380～371	63.9～62.8	71	6							2				30	11	8	3	11		95				74	27
370～361	62.7～61.7	104	12							4				43	20	9		22		116	2			82	40
360～351	61.6～60.5	151	18						1	8				57	36	13	6	29		138	7			91	57
350～341	60.4～59.3	209	32							10				68	45	14	9	42		164	8			99	77
340～331	59.2～58.2	299	52	1				2	2	12				84	66	16	12	62	1	191	9			104	102
330～321	58.1～57.0	387	73	3					3	14				96	89	19	16	79	2	211	17			114	125
320～311	56.9～55.8	500	116	4		1			5	17				111	114	20	24	104	3	232	21	1		123	144
310～301	55.7～54.7	606	174	9	1	3	1	3	6	20	1			122	140	23	29	133	4	241	28	2		124	175
300～291	54.5～53.5	688	225	15	2	4	2		9	28	2			127	180	35	35	161	7	254	36	6		126	203
290～281	53.4～52.3	774	306	32	5	8	3		14	39	5	1		133	230	44	44	189	8	261	43	10		127	221
280～271	52.2～51.2	838	400	49	7	15	6	4	16	47	6			137	260	51	65	208	9	265	51	15		128	236
270～261	51.0～50.0	900	501	71	10	18	8	6	20	60	8	2			293	56	81	236	15	267	63	21		129	250
260～251	49.9～48.8	940	595	102	18	26	10	7	21	68	11			138	321	61	104	255	23		77	28		130	261
250～241	48.7～47.7	968	692	141	23	36	11		22	76		4		140	350	68	126	270	39	269	85	37			269
240～231	47.5～46.5	991	793	190	35	50	20		27	90	15	6	1		366	80	146	282	50		95	47			274
230～221	46.4～45.3	1005	879	230	44	57	24	8	33	102	18	9	3		374	86	168	292	67	271	109	63			276
220～211	45.2～44.1	1016	936	282	53	76	33	11	39	113	21	14	4		382	90	185	297	85		113	79	1		281
210～201	44.0～43.0	1018	995	345	61	99	41	12	45	127	26	16	6	141	390	98	194	298	102		118	95			
200～191	42.9～41.8	1019	1028	392	72	114	49	13	54	139	33	21	7	142	394	100	203	299	117	272		112	2		282
190～181	41.7～40.6		1052	449	87	128	58	15	60	143	38	25	9	143		105	210		133	273		131	4		
180～171	40.5～39.5		1074	489	102	142	67	16	68	150	53	33	11			109	215		146		125	151	5		
170～161	39.4～38.3	1021	1088	532	113	165	79	17	79	156	61	37	15			110	217	301	155		126	164	8		
160～151	38.2～37.1		1092	554	125	190	93	18	81	169	71	42	17	144		114	218		167	274		181	9		
150～141	37.0～36.0	1022	1100	577	140	204	101	19	88	180	83	48	20		395	115			179			207	10		
140～131	35.8～34.8	1024		594	151	214	110	22	94	182	94	54	21				220		183		127	220	11		
130～121	34.7～33.6		1104	606	157	223	115		100	192	106	55				119			188	275	129	239	13		
120～111	33.5～32.5		1105	616	161	234	117	23	102	197	112	59	24			121			189			254	14		
110～101	32.3～31.3			622	166	237	122		109	200	119	66				123			192			269	17		
100～ 91	31.2～30.1			625	167	240	125		112	202		72	25									278			
90～ 81	30.0～28.9		1106		168		128		118	204	126	75				124					131	282			
80～ 71	28.8～27.8				169		130	24	120	205	129	77	27						195			288	18		
70～ 61	27.7～26.6				170					206	135	78	28			125						297			
60～ 51	26.5～25.4			626							137		30			126									
50～ 41	25.2～24.3																					300			
40～ 31	23.9～23.1										139														
30～ 21																									
20～ 以下																									
縦計		1024	1106	626	170	243	130	24	120	206	139	78	30	144	395	126	221	302	195	275	131	301	20	130	282

得点	偏差値	佐野日大 N進学	佐野日大 スーパー進学	青藍泰斗 普通	青藍泰斗 総合ビジネス	青藍泰斗 総合生活<女>
定員		200	160	160	120	120
(最高点)		(375)	(414)	(296)	(291)	(188)
500～491	77.5～77.5					
490～481	75.8～75.8					
480～471	74.7～74.5					
470～461	74.4～73.4					
460～451	73.3～72.2					
450～441	72.1～71.0					
440～431	70.9～69.9					
430～421	69.7～68.7					
420～411	68.6～67.5		1			
410～401	67.4～66.4					
400～391	66.2～65.2					
390～381	65.1～64.0		2			
380～371	63.9～62.8	1				
370～361	62.7～61.7	2	3			
360～351	61.6～60.5	3				
350～341	60.4～59.3	4	5			
340～331	59.2～58.2		10			
330～321	58.1～57.0	6	12			
320～311	56.9～55.8	9	14			
310～301	55.7～54.7		22			
300～291	54.5～53.5	12	31	1	1	
290～281	53.4～52.3	18	41	2	2	
280～271	52.2～51.2	23	52			
270～261	51.0～50.0	37	61		3	
260～251	49.9～48.8	49	73	6	5	
250～241	48.7～47.7	61	85	7	6	
240～231	47.5～46.5	68	101	10		
230～221	46.4～45.3	83	110	11	8	
220～211	45.2～44.1	95	121	14	9	
210～201	44.0～43.0	108	127	16	13	
200～191	42.9～41.8	111	129	20	15	
190～181	41.7～40.6	122	135	26	19	1
180～171	40.5～39.5	129	139	35	22	2
170～161	39.4～38.3	132	140	52	30	7
160～151	38.2～37.1	139	142	66	32	10
150～141	37.0～36.0	141		83	40	12
140～131	35.8～34.8	142		90	45	16
130～121	34.7～33.6	145		100	48	21
120～111	33.5～32.5			108	55	23
110～101	32.3～31.3	146	144	125	62	25
100～ 91	31.2～30.1	147		135	65	28
90～ 81	30.0～28.9			140	68	33
80～ 71	28.8～27.8			143	71	34
70～ 61	27.7～26.6			146	76	
60～ 51	26.5～25.4			147	77	
50～ 41	25.2～24.3					
40～ 31	23.9～23.1					
30～ 21						
20～ 以下						
縦計		147	144	151	79	35

得点 \ 偏差値 \ 志望校名 / 学科名 / 定員		白鷗大学足利	白鷗大学足利	佐野清澄	佐野清澄
		進学	総合進学	生活デザイン	普通
		280	280	90	70
(最高点)		(232)	(205)	(177)	(160)
300～291					
290～281					
280～271					
270～261					
260～251					
250～241					
240～231	64.4～64.4	1			
230～221	62.6～62.6	2			
220～211	61.9～60.7	3			
210～201	59.3～58.3	6	1		
200～191	58.1～56.4	12	2		
190～181	56.2～54.4	34	3		
180～171	54.2～52.4	62	10	1	
170～161	52.2～50.5	109	19		
160～151	50.3～48.5	158	37		1
150～141	48.3～46.5	233	69	2	3
140～131	46.4～44.6	298	106	6	4
130～121	44.4～42.6	353	151	10	6
120～111	42.4～40.7	395	213	15	9
110～101	40.5～38.7	431	283	22	13
100～ 91	38.5～36.7	454	335	28	17
90～ 81	36.5～34.8	459	392	31	25
80～ 71	34.6～32.8	462	418	37	34
70～ 61	32.6～31.0	465	439	48	44
60～ 51	30.7～29.1		447	53	55
50～ 41	28.7～27.1		450	57	62
40～ 31	26.7～25.0		452	58	66
30～ 21	24.0～23.6				70
20～ 以下					
縦計		465	453	58	71

志望校別得点順位表

得点	偏差値	太田	太田東	太田女子	館林	館林女子	桐生第一	桐生第一	桐生第一	樹徳	樹徳	樹徳	関東学園大附	岩瀬	下館第一	下館第二	結城第一	鬼怒商業高	古河第一	古河第一	古河第二	古河第二	古河第三	岩瀬日大	岩瀬日大
学科名		普通	普通	普通	普通	普通	普通・特別進学	普通・スポーツく	普通・総合	K組	S組	J組	普通	衛生看護	普通	普通	普通	くくり募集	普通	商業	普通	福祉	普通	進学	特別進学
定員		280	240	240	200	200	40	120	250				240	40	240	240	120	160	80	200	200	40	240	200	200
(最高点)		(421)	(364)	(410)	(298)	(335)	(385)	(328)	(296)	(369)	(291)	(320)	(335)	(242)	(397)	(300)	(227)	(169)	(272)	(285)	(167)	(206)	(386)	(357)	(402)
500～491	77.5～77.5																								
490～481	75.8～75.8																								
480～471	74.7～74.5																								
470～461	74.4～73.4																								
460～451	73.3～72.2																								
450～441	72.1～71.0																								
440～431	70.9～69.9																								
430～421	69.7～68.7	1																							
420～411	68.6～67.5																								
410～401	67.4～66.4			1																					1
400～391	66.2～65.2			2											1										2
390～381	65.1～64.0			3			1								2								1		3
380～371	63.9～62.8														3								2		
370～361	62.7～61.7		1	5						1													3		4
360～351	61.6～60.5	2													8								4	1	5
350～341	60.4～59.3	5	2							3					10								6		8
340～331	59.2～58.2			8		1							1		12								7	2	12
330～321	58.1～57.0	6		9			2	1							13								8	3	14
320～311	56.9～55.8									4		1			17									5	18
310～301	55.7～54.7	7	4	11						8					19								9	8	23
300～291	54.5～53.5				1	2	4		1		1		2		26	1							10	12	29
290～281	53.4～52.3	9	5						2	9	2				31	4				1			13	15	32
280～271	52.2～51.2	10	7			3			3	11	3		3		35	5			1				14	19	35
270～261	51.0～50.0					4	5		4		6				37	8			2				17	28	40
260～251	49.9～48.8					5			5		10		4		41	12				2			19	36	44
250～241	48.7～47.7				3	6		2					5	1		18				3			20	46	47
240～231	47.5～46.5				4							2			43	23								57	48
230～221	46.4～45.3					8	7		6		12					27	1		3					65	51
220～211	45.2～44.1				5				8		13		6			30			4	4			23	67	
210～201	44.0～43.0					11			11	15	15		7			34			6			1	25	76	
200～191	42.9～41.8		9		6	12					16	3		2		37			8	5				80	
190～181	41.7～40.6					13	8		12										9	10				88	
180～171	40.5～39.5						9	3	13				8			39			10	11				91	
170～161	39.4～38.3						10		16			4	9		44	40		1	11	12	1			92	53
160～151	38.2～37.1						11	4	19			5						2		13	3			95	
150～141	37.0～36.0					14			22			6				44		3		14	4			98	
140～131	35.8～34.8						12		23			7	10						13	15	8		26	99	
130～121	34.7～33.6								25											17				100	
120～111	33.5～32.5								26								2			18					
110～101	32.3～31.3								34			9					3				10	2			
100～ 91	31.2～30.1								37			11					6				11				
90～ 81	30.0～28.9								39				11												
80～ 71	28.8～27.8								41				12												
70～ 61	27.7～26.6						14																		
60～ 51	26.5～25.4								43												12	4			
50～ 41	25.2～24.3																								
40～ 31	23.9～23.1																							101	
30～ 21																									
20～ 以下																									
縦計		11	9	11	6	14	14	4	43	15	16	11	12	2	44	44	8	3	13	18	12	4	26	101	53

問題編

令和５年度

10月　1日実施　第198回
11月　5日実施　第199回
12月　3日実施　第200回
1月21日実施　第201回

2022·2023
[令和7年高校入試受験用]

第198回 下野新聞模擬テスト
社会

1 次の**1**，**2**の問いに答えなさい。

1 **図1**は，栃木県に住む花子さんが，旅行で訪れたことのある都府県(東京都，大阪府，兵庫県，高知県)の位置を示している。これを見て，次の(1)から(7)までの問いに答えなさい。

A
B

図1

(1) 次の文は，兵庫県の位置についてまとめたものである。文中の[　　]に当てはまる県はどれか。

> 兵庫県は，近畿地方の西端に位置する県である。西側は，中国地方に属する二つの県と接しており，一つは岡山県で，もう一つは[　　]である。

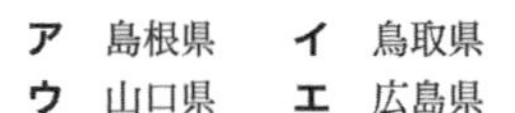

ア 島根県　**イ** 鳥取県
ウ 山口県　**エ** 広島県

(2) **図2**は，**図1**に示したA――Bの地形の断面図と冬の気候の様子を示している。**図2**中の[I]，[II]，[III]に当てはまる語の組み合わせとして正しいのはどれか。

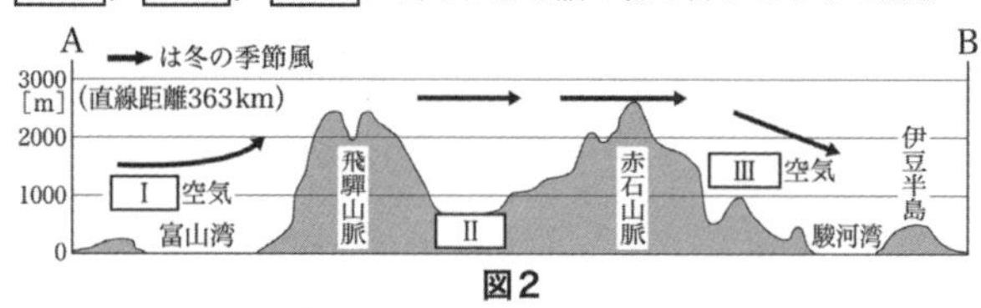

図2

ア I－湿った　II－松本盆地　III－乾いた　**イ** I－湿った　II－庄内平野　III－乾いた
ウ I－乾いた　II－松本盆地　III－湿った　**エ** I－乾いた　II－庄内平野　III－湿った

(3) 次の文は，花子さんが，**図3**を参考にしてまとめた，高知県の農業に関するレポートの一部である。文中の[X]に共通して当てはまる語を書きなさい。また，[Y]に当てはまる文はどれか。

> 温暖な高知県は，ビニールハウスなどを利用して，なすの成長を早めて出荷する[X]栽培が盛んである。[X]栽培の利点は，[Y]である。

ア 運送費用を安くおさえられること
イ 価格が低い時期に出荷量を増やすことができること
ウ 他の地域の出荷量が多い時期に出荷できること
エ 価格が高い時期に出荷できること

2018年における東京中央卸売市場に入荷されるなすの量と全国のなすの価格

(t) 入荷量 ■高知県産 □その他(国産) 全国のなすの価格 (円/kg) 価格
1月 2 3 4 5 6 7 8 9 10 11 12

図3（「東京中央卸売市場ウェブページ」などにより作成）

(4) 大阪府を流れる川はどれか。

ア 四万十川　**イ** 利根川　**ウ** 淀川　**エ** 信濃川

(5) **図4**は，2019年における東京都の製造品出荷額に占める主な品目の割合を示している。**図4**中のPに当てはまる品目はどれか。

輸送用機械 16.4%	電気機械 10.6	P 10.5	食料品 10.0	情報通信機械 6.5	その他 46.0

図4（「県勢」により作成）

ア パルプ・紙　**イ** 石油・石炭製品　**ウ** 化学　**エ** 印刷

解答・解説 P250・P253

⑹ **図5**の**ア**，**イ**，**ウ**，**エ**は，2020年における栃木県，東京都，大阪府，兵庫県の夜間人口(常住人口)と昼夜間人口比率(夜間人口を100としたときの昼間人口)を示している。兵庫県はどれか。

	夜間人口(千人)	昼夜間人口比率
ア	14,048	119.2
イ	5,465	95.3
ウ	8,838	104.4
エ	1,933	99.0

図5(「県勢」により作成)

⑺ 花子さんは，次の旅行で訪れてみたい東北地方の四つの県を調べ，次の**ア**，**イ**，**ウ**，**エ**のようにまとめた。宮城県はどれか。

ア 北緯40度の緯線が通っており，日本海に面している。
イ さくらんぼの生産量が日本で最も多い。
ウ 南部鉄器などの伝統的工芸品の生産が盛んである。
エ 東北地方の中では65歳以上の人口の割合が最も低い。

2 **図6**は，日本の1960年における輸出入額に占める，主な品目の割合を示しており，**図7**は，1977年から1989年までの，3年ごとのアメリカとの貿易の輸出超過額(輸出額－輸入額)を示している。これらについてまとめた**図8**中の Q に当てはまる文を，「原料」「製品」の語を用いて簡潔に書きなさい。また， R に当てはまる文を，「現地」の語を用いて簡潔に書きなさい。

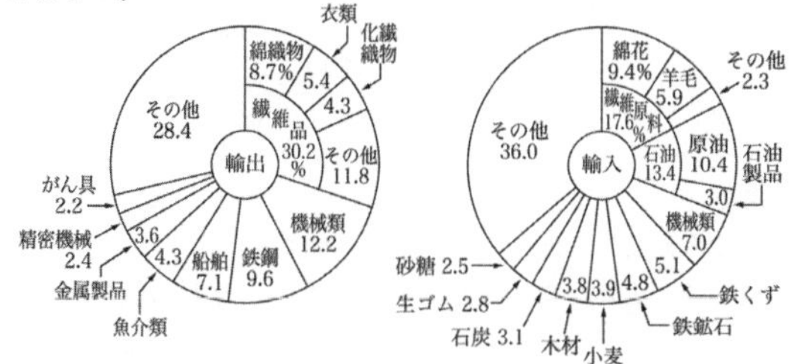

図6(「日本国勢図会」により作成)

年	アメリカとの貿易の輸出超過額(百万円)
1977	1,934,824
1980	1,559,956
1983	4,323,246
1986	8,645,809
1989	6,183,551

図7(「数字でみる日本の100年」により作成)

【**図6**から読み取れる1960年の日本の貿易方法の特徴】
日本は， Q することで，経済発展を遂げていた。
【**図7**に見られる課題からおきた，日本の工業の変化】
アメリカとの貿易において，貿易摩擦が生じたことから， R するようになった。

図8

2 **図1**は，浩二さんが，関西国際空港から直行便で行ける国(2023年3月時点)について調べてまとめたものである。これを見て，次の**1**から**6**までの問いに答えなさい。

州名	国名
アジア	韓国，中国，シンガポール，タイ，ベトナム，マレーシア，フィリピン，アラブ首長国連邦，モンゴル
北アメリカ	アメリカ，カナダ
ヨーロッパ	フランス，ドイツ，オランダ，フィンランド
オセアニア	オーストラリア

図1

1 下線部に関して，**図2**の**ア**，**イ**，**ウ**，**エ**，**オ**，**カ**は，世界を六つの州に区分した時の，世界の人口とGDPに占める，各州の割合を示している。アジア州はどれか。

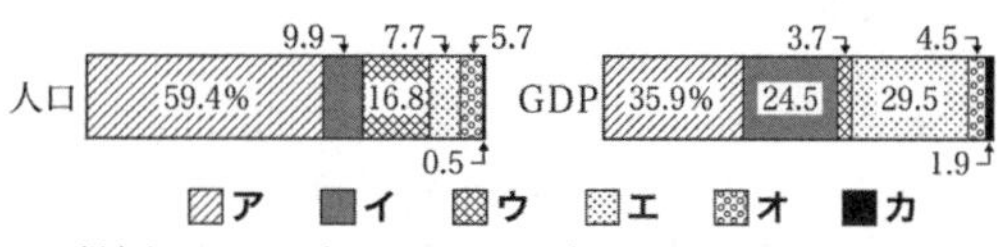

(注)人口は2017年，GDPは2016年のものである。
図2(「世界人口年鑑」などにより作成)

2 次の文は，**図1**の中国の経済について述べたものである。文中の　　　に当てはまる語を書きなさい。

中国は，1980年代に沿岸部に　　　を設け，外国企業を誘致し，経済発展を遂げた。

問題 R5
198
199
200
201
【社会】第198回

3 浩二さんは，**図1**のアラブ首長国連邦を含む中東について調べ，**図3**の主題図をまとめた。主題図が示していることがらとして正しいのはどれか。

ア 石炭の消費量に占める各地域の割合
イ 原油の埋蔵量に占める各地域の割合
ウ ＩＣＴ産業の生産額に占める各地域の割合
エ レアメタルの輸出量に占める各地域の割合

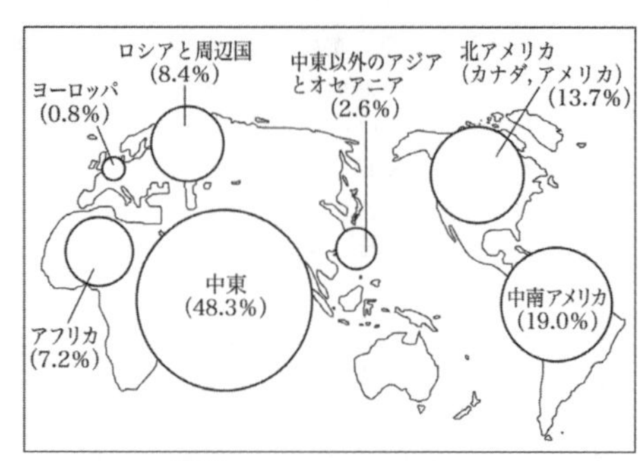

図3（「世界国勢図会」により作成）

4 次の文は，**図1**のフランス，ドイツ，オランダ，フィンランドの共通点について述べたものである。文中の□に当てはまる語を書きなさい。

> フランス，ドイツ，オランダ，フィンランドは，互いの国を，パスポートなしで行き来することができる。また，いずれの国も共通通貨である□を使用しているため(2023年5月時点)，両替をしなくても，買い物などができる。

5 **図4**は，**図1**のオーストラリアの都市シドニーの雨温図を示している。**図4**の雨温図が示す気候区分として正しいのはどれか。

ア ステップ気候　**イ** サバナ気候
ウ ツンドラ気候　**エ** 温暖湿潤気候

図4（「理科年表」により作成）

6 浩二さんは，南アメリカ州とアフリカ州には，関西国際空港からの直行便がないことに気付き，さらに調べ学習を行った。次の(1)，(2)の問いに答えなさい。

(1) 浩二さんは，南アメリカ州に属するブラジルのサンパウロに関西国際空港から行くためには，どのようなルートで行くのか調べ，**図5**にまとめた。サンパウロついて述べているのはどれか。

> 関西国際空港（日本・泉佐野市）
> ↓
> ロサンゼルス国際空港（アメリカ・ロサンゼルス）
> ↓
> アルトゥーロ・メリノ・ベニテス空港（チリ・サンティアゴ）
> ↓
> グアルーリョス国際空港（ブラジル・サンパウロ）

図5

ア 地中海性気候が広がっているが，東部にのびるアンデス山脈には，スキー場が多い。
イ 航空宇宙産業などの先端技術産業をリードする都市で，石油化学工業も盛んである。
ウ 南半球最大の都市で，ヨーロッパ系や混血を中心として，アフリカ系，日系などの人種も多い。
エ 周辺国で製造された航空機の部品と，自国で製造した航空機の部品を，最終的に組み立てる工場がある。

(2) 浩二さんは，アフリカ州の学習を進める中で，「フェアトレード」ということばを知り，これについて**図6**にまとめた。**図6**中の［X］に当てはまる文を，「適正」「自立」という語を用いて簡潔に書きなさい。

【フェアトレードの取り組み】

アフリカ州などの発展途上の国々が，貿易相手国から商品を安く売るよう求められる。	⇨	生産者の利益が少ない
商品を［X］を促す(フェアトレード)。	⇨	貧困の改善

図6

3 太郎さんは，古代から近世に活躍した人物(一族)について調べ，**図1**にまとめた。これを見て，次の**1**から**7**までの問いに答えなさい。

人物(一族)名	説明
物部氏	ⓐ古墳時代に，大王に仕え，政治の中心にいた。
聖武天皇	ⓑ墾田永年私財法や大仏をつくる命令を出した。
紀貫之	全20巻，1000首をこえる歌がまとめられたⓒ「古今和歌集」の編者。
小山政光(おやままさみつ)	下野国(栃木県)に広大な所領を持ち，ⓓ鎌倉幕府を支えた人物。
コロンブス	ⓔ大航海時代にカリブ海の島に到達し，そこを「インド」だと考えた。
三要(さんよう)	ⓕ江戸時代に，「坂東の大学」と呼ばれるほどⓖ学問が盛んであった足利学校の校長職を務めた。

図1

1 下線部ⓐに関して，**図2**は，ワカタケル大王が活躍した時期につくられていた古墳の代表的な形である。**図2**のような形の古墳を何というか。

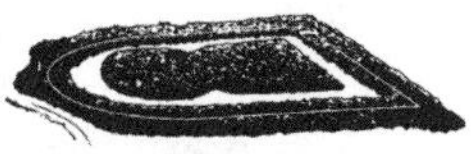

図2

2 **図3**は，下線部ⓑの内容の一部を示している。このような法令が出された理由を，「不足」「促す」の語を用いて簡潔に書きなさい。

> (前略) 墾田は期限が終われば，ほかの土地と同様に国に収められることになっている。しかし，このために農民は意欲を失い，せっかく土地を開墾しても，また荒れてしまう。今後は私有することを認め，期限を設けることなく永久に国に収めなくてもよい。

図3

3 下線部ⓒと同じ時代に成立した書物として正しいのはどれか。
ア 「一寸法師」　**イ** 「枕草子」　**ウ** 「方丈記」　**エ** 「万葉集」

4 下線部ⓓに関して，次の(1)，(2)の問いに答えなさい。
(1) 次の**ア**，**イ**，**ウ**，**エ**は，鎌倉時代におきたできごとである。年代の古い順に並べ替えなさい。
ア (永仁の)徳政令が出された。　**イ** 朝廷を監視する六波羅探題が置かれた。
ウ 承久の乱がおこった。　**エ** 文永の役がおこった。
(2) 次の文は，鎌倉時代の仏教について述べたものである。文中の[X]，[Y]に当てはまる語の組み合わせとして正しいのはどれか。

> 鎌倉時代には，一遍が開いた[X]や親鸞が開いた[Y]など，新しい仏教の宗派が開かれた。

ア X－臨済宗　Y－浄土真宗　**イ** X－臨済宗　Y－曹洞宗
ウ X－時宗　Y－浄土真宗　**エ** X－時宗　Y－曹洞宗

5 **図4**は，下線部ⓔの影響で行われるようになった，大西洋における三角貿易を示している。**図4**中のA，B，Cに当てはまる語の組み合わせとして正しいのはどれか。
ア A－アメリカ大陸　B－ヨーロッパ　C－アフリカ
イ A－アメリカ大陸　B－アフリカ　C－ヨーロッパ
ウ A－アフリカ　B－ヨーロッパ　C－アメリカ大陸
エ A－アフリカ　B－アメリカ大陸　C－ヨーロッパ

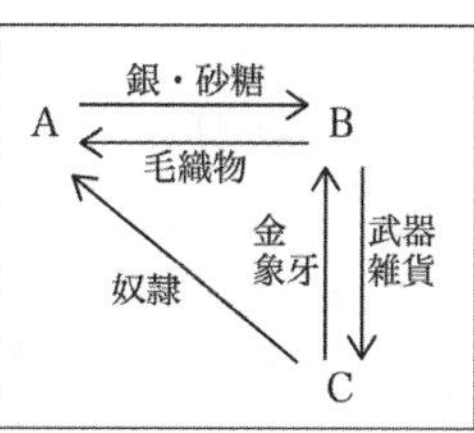

図4

6 下線部ⓕの時代に日本と中国の間でおきたできごとはどれか。
ア 勘合貿易が始まった。　**イ** 遣唐使が送られた。
ウ 白村江の戦いがおこった。　**エ** 中国との貿易は，長崎のみに限られるようになった。

7 下線部ⓖに関して，次の文は，江戸時代の民衆の学問について述べたものである。文中の[ ]に当てはまる語を書きなさい。

> 江戸時代には，民衆の間でも教育への関心が高まり，町や農村に，多くの[ ]が開かれ，読み・書き・そろばんなどの実用的な知識や技能が教えられた。

4 次の**1**から**5**までの問いに答えなさい。

1 次の文は，**図1**で示した工場について述べたものである。文中の□に当てはまる語を書きなさい。

> **図1**は，殖産興業の政策の下，群馬県に建てられた□という官営模範工場である。この工場は，フランス人技師の指導の下に操業を開始し，日本の近代産業の発達を支えた。

図1

2 **図2**は，日清戦争から日露戦争の頃までの1戸当たりの税負担額を，**図3**は，ポーツマス条約の内容の一部を示している。**図2**，**図3**をふまえ，日露戦争後に東京で暴動(日比谷焼き打ち事件)がおきた理由を簡潔に書きなさい。

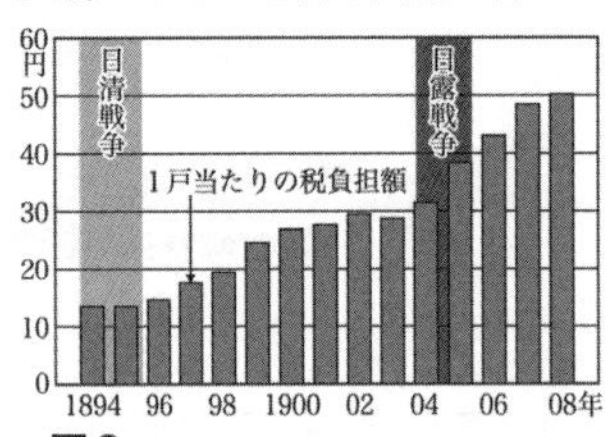

図2 (「明治大正財政詳覧」により作成)

> ・韓国における日本の優越権を認める。
> ・旅順や大連の租借権，長春以南の鉄道の利権を日本に譲り渡す。
> ・北緯50度以南の樺太(サハリン)を日本に譲り渡す。

図3

3 1921年から1922年にかけて行われたワシントン会議で取り決められた内容の一つとして正しいのはどれか。

ア 海軍の軍備の制限や太平洋地域の現状維持，中国の独立と領土の保全を確保すること。
イ 中国の上海など5港の開港と，中国がイギリスに香港を譲り渡し，賠償金を支払うこと。
ウ 植民地の取り上げ，領土の縮小，巨額の賠償金と軍備縮小などの，ドイツに対する戦後処理。
エ ナチスドイツと対決する決意や，第二次世界大戦後の国際平和を維持するための構想。

4 雑誌の中で，民本主義を主張し，政党内閣の実現などを説いた人物は誰か。

5 **図4**は，国民や市民が中心となっておきたできごとについて，略年表にまとめたものである。これを見て，次の(1)，(2)，(3)の問いに答えなさい。

年	主なできごと	
1918	米騒動がおこる	↕A
1924	第二次護憲運動により加藤高明内閣が成立する	↕B
1955	原水爆禁止世界大会が開催される	↕C
1967	阿賀野川流域の住民が公害問題を裁判所に訴える	

図4

(1) 次の文は，Aの時期におきたできごとについて述べたものである。文中の□に当てはまる組織はどれか。

> 第一次世界大戦後，社会運動が広まり，さまざまな立場の人々が社会や生活の改善を求めて声をあげるようになった。1922年には，部落差別からの解放を目指して□が結成され，解放運動は全国に広まった。

ア 大政翼賛会　**イ** 新婦人協会　**ウ** 全国水平社　**エ** 日本労働総同盟

(2) Bの時期におきたできごとはどれか。

ア 足尾鉱毒事件がおき，田中正造が銅山の操業停止を求める運動をおこした。
イ 陸軍の青年将校が大臣などを殺傷し，東京の中心部を占拠する二・二六事件がおきた。
ウ 与謝野晶子が「君死にたまふ(う)ことなかれ」という詩を発表した。
エ 第四次中東戦争をきっかけとした石油危機(オイル・ショック)がおき，物価が高騰した。

(3) **図5**は，Cの時期に，民衆が国会議事堂を取り囲んでいる様子を示したものである。このようなできごとがおきた理由として正しいのはどれか。

ア 岸信介内閣が，日米安全保障条約を改定したため。
イ 女性の選挙権を求める運動がおきたため。
ウ 地租改正が実施されたが，税の負担は変わらなかったため。
エ ノルマントン号事件がおきたため。

図5

解答・解説 P250・P253

5 次の**1**から**7**までの問いに答えなさい。

1 **図1**は，パソコン・インターネット・スマートフォンの世帯普及率の推移を示している。**図1**のような推移と密接に関連して増えている課題として正しいのはどれか。

ア 高齢者の孤独死が増えている。
イ 社会保障費が増え，現役世代の負担が増えている。
ウ 個人情報が流出し，悪用されている。
エ 食料自給率が低下している。

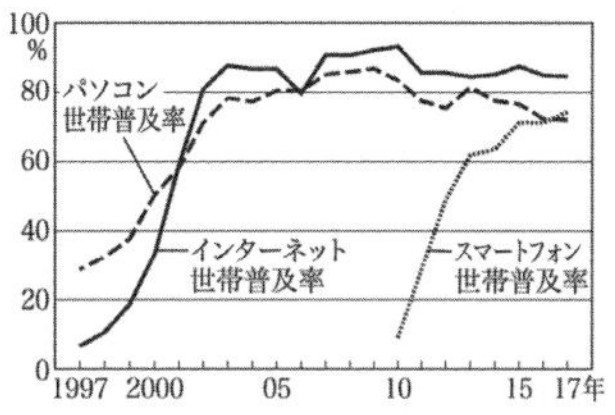

図1（「通信利用動向調査」により作成）

2 次の文は，世界の貿易について述べたものである。文中の□に当てはまる語をカタカナで書きなさい。

> 人や物，お金や情報などが国境をこえて広がる□化が進む中，自国の商品と外国の商品の間で，より良い商品をより安く提供する国際競争が激しくなっている。

3 **図2**の**ア**，**イ**，**ウ**，**エ**は，1930年，1960年，2021年，2050年(推計)における日本の人口ピラミッドを示している。2021年のものはどれか。

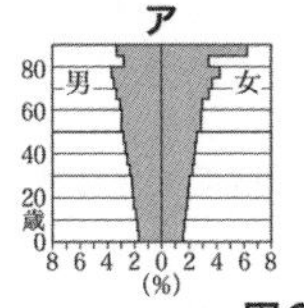

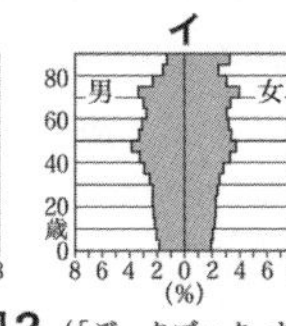

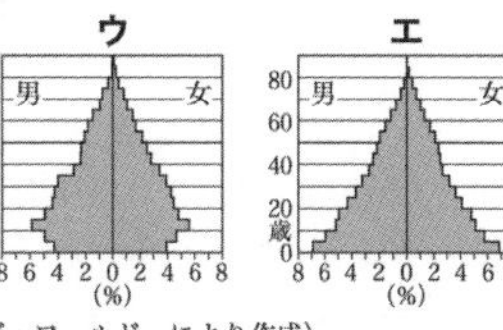

図2（「データブック オブ・ザ・ワールド」により作成）

4 親と子ども，または夫婦だけの世帯のことを何というか。

5 次の文は，文化について述べたものである。文中の X ， Y に当てはまる語の組み合わせとして正しいのはどれか。

> 文化の一つの要素である X は，音楽や絵画，映画，小説などの分野のもので，人々を精神的な面で豊かにするものである。また，能や歌舞伎，狂言など，昔から受け継がれてきた文化を Y といい，受け継がれてきた良い点を引き継ぎつつ，新しい要素も取り入れながら発展している。

ア X－芸術　Y－伝統文化　**イ** X－芸術　Y－異文化
ウ X－科学　Y－伝統文化　**エ** X－科学　Y－異文化

6 現代社会の見方や考え方に関する次の文，Ⅰ，Ⅱ，Ⅲの正誤の組み合わせとして，正しいのはどれか。

> Ⅰ 体育館の使用面積について，各部活動で，ある日に使用したい面積を回答してもらうと，その合計面積が体育館の面積の限界を超えてしまった。この状態を合意という。
> Ⅱ 生徒会選挙において，投票する教室の扉を，入口専用と出口専用に分けてスムーズに人が移動できるようにしたことは，効率的な取り組みである。
> Ⅲ 文化祭でのクラスの出し物を決める際，決定方法やルールを決めず，委員が独断で出し物を決めることは公正な決め方である。

ア Ⅰ－正　Ⅱ－正　Ⅲ－誤　**イ** Ⅰ－正　Ⅱ－誤　Ⅲ－正
ウ Ⅰ－正　Ⅱ－誤　Ⅲ－誤　**エ** Ⅰ－誤　Ⅱ－正　Ⅲ－正
オ Ⅰ－誤　Ⅱ－正　Ⅲ－誤　**カ** Ⅰ－誤　Ⅱ－誤　Ⅲ－正

7 **図3**は，A案とB案について，ある採決方法で決定したときの様子とその結果を示している。**図3**で採られた採決方法の利点と注意点について，**図3**をふまえ，「時間」「少数」の語を用いて簡潔に書きなさい。

A案の票数	B案の票数	結果
16	15	A案の方が票数が多いため，A案を採用するが，B案からも取り入れられる点がないか考える。

図3

6 **図1**は，結衣さんが，栃木県の文化財について調べてまとめたものである。**図1**を見て，次の**1**から**7**までの問いに答えなさい。

文化財の名称	説明
開雲寺のⓐ阿弥陀如来像	1502年に開雲寺の本尊として置かれた。
山縣有朋記念館	1909年に，ⓑ内閣総理大臣を務めた山縣有朋の別荘として建てられたが，1923年のⓒ関東大震災で崩壊したため，翌年に移築された。
日光真光教会礼拝堂	ⓓアメリカ人建築家のジェームズ・ガーディナーが設計した，キリスト教の礼拝堂で，1914年に完成した。
下野国庁跡	8世紀前半から10世紀の初め頃にかけて置かれていた下野国の役所跡で，ⓔ平将門の襲撃を受けた。
那須開墾社烏ヶ森農場跡	那須野が原のⓕ農場の中では，最も規模の大きかった那須開墾社の第二事務所の跡地。
宇都宮市水道資料館	1914年に建てられた木造の洋館で，宇都宮市のⓖ水道の歴史や，水道に関わる道具や機械が展示されている。

図1

1 下線部ⓐに関して，10世紀半ばにおこった，阿弥陀如来にすがって死後に極楽へと生まれ変わることを願う信仰を何というか。

2 下線部ⓑに関して，**図2**は，結衣さんが，ある二人の内閣総理大臣について調べてまとめたものである。**図2**中の X ， Y に当てはまる人物として正しいのはどれか。

ア X－伊藤博文　Y－鳩山一郎
イ X－伊藤博文　Y－田中角栄
ウ X－大隈重信　Y－鳩山一郎
エ X－大隈重信　Y－田中角栄

【 X について】
・初代内閣総理大臣となり，憲法の草案作成の中心的役割を果たした。
・立憲政友会を設立した。
【 Y について】
・中国との国交を回復するため，日中共同声明に調印した。

図2

3 下線部ⓒがおきた頃の日本の社会の様子として正しいのはどれか。

ア ポツダム宣言を受諾した。　**イ** 北海道に開拓使が置かれた。
ウ 琉球処分が行われた。　**エ** 金融恐慌がおこった。

4 **図3**は，下線部ⓓの主な河川を示している。**図3**中のZの河川の名称はどれか。

ア ライン川　**イ** ミシシッピ川
ウ ナイル川　**エ** ドナウ川

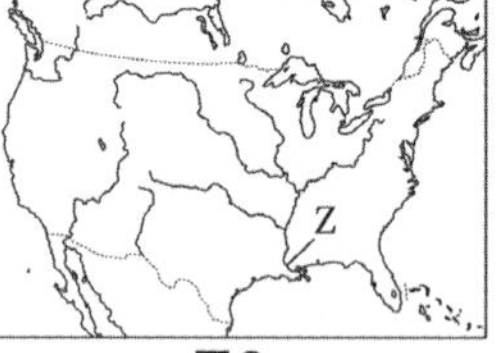

図3

5 下線部ⓔの人物と同じ頃，瀬戸内地方で大きな反乱をおこした人物はどれか。

ア 平清盛　**イ** 北条泰時　**ウ** 藤原純友　**エ** 源義経

6 下線部ⓕに関して，**図4**は，結衣さんが，栃木県の農業についてまとめたものである。**図4**中の P に当てはまる語を書きなさい。

右の表を見ると，栃木県は，北海道に次いで乳用牛の飼養頭数が多いことが分かる。このことから，栃木県や北海道では，牧畜のうちの P が盛んなのではないかと予想して，さらに調べると，2021年における生乳の生産量は，北海道が1位，栃木県が2位であった。

	乳用牛の飼養頭数(頭)（2022年）	全国順位
北海道	846,100	1位
栃木県	54,800	2位

（「県勢」により作成）

図4

7 下線部ⓖに関して，川の沿岸には，川の水を一時的に取り入れる調節池が設置されていることが多い。この理由を，「水量」「洪水」の語を用いて簡潔に書きなさい。

令和5年
10月1日実施

第198回 下野新聞模擬テスト
数　学

1 次の**1**から**8**までの問いに答えなさい。

1　$4-(-2)$ を計算しなさい。

2　$\frac{1}{3}a-\frac{1}{4}a$ を計算しなさい。

3　$(x+3)(x-3)$ を展開しなさい。

4　2次方程式 $x^2-8x=0$ を解きなさい。

5　関数 $y=-3x+5$ について，xの変域が $-2 \leqq x \leqq 1$ のときのyの変域を求めなさい。

6　右の図のような，半径4cmの球の表面積を求めなさい。ただし，円周率はπとする。

4cm

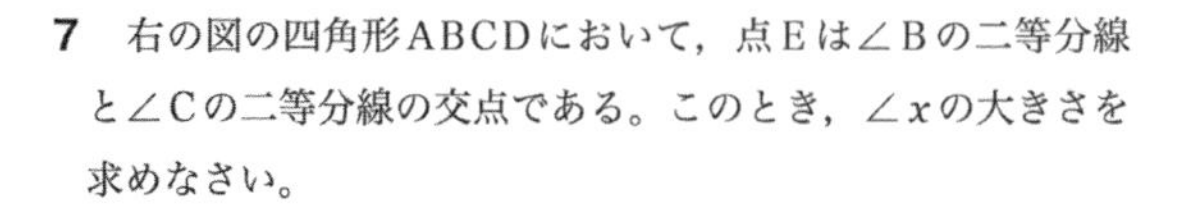

7　右の図の四角形ABCDにおいて，点Eは∠Bの二等分線と∠Cの二等分線の交点である。このとき，∠xの大きさを求めなさい。

A　113°　D　85°　E　x　B　C

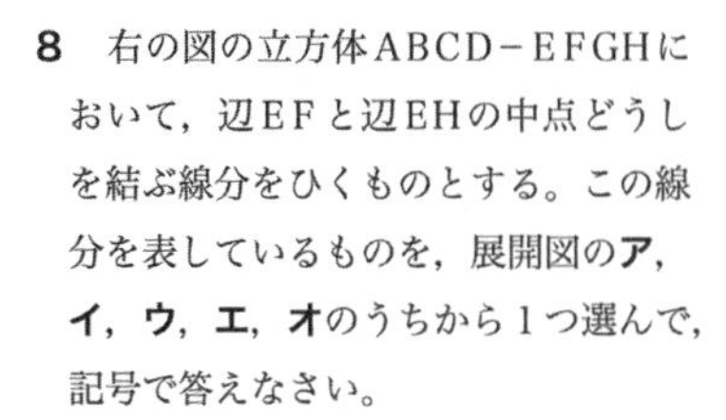

8　右の図の立方体ABCD－EFGHにおいて，辺EFと辺EHの中点どうしを結ぶ線分をひくものとする。この線分を表しているものを，展開図の**ア**，**イ**，**ウ**，**エ**，**オ**のうちから1つ選んで，記号で答えなさい。

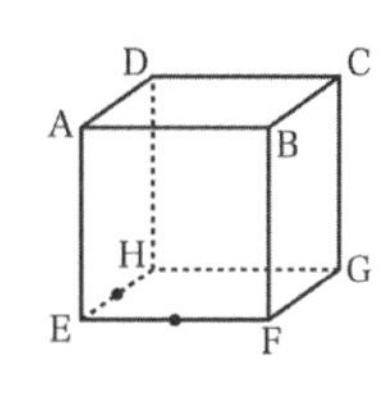

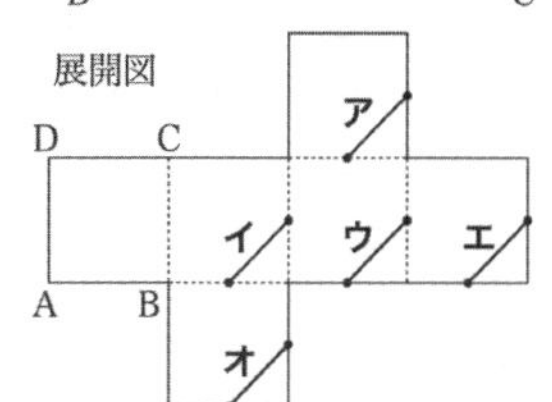

2 次の**1**，**2**，**3**の問いに答えなさい。

1　$2.5<\sqrt{n}<3$ を満たす自然数nのうち，最も大きいnの値を求めなさい。

2　十の位の数が0ではない3けたの自然数があり，百の位の数は十の位の数より3だけ大きく，一の位の数は2である。また，この自然数の百の位の数と十の位の数を入れかえた自然数ともとの自然数の和は，1214になる。

このとき，もとの自然数の百の位の数をx，十の位の数をyとして連立方程式をつくり，もとの自然数を求めなさい。ただし，途中の計算も書くこと。

3　xについての2次方程式 $x^2+px+q=0$ の2つの解が-1と5であるとき，p，qの値を求めなさい。

3 次の**1**，**2**，**3**の問いに答えなさい。

1　右の図のような，長さや太さがまったく同じである5本の棒があり，それぞれの棒には1から5までの数字が1つずつ書かれている。

これらの棒に書かれている数字が見えないようにして，5本の棒をまとめてにぎってから2本の棒を抜き出すとき，どちらの棒にも奇数が書かれている確率を求めなさい。ただし，どの棒を抜き出すことも同様に確からしいものとする。

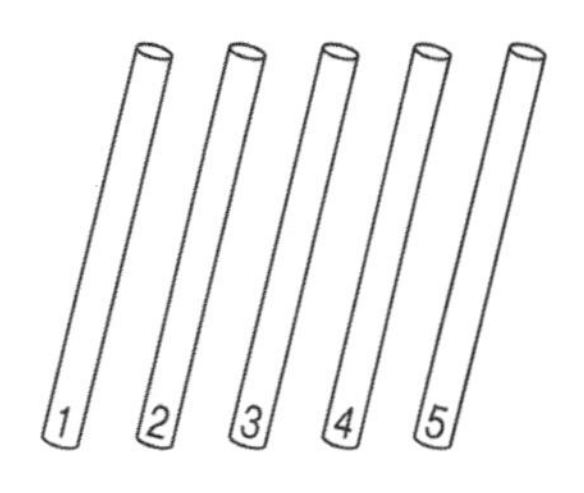

2 ある町の人口は，上から２けたの概数で9600人と表される。この町の人口をx人として，xの範囲を不等号を用いて表しなさい。

3 下のデータは，キッチンにあった13個のりんごの重さを調べて，軽い方から順に整理したものである。

281，282，286，292，294，299，301，302，306，309，313，320，324（g）

このとき，次の(1)，(2)の問いに答えなさい。

(1) メジアン(中央値)を求めなさい。

(2) 四分位範囲について述べた，次の文の①に当てはまる内容を簡潔に書きなさい。また，②に当てはまる数を求めなさい。

四分位範囲とは，第３四分位数と（ ① ）のことである。したがって，このデータの四分位範囲は（ ② ）gである。

4 次の**1**，**2**，**3**の問いに答えなさい。

1 右の図のような円Oがある。このとき，下の【条件】をともに満たす直線ℓを作図によって求めなさい。ただし，作図には定規とコンパスを使い，また，作図に用いた線は消さないこと。

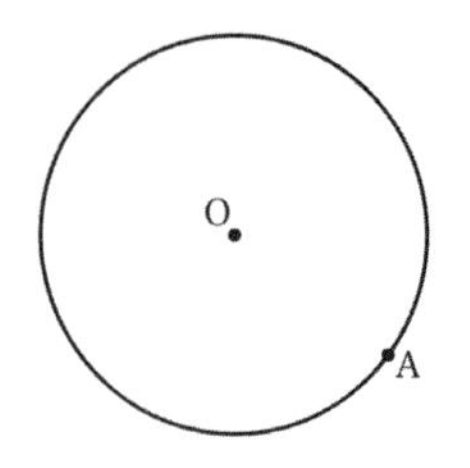

【条件】
・直線ℓは円周上の点Aを通る。
・直線ℓは円Oの接線のうちの１つである。

2 図１のような，AB＝4cm，BC＝12cm，AD＝16cm，∠ABC＝90°の三角柱ABC－DEFの形をした容器があり，面ABCの部分が開いている。

このとき，次の(1)，(2)の問いに答えなさい。

(1) 辺ABと垂直に交わる辺の本数を求めなさい。

(2) 図１の容器を水平面の上に置き，水を入れて満水にした。次に，図２のように，辺DEを水平面につけたまま容器を45°傾けて水をこぼした。その後，再び面DEFと水平面が重なるように戻したときの水面の高さを求めるものとする。次の文の①，②に当てはまる数をそれぞれ求めなさい。

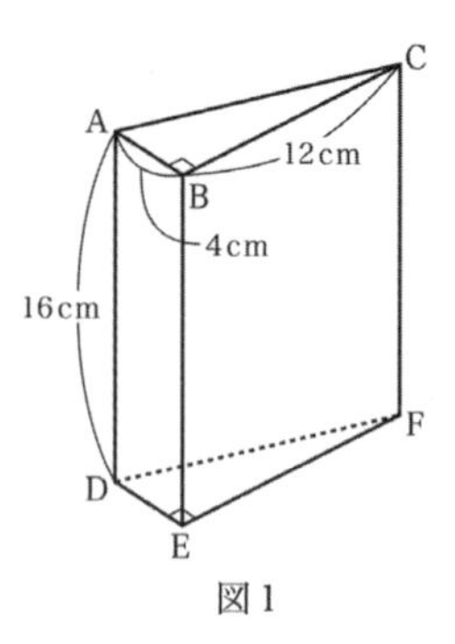

図１

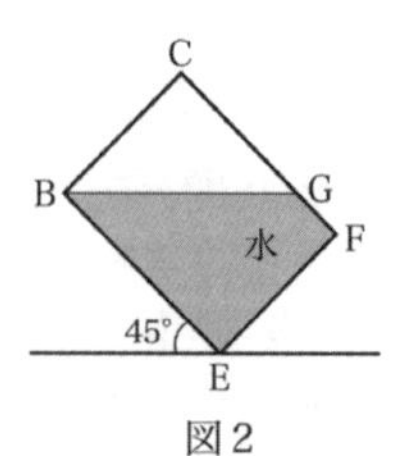

図２

図２において，CG＝（ ① ）cmであることから，こぼした水の体積を求めることができる。さらに，残っている水の体積を求めることで，水面の高さは（ ② ）cmであることが求められる。

解答・解説 P251・P257

3　右の図のように，正方形ABCDの辺DCの延長上に点Eをとり，線分BEを1辺とする正方形BEFGをつくると，頂点Gは辺AD上にくる。このとき，AG＝CEであることを，直角三角形の合同条件を使って証明しなさい。

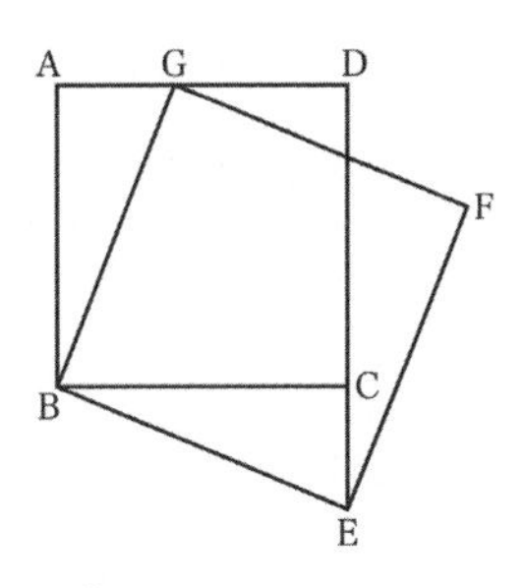

5　次の**1**，**2**の問いに答えなさい。

1　右の図のように，関数$y=\frac{a}{x}$のグラフがある。点A，B，Cは関数$y=\frac{a}{x}$のグラフ上の点で，点Aの座標は(－4，12)で，点B，Cのx座標はそれぞれ8，－16である。

このとき，次の(1)，(2)，(3)の問いに答えなさい。

(1)　aの値を求めなさい。

(2)　点Bのy座標を求めなさい。

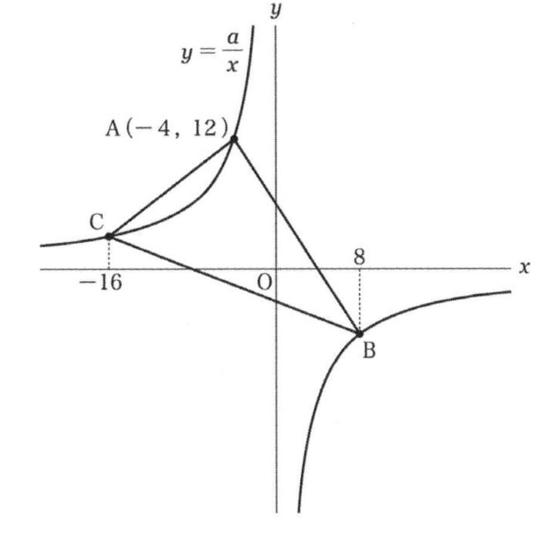

(3)　次の[　　]内の先生と太郎さんの会話文中の，①，②に当てはまる数をそれぞれ求めなさい。

> 太郎：「△ABC＝△ABPとなるように，x軸上に点P(p，0)をとりたいんですが…△ABCの面積を実際に求める方法以外の方法を知りたいんです。」
> 先生：「点Pは2か所とることができますよ。」
> 太郎：「ええと，$x<0$の範囲の方です。」
> 先生：「辺ABを共通の底辺として，その平行線を利用する方法がありますよ。」
> 太郎：「そうか，点Cを通って辺ABと平行な直線とx軸との交点を求めればいいんですね。早速やってみます…　求められました。pの値は(　①　)です。」
> 先生：「その通りです。さらに，その平行線を延長すれば，△ABC＝△ABQとなるように，y軸上の$y<0$の範囲に点Q(0，q)をとることもできますよ。」
> 太郎：「こちらもやってみます…　わかりました。qの値は(　②　)です。」

2 日曜日の午前9時ちょうどに家を出発したAさんは，駅に向かって毎分60mの速さで歩いていた。そのまま歩くと午前9時35分に駅に着く予定であったが，途中のある地点で忘れ物をしていることに気づき，すぐに同じ道を家まで毎分150mの速さで走って帰った。家に着いてから7分後の午前9時28分に再び出発し，同じ道を駅まで自転車で向かったところ，最初の予定と同じ午前9時35分に駅に着いた。なお，歩く速さ，走る速さ，自転車の速さは，いずれも一定であったとする。

右の図は，Aさんが午前9時ちょうどに家を出発してからの時間をx分，家からAさんまでの距離をy mとして，Aさんが家を出発してから駅に着くまでのxとyの関係を表したグラフである。なお，点線は，Aさんが最初の予定通りに歩いた場合のグラフである。

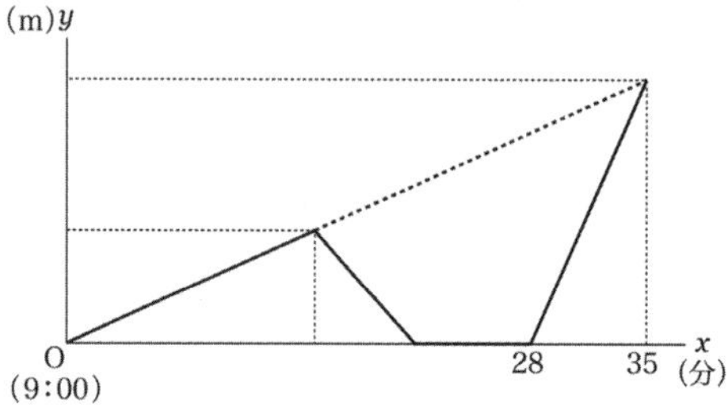

このとき，次の(1)，(2)，(3)の問いに答えなさい。

(1) Aさんの家から駅までの距離を求めなさい。
(2) Aさんが自転車で駅まで向かっているときの，xとyの関係を表す式を求めなさい。
(3) Aさんが忘れ物をしていることに気づいた地点は，家から何m離れているか。ただし，途中の計算も書くこと。

6 図1のような，3辺の長さが1cm，2cm，3cmの直方体がある。この直方体を，図2のように1個置いたものを1番目の立体，2個重ねて置いたものを2番目の立体，3個重ねて置いたものを3番目の立体，…とする。

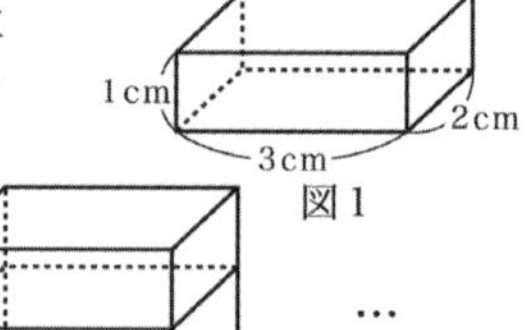

図1

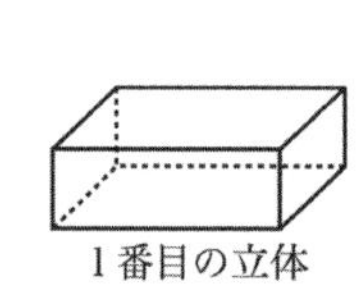
1番目の立体

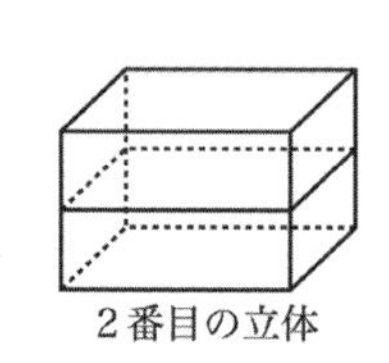
2番目の立体

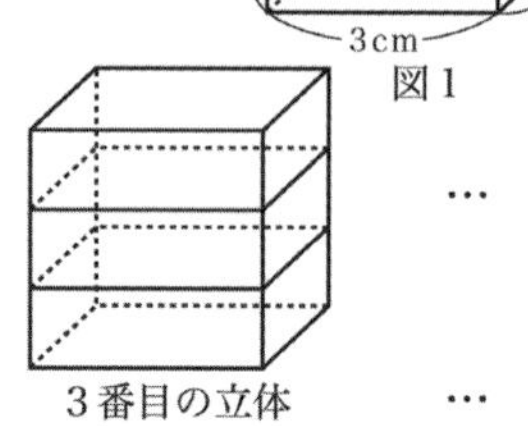
3番目の立体 …

図2

また，それぞれの立体における表面積，頂点(重なっているものは1個とする)の個数，辺(重なっているものは1本とする)の本数を，下の表のようにまとめた。

	1番目の立体	2番目の立体	3番目の立体	…
表面積〔cm^2〕	22	32	42	…
頂点の個数〔個〕	8	12	16	…
辺の本数〔本〕	12	20	28	…

このとき，次の**1**，**2**，**3**の問いに答えなさい。

1 次の文は，4番目と5番目の立体について述べたものである。文中の①，②に当てはまる数をそれぞれ求めなさい。

> 4番目の立体の表面積は（ ① ）cm^2になる。また，5番目の立体の頂点の個数は（ ② ）個になる。

2 m番目の立体の頂点の個数をmを用いて表しなさい。ただし，かっこを使わない最も簡単な式で答えること。

3 辺の本数が492本になる立体について，その立体の頂点の個数を求めなさい。

問題 R5 198 199 200 201 【数学】第198回

解答・解説 P251・P258

第198回 下野新聞模擬テスト
理　科

1　次の1から8までの問いに答えなさい。

1　次のうち，通過時に乱層雲による穏やかな雨を降らせることが多い前線はどれか。

ア　温暖前線　　イ　閉塞前線　　ウ　寒冷前線　　エ　停滞前線

2　次のうち，アルカリ性でのBTB溶液の色を表しているものはどれか。

ア　黄色　　イ　緑色　　ウ　赤色　　エ　青色

3　次の血液の成分のうち，出血したときに血液を固める役割をしているものはどれか。

ア　白血球　　イ　赤血球　　ウ　血小板　　エ　血しょう

4　次のうち，栃木県内の一般家庭において，コンセントから供給されている交流の周波数はどれか。

ア　50Hz　　イ　60Hz　　ウ　70Hz　　エ　80Hz

5　右の図は，ある火山の断面のようすを表した模式図である。火口からの噴出物のもととなっている，地下にある液状の物質を何というか。

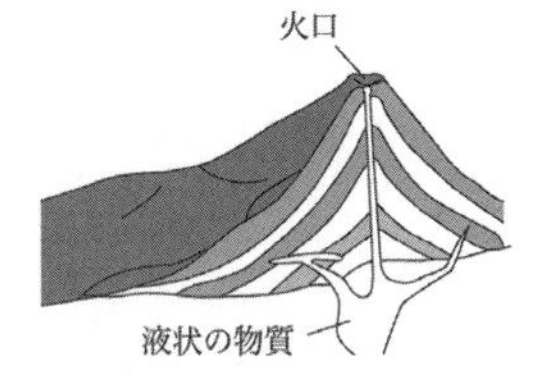

6　右の図のように，ガラスと空気の境界面上のX点に向けてガラスの中から光を進ませたところ，光はX点で二つの方向に分かれて進んだ。次に，図の状態からX点に対する入射角を大きくすると，X点で分かれて進む光のうちの一方が見られなくなった。このときにX点で起こっている現象を何というか。

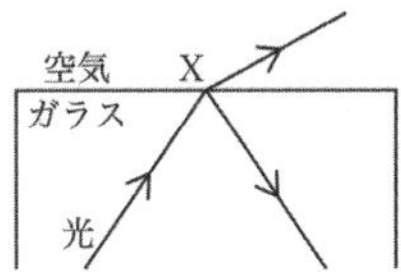

7　右の図は，アブラナの4枚の花弁を台紙にはりつけたようすを表している。花弁の形状という観点から，アブラナやサクラなどのような花を，アサガオやツツジなどのような花に対して何というか。

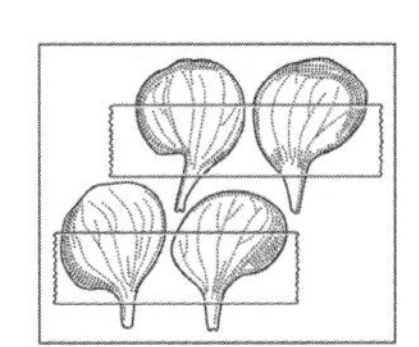

8　右の図のように，塩化アンモニウムと水酸化バリウムをビーカーに入れ，ガラス棒でかき混ぜて反応させると，ビーカー内では，熱の出入りに関して何反応とよばれる化学変化が起こるか。

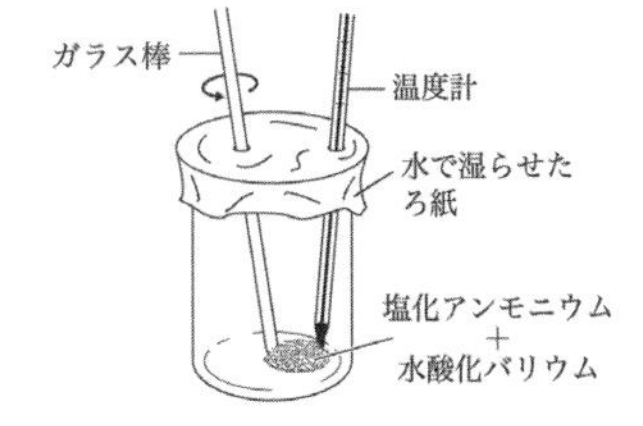

2　右の図は，ある地層から見つかったアンモナイトという生物の化石を表したものであり，この生物の化石が含まれていることから，その地層が堆積した地質年代が推測できる。

このことについて，次の1，2，3の問いに答えなさい。

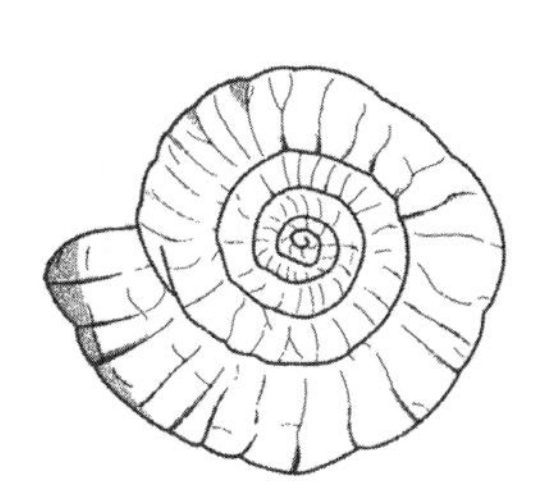

1　アンモナイトの化石のように，地層が堆積した地質年代が推測できる化石を何というか。また，このような化石として適している生物の条件を述べているものは，次のうちどれか。

ア　比較的長い期間に，広い範囲で栄えて絶滅した生物。

イ　比較的長い期間に，せまい範囲で栄えて絶滅した生物。

ウ　比較的短い期間に，広い範囲で栄えて絶滅した生物。

エ　比較的短い期間に，せまい範囲で栄えて絶滅した生物。

解答・解説　P251・P259

2　次の［　　］内の文は，アンモナイトが栄えていた地質年代について述べたものである。①，②に当てはまる語をそれぞれ(　　)の中から選んで書きなさい。

> アンモナイトは，①(ビカリア・サンヨウチュウ・恐竜) などと同じく，②(古生代・中生代・新生代) という地質年代に栄えていた生物である。

3　アンモナイトの内臓は，外とう膜という膜で包まれていたことがわかっている。このことから，アンモナイトは，現在の無脊椎動物の中の何動物に近い生物と考えられるか。

問題
R5
198
199
200
201
【理科】第198回

3

音の伝わり方について調べるために，次の実験(1)，(2)を順に行った。

> (1)　AさんとBさんは校庭に出て，校舎に対して垂直な一直線上にそれぞれ立った。右の図は，そのようすを真上から見たもので，AさんとBさんが立った地点は51m離れている。
>
> (2)　Bさんがたいこをたたいたのが見えてから0.15秒後と0.55秒後に，Aさんはたいこの音を聞いた。

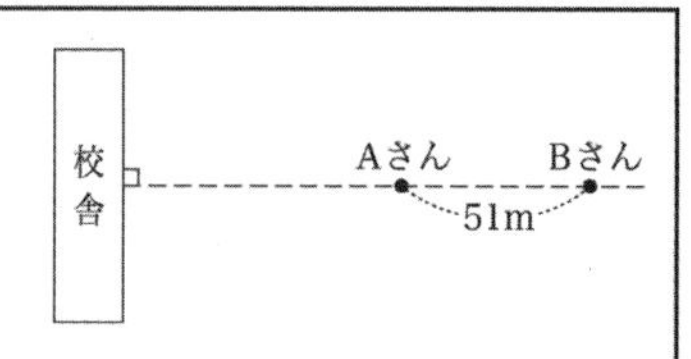

このことについて，次の**1**，**2**，**3**の問いに答えなさい。

1　次の［　　］内の文章は，音が空気中を伝わるしくみと，Aさんがたいこの音を聞くことができた理由について述べたものである。①，②に当てはまる語をそれぞれ書きなさい。

> 音源の振動は，空気中を（　①　）として伝わっていく。この実験において，音源であるたいこから出た音の振動は，空気中をAさんの位置まで伝わったのち，Aさんの耳の中の（　②　）という部分を振動させたため，Aさんは音を聞くことができた。

2　実験の結果から，音が空気中を伝わる速さは何m/sであったことがわかるか。

3　Bさんは，校舎から何m離れた地点に立っていたか。

4

池から採集してきた水をスライドガラスに1滴落とした後，その上から<u>カバーガラスをかけてプレパラートをつくった</u>。図1のような顕微鏡を使ってプレパラートを観察したところ，その視野には，図2のような生物が見られた。

このことについて，次の**1**，**2**，**3**の問いに答えなさい。

1　下線部について，カバーガラスをかけるときには，どのようなことに注意する必要があるか。「空気」という語を用いて簡潔に書きなさい。

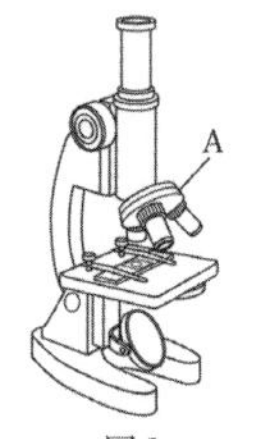

図1

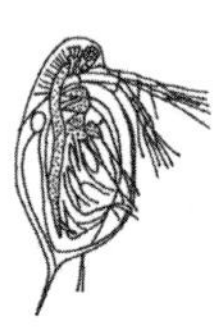
図2

2　次の［　　］内の文章は，顕微鏡による観察の手順について述べたものである。①，②に当てはまる語の正しい組み合わせはどれか。

> 顕微鏡で対象物を観察する際には，最初は（　①　）で観察し，必要に応じて倍率を変更する。なお，このときには，「（　②　）」という手順で行う。

	①	②
ア	高倍率	倍率を変更→対象物を視野の中央に移動
イ	高倍率	対象物を視野の中央に移動→倍率を変更
ウ	低倍率	倍率を変更→対象物を視野の中央に移動
エ	低倍率	対象物を視野の中央に移動→倍率を変更

5

銅粉を加熱したときに起こる変化について調べるために，次の実験(1)，(2)，(3)を順に行った。

> (1)　ステンレス皿にのせた0.20gの銅粉を，ガスバーナーを用いて加熱して完全に反応させた後，ステンレス皿が十分に冷えるまで待ってから，ステンレス皿に残った物質(物質Xとする)の質量を測定した。
>
> (2)　加熱する銅粉を0.40g，0.60g，0.80gに変更し，(1)と同様の操作を行った。
>
> (3)　(1)，(2)で得られた結果をもとに，加熱した銅粉の質量と物質Xの質量との関係を，右の図のようなグラフに表した。

物質Xの質量〔g〕 (0, 0.25, 0.50, 0.75, 1.00)
加熱した銅粉の質量〔g〕 (0, 0.20, 0.40, 0.60, 0.80)

このことについて，次の**1**，**2**，**3**の問いに答えなさい。

1 次の□内の文章は，物質Xおよび図(グラフ)からわかることについて述べたものである。①，②に当てはまる語(具体的な物質名)や数値をそれぞれ書きなさい。

> 物質Xは（ ① ）という物質である。また，図より，物質Xの質量のうちの（ ② ）％を酸素が占めていることがわかる。

2 加熱することによって銅粉に起こった化学変化を，化学反応式で表しなさい。

3 実験の後，1.15 gの銅粉を実験と同様に加熱し，反応の途中で加熱を止めたところ，加熱後にステンレス皿に残った物質の質量は1.40 gであった。この1.40 gの物質の中に，物質Xは何g含まれているか。

6 空気中に含まれている水蒸気の変化について調べるために，理科実験室において，次の調査(1)，実験(2)，(3)を順に行った。

(1) 空気1 m^3中に含むことができる水蒸気の最大の質量を，飽和水蒸気量という。下の表は，気温と飽和水蒸気量との関係を調べて，その一部をまとめたものである。

気温〔℃〕	12	13	14	15	16	17	18	19
飽和水蒸気量〔g/m^3〕	10.7	11.4	12.1	12.8	13.6	14.5	15.4	16.3

(2) 金属製のコップにくみ置きの水を半分ほどまで入れた後，その水温を温度計ではかったところ，19.0℃であった。

(3) 右の図のように，(2)のコップに，ガラス棒でかき混ぜながら氷水を少しずつ加えていったところ，しばらくすると金属製のコップの表面に水滴がつき始めた。このとき，温度計は14.0℃を示していた。

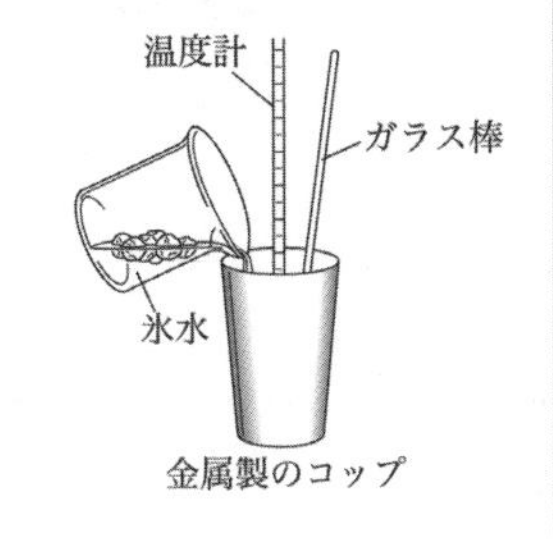

このことについて，次の**1**，**2**，**3**，**4**の問いに答えなさい。

1 実験(2)で，金属製のコップに入れる水をくみ置きの水にした理由を正しく述べているものは，次のうちどれか。

ア くみ置きの水は温度が変化しやすいから。
イ 水中に溶けている気体を追い出すため。
ウ 水温を理科実験室内の室温に近づけるため。
エ 水の分子の運動を穏やかにするため。

2 次の□内の文は，実験(3)において，金属製のコップの表面に水滴がつき始めた理由について述べたものである。①，②に当てはまる語や数値をそれぞれ書きなさい。

> 金属製のコップの表面に水滴がつき始めたのは，金属製のコップにふれている空気の温度が下がって（ ① ）とよばれる温度を下回り，その空気の湿度が（ ② ）％になったからである。

3 実験を行った理科実験室内全体の空気中には，何gの水蒸気が含まれていたと考えられるか。ただし，理科実験室の容積を200 m^3とする。

4 実験を行ったとき，理科実験室内の湿度は何％であったと考えられるか。小数第1位を四捨五入して，整数で書きなさい。

問題
R5
198
199
200
201
【理科】第198回

7 電流と磁界の関係について調べるために，次の実験(1)，(2)を順に行った。

(1) U字形磁石，コイル，抵抗器，電流計，電源装置などを用いて図1のような装置を組み立てた後，電源装置の電圧をある値に合わせて矢印の向きに電流を流したところ，コイルはある向きに振れた状態で静止した。なお，図2は，図1のU字形磁石を拡大したものである。

(2) 電源装置の電圧や回路を流れる電流の向き，およびU字形磁石による磁界の向きなどを変え，そのつどコイルの振れ方を調べた。

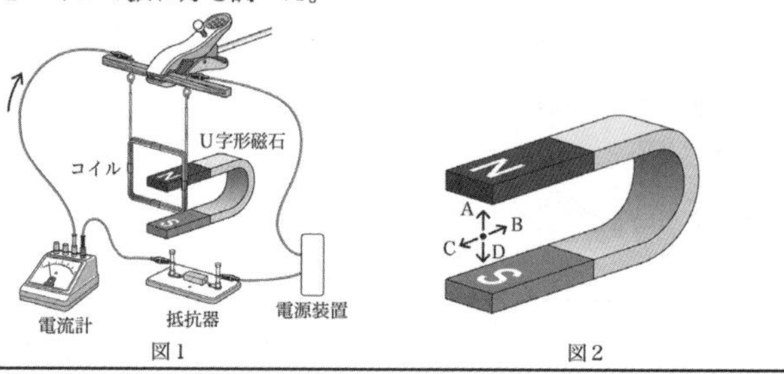

図1　図2

このことについて，次の**1**，**2**，**3**，**4**の問いに答えなさい。

1 実験に用いたU字形磁石において，N極とS極の間の空間での磁界の向きを表している矢印はどれか。また，実験(1)の下線部の向きを表している矢印はどれか。図2のA，B，C，Dのうちからそれぞれ一つずつ選び，記号で答えなさい。

2 次の□内の文は，コイルを流れる電流によってできる磁界について述べたものである。①，②に当てはまる語をそれぞれ（　）の中から選んで書きなさい。

> コイルをつくっている導線を流れる電流のまわりには，電流が流れていく向きに向かって ①(時計回り・反時計回り) の向きになるような，導線を中心とした ②(放射状・同心円状) の磁界ができる。

3 U字形磁石のN極やS極の付近，あるいは電流が流れているコイルのすぐそばは，磁界の強さが強くなっている。このようなところでは，磁力線どうしの集まり方はどのようになっているか。「間隔」という語を用いて簡潔に書きなさい。

4 実験(2)において，コイルの振れる向きが実験(1)のときとは反対の向きになったのは，どのような操作を行ったときか。次の**ア**から**オ**のうちから**すべて**選び，記号で答えなさい。

ア 回路を流れる電流の向きを逆向きにした。
イ U字形磁石による磁界の向きを逆向きにした。
ウ 電源装置の電圧を大きな値にした。
エ 電源装置の電圧を小さな値にした。
オ 回路を流れる電流の向きとU字形磁石による磁界の向きを，どちらも逆向きにした。

8 生物の形質における遺伝について，次の調査(1)，(2)，(3)を行った。

(1) エンドウは多細胞生物であり，有性生殖によってなかまをふやしている。

(2) エンドウの草たけには，高いものと低いものとがある。

(3) 19世紀にメンデルは，純系のエンドウを親の代として用いて，草たけの遺伝についての実験を行った。図1，図2，図3は，その実験の流れを模式的に表したものである。なお，草たけを高くする遺伝子をA，低くする遺伝子をaとして，高い草たけの親の遺伝子の組み合わせはAA，低い草たけの親の遺伝子の組み合わせはaaで表されるものとする。

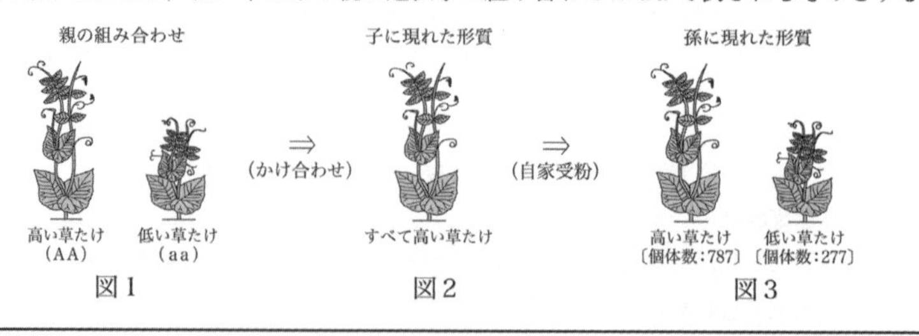

図1　図2　図3

解答・解説 P251・P259

このことについて，次の**1**，**2**，**3**，**4**の問いに答えなさい。

1 メンデルが親の代として用いたエンドウについて，純系とはどのような系統のことをいうか。「代々」，「形質」という語を用いて簡潔に書きなさい。

2 次の□内の文章は，図1と図2からわかることについて述べたものである。①，②に当てはまる語をそれぞれ書きなさい。

> 図1と図2より，高い草たけと低い草たけの親のかけ合わせからできた子は，すべて高い草たけのものだけが現れ，低い草たけのものは現れなかった。高い草たけと低い草たけのように，対立する形質をもつ純系どうしをかけ合わせたとき，子に現れる形質を（ ① ）形質，低い草たけのように，子に現れない形質を（ ② ）形質という。

3 メンデルによって発見・提唱されたいくつかの法則のうち，「生殖細胞がつくられるときに，対になっている遺伝子が分かれて一つずつ別々の生殖細胞に入る」という法則を何というか。

4 図2と図3で，子の自家受粉によってできた孫の個体には，遺伝子の組み合わせがAA，aa，Aaの3種類のものがある。これらが出現する割合(理論上の割合)を正しく表しているものは，次のうちどれか。

ア AA：aa：Aa＝1：1：1　　**イ** AA：aa：Aa＝1：1：2
ウ AA：aa：Aa＝1：2：1　　**エ** AA：aa：Aa＝2：1：1

9 塩化銅水溶液に電流を流したときに起こる変化のようすについて調べるために，次の実験(1)，(2)，(3)を順に行った。

> (1) 下の図のように，ビーカーに入れたうすい塩化銅水溶液の中に，発泡ポリスチレンの板に固定した炭素棒X，Yをひたし，炭素棒X，Yのうちの一方が陽極，もう一方が陰極になるように，それぞれの炭素棒につないだ導線を電源装置に接続した。
>
> 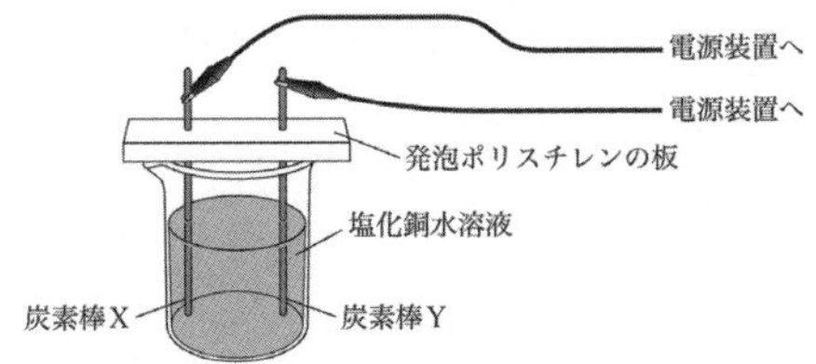
>
>
> (2) 電源装置のスイッチを入れて図の装置に電流を流した。
> (3) しばらくすると，炭素棒Xからは気体が発生し始めた。また，炭素棒Yには赤色の物質が付着し始めた。

このことについて，次の**1**，**2**，**3**，**4**の問いに答えなさい。

1 塩化銅は，水溶液中で陽イオンと陰イオンとに分かれている。そのようすを，化学式を用いて表しなさい。

2 次の□内の文章は，実験(2)，(3)において，ビーカー内で起こっていたことについて述べたものである。①，②，③に当てはまる語をそれぞれ(　)の中から選んで書きなさい。

> 実験(2)，(3)で，図の装置に電流が流れていたときには，塩化銅水溶液中に生じている陽イオンは ①(陽極・陰極) へ，陰イオンは ②(陽極・陰極) へと移動していた。その後，電極とそれぞれのイオンとの間では，③(中性子・陽子・電子) の受け渡しが行われていた。

3 炭素棒Xは陽極，陰極のどちらか。また，実験(3)で，炭素棒Xから発生した気体の名称を書きなさい。

4 実験(3)で，炭素棒Xから発生した気体の性質として当てはまるものを，次の**ア**から**オ**のうちから**すべて**選び，記号で答えなさい。

ア 色もにおいもない。　**イ** 水に溶けにくい。　**ウ** 有毒の気体である。
エ 漂白作用がある。　**オ** 燃える性質がある。

第198回 下野新聞模擬テスト
英　語

1 これは聞き方の問題である。指示に従って答えなさい。

1〔英語の対話とその内容についての質問を聞いて，答えとして最も適切なものを選ぶ問題〕

(1) ア  イ  ウ  エ 

(2) ア 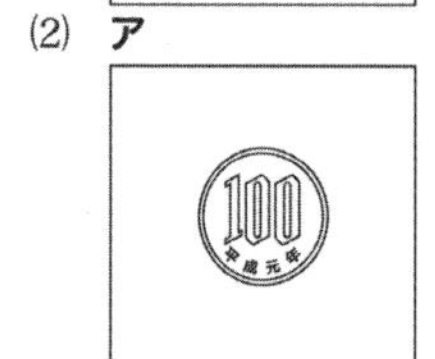

イ 

ウ 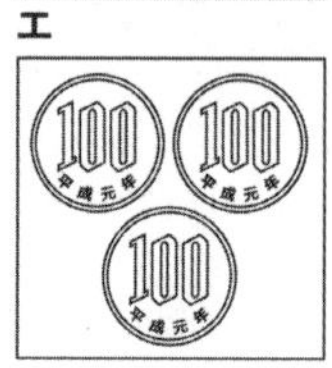

エ 

(3) ア Practice the violin. イ Go to the library.
ウ Go to the music room. エ Study with Nancy at his house.

(4) ア Davis is. イ Tom is.
ウ Karen is. エ Tom and Karen are.

2〔英語の対話とその内容についての質問を聞いて，答えとして最も適切なものを選ぶ問題〕

Study Tour in Four Countries

Course (Country)	New York (the U.S.)	London (the U.K.)	Sydney (Australia)	Toronto (Canada)
Date	January 18th ～ January 20th	January 19th ～ January 21st	January 18th ～ January 20th	January 17th ～ January 19th
To Do	Study English and learn the history of each country			
	・Visit a famous museum ・Watch a basketball game ・Other activities	・Visit the famous tower ・Go to some cities outside London ・Other activities	・Go to a high school and talk with the students ・Go to a famous zoo ・Other activities	・Watch an ice hockey game ・Go to some cities outside Toronto ・Other activities

(1) ア 20 students. イ 30 students. ウ 40 students. エ 50 students.

(2) ア On January 15th. イ On January 16th.
ウ On January 17th. エ On January 18th.

(3) ア Hiroyuki enjoyed the study tour last year, so he wants to join it again.
イ Hiroyuki often talks about American basketball with Ms. Brown.
ウ Hiroyuki went to Sydney last year and enjoyed watching a basketball game.
エ Hiroyuki and his family have been to Toronto to enjoy watching an ice hockey game.

3〔ホール先生(Mr. Hall)の自己紹介を聞いて，メモを完成させる問題〕
メモの(1)から(3)に英語を入れなさい。なお，数字も英語で書くこと。

About Mr. Hall
- He is from the U.S.
- He comes to our class every Monday and [(1)].
- He has [(2)] children.
- He likes taking pictures.
- He likes [(3)] the best of the four seasons.

解答・解説 P250・P254

2 次の**1**，**2**の問いに答えなさい。

1 次の英文中の (1) から (6) に入る語句として，下の(1)から(6)の**ア**，**イ**，**ウ**，**エ**のうち，それぞれ最も適切なものはどれか。

I like to go to the zoo to watch animals and people (1) care of them. I want to work at a zoo in the future, so I read books and watch TV programs about animals to (2).

My family likes animals, too. We have a dog, and (3) name is Haru. Each of us does a (4) thing for Haru. My mother usually gives food to Haru. My father sometimes washes Haru. I walk Haru to the park every day.

Last Saturday, I walked Haru to the park in the morning and we played together with a ball. I enjoyed (5) with Haru until noon. After we got home, my father brought another dog home. So, we have (6) dogs now and enjoy our life with them.

(1) **ア** take **イ** took **ウ** taken **エ** taking
(2) **ア** use **イ** read **ウ** find **エ** study
(3) **ア** it **イ** its **ウ** it's **エ** their
(4) **ア** bored **イ** tired **ウ** different **エ** interesting
(5) **ア** play **イ** played **ウ** playing **エ** to play
(6) **ア** two **イ** three **ウ** many **エ** other

2 次の(1)，(2)，(3)の(　　)内の語を意味が通るように並べかえて，(1)と(2)は**ア**，**イ**，**ウ**，**エ**，(3)は**ア**，**イ**，**ウ**，**エ**，**オ**の記号を用いて答えなさい。

(1) *A*：A new department store (**ア** will **イ** built **ウ** near **エ** be) the station next year.
B：Oh, really? I'm looking forward to going there.

(2) *A*：Is (**ア** anything **イ** there **ウ** eat **エ** to) in the kitchen?
B：There is an apple on the table. Shall I cut it for you?

(3) *A*：Look at this picture. I took it at Green Lake yesterday.
B：Wow! What (**ア** beautiful **イ** is **ウ** it **エ** a **オ** picture)!

3 次の英文は，高校生の美羽(Miu)と，美羽の家にホームステイをしているイギリスからの留学生ダン(Dan)の対話の一部である。また，右の**図**は美羽が作成した職場体験プログラム計画書の一部である。これらに関して，**1**から**6**までの問いに答えなさい。

Dan：Good morning, Miu. What are you doing?

Miu：Good morning, Dan. Now I'm preparing for the work experience program. At my school, all the second-year students join it for three days. Each of us chooses a job and learns about it.

Dan：Oh, I didn't know about (1)that. There are a lot of *workplaces in the city, right? What kinds of workplaces can you go to?

Miu：Our teacher showed us a list of workplaces, and we choose one from the list. Actually, I have already chosen one. Look at this paper, Dan. It's my plan. Maybe it's hard for you to read because it is written in Japanese. Can you read the plan?

Dan：Well..., I can read some. You will do something on November 21, 22, and 23, right?

Miu：You're right. I will go to the city library.

Dan：You like reading books very much, so it will be a good place for you. You can read a lot of books there.

Miu：Oh, that's not right, Dan. I'll go to the library to work, [A].

Dan：I see. What job are you going to do there?

Miu：On the first day, we are going to listen to the *explanation by the people working at the city library. After that, we ____(2)____, and they will answer for us. Then, we will look around each room. Finally, we will *arrange (B) books in the *stack room.

Dan： Oh, you will do a lot of things.
Miu： Yes, and that sounds very interesting for me. On the second day, we will make an information poster about (**C**) books. After that, we will ＿＿(3)＿＿.
Dan： That's nice. What will you do on the third day?
Miu： We will do some work at the *reception counter. Then, we will write a report about our work experience at the city library and ＿＿(4)＿＿ some people working there.
Dan： You can learn many things by working there. Please enjoy the program. [**D**] start?
Miu： At 9:00 a.m. But I must be there by 8:30.
Dan： I see. Don't be late.

〔**注**〕*workplace＝職場　*explanation＝説明　*arrange ～＝～を整理する
*stack room＝書庫　*reception counter＝受付カウンター

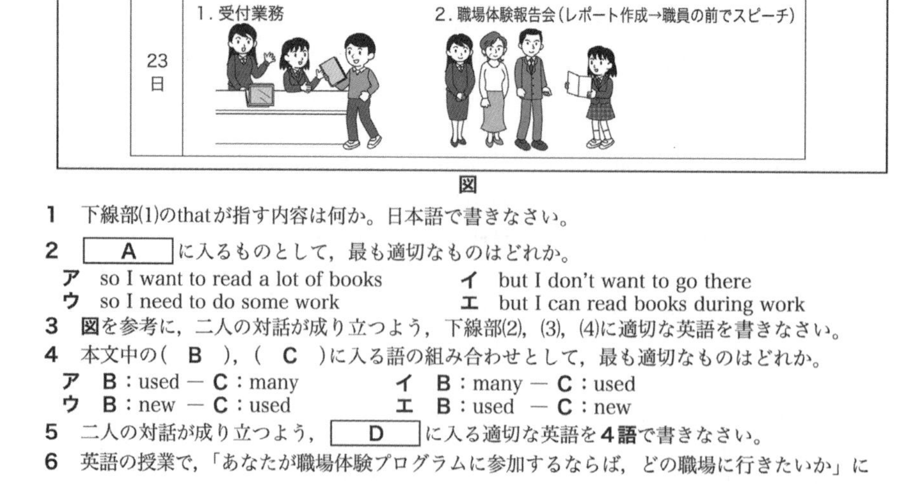

図

1　下線部(1)のthatが指す内容は何か。日本語で書きなさい。

2　[**A**]に入るものとして，最も適切なものはどれか。
ア　so I want to read a lot of books　　**イ**　but I don't want to go there
ウ　so I need to do some work　　**エ**　but I can read books during work

3　**図**を参考に，二人の対話が成り立つよう，下線部(2)，(3)，(4)に適切な英語を書きなさい。

4　本文中の(**B**)，(**C**)に入る語の組み合わせとして，最も適切なものはどれか。
ア　**B**：used ― **C**：many　　**イ**　**B**：many ― **C**：used
ウ　**B**：new ― **C**：used　　**エ**　**B**：used ― **C**：new

5　二人の対話が成り立つよう，[**D**]に入る適切な英語を**4語**で書きなさい。

6　英語の授業で，「あなたが職場体験プログラムに参加するならば，どの職場に行きたいか」について，英作文を書くことになりました。次の〔**条件**〕に合うよう，あなたの考えを書きなさい。
〔**条件**〕　①　下の[　　]内の四つの職場から一つを選ぶこと。
②　なぜその職場に行きたいのかという理由も書くこと。
③　まとまりのある**4～6文程度**の英語で書くこと。

・スーパーマーケット(a supermarket)	・老人ホーム(a nursing home)
・幼稚園(a preschool)	・病院(a hospital)

解答・解説 P250・P254

4 主人公である拓也(Takuya)について書かれた次の英文を読んで，**1**から**5**までの問いに答えなさい。

When I was a junior high school student, I went to a local festival with my friends. At the festival, we enjoyed some **taiko* performances by old people. The big sounds from the stage were so exciting.

At home, I told my father about the *taiko* performances. He said, "In the festival, the old people use traditional *taikos*. I don't see young performers these days. *Taiko* performances may disappear in the future. It's very important to teach how to play the *taiko* to young people. I hope young people will protect our traditional culture by joining activities in the *community." I said, "*Taiko* performances are so cool that I want to try them." He said, "One of the old performers is my friend, so I'll take you to him this weekend."

The next Sunday, my father took me to the gym near my house. I met Mr. Souma there. He was seventy-seven years old then. Old people in our community are usually practicing the *taiko* performances in the gym. Mr. Souma said to me, "How about practicing the *taiko* performances with us?" I was happy to hear that and decided to join them. I practiced the *taiko* with them hard, but it was very difficult to make beautiful sounds. I was very sad, but I kept practicing with them on Sundays.

Two months later, finally, I said to Mr. Souma, "I can't play the *taiko* well even now." He smiled and said, "Takuya, you are still young. If you keep practicing hard, you'll *be able to play the *taiko* well." He always *encouraged me. Many other old people also taught me how to play the *taiko* well. One of them, Ms. Harada, gave a book about *taiko* to me. I was glad she gave it to me.

One year later, the festival in my community came again. I played the *taiko* on the stage for the first time. I did my best. When we finished our performances, we were given *a round of applause. I said to Mr. Souma, "[　　　]" He said, "Great performances! I also enjoyed *taiko* performances with you, Takuya. Old people like me can help young people." Other old people also said, "We were glad to play the *taiko* with you, Takuya." I was glad to perform *taiko* with them, too.

The next Sunday, I went to the gym to practice the *taiko* *as usual. There Mr. Souma said to me, "Takuya, you performed well." I said, "You're a good *taiko* teacher. I know you teach *taiko* performances to protect our traditional culture. In the future, I want to teach *taiko* performances to young people and become a person like you." He said, "Great! I'm looking forward to seeing you as a *taiko* teacher, Takuya." From my experience, I learned an important thing. Both of us, young and old, can become happy by doing something together.

〔注〕**taiko*＝太鼓　*community＝地域　*be able to 〜＝〜できる
*encourage 〜＝〜を励ます　*a round of applause＝盛大な拍手
*as usual＝いつものように

1 本文中の[　　　]に入るものとして，最も適切なものはどれか。

ア I didn't practice the *taiko* hard because I started practicing it two months ago.
イ I was really happy to learn *taiko* performances from you.
ウ I'm afraid that I didn't have a chance to play the *taiko* this time.
エ I was really happy to get a traditional *taiko* from you.

2 拓也が，自身の経験を通じて学んだ大切なことはどのようなことか。日本語で書きなさい。

3 本文の内容についての次の問いに，**主語と動詞を含む英語**で答えなさい。
What did Ms. Harada give to Takuya when he couldn't play the *taiko* well?

4 次の文は，本文中の最終段落(The next Sunday, I went to 〜で始まる段落)に書かれた拓也の気持ちに関する内容である。(　　)に入る適切な英語を**1語**で書きなさい。

I want to become a good *taiko* performer in the near future. And I will (　　) *taiko* performances to young people.

5　本文の内容と一致するものはどれか。

ア　Takuya became interested in *taiko* performances, so his father introduced him to Mr. Souma.

イ　When Takuya met Mr. Souma at the gym for the first time, he was seventy years old.

ウ　Takuya became a good *taiko* performer after he kept practicing the *taiko* hard for two months.

エ　Takuya played the *taiko* on the stage, so he became tired and didn't practice the next Sunday.

5　次の英文を読んで，1，2，3，4の問いに答えなさい。

We Japanese often use *yakimono* in our everyday lives. When we eat rice, we usually use a *rice bowl. When we wash our face or hands, we may use a *sink made of *yakimono*. These are some examples of *yakimono*.

Some cities, towns, and villages in Japan are famous for *yakimono*. For example, Mashiko Town in Tochigi is one example of <u>them</u>. These places usually have good *clay, and *yakimono* is one of the traditional products there.

Some kinds of *yakimono* are known as works of art. We can see a lot of fine works of *yakimono* in museums. *Yakimono* was made in *the Jomon period for the first time in Japan. In that period, the products of *yakimono* were [　　　], and they were more easily broken than today's *yakimono*. Later, people started making *yakimono* in hotter fires, so people can produce harder and more beautiful *yakimono*. Soon, *yakimono* produced in some places became famous. People (c　　　) it *setomono*, and it became popular especially in the east of Japan.

Yakimono has some good points. For example, electricity does not run through *yakimono*, so some kinds of *yakimono* are used in *electrical products. In the twentieth century, new kinds of *yakimono* were made. They are (c　　　) *fine ceramics. We can say that something made by fine ceramics is as hard as a *diamond, so fine ceramics is used for some *tools.

Now many kinds of *yakimono* are used in our everyday lives not only for tools but also as parts of *industrial products. The technology of making *yakimono* is very important for Japan. We hope that Japanese technology will become better and more popular in the world.

〔注〕*rice bowl＝茶碗(ちゃわん)　*sink＝洗面台　*clay＝粘土　*the Jomon period＝縄文時代
*electrical products＝電気製品　*fine ceramics＝ファインセラミックス
*diamond＝ダイヤモンド　*tool＝道具　*industrial products＝工業製品

1　本文中の下線部のthemは何を指すか。日本語で書きなさい。

2　本文中の[　　　]に入る語として，最も適切なものはどれか。

ア　big　　イ　strong　　ウ　weak　　エ　small

3　本文中の二つの(　　　)には同じ英語が入る。適切な英語を**1語**で書きなさい。ただし，(　　　)内に示されている文字で書き始め，その文字も含めて答えること。

4　本文の内容と一致するものはどれか。

ア　Today, we have many kinds of *yakimono* in our everyday lives, and we use them very often.

イ　No one thinks *yakimono* as works of art.

ウ　People have made fine ceramics for more than two hundred years.

エ　*Yakimono* was used as tools in our everyday lives, but it isn't today.

解答・解説　P250・P254

MEMO

5 下の【資料】を参考にして、日本文化の魅力として諸外国に発信すべきだと思うジャンルについて、あなたの考えを国語解答用紙(2)に二百四十字以上三百字以内で書きなさい。
なお、次の《条件》に従って書くこと。

《条件》
(Ⅰ)二段落構成とすること。
(Ⅱ)各段落は次の内容について書くこと。

第一段落
・【資料】から、あなたが気づいたことを書くこと。

第二段落
・自分の体験(見聞したことを含む)を踏まえて、日本文化の魅力として諸外国に発信すべきだと思うジャンルについて、あなたが考えることを書くこと。

【資料】(文化庁 令和4年3月 文化に関する世論調査から作成)

日本文化の魅力として諸外国に発信すべきだと思うジャンルについてのアンケート。

ジャンル	割合
伝統芸能	26.6%
マンガ、アニメーション映画	22.0%
食文化	21.0%
日本の伝統音楽	19.4%
歴史文化(歴史的な建造物・景観・文化財)	14.8%
美術	11.9%
生活文化(茶道・華道・書道・囲碁など)	11.5%

〈会話1〉
生徒A この前、祖父といっしょに落語を聞きに行ったんだけど、日本の伝統芸能って落語のほかにどんなものがあるのかな。
生徒B そうだね。歌舞伎、狂言、などもそうだと思うよ。

〈会話2〉
生徒A 日本のマンガやアニメは、外国の人にも人気があるよね。
生徒B そうだね。外国には日本食レストランも多いと聞いたことがあるから、日本の食文化に興味がある人も多いんじゃないかな。

「すごいですねぇ、あの子たちのキャッチボール……」

矢部（やべ）さんは口を開けて、一年生のキャッチボールに見とれている。

たしかに、完璧（かんぺき）なフォームで球を投げあうチカちゃんたちのキャッチボールはみごとで、スピードも相当出てそうだ。大きくて重いボールを、軽々と投げている。

「先輩、あの子たちが入っても、私、補欠になったりしませんよね。レギュラーはもちろん上級生優先ですよね」

ひとりだけ他のメンバーとは違う意味の心配をしている矢部さんが私の腕をゆする。

「うーん」

私の生返事に、(4)矢部さんは不安気（ふあんげ）な顔をした。

「もう、ここでカズを責めてもしょうがないし、とりあえず練習はじめよ。なんか、このままだとあの子たちにのっとられてるみたいじゃん」

頼りないキャプテンのかわりに腹をくくったのは、真樹だった。その言葉で、私たちはようやくのろのろと練習場にもどった。

私たちが練習場にもどると、一年生はすぐにキャッチボールをやめて集合した。そのすばやい動きにとまどいながら、キャプテンである私は、簡単なあいさつをした。もちろん、こんなやる気満々な新入生を前にして、「このクラブは、(5)ハチミツドロップスという別名があって……」なんていう伝統のセリフは、言えない。

私は、簡単なメンバー紹介と、練習日や注意事項のみを説明して、普段どおりの練習をはじめた。

軽くランニングして、準備体操。素振りをして、キャッチボール。ノックにトスバッティング(注4)……。

ところが、練習が進むにつれて、私たちは新入生の完璧なプレイに、ますます圧倒されるはめになった。圧倒されるどころか、(6)最後はふりまわされて終わったと言ってもいい。

（草野たき「ハチミツドロップス」〈講談社〉から）

（注1）パフォーマンス＝ここでは人の目を引くためにする行為。
（注2）チカちゃん＝「私」の妹。
（注3）シャドーピッチング＝ボールを持たないで投球の練習をすること。
（注4）トスバッティング＝近い距離から投げられた球を投げた相手に打ち返す練習。

1 (1)新入生歓迎会のクラブ勧誘（かんゆう）のコーナー　とあるが、「私」のこのときのクラブ紹介の様子を説明した次の文の□に当てはまる言葉を、本文中から九字で抜き出しなさい。

> 新入部員をたくさん集めようという気持ちはなかったため、他の部とは違って□紹介だった。

2 (2)十人の新入生　とあるが、「私」は選び抜かれたような印象の新入生たちを何と表しているか。本文中から六字で抜き出しなさい。

3 (3)途方にくれるばかりだった　とあるが、「私」のこの様子とは対照的な人物の態度を示している本文中の言葉として最も適当なものはどれか。

ア　腹をくくった　　**イ**　呆然として
ウ　圧倒される　　**エ**　野心家

4 (4)矢部さんは不安気（ふあんげ）な顔をした　とあるが、矢部さんが不安気な顔をしたのはなぜか。三十字以上四十字以内で書きなさい。

5 (5)ハチミツドロップスという別名　とあるが、別名がついている理由として最も適当なものはどれか。

ア　ソフトボール部には輝かしい伝統があることを示したいから。
イ　ソフトボール部が気楽な部であることを別名で示したいから。
ウ　ソフトボール部にみなぎる野心を別名で明らかにしたいから。
エ　ソフトボール部に別名をつけて新入生から注目されたいから。

6 (6)最後はふりまわされて終わったと言ってもいい　とあるが、どういうことか。

ア　体験入部の子たちを、うまく統率できなかったということ。
イ　体験入部の子たちは、団結力がとても強かったということ。
ウ　体験入部の子たちは、わがままな子が多かったということ。
エ　体験入部の子たちに、実力を示そうと苦心したということ。

解答・解説　P250・P252

(Ⅰ) □に入る、〈A〉と〈B〉に共通して用いられている語を、本文中から二字で抜き出しなさい。

(Ⅱ) キツネにだまされた について、現代の日本の人々がキツネにだまされなくなったのはなぜだと筆者は考えているか。次の文の□に当てはまるように、四十字以上五十字以内で書きなさい。

過去の人々と現代の人々では、□にも違いがあるから。

5 〈A〉と〈B〉の文章の関係について説明したものとして最も適当なものはどれか。

ア 〈B〉は、〈A〉で述べられた筆者の見解に対立する見解を新たに提示し、その見解を根拠にして論を展開している。

イ 〈B〉は、〈A〉で述べられた筆者の体験を客観的な体験ととらえる理由を述べ、文章全体の結論へとつなげている。

ウ 〈B〉は、〈A〉で述べられた筆者が伝え聞いた仮説を、しっかりした根拠に基づく確かな説として再提示している。

エ 〈B〉は、〈A〉で述べられた事例が時代の異なる人々の間でも生じる事例であると述べ、筆者の見解を示している。

4

次の文章を読んで、**1**から**6**までの問いに答えなさい。

「ソフトボール部は現在部員が五人で、試合ができない状態ですが、キャッチボールをしたりしてみんなで楽しく練習しています。上下関係もきびしくないので、興味のある方はぜひ、見学に来てください。よろしくお願いします」

(1)新入生歓迎会のクラブ勧誘のコーナーで、私はたったひとりで舞台に立って、短くて地味な紹介をした。

ユニフォームを着てみごとなシャトルさばきを見せたバドミントン部とか、きびしい練習についていけなくて気絶している部員にやかんの水をぶっかけるというパフォーマンス(注1)を見せたサッカー部に比べたら、ほんとあっさりしたものだった。

「あんた、歓迎会でなにしゃべったのよ」

だから、高橋が私を責めるのはお門違いなのだ。

「妹を誘うなんて、カズ先輩って、実は野心家だったんですね」

軽蔑のまなざしをむける田辺さんは、私を完全に疑っている。

「で、どうするわけ？」

真樹が腕組みをして責めたてる。

「どうするって……」

私は校庭のすみで、みんなに囲まれてしょんぼりしていた。

体験入部がはじまった初日。ソフトボール部の練習場には、なんとチカちゃん(注2)を含めた(2)十人の新入生が、気合いに満ちた目をして集まっていた。様子を見ていると、その子たちは全員、チカちゃんのいたバレーボールチームのメンバーらしいのだ。ということは、昼休みのみの特訓とはいえ、バットのにぎり方はもちろん、ボールの打ち方や投げ方くらいなんなくこなせるエリート集団というわけだ。

もちろん、小学生が半年くらい昼休みに練習したからって、中学生の部活集団が負けるはずない。でも、それはフツーのソフトボール部の話で、私たちハチミツドロップスは今の時点で十分に追いぬかれているだろう。私たちのソフトボール部は、所詮その程度のチームだ。

小学生のとき全国大会まで進んだ彼女たちの根性には、絶対についていけない。しかも、そのうちのひとりは、ピッチャーを希望していて、すでにピッチングをマスターしてるというのだ。

「私、お母さんが高校生のときにソフトボール部でピッチャーやってて、最近は毎晩公園で教えてもらってるんです」

彼女はそう言うと、私の前で右腕を大きくまわして、シャドーピッチング(注3)をして見せた。まわした腕から、びゅんって音が聞こえそうな、それはみごとなシャドーピッチングだった。

私は部員が集まりすぎたときの対策なんか、全然考えていなかった。チカちゃんから入部宣言は受けてはいたけど、あんまり実感なかったし……。

だから、みんなに練習場の柵の外に連れていかれて、疑われたり責められたりしても、(3)途方にくれるばかりだった。

「見て……」

私が泣きそうな顔してみんなを見つめ返してると、高橋が練習場のほうを見て呆然として言った。

「あの子たち、勝手に練習はじめてる……」

私たちはいっせいに、一年生がいるほうに顔をむけた。なんと彼女たちは、自分たちで用意してきたグローブをはめて、勝手にキャッチボールをはじめているのだ。

の理由は、その人を包みこんでいる世界が違うから、なのであろう。村人を包んでいる自然の世界や生命の世界と、その外国人たちを包んでいた自然の世界や生命の世界が、客観的世界としては同じものでも、とらえられた世界としては異なっている。それがこのようなことを生じさせたのだろうと思う。

〈B〉

いまこの原稿を書いている私の目の前には、夏の群馬県、上野村の景色がひろがっている。何軒かの農家があり、それを黒緑色の森に覆われた山が包んでいる。その上には、いかにも暑そうな夏の空がみえている。

この景色をはじめてみたのは、一九七〇年代に入った頃のことだ。そしてそのときの私は、この山や森に私が立ち入ることのできない自然をみていた。当時の私にできたことは川に降りて釣りをすることだけであって、森のことは何も知らなかったのだから、そびえたつように私の前にあるのが森だったのである。それがその頃の私を包んでいる世界とともにある私にみえている、現象としての森だった。

(2)いまなら少しは違っている。もしかすると山頂にマツタケが出ているかもしれないと感じる。マツタケは九月のものだが、雨上がりのときなどは八月にも、そればかりか梅雨の終り頃にも出ることがある。そろそろ、上野村ではチタケという茸、それにトビタケが出ていてもよい頃だ。それらは見た目は悪いが味はいい。あのあたりは、もう少し木を切ったほうがいいと思う場所もある。あの岩場の下あたりで、いま頃カモシカが昼寝をしているだろう。あの窪のぬかるんだ場所では、シカやイノシシが身体の掃除をしているかもしれない。

いまの私はそんな目で森をみている。客観的には同じ森であっても、私を包んでいる世界が変われば、包み込まれたなかに存在している私からとらえられていく、現象としての森は変わっていく。

人間は客観的世界のなかで生きているのではない。とらえられた世界のなかで生きているのである。とすると、村人はキツネにだまされ、村に滞在した外国人はだまされなかったとしてもそれでよい。なぜなら村人を包んでいる自然や生命の世界、つまり村人によってとらえられた自然や生命の世界と、村に来た外国人によってとらえられた自然や生命の世界は同じではないからである。

そして、だからこそ私は、一九六五年頃まで人がキツネにだまされていたという話の真偽は判定不能だと考える。「私」を包んでいる世界、「私」のまわりに現象として展開している世界が違うのである。そうすれば、その現象として展開している世界とのコミュニケーションのあり方も違う。「私」との関係で現象的な世界が存在し、その「私」との関係のなかにある世界と「私」がコミュニケイトする。しかもその「私」は、現象的世界に包まれた「私」であり、その存在のあり方を共有する村人としての「私たち」と切り離すことのできない「私」である。

ところが現代の私たちはこのような存在ではない。とすれば私たちがキツネにだまされないのも当然のことで、しかしそのことは、かつての人々がキツネにだまされていたということを□する、いかなる証明にもならない。

（注）ムジナ＝タヌキなどの別名。人をだます妖怪という意味もある。

（内山節「日本人はなぜキツネにだまされなくなったのか」〈講談社〉から）

1 (1)外国人たちは、けっして動物にだまされることはなかった　とあるが、筆者は外国人たちが動物にだまされなかったのはなぜだと述べているか。四十五字以上五十五字以内で書きなさい。

2 (2)いまなら少しは違っている　とあるが、このことが意味することとして最も適当なものはどれか。

ア 筆者は上野村で生活し始めたことで森に貴重なキノコがはえることに気づき、上野村を味覚の宝庫と認識したということ。

イ 筆者が上野村で長い時間を過ごしてきたことで、上野村の森は住み始めた頃と客観的には同じ森だと理解したということ。

ウ 筆者が最初に感じた上野村の現象としての森は、上野村で過ごした時間が蓄積されるとともに変化してきたということ。

エ 筆者が上野村の森を目にすることで、現象としての森の姿は、時間を経過しても変化しないことを納得したということ。

3 本文中の□に入る語として最も適当なものはどれか。

ア 否定　**イ** 肯定　**ウ** 理解　**エ** 共感

4 次の図は、〈A〉と〈B〉の文章から読み取れる筆者の考えをまとめたものの一部である。後の(I)、(II)の問いに答えなさい。

かつての日本の人々

かつての人々はキツネにだまされた。

現象的世界とのつながり方を共有し、切り離すことのできないような関係だった村人は、□世界に包まれていたためみんながキツネにだまされた。

現代の日本の人々

現代の私たちは、かつての人々と□存在ではない。

→異なる視点で評価する必要

（注1）吝き＝けち。　（注2）取回し＝やりくり。
（注3）かほどの身代まで＝これほどの資産家になるまで。
（注4）年とる宿＝新年を迎える男の家。
（注5）利勘＝損と得をしっかり計算して。
（注6）大仏の前＝あるお寺の大仏像の前にある餅屋。
（注7）一貫目につき何程＝一貫目は約三・七五キロ。一貫目につきいくらということ。
（注8）藤屋見世＝藤屋の店。藤屋とは、男の営む店のこと。
（注9）時分柄＝年末は餅屋がかき入れどきでとても忙しいということ。
（注10）才覚らしき＝知恵がありそうな。
（注11）杜斤＝一貫目以上の重さをはかるためのはかり。
（注12）目りんと＝（はかりで量った）重さに少しの違いもない様子。
（注13）減のたつ事＝（はかりで量った）重さが減っていること。
（注14）手代＝使用人。才覚らしき若い者と同じ人物。
（注15）我を折つて＝おそれ入って。

1　あつらへ　は現代ではどう読むか。現代かなづかいを用いて、ひらがなで書きなさい。

2　ア極めける　イいふ　ウ惜しみ　エ帰りぬ　の中で、主語が異なるものはどれか。

3　(1)年とる宿に餅つかず　とあるが、餅をつかなかった理由として最も適当なものはどれか。

ア　餅屋の餅を買う人ばかりで、餅をついたとしても売れないから。
イ　忙しい年末には、餅を食べる時間すらないだろうと思ったから。
ウ　年末は忙しくて人手がいるし、餅つきの道具も邪魔だったから。
エ　大仏の前の餅屋の餅が、家でつく餅よりも格段においしいから。

4　(2)食ひもせぬ餅に口をあきける　とあるが、この表現の説明として最も適当なものはどれか。

ア　自分の軽率な判断がもとで、正月に餅を食べることができなくなったことを悔やむ若者の様子を適切に表している。
イ　旦那の言葉をもっともだと思い、自分の思慮の浅さを痛感している若者の様子を餅に託しておもしろく表している。
ウ　けちな旦那にほとほとあきれている若者の様子を、目の前にあるちっぽけな餅に旦那を重ねあわせて表している。
エ　旦那が食べもしないのに世間体を気にして餅をたくさん注文したことに驚く若者の様子を、客観的に表している。

5　旦那が若者を叱った理由について説明した次の文の［　　］に当てはまる言葉を、十五字以上二十字以内の現代語で答えなさい。

　つきたての餅は水分を多く含んでいて重いが、時間が経過して水分が減れば、［　　］と旦那は考えていたから。

3

次の〈A〉、〈B〉の文章は、内山節「日本人はなぜキツネにだまされなくなったのか」の一節である。これらを読んで、**1**から**5**までの問いに答えなさい。

〈A〉

かつて日本の人々は、さまざまなかたちでキツネにだまされていた、と私は述べた。なぜなら「だまされた」という話はいくらでも存在していたからである。
　ところが今日の日本の多くの人たちは言うだろう。それはだまされたのではなく、だまされたと思っただけなのではないか、と。そればかりか自分の失敗の責任をキツネになすりつけたケースも多いのではないか、と。
　私がここまで述べてきたことは、キツネにだまされていた時代とだまされなくなった時代では、人間観も自然観も、生命観も異なっていたということである。それらが異なれば日々の精神的態度やコミュニケーションのあり方なども違ってくる。
　とすると、キツネにだまされたという出来事を包んでいる世界が、今日とは異なっていることになる。この包んでいる世界が異なっているとき、同じ現象は発生するのだろうか。
　かつて山奥のある村でこんな話を聞いたことがある。明治時代に入ると日本は欧米の近代技術を導入するために、多くの外国人技師を招いた。そのなかには土木系の技師として山間地に滞在する者もいた。この山奥の村にも外国人がしばらく暮らした。「ところが」、という伝承(注)がこの村には残っている。「当時の村人は、キツネやタヌキやムジナにだまされながら暮らしていた。それが村のありふれた日常だった。それなのに(1)外国人たちは、けっして動物にだまされることはなかった」
　いまなら動物にだまされた方が不思議に思われるかもしれないが、当時のこの村の人たちにとっては、だまされない方が不思議だったのである。だから「外国人はだまされなかった」という「事件」が不思議な話としてその後も語りつがれた。
　同じ場所にいても同じ現象はおこらなかったのである。おそらくそ

令和5年10月1日実施

第198回 下野新聞模擬テスト

国語

制限時間 50分

解答・解説 P250・P252

1

1 次の1から7までの問いに答えなさい。

1 次の――線の部分の読みをひらがなで書きなさい。

(1) 辺りが静寂に包まれる。　(2) 事業が繁栄する。
(3) 表彰されて誇らしい。　(4) 寒さで手が凍える。
(5) 地中に宝物が埋没する。

2 次の――線の部分を漢字で書きなさい。

(1) 失礼をアヤマる。　(2) ショウソクがわからない。
(3) 光がフクザツに曲がる。　(4) 名曲をエンソウする。
(5) あの人はホガらかだ。

3 「それはある日のことだった。」の――線の部分と品詞が同じものはどれか。

ア このことは誰にも話すな。　イ 小さな犬が鳴く。
ウ 私はけっしてあきらめない。　エ 机の上に本がある。

4 次の――線の部分について適切に説明したものはどれか。なお、A・Bは人物を表している。

Aが、Bからうかがったご意見を伝える。

ア 「聞く」の謙譲語で、Aの動作をへりくだらせている。
イ 「聞く」の謙譲語で、Bの動作を敬っている。
ウ 「聞く」の尊敬語で、Aの動作をへりくだらせている。
エ 「聞く」の尊敬語で、Bの動作を敬っている。

5 次のうち、笑っているのが「弟」であるものはどれか。

ア 弟は笑いながら、帰る友人を見送った。
イ 弟は、笑いながら帰る友人を見送った。
ウ 弟は、友人が笑いながら帰るのを見送った。
エ 友人は笑いながら、帰る弟を見送った。

6 「着席」と熟語の構成が同じものはどれか。

ア 重視　イ 勤務　ウ 加熱　エ 貸借

7 次の俳句と和歌の□には同じ語が入る。適当なものはどれか。

あかあかと日はつれなくも(注)秋の□　（松尾芭蕉）

秋来ぬと目にはさやかに見えねども□のおとにぞおどろかれぬる　（藤原敏行）

（注）つれなくも＝日が容赦なく照りつける様子を表している。

ア 雨　イ 空　ウ 虫　エ 風

2

次の文章を読んで、1から5までの問いに答えなさい。

この男、生れ付きて吝き(注1)にあらず。万事の取回し(注2)、人の鑑にもなりぬべき願ひ、かほど(注3)の身代(注4)まで(1)年とる宿に餅つかず、忙はしき時の人遣ひ、諸道具の取置もやかましきとて、これも利勘(注5)にて、大仏(注6)の前へあつらへ、一貫目(注7)につき何程とア極めける。十二月二十八日の曙、いそぎて荷ひつれ、藤屋(注8)見世にならべ、「イ請け取り給へ」といふ。餅はつきたての好もしく、春めきて見えける。旦那は聞かぬ顔してそろばん置きしに、餅屋は時分柄(注9)にウひまを惜しみ、幾度か断りて、才覚(注10)らしき若い者、杜斤(注11)の目(注12)りんと請け取つてかへしぬ。一時ばかり過ぎて、「今の餅請け取つたか」といへば、「はや渡してエ帰りぬ」「この家に奉公する程にもなき者ぞ、温もりのさめぬを請け取りし事よ」と、又目を懸けしに、思ひの外に減(注13)のたつ事、手代(注14)我を折つて(注15)、(2)食ひもせぬ餅に口をあきける。

（『日本永代蔵』から）

令和5年
11月5日実施

第199回 下野新聞模擬テスト
社　会

1 次の**1**から**4**までの問いに答えなさい。

1 **図1**を見て，次の(1)，(2)の問いに答えなさい。

(1) **図1**中の東京から，地球の中心を通って，地球の正反対にあたる地点(対せき点)は，**図1**中の**ア**，**イ**，**ウ**，**エ**のうちどれか。

(2) 次の文は，**図1**中のA地点の自然環境について述べたものである。文中の［ I ］，［ II ］に当てはまる語の組み合わせとして正しいのはどれか。

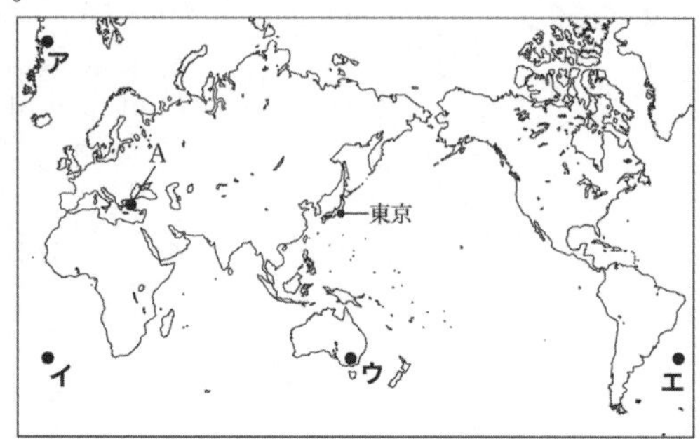

図1

> A地点は，日本と同じように［ I ］が多い。日本は，太平洋を取り囲むように連なる造山帯(変動帯)に位置しており，A地点は，［ II ］からヒマラヤ山脈を通り，インドネシア東部に至る造山帯(変動帯)に位置している。

ア I－台風　　II－アルプス山脈
イ I－台風　　II－ウラル山脈
ウ I－地震の震源地　　II－アルプス山脈
エ I－地震の震源地　　II－ウラル山脈

2 **図2**は，領域とその周辺の様子を示したものである。これを見て，次の(1)，(2)の問いに答えなさい。

(1) **図2**中の［ X ］に当てはまる語を書きなさい。

(2) **図2**中の［ Y ］に当てはまる数字はどれか。

ア 5　　**イ** 12　　**ウ** 18　　**エ** 23

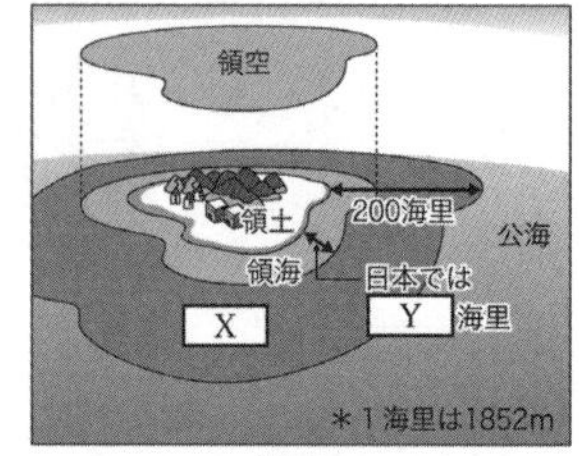

図2

3 **図3**を見て，次の(1)，(2)，(3)の問いに答えなさい。

(1) **図3**中のZの半島の様子として正しいのはどれか。

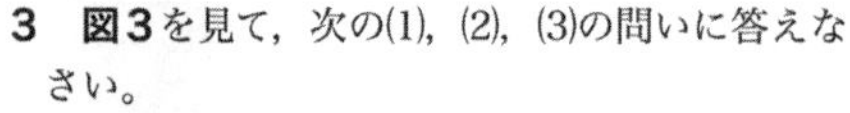
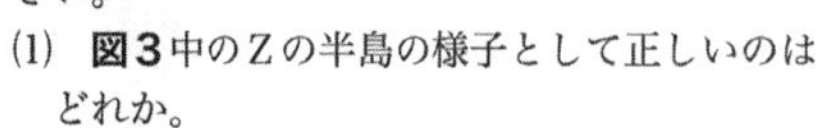

ア 樹齢1000年をこえる杉の原生林が残されており，世界自然遺産に登録されている。
イ ぶなの原生林が残されており，世界自然遺産に登録されている。
ウ 九十九里浜という砂浜海岸が続いている。
エ 世界自然遺産に登録されており，晴れた日には国後島が見える。

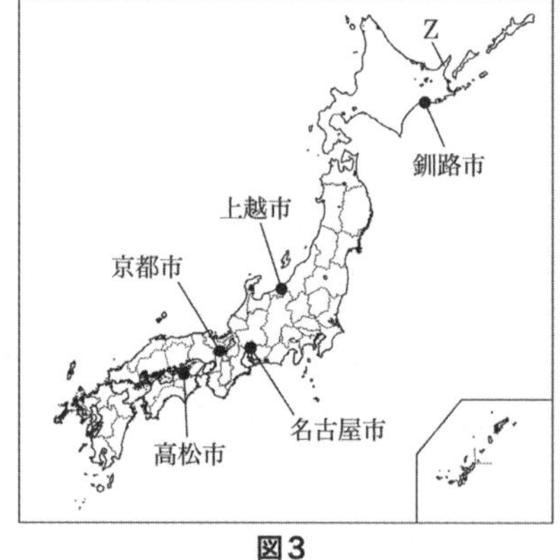

図3

(2) **図4**の**ア**，**イ**，**ウ**，**エ**は，釧路市，上越市，名古屋市，高松市のいずれかの雨温図である。名古屋市はどれか。

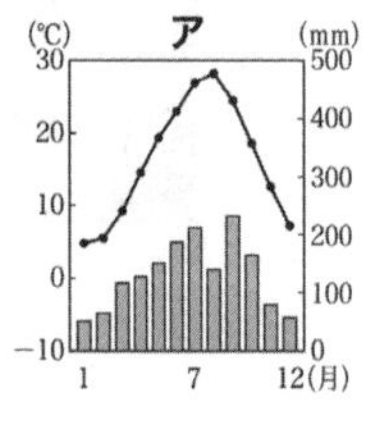

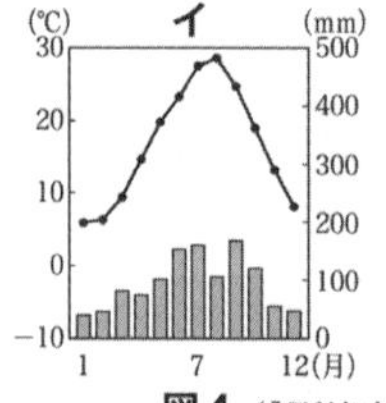

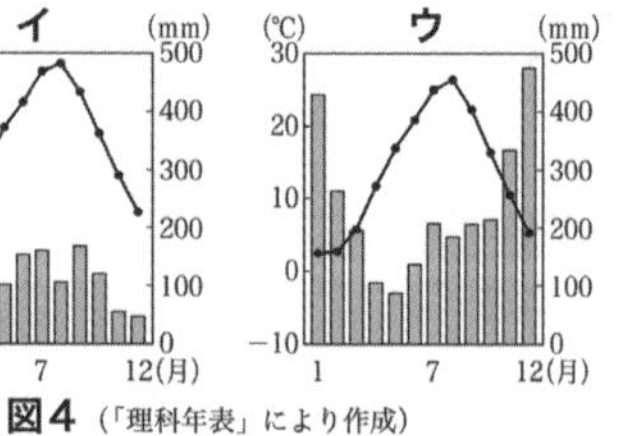

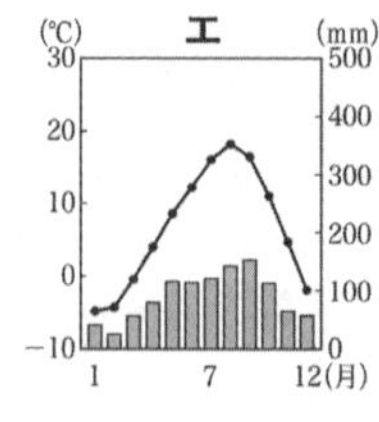

図4（「理科年表」により作成）

解答・解説　P260・P263

(3) **図5**は，京都市で定められた条例の一部を示したものである。このような条例を定める理由を，「保護」の語を用いて簡潔に書きなさい。

・地域の特性に応じて建物の高さの制限を設ける。
・建物の形や色を制限する。
・屋上看板や点滅式の照明などを禁止する。

図5

4 **図6**は，日本のある鉱産資源における，輸入量に占める国別の割合(2017年)を示している。ある鉱産資源として正しいのはどれか。

ア 原油　**イ** 鉄鉱石　**ウ** 金　**エ** 天然ガス

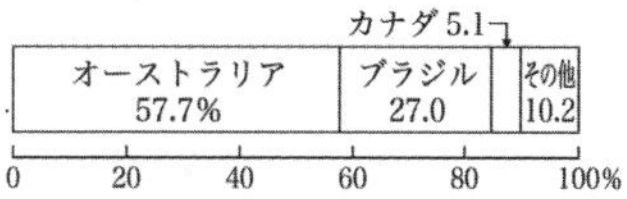

オーストラリア	ブラジル	カナダ	その他
57.7%	27.0	5.1	10.2

0　20　40　60　80　100%

図6（「財務省貿易統計」により作成）

2 **図1**は，太郎さんの班で，世界の国々や地域についてまとめるために作成したものである。これを見て，次の**1**から**7**までの問いに答えなさい。

1 **図1**中のX←→の地球上におけるおよその距離として正しいのはどれか。なお←→は赤道上である。

ア 10000 km　**イ** 20000 km
ウ 30000 km　**エ** 40000 km

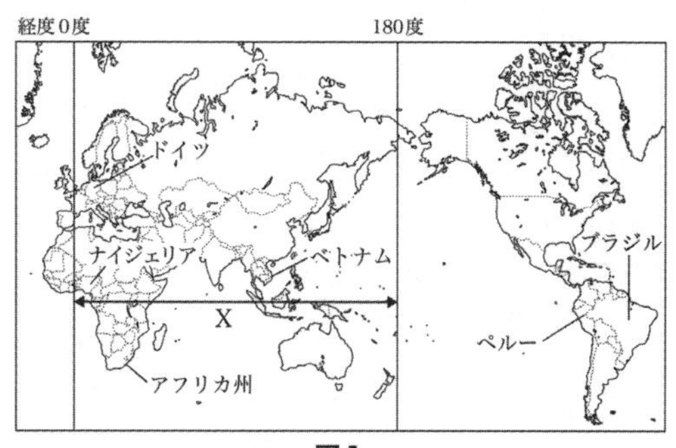

図1

2 次の文は，**図1**中のベトナムについて述べたものである。文中の[　　]に当てはまる語を書きなさい。

ベトナムは，東南アジアに属する10か国で組織される[　　]に加盟しており，東南アジアの国々との結びつきを強めている。

3 **図2**は，太郎さんが，**図1**中のベトナム，ナイジェリアの伝統料理についてまとめたものの一部である。**図2**中の[Ⅰ]，[Ⅱ]に当てはまる農作物の組み合わせとして正しいのはどれか。

国名	伝統料理	説明
ベトナム	フォー	ベトナムを含む，東南アジアや東アジアの国々などで主食とされる[Ⅰ]を麺(めん)にして，牛や鶏から出汁(だし)をとったスープに入れる。
ナイジェリア	フフ	主に熱帯の地域で栽培されている[Ⅱ]をゆでてつぶしたもので，汁物や煮物が添えられることが多く，アフリカの西部から中部でつくられている。

図2

ア Ⅰ－キャッサバ　Ⅱ－米　　**イ** Ⅰ－小麦　Ⅱ－キャッサバ
ウ Ⅰ－米　Ⅱ－キャッサバ　　**エ** Ⅰ－米　Ⅱ－小麦

4 **図3**は，**図1**中のドイツの国際移住者の数と，その出身国の割合(2020年)を示したものである。**図3**中のYに当てはまる国は，ヨーロッパを拡大した，**図4**中の**ア**，**イ**，**ウ**，**エ**のどれか。

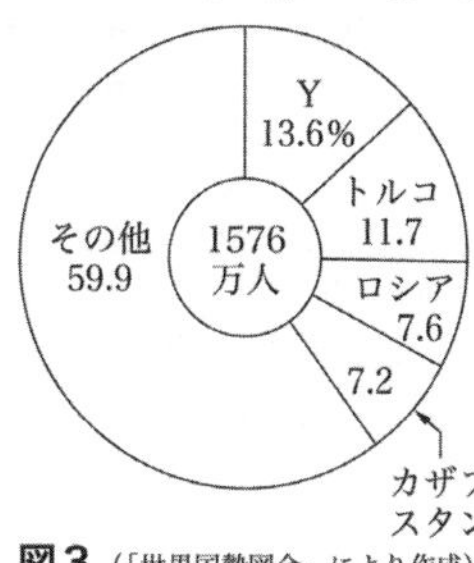

図3（「世界国勢図会」により作成）

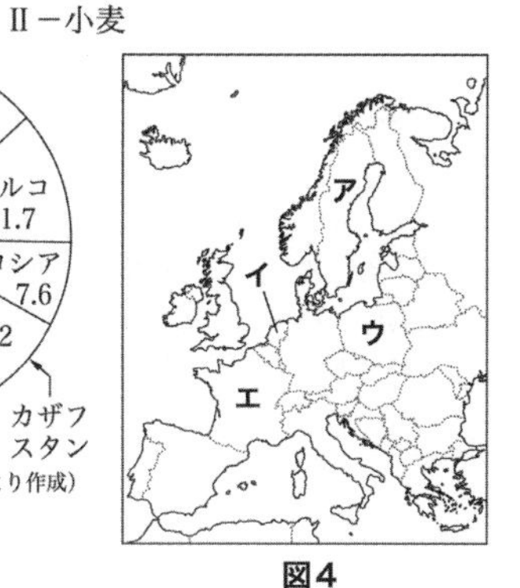

図4

5　次の会話文は，**図1**中のペルーの農業についての，太郎さんと花子さんの会話である。文中の[　　　]に当てはまる文を簡潔に書きなさい。

太郎：「**図5**は，ペルーの高地における農業の様子を示しているよ。」
花子：「低地から高地にかけて，標高ごとにまったく違う農業が行われているね。」
太郎：「このように農業が異なるのは，[　　　]という高山気候の特色を利用しているからだよ。」
花子：「なるほど。この地域に限らず，気候と農業は密接に結びついていることが分かるね。」

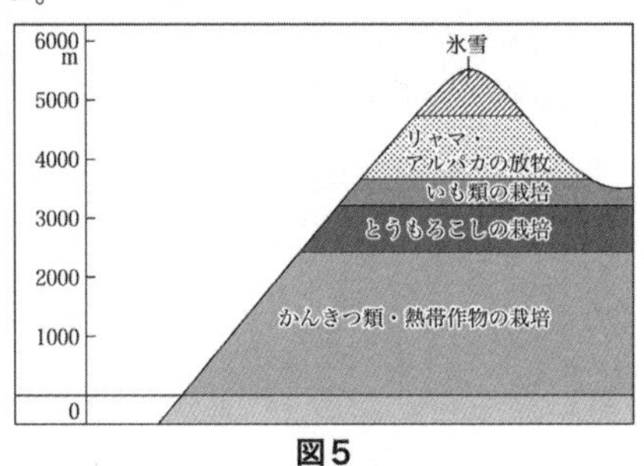

図5

6　花子さんは，**図1**中のブラジルについて，**図6**と**図7**をもとに，**図8**のレポートを作成した。**図8**中の[Z]に当てはまるのはどれか。

ブラジルにおけるバイオエタノール(バイオ燃料の一種)の生産・消費の流れ

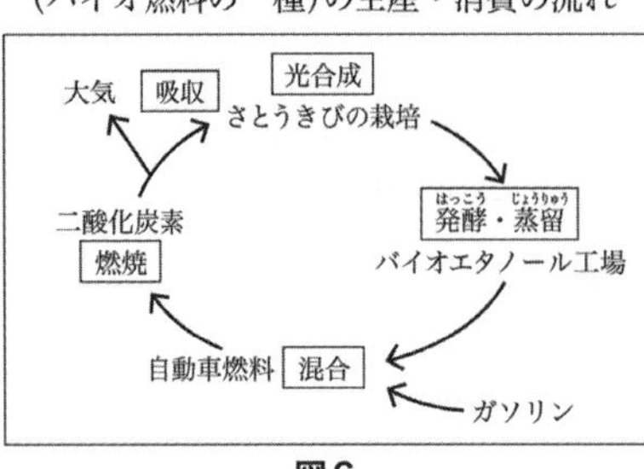

図6

ブラジルのさとうきび生産量とバイオエタノール生産量の推移

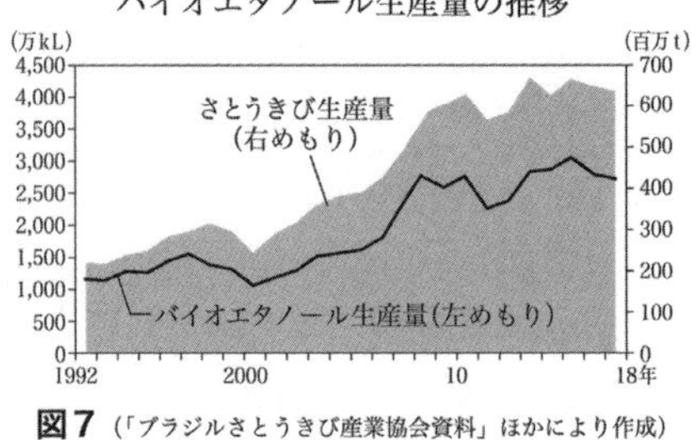

図7（「ブラジルさとうきび産業協会資料」ほかにより作成）

ブラジルでは，さとうきびがバイオエタノールの原料とされており，さとうきび，バイオエタノールともに，その生産量が増加している。**図6**のような生産・消費の流れから，この取り組みは，[Z]と考えられている。しかし，**図7**のように，さとうきびの生産量が増えるということは，さとうきび畑が広がっていることを意味しており，ブラジルでは，アマゾン川流域の森林の過伐採などが問題となっている。

図8

ア　砂漠化が防止できる　　　**イ**　モノカルチャー経済を解消できる
ウ　化石燃料の消費が増大する　　　**エ**　温室効果ガスの排出を抑制できる

7　次の文は，**図1**中のアフリカ州について述べたものである。文中の[　　]に共通して当てはまる語を書きなさい。

アフリカ州の国々は，鉱産資源の産出量が多く，金や銅などが重要な輸出品となっている国もある。また，近年は，埋蔵量が非常に少ない金属や，純粋なものを取り出すことが技術的・経済的に難しい金属である[　　]が産出することでも注目されている。[　　]は，スマートフォンやパソコン，自動車などの生産に欠かせない金属である。

3　由紀さんは，古代から近世までに設けられた役職と，その役職に任命されたことのある人物について調べた。**図1**は，その一部を示したものである。次の**1**から**8**までの問いに答えなさい。

役職	人物	役職	人物
摂政	ⓐ聖徳太子，藤原道長	執権	北条時政，ⓒ北条泰時，北条時宗
関白	ⓑ藤原頼通，豊臣秀吉	ⓓ管領	斯波義淳(しばよしあつ)，ⓔ細川勝元
太政大臣	藤原良房(よしふさ)，X	老中	ⓕ松平定信，水野忠邦
征夷大将軍	源頼朝，足利義満，徳川吉宗	大老	堀田正俊(ほったまさとし)，ⓖ井伊直弼

図1

1　次の文は，下線部ⓐが行った政治について述べたものである。文中の Ⅰ ， Ⅱ に当てはまる語の組み合わせとして正しいのはどれか。

> 聖徳太子は，かんむりの色などで地位を表す Ⅰ を定め，仏教や儒学の考えを取り入れた十七条の憲法を定めた。また， Ⅱ に小野妹子らを派遣した。

ア　Ⅰ－冠位十二階　Ⅱ－隋　　**イ**　Ⅰ－冠位十二階　Ⅱ－唐
ウ　Ⅰ－班田収授法　Ⅱ－隋　　**エ**　Ⅰ－班田収授法　Ⅱ－唐

2　下線部ⓑが活躍した時期には，**図2**のような，一つ一つの建物が廊下で結ばれ，広い庭や池が備えられた邸宅がつくられた。このような住居のつくりを何というか。

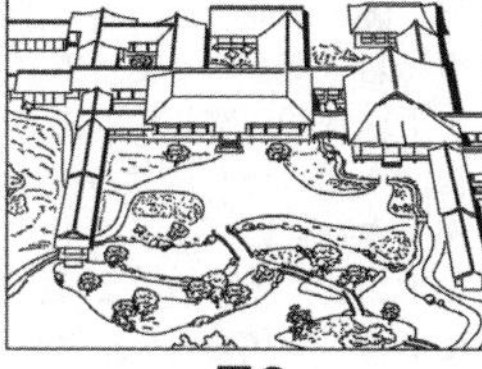

図2

3　**図1**中の X に当てはまる人物はどれか。
ア　行基　　**イ**　平清盛　　**ウ**　藤原純友　　**エ**　最澄

4　**図3**は，下線部ⓒが定めた法令の一部を示したものである。この法令として正しいのはどれか。

> 一　諸国の守護の職務は，頼朝公の時代に定められたように，京都の御所の警備と，謀反(むほん)や殺人などの犯罪人の取りしまりに限る。
> 一　武士が20年の間，実際に土地を支配しているならば，その権利を認める。

図3

ア　武家諸法度　　**イ**　大宝律令　　**ウ**　御成敗式目　　**エ**　徳政令

5　下線部ⓓの役職がおかれた時代におこったできごととして**当てはまらない**のはどれか。
ア　北山文化を代表する建築物である，金閣が建てられた。
イ　土倉や酒屋をおそって借金の帳消しを求める，正長の土一揆がおこった。
ウ　明から与えられた勘合という証明書を用いて，明と貿易するようになった。
エ　狩野永徳が，「唐獅子図屏風」というきらびやかな屏風絵を描いた。

6　**図4**は，由紀さんが，下線部ⓔの人物が関わる争いについてまとめたものである。**図4**中の Y に当てはまる文を，「下の身分」，「実力」の二つの語を用いて簡潔に書きなさい。

> ・将軍のあとつぎ争いが発端となった。
> ・細川勝元と山名宗全(そうぜん)(持豊(もちとよ))が対立した。
> ・京都が主な戦場となった。
> ・この争いをきっかけに Y 風潮が広がった。

図4

7　下線部ⓕの人物が行った政策はどれか。
ア　農村に米を蓄える倉をつくらせた。
イ　商人に株仲間をつくることを奨励した。
ウ　庶民の意見を聞くため，目安箱を設けた。
エ　大名に，参勤交代で江戸に住む期間を短縮するかわりに，米を納めさせた。

8　次の文は，下線部ⓖの人物について述べたものである。文中の　　に当てはまるのはどれか。

> 井伊直弼は，幕府の方針を批判して発言力を強めようとする藩の大名や公家，その家臣などを厳しく処罰した(安政の大獄)が，　　で暗殺された。

ア　蛮社の獄　　**イ**　慶長の役　　**ウ**　大塩の乱　　**エ**　桜田門外の変

下野模擬問題(第199回)◆社会

4 略年表を見て，次の**1**から**7**までの問いに答えなさい。

年	主なできごと
1873	ⓐ地租改正が実施される
1889	ⓑ大日本帝国憲法が発布される
1904	ⓒ日露戦争がおこる……………↕A
1921	ワシントン会議が開かれる……
1929	ⓓ世界恐慌がおこる……………↕B
1940	マッチと砂糖が配給制になる…
ⓔ1954	第五福竜丸が被ばくする

1 下線部ⓐに関して，次の文は，地租改正の内容について述べたものである。文中の［ I ］，［ II ］に当てはまる語の組み合わせとして正しいのはどれか。

> 地租改正により，土地の所有者には地券が発行され，そこに記載された地価を基準に税がかけられた。税率は，地価の［ I ］%とされ，土地の所有者が［ II ］で納めるようになった。

ア I－5 II－米　**イ** I－5 II－現金　**ウ** I－3 II－米　**エ** I－3 II－現金

2 下線部ⓑに関して，**図1**は，大日本帝国憲法の一部を示したものである。**図1**をふまえ，大日本帝国憲法作成にあたって，主にオーストリアやドイツ(プロイセン)の憲法が参考にされた理由として正しいのはどれか。

> 第一条　大日本帝国ハ万世一系ノ天皇之ヲ統治ス
> 第三条　天皇ハ神聖ニシテ侵スベカラズ

図1

ア 国民が最高権力者とされているため。　**イ** 君主権が強かったため。
ウ 君主権をおさえる規定が強かったため。　**エ** 教皇の権力が強かったため。

3 下線部ⓒに関して，**図2**は，日露戦争に関わる国の関係図を示したものである。**図2**中のXに当てはまる国名を書きなさい。

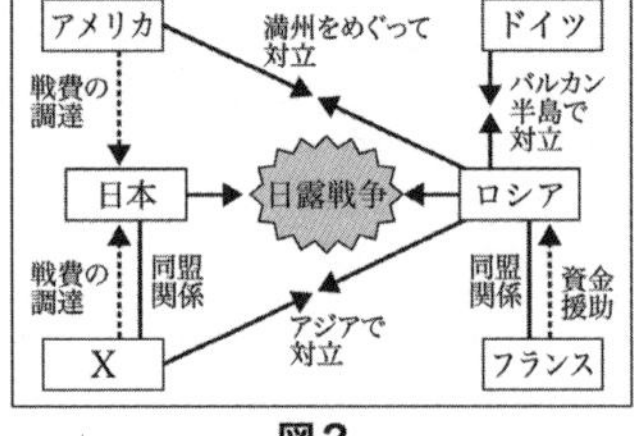

図2

4 次の**ア**，**イ**，**ウ**，**エ**は，Aの時期におこったできごとである。年代の古い順に並べ替えなさい。

ア 国際連盟が発足した。
イ 辛亥革命をおこした孫文が，臨時大総統になった。
ウ 中国が二十一か条の要求の大部分を認めさせられた。
エ オーストリアの皇位継承者夫妻が暗殺された。

5 下線部ⓓに関して，**図3**は，太郎さんが，世界恐慌についてまとめたレポートの一部を示したものである。**図3**中の［ P ］に当てはまる文を簡潔に書きなさい。また，［ Q ］に当てはまる文を，「関税」の語を用いて簡潔に書きなさい。

> 右のグラフは，世界恐慌がおこった1929年を100とした時の，主な国の鉄工業生産の推移を示している。世界恐慌がおこって以降，ほとんどの国の指数が下がっていることが分かる。しかし，ソ連は，1928年から1932年まで［ P ］ため，世界恐慌の影響をほとんど受けなかった。世界恐慌による不況に際して，イギリスは，植民地の国や地域との貿易を拡大する一方，それ以外の国からの輸入品に対する［ Q ］する，ブロック経済を行った。また，フランスも同様の政策を行った。アメリカは，ニューディール政策を行い，植民地が少ないドイツや日本は，他国を侵略し，軍備を強化した。

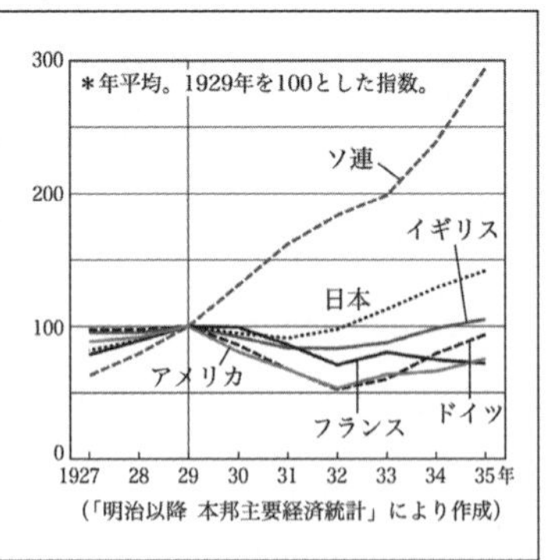

図3

6 Bの時期に成立した法律はどれか。

ア 普通選挙法　**イ** 治安維持法　**ウ** 国家総動員法　**エ** 教育基本法

7 下線部ⓔの年におこったできごとはどれか。

ア 自衛隊がつくられた。　**イ** 安保闘争がおこった。
ウ 第一次石油危機(オイル・ショック)がおこった。　**エ** ベルリンの壁が崩壊した。

解答・解説 P260・P263

5 **図1**は，慶太さんのクラスで，現代社会の特色と憲法について調べ学習を行うために，班ごとに設定したテーマを示したものである。**図1**を見て，次の**1**から**5**までの問いに答えなさい。

	テーマ
1班	グローバル化する中での⓪日本の食文化
2班	ⓑ情報社会の進展とⓒ高齢者のトラブル
3班	ⓓ人権と憲法の役割
4班	天皇の［X］の種類

図1

1 下線部ⓐに関して，次の文は，日本の食料自給率について述べたものである。文中の［Ⅰ］，［Ⅱ］に当てはまる語や数字の組み合わせとして正しいのはどれか。

> グローバル化が進む中で，日本の食料自給率は数十年前と比べると，［Ⅰ］なっており，現在の食料自給率は，約［Ⅱ］%(2022年)となっている。

ア Ⅰ－高く　Ⅱ－38　**イ** Ⅰ－高く　Ⅱ－60
ウ Ⅰ－低く　Ⅱ－38　**エ** Ⅰ－低く　Ⅱ－60

2 下線部ⓑに関して，情報を正しく活用する能力を何というか。

3 下線部ⓒに関して，**図2**は，日本，スウェーデン，アメリカ，中国の各国の人口に占める65歳以上の人口の割合の推移を示したものである。日本はどれか。

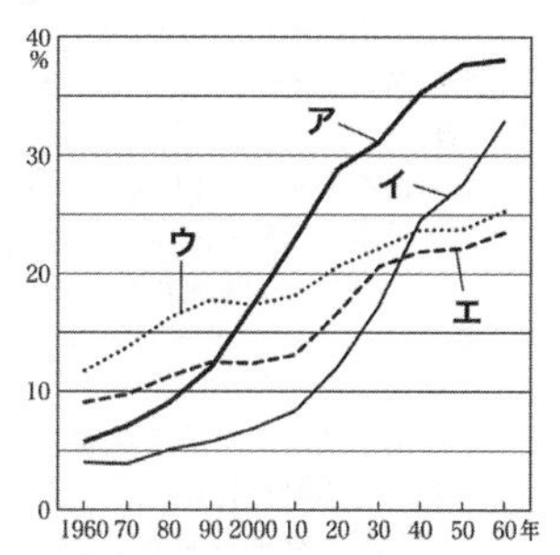

図2(「国立社会保障・人口問題研究所資料」ほかにより作成)

4 下線部ⓓに関して，次の(1)，(2)，(3)の問いに答えなさい。

(1) **図3**は，世界で初めて社会権が保障された法令の一部を示したものである。この法令はどれか。

> 第151条　経済生活の秩序は，全ての人に人間に値する生存を保障することを目指す，正義の諸原則にかなうものでなければならない。

図3

ア アメリカ独立宣言　**イ** (フランス)人権宣言
ウ 権利(の)章典　**エ** ワイマール憲法

(2) **図4**は，日本における三権分立を模式的に示したものである。三権分立を採(と)る理由を，「集中」「国民の人権」の語を用いて簡潔に書きなさい。

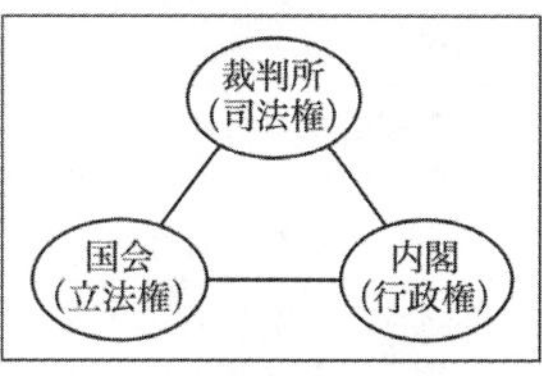

図4

(3) 次の文は，日本国憲法における憲法改正の手順について述べたものである。文中の［Ⅲ］，［Ⅳ］に当てはまる語の組み合わせとして正しいのはどれか。

> 憲法を改正する場合は，衆議院と参議院のそれぞれで総議員の［Ⅲ］以上の賛成を必要とし，可決された場合は，国会が国民に対して改正案を示す憲法改正の発議を行う。その後，満［Ⅳ］歳以上の国民による国民投票を行い，有効投票の過半数が賛成の場合，憲法が改正される。

ア Ⅲ－3分の1　Ⅳ－18　**イ** Ⅲ－3分の1　Ⅳ－25
ウ Ⅲ－3分の2　Ⅳ－18　**エ** Ⅲ－3分の2　Ⅳ－25

5 **図5**は，慶太さんが，**図1**中の［X］に当てはまる語の種類をまとめたものの一部を示したものである。［X］に当てはまる語を書きなさい。

> ・国会の指名に基づく内閣総理大臣の任命
> ・内閣の指名に基づく最高裁判所長官の任命
> ・憲法改正，法律，条約などの公布
> ・国会の召集
> ・衆議院の解散

図5

下野模擬問題(第199回)◆社会

6 **図1**は，弘子さんが，人権について発表したときに作成したレポートの一部である。この文を読み，次の**1**から**5**までの問いに答えなさい。

> 私たち一人ひとりには，基本的人権が保障されています。これまでに，ⓐ男女の平等や障がいのある方などへの差別をなくそうとする努力が行われてきました。これらを実現することは，平等権に基づくものですが，ⓑ自由権などにも関わるものでしょう。また，私たちが大人になったときには，ⓒ勤労の権利を持つようになります。さらに，近年の社会の変化にともなって，ⓓ新しい人権も主張されています。しかし，さまざまな権利を得ることはできても，ⓔ「公共の福祉」のために，権利が制限されることもあります。

図1

1 下線部ⓐに関して，次の(1)，(2)の問いに答えなさい。

(1) 男女の平等を実現するため，1999年に，男性も女性も対等な立場で活躍できる社会をつくることを目的に成立した法律を何というか。

(2) **図2**は，日本とスウェーデンにおける，年齢別の女性の就業率(2017年)を示したものである。**図2**について正しく述べているのはどれか。

ア スウェーデンは，25～29歳以降，割合が減少している。
イ 日本の40～44歳の割合は，90％をこえている。
ウ 日本は25～29歳になると割合が下がりはじめ，35～39歳から再び上昇をはじめる。
エ 日本とスウェーデンの45～49歳の割合の差は，5％未満である。

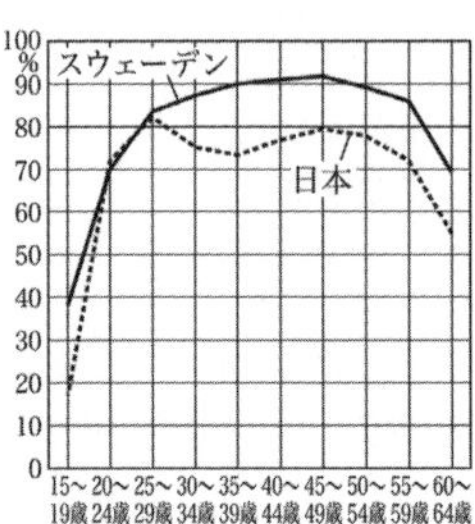

図2(「総務省資料」ほかにより作成)

2 下線部ⓑに関して，自由権についての説明として**当てはまらない**のはどれか。

ア 職業を強制的に決定することは，経済活動の自由を侵害している。
イ 住む場所を強制することは，精神の自由を侵害している。
ウ 自白を強要することは，身体の自由を侵害している。
エ 意見を発表する場で妨害をすることは，表現の自由を侵害している。

3 次の文は，下線部ⓒについて述べたものである。文中の□に当てはまる語を書きなさい。

> 労働者は，労働基本権が保障されている。労働基本権は，労働組合をつくる団結権，労働組合が労働条件を改善するために使用者と交渉する団体交渉権，要求を実現するためにストライキなどを行う□の三つに分かれている。

4 下線部ⓓに関して，次の(1)，(2)の問いに答えなさい。

(1) 慶太さんと弘子さんの会話文中の□に共通して当てはまる語を書きなさい。

> 慶太:「先日，学校の近くの土地の値段について調べたよ。」
> 弘子:「どうやって調べたの。」
> 慶太:「成人の兄にお願いして，□制度を利用し，地価調査の標準価格が記された文書を請求したよ。」
> 弘子:「□制度は，国や地方公共団体に設けられている制度だね。」
> 慶太:「この制度は，政治の透明性を高め，公正な政治を実現するために役立っているよ。」

(2) 大規模な開発を行う場合，環境権に基づいて，環境アセスメントが行われる。環境アセスメントとは何か，「影響」「事前」の語を用いて簡潔に書きなさい。

5 次の文は，下線部ⓔについて述べたものである。文中の□に当てはまるのはどれか。

> 「公共の福祉」とは，日本国憲法の中では□という意味で使われている。

ア 個人の最大の利益　　**イ** 子どもや高齢者の利益
ウ 公務員の利益　　**エ** 社会全体の利益

解答・解説 P260・P263

第199回 下野新聞模擬テスト
数　学

1 次の**1**から**8**までの問いに答えなさい。

1　$4-7$　を計算しなさい。

2　$(9x^2y+15xy^2)\div 3xy$　を計算しなさい。

3　$(3a-4b)+2(a+3b)$　を計算しなさい。

4　2次方程式　$x^2-10x+25=0$　を解きなさい。

5　関数 $y=2x^2$ について，xの変域が $-1\leqq x\leqq 3$ のときのyの変域を求めなさい。

6　右の図のような，底面の半径が6 cm，高さが6 cmの円錐(すい)の体積を求めなさい。ただし，円周率はπとする。

6cm
6cm

7　右の図において，AB＝AC＝DCであるとき，∠xの大きさを求めなさい。

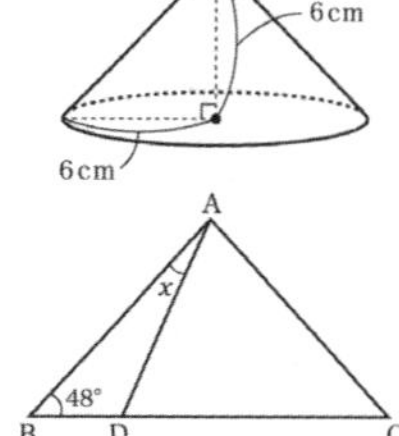

8　正多角形について，**誤った内容を述べている**ものを，**ア**，**イ**，**ウ**，**エ**のうちから1つ選んで，記号で答えなさい。

ア　正五角形は対角線が5本引ける。　　**イ**　正六角形の内角の和は720°である。

ウ　正七角形は点対称な図形である。　　**エ**　正八角形の1つの外角の大きさは45°である。

2 次の**1**，**2**，**3**の問いに答えなさい。

1　xについての2次方程式 $x^2+nx+8=0$ の解が整数であるとき，nに当てはまる整数は何通りあるか求めなさい。

2　1個120円の商品Aと1個150円の商品Bを合わせて20個買ったところ，代金の合計は2670円になった。

このとき，買った商品Aの個数をx個，商品Bの個数をy個として連立方程式をつくり，買った商品Aと商品Bの個数をそれぞれ求めなさい。ただし，消費税は考えないものとし，途中の計算も書くこと。

3　例えば1.4142…という小数において，1を整数部分，0.4142…を小数部分という。$\sqrt{11}$の小数部分をaとするとき，a^2+6aの値を求めなさい。

3 次の**1**，**2**，**3**の問いに答えなさい。

1　5本の中に2本の当たりが入っているくじがある。Aさん，Bさんの2人がこの順にくじを1本ずつ引くとき，少なくとも1人が当たりになる確率を求めなさい。ただし，引いたくじはもとに戻さないものとし，どのくじを引くことも同様に確からしいものとする。

2　いろいろな数を次のように分類するとき，①，②に当てはまる語(数の種類を表す語)を書きなさい。

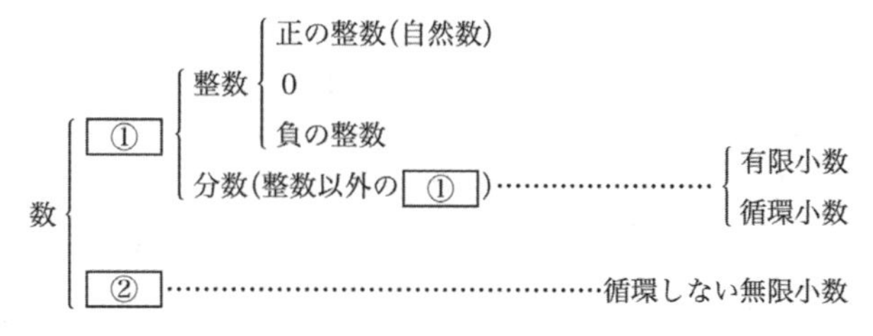

下野模擬問題(第199回)◆数学

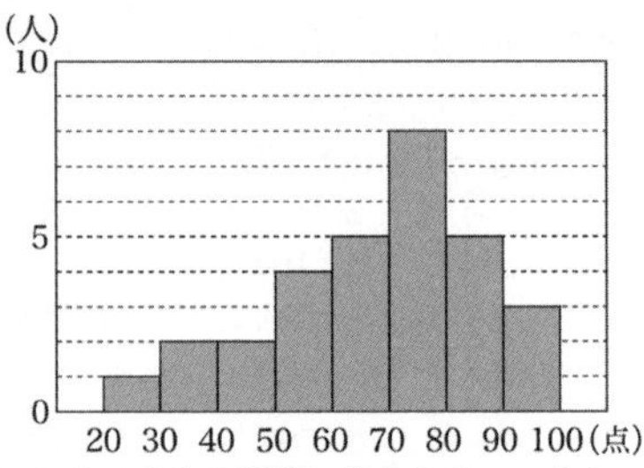

3 右の図は，あるクラスの生徒30人が受けた数学のテストの点数をまとめたヒストグラム(柱状グラフ)で，点数はすべて整数である。

このとき，次の(1)，(2)の問いに答えなさい。

(1) モード(最頻値)を求めなさい。

(2) レンジ(範囲)について述べた，次の文の①に当てはまる内容を簡潔に書きなさい。また，②に当てはまる数を求めなさい。

> 最大値と（ ① ）のことをレンジといい，このヒストグラムにおけるレンジをRとすると，Rがとり得る値の範囲は（ ② ）$\leqq R \leqq 79$である。

4 次の**1**，**2**，**3**の問いに答えなさい。

1 右の図のような，2点A，Bを両端とする線分ABがある。このとき，下の【条件】をともに満たす△ABCを作図によって求めなさい。ただし，作図には定規とコンパスを使い，また，作図に用いた線は消さないこと。

> 【条件】
> ・∠ABC＝75°，∠BAC＝30°である。
> ・△ABCは線分ABの下側にある。

2 図1のように，AB＝20 cm，BC＝21 cm，AC＝29 cm，∠ABC＝90°の直角三角形ABCを底面とする三角柱ABC－DEFの内部に，三角柱のすべての面と接する半径r cmの球が入っている。

このとき，次の(1)，(2)の問いに答えなさい。ただし，円周率はπとする。また，三角柱の側面はすべて長方形である。

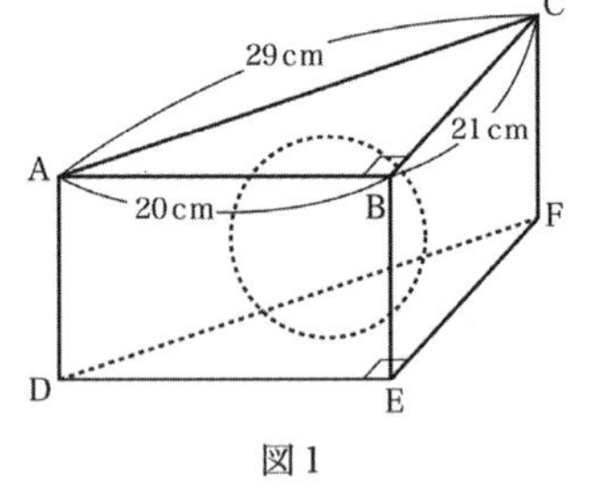

図1

(1) 三角柱ABC－DEFの体積をrを用いて表しなさい。ただし，かっこを使わない最も簡単な式で答えること。

(2) 図2は，図1の三角柱と球を真上から見たものである。次の文の①，②に当てはまる数をそれぞれ求めなさい。

> 三角柱ABC－DEFと球を真上から見て，図2のように，△ABCを円Oの中心を1つの頂点とする3つの三角形に分割すると，どの三角形の高さもr cmである。これら3つの三角形の面積の和は（ ① ）cm^2であることを利用して，r＝（ ② ）cmであることが求められる。

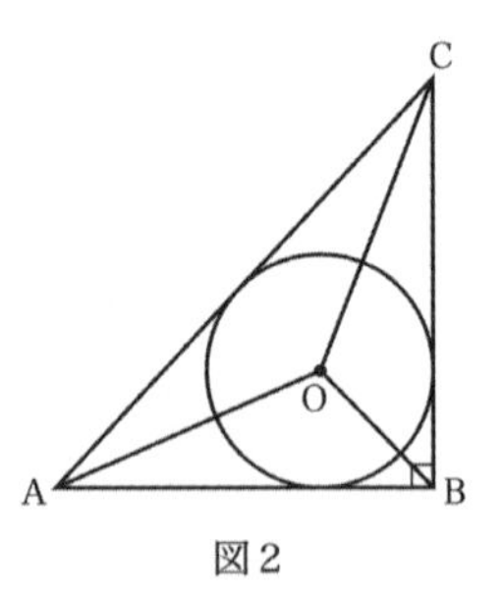

図2

解答・解説 P261・P267

3　AB＜ADの長方形ABCDを，右の図のように，頂点Aが頂点Cと重なるように，線分PQを折り目として折り返した。なお，B′は，頂点Bが移動した点である。このとき，△CPQは二等辺三角形であることを証明しなさい。

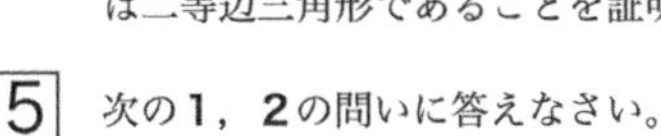

5　次の**1**，**2**の問いに答えなさい。

1　右の図のように，関数$y=ax^2$のグラフがあり，2点A，Bは関数$y=ax^2$のグラフ上の点で，2点A，Bのx座標はそれぞれ4，－2であり，点Aのy座標は8である。また，直線ℓは2点A，Bを通る直線で，直線ℓとy軸との交点をCとする。次に，線分BC上(両端の点B，Cは除く)に点Pをとり，点Pからx軸に引いた垂線とx軸との交点をHとし，関数$y=ax^2$のグラフとの交点をQとする。

このとき，次の(1)，(2)，(3)の問いに答えなさい。

(1)　aの値を求めなさい。

(2)　直線ℓの式を求めなさい。

(3)　次の□内の太郎さんと先生の会話文中の，①には当てはまる比(最も簡単な整数比)を，②には当てはまる数をそれぞれ求めなさい。

> 太郎：「PQ：QH＝2：1になるときの点Pの座標を求めたいんですが…」
> 先生：「方程式を利用することで求められますよ。」
> 太郎：「どうすればいいんですか。」
> 先生：「まず，点P，Q，Hのx座標をtとして，点P，Qのy座標をtを用いた式で表してみましょう。」
> 太郎：「直線ℓと関数$y=ax^2$の式に$x=t$を代入すればいいわけだから，これは簡単です。」
> 先生：「次に，PQ：QH＝2：1ということは，PH：QH＝（　①　）になりますよね。」
> 太郎：「そうか，点P，Qのy座標を使って方程式ができますね。ええと，この方程式の解のうち，問題に適するものは$t=$（　②　）だから，これで点Pの座標が求められます。」

2　Aさんの家と公園は960m離れている。ある日，Aさんは家を出発してから，家と公園の間を一定の速さで走って2往復した。

下の図は，Aさんが家を出発してからの時間をx分，家からAさんまでの距離をymとして，xとyの関係を表したグラフである。

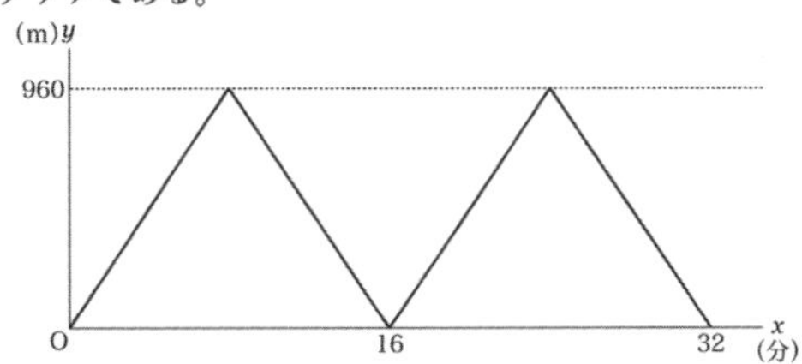

このとき，次の(1)，(2)，(3)の問いに答えなさい。

(1)　Aさんは毎分何mの速さで走ったか。

(2)　Aさんが1回目に公園から家に向かっているときの，xとyの関係を表す式を求めなさい。

(3)　Aさんの弟は，Aさんが家を出発してから5分後に家を出発して，家と公園の間を毎分80mの速さで歩いて1往復した。2人が2回目にすれちがったのは，Aさんが家を出発してから何分後か。ただし，途中の計算も書くこと。

6 図1のような，同じ大きさの正方形の形をした黒色のタイルと白色のタイルがたくさんある。これらのタイルを図2のように，ある規則にしたがって1番目の図形，2番目の図形，3番目の図形，…と順に並べていくものとする。

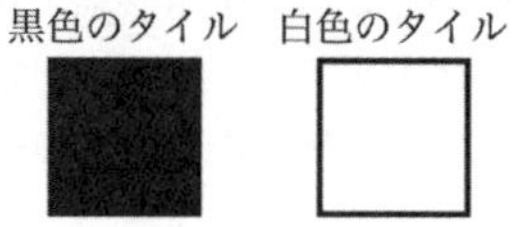

黒色のタイル　白色のタイル

図1

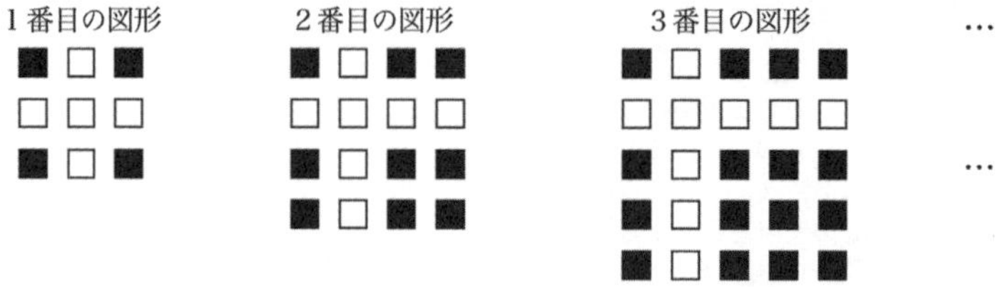

1番目の図形　2番目の図形　3番目の図形　…

図2

また，それぞれの図形に用いた黒色のタイルの枚数，白色のタイルの枚数，すべてのタイルの枚数を，下の表のようにまとめた。

	1番目の図形	2番目の図形	3番目の図形	…
黒色のタイルの枚数〔枚〕	4	9	16	…
白色のタイルの枚数〔枚〕	5	7	9	…
すべてのタイルの枚数〔枚〕	9	16	25	…

このとき，次の**1**，**2**，**3**の問いに答えなさい。

1 次の文は，4番目の図形と5番目の図形について述べたものである。文中の①，②に当てはまる数をそれぞれ求めなさい。

> 4番目の図形に用いる黒色のタイルの枚数は（　①　）枚で，5番目の図形に用いる白色のタイルの枚数は（　②　）枚である。

2 m番目の図形に用いるすべてのタイルの枚数をmを用いて表しなさい。ただし，かっこを使わない最も簡単な式で答えること。

3 黒色のタイルの枚数と白色のタイルの枚数の差が359枚になるのは何番目の図形か求めなさい。

解答・解説 P261・P268

第199回 下野新聞模擬テスト
理　科

1 次の**1**から**8**までの問いに答えなさい。

1 一般の天気図で，基準となる1000hPaの等圧線よりも気圧が高い側において，1000hPaの等圧線と隣り合っている，実線で引かれた等圧線が表す気圧は，次のうちどれか。

ア 1002hPa　**イ** 1004hPa　**ウ** 1010hPa　**エ** 1020hPa

2 次のうち，窒素原子と結びつくことでアンモニア分子をつくっている原子はどれか。

ア 酸素原子　**イ** 塩素原子　**ウ** 水素原子　**エ** 炭素原子

3 次のうち，臼歯の形状がウサギと似ている哺乳類はどれか。

ア シマウマ　**イ** ライオン　**ウ** キツネ　**エ** ワニ

4 次のうち，光の性質を表す語ではないものはどれか。

ア 直進　**イ** 反射　**ウ** 溶解　**エ** 屈折

5 右の図は，ある火成岩の表面のようすを表したものである。この火成岩のようなつくりを何というか。

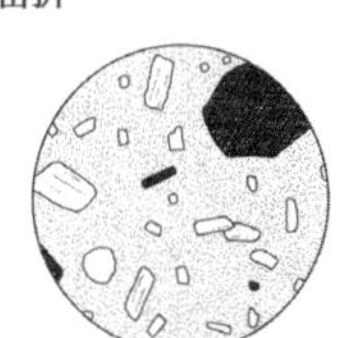

6 右の図は，逆さまにして垂直に立てた100mL用のメスシリンダー(目盛りは省略)に，水上置換法によって気体を集めた後のようすを表したもので，集めた気体の体積を37.0mLと読んだ。体積をこのように読んだのは，メスシリンダーの最小目盛りが何mLになっていることによるか。

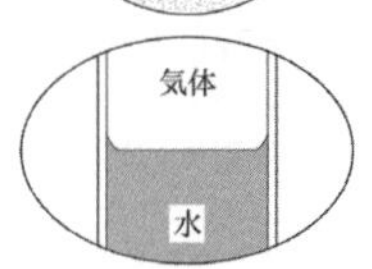

7 右の図は，池の水の中に浮遊している生物を顕微鏡で拡大してスケッチしたものである。この生物の名称は何か。

8 ある電熱線の両端に6.0Vの電圧を加えたとき，電熱線に直列になるように接続した電流計のようすは右の図のようであった。この電熱線の抵抗は何Ωか。

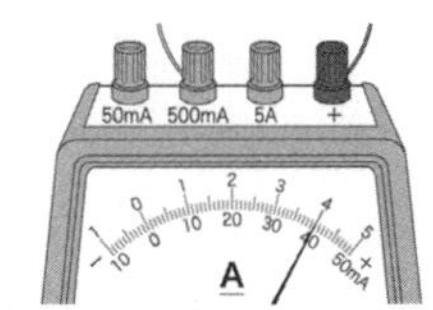

2 少量の水が入っているガラスびんに線香の煙と少しだけふくらませたゴム風船を入れ，右の図のような装置を組み立てた。次に，注射器のピストンを強く引いたところ，ガラスびんの内側に白いくもりが生じた。

このことについて，次の**1**，**2**，**3**，**4**の問いに答えなさい。

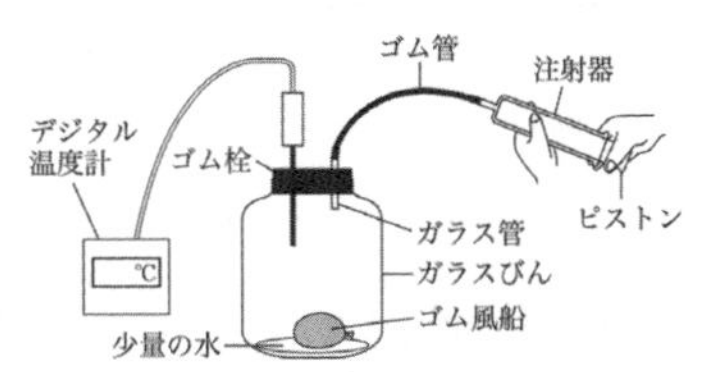

1 ガラスびんに線香の煙を入れたのはなぜか。「水蒸気」，「核」という語を用いて簡潔に書きなさい。

2 注射器のピストンを引いたときに起こった，図中のゴム風船のふくらみ方およびデジタル温度計の表示の変化を正しく組み合わせているものは，次のうちどれか。

ア ゴム風船のふくらみ方：大きくなった。　デジタル温度計の表示：高くなった。
イ ゴム風船のふくらみ方：大きくなった。　デジタル温度計の表示：低くなった。
ウ ゴム風船のふくらみ方：小さくなった。　デジタル温度計の表示：高くなった。
エ ゴム風船のふくらみ方：小さくなった。　デジタル温度計の表示：低くなった。

3 自然界において，上空で雲が発生するためには，何気流とよばれる空気の流れが必要か。

4 上空の雲から地表まで落下してくる，雨や雪のことをまとめて何というか。**漢字2字**で書きなさい。

解答・解説 P261・P269

下野模擬問題(第199回)◆理科

3 エタノール3mLと水17mLによる混合液を大型試験管の中に沸騰石とともに入れ，右の図のような装置を組み立てた。次に，混合液をガスバーナーの弱火で加熱して，出てきた気体をビーカーに入れた冷水で冷やして液体に戻し，3本の試験管A，B，Cにこの順に約2mLずつ集めた。

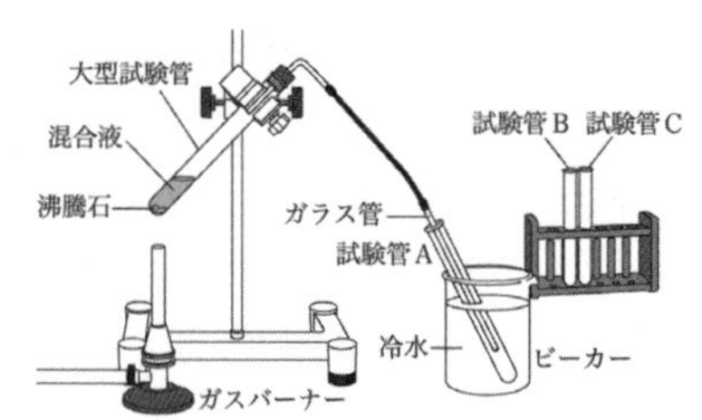

このことについて，次の**1**，**2**，**3**の問いに答えなさい。

1 エタノールと水の分類について，正しく組み合わせているものは，次のうちどれか。

ア エタノール：有機物　水：有機物　　**イ** エタノール：無機物　水：有機物
ウ エタノール：有機物　水：無機物　　**エ** エタノール：無機物　水：無機物

2 この操作に用いたエタノールの密度は0.79 g/cm^3，水の密度は1.00 g/cm^{3}である。このことから，大型試験管に入れた混合液の質量は何gであると考えられるか。ただし，1 mL＝1 cm^{3}である。

3 エタノールを最も多く含む液体が集まった試験管はどれか。試験管A，B，Cのうちから一つ選び，記号で答えなさい。また，そのようになったのは，エタノールと水とでは何とよばれる温度が異なっているからか。

4 池から採取してきたトノサマガエルの受精卵を水そうの水の中に入れてしばらくたった後，双眼実体顕微鏡で観察した。右の図は，このときに双眼実体顕微鏡の視野に見られた，発生のいろいろな時期にある胚のようすを表したものである。

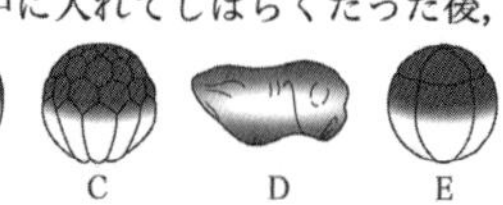

このことについて，次の**1**，**2**，**3**の問いに答えなさい。

1 図の胚を発生が進んでいく順に並べたとき，3番目にくるものはどれか。AからEのうちから一つ選び，記号で答えなさい。

2 次の□内の文は，トノサマガエルの生殖細胞がつくられるときに起こることについて述べたものである。①，②に当てはまる語や数値をそれぞれ書きなさい。なお，トノサマガエルの体細胞の染色体数は26本である。

> トノサマガエルの生殖細胞がつくられるときに起こる細胞分裂は（　①　）分裂であることから，生殖細胞の染色体数は（　②　）本である。

3 トノサマガエルのような多細胞生物の動物が胚の時期を終えた後，その体が成長していくためには，細胞がどのようになることが必要か。「分裂」という語を用いて簡潔に書きなさい。

5 同じ材質(物質)でできたストローX，Yを天井から糸でつり下げた後，ストローX，Yにふれないように糸を手で握(にぎ)ってから，ストローX，Yを布で同時にこすった。次に，糸から手を離したところ，ストローX，Yは，右の図のような状態になって静止した。

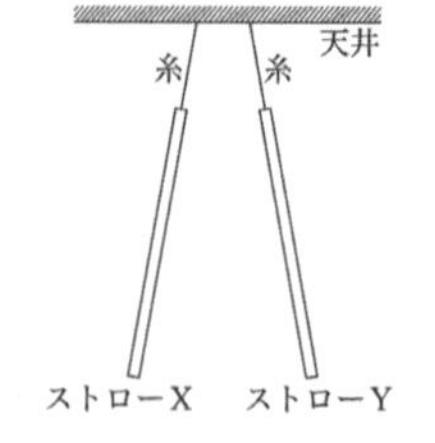

このことについて，次の**1**，**2**，**3**の問いに答えなさい。

1 ストローXに－の電気が生じているとすると，ストローYと布に生じていると考えられる電気を正しく組み合わせているものは，次のうちどれか。

ア ストローY：＋の電気　布：＋の電気　　**イ** ストローY：－の電気　布：＋の電気
ウ ストローY：＋の電気　布：－の電気　　**エ** ストローY：－の電気　布：－の電気

2 次の□内の文は，物体どうしをこすり合わせることによって生じる電気について述べたものである。①，②に当てはまる語をそれぞれ(　)の中から選んで書きなさい。

> 異なる物質でできた物体どうしをこすり合わせることによって生じる電気を ①(交流・静電気) といい，この電気がたまりやすい物質は ②(導体・不導体) である。

解答・解説 P261・P269

3 図の状態から，ストローX，Yに金属棒をふれさせたところ，ストローX，Yにたまっていた電気が流れ出し，ストローX，Yは布でこする前の状態になって静止した。このように，物体にたまっていた電気が流れ出す現象をまとめて何というか。また，この現象が起こる原因は，何という粒子の移動によるか。

6 日本の東北地方付近で発生する地震について，次の調査(1)，(2)，(3)，(4)を順に行った。

(1) 地球の表面は，Ⓟ十数枚の岩盤(岩板)によっておおわれている。
(2) 日本列島付近では，(1)の岩盤のうちの4枚が集まっていて，これらが互いに接して押し合っている。
(3) 下の図は，日本の東北地方付近の地下について，その東西方向の断面を表した模式図で，岩盤X，Yが接しているところでは，岩盤の動きによって加わった巨大な力に耐えきれなくなって大地震が発生することがよくある。

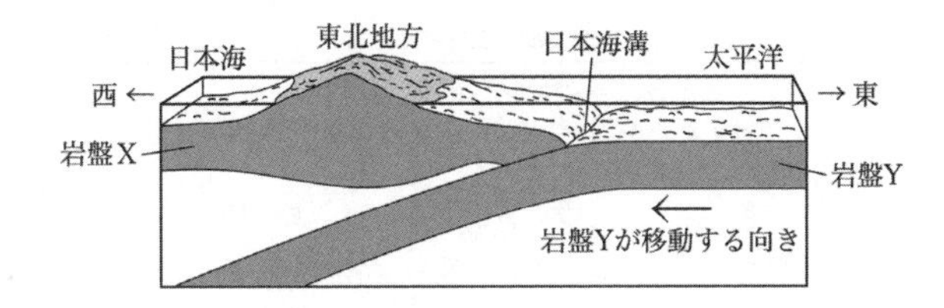

(4) (3)のメカニズムによって発生する地震の震源の深さには，東西方向に関してⓆある傾向が見られる。

このことについて，次の**1**，**2**，**3**，**4**の問いに答えなさい。

1 調査(1)について，下線部Ⓟの十数枚の岩盤はまとめて何とよばれているか。**カタカナ**で書きなさい。

2 次の□内の文章は，図の岩盤X，Yが接しているところで発生する地震によって起こり得ることについて述べたものである。①，②に当てはまる語をそれぞれ書きなさい。

> 岩盤X，Yが接しているところで大きな地震が発生すると，海底の隆起や沈降などによって海水面が盛り上がる（ ① ）という現象が起こることがあり，太平洋沿岸の地域に注意報や警報が発表されることがある。また，地層に大きな力が加わり，（ ② ）とよばれる地層のくいちがいが生じることもある。

3 調査(4)について，下線部Ⓠの傾向を正しく述べているものは，次のうちどれか。

ア 東側から西側に向かうにつれて深くなっている。
イ 西側から東側に向かうにつれて深くなっている。
ウ 東北地方の地下付近が最も深く，東側と西側に向かうにつれて浅くなっている。
エ 東北地方の地下付近が最も浅く，東側と西側に向かうにつれて深くなっている。

4 図の岩盤Yの上にあるハワイ島は，ある説によると7500万年後に日本海溝に落ち込むとされている。この説によると，岩盤Yは1年間に何cm動いていることになるか。ただし，日本海溝とハワイ島との現在の距離を6000 kmとする。

問題 R5
198
199
200
201
【理科】 第199回

7 酸性の水溶液とアルカリ性の水溶液を混ぜ合わせたときに起こる化学変化について調べるために，次の実験(1)，(2)，(3)を順に行った。

(1) ビーカーに硫酸を12mL入れた後，緑色のBTB溶液を少量加えた。
(2) 右の図のように，ビーカーに水酸化バリウム水溶液をガラス棒でかき混ぜながら3mL加えたところ，容器内には白色の沈殿が生じていた。
(3) さらに水酸化バリウム水溶液を3mLずつ合計の体積が15mLになるまで追加して加えていき，そのつど，水溶液の色を観察した。

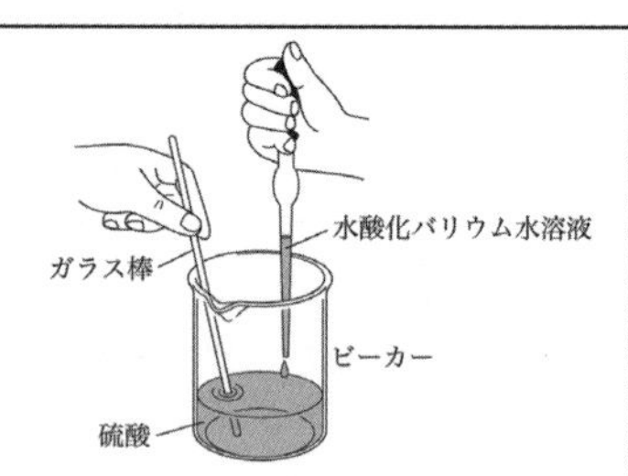

(4) (2)，(3)における水溶液の色を，下の表のようにまとめた。ただし，加えた水酸化バリウム水溶液の合計の体積が9mL以外の水溶液の色については省略してある。

加えた水酸化バリウム水溶液の合計の体積〔mL〕	3	6	9	12	15
水溶液の色			緑色		

このことについて，次の**1**，**2**，**3**，**4**の問いに答えなさい。

1 表で空欄になっている，加えた水酸化バリウム水溶液の合計の体積が6mLのときと12mLのときの水溶液の色は，それぞれ次のうちどれか。

ア 無色　　**イ** 赤色　　**ウ** 青色　　**エ** 黄色

2 次の□内の文は，酸性の水溶液とアルカリ性の水溶液を混ぜ合わせたときに起こる化学変化について述べたものである。①，②に当てはまる語をそれぞれ（　）の中から選んで書きなさい。

> 酸性の水溶液とアルカリ性の水溶液を混ぜ合わせると，酸性の水溶液中に存在している①(陽イオン・陰イオン）と，アルカリ性の水溶液中に存在している②(陽イオン・陰イオン）が結びつくことで，水ができる。

3 実験(2)で生じた白色の沈殿の物質名は何か。また，加えた水酸化バリウム水溶液の合計の体積が15mLになった後にビーカー内に生じていた沈殿の量は，加えた水酸化バリウム水溶液の合計の体積が3mLになった後にビーカー内に生じていた沈殿の量の何倍か。

4 加えた水酸化バリウム水溶液の合計の体積が15mLになった後，ビーカー内の液が酸性もアルカリ性も示さない状態にするためには，実験に用いた硫酸を何mL加えればよいか。

8 食物に含まれている栄養分の消化について調べるために，次の実験(1)，(2)，(3)を順に行った。

(1) 同量のうすいデンプンのりを2本の試験管に入れた後，一方には唾液（だえき）を1mL加え，もう一方には水を1mL加えた。
(2) 右の図のように，(1)の2本の試験管を，ビーカーに入れた約40℃に保った湯に10分間ほどつけた。
(3) 唾液を加えた方の液を別の試験管AとBに，水を加えた方の液を別の試験管CとDに同量ずつ分けて入れた後，試験管AとCにヨウ素溶液を加え，色の変化を観察した。また，試験管BとDにはベネジクト溶液を加えて加熱した後，色の変化を観察した。下の表は，これらの結果をまとめたものである。

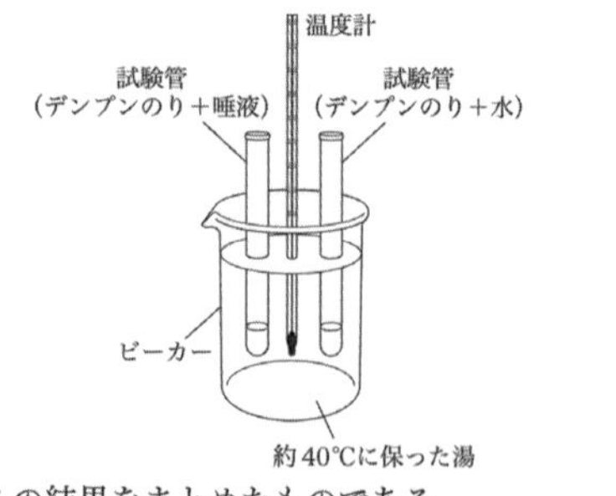

試験管A	試験管B	試験管C	試験管D
特に変化なし。	変化が見られた。	変化が見られた。	特に変化なし。

このことについて，次の**1**，**2**，**3**，**4**の問いに答えなさい。

1 実験(2)で，２本の試験管を，約40℃に保った湯に10分間ほどつけたのはなぜか。「消化酵素」という語を用いて簡潔に書きなさい。

2 次の□内の文は，実験(3)で観察された色の変化について述べたものである。①，②に当てはまる語をそれぞれ(　　)の中から選んで書きなさい。

> 実験(3)において，試験管ＢとＤに加える前のベネジクト溶液の液はうすい ①(青色・赤色・黄色) であったが，ベネジクト溶液を加えて加熱した後，試験管Ｂの中には ②(青紫色・灰白色・赤褐(せきかつ)色) の沈殿が現れた。

3 実験の結果から，唾液のはたらきによって，デンプンは物質Ｘがいくつかつながったものへと変化したことがわかった。下線部中の物質Ｘは，次のうちどれか。

ア アミノ酸　　**イ** モノグリセリド　　**ウ** タンパク質　　**エ** ブドウ糖

4 食物に含まれている栄養分の消化に関係している消化酵素のうち，胃液に含まれていて，タンパク質を変化させるはたらきをしている消化酵素の具体的な名称は何か。また，すい液に含まれていて，脂肪を変化させるはたらきをしている消化酵素の具体的な名称は何か。

9 斜面上や水平面上において台車が行う運動について調べるために，次の実験(1)，(2)，(3)を順に行った。

> (1) 斜面の上端に１秒間に50打点する記録タイマーを固定し，記録タイマーに通した紙テープを台車の後面にとりつけた。
> (2) 図１のように，台車を斜面上のある位置に手で支えて置いた後，記録タイマーのスイッチを入れて台車から静かに手を離したところ，台車は斜面上を下ってから，斜面に続く水平面上を運動した。
>
> 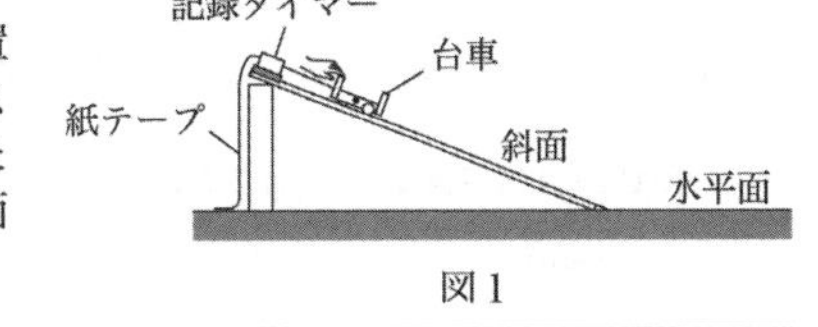
>
> 図１
>
> (3) (2)での斜面上における台車の運動を記録した紙テープについて，図２のように，基準となるＡ点を定めて，Ａ点から５打点ごとにＢ点，Ｃ点，Ｄ点，…と順に区切っていき，それぞれの区間の長さをはかって紙テープに書き入れた。
>
> 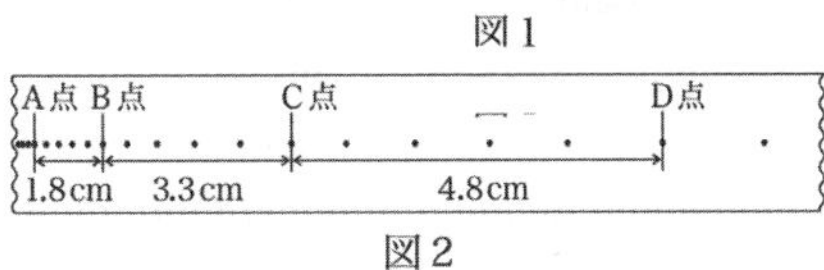
>
> 図２

このことについて，次の**1**，**2**，**3**，**4**の問いに答えなさい。ただし，摩擦や空気の抵抗については考えないものとする。

1 図３は，実験(2)において，斜面上に手で支えて静止させた台車にはたらいている重力を，矢印を用いて表したものである。この重力を互いに垂直な向きの２つの分力に分解したもののうち，台車を斜面に沿って運動させるもととなった方の分力を，解答用紙の図中に矢印を用いてかき入れなさい。

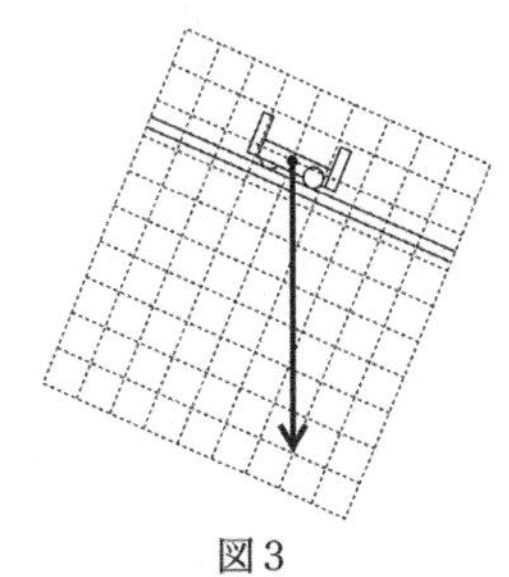
図３

2 実験(3)で，打点が記録された紙テープにおいて，Ａ点の前の打点し始めの部分を使用しなかったのはなぜか。「打点間隔」という語を用いて簡潔に書きなさい。

3 次の□内の文は，図２からわかることについて述べたものである。①，②に当てはまる数値をそれぞれ書きなさい。

> 図２において，BC間の打点，およびCD間の打点を記録するのに要した時間はいずれも（ ① ）秒であることから，BD間の打点を記録しているときの台車の平均の速さを小数第１位までの数で表すと，（ ② ）cm/sであったことがわかる。

4 実験(2)で，斜面上を下っていった後の台車は，水平面上では一定の速さでまっすぐに進んだ。水平面上でのこのような台車の運動を何というか。

第199回 下野新聞模擬テスト
英　語

1 これは聞き方の問題である。指示に従って答えなさい。

1〔英語の対話とその内容についての質問を聞いて，答えとして最も適切なものを選ぶ問題〕

(1) ア　　イ　　ウ　　エ

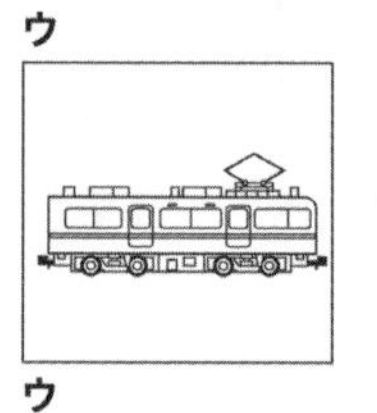
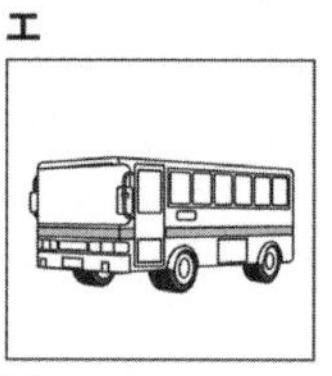

(2) ア　　イ　　ウ　　エ

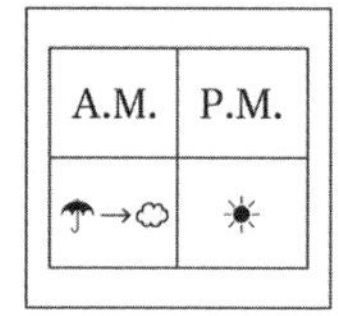

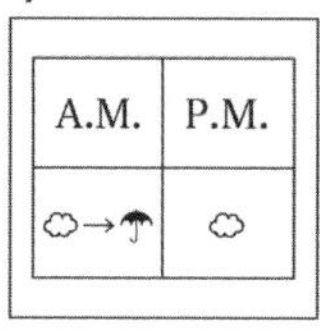

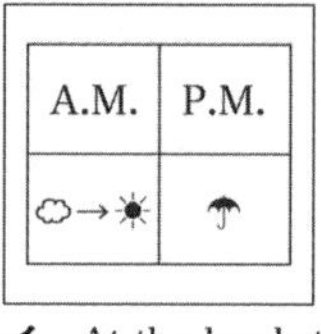

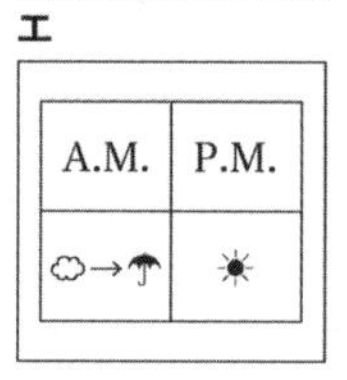

(3) ア　At the station.　　イ　At the bookstore.
　　ウ　At the restaurant.　　エ　At the flower shop.

(4) ア　Go to see her brother at his party.　　イ　Go shopping to buy a birthday present.
　　ウ　Buy the same shoes as her brother.　　エ　Have their brother's birthday party.

2〔英語の対話とその内容についての質問を聞いて，答えとして最も適切なものを選ぶ問題〕

Kita City needs junior high school student volunteers.

Activity	Place	Day	Time
Reading Books to Children	Kita City Library	August 3rd, 11th, 21st	From 3:00 p.m. to 4:30 p.m.
Playing with Children	Kita Chuo Gym	August 5th, 13th, 23rd	From 3:00 p.m. to 4:30 p.m.
Cleaning Kita Park and Kita Station	Kita Park and Kita Station	August 6th, 15th, 25th	From 7:30 a.m. to 9:30 a.m.
Cleaning Kita River	Kita River	August 8th, 17th, 29th	From 7:30 a.m. to 9:30 a.m.
Singing in a Chorus	Kita Hospital	August 9th, 19th, 30th	From 10:00 a.m. to 11:00 a.m.

(1) ア　On August 2nd.　　イ　On August 4th.
　　ウ　On August 5th.　　エ　On August 7th.

(2) ア　Cleaning Kita River.　　イ　Cleaning Kita Park and Kita Station.
　　ウ　Playing with Children.　　エ　Singing in a Chorus.

(3) ア　He has always wanted to work as a volunteer in Japan.
　　イ　He is a member of the volunteer club at school in Japan.
　　ウ　He is going to leave Japan for New York on August 28th.
　　エ　He wants to be a Japanese teacher in his country in the future.

3〔英語の説明を聞いて，メモを完成させる問題〕

The School Trip to Australia

・We are going to arrive in Australia on [(1)].

・We are going to visit { a museum. / a zoo. / a school.

・At school we are going to have four classes :
　No.1 English　　No.2 history　　No.3 [(2)]
　No.4 We can choose one subject.
　➡For example, if we choose science, we can learn about [(3)].

・We are going to come back to Japan on Friday.

2 次の**1**，**2**の問いに答えなさい。

1 次の英文中の (1) から (6) に入る語句として，下の(1)から(6)の**ア**，**イ**，**ウ**，**エ**のうち，それぞれ最も適切なものはどれか。

I have studied English (1) five years, and I like it very much. Today, I'm going to talk about two important points (2) when we study English.

First, we should not be afraid of (3) English. I didn't like talking with foreign people in English before because I thought my English was (4). But, one day, when I talked in English to a foreign woman on the street, she said, "You are a junior high school student, (5) ? You speak English very well." I was very happy to hear that. I learned that I could talk with people from foreign countries.

Second, we should use (6) very often. Mine is a little heavy, but it always helps me when I find difficult words. It teaches me a lot about words when I read each page. If we read the pages again and again, we can remember more words.

When we study English, we should remember that these two points will help us a lot.

	ア	イ	ウ	エ
(1)	in	for	since	during
(2)	remember	remembered	remembering	to remember
(3)	speak	spoken	speaking	to speak
(4)	bad	good	right	perfect
(5)	is it	isn't it	are you	aren't you
(6)	libraries	computers	dictionaries	red pencils

2 次の(1)，(2)，(3)の(　　)内の語句を意味が通るように並べかえて，(1)と(2)は**ア**，**イ**，**ウ**，**エ**，(3)は**ア**，**イ**，**ウ**，**エ**，**オ**の記号を用いて答えなさい。ただし，文頭にくる語も小文字で示してある。

(1) *A*：Would you like a cup of coffee?
B：Thanks, but I (**ア** better　**イ** green tea　**ウ** than　**エ** like) coffee.

(2) *A*：This is (**ア** which　**イ** children　**ウ** a book　**エ** makes) happy.
B：Good. I'll buy one for my little brother.

(3) *A*：(**ア** you　**イ** interesting　**ウ** for　**エ** it　**オ** was) to visit the museum?
B：Yes. We had a good time there.

3 次の英文は，高校生の絵未(Emi)とアメリカからの留学生トム(Tom)の対話の一部である。また，**図**は二人が参加する予定の町内の催し物のチラシ(leaflet)の一部である。これらに関して，**1**から**7**までの問いに答えなさい。

Emi：The leaflet says that you can take a *soba* class. You should join it if you want to know more about *soba*. You can also try making *soba* and eat it.

Tom：Do you think I can make my own *soba*?

Emi：Of course, you can. The *soba* teacher will ＿＿＿(1)＿＿＿ *soba*.

Tom：OK. I'll try it. I've eaten *soba* in hot *soup before, but this *soba* in the leaflet is (**A**). It's on the *colander, and the soup looks cold.

Emi：Yes. We call it *zaru-soba*. We can enjoy *soba* in many ways.

Tom：I see. I'm very interested in *soba*. When I ate *soba* at a restaurant, a Japanese man was (2)slurping. Do you Japanese usually slurp when you eat *soba*?

Emi："Slurp?" What do you mean?

Tom：Well, I don't think it's good to eat something with a sound.

Emi：Oh, I see. In Japan, we usually slurp when we eat *soba*.

Tom：Really? I can't believe that. So many countries, so many *customs.

Emi：What does it mean?

Tom：It means that **B** .

Emi：I see. Now I understand. Maybe I will find something new if I go to a foreign country.

Tom： That's right. What else can we enjoy at the event?

Emi： We can experience ＿＿(3)＿＿ at a traditional Japanese house. Also, there will be a *taiko* concert in the afternoon. It will start at 2:30 p.m.

Tom： Sounds interesting! [C] will play?

Emi： The leaflet says that seven people will play.

Tom： I see. Oh, can we buy sweets?

Emi： Right. They make sweets by using ＿＿(4)＿＿ Momiji Town.

Tom： That's nice. I want to buy some for my host family.

Emi： The sweets shop will be open until 4:30 p.m. Why don't we go to buy sweets after joining the *soba* class and enjoying the concert?

Tom： (5)<u>That</u> sounds fine. Let's go to see a traditional Japanese house first. Oh, look here. The leaflet says that we should (D) our own chopsticks and plastic bags.

Emi： I think using our own chopsticks is good for the environment.

Tom： I think so, too. (6)<u>I also want to do something for the environment.</u>

〔注〕 *soup＝つゆ　*colander＝ざる　*custom＝習慣

古き良き日本の生活体験 in もみじ町

＜日時＞ 10月15日(日) 午前10時 ～ 午後4時30分
＜場所＞ もみじ中央広場
＜催し物の内容＞

・古民家で昔の日本の生活を体験
(午前10時 ～ 午後4時30分)

・そば打ち体験講座
(午前11時 ～ 午後2時)

・もみじ町産の果物が使われたスイーツ販売
(午前10時 ～ 午後4時30分)

・太鼓コンサート（7名による演奏）
(午後2時30分 ～ 午後3時30分)

＜お願い＞
・ごみ減量のため，マイお箸をご持参ください
・ごみ持ち帰り用のビニール袋をご持参ください

図

1 図を参考に，二人の対話が成り立つよう，下線部(1)，(3)，(4)に適切な英語を書きなさい。

2 本文中の(A)，(D)に入る語の組み合わせとして，最も適切なものはどれか。

ア A：different ― D：buy　イ A：the same ― D：buy
ウ A：different ― D：bring　エ A：the same ― D：enjoy

3 下線部(2)はどのような意味か。同じ意味を表す英語を本文から**6語**で抜き出して書きなさい。

4 [B] に入るものとして，最も適切なものはどれか。

ア we have to understand people's ideas by asking questions
イ we should not go to foreign countries so often
ウ it's difficult to remember the names of many countries
エ ways of life are different in every part of the world

問題 R5 198 199 200 201 【英語】第199回

解答・解説 P260・P264

5 二人の対話が成り立つよう，[C]に入る適切な英語を**3語**で書きなさい。

6 下線部(5)は何を指すか。日本語で書きなさい。

7 下線部(6)について，あなたならどのようなことができますか。次の〔**条件**〕に合うよう，あなたの考えを書きなさい。

〔**条件**〕 ① 下の[ ]内の四つの取組から，**一つ**または**二つ**を選ぶこと。
② その(それらの)取組を選んだ理由も書くこと。
③ まとまりのある**4～6文程度**の英語で書くこと。

・徒歩や自転車で移動する	・ボランティアとして公園を掃除する
・こまめに*電気を消す	・物を大切に使う，または再利用する

〔**注**〕*電気を消す＝turn off the lights

4 高校生の桃子(Momoko)と，彼女の祖父について書かれた次の英文を読んで，**1**から**5**までの問いに答えなさい。

My grandfather is great. Today I'm going to talk about him. He always tries studying new things. After *retiring from his job, he has studied *sign language, calligraphy *and so on. Now he is studying about computers. He also studies English hard. He really likes studying.

First, I'll tell you about him and computers. We had already one computer in our house. We used it to do many things, but my grandfather never tried to use it. One day, I bought a concert ticket for him *online. He said, "Thanks. I'm surprised. It is very easy to get a ticket with a computer!"

A few weeks later, when I was using the computer to make my report with some pictures, my grandfather came to me. He looked at my report and said, "Wow! You are making your report with beautiful pictures!" Then, he thought that using computers was interesting, and he became interested in it.

He started to study about computers in a class for *senior citizens and bought some books about computers. He also bought a new computer. He enjoyed the class and studied for about two hours every day. When he first began to study, he [ ] computers well. He asked me many questions. Now, he can use computers better than me and enjoys using them.

On the computer, he made a *leaflet with pictures and a webpage for the senior citizens group in his town. When he showed the leaflet and the webpage to the members of the group, they said, "Have you made these yourself? Great! They are so wonderful and beautiful!" He was very happy to hear that.

Next, I want to tell you about my grandfather and English. He traveled to Canada with his friends last year. After he came back, he showed me many pictures of Canada. He said, "I enjoyed visiting many beautiful places. When I went shopping, I tried to use English at a shop. It was difficult for me to speak English. I was very sad because the woman working there didn't understand my English. So I've decided to study English every day. If I can speak English better, I can enjoy my trips more in the future."

Now he studies English very hard. He repeats English words and *sentences from books and CDs. He said, "This is a good way for me to study English. I want to go to many countries and talk with people in English. I like studying new things because I can get new ideas and information. That makes my life much more interesting."

〔**注**〕*retire＝退職する　*sign language＝手話　*～and so on＝～など
*online＝オンラインで　*senior citizen＝高齢者　*leaflet＝チラシ
*sentence＝文

1 桃子の祖父が，コンピュータに興味を持ったきっかけは何だったか。次の□内が，その内容を説明するものとなるように，(　　　　)に適切な日本語を書きなさい。

桃子がコンピュータで，(　　　　　　　　　　　　　　　　　　　　　　　　)して いるところを見て，コンピュータを使うことに興味を持った。

2 本文中の□に入る適切な英語を**2語**または**3語**で書きなさい。

3 桃子の祖父が，本文中の下線部のように決意をしたきっかけと理由はそれぞれ何だったか。次の□内が，それらの内容を説明するものとなるように，(　①　)，(　②　)に適切な日本語をそれぞれ書きなさい。

きっかけ：カナダでの買い物のとき，(　　　　①　　　　)ことが悲しかったため。 理　　由：もし(　　　　②　　　　)，これから旅行をもっと楽しむことができるから。

4 次の文は，アメリカに住んでいる桃子の友達であるスーザン(Susan)と桃子の対話の一部である。本文の内容に合うように，(　　　　)に入る適切な英語を，本文中から**3語**で抜き出して答えなさい。

Momoko:	My grandfather has become interested in computers and joined a computer class for senior citizens. He also started studying English.
Susan:	Oh, computers and English? Your grandfather is very active.
Momoko:	Right. He likes getting new ideas and information.
Susan:	Your grandfather is great because he enjoys (　　　　).

5 本文の内容と一致するものはどれか。

ア Momoko's grandfather knows sign language and teaches it to other people.

イ Momoko bought a concert ticket for her grandfather online before he began studying about computers.

ウ Momoko made a webpage for her grandfather and the members of the senior citizens group.

エ Momoko's grandfather started studying English every day before going to Canada.

5 次のアレクサンダー・グラハム・ベル(Alexander Graham Bell)と，ヘレン・ケラー(Helen Keller)についての英文を読んで，**1**，**2**，**3**，**4**の問いに答えなさい。

Alexander Graham Bell is known as an inventor of the telephone. He was also a teacher of *deaf people. Bell's father was a teacher who studied the way of speech. Bell's mother was deaf, but Bell had a special way of communicating with her. He put his mouth near her *forehead and then spoke to her. In this way, she could understand his words (　**A**　) a *hearing aid.

Through this experience, Bell learned that many deaf people wanted to communicate with people around them. He thought, "[　**B**　]" When he moved to America in 1871, he had a chance to teach deaf children at a school. He felt happy when they could speak words through his help in class. He worked hard as a teacher and became famous for his teaching. He also began to study the way of speech to help them. Those studies *led to his later work on the telephone.

問題 R5 198 199 200 201 【英語】第199回

解答・解説 P260・P264

In 1886, ten years after Bell invented the telephone, he met a little girl. Her name was Helen Keller. She was deaf and *blind. She couldn't speak words and often became angry when her family couldn't understand her feelings. Her father went to see Bell with her to get some advice. From Bell, Helen learned words and how to communicate with other people. Helen began to have hope for her life.

Helen went to many places (**C**) Bell to meet many people. He kept helping her until he died in 1922. Bell gave her the *courage to tell her ideas to other people. She *overcame her *handicap and worked for deaf and blind people for a long time.

〔注〕*deaf＝耳の不自由な　*forehead＝額(ひたい)　*hearing aid＝補聴器
*lead(過去形：led) to ～＝～につながる　*blind＝目の不自由な　*courage＝勇気
*overcome ～＝～を克服する　*handicap＝ハンディキャップ，障がい

1 本文中の(**A**)，(**C**)に入る語の組み合わせとして，最も適切なものはどれか。

ア **A**：with — **C**：with　**イ** **A**：with — **C**：without
ウ **A**：without — **C**：with　**エ** **A**：without — **C**：without

2 本文中の[**B**]に入るものとして，最も適切なものはどれか。

ア It will be easier for them to send their messages if they can speak.
イ It's difficult for them to have a special way of communication.
ウ It will be harder for them to communicate if they can speak.
エ It's necessary for them to get a good hearing aid.

3 ヘレンの気持ちが下線部のように変化したのはなぜか。日本語で書きなさい。

4 本文の内容と一致するものはどれか。

ア Bell studied the way of speech in his life, but his father didn't.
イ Bell worked hard as a teacher, but inventing was more important than teaching for him.
ウ When Helen met Bell for the first time, there were no telephones in the world.
エ With Bell's help, Helen finally learned to tell other people about her ideas.

4 日の光がしぼむように、心に影がさしこむのがわかった(3) とあるが、この表現についての説明として最も適当なものはどれか。

ア お市のゆらぐことのない決意を倒置法を用いて表現している。
イ お市の不安な気持ちやとまどいを比喩を用いて表現している。
ウ これからの生活へのお市の期待を比喩を用いて表現している。
エ 両親を心配させ続けるお市のつらさを具体的に表現している。

5 胸がさわいで来た(4) とあるが、お市の胸がさわいで来たのはなぜか。「決心」「ときめき」という語を用いて、五十字以上六十字以内で書きなさい。

6 次の会話文は、生徒たちが本文について話し合ったときの会話の一部である。□に当てはまる言葉を本文中から七字で抜き出しなさい。

> Aさん「お市は襷をはずしながらおよしに挨拶しているね。」
> Bさん「そうだね。およしは自分がお市にいい縁談を持って来たことを一方的に話し続けているよ。」
> Aさん「でも、お市は返事をしていないね。それは『………』という表現からわかるね。」
> Bさん「お市が返事をしなかったのは、時次郎に、いつ会いに行こうかということを考えていたからだね。」
> Aさん「なるほど。お市は、およしの話に□を味わいながらそのことを考えていたんだね。」

5

中学校のクラスの新聞委員であるAさんとBさんは、みんなに親しまれる学級新聞を発行したいと思い、どんな学級新聞を作るかについて話している。AさんとBさんの意見のどちらがよいと考えるか。あなたの考えを国語解答用紙(2)に二百字以上二百四十字以内で書きなさい。

なお、次の《条件》に従って書くこと。

《条件》
(i) 第一段落で、AさんとBさんのどちらかの意見を選び、その理由を明確にすること。
(ii) 第二段落で、選んだ意見のよさについてのあなたの考えを具体的に述べること。

> Aさん「クラスの人のことをよく知らないと思うので、自己紹介のコーナーを設けて、どんなことを好きなのかなどをみんなに紹介すると、意外な面を発見できて楽しいと思うよ。」
> Bさん「個人のことではなく、クラス全体の活動に関することを報告すれば、クラス全体でがんばっていこうという気持ちが生じて、クラスがまとまると思うんだ。」

(3)日の光がしぼむように、心に影がさしこむのがわかった。

――一度、あのひとに会ってみよう。

不意にそう思った。いつかはそうしなきゃと思っていた、その時が来たようだった。

時次郎には、去年の暮に、(注2)両国橋の上でばったり会って、そのときに働いている場所も聞いている。そのあと場所を変えていなければ、(注3)駒形に近い三間町の藤吉という(注4)錺職の家へ行けば、時次郎に会えるのだ。

――あれから一年になる。

その一年前のことも、兼蔵の一番弟子だった時次郎が、この家を出て行った三年前のことも、お市は昨日のことのようにはっきりとおぼえていた。

会いに行くと決めると、お市はそれで気持ちに区切りがついたように思った。すると急に(4)胸がさわいで来た。

――バカだねえ。まるで小娘じゃないか。

お市は自分で自分をたしなめたが、胸のはずみはおさまらなかった。

お市はいそいで前掛けで手を拭くと、裏口から家に入った。

叔母のおよしは、来るといつもそうであるように、お客という感じがしないどっしりした身構えで、いつも自分が坐る場所に腰を落ちつけていた。

そばに、めずらしく兼蔵がいて、話相手になっていた。小柄で痩せている兼蔵にくらべ、およしは同じ親から生まれた兄妹とは思えないほど肥っている。兼蔵は、親の代からの錺職をついだが、およしは商家に嫁入った。それで商人の家がいいと思うのか、およしが持ちこんで来る縁談の相手は、いつも商人だった。

兼蔵は、まるで叱られているように首を垂れて、元気よく喋る妹の話を聞いていたが、ひょいと顔をあげてお市を見ると、それじゃ、おいらはこれでと言って、さっさと茶の間を出て行った。

「いらっしゃい、叔母さん」

お市が襷をはずしながら挨拶すると、およしはにぎやかな身ぶりで手を振って言った。

「今度はことわるなんて言わないでおくれ、市ちゃん。とてもいい話持って来たんだからね」

「……」

「(注5)神田の米屋さんなのよ。二十八で、ちょっと年を喰ってるけど、あんただって、いまに二十になろうってひとなんだから、これは仕方ないわ。どう？　一度会ってみる？」

「……」

「会えばすぐわかることだけど、なにしろ商売熱心で、男ぶりも悪くないし、しっかりしたひとなのよ。こんな良縁をのがしたら、もう当分、市ちゃんお嫁に行けないよって、いまもおとっつぁん、おっかさんに話してたところ」

お市は、膝の上でまるめた襷をいじりながら、［　］喋る叔母のおしゃべりを聞いていた。持ちこまれる縁談を聞かされるとき、いつもそうであるように、苦痛に似た気分に苛まれながら、お市は時次郎に、いつ会いに行こうかと考えていた。

（藤沢周平「夜の橋」〈文藝春秋〉から。～一部改）

（注1）了簡＝「了見」と同じ。心や考え。
（注2）両国橋＝東京の隅田川にかかる橋。
（注3）駒形＝東京の台東区の地名。
（注4）錺職＝金属の装飾品の細工をする職業。
（注5）神田＝東京の千代田区の地名。

1　本文中の［　］に入る語句として最も適当なものはどれか。

ア　息もつかずに　　**イ**　腕によりをかけて
ウ　色をなして　　**エ**　浮き足立って

2　(1)あのひとの声　とあるが、この表現からお市のどのような心情が読み取れるか。

ア　およしが持って来た縁談を断り続けているので心苦しい心情。
イ　自分をいつも気にかけてくれるおよしをありがたいと思う心情。
ウ　およしとの間に心理的な壁を作りたいという他人行儀な心情。
エ　頼んでもいない縁談を持って来ることにとまどいを感じる心情。

3　(2)お辰は逆に下駄をつっかけて外に出て来た　とあるが、お辰が外に出て来たのはなぜか。

ア　およしに対するお市の態度が悪いことを注意するのと、近ごろのお市の様子に対して不平を言うため。
イ　およしがお市の嫁入り話をまた持って来ていることをお市に教えて、およしへの対応を相談するため。
ウ　およしの近くでお市と話をすると、縁談についてのお市の考えがおよしに知れてしまうため。
エ　近ごろのお市がどんなことを考えているのかわからないので、お市の考えをお市から直接聞くため。

問題R5 198 199 200 201 【国語】第199回

解答・解説 P260・P262

4　段落の働きを説明したものとして、最も適当なものはどれか。

ア　②段落は、前段から話題を変えて別の多義のことばについて述べている。

イ　④段落は、特定のことばが使われなくなることで生じる事態を述べている。

ウ　⑤段落は、使われなくなったことばを復活させることの困難さを述べている。

エ　⑨段落は、あることばを理解させるための最適な方法について述べている。

5　(2)孤独とか不安とあるが、これについてある生徒が次のようにノートにまとめた。これを見て、後の(I)、(II)の問いに答えなさい。

【孤独とか不安についての筆者の考え】

昔は、隣り近所と密接な関係を保つような生活だったが、人々はその生活にわずらわしさを感じるようになった。

↓

人々は個人や個室の世界にこもり、人間関係が深くならないように他人と［X］をとることを望んだ。

↓

街には人がたくさんいて、［Y］が、人と人とのあいだはさっぱり「身にしみ」なくなり、孤独や不安が起こるようになった。

(I)　［X］に入る語を本文中から二字で抜き出しなさい。

(II)　［Y］に入る内容を十五字以上二十字以内で書きなさい。

4

次の文章を読んで、**1**から**6**までの問いに答えなさい。

小春日和というのか、ここ二、三日びっくりするほどいい天気がつづいていた。お市が洗濯をしている裏の井戸のまわりには、明るい日射しが降りそそぎ、塀の隅に咲き残っている菊の花株のあたりで、たえ間なく飛びまわっている虫の翅音がしている。あたたかかったが、日射しはその中にきりっとした感じを含んでいて、汗ばむようなことはなかった。お市は力を入れて盥の中の物を洗った。

不意に裏口の戸があいて、母親のお辰が顔を出した。

「まだ？」

「まだよ」

とお市は振りむいて言った。

「およしさんが来てるんだよ」

「知ってた。(1)あのひとの声、ここまで聞こえるもの」

「あのひとだなんて、叔母さんて言いな」

お辰はたしなめたが、台所から身体を乗り出すようにして、少し声を落とした。

「また、嫁入り話持って来たんだよ」

「……」

「いい話だから、すぐにお前を呼べって」

「これ、終ってからでもいいでしょ？」

「それじゃ悪いよ、お前」

お辰は背後に気兼ねするように、ちらと家の中を振りむいた。およしはお辰の亭主兼蔵の妹である。

「そっちは後にして、ともかくちょっと上がっといで」

そうする、とお市は言った。それでひっこむかと思ったら、(2)お辰は逆に下駄をつっかけて外に出て来た。

「もう二度もことわっているんだからね。口のきき方に気をつけな。この前なんか、なにさ、あんな味もそっけもない言い方して。あたしゃはらはらして、聞いちゃいられなかったよ」

「おっかさん、それはもう謝ったんだから、いいじゃないの」

「とにかく、今度もあんな口きいたら、いくら叔母さんだって、気イ悪くするよ」

「わかってる。でも、それだって相手によりけりよ、おっかさん」

「相手だって？」

お辰は不満そうな眼で、娘を見た。

「相手なんか見もしないでことわったじゃないか。下駄屋さんだっけ？　あたしはいい話だと思ったし、およしさんも一度会わせるって言ったのにさ」

「……」

「婿もらうのはいやだ、嫁に行くのもいやだって、あたしゃ近ごろお前の(注1)了簡がわからなくなって来たね。何考えてんだか」

母親が家の中に入ると、お市は井戸から新しい水を汲み上げて手を洗った。間もなく二十になる、と思った。

縁談は、叔母が持ちこんで来た話のほかにも二つ三つあったが、それもことわっている。父親の兼蔵は無口な人間だから何も言わないが、叔母のおよしや、母親が気を揉む気持ちはわかった。女の二十は、もう嫁入り盛りとは言えない。

③　このように、「しみる」の意味として、「身にしみる」は「染まる」ことでもあるし、「浸していく」ことでもあるし、痛みを「感じる」ことでもある。からだにひたひたと入ってくるものによって染まってくるし、それは同時に痛みを感じるものであるわけですね。こころとからだがそういう状態になる。つまり、心身相関的に何かが入ってくる。

④　「あの人にいわれたことが身にしみた」といえば、本当にからだのなか、からだの芯まで入り込んでいき、そこにずっと残っているということ。「骨身にしみる」ともいいますから、からだのいちばん奥深くまでしみていく。ところが、これらのことばが使われなくなってきたことは、いろんなものがからだに「しみる」ほど入り込んでいかないことを表わしているのではないか。

⑤　現在、「しみる」ということばが［A］にどれだけ使われているのかわかりませんが、「染まる」とか「水がしみる」とか「傷がしみる」ということばは使われている。しかし、「身にしみる」が使われなくなったということは、人生体験のなかで人からの助言や行為がちゃんとからだのなかにまでしみていく感覚が失われていった。しかし、もう一度そのことばを使っていけば、そういう感覚を取り戻せるかもしれない。

⑥　なぜ「身にしみる」ということばを例に出したかというと、この「しみる」というような動きとか変化が、実際にからだのなかで起きることが、わたしは大切だと思うんです。「身にしみる」というのはたんなる慣用語ではなくて、本当にそういう状態にからだが変化することです。そうしてはじめて、(1)よくわかったとか、深く感じたことになるわけです。

⑦　からだのなかで変化が起きる点では、「身をこがす」も似ています。「身をこがす」というのは、想いこがれ、恋いこがれること。「こがる」は「焦がる」、［　］、焼けるわけですから、本当にカアーッと胸が熱くなるわけですね。「頬をそめる」もそれに近い。ドキドキして血の流れが速くなり、からだが熱くなる。からだのなかでそういう［B］変化が起こっている。そこから「身をこがす」ということばが出てきた。「あこがれる」ということばは「赤くこがれる」から出たことばです。

⑧　好きな人にこころが向かうあまり、からだのなかが変化していく。今日、そういう大切なことば、そして体験が失われてきたのではないでしょうか。

⑨　ある落語家の話なんですけど、稽古のときに、師匠が弟子に向かって「おまえのやってることは熱く思えない。熱いっていっていってるけれど、そうは見えないよ」といった。そこで弟子は師匠に「どうしたらいいんでしょう」といった。そしたら、師匠がいきなりその弟子の手を取って、火鉢のなかにパッと入れた。そこで弟子が「アチッ」て叫んだ。そこで師匠が「そのアチッだよ」といったというのです。

⑩　ちょっと乱暴な例かもしれませんが、この話から「身にしみる」を考えると、今の子どもたちには「アチッ」がないんですよ。「熱い」ということは知っている。手に火がふれれば熱い。だけど、「アチッ」という体験は、もしかしたら少ないんではないでしょうか。

⑪　それは熱いことだけでなく、冷たいとか、寒いとか、痛いことも含めて、体験そのものが減ってきている。そういったものが欠けてきているから、なかなか「身にしみ」てこないのでしょうか。

⑫　人間関係でもお互いに「しみない」よう、なるべく関係を深くしないように、距離をおこうとしている。

⑬　昔は隣り近所がお互いに入り込んでいたわけですね。それがわずらわしいということで、現代社会では入り込むことを嫌い、壁で仕切りをつくり、個人や個室の世界へこもっていった。

⑭　今の大きな問題である(2)孤独とか不安は、そういうところから起こってきたわけです。街に出ると、人はたくさんいて、携帯電話をもち、インターネットでメール交換しているのに、人と人とのあいだはさっぱり「身にしみ」てこない。

⑮　それでは、いのちの大切さとか、平和の大切さも、やはり「身にしみ」てはわからないし、感じなくなってしまうんではないでしょうか。

（立川昭二「からだことば」〈早川書房〉から）

1　本文中の［A］、［B］に入る語の組み合わせはどれか。

ア　A　生理的　　B　日常的
イ　A　日常的　　B　生理的
ウ　A　受動的　　B　道徳的
エ　A　道徳的　　B　受動的

2　(1)よくわかったとか、深く感じたことになるわけです　とあるが、どうなることで「よくわかったとか、深く感じた」という状態になるのか。そのことについて説明した次の文の［　］に当てはまるように、「行為」「変化」という語を用いて、三十字以上四十字以内で書きなさい。

人からの［　　　　］すること。

3　本文中の［　］に入る語として最も適当なものはどれか。

ア　だから　　**イ**　ところが　　**ウ**　つまり　　**エ**　あるいは

2

次の文章を読んで、1から5までの問いに答えなさい。（……の左側は現代語訳である。）

「『隠れ蓑』（注1）こそ、めづらしきことにとりかかりて（めったにない話を素材にして）、見どころありぬべきものの（読みがいのあるはずなのに）、余りにさらでありぬべきこと（そこまで書かなくてもいいようなこと）多く、言葉遣ひいたく古めかしく、歌などのわろければにや、殊の外に押されて（予想外に圧倒されて）、今はいと見る人少なきものにて侍る。『とりかへばや』（注2）には、一手に言はるる（同等に評価される）あはれにもめづらしくも、さまざま見どころありぬべきことに思ひ寄りて（いろいろ読みがいのありそうなところを思い浮かべて）、むげにさせることもなきこそ（まったくそういう点もないのが）、(1)口惜しけれ。『今とりかへばや』とていといたきもの（すぐれた作品が）、今の世に出で来たるやうに、『今隠れ蓑』といふものをし出だす人の侍れかし（作る人がいたらいいのに）。

今の世には、見どころありてし出づる人もありなむかし（読みがいのあるように創作する人もいるだろうと思います）。むげにこの頃となりて出で来たるとて、少々見侍りしは、(2)古きものどもよりはなかなか心ありてこそ見え侍りしか」など言へば、「『源氏』（いろいろな作品）よりは前の物語ども、『宇津保』（注3）をはじめてあまた見て侍るこそ（はじめとしてたくさん見ましたが）、(3)皆いと見どころ少なく侍れ。古代にし古めかしき（注4）はことわり（当然で）、言葉遣ひ・歌などは、させることなく侍るは（たいしたことがないのは）、『万葉集』などの風情に見え及び侍らぬなるべし（比べようもないからでしょうね）」など。

（「無名草子」から）

（注1）隠れ蓑＝物語。蓑を着ると姿が見えなくなるという物語だったとされる。
（注2）とりかへばや＝平安時代に成立した「とりかえばや物語」のこと。
（注3）宇津保＝平安時代に成立した「宇津保物語」のこと。
（注4）古代にし古めかしき＝「古代」も「古めかし」も同意で、古くささを強調している。

1 めづらしき は現代ではどう読むか。現代かなづかいを用いて、ひらがなで書きなさい。

2 (1)口惜しけれ とあるが、そう感じるのはなぜか。

ア 『隠れ蓑』の趣を理解できる人が同時代には少ないから。
イ 『隠れ蓑』よりも優れた作品が同時代には見当たらないから。
ウ 『隠れ蓑』に読みがいのあるところがまったくないから。
エ 『隠れ蓑』の方が『とりかへばや』よりも優れているから。

3 (2)古きものどもよりはなかなか心ありてこそ見え侍りしか とあるが、筆者は最近作られた作品はどうだと述べているか。二十字以上三十字以内の現代語で書きなさい。

4 (3)皆いと見どころ少なく侍れ とあるが、そう感じるのはなぜか。

ア 『万葉集』などの歴史的作品に接したことがなく、作品の優劣を判断する基準がないから。
イ 『万葉集』などから感じられる風情と比べて、とても劣っていると感じてしまうから。
ウ 意外に古めかしい作品ばかりなので、載っている歌ぐらいにしか興味がわかないから。
エ 作品の価値を判断する基準になる『源氏物語』をきちんと読んでいなかったから。

5 本文の内容と合うものはどれか。

ア 『万葉集』は言葉遣いは古めかしいが趣があり人気がある。
イ 最近の新作は珍しい話を素材にしたものがたくさんある。
ウ 『隠れ蓑』を書き直した『今隠れ蓑』は優れた作品だ。
エ 『隠れ蓑』は『とりかへばや』よりも人気がない。

3

「身」を使った言葉について述べた次の文章を読んで、1から5までの問いに答えなさい。①～⑮は形式段落の番号である。

① 「身」についての慣用語がたくさんあるために、ことばのなかに「身」が入っている意識がかえって希薄になっている。そこで「身」を考えるとき、わたしが注目したいことばが「身にしみる」です。今では「身にしみる」ということばは、あまり使われなくなり、「骨身にしみる」になるとさらに使われない。そして、ことばは使われないでいると、そういう体験そのものがなくなってくる。

② では、「身にしみる」というのは、いったいどういうことか。この場合の「身」はからだですから、からだに「しみる」わけです。そこで「しみる」の意味から考えてみると、「しみる」は「染まる」ともいう。ですから、色とか匂いに染まることを意味します。それから液体を充分に浸すという意味がある。水分が内部まで浸透していく。これが「しみる」です。漢字では「滲みる」とも書きますね。三つめは痛みを感じること。「傷の痛みがしみる」といいます。これは痛覚です。四つめは心に深く感じることです。

令和5年
11月5日実施

第199回 下野新聞模擬テスト

国語

制限時間 50分

1 次の1から4までの問いに答えなさい。

1 次の――線の部分の読みをひらがなで書きなさい。
(1) 条件が緩和される。　(2) 運動部の監督。
(3) 貴重品を扱う。　(4) 狭い道を歩く。　(5) 練習不足を後悔する。

2 次の――線の部分を漢字で書きなさい。
(1) ハンセイ会を開く。　(2) 任務をハたす。
(3) 泳ぎのヨウリョウを覚える。　(4) 虫をカンサツする。
(5) みんなでワになって遊ぶ。

3 次の会話について(1)から(3)までの問いに答えなさい。

先生　「ここまでの授業で、学習した小説の内容は□理解できただろうと思います。」
生徒A　「はい。でも、主人公の行動の理由がよくわからない場面があるので先生の意見を①聞きたいです。」
先生　「そうですか。行動は何かの心情がもとになっていることが多いです。この小説の主人公の行動が描かれた場面での、主人公の心情に注目するといいですよ。」
生徒B　「なるほど。先生の②言うことはわかりました。主人公は将来の進路について悩んでいる場面で、友人と口論になって教室から飛び出しました。そこに、注目すればいいと思います。」
先生　「いいところに気づきましたね。小説を読む場合は、人物の行動と心情に注目しながら読んでみましょう。」

(1) □に入る副詞として最も適当なものはどれか。
ア おそらく　イ けっして　ウ どうして　エ もし

(2) ――線の部分と熟語の構成が同じものはどれか。
ア 勤務　イ 古書　ウ 延期　エ 人造

(3) 〰〰線の部分を適切な敬語表現に改める場合、正しい組み合わせはどれか。
ア ① うかがい　② おっしゃる
イ ① うかがい　② 申す
ウ ① お聞きになり　② 申す
エ ① お聞きになり　② おっしゃる

4 次の俳句について(1)、(2)の問いに答えなさい。

A 古池や蛙(かはず)飛びこむ水の音　(松尾芭蕉(まつおばしょう))
B うぐひすや門(かど)はたまたま豆麩(ふ)売り　(志太野坡(しだやば))

(1) A・Bに共通するものはどれか。
ア 擬人法　イ 初句切れ　ウ 対句法　エ 句切れなし

(2) A・Bは同じ季節を詠(よ)んだ俳句である。A・Bと同じ季節を詠んだ俳句はどれか。
ア 名月や月の名所は月にあり　(大伴大江丸(おおともおおえまる))
イ 一点の偽りもなく青田あり　(山口誓子(やまぐちせいし))
ウ 雀(すずめ)の子そこのけそこのけお馬が通る　(小林一茶(こばやしいっさ))
エ ほればれと日を抱く庭の落葉哉(おちばかな)　(桜井吏登(さくらいりとう))

解答・解説 P260・P262

第200回 下野新聞模擬テスト
社会

1 次の**1**から**4**までの問いに答えなさい。

1 **図1**を見て，次の⑴から⑸までの問いに答えなさい。

⑴ 次の文は，**図1**中のXと日本列島の地形について述べたものである。Xの地形の名称を書きなさい。

> 日本アルプスの東側には，ラテン語で「大きな溝」を意味するXがあり，日本アルプスからXまでの地域を境にして，日本列島の地形は大きく異なる。Xの東側では，ほぼ南北に連なる山脈や多くの平野が広がっており，日本アルプスの西側では，山地がほぼ東西に連なっている。

図1

⑵ **図1**中のYの県の説明として正しいのはどれか。

ア 輪島塗の生産が盛んである。
イ 日本最大級の地熱発電所である，八丁原(はっちょうばる)発電所がある。
ウ 信濃川流域で稲作が盛んに行われている。
エ 眼鏡フレームの生産が盛んで，国内生産量のうちの9割以上を生産している。

⑶ **図2**は，**図1**中の東北地方における，2003年の米の作況(さっきょう)指数(平年を100とした場合の米の収穫量)を示したものである。**図2**のような状況になった理由として正しいのはどれか。

ア からっ風がふき，冬の降水量が少なくなったため。
イ 南東の季節風により，夏の降水量が多くなったため。
ウ ヒートアイランド現象により，気温が高くなったため。
エ やませの影響により，冷夏となったため。

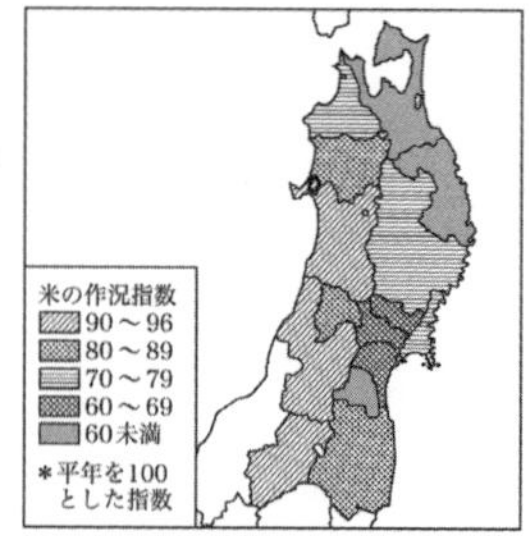

図2（「農林水産省資料」により作成）

⑷ 次の文は，**図1**中の千葉県と愛知県の農業について述べたものである。文中の［ Ⅰ ］，［ Ⅱ ］に当てはまる語の組み合わせとして正しいのはどれか。

> 千葉県は，［ Ⅰ ］が盛んであるため，野菜などの出荷額が多い。また，愛知県の渥美半島では，菊の電照栽培が盛んである。この栽培方法により，菊の成長を［ Ⅱ ］ながら，出荷時期を調整することができる。

ア Ⅰ－近郊農業　Ⅱ－抑え　　**イ** Ⅰ－近郊農業　Ⅱ－早め
ウ Ⅰ－二毛作　Ⅱ－抑え　　**エ** Ⅰ－二毛作　Ⅱ－早め

⑸ **図3**は，**図1**中の東大阪市で定められた，工場などに対する規制の一部を示したものである。**図3**のような規制を設ける理由を，**図4**をふまえ，「生活環境」の語を用いて簡潔に書きなさい。

東大阪市における時間帯別騒音発生許容範囲

対象地域	午前6時から午前8時	午前8時から午後6時	午後6時から午後9時	午後9時から午前6時
低層住居専用地域など	45dB	50dB	45dB	40dB
中・高層住居専用地域など	50dB	55dB	50dB	45dB

(注) dB＝デシベル(音の単位)

図3（「東大阪市ホームページ」により作成）

東大阪市，大阪市，東京23区，名古屋市の面積1㎢当たりの工場の数（2016年）

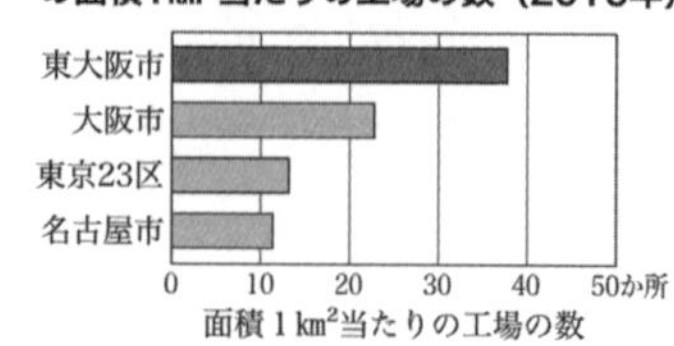

図4（「工業統計調査」により作成）

解答・解説 P270・P273

2 **図5**の**ア**，**イ**，**ウ**，**エ**は，日本，中国，フランス，カナダの総発電量と総発電量に占める発電方法別割合(2015年)を示したものである。日本はどれか。

ア 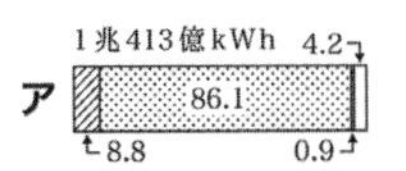

イ 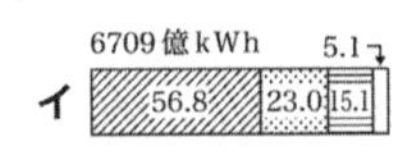

ウ 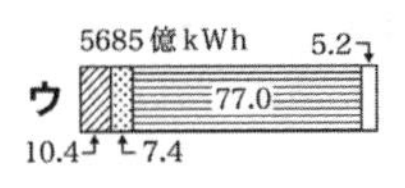

エ 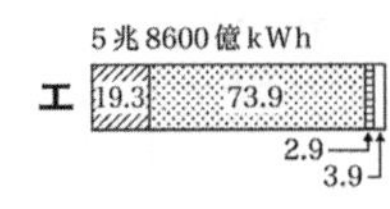

水力　火力　原子力　太陽光，風力など

図5（「国際エネルギー機関資料」により作成）

3 **図6**は，日本の工業全体の海外生産比率(企業の総生産能力のうちの，海外での生産比率)の推移を示したものである。**図6**から読み取れる日本の工業の様子として正しいのはどれか。

ア 多国籍企業の数が減少している。
イ 日本から輸出される工業製品の輸出額が上がっている。
ウ 産業の空洞化が進んでいる。
エ 加工貿易が進展し続けている。

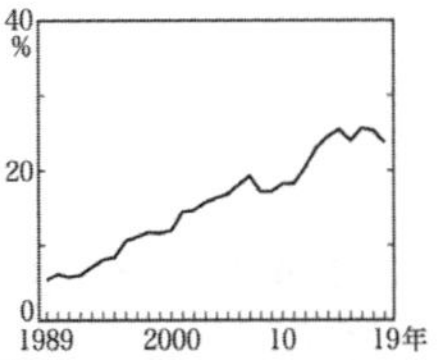

40%　20　0　1989　2000　10　19年

図6（「日本国勢図会」により作成）

4 次の文は，人口の移動について述べたものである。文中の［Ⅲ］，［Ⅳ］に当てはまる語の組み合わせとして正しいのはどれか。

> 過疎地域では，地域の魅力を発信するなどして，都市部の人が地方に移り住む［Ⅲ］ターンや，その過疎地域から都市部に出た人が戻ってくる［Ⅳ］ターンを促し，移住者を増やそうとしている。

ア Ⅲ－U　Ⅳ－I　　**イ** Ⅲ－U　Ⅳ－C　　**ウ** Ⅲ－I　Ⅳ－C　　**エ** Ⅲ－I　Ⅳ－U

2 次の**1**，**2**，**3**の問いに答えなさい。

1 弘子さんは，これまでに宇宙へ行った人物が10人以上いる国(出身国別)(アメリカ，ロシア，中国，日本，ドイツ，カナダ，フランス)を調べ，**図1**にまとめた。これを見て，次の(1)から(5)までの問いに答えなさい。

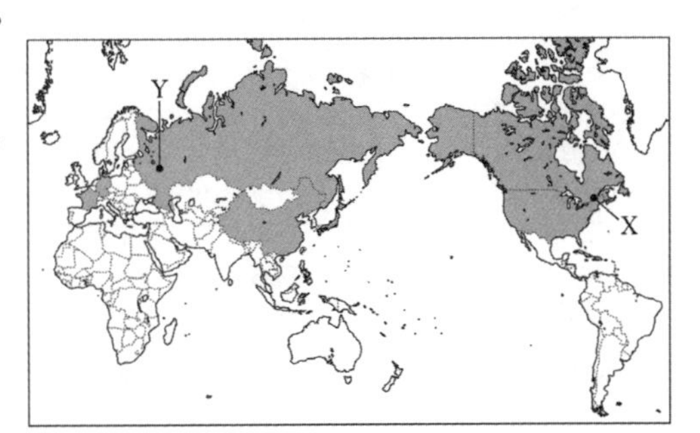

図1（「JAXA ウェブページ」により作成）

(1) 次の文は，ロシアとフランスの宗教について述べたものである。文中の［Ⅰ］，［Ⅱ］に当てはまる語の組み合わせとして正しいのはどれか。

> ロシアもフランスも，いずれも主にキリスト教を信仰する国であるが，その中でもロシアは［Ⅰ］，フランスは［Ⅱ］を信仰する人が多い。

ア Ⅰ－プロテスタント　Ⅱ－カトリック　　**イ** Ⅰ－プロテスタント　Ⅱ－正教会
ウ Ⅰ－正教会　Ⅱ－カトリック　　**エ** Ⅰ－正教会　Ⅱ－プロテスタント

(2) **図2**は，弘子さんが，2016年における中国のある項目について調べ，地域別にまとめたものである。ある項目として正しいのはどれか。

ア 米の収穫量に占める地域別割合
イ 全労働者に占める第一次産業従事者の地域別割合
ウ 一人当たりGDP(国内総生産)の地域別割合
エ 難民発生率の地域別割合

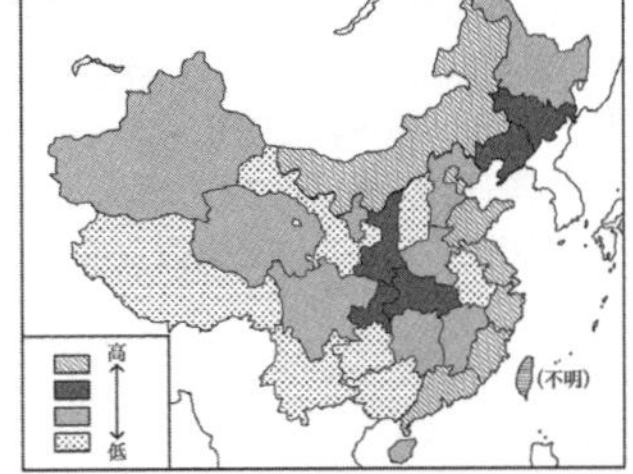

図2（「中国統計年鑑 2017年版」により作成）

(3) **図1**中のXの都市は西経75度の経線を，Yの都市は東経45度の経線を標準時子午線としている。この二つの都市の時差はどれか。

ア 5時間　**イ** 8時間　**ウ** 10時間　**エ** 16時間

(4) 次の文は，弘子さんが**図3**についてまとめたものである。文中の□に当てはまる語を書きなさい。

> **図3**は，アメリカの国際移住者の出身国別割合(2020年)を示したもので，メキシコが最も多いことがわかる。アメリカでは，メキシコや中央アメリカ，カリブ海諸国から移住してくる□とよばれるスペイン語を話す人々が増えている。

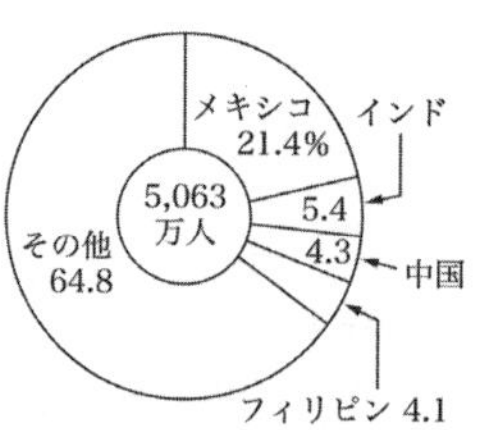

図3(「世界国勢図会」により作成)

(5) **図4**は，フランスと国境を接する一部の国(イタリア，ドイツ，スペイン)とフランスの野菜類，牛乳・乳製品，小麦，果実類の品目別食料自給率を示したものである。ⅢとⅣには，小麦と果実類のいずれかが当てはまる。Aに当てはまる国と，Ⅲに当てはまる品目の組み合わせとして正しいのはどれか。

(%)(2013年)

国	野菜類	Ⅲ	牛乳・乳製品	Ⅳ
ドイツ	40	25	123	152
A	73	57	123	190
イタリア	141	106	68	66
B	183	135	76	72

図4(「平成30年度食料需給表」により作成)

ア A－フランス　Ⅲ－果実類　**イ** A－フランス　Ⅲ－小麦
ウ A－スペイン　Ⅲ－果実類　**エ** A－スペイン　Ⅲ－小麦

2 次の文は，東南アジアの農業について述べたものである。文中の□に共通して当てはまる語を書きなさい。

> マレーシアやインドネシアでは，油やしの栽培が盛んで，その多くを輸出している。油やしは，熱帯地域で主に栽培される植物で，マレーシアやインドネシアでは，これを大規模な農園である□で栽培しており，そのほとんどを輸出用としている。□は，かつて植民地支配を行ったヨーロッパの国々やアメリカの企業などが運営していた。

3 次の文は，弘子さんが**図5**と**図6**についてまとめたものである。文中の□に当てはまる文を，「購入」「栄養」の二つの語を用いて簡潔に書きなさい。

> **図5**からコンゴ民主共和国は，日本より平均寿命が短く，5歳未満死亡率が大幅に高いことがわかる。そこで，**図6**の資料を集め，理由を読み取った。その内容から考えると，コンゴ民主共和国の5歳未満死亡率が高い原因は，コンゴ民主共和国が，□ためだということがわかる。国際連合が定めた持続可能な開発目標には，このような状況を改善するための目標が定められており，国際連合の機関などが，コンゴ民主共和国のような国を支援している。

日本とコンゴ民主共和国の平均寿命と5歳未満死亡率

(2017年)　0　50　100(年)
日本
コンゴ民主共和国
0　5　10(%)
平均寿命(上めもり)　5歳未満死亡率(下めもり)
(1000人のうち5歳未満で死亡する割合)

図5(「WHO資料」により作成)

世界と比べたコンゴ民主共和国の栄養不足まん延率，5歳未満児の発育阻害(そがい)の割合，貧困率

(%)

	栄養不足まん延率(2019年)	5歳未満児の発育阻害の割合(2020年)	貧困率(2019年)
コンゴ民主共和国	41.7	40.8	77.2
世界平均	8.9	22.0	8.6

(注) 発育阻害とは，栄養不足により年齢相応の身長に達していないこと。
貧困率は，一日1.90ドル以下で過ごす人の割合で，コンゴ民主共和国が2012年，世界平均が2018年の数値である。

図6(「世界国勢図会」により作成)

解答・解説 P270・P273

3 **図1**を見て，次の**1**から**8**までの問いに答えなさい。

ことがら	説　明
吉野ヶ里遺跡	現在の佐賀県にあるⓐ弥生時代の大規模な遺跡。
ⓑ百済	4世紀から7世紀半ばまで朝鮮半島の南西部に成立していた国家。
正倉院宝物	東大寺の正倉院におさめられている宝物で，ⓒ遣唐使が持ち帰ったとされるものも多い。
ⓓ上皇	天皇を退いた人物のことを指す。
X	ⓔローマ教皇のよびかけに応じた西ヨーロッパ諸国の王や貴族が組織した軍。
書院造	ⓕ室町文化を代表する建築様式。
Y	江戸時代初期に貿易を望む大名や豪商に与えられた証書で，ⓖ鎖国体制が完成したことで発行されなくなった。

図1

1　下線部ⓐの時代におこったできごととして**当てはまらない**のはどれか。

ア　奴国の王が漢に使いを送った。　　**イ**　卑弥呼が邪馬台国の女王となった。
ウ　高床倉庫をつくるようになった。　**エ**　有力豪族を従える大王が現れた。

2　下線部ⓑに関して，**図2**は，7世紀半ばの東アジアを示したものである。日本が**図2**中の百済の復興を支援するため，AとBの連合軍と争った戦いを何というか。

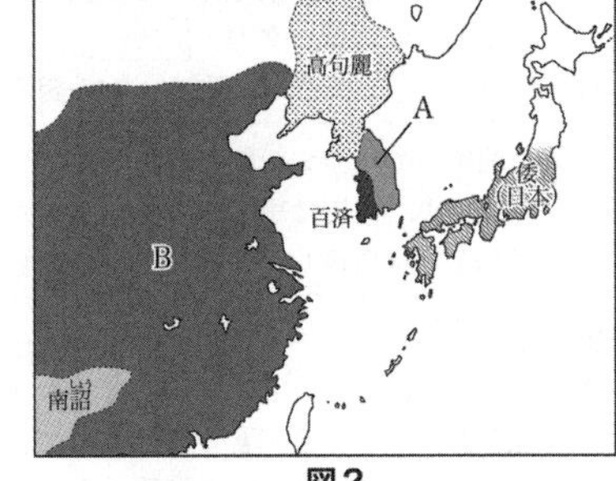

図2

3　下線部ⓒが派遣された630年から894年までの時期のできごとを，年代の古い順に並べ替えなさい。

ア　平安京に都が移された。
イ　墾田永年私財法が制定された。
ウ　蘇我氏がほろぼされた。
エ　大宝律令が制定された。

4　下線部ⓓに関して，**図3**は，上皇が関わる，ある争いの関係図を示したものである。この争いを何というか。

天皇方	対立	上皇方
後白河天皇	天皇家	崇徳(すとく)上皇
藤原忠通(ただみち)	藤原氏	藤原頼長(よりなが)
平清盛	平氏	平忠正(ただまさ)
源義朝(よしとも)	源氏	源為義(ためよし)・源為朝(ためとも)

図3

5　下線部ⓔに関して，教皇は，西ヨーロッパ諸国の王や貴族にどのようなことをよびかけたか，X に当てはまる語と「イスラム教」の二つの語を用いて簡潔に書きなさい。

6　次の文は，下線部ⓕについて述べたものである。
文中の Ⅰ ， Ⅱ に当てはまる語の組み合わせとして正しいのはどれか。

> 室町時代には，貴族の文化であった和歌から，複数の人が歌をつないでいく Ⅰ が生まれた。また，観阿弥・世阿弥親子は， Ⅱ を大成した。

ア　Ⅰ－俳諧(俳句)　Ⅱ－能　　**イ**　Ⅰ－俳諧(俳句)　Ⅱ－かぶきおどり
ウ　Ⅰ－連歌　Ⅱ－能　　**エ**　Ⅰ－連歌　Ⅱ－かぶきおどり

7　**図4**は， Y に当てはまる証書を示したものである。これを何というか。

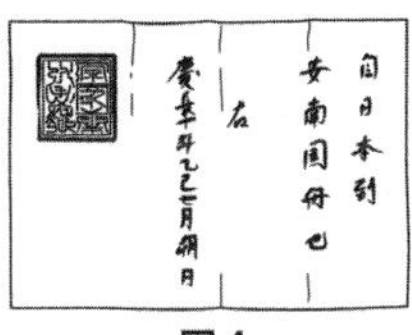

図4

8　下線部ⓖに関して，鎖国体制が崩れた後，長州藩で実権をにぎるようになった人物の一人はどれか。

ア　西郷隆盛　　**イ**　木戸孝允
ウ　大久保利通　**エ**　坂本龍馬

4 略年表を見て，次の**1**から**7**までの問いに答えなさい。

年	世界や日本の主なできごと
1869	[X]が行われる
1881	植木枝盛が ⓐ東洋大日本国国憲按（あん）を発表する
1912	ⓑ中華民国が成立する
1918	ⓒシベリア出兵が行われる
1925	ⓓ治安維持法が制定される ……↕A
1933	日本が ⓔ国際連盟の脱退を正式に通告する ……
1960	日米安全保障条約が改定される ……↕B
1980	イラン・イラク戦争がおこる ……

1 次の文は，[X]について述べたものである。文を参考にして，[X]に当てはまる語を書きなさい。

> 明治政府は，中央集権国家をつくることを目指し，藩主に土地と人民を天皇に返させ，藩の政治を元藩主に担当させたが，中央集権化には十分でなかった。

2 **図1**は，下線部ⓐの内容の一部を示したものである。このような憲法草案がつくられた時期に盛んになっていた運動はどれか。

ア 五・四運動　　**イ** 護憲運動
ウ 部落解放運動　　**エ** 自由民権運動

> 第二条　日本国に，立法府・行政院・司法庁を置く。憲法にその規則を設ける。
> 第五条　日本の国家は日本人各自の自由と権利をなくしたり減らしたりする規則をつくって，実行することを禁止する。

図1

3 次の文は，下線部ⓑ以後の中華民国について述べたものである。文中の[I]，[II]にそれぞれ共通して当てはまる人物の組み合わせとして正しいのはどれか。

> 中華民国の臨時大総統には，三民主義を主張し，辛亥革命を率いた[I]が就任した。しかし，臨時政府は軍事力が弱かったため，[I]は[II]にその地位をゆずり，[II]は首都を北京に移し，独裁的な政治を行った。

ア I－孫文（そんぶん）　II－毛沢東（もうたくとう）　**イ** I－孫文　II－袁世凱（えんせいがい）
ウ I－袁世凱　II－毛沢東　**エ** I－袁世凱　II－孫文

4 由紀さんは，下線部ⓒと下線部ⓓのできごとについて調べ，**図2**にまとめた。**図2**の[P]に当てはまる文を簡潔に書きなさい。

【シベリア出兵】 ・日本，イギリス，アメリカなど8か国が，ロシア革命へ干渉戦争をおこした。 【治安維持法の制定】 ・加藤高明内閣が，普通選挙法と同じ年に制定した。	共通点 ・いずれにおいても，[P]が目的とされた出兵や法律であった。

図2

5 Aの時期におけるできごとはどれか。

ア 沖縄戦がはじまった。　　**イ** 第一次世界大戦がはじまった。
ウ 五・一五事件がおこった。　　**エ** 財閥が解体された。

6 下線部ⓔに関して，国際連盟発足当初の常任理事国の組み合わせとして正しいのはどれか。

ア 日本－イギリス－イタリア－アメリカ
イ 日本－イギリス－フランス－アメリカ
ウ 日本－イギリス－イタリア－フランス
エ イギリス－イタリア－フランス－アメリカ

7 **図3**は，Bの時期のある製品の普及率を示したものである。ある製品として正しいのはどれか。

ア 白黒テレビ　　**イ** カラーテレビ
ウ パソコン　　**エ** 携帯電話

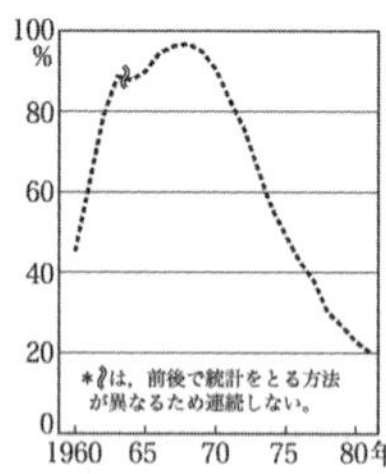

図3（「内閣府資料」により作成）

解答・解説 P270・P273

5 次の**1**から**7**までの問いに答えなさい。

1 **図1**は，憲法改正の手続きの一部を示したものである。**図1**中の［ I ］，［ II ］に当てはまる語の組み合わせとして正しいのはどれか。

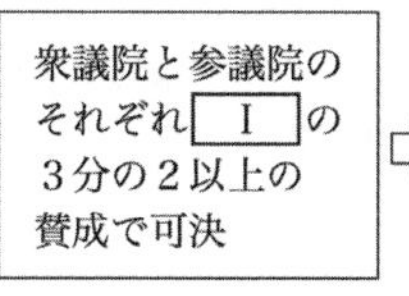
衆議院と参議院のそれぞれ［ I ］の3分の2以上の賛成で可決

憲法改正の発議
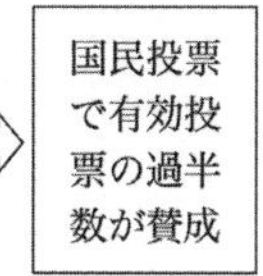
国民投票で有効投票の過半数が賛成
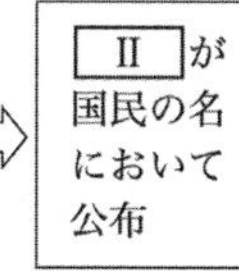
［ II ］が国民の名において公布

図1

ア I－総議員　II－天皇　**イ** I－総議員　II－内閣総理大臣
ウ I－出席議員　II－天皇　**エ** I－出席議員　II－内閣総理大臣

2 自衛隊が海外で行っている国連平和維持活動のアルファベットの略称はどれか。
ア NGO　**イ** NPO　**ウ** PKO　**エ** ICT

3 次の文は，身体の自由について述べたものである。文中の［　　］に当てはまるのはどれか。

> 第二次世界大戦前は，警察の取り調べで拷問が行われることもあり，その反省から，日本国憲法第36条では，公務員による拷問(ごうもん)や残虐(ざんぎゃく)な刑罰は，「絶対にこれを禁ずる」とされている。また，現行犯以外では，［　　］が出す令状がなければ逮捕や住居の捜索を行うことができない。

ア 内閣総理大臣　**イ** 裁判官　**ウ** 警察官　**エ** 地方公共団体の首長

4 **図2**は，日本国憲法第25条の1項を示したものである。この条文によって保障されている権利は，社会権のうちの何という権利か。

> 第25条1項
> すべて国民は，健康で文化的な最低限度の生活を営む権利を有する。

図2

5 参政権や請求権に関する次の文A，B，Cの正誤の組み合わせとして正しいのはどれか。

> A　満18歳以上の国民はすべて，投票権を持っており，最高裁判所長官を選挙で決めることができる。
> B　国民には，裁判を受ける権利が保障されており，費用が出せないなどの理由がある場合は，国選弁護人をつけることができる。
> C　国や地方の公務員の不法行為で受けた損害に対して，刑事補償請求権が保障されている。

ア A－正　B－正　C－誤　**イ** A－正　B－誤　C－正
ウ A－正　B－誤　C－誤　**エ** A－誤　B－正　C－正
オ A－誤　B－正　C－誤　**カ** A－誤　B－誤　C－正

6 **図3**は，博人さんがマスメディアについてまとめたものの一部である。**図3**中の［ P ］に当てはまる文を，「知る権利」の語を用いて簡潔に書きなさい。また，［ Q ］に当てはまる文を，「プライバシー」の語を用いて簡潔に書きなさい。

【マスメディアの役割】	【マスメディアの課題】
表現の自由や取材・報道の自由に基づいて活動を行うことで，［ P ］が，報道される内容などについて国民は，その真偽を批判的に見る必要がある。	取材や報道の対象となった人物の［ Q ］可能性がある。

図3

7 インフォームド・コンセントについて正しく述べているのはどれか。
ア 労働者の要求を実現するため，労働者が業務を行わず，雇用主に対して抗議すること。
イ 住居への日当たりの確保を求めること。
ウ 人や物，お金や情報などの移動が，国境をこえて地球規模で広がっていくこと。
エ 患者に手術の方法などについて十分に説明し，同意を得ること。

下野模擬問題(第200回)◆社会

問題
R5
198
199
200
201
【社会】第200回

6　次の**1**から**7**までの問いに答えなさい。

1　**図1**は，あるクラスの授業で例示された，比例代表制による選挙の各党の得票総数を示したものである。ドント式に基づいて，この選挙区から6名当選者を出す場合，A党とC党の当選者の合計数はどれか。

ア　3名　　**イ**　4名　　**ウ**　5名　　**エ**　6名

	A党	B党	C党	D党
得票総数	450	294	318	168

図1

2　**図2**は，2022年12月から施行された，改正公職選挙法による選挙区の変化についてまとめたものである。これについて述べた次の文中の□に共通して当てはまる語を**5字**で書きなさい。

> **図2**のような選挙区の変更は，選挙区の議員一人当たりの人口の差によって生まれる□を是正するために設けられた措置である。これにより，2.096倍あった□は，最大1.999倍になるとされている。

選挙区の増加	東京都，神奈川県，埼玉県，千葉県，愛知県
選挙区の減少	宮城県，新潟県，福島県，和歌山県，滋賀県，岡山県，広島県，山口県，愛媛県，長崎県
区割りの変更	北海道，大阪府，兵庫県

図2

3　国会の種類のうち，衆議院が解散した後の総選挙の日から30日以内に召集されるのはどれか。

ア　常会(通常国会)　　**イ**　臨時会(臨時国会)
ウ　特別会(特別国会)　　**エ**　参議院の緊急集会

4　国会の役割の一つはどれか。

ア　法律が憲法に違反していないか審査する。　**イ**　予算案を作成・提出する。
ウ　天皇の国事行為に対して助言と承認を行う。　**エ**　弾劾裁判所を設置する。

5　次の文は，内閣と国会について述べたものである。文中の□に当てはまる語を書きなさい。

> 国民は，選挙によって国会議員を選び，その国会が，行政の中心になる内閣総理大臣を選ぶ。そのため，内閣は，国会に対して連帯して責任を負っている。このような制度を□という。

6　**図3**は，裁判員裁判における法廷の様子を示したものである。これについて述べた次の文と**図3**中の□X□に共通して当てはまる語を書きなさい。

> 司法制度改革によって，2009年から裁判員制度がはじまった。これにより，くじと面接により選ばれた一般の国民が，刑事裁判に参加し，裁判官とともに□X□が有罪か無罪か，有罪の場合は刑罰をどの程度にするか決めることとなった。裁判員は，特別な場合を除いて裁判員になることを辞退できず，一つの事件の裁判は，原則として6人の裁判員と3人の裁判官が協力して行う。

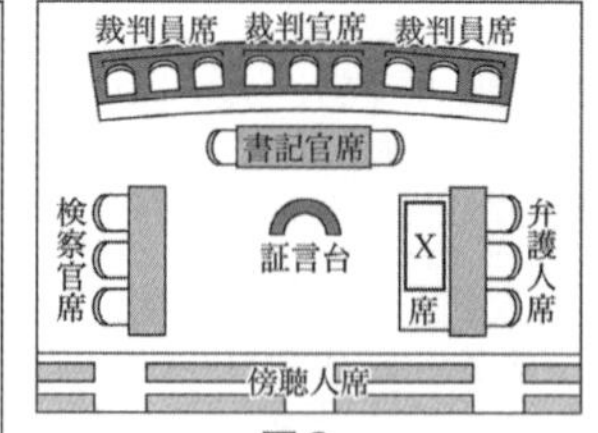

図3

7　**図4**は，地方債の発行残高の推移を示したものである。これについて述べた次の文中の□Y□に当てはまる文を，「歳出」「借金」の二つの語を用いて簡潔に書きなさい。

> **図4**のような推移が続くと，地方公共団体の財政において□Y□が高くなり，住民に必要な仕事ができなくなるおそれがある。

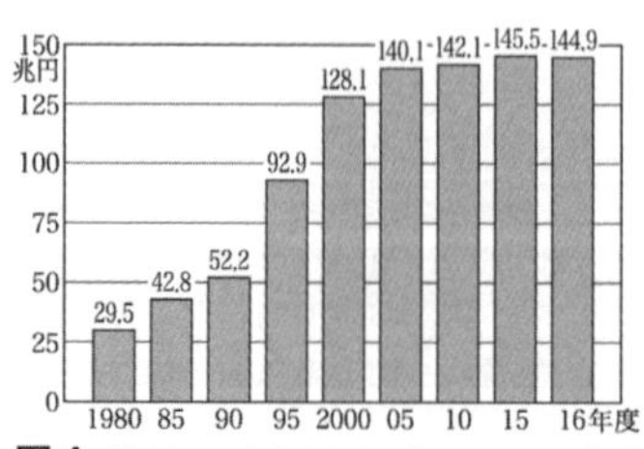

図4（「地方財政白書平成30年度」ほかにより作成）

解答・解説　P270・P273

令和5年
12月3日実施

第200回 下野新聞模擬テスト

数学

1 次の**1**から**8**までの問いに答えなさい。

1 $1+(-4)$ を計算しなさい。

2 $8xy^2\div(-2y)$ を計算しなさい。

3 $(x-5)^2$ を展開しなさい。

4 ある数aをbで割ると，商はcで余りはdになる。この関係を等式で表しなさい。ただし，等式の左辺はaにすること。

5 右の図のような，立面図が半円，平面図が円によって表される立体の体積を求めなさい。ただし，円周率はπとする。

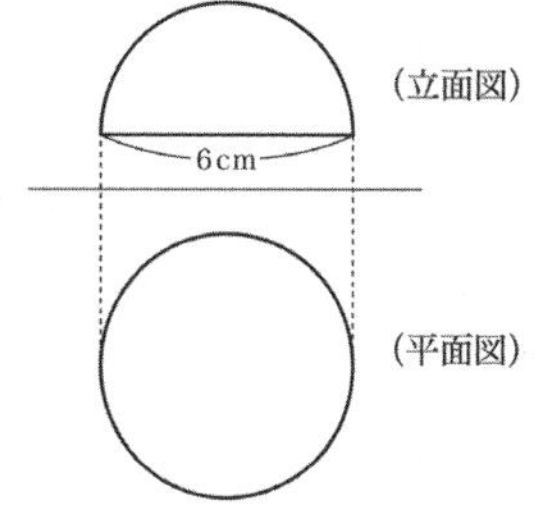

6 yはxに反比例し，$x=3$のとき$y=-8$である。$x=-2$のときのyの値を求めなさい。

7 右の図は，正十角形の一部を表している。$\angle x$の大きさを求めなさい。

8 右の図で，$\ell /\!/ m /\!/ n$であるとき，xの値を求めなさい。

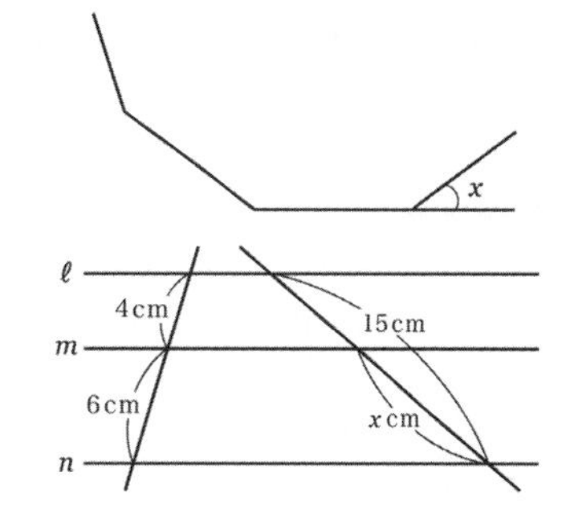

2 次の**1**，**2**，**3**の問いに答えなさい。

1 2次方程式 $x^2+3x-4=0$ を解きなさい。

2 転校することが決まった太郎さんに記念品を渡すため，太郎さんのクラスの担任の先生は，太郎さん以外の生徒全員から1人につき190円ずつ集めたが，記念品を買うには240円不足した。そこで，1人につき210円ずつ集めたところ，記念品を買うことができて420円余った。

このとき，太郎さん以外のクラスの人数をx人として方程式をつくり，記念品の代金を求めなさい。ただし，途中の計算も書くこと。なお，消費税は考えないものとする。

3 次の［　　］内の先生と生徒の会話文を読んで，下の［　　］内の生徒が完成させた【証明】の［①］から［⑤］に当てはまる数や式をそれぞれ答えなさい。

先生「ある整数が3で割り切れるかどうかの見分け方を知っていますか。」
生徒「知りません。ぜひ教えてください。」
先生「では，例えば25197という整数ですが，この整数の各位の数の和はいくつになりますか。」
生徒「ええと，$2+5+1+9+7=24$です。」
先生「そうですね。そして24は3の倍数です。このように，各位の数の和が3の倍数であれば，その数は3で割り切れます。このことは何けたの整数であっても成り立ちますが，百の位の数が0ではない3けたの整数を例にとって考えてみましょう。」

生徒が完成させた【証明】

> 3けたの整数の百の位，十の位，一の位の数をそれぞれa，b，cとすると，この3けたの整数は$100a+10b+c$と表される。
> また，$a+b+c$の値が3の倍数になることより，nを整数として$a+b+c=$［①］と表されるから，
> $100a+10b+c=(99a+a)+($［②］$)+c=$［③］$+a+b+c$
> $=$［③］$+$［①］
> $=$［④］(［⑤］)
> ［⑤］は整数だから，［④］(［⑤］)は3の倍数である。
> したがって，各位の数の和が3の倍数である整数は，3で割り切れる。

問題 R5
198
199
200
201
【数学】第200回

3 次の**1**，**2**，**3**の問いに答えなさい。

1 右の図の△ABCにおいて，辺AC上にあり，辺AB，BCから等しい距離にある点Pを作図によって求めなさい。ただし，作図には定規とコンパスを使い，また，作図に用いた線は消さないこと。

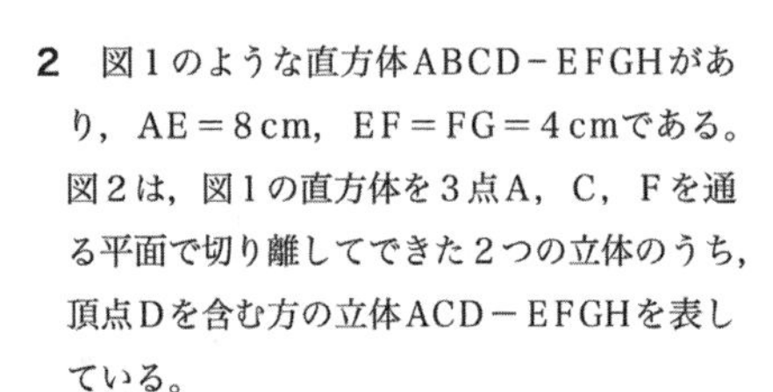

2 図1のような直方体ABCD－EFGHがあり，AE＝8cm，EF＝FG＝4cmである。図2は，図1の直方体を3点A，C，Fを通る平面で切り離してできた2つの立体のうち，頂点Dを含む方の立体ACD－EFGHを表している。

このとき，次の(1)，(2)の問いに答えなさい。

(1) 切り離してできた2つの立体のうち，頂点Bを含む方の立体の体積を求めなさい。

(2) 切り口の△ACFの面積を求めなさい。

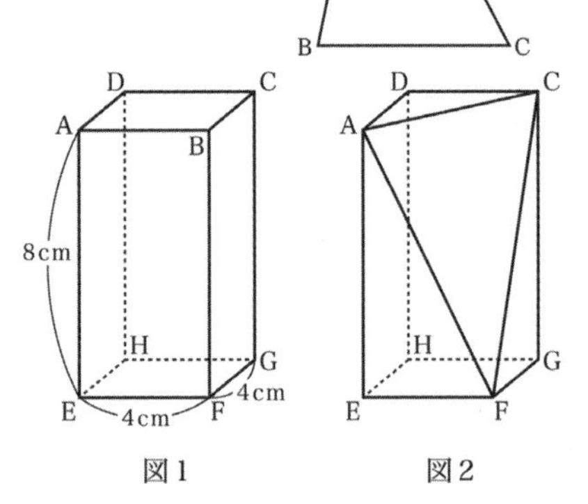

図1　　図2

3 右の図のような，∠A＝90°である直角三角形ABCがあり，頂点B，Cから頂点Aを通る直線ℓにそれぞれ垂線BD，CEを引く。

このとき，△ABD∽△CAEであることを証明しなさい。

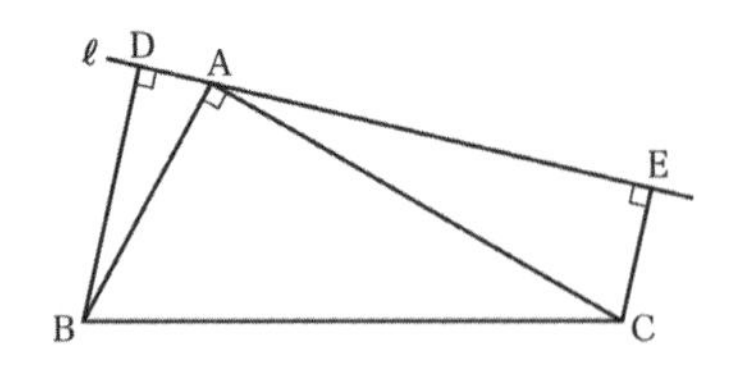

4 次の**1**，**2**，**3**の問いに答えなさい。

1 3枚のコインを同時に投げるとき，少なくとも1枚が表向きになる確率を求めなさい。ただし，どのコインについても，表向きと裏向きになることは同様に確からしいものとする。

2　右の表は，ネットに入っているみかん16個の重さを度数分布表にまとめたものである。

このとき，次の(1)，(2)の問いに答えなさい。

階級(g)			度数(個)
以上		未満	
80	～	90	1
90	～	100	6
100	～	110	3
110	～	120	5
120	～	130	0
130	～	140	1
計			16

(1)　度数分布表から読み取れることとして正しいことを述べているものを，次の**ア**，**イ**，**ウ**，**エ**の中から1つ選び，記号で答えなさい。

ア　階級の幅は60gである。

イ　最大値は140gである。

ウ　モードは105gである。

エ　メジアンは100g以上110g未満の階級に属する。

(2)　階級値が95gの階級の相対度数を小数で求めなさい。

3　次の数は，1から50までの素数を小さい順に並べたものである。

2，3，5，7，11，13，17，19，23，29，31，37，41，43，47

このとき，次の(1)，(2)の問いに答えなさい。

(1)　次の文章は，素数について説明したものである。［　　］に当てはまる文を書きなさい。

素数とは，1と［　　　　　　］自然数のことをいう。したがって，もっている約数の個数から，1は素数ではない。

(2)　51から100までの数に，素数は全部で何個あるか。

5　次の**1**，**2**の問いに答えなさい。

1　右の図のように，関数$y=2x^2$のグラフと関数$y=-x^2$のグラフがあり，点Aは関数$y=2x^2$のグラフ上の点で，そのx座標は負である。また，点Aを通ってy軸に平行な直線と関数$y=-x^2$のグラフとの交点をBとし，関数$y=-x^2$のグラフ上に点Cを，関数$y=2x^2$のグラフ上に点Dを，四角形ABCDが長方形になるようにとる。

このとき，次の(1)，(2)，(3)の問いに答えなさい。

(1)　関数$y=2x^2$について，xの値が1から3まで増加するときの変化の割合を求めなさい。

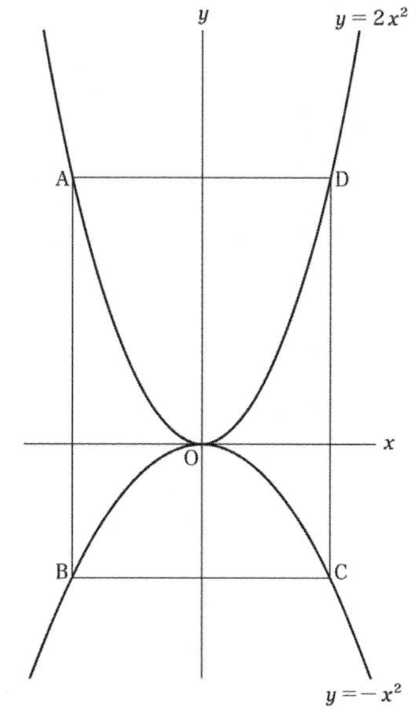

(2)　点Aのx座標が−2のとき，長方形ABCDの面積を求めなさい。

(3)　長方形ABCDが正方形になるとき，点Aのy座標を求めなさい。ただし，途中の計算も書くこと。

2　図1のような，80Lの水が入る水槽があり，一定の割合で水が出る給水管P，Qを使って水槽に水を入れるものとする。水槽が空(から)の状態から，最初は給水管Pだけを開いて水を入れ，途中からは給水管Qも開いて両方の給水管で水を入れたところ，水を入れ始めてから25分後に水槽が満水になった。

図2は，最初に給水管Pを開いてからの時間をx分，水槽にたまった水の量をyLとして，給水管Pを開いてから水槽が満水になるまでのxとyの関係を表したグラフである。

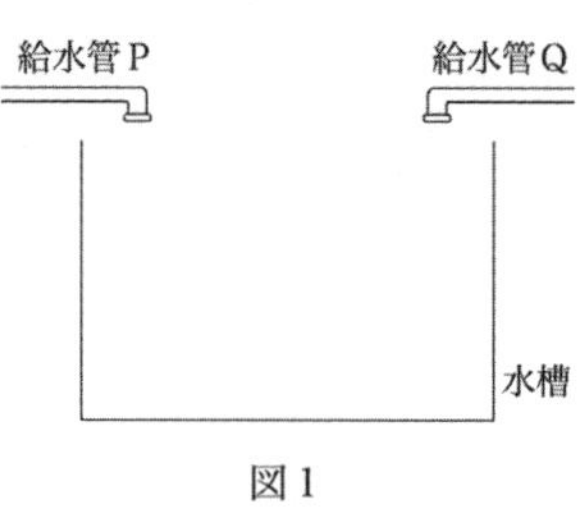

図1

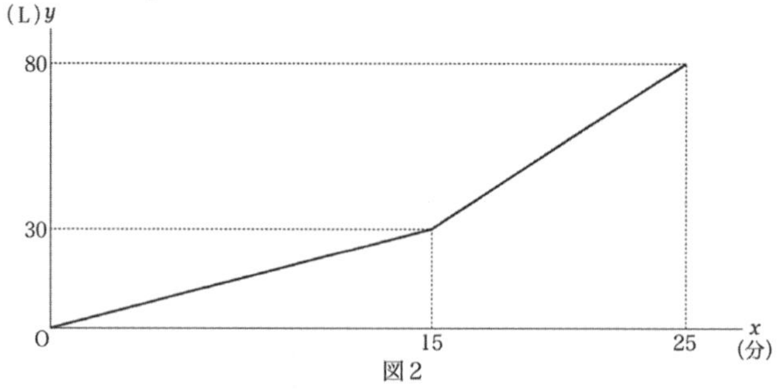

図2

このとき，次の(1)，(2)，(3)の問いに答えなさい。

(1)　給水管Pからは，毎分何Lの割合で水が出るか。

(2)　両方の給水管を開いて水を入れているときの，xとyの関係を表す式を求めなさい。

(3)　水槽が空の状態から，最初は給水管Qだけを開いて水を入れて，途中からは給水管Pも開いて両方の給水管で水を入れ，水を入れ始めてから25分後に満水にしたい。給水管Qだけで水を入れる時間を何分何秒にすればよいか求めなさい。ただし，途中の計算も書くこと。

6　右の図のように，1段目の1個の枠(わく)内には自然数1が，2段目の3個の枠内には左から順に自然数2，3，4が，3段目の5個の枠内には左から順に自然数5，6，7，8，9が，4段目の7個の枠内には左から順に自然数10，11，12，13，14，15，16が書かれていて，5段目以降も同様の規則性にしたがって枠内に自然数を書いていくものとする。

1段目　1
2段目　2 3 4
3段目　5 6 7 8 9
4段目　10 11 12 13 14 15 16
⋮　　　⋮

また，それぞれの段について，枠の個数，右端の枠内に書かれている自然数，中央の枠内に書かれている自然数，左端の枠内に書かれている自然数を，下の表のようにまとめた。ただし，1段目については，右端，中央，左端の枠はいずれも同じ枠である。

	1段目	2段目	3段目	4段目	…
枠の個数〔個〕	1	3	5	7	…
右端の枠内に書かれている自然数	1	4	9	16	…
中央の枠内に書かれている自然数	1	3	7	13	…
左端の枠内に書かれている自然数	1	2	5	10	…

このとき，次の**1**，**2**，**3**の問いに答えなさい。

1　次の文章の①，②，③に当てはまる数をそれぞれ求めなさい。

> 1段目から4段目までの規則性をもとに5段目について考察すると，枠の個数は（　①　）個であると考えられる。また，右端の枠内に書かれている自然数は（　②　）で，左端の枠内に書かれている自然数は（　③　）であると考えられる。

2　m段目について，中央の枠内に書かれている自然数をmを用いて表しなさい。ただし，かっこを使わない最も簡単な式で答えること。

3　中央の枠内に書かれている自然数が507になるのは何段目か。

第200回 下野新聞模擬テスト
理　科

1 次の**1**から**8**までの問いに答えなさい。

1 次のうち，一般の天気図において使用している，風向を表すための方位数はどれか。

ア 4方位　　**イ** 8方位　　**ウ** 12方位　　**エ** 16方位

2 次のうち，葉・茎・根の区別がなく，光合成を行っている植物はどれか。

ア ゼニゴケ　　**イ** ソテツ　　**ウ** ツユクサ　　**エ** イヌワラビ

3 塩化物イオン(Cl^-)の原子核の周りには18個の電子が回っている。このことからわかる，塩素原子の原子核にある陽子の個数は，次のうちどれか。

ア 16個　　**イ** 17個　　**ウ** 18個　　**エ** 19個

4 次のうち，半円形ガラスの中をガラスの中心へ進んだ光において，中心から空気中へ進む道すじを矢印で表しているものはどれか。

ア

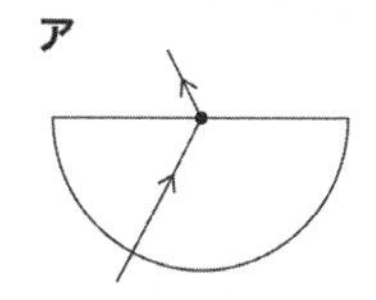

イ

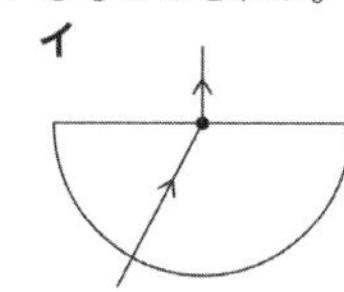

ウ

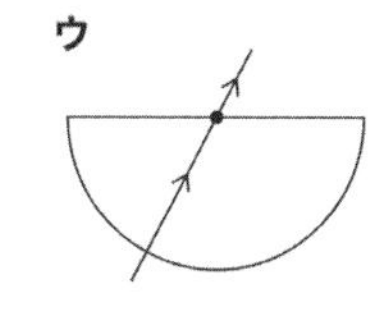

エ

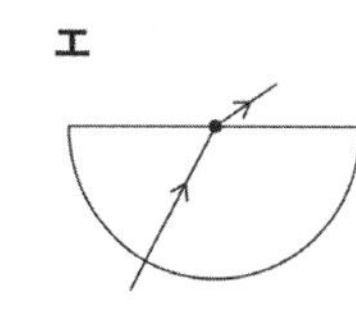

5 右の図は，地震計によって記録された，ある地震によるゆれのようすを表している。図中にAで示した大きなゆれを何というか。

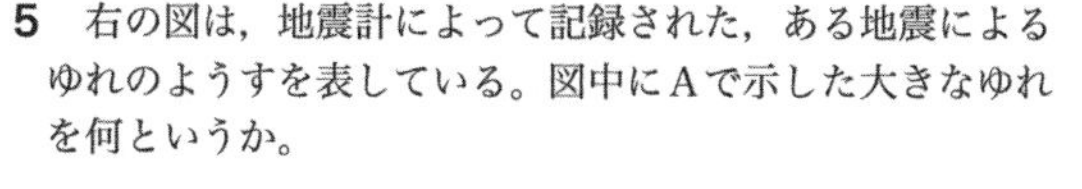

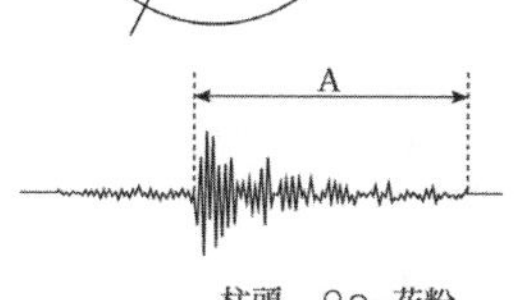

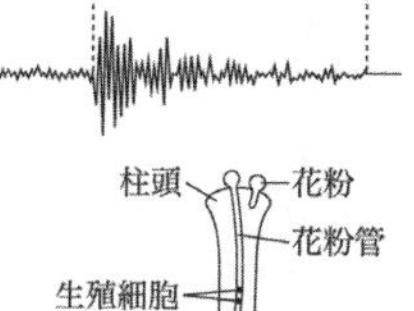

6 右の図は，ある被子植物の受粉後のようすを表した模式図である。花粉管の中を通って移動している生殖細胞を何というか。

7 右の図は，比較的少量の液体を必要なだけ吸いとり，その計量や移動をさせるための実験器具を表したものである。スポイトと同じような使われ方をすることが多い，この器具を何というか。

ゴム球
安全球

8 家庭のコンセントから供給される電流のように，流れる向きと強さが周期的に変化する電流を何というか。

2 日本国内にある，ある火山から採集してきた火山灰には，右の図の鉱物A，B，Cのみが含まれていて，それぞれの鉱物には次のような特徴があった。

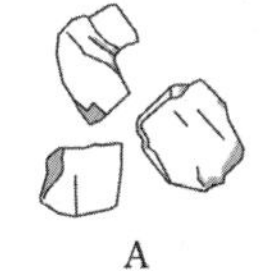
A

B

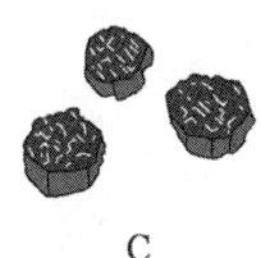
C

> 鉱物A：白色またはうす桃色で，柱状や短冊状である。
> 鉱物B：無色で不規則な形をしている。
> 鉱物C：黒色で六角形の板状である。

このことについて，次の**1**，**2**，**3**の問いに答えなさい。

1 いろいろな鉱物のもととなっている，地下にある高温の物質を何というか。

2 鉱物A，Bはそれぞれ何という鉱物か。名称を書きなさい。

3 いろいろな火成岩のうち，斑状組織をしていて，その組織がほぼ図の鉱物A，B，Cによって成り立っているものは，次のうちどれか。

ア 斑れい岩　　**イ** 玄武岩　　**ウ** 流紋岩　　**エ** 花こう岩

下野模擬問題(第200回)◆理科

3 青色のBTB溶液にⓍ液の色が黄色になるまで呼気を十分に吹き込んだ後，BTB溶液を２本の試験管A，Bに分けて入れてから，試験管Aにはオオカナダモを入れ，試験管Bには何も入れずにそのままにしておいた。次に，右の図のように，試験管A，Bにゴム栓をしてから日光をしばらく当てたところ，試験管AのBTB溶液の色はもとの青色に戻っていたが，試験管BのBTB溶液の色は黄色のままであった。また，日光を当てていたときには，試験管Aに入れたオオカナダモの葉から盛んにⓎ気泡が発生していた。

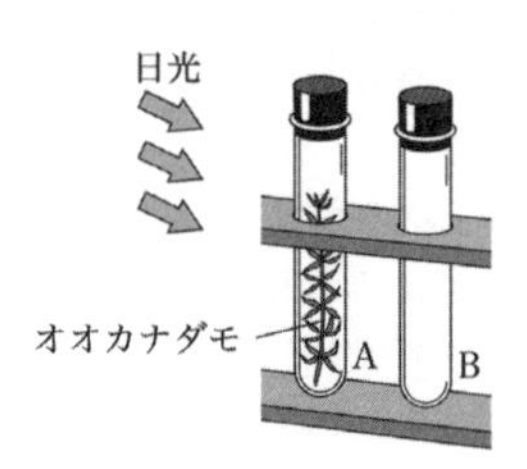

このことについて，次の**1**，**2**，**3**の問いに答えなさい。

1 次の□内の文は，下線部Ⓧについて述べたものである。①，②に当てはまる語をそれぞれ(　)の中から選んで書きなさい。

> 呼気を吹き込むことによって，BTB溶液の性質は ①(酸性・アルカリ性) から中性を経て ②(酸性・アルカリ性) へと変化した。

2 試験管Aに対して試験管Bを用意したのは，比較によってBTB溶液の色の変化に関する二つのことがらを確認するためである。このような実験を何というか。また，確認できた二つのことがらのうちの一つは，BTB溶液の色の変化は日光には関係がないことであるが，もう一つのことがらはどのようなことか。「BTB溶液の色の変化は」という書き出しに続けて簡潔に書きなさい。

3 下線部Ⓨについて，葉から発生していた気泡の中に最も多く含まれている気体を表す化学式を書きなさい。

4 右の図のように，ビーカーAの中には水を，ビーカーBの中にはとかしたロウを同じ体積ずつ入れ，それぞれの液面の位置に印をつけた。次に，ビーカーA，Bを冷却して，水とロウの姿を液体から固体へと変化させた。

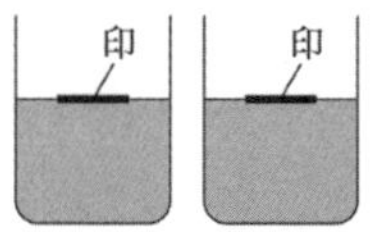

このことについて，次の**1**，**2**，**3**の問いに答えなさい。

1 水のような純粋な物質の場合，液体から固体へと姿を変えるときの温度は，逆に固体から液体へと姿を変えるときの温度に等しい。この，固体から液体へと姿を変えるときの温度を何というか。

2 下線部について，液体から固体へと姿を変化させた後の，ビーカーAにおける水と空気の境界線，およびビーカーBにおけるロウと空気の境界線を，解答用紙の図中にそれぞれかき入れなさい。ただし，境界線は，ビーカーの中心を通る断面(縦断面)を表すようにかき入れることとし，水やロウをうすく塗る必要はない。

3 次の□内の文章は，下線部のときに変化しなかったものについて述べたものである。①，②に当てはまる語をそれぞれ(　)の中から選んで書きなさい。

> 物質の姿が液体から固体へと変化したとき，物質をつくる粒子の ①(個数・集まり方) は変化しない。したがって，物質全体の ②(密度・質量) も変化しない。

5 発泡ポリスチレンの容器に20.0℃の水100gを入れ，その中に6V－9Wと表示された電熱線を入れた。右の図のように，電圧を6.0Vに合わせた電源装置につないで電流を流し，ガラス棒でときどきかき混ぜながら水温を1分ごとに5分間測定したところ，5分後の水温は26.0℃になっていた。

温度計
電源装置へ
ガラス棒
電熱線
発泡ポリスチレンの容器

このことについて，次の**1**，**2**，**3**の問いに答えなさい。ただし，水の上昇温度は，電流を流した時間に比例するものとする。

1 電流を流していたときに，電熱線を流れていた電流の大きさを表しているものは，次のうちどれか。

ア 1.5A　**イ** 4.0A　**ウ** 9.0A　**エ** 54.0A

2 5分後以降も電熱線に電流を流し続けた。次の□内の文章は，電流を流し始めてから10分後の水温などについて述べたものである。①，②に当てはまる数値をそれぞれ書きなさい。ただし，水1gの温度を1℃上昇させるのに必要な熱量を4.2Jとする。

解答・解説 P271・P279

> 電流を流し始めてから10分後，水温は（　①　）℃になっていると考えられる。このことから，電熱線によって10分間に発生した熱量のうち，水の温度を上昇させること以外に使われる熱量は（　②　）Jになると考えられる。

3　J(ジュール)以外で，食品に含まれる熱量などに使われている単位は何か。その記号を**アルファベット3文字**(小文字)で書きなさい。

6　日本列島付近を移動していく低気圧について，次の考察(1)，(2)を行った。

> (1)　下の図は，ある日のある時刻に，日本列島の中央付近にある低気圧の中心の位置をAとして，その低気圧から伸びている2本の前線，および1000 hPaの等圧線を，白地図上に記入したものである。
>
> (2)　この低気圧の中心が図のAの位置にあった時刻の12時間前と12時間後のようすを調べ，図中にAと同様に記入した。

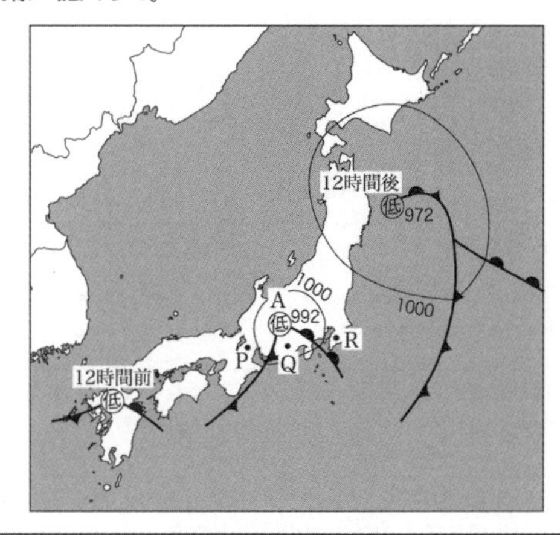

このことについて，次の**1**，**2**，**3**，**4**の問いに答えなさい。

1　図の低気圧の中心がAの位置にあったとき，その周囲のP地点，Q地点，R地点の気温について正しく述べているものは，次のうちどれか。ただし，標高による気温の違いは考えないものとする。

ア　P地点の気温が最も高くなっている。

イ　Q地点の気温が最も高くなっている。

ウ　R地点の気温が最も高くなっている。

エ　どの地点の気温もほぼ同じである。

2　次の□内の文は，日本列島付近に位置する低気圧の移動について述べたものである。①，②に当てはまる語をそれぞれ書きなさい。

> 日本列島付近でできる低気圧を（　①　）低気圧といい，上空を吹いている（　②　）という風の影響を受けて，およそ西から東に移動していく。

3　図の低気圧の中心が12時間後の位置にあったときには，Aの位置にあったときには見られなかった前線が中心から伸びている。この前線を何前線というか。

4　図の低気圧の勢力は，日本列島付近を移動していく間にどのように変化していったと考えられるか。簡潔に書きなさい。

下野模擬問題(第200回)◆理科

7 陸上に生育するいろいろな植物のうち，花を咲かせる植物について，次の(1)，(2)，(3)，(4)のようなことを調べた。

(1) 花を咲かせる植物は，Ⓧあるものの有無によって，A植物とB植物の2種類のグループに分類される。
(2) A植物については，発芽時に出るⓎあるものの枚数によって，M類とN類の2種類のグループに分類される。
(3) M類については，花におけるⓏあるものの形状によって，P類とQ類の2種類のグループに分類される。
(4) (1)〜(3)における分類のようすを，下の図のように表した。

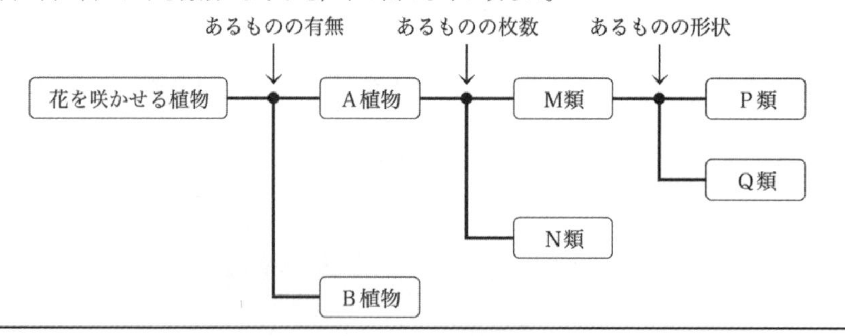

このことについて，次の1，2，3，4の問いに答えなさい。

1 次の□内の文章は，(1)の下線部Ⓧについて述べたものである。①，②に当てはまる語をそれぞれ(　)の中から選んで書きなさい。

B植物が咲かせる花には，①(胚珠・子房) とよばれるつくりが見られない。したがって，受粉が行われた後にB植物の花が成長しても，A植物のように ②(果実・種子) ができることはない。

2 (2)の下線部Ⓨより，M類は何類とよばれるグループであると考えられるか。また，N類におけるあるものの枚数を表しているものは，次のうちどれか。

ア 1枚　　イ 2枚　　ウ 3枚　　エ 4枚

3 (3)の下線部Ⓩについて，P類に属する植物が咲かせる花は，花弁が一つにくっついたつくりをしている。このような花を，Q類に属する植物が咲かせる花に対して何というか。

4 陸上に生育する植物の中には，花を咲かせないものもある。このような植物のうち，雄株と雌株の2種類の株があるグループの維管束について，簡潔に書きなさい。

8 化学変化を利用する電池のしくみについて調べるために，次の実験(1)，(2)を順に行った。

(1) セロハンをダニエル電池用アクリル容器(半円筒型)にとりつけてOリングで固定した後，アクリル容器をビーカーに入れた。
(2) アクリル容器内に硫酸銅水溶液を，アクリル容器が入っていない方のビーカー内に硫酸亜鉛水溶液を40mLずつ入れ，図1のように，硫酸銅水溶液には銅板を，硫酸亜鉛水溶液には亜鉛板をさし込んだ。次に，図2のように，銅板と亜鉛板を光電池用のプロペラつきモーターにつないだところ，モーターは回転し始めた。

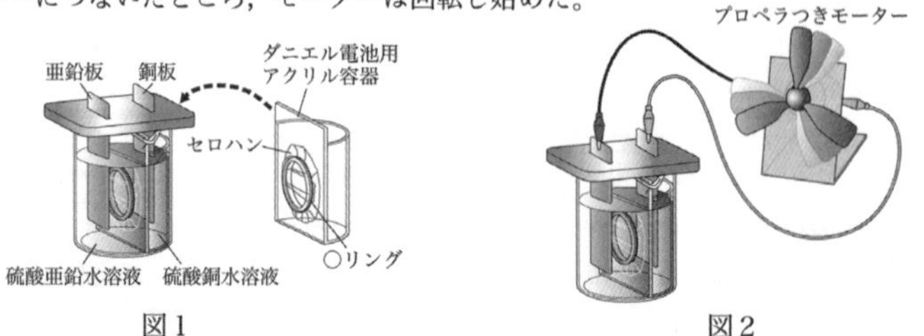

図1　　図2

解答・解説 P271・P279

このことについて，次の**1**，**2**，**3**，**4**の問いに答えなさい。

1 次の□内の文章は，実験(2)でアクリル容器やビーカーに入れた２種類の水溶液について述べたものである。①，②に当てはまる語をそれぞれ(　　)の中から選んで書きなさい。

２種類の水溶液のうち，無色であるのは ①(硫酸銅・硫酸亜鉛) 水溶液である。また，色がついている方の水溶液の色は ②(赤色・青色) である。

2 実験(2)でモーターが回転していたことから，実験で組み立てた装置は電池になっていたことがわかる。その電池において，－極になった方の金属板で起こっていた変化を表している化学反応式は，次のうちどれか。なお，e^-は１個の電子を表している。

ア $Cu^{2+} + 2e^- \rightarrow Cu$　　**イ** $Cu \rightarrow Cu^{2+} + 2e^-$

ウ $Zn^{2+} + 2e^- \rightarrow Zn$　　**エ** $Zn \rightarrow Zn^{2+} + 2e^-$

3 実験(2)でモーターが回転していたとき，セロハンを通して硫酸銅水溶液の方から硫酸亜鉛水溶液の方へ移動していたイオンは何か。そのイオンの化学式を書きなさい。

4 実験で組み立てた電池は使い切りタイプのものであるが，これとは異なり，繰り返し使用できるタイプの電池は，次の５種類の電池の中に何種類あるか。また，繰り返し使用するために行う作業を何というか。

リチウム電池	鉛蓄電池	アルカリマンガン乾電池
空気電池(空気亜鉛電池)	リチウムイオン電池	

9 物体に対して行う仕事について調べるために，次の実験(1)，(2)，(3)，(4)を順に行った。

(1) 動滑車に通した糸の一端をスタンドに固定し，もう一端Aは，ばねを引く力とばねの伸びとの関係が図１のグラフで表されるばねにつないだ。
(2) 図２のように，水平面の上に置いたおもりPを動滑車にとりつけ，糸のたるみがないようにした。なお，このとき，ばねはまったく伸びていない。
(3) ばねの上端を真上に0.5 cm/s の一定の速さでゆっくりと引き上げていったところ，ばねの伸びが5.0 cmになった瞬間におもりPが水平面から離れた。
(4) おもりPの下端の水平面からの高さが20.0 cmになったときに，ばねを引き上げるのを止めた。

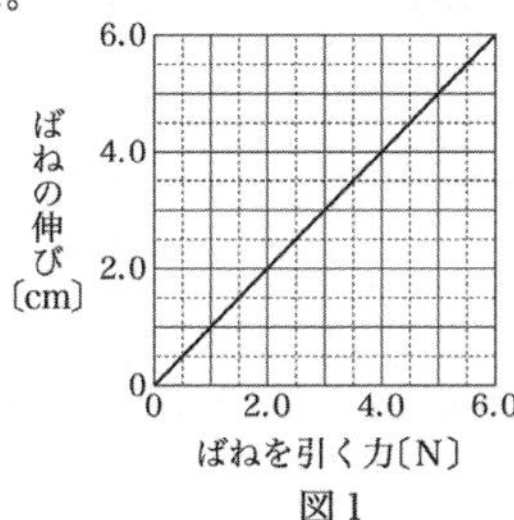

図１

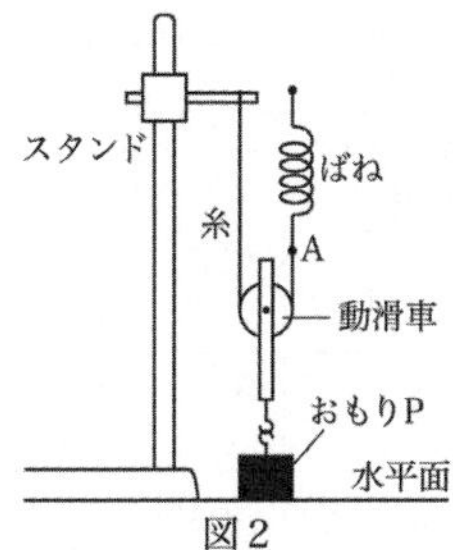

図２

このことについて，次の**1**，**2**，**3**，**4**の問いに答えなさい。ただし，質量100 gの物体にはたらく重力の大きさを１Nとし，おもりP以外のものの重さ，および糸と動滑車の間の摩擦は考えないものとする。

1 図２のばねとおもりPをとりはずし，動滑車に重さx〔N〕の物体をとりつけ，糸のたるみがないようにした。次の□内の文は，この物体の高さをy〔m〕だけ高くする場合に必要な力，および糸の端Aを引く長さについて述べたものである。①，②に当てはまるxやyを用いた式(単項式)をそれぞれ書きなさい。

この物体の高さをy〔m〕だけ高くするためには，糸の一端Aを（　①　）〔N〕の大きさの力で（　②　）〔m〕だけ引き上げればよい。

2 おもりPの質量は，次のうちどれか。

ア 600 g　　**イ** 800 g　　**ウ** 1000 g　　**エ** 1200 g

3 実験(4)で，おもりPの下端の水平面からの高さが20.0 cmになるまでの間に，おもりPがされた仕事の大きさは何Jか。

4 実験(3)，(4)で，ばねの上端を引き上げ始めた瞬間から，おもりPの下端の水平面からの高さが20.0 cmになった瞬間までに要した時間は何秒間であったか。

第200回 下野新聞模擬テスト

英語

1 これは聞き方の問題である。指示に従って答えなさい。

1〔英語の対話とその内容についての質問を聞いて，答えとして最も適切なものを選ぶ問題〕

(1) ア

イ

ウ

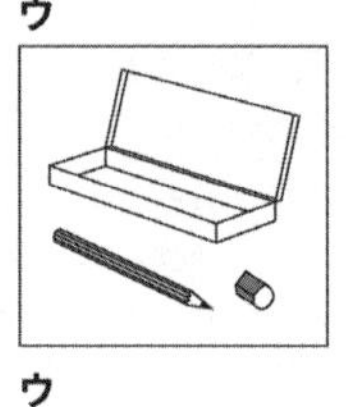

エ

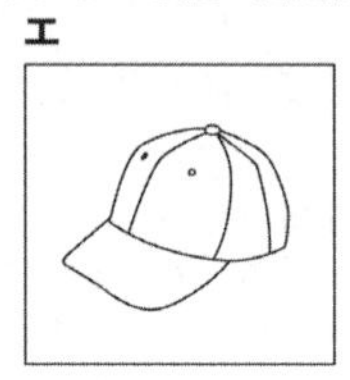

(2) ア

7						
SUN	MON	TUE	WED	THU	FRI	SAT
		1	2	3	4	5
6	7	8	9	10	11	(12)
13	14	15	16	17	18	19
20	21	22	23	24	25	26
27	28	29	30	31		

イ

7						
SUN	MON	TUE	WED	THU	FRI	SAT
		1	2	3	4	5
6	7	8	9	10	11	12
13	14	15	16	17	18	19
(20)	21	22	23	24	25	26
27	28	29	30	31		

ウ

8						
SUN	MON	TUE	WED	THU	FRI	SAT
					1	2
3	4	5	6	7	8	9
10	11	(12)	13	14	15	16
17	18	19	20	21	22	23
24/31	25	26	27	28	29	30

エ

8						
SUN	MON	TUE	WED	THU	FRI	SAT
					1	2
3	4	5	6	7	8	9
10	11	12	13	14	15	16
17	18	19	(20)	21	22	23
24/31	25	26	27	28	29	30

(3) ア Math.　イ Japanese.
　ウ Science.　エ Music.

(4) ア In the park.　イ From his father.
　ウ Last Sunday.　エ Last Saturday.

2〔英語の対話とその内容についての質問を聞いて，答えとして最も適切なものを選ぶ問題〕

Wanpaku Sports Park

The number of courts

Badminton	··· 4 courts
Tennis	··· 3 courts
Basketball	··· 2 courts
Volleyball	··· 2 courts

To use one court each group needs ...

Badminton	··· 200 yen／1 hour
Tennis	··· 300 yen／1 hour
Basketball	··· 500 yen／1 hour
Volleyball	··· 500 yen／1 hour

Opening Hours

Tuesday ～ Friday	8:00 a.m. ～ 8:30 p.m.
Saturday	9:00 a.m. ～ 6:30 p.m.
Sunday	10:00 a.m. ～ 7:30 p.m.

Closed Days

Every Monday
December 30th ～ January 3rd

＊Bring your own balls and rackets.
＊Clean the court after playing.

(1) ア 400 yen.　イ 600 yen.　ウ 800 yen.　エ 1,000 yen.
(2) ア 8:00 a.m.　イ 8:30 a.m.　ウ 9:00 a.m.　エ 10:00 a.m.
(3) ア Peter has been to the park before.
　イ Peter has basketball practice on Sundays.
　ウ Peter told Kasumi where to meet.
　エ Peter will borrow a racket from the park.

3〔英語のスピーチを聞いて，メモを完成させる問題〕
メモの(1)には数字を入れ，(2)と(3)には英語を入れなさい。

John Nelson
・He was born in [(1)].
・He worked as a [(2)] for twenty years.
・He walks for thirty minutes every morning.
・He works as a volunteer on weekends.
　→One example : He made a [(3)] for foreign people.

解答・解説 P270・P274

2 次の**1**，**2**の問いに答えなさい。

1 次の英文中の (1) から (6) に入る語句として，下の(1)から(6)の**ア**，**イ**，**ウ**，**エ**のうち，それぞれ最も適切なものはどれか。

My brother often works as a volunteer with his friends. I've been interested in volunteer activities (1) I heard about his experiences. So, I decided (2) them during my summer vacation.

We went to a city *hit by a disaster. People who live there welcomed us and said, "Thank you for (3) ." There was a lot of *rubble in front of houses. First, I tried to carry some rubble by myself, but it was (4) heavy that I couldn't do that. Also, it was very hot that day, so I felt sick. Then, a kind man gave me some water, and we took a rest. After I became (5) again, I started cleaning some rooms in his house instead of carrying heavy rubble. I worked very hard and the man thanked me a lot. Through this experience, I thought that it was very important for us to (6) people who are in trouble.

〔注〕*hit by a disaster＝災害に見まわれた　*rubble＝瓦礫(がれき)

	ア	イ	ウ	エ
(1)	for	when	ever	since
(2)	join	joined	joining	to join
(3)	come	came	coming	to come
(4)	so	very	too	really
(5)	sick	fine	tired	thirsty
(6)	help	make	leave	forget

2 次の(1)，(2)，(3)の（　　）内の語句を意味が通るように並べかえて，(1)と(2)は**ア**，**イ**，**ウ**，**エ**，(3)は**ア**，**イ**，**ウ**，**エ**，**オ**の記号を用いて答えなさい。

(1) *A*：Who was (**ア** the student **イ** answered **ウ** this question **エ** that)?
B：Davis was. I thought he was great.

(2) *A*：Wow! This picture is very wonderful.
B：I think so, too. This is (**ア** a famous artist **イ** painted **ウ** a picture **エ** by).

(3) *A*：Do (**ア** we **イ** saw **ウ** the woman **エ** know **オ** you) here yesterday?
B：Yes, I do. She is Satoru's mother.

3 次の英文は，高校生の陸(Riku)とドイツ(Germany)からの留学生ミア(Mia)の対話の一部である。また，**図**は二人が見ているパンフレットの一部である。これらに関して，**1**から**7**までの問いに答えなさい。

Mia：What are you looking at, Riku?
Riku：I'm looking at famous *sightseeing spots in Henkel City. I'll go there with my family next summer. You are from Germany, right? Do you know Henkel City?
Mia：Yes, I do. That is a nice city. [A]
Riku：Oh, really? We have free time on the second day of our visit. [B] should we visit?
Mia：You should visit Henkel Castle. ＿＿(1)＿＿ the 12th century. Now it's (u　　) as a history museum. Clothes and other things people (u　　) long ago are shown there, and you can learn the old life of *German people then.
Riku：Oh, that sounds interesting.
Mia：Mt. Oken is a good place, too. When I went there with my family, we enjoyed seeing the mountain and walking along the river.
Riku：Wonderful! I want to try (2)them, too.
Mia：The river is very beautiful, but you mustn't get into the river and swim in it.
Riku：OK. I'll remember (3)that. Can we visit those two places on the same day?

Mia： No, you can't. You need a lot of time to visit Mt. Oken. If you go to Mt. Oken, you will come back to the city in the evening. So, why don't you go to Brost Street after Henkel Castle? It's near the castle. The street is also a nice sightseeing spot, and it's a very good place if ＿＿＿(4)＿＿＿. You can buy something for your friends there.

Riku： How about Arens Art Museum? I'm interested in art museums in different countries.

Mia： That's also a good choice. You can see many wonderful pictures there.

Riku： Good. I want to take pictures or videos of them.

Mia： Oh, no, Riku! ＿＿＿(5)＿＿＿ in the museum.

Riku： OK, I see. I won't do that. *Anyway, I'll talk about places to visit in Henkel City with my family. Thank you, Mia.

Mia： You're welcome. During my stay in Tochigi, I want to visit famous sightseeing spots in Tochigi. (6)Can you tell me one of the best places to visit?

〔注〕*sightseeing spot＝観光地　*German＝ドイツの　*anyway＝とにかく

図

1 ［　A　］に入るものとして，最も適切なものはどれか。

ア I have been there before.　イ It will be my first time visiting the city.

ウ I have never been there.　エ I would like to ask questions about the city.

2 二人の対話が成り立つよう，［　B　］に入る適切な英語を**2語**または**3語**で書きなさい。

3 **図**を参考に，二人の対話が成り立つよう，下線部(1)，(4)，(5)に適切な英語を書きなさい。

4 本文中の二つの(　　　)には同じ英語が入る。適切な英語を**1語**で書きなさい。ただし，(　　　)内に示されている文字で書き始め，その文字も含めて答えること。

5 下線部(2)のthemは何を指すか。本文から**8語**で抜き出して書きなさい。

6 下線部(3)のthatは何を指すか。日本語で書きなさい。

7 下線部(6)について，あなたならどのように答えますか。次の〔**条件**〕に合うよう，あなたの考えを書きなさい。

〔**条件**〕 ① 下の［　　　］内の四つの観光地から一つを選ぶこと。
② その観光地を選んだ理由も書くこと。
③ まとまりのある**4～6文程度**の英語で書くこと。

・中禅寺湖(Lake Chuzenji)（例：美しい花や山が楽しめて，*遊覧船に乗ることもできる）
・那須高原(Nasu Highlands)（例：*スキーリゾートとして有名である）
・鬼怒川温泉(Kinugawa Hot Spring)（例：秋には*紅葉も楽しむことができる）
・宇都宮動物園(Utsunomiya Zoo)（例：乗馬体験などの動物とのイベントが楽しめる）

〔注〕*遊覧船＝pleasure boat　*スキーリゾート＝ski resort　*紅葉＝autumn leaves

4 主人公である中学生の竜二(Ryuji)と，彼の所属する生徒会(the student council)について書かれた次の英文を読んで，**1**から**5**までの問いに答えなさい。

This year I'm a member of our student council. One day in May, we talked about our student council activities. The *president of the council, Sayaka said, "I want to make our school life better. I hope that many students get more interested in our school. What should we do for that?" We talked about ways to tell students about our school. A member of the council, Chisato said, "How about *publishing our school newspaper?" We all agreed with her idea because we thought it was a good way to give a lot of information about our school. Soon after that, we started working on our first school newspaper.

The next day, we started writing *articles about our clubs, class reports, and advice for studying. My article was about clubs. I interviewed members of many clubs. They gave us information about their clubs. I also took some pictures of their practice. Another member, Takumi wrote class reports. He visited each class *with permission from teachers. When he took pictures, students looked very excited. Chisato asked teachers about how to study. The teachers taught her about useful ways to study.

It [ ] for us to work on the newspaper. We still had a lot of things to do, for example, checking the articles and drawing pictures for the newspaper. Then, some members of the art club said, "Shall we draw pictures for your newspaper?" We thanked them for their help.

Finally, we finished publishing the first newspaper one month later. We *passed it out to all students and teachers. We were nervous at first, but we were very glad to learn that many students and teachers enjoyed reading it. One student said to me, "Your newspaper was interesting. I'm looking forward to the next newspaper." I learned that (w) together for our *goal is very important. Another student asked me, "What will you write about for the second newspaper, Ryuji?" I answered, "I'll write about our sports day." Later, we finished publishing our second school newspaper without any problems.

In March, the third year students are going to leave our school. By then, we want to publish the third school newspaper for them as a good memory of their school life. We want to continue to do the job as long as we can. Also, we hope that many people in our city will read our newspaper and have a chance to learn about our school. We want to make our school life better through our school newspaper.

〔注〕*president＝会長　*publish ～＝～を発行する　*article＝記事
*with permission＝許可を得て　*pass ～ out ...＝～を…に配る　*goal＝目標

1 千里(Chisato)の提案に，生徒会の全員が賛成したのはなぜか。日本語で書きなさい。

2 本文中の[ ]に入る適切な英語を**2語**または**3語**で書きなさい。

3 本文中の( )に入る適切な英語を**1語**で書きなさい。ただし，( )内に示されている文字で書き始め，その文字も含めて答えること。

4 次の文は，学校新聞の第三号のあとがきに掲載された竜二の感想文の一部である。(**A**)，(**B**)に入る語の組み合わせとして，最も適切なものはどれか。

> My grandparents live near our junior high school, but they had no ways to learn about our school. So, they have been (**A**) about me since I entered our school.
> Last month I gave them our school newspaper, and they read it. Now they know I'm enjoying my school life, so they feel very (**B**). They want to know about our school more. I hope that many people in our city will get information about our school like my grandparents.

ア **A**：worried — **B**：tired　イ **A**：surprised — **B**：glad
ウ **A**：worried — **B**：happy　エ **A**：surprised — **B**：excited

5　本文の内容と一致するものはどれか。

ア　Ryuji and the other members of the student council talked about their activities in April.

イ　Sayaka wanted to do something with the members of the student council to make their school life better.

ウ　Ryuji wrote an article about teachers of his junior high school for the first school newspaper.

エ　Takumi wrote class reports and drew some pictures for the first school newspaper.

5　雪の結晶(snow crystal)についての次の英文を読んで，1，2，3，4の問いに答えなさい。

Have you ever thought about snow? If you live in a place which does not have much snow, snow may be something you see a few times in winter. If you live in a snowy area, snow is an important part of your life. People there have lived together with snow.

When snow falls, it *melts and finally becomes water. People have known from their experience that snow *is made up of water. And they have also known that snow falls in different conditions. When people *observe snow with a *microscope, they can see snow crystals.

In the 1800s, snow was observed with a microscope in Japan. A *lord in the Edo period thought that he wanted to study about snow crystals. He caught snow crystals with a piece of cloth and observed them with his microscope. Then he drew pictures of them. This may be <u>one of the first *scientific studies about snow in Japan</u>. Later in his book, he showed 86 different shapes of snow crystals and how to catch them. The beautiful shapes became very popular among people in the Edo period, and they were designed for clothes and other things.

In 1936, a Japanese scientist made snow crystals for the first time in the world. Thanks to his study, we know that the condition of a snow cloud and the *temperature below the cloud *influence the shapes of snow crystals we find on the ground.

He left a message, “Snow is a (　　　) from the sky.” It tells us the importance of studying about snow more carefully. Snow is beautiful, but it is very dangerous when it snows a lot. If we study about winter sky more, we can *get along with snow.

〔注〕*melt＝溶ける　*be made up of ～＝～でできている　*observe ～＝～を観察する
*microscope＝顕微鏡　*lord＝殿様　*scientific＝科学的な　*temperature＝温度
*influence ～＝～に影響を与える　*get along with ～＝～とうまく付き合う

1　雪の結晶について述べられたものとして，本文の内容と一致するものはどれか。

ア　A lord in Japan invented a microscope to observe snow crystals in the 1800s.

イ　During the Edo period, a lord found that snow crystals were made up of water.

ウ　People in the Edo period became interested in the shapes of snow crystals.

エ　In the 1800s, a lord in Japan made snow crystals for the first time in the world.

2　本文中の下線部の内容を，次の□が表すように，（　①　），（　②　）に入る適切な日本語をそれぞれ書きなさい。

雪の結晶を（　　①　　），それらを顕微鏡で観察し，（　　②　　）こと。

3　本文中の(　　　)に入るものとして，最も適切なものはどれか。

ア　box　　イ　letter　　ウ　language　　エ　weather

4　本文の内容と一致するものはどれか。

ア　Most of the people who live in a place without snow want to live together with snow.

イ　The lord wrote a book which showed the life of people who lived in the Edo period.

ウ　The condition of a snow cloud doesn’t influence the shapes of snow crystals.

エ　People need to study more about snow and winter sky to get along with snow.

解答・解説　P270・P274

MEMO

5 ある中学校の全校生徒に向けて実施した「社会のために役立つこと」についての調査の結果を示した下の【資料】を参考にして、「社会のために役立つこと」について、国語解答用紙(2)に二百字以上二百四十字以内で書きなさい。

なお、次の《条件》に従って書くこと。

《条件》

(i)二段落構成とすること。

(ii)各段落は次の内容について書くこと。

第一段落

・【資料】から、あなたが気づいたことを書くこと。

第二段落

・自分の体験(見聞したことを含む)を踏まえて、「社会のために役立つこと」について、あなたの考えを書くこと。

【資料】

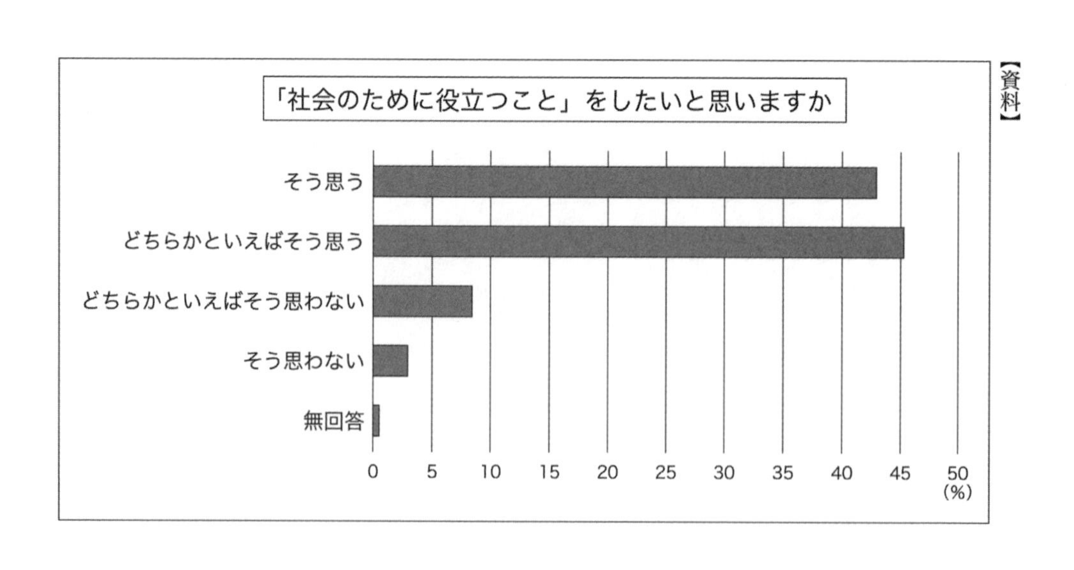

とうなずき、父は「そうだぞ、今夜はお寿司とるからな、パーティーだぞ」と笑った。

バス停に立って、河野さんの運転するバスが来るのを待った。バスが停まると、降り口のドアに駆け寄って、その場でジャンプしながら運転席の様子を確かめる。

何便もやり過ごして、陽が暮れてきて、やっぱりだめかなあ、とあきらめかけた頃――やっと河野さんのバスが来た。

車内は混み合っていたので、走っているときに河野さんに近づくことはできなかった。それでもいい。通路を歩くのはバスが停まってから。整理券は丸めてはいけない。

次は本町一丁目、本町一丁目……とアナウンスが聞こえると、降車ボタンを押した。ゆっくりと、人差し指をピンと伸ばして。

バスが停まる。通路を進む。河野さんはいつものように不機嫌な様子で運賃箱を横目で見ていた。

目は合わない。それがちょっと残念で、でも河野さんはいつもこうなんだもんな、と思い直して、整理券と回数券の最後の一枚を入れた。

降りるときには早くしなければいけない。順番を待っているひともいるし、次のバス停で待っているひともいる。

だから、少年はなにも言わない。回数券に書いた「ありがとうございました」にあとで気づいてくれるかな、気づいてくれるといいな、と思いながら、ステップを下りた。

バスが走り去ったあと、空を見上げた。西のほうに陽が残っていた。どこかから聞こえる「ごはんできたよお」のお母さんの声に応えるように、少年は歩きだす。

何歩か進んで振り向くと、車内灯の明かりがついたバスが通りの先に小さく見えた。(4)やがてバスは交差点をゆっくりと曲がって、消えた。

（重松清「バスに乗って」『小学五年生』〈文藝春秋〉から。一部改）

（注1）回数券＝乗車券の何枚分かをとじ合わせたもの。

（注2）かぶりを振って＝否定の意を示して。

1 (1)泣きだしそうになってしまった の理由として最も適当なものはどれか。

ア 財布がなく家まで帰ることができないから。

イ 最後の回数券を使わなければならないから。

ウ 河野さんのバスに乗らないといけないから。

エ 父と母と三人でいっしょに過ごしたいから。

2 少年が涙を流している様子を比喩を用いて表現している一文を抜き出し、初めの五字を書きなさい。

3 (2)この回数券、ぼくにください、と言った とあるが、これに対する河野さんの答えがわかる部分を、十九字で抜き出しなさい。

4 (3)ぼく、バスで帰っていい？ とあるが、その理由を三十字以上三十五字以内で書きなさい。

5 (4)やがてバスは交差点をゆっくりと曲がって、消えた とあるが、このときの少年の心情として最も適当なものはどれか。

ア バスに乗るのはこれが最後かと思い、寂しくなっている。

イ もう河野さんと会わなくて済むと思い、ほっとしている。

ウ 嫌なバスが消えていったと思い、不安がなくなっている。

エ 河野さんが心を開いてくれたと思い、嬉しくなっている。

6 河野さんの人物像として最も適当なものはどれか。

ア 子どもたちに正しいバスの乗り方を指導しようとする、職務に忠実な人物。

イ ぶっきらぼうで怖い人のように見えるが、内心はやさしい気持ちを秘めた人物。

ウ 普段は不機嫌そうにしているが、子どもに泣かれると困惑する気弱な人物。

エ どのような状態になっても決して動じることのない、肝がすわっている人物。

5 本文の内容を説明したものとして最も適当なものはどれか。

ア 歴史上に残った書物を読み解くには、当時の文法だけでなくその背景にある文化も学ぶ必要がある。
イ カズオ・イシグロは日本語の持つあいまいさを嫌ったため、日本国籍を手放すことを決心した。
ウ アイヌ語は日本語とは異なる言語体系であるため、それを話す人の価値観は日本人とは全く違う。
エ 言語と文化は表裏一体のものであるため、私たちはそれぞれの国の文化を守らなければならない。

4

次の文章を読んで、**1**から**6**までの問いに答えなさい。

小学校五年生の少年は、入院した母のお見舞いにバスで行くことになった。初めて一人で乗ったバスで、整理券の出し方を運転手の河野さんに叱られて以来、少年は河野さんのバスに乗るのが怖くなった。後日、回数券(注1)を買い足すときも、バスの運転手は河野さんだった。少年は、買い方を注意されながらも、どうにか回数券三冊を購入した。

買い足した回数券の三冊目が——もうすぐ終わる。
最後から二枚目の回数券を——今日、使った。あとは表紙を兼ねた十一枚目の券だけだ。

明日からお小遣いでバスに乗ることにした。毎月のお小遣いは千円だから、あとしばらくはだいじょうぶだろう。

ところが、迎えに来てくれるはずの父から、病院のナースステーションに電話が入った。

「今日はどうしても抜けられない仕事が入っちゃったから、一人でバスで帰って、って」

看護師さんから伝言を聞くと、(1)泣きだしそうになってしまった。今日は財布を持って来ていない。回数券を使わなければ、家に帰れない。

母の前では涙をこらえた。病院前のバス停のベンチに座っているときも、必死に唇を噛んで我慢した。でも、バスに乗り込み、最初は混み合っていた車内が少しずつ空いてくると、急に悲しみが胸に込み上げてきた。シートに座る。窓から見えるきれいな真ん丸の月が、じわじわとにじみ、揺れはじめた。座ったままうずくまるような格好で泣いた。バスの重いエンジンの音に紛らせて、うめき声を漏らしながら泣きじゃくった。

『本町一丁目』が近づいてきた。顔を上げると、他の客は誰もいなかった。降車ボタンを押して、手の甲で涙をぬぐいながら席を立ち、ポケットから回数券の最後の一枚を取り出した。

バスが停まる。運賃箱の前まで来ると、運転手が河野さんだと気づいた。それでまた、悲しみがつのった。こんなひとに最後の回数券を渡したくない。

整理券を運賃箱に先に入れ、回数券をつづけて入れようとしたとき、とうとう泣き声が出てしまった。

「どうした?」と河野さんが訊いた。「なんで泣いてるの?」——ぶっきらぼうではない言い方をされたのは初めてだったから、逆に涙が止まらなくなってしまった。

「財布、落としちゃったのか?」

泣きながらかぶり(注2)を振って、回数券を見せた。

じゃあ早く入れなさい——とは、言われなかった。

河野さんは「どうした?」ともう一度訊いた。

その声にすうっと手を引かれるように、少年は嗚咽交じりに、回数券を使いたくないんだと伝えた。母のこともしゃべった。新しい回数券を買うと、そのぶん、母の退院の日が遠ざかってしまう。ごめんなさい、ごめんなさい、と手の甲で目元を覆った。(2)この回数券、ぼくにください、と言った。

河野さんはなにも言わなかった。かわりに、小銭が運賃箱に落ちる音が聞こえた。目元から手の甲をはずすと、整理券と一緒に百二十円、箱に入っていた。もう前に向き直っていた河野さんは、少年を振り向かずに、「早く降りて」と言った。「次のバス停でお客さんが待ってるんだから、早く」——声はまた、ぶっきらぼうになっていた。

次の日から、少年はお小遣いでバスに乗った。お金がなくなるか、「回数券まだあるのか?」と父に訊かれるまでは知らん顔しているつもりだったが、その心配は要らなかった。

三日目に病室に入ると、母はベッドに起き上がって、父と笑いながらしゃべっていた。会社を抜けてきたという父は、少年を振り向いてうれしそうに言った。

「お母さん、あさって退院だぞ」

退院の日、母は看護師さんから花束をもらった。車で少年と一緒に迎えに来た父も、大きな花束をプレゼントした。

帰り道、(3)「ぼく、バスで帰っていい?」と訊くと、両親はきょとんとした顔になったが、「病院からバスに乗るのもこれで最後だもんなあ」「よくがんばったよね、寂しかったでしょ? ありがとう」と笑って許してくれた。

「帰り、ひょっとしたらちょっと遅くなるかもしれないけど、いい? いいでしょ? ね、いいでしょ?」

両手で拝んで頼むと、母は「晩ごはんまでには帰ってきなさいよ」

れは同時に、私たちが日本語の運命を過去から現在、そして未来へとつなぐ運び手の一部であることを意味します。
⑩イギリスの進化生物学者であり動物行動学者でもある、クリントン・リチャード・ドーキンス（一九四一～）は、一九七六年に著書『利己的な遺伝子』の中で、「生物は遺伝子によって利用される"乗り物"に過ぎない」とする遺伝子中心視点を提唱し、世界に衝撃を与えました。この論考には私も驚きました。確かにそうかもしれない、自分の人生とは言っても、自分一人の運命を生きているのではないのかもしれない……と目が開かれた思いがしたものです。
⑪今になって、このドーキンスの論考を読み直してみると、これは長い歴史を経て受け継がれてきた「言語」においても(2)同じことが言えるのではないかと思えてきます。私たちは、自らの力で日本語を習得し、この言語を自在に操って生きているように思いこんでいますが、もしかすると「日本語を生かすため」にこの世に生きているだけなのかもしれません。この「人間＝言語の運び手論」に当てはめて考えると理解しやすいのが、(注4)アイヌ語です。
⑫アイヌの言葉は、日本語とは異なる言語体系を有しており、語彙も異なります。もちろん、日本語がアイヌ語に影響を及ぼした言葉もありますし、逆に稚内や登別など、北海道の地名にはアイヌ語由来のものがたくさんあります。石狩川という名称ひとつを取っても、「塞がる」という意味を表す「イシカリ」、「美しく・作る・川」を意味する「イシカラペツ」、「非常に曲がりくねった川」を指す「イシカラアペツ」など、その由来には諸説あるようです。
⑬しかし、単語は別として、現代ではアイヌの言葉を母語とし、それに習熟している人は減少してしまいました。これは［　　］問題です。建物などの有形文化財であればしかるべき環境を整えれば保存できますが、言語の場合、それを使う人がいなくなれば、それがどのように話されていたかはわからなくなってしまいます。
⑭別の言い方をすれば、「この土地で暮らしてきた人たちは、このような価値観や思想のもとに暮らしてきたのだ」ということも、言語からひもとけば知ることができます。現代では遺伝子情報から人物のルーツをある程度遡ることも可能となってきましたが、(3)言語も親から子、子から孫へと脈々と受け継がれてきた情報のバトンなのです。
⑮言語を失えば、それを話す人々の生活や文化、そして伝統が消滅してしまうと言っても過言ではありません。その伝統を、この先も未来へと引き継いでいくことができるか。その運命は現代を生きる私たち日本人にかかっています。

（齋藤孝「日本語力で切り開く未来」〈集英社〉から）

（注1）アイデンティティ＝自己同一性。
（注2）ルーツ＝起源。祖先。ここでは出生地を指す。
（注3）パーソナリティ＝その人に固有の性格。個性。
（注4）アイヌ語＝北海道とその周辺地域で生活を営んできた先住民族の言語。

1 (1)言語は……及ぼします　とあるが、このことを例を挙げて具体的に述べている一文を、第⑤段落以降の本文中から抜き出し、初めの七字を書きなさい。

2 (2)同じこと　の内容として最も適当なものはどれか。

ア　幼い頃から体に染みこませてきた言語は、そう簡単には忘れることができないということ。
イ　言語によって文化を伝えていくことは、遺伝子によって人間に組みこまれているということ。
ウ　日本人は自らの努力において、日本語を自在に操っていかなければならないということ。
エ　私たち日本人は日本語を過去から現在、そして未来へと運ぶ役割を担っているということ。

3 本文中の［　　］に入る語として最も適当なものはどれか。

ア　簡単な　**イ**　深刻な　**ウ**　複雑な　**エ**　特別な

4 (3)言語も親から子……のバトンなのです　とあるがそれはなぜか。その理由について説明した次の文の［Ⅰ］・［Ⅱ］に当てはまる内容を、［Ⅰ］は第①～⑤段落までの本文中から二十六字で抜き出し、［Ⅱ］は二十字以上二十五字以内で書きなさい。

> 私たちは、これまでに言語が［Ⅰ］を背負っているだけではなく、［Ⅱ］ために生きる存在であるから。

かの旦那これを見て、「皮の類にばちあたるならば、このお寺の太鼓は何としたまふぞ」と申しける。一休聞きたまひ、されば、夜昼三度づつばちあたる間、その方へも太鼓のばちをあて申さん、皮のはかま着られけるほどにとおどけられけり。

（「一休ばなし」から。一部省略等がある）

（注1）発明＝賢い人物。
（注2）旦那＝寺を支援する人。
（注3）参学＝仏教を学ぶこと。
（注4）皮ばかま＝皮でできたはかま。
（注5）へぎ＝薄い板。

1 たはぶれ は現代ではどう読むか。現代かなづかいを用いて、ひらがなで書きなさい。

2 ①し ②書き付け について、それぞれの主語にあたる人物の組み合わせとして適当なものはどれか。

ア ①旦那 ②旦那　**イ** ①旦那 ②一休
ウ ①和尚 ②旦那　**エ** ①和尚 ②一休

3 このお寺の太鼓は何としたまふぞ の意味として最も適当なものはどれか。

ア このお寺の太鼓をどうにかしたい
イ このお寺の太鼓はどうにもならない
ウ このお寺の太鼓はどういたしましょう
エ このお寺の太鼓は何たることだろう

4 本文中には会話として「　」を付けられる箇所がある。その部分を抜き出して、初めと終わりの三字を書きなさい。

5 「一休」が幼い時から賢い人物だったといわれるのはなぜか。本文から読み取れる「一休」の賢さがわかるところについて説明した次の文の□に当てはまるように、十五字以上二十字以内の現代語で書きなさい。

> 皮の類を寺の中に持ち込むことは禁止であるという一休に、寺の太鼓が皮でできているという矛盾を指摘する旦那に対し、一休が□答えたところ。

3

言語について述べた次の文章を読んで、**1**から**5**までの問いに答えなさい。①～⑮は形式段落の番号である。

①私たち人間は、言語がたどってきた道のりや、その過程で生じたさまざまな変化をすべて背負った上で、日々ものを考えたり、感じたりしています。言語がなければ、自分の考えを他者に伝えたり、先人たちの教えを受け継ぐことも叶いません。

②数百年前、数千年前の人が残した書物を読み解くには、当時の人々が用いていた文法や修辞表現を知り、現代の言葉へと置き換えて理解する必要がありますし、異国の書物を読み解くには、その国の言語や文化を少なからず学ぶ必要があります。

③人類はそのようにして、古今東西の知恵を引き継ぎ、文明として発展させてきました。

④(1)言語は、それを用いる個人のアイデンティティ[注1]に大きな影響を及ぼします。たとえば、二〇一七年にノーベル文学賞を受賞した小説家、カズオ・イシグロ（一九五四～）は、日本人の両親をもつ日系イギリス人です。[注2]ルーツを見れば、イシグロは日本人ということになりますが、幼い頃からイギリスで育ち、彼のパーソナリティ[注3]の大部分は英語文化圏で形成されていきました。そして英語で思考するカズオ・イシグロは、一九八二年に自らの意志で自分が生まれた日本の国籍を手放し、イギリス国籍を選択しました。つまり、彼は生まれた国ではなく、育った国（第一言語を得た国）を自らの母国としたのです。

⑤イシグロの場合、日本からイギリスへ移住したのが幼少期（五歳）と早い時期であったこともあり、イギリスの文化を自らのアイデンティティとして享受することも難しくなかったのかもしれません。

⑥一方で、大人になってから違う言語圏へ移住した人であっても、その土地の言語や文化によって自らのアイデンティティを揺さぶられることは少なくないようです。

⑦あるアメリカ人は、日本でしばらく生活し、日本語に慣れ親しんだ頃にアメリカへ帰国したところ、「あなたは、イエス、ノーがはっきり言えない人になってしまったね」と友人たちに言われたそうです。日本文化に身を置き、日本語に親しむうちに、振る舞い方や考え方まで日本人的になってしまったというのです。

⑧もちろん個人差はあるものですが、言語の与える影響というものは深く、人のアイデンティティの根幹にまで及ぶものなのです。

⑨日本語を幼い頃から体に染みこませて暮らしてきたということ。そ

令和5年12月3日実施

第200回 下野新聞模擬テスト

国語

制限時間 50分

1

次の1から7までの問いに答えなさい。

1 次の――線の部分の読みをひらがなで書きなさい。
(1) 敵から逃れる。
(2) 体を反らせる。
(3) 前代未聞のできごと。
(4) 耐熱容器で温める。
(5) 気性が激しい人。

2 次の――線の部分を漢字で書きなさい。
(1) 荷物をカカえる。
(2) アマダれの音がする。
(3) 地震のヨチョウがある。
(4) 食料をチョゾウする。
(5) 悪いことをカクサクする。

3 「青くすみわたる空」の――線の部分と品詞が同じものはどれか。
ア 珍しさに目をひかれる。
イ 今日はだれも来ない。
ウ 寒ければ暖房を使おう。
エ すっかり日が暮れた。

4 次の――線の部分について適切に説明したものはどれか。
太郎さんは先生からお土産をいただいた。
ア 尊敬語で、先生への敬意を表している。
イ 尊敬語で、太郎への敬意を表している。
ウ 謙譲語で、先生への敬意を表している。
エ 謙譲語で、太郎への敬意を表している。

5 次の――線の部分の文節どうしの関係として適当なものはどれか。

明るい春の日差しが、部屋の中に降りそそぐ。

ア 主語・述語の関係
イ 修飾・被修飾の関係
ウ 並立の関係
エ 補助の関係

6 次のうち、長い熟語を省略したものはどれか。
ア 新聞　イ 銀行　ウ 年々　エ 国連

7 次の詩に用いられている表現技法はどれか。

小景異情　その二
室生犀星（むろうさいせい）

ふるさとは遠きにありて思ふもの
そして悲しくうたふもの
よしや
うらぶれて異土の乞食（かたゐ）となるとても
帰るところにあるまじや
ひとり都のゆふぐれに
ふるさとおもひ涙ぐむ
そのこころもて
遠きみやこにかへらばや
遠きみやこにかへらばや

ア 反復法　イ 倒置法
ウ 擬人法　エ 省略法

2

次の文章は、室町時代の僧「一休（いっきゅう）」の幼少のころの話である。これを読んで、1から5までの問いに答えなさい。

一休は、幼けなき時（いと）より、発明なりける（注1）とかや。こびたる旦那（注2）ありて、常に来りて、和尚（おしょう）に参学（注3）などしては、一休の発明なるを心地よく思ひて、折々たはぶれ（注4）をいひて、問答などしけり。①
ある時かの旦那、皮ばかまを着て来りけるを、一休門外にてちらと見、内へはしり入りて、へぎ（注5）に②書き付け立てられけるは、「この寺の内へ皮の類（たぐい）、かたく禁制なり。もし皮の物入る時は、必ずばちあたるべし」と書きて置かれける。

解答・解説 P270・P272

令和6年
1月21日実施

第201回 下野新聞模擬テスト
社会

1 次の**1**から**4**までの問いに答えなさい。

1 **図1**を見て，次の(1)から(5)までの問いに答えなさい。

(1) 次の文は，**図1**中の東京都に属する島について述べたものである。文中の□に当てはまる語を書きなさい。

> 東京都には，小笠原諸島などの太平洋上の島々が属している。また，日本の東端である南鳥島や，南端である□も東京都に属する島である。

図1

(2) **図1**中の三陸海岸の沖合が，国内でも有数の好漁場となっている理由として，正しいのはどれか。

ア 寒流のリマン海流と暖流の対馬海流がぶつかる潮目(潮境)があるため。

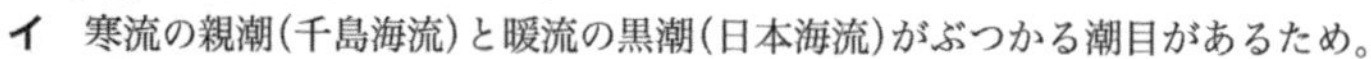

イ 寒流の親潮(千島海流)と暖流の黒潮(日本海流)がぶつかる潮目があるため。

ウ 水深が8,000mをこえる大陸棚が広がっているため。

エ 水深がおよそ200m以内の海溝が連なっているため。

(3) **図2**は，**図1**中の秋田県，栃木県，東京都，福岡県の65歳以上の人口の割合，出生率，死亡率(2021年)を示したものである。ⅠとⅡには，出生率か死亡率のいずれかが当てはまる。Bに当てはまる都県と，Ⅱに当てはまる項目の組み合わせとして，正しいのはどれか。

	65歳以上の人口の割合	Ⅰ	Ⅱ
A	38.1%	4.6	17.0
福岡県	28.2	7.4	11.2
B	22.9	7.1	9.5
C	29.6	6.1	12.1

(注) 出生率，死亡率は，人口1,000人当たりの出生数や死亡数の割合。

図2(「県勢」により作成)

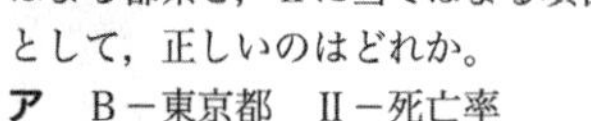

ア B－東京都　Ⅱ－死亡率

イ B－東京都　Ⅱ－出生率

ウ B－秋田県　Ⅱ－死亡率

エ B－秋田県　Ⅱ－出生率

(4) **図3**は，**図1**中の宇都宮市と高松市の1月と7月の月降水量と年降水量(1991年から2020年の平均値)を示しており，**図4**は，高松市の気候の特徴についてまとめたものである。[X]に当てはまる文を，「夏と冬」の語を用いて簡潔に書きなさい。

	1月の月降水量(mm)	7月の月降水量(mm)	年降水量(mm)
宇都宮市	37.5	215.4	1524.7
高松市	39.4	159.8	1150.1

図3(「気象庁ウェブページ」により作成)

> 高松市の気候は，宇都宮市に比べると，とくに年降水量が少ない。これは，[X]ことが主な原因であり，そのため高松市では，一年を通して乾いた風がふきつけることが多い。

図4

(5) **図5**は，さくらんぼの生産量に占める主な都道府県の割合(2015年)を示したものである。**図5**中のYに当てはまる都道府県は，**図1**中の**ア**，**イ**，**ウ**，**エ**のどれか。

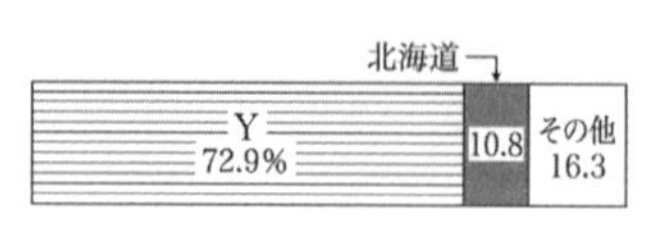

図5(「果樹生産出荷統計」により作成)

解答・解説 P280・P283

2 次の文は，大都市の鉄道路線について述べたものである。文中の[　　]に共通して当てはまる語を書きなさい。

> 東京都の新宿区や渋谷区，豊島区などには，複数の鉄道路線が乗り入れる駅があり，このような駅を[　　]駅という。[　　]駅は，都心と郊外を結ぶ拠点の駅となり，朝夕には多くの人で混雑する。

3 **図6**は，日本における石炭の輸入量に占める主な国の割合(2017年)を示したものである。**図6**中のZに当てはまる国はどれか。

ア 中国　　**イ** ブラジル
ウ アメリカ　　**エ** オーストラリア

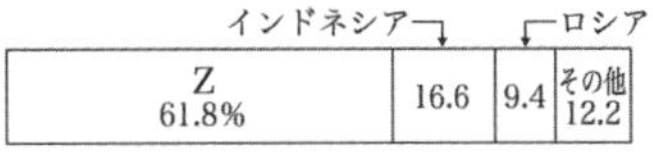

Z 61.8%	16.6 (インドネシア)	9.4 (ロシア)	その他 12.2

図6(「財務省貿易統計」により作成)

4 **図7**は，2020年1月から2021年3月までの，インターネットショッピング利用世帯の割合の推移を示したものである。**図7**の推移から考えられる，現在の日本の産業の様子を正しく述べているのはどれか。

ア インターネットにおける広告費が下がっている。
イ 鉄鋼の生産量が上昇している。
ウ 運送業の売り上げが上昇している。
エ 加工貿易が以前より盛んになっている。

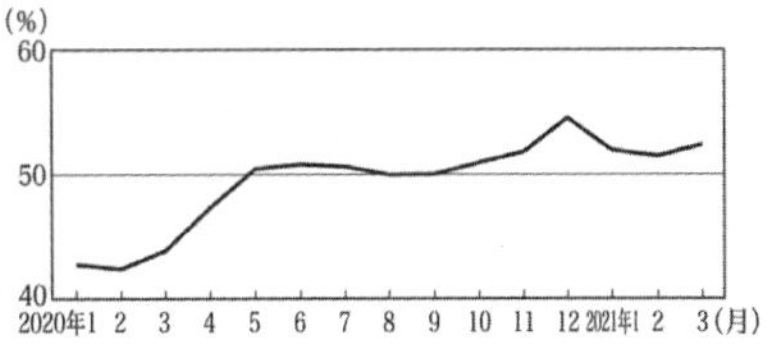

(%) 60 50 40
2020年1 2 3 4 5 6 7 8 9 10 11 12 2021年1 2 3(月)

図7(「総務省ウェブページ」により作成)

2 次の**1**，**2**，**3**の問いに答えなさい。

1 **図1**は，太郎さんが，世界の国々についてまとめるために作成したものである。これを見て，次の(1)から(5)までの問いに答えなさい。

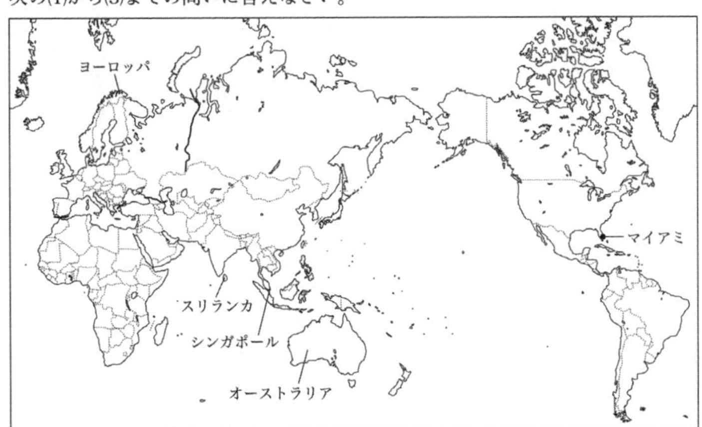

図1

(1) **図1**中のシンガポールなどの国々で，流通業をはじめ，東南アジアの経済のさまざまな分野で活躍する，現地の国籍をとって定着した中国系の人々を何というか。

(2) **図2**は，**図1**中のスリランカの輸出総額に占める主な品目の割合(2020年)を示したものである。**図2**中のXに当てはまる品目はどれか。

ア 航空機　　**イ** カカオ豆
ウ 医薬品　　**エ** 茶

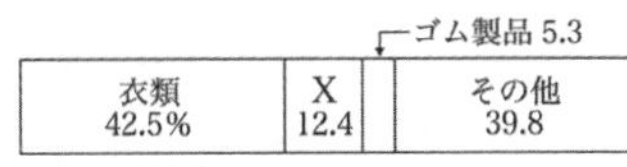

図2(「世界国勢図会」により作成)

(3) **図3**は，**図1**中のヨーロッパを東西に分けて主な国の月平均賃金についてまとめたもので，**図4**は，**図3**をもとに，太郎さんが，ヨーロッパでおこっている現象についてまとめたものである。**図4**中の［ Y ］に当てはまる文を，「移動」の語を用いて簡潔に書きなさい。また，［ Z ］に当てはまる文を，「賃金」の語を用いて簡潔に書きなさい。

(ドル)

西ヨーロッパ		東ヨーロッパ	
国名	月平均賃金	国名	月平均賃金
ドイツ	4,994	ハンガリー	1,176
フランス	3,563	ルーマニア	1,228
スペイン	2,363	ポーランド	1,325

(注) ドイツ，ルーマニア，ポーランドは2020年，フランスは2019年，スペイン，ハンガリーは2018年の数値。

図3（「世界国勢図会」により作成）

> **図3**に示した国々は，すべてEUに加盟しており，互いの国を［ Y ］ため，［ Z ］人々が増加している。そのため，東ヨーロッパの国々では，労働者不足が生じており，経済成長が妨げられている。

図4

(4) **図5**は，**図1**中のマイアミの日本総領事館がホームページで出している情報の一部をまとめたものである。**図5**中の［ P ］に共通して当てはまる語を書きなさい。

> メキシコ湾の沿岸では，6月から11月頃までを，［ P ］シーズンとよび，とくに8月から10月は［ P ］が集中するため対策が必要。
> 【基本的な対策】
> ・避難ルートや必需品リスト，最寄りの退避シェルターの場所を確認しておく
> ・貴重品や重要書類は，水にぬれないところに保管しておく
> ・注意報や警報が出たら，最低一週間分の食料・水・日用品を用意する　　など

図5（「在マイアミ日本総領事館ウェブページ」により作成）

(5) **図1**中のオーストラリアが主導して，1989年に結成された，経済協力を進めることを目的とした国際機関はどれか。

ア APEC　**イ** ASEAN　**ウ** OPEC　**エ** AU

2 **図6**は，シエスタを導入している国の一般的な生活時間帯の例を示したものである。これについて，太郎さんの班で話し合いを行った。会話文中の［　］に当てはまる語はどれか。

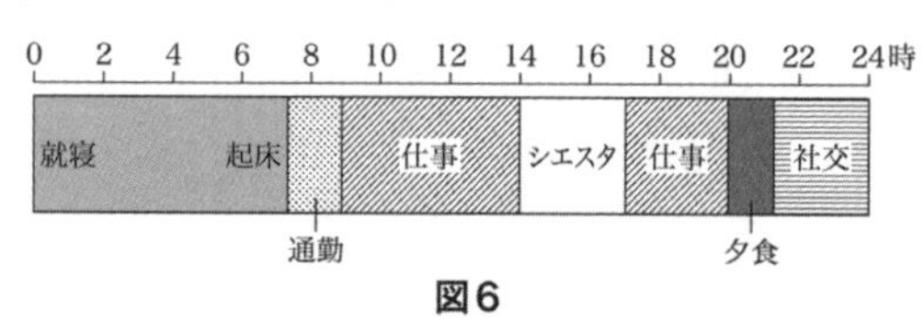

図6

> 太郎：「そもそもシエスタとは，何なのでしょうか。」
> 花子：「昼過ぎから数時間設けられる，休憩時間のことを指します。」
> 由紀：「シエスタを伝統的に取り入れている代表的な国としては，スペインが挙げられますね。」
> 太郎：「スペインと言えば，主に南部が，夏に乾燥する［　］に属する国でしたね。」
> 花子：「その夏の暑さのせいで活動がしにくくなるので，シエスタを導入してきたようですね。」
> 由紀：「最近では，国際的な基準に合わせてシエスタを廃止する動きもあるようです。」

ア 温暖湿潤気候　**イ** 地中海性気候　**ウ** サバナ気候　**エ** ステップ気候

3 **図7**は，世界の大豆とコーヒー豆の輸出総量に占める主な国の割合(2020年)を示したものである。**図7**中のQに共通して当てはまる国はどれか。

ア インド　**イ** ロシア
ウ ブラジル　**エ** メキシコ

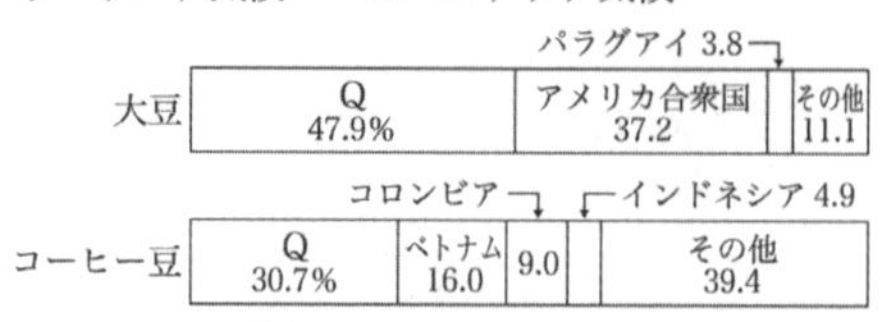

図7（「世界国勢図会」により作成）

3 花子さんは，古代から近世までのそれぞれの時代にテーマを設け，調べ学習を行うため，**図1**を作成した。**図1**を見て，次の**1**から**8**までの問いに答えなさい。

時代	古代	中世	近世
テーマ	・ⓐ大陸から伝わった文化 ・ⓑ古代の税制 ・ⓒ平安時代の文化	・ⓓ権力者の移り変わり ・ⓔ戦国大名の支配	・ⓕ織田信長と豊臣秀吉の政策 ・ⓖ「古事記伝」の作者 ・ⓗ開国の影響

図1

1 下線部ⓐに関して，次の文は，古墳時代に大陸から伝わった文化について述べたものである。文中の□に当てはまる語を書きなさい。

> 5世紀から6世紀にかけて，戦乱が続く朝鮮半島などから，日本列島に一族で移り住む人々が増えた。これらの人々は，□とよばれ，須恵器をつくる技術や漢字，儒学などを日本に伝えた。

2 下線部ⓑに関して，**図2**は，平城京のあと地から出土した木簡に記されている内容を示したものである。**図2**中の下線部に当てはまる古代の税の種類はどれか。

> 上総国(かずさのくに)(千葉県)の荏油(えゆ)(荏胡麻(えごま))

図2

ア 調　**イ** 租　**ウ** 雑徭　**エ** 防人

3 下線部ⓒに関して，**図3**は，平安時代によまれた和歌である。この和歌をよんだ人物について述べたものはどれか。

> この世をば　わが世とぞ思う
> 望月(もちづき)の欠けたることも無しと思えば

図3

ア 院政を行った。　**イ** 執権政治を行った。
ウ 摂政になった。　**エ** 征夷大将軍になった。

4 下線部ⓓに関して，花子さんは，中世の権力者の移り変わりについて，**図4**の略年表を作成した。**図4**中のAの政治が2年しか続いていない理由を，「武家政治」「天皇」の二つの語を用いて簡潔に書きなさい。

年	主なできごと
1185	源頼朝が守護・地頭の設置を認められる
1333	鎌倉幕府がほろびる
1334	建武の新政……………………………A
1336	朝廷が南北にわかれ，対立する
1338	足利尊氏が征夷大将軍に任命される

図4

5 下線部ⓔに関して，次の文は，戦国大名による支配について述べたものである。文中の□に共通して当てはまる語を書きなさい。

> 戦国大名は，近くの大名との戦いに備えて，領国内の武士をまとめ，強力な軍隊をつくった。また，領国内を統率するため，武士や民衆の行動を取り締まるための独自の法である□を制定した。「喧嘩両成敗(けんかりょうせいばい)」は，武田氏の定めた□の内容として知られている。

6 下線部ⓕに関して，織田信長の宗教に対する政策はどれか。

ア 一向宗を保護した。　**イ** 宣教師の国外への追放を命じた。
ウ 比叡山延暦寺(ひえいざんえんりゃくじ)を焼き討ちにした。　**エ** 高野山金剛峯寺(こうやさんこんごうぶじ)を焼き討ちにした。

7 下線部ⓖに関して，「古事記伝」の作者とこの作者が大成した学問の組み合わせとして，正しいのはどれか。

ア 作者－本居宣長　学問－国学　**イ** 作者－本居宣長　学問－朱子学
ウ 作者－喜多川歌麿　学問－国学　**エ** 作者－喜多川歌麿　学問－朱子学

8 下線部ⓗに関して，**図5**は，1865年の日本の輸出総額と輸出総額に占める主な項目の割合を示したものである。**図5**中のXに当てはまる項目はどれか。

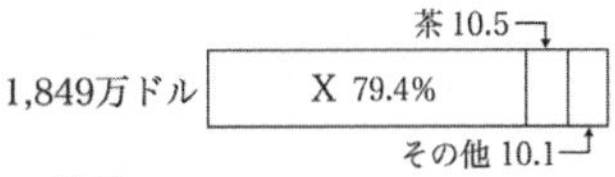

1,849万ドル　X 79.4%　茶 10.5　その他 10.1

図5（「図説日本文化史体系」により作成）

ア 船舶　**イ** 綿織物　**ウ** 武器　**エ** 生糸

4 次の**1**から**7**までの問いに答えなさい。

1 次の文は，王政復古の大号令が出された後のできごとについて述べたものである。文中の□に当てはまる語を書きなさい。

> 王政復古の大号令が出された後，徳川慶喜は，官職や領地の返上を命じられた。これをきっかけに，旧幕府軍と新政府軍が対立し，京都で鳥羽・伏見の戦いがおこった。この戦いに勝利した新政府軍は，江戸城を開城させ，翌年に函館の五稜郭で抵抗する旧幕府軍を降伏させた。この一連の戦いを□という。

2 **図1**は，慶太さんが，明治初期の政策についてまとめたものの一部である。**図1**中の[I]，[II]に当てはまる数字の組み合わせとして，正しいのはどれか。

> 【学制】
> 満[I]歳になったすべての男女を小学校に通わせることが義務付けられた。
> 【徴兵令】
> 満[II]歳になった男子は，兵役の義務を負った。

図1

ア I－12　II－18　　**イ** I－12　II－20
ウ I－6　II－18　　**エ** I－6　II－20

3 慶太さんと由紀さんの会話文を読み，会話文中の[P]に当てはまる文を，「三国干渉」の語を用いて簡潔に書きなさい。

> 慶太：「日清戦争の後，日本はロシアへの対抗心が大きくなっていたようだね。」
> 由紀：「下関条約で得た[P]からだね。」
> 慶太：「こうしておこった日露戦争では，日本，ロシアともに戦争の継続が難しくなり，アメリカの仲介によってポーツマス条約が結ばれたよ。」
> 由紀：「でも，下関条約とは違って賠償金が取れなかったね。」

4 **図2**は，イギリスの支配に抵抗するため，非暴力・不服従運動を率いた人物を示したものである。この人物として，正しいのはどれか。

図2

ア ナポレオン　　**イ** ガンディー
ウ ウィルソン　　**エ** ムッソリーニ

5 大正時代における日本経済に関するできごとはどれか。

ア バブル経済が崩壊し，その後長い不況におちいった。
イ 日本の国民総生産(GNP)が，資本主義国の中でアメリカに次ぐ世界第2位になった。
ウ 紡績業が盛んになり，初めて綿糸の輸出量が輸入量を上回った。
エ 大戦景気により，急に金持ちになる成金が現れた。

6 **図3**は，弘子さんが，日中戦争の前後のできごとについてまとめたものである。**図3**中の[X]，[Y]に当てはまる語(句)の正しい組み合わせはどれか。

> [X]がおこる ⇨ 日中戦争がはじまる ⇨ [Y]が協力し，抗日民族統一戦線が結成される

図3

ア X－盧溝橋事件　Y－国民党と共産党　　**イ** X－盧溝橋事件　Y－自由党と立憲改進党
ウ X－江華島事件　Y－国民党と共産党　　**エ** X－江華島事件　Y－自由党と立憲改進党

7 次の**ア**，**イ**，**ウ**，**エ**は，冷戦に関するできごとである。年代の古い順に並べ替えなさい。

ア ベルリンの壁が崩壊した。　　**イ** 北大西洋条約機構(NATO)が成立した。
ウ キューバ危機がおこった。　　**エ** ベトナム反戦運動が世界中に広がった。

解答・解説 P280・P283

5 誠司さんと智子さんの会話文を読み，次の**1**から**5**までの問いに答えなさい。

誠司：「ⓐ内閣は，日本の行政機関だね。国会はどのような機関なのかな。」
智子：「日本国憲法第41条には，［ X ］であり，国の唯一の立法機関と書かれていたね。」
誠司：「外国と結ぶⓑ条約については，国会も内閣も関係するよね。」
智子：「そうだね。そういえば，ⓒ裁判所は国会，内閣とどのような関係なんだろうね。」
誠司：「裁判所は，国会や内閣の法律や命令などに対して違憲審査を行うよ。」
智子：「互いに権力を抑制し合っているんだね。ⓓ地方の政治では，権力を抑制するしくみがあるのかな。調べてみよう。」

1 下線部ⓐに関して，次の(1)，(2)の問いに答えなさい。

(1) 内閣の仕事として**当てはまらない**のはどれか。

ア 天皇の国事行為に対して助言と承認を行う。　**イ** 予算を作成し，提出する。
ウ 内閣総理大臣を指名する。　**エ** 法律を執行する。

(2) 次の文は，佐藤栄作内閣の政策について述べたものである。文中の［　］に当てはまる語を書きなさい。

佐藤栄作内閣は，核兵器を「持たず・つくらず・持ちこませず」という［　］をかかげた。

2 ［ X ］に当てはまる語句はどれか。

ア 国権の最高機関　**イ** 日本国の象徴　**ウ** 日本国民統合の象徴　**エ** 天皇の協賛機関

3 下線部ⓑに関して，**図1**は，誠司さんと智子さんが，条約の承認における衆議院の優越についてまとめたものである。**図1**中の［ Y ］に当てはまる文を，「両院協議会」の語を用いて簡潔に書きなさい。また，［ Z ］に当てはまる文を，具体的な数字を用いて簡潔に書きなさい。

条約の承認は国会の仕事←衆議院の優越の対象
○内閣が締結した条約について，参議院が衆議院と異なった議決をしたとき，［ Y ］場合は，衆議院の議決が国会の議決となる。
○参議院が衆議院の可決した議案を受け取った後，［ Z ］のであれば，衆議院の議決が国会の議決となる。

図1

4 下線部ⓒに関して，三審制において，第二審の判決に従えない場合に，第三審の裁判所に訴えることを何というか。

5 下線部ⓓに関して，次の(1)，(2)の問いに答えなさい。

(1) **図2**は，鳥取県の歳入における，歳入額と歳入額に占める項目別の割合(2016年)を示したものである。依存財源は何%あるか。なお，その他は考えないものとする。

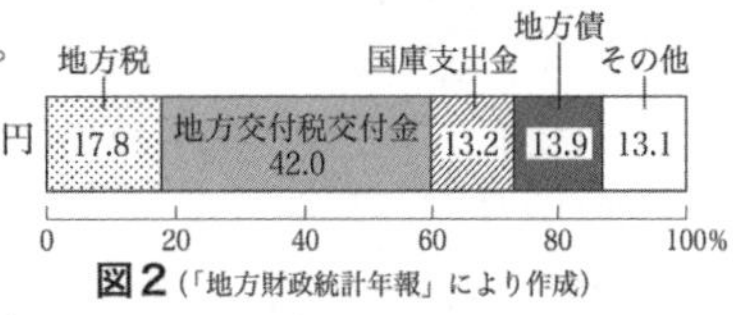

図2(「地方財政統計年報」により作成)

(2) 地方自治に関する次の文Ⅰ，Ⅱ，Ⅲの正誤の組み合わせとして，正しいのはどれか。

Ⅰ　地方公共団体の首長は，地方議会の議員の中から，同じ地方議会の議員によって選出される。
Ⅱ　都道府県の知事に立候補する場合，満30歳以上でなければならない。
Ⅲ　地方議会は，首長に対して不信任決議を提出できないが，首長によって解散されることはない。

ア Ⅰ－正　Ⅱ－正　Ⅲ－誤　**イ** Ⅰ－正　Ⅱ－誤　Ⅲ－正
ウ Ⅰ－正　Ⅱ－誤　Ⅲ－誤　**エ** Ⅰ－誤　Ⅱ－正　Ⅲ－正
オ Ⅰ－誤　Ⅱ－正　Ⅲ－誤　**カ** Ⅰ－誤　Ⅱ－誤　Ⅲ－正

下野模擬問題(第201回)◆社会

6 次の**1**から**7**までの問いに答えなさい。

1 **図1**は，消費者保護に関する法律の一部をまとめたものである。**図1**中の X に当てはまる法律名を書きなさい。

法律	説　明
消費者契約法	事業者による一定の行為によって，消費者が誤認したりとまどったりした状態で契約を結んだ場合に，契約や意思表示を取り消すことができると定めた法律。
消費者基本法	消費者の権利を明確に規定し，国や地方公共団体の責務として，法律や制度の整備などを行い，消費者が自立できるよう支援することを定めた法律。
X	欠陥商品で消費者が被害を受けた場合の，企業の責任について定めた法律。

図1

2 次の会話文は，株式会社についての幸人さんと先生の会話である。文中の Ⅰ ， Ⅱ に当てはまる語の組み合わせとして，正しいのはどれか。

幸人：「株式会社は，株式を発行することで資金を得ていますね。株式の売買は，どこで行っているのですか。」
先生：「一般的に Ⅰ で売買されています。また，株式を購入した人を株主といいます。」
幸人：「株主になれば，何か良いことがあるのですか。」
先生：「収入を得るという面では，会社の利潤の一部から Ⅱ が得られます。また，株式の株価が上がり，その時点で売却すれば，購入時との差額分が収入となります。」

ア Ⅰ－株主総会　Ⅱ－利子　**イ** Ⅰ－株主総会　Ⅱ－配当
ウ Ⅰ－証券取引所　Ⅱ－利子　**エ** Ⅰ－証券取引所　Ⅱ－配当

3 労働者の労働時間，休日，賃金などの労働条件についての最低基準を定めた法律を何というか。

4 **図2**は，ある商品における，需要と供給の関係を示したものである。ある商品の価格を1200円にし，40個生産した場合におこることとして，正しいのはどれか。なお，**図2**から分かること以外の要因は考えないものとする。

ア 閉店時にちょうど売り切れる。
イ 30個売れ残る。
ウ 早い時間に売り切れてしまう。
エ 1個も売れない。

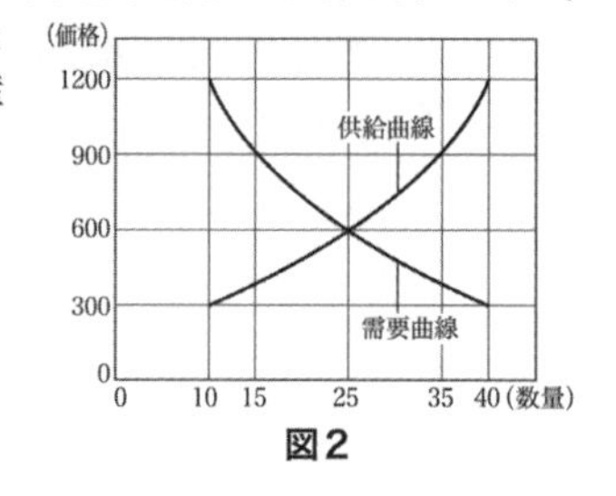

図2

5 次の文は，日本銀行の役割について述べたものである。文中の □ に当てはまる語を書きなさい。

日本銀行には，発券銀行，銀行の銀行， □ の銀行の三つの役割があり，景気の調整を行うなどしている。

6 **図3**は，好況時の一般的な物価の動きと政府の働きについてまとめたものである。**図3**中の Ⅲ ， Ⅳ に当てはまる語の組み合わせとして，正しいのはどれか。

【好況時】
○物価が上がり続ける Ⅲ がおこる
○政府は税金を Ⅳ などの財政政策を行う

図3

ア Ⅲ－デフレーション　Ⅳ－上げる
イ Ⅲ－デフレーション　Ⅳ－下げる
ウ Ⅲ－インフレーション　Ⅳ－上げる
エ Ⅲ－インフレーション　Ⅳ－下げる

7 **図4**は，所得額の違いによる，課税対象額(2019年時点)を示したものである。累進課税とはどのような制度か，**図4**をふまえ，「割合」の語を用いて簡潔に書きなさい。

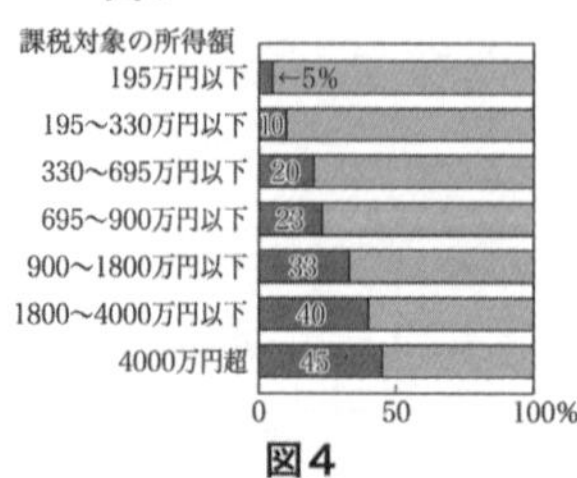

図4

令和6年
1月21日実施

第201回 下野新聞模擬テスト
数　学

1 次の**1**から**8**までの問いに答えなさい。

1 $-2-(-3)$ を計算しなさい。

2 $-18x^3y^2 \div 3xy$ を計算しなさい。

3 $x^2+13x+36$ を因数分解しなさい。

4 所持金の1000円で，1個a円の品物をb個買うことができた。この関係を不等式で表しなさい。ただし，不等式の右辺は1000にすること。

5 右の図のような平行四辺形ABCDがあり，点E，Fはそれぞれ辺AD，BC上の点で，AB//EFである。また，平行四辺形ABCDの対角線BDと線分AF，EFとの交点をそれぞれG，Hとする。図中のすべての三角形のうち，△ABFと面積の等しい三角形は，△ABFの他に何個あるか。

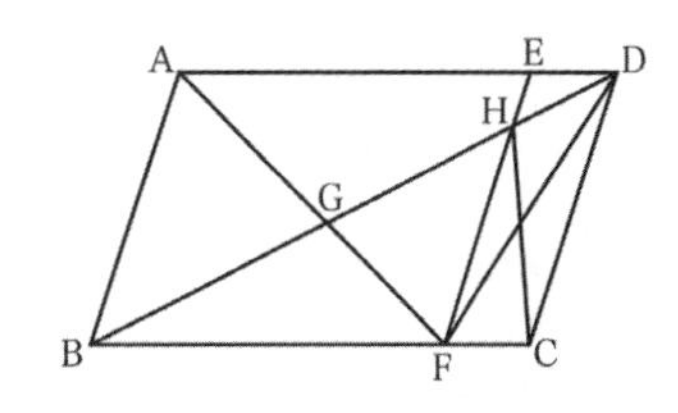

6 yはxの2乗に比例し，$x=2$のとき$y=-4$である。$x=-4$のときのyの値を求めなさい。

7 右の図のように，円Oの周上に3点A，B，Cがある。∠BAC＝61°であるとき，∠xの大きさを求めなさい。

8 右の図のような，1辺の長さが3cmの正四面体Aと，1辺の長さが2cmの正四面体Bがある。正四面体Aの体積は，正四面体Bの体積の何倍か。

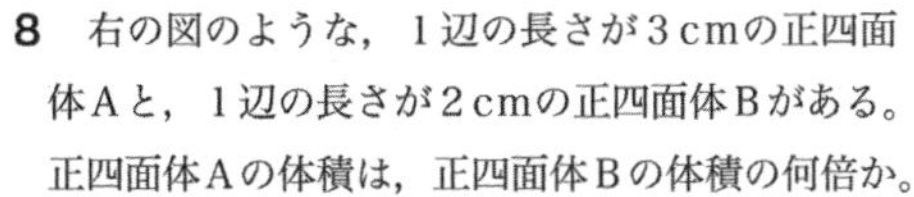

2 次の**1**，**2**，**3**の問いに答えなさい。

1 等式 $5a+4b=3$ をbについて解きなさい。

2 横の長さが縦の長さより10cm長い長方形の形をした色画用紙がある。右の図のように色画用紙の内側に，上下左右の余白の幅が3cmずつになるように，面積が816cm²の白画用紙を貼るものとする。
　このとき，色画用紙の縦の長さを$x$cmとして方程式をつくり，色画用紙の縦の長さを求めなさい。ただし，途中の計算も書くこと。

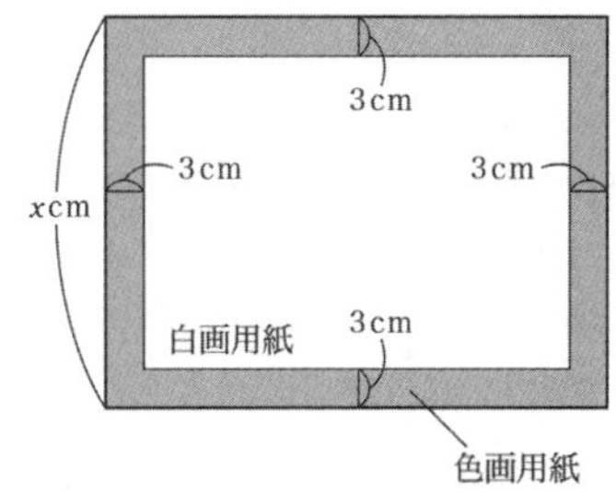

3 次の［　　］内の先生と生徒の会話文を読んで，下の［　　］内の生徒が完成させた【証明】の［①］から［⑤］に当てはまる数や式をそれぞれ答えなさい。

先生「8で割ると4余る整数があります。」
生徒「商は何になるんですか。」
先生「商は何でも構いません。それと，12で割ると7余る整数があります。」
生徒「こちらも商は何でもいいんですね。」
先生「はい。これらの2つの整数の和を4で割ると，余りは何になりますか。」
生徒「例えば，8で割ると4余る整数が20で，12で割ると7余る整数が43だったら，20＋43＝63だから，これを4で割ると，余りは3になります。」
先生「そうですね。では，20と43以外の場合でも余りが3になることを，文字を使って証明してみましょう。」

生徒が完成させた【証明】

整数mを使って，8で割ると4余る整数を$8m+4$，整数nを使って，12で割ると7余る整数を［①］と表すと，
これらの和は，$(8m+4)+($［①］$)=$［②］
$=$［③］$+3$
$=$［④］(［⑤］)$+3$
［⑤］は整数だから，［④］(［⑤］)は4の倍数である。
したがって，8で割ると4余る整数と12で割ると7余る整数の和を4で割ると，余りは3になる。

問題 R5
198
199
200
201
【数学】第201回

3 次の**1**，**2**，**3**の問いに答えなさい。

1 右の図のような△ABCと直線ℓがある。△ABCを，直線ℓを対称の軸として対称移動させた△PQRを作図によって求めなさい。ただし，作図には定規とコンパスを使い，また，作図に用いた線は消さないこと。なお，頂点AとP，BとQ，CとRがそれぞれ対応する頂点とする。

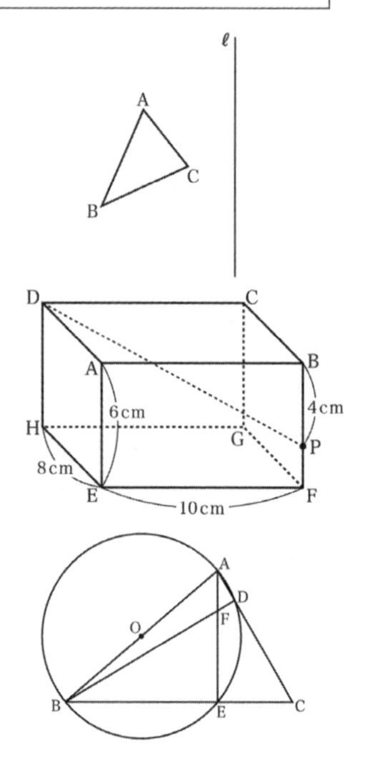

2 右の図のような，AE＝6cm，EF＝10cm，EH＝8cmの直方体ABCD－EFGHがあり，点Pは辺BF上の点で，BP＝4cmである。また，線分DPは，直方体の内部を通って頂点Dと点Pを最短距離で結んだものである。

このとき，次の(1)，(2)の問いに答えなさい。

(1) 直方体ABCD－EFGHの表面積を求めなさい。

(2) 線分DPの長さを求めなさい。

3 右の図のような，点Oを中心とする円と，その直径ABを1辺とする△ABCがある。点D，点Eはそれぞれ辺AC，辺BCと円Oとの交点で，点Fは線分AEと線分BDとの交点である。

このとき，△ADF∽△BDCであることを証明しなさい。

4 次の**1**，**2**，**3**の問いに答えなさい。

1 1から6までの目がそれぞれ1つずつある，大小2個のさいころがある。これらのさいころを1回ずつ振り，大きいさいころの出た目の数をm，小さいさいころの出た目の数をnとするとき，$m-n$の値の絶対値が2になる確率を求めなさい。ただし，それぞれのさいころにおいて，どの目が出ることも同様に確からしいものとする。

2 右の表は，あるクラスの女子生徒が期末試験前の日曜日に行った学習時間を，度数分布表にまとめようとしたものである。

このとき，次の(1)，(2)の問いに答えなさい。

階級(時間)	度数(人)	階級値×度数
以上　　未満		
1 ～ 2	1	1.5
2 ～ 3	3	7.5
3 ～ 4	5	17.5
4 ～ 5		
5 ～ 6	3	16.5
6 ～ 7	1	6.5

(1) 学習時間が3時間以上4時間未満の階級の累積度数を求めなさい。

(2) 度数分布表から求められる平均値が4時間であるとき，空欄になっている，学習時間が4時間以上5時間未満の階級の度数を求めなさい。

解答・解説 P281・P287

3 右の表は，あるクラスの男子生徒30人が受けた，10点満点の小テストの結果をまとめたもので，0点と10点の生徒はいなかった。

得点〔点〕	1	2	3	4	5	6	7	8	9
人数〔人〕	2	1	4	6	5	4	1	5	2

このとき，次の(1)，(2)の問いに答えなさい。

(1) 表に対応する箱ひげ図として正しいものを，次の**ア**，**イ**，**ウ**，**エ**の中から1つ選び，記号で答えなさい。

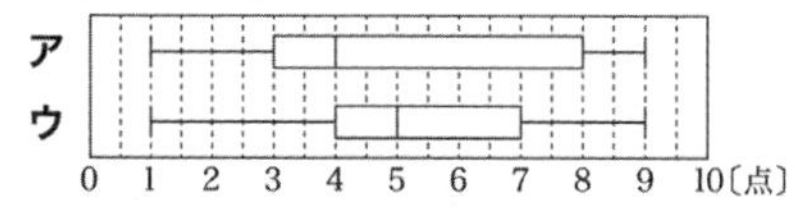

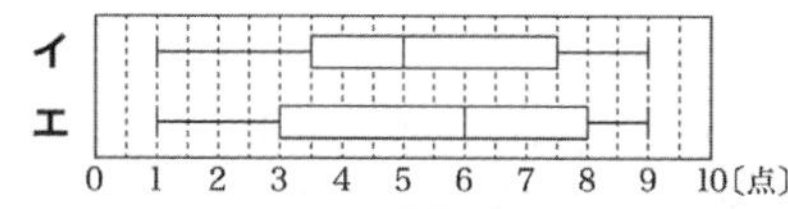

(2) 次の文は，データの散らばり具合について説明したものである。［　　］に当てはまる語句を書きなさい。

> データの散らばり具合について，四分位範囲が大きいほど散らばり具合が［　　］て，四分位範囲が小さいほどその逆であるといえる。

5 次の**1**，**2**の問いに答えなさい。

1 図1のように，関数$y=\frac{1}{2}x^2$のグラフと関数$y=\frac{1}{2}x-1$のグラフがあり，点Aは関数$y=\frac{1}{2}x^2$のグラフ上の点で，そのx座標は3である。また，関数$y=\frac{1}{2}x^2$のグラフ上の点Bは，線分ABが関数$y=\frac{1}{2}x-1$のグラフと平行になるようにとった点である。

このとき，次の(1)，(2)，(3)の問いに答えなさい。

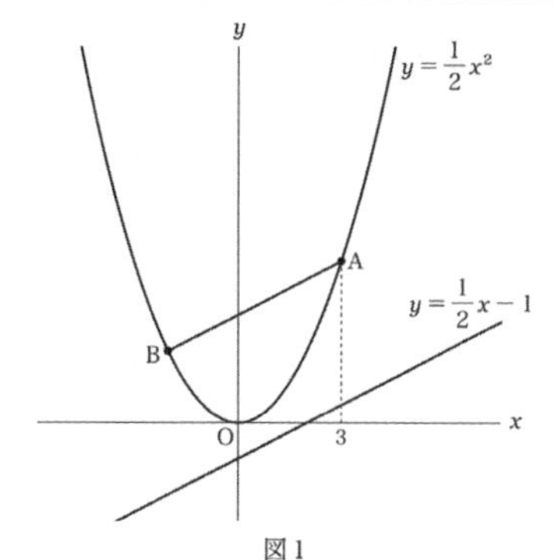

図1

(1) 点Aとx軸との距離を求めなさい。

(2) 直線ABの式を求めなさい。

(3) 図2のように，関数$y=\frac{1}{2}x^2$のグラフ上の$x>0$の範囲に点Pをとり，点Pからx軸に引いた垂線と関数$y=\frac{1}{2}x-1$のグラフとの交点をQとする。線分PQの中点Mが関数$y=x$のグラフ上にあるとき，点Pのx座標を求めなさい。ただし，途中の計算も書くこと。

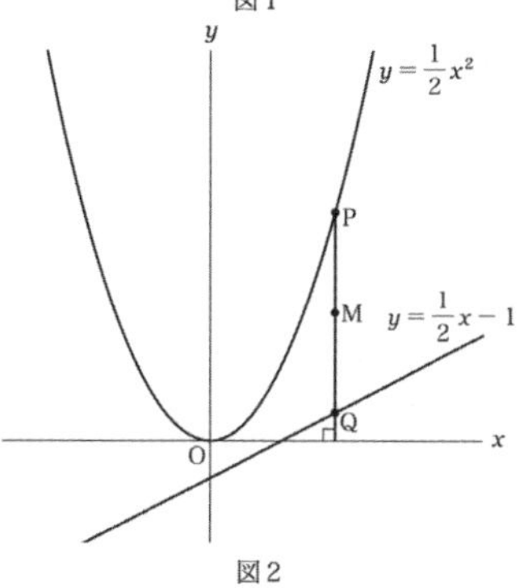

図2

2 図1のような，AB＝6cm，BC＝10cmの長方形ABCDがあり，2点M，Nはそれぞれ辺AD，BCの中点である。点Pは頂点Aを出発して，毎秒1cmの速さで線分AM，MN，NC上を順に移動する。

図2は，点Pが頂点Aを出発してからの時間をx秒，△PMBの面積をy cm^{2}として，点Pが点Nに到着するまでのxとyの関係を表したグラフである。

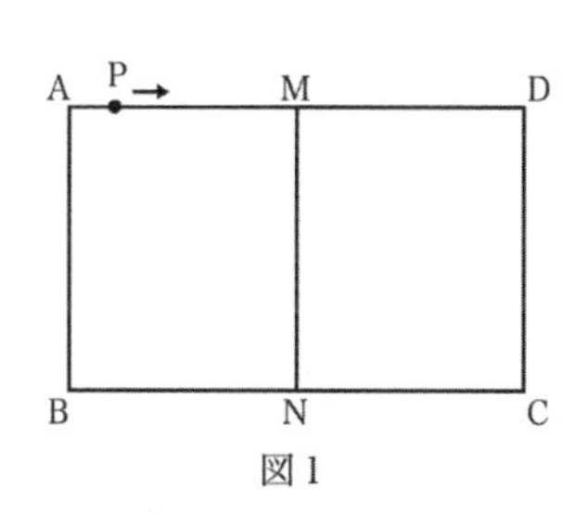

図1

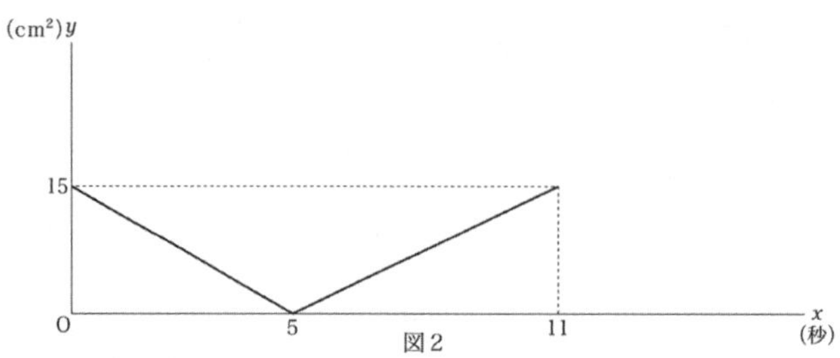

図2

このとき，次の(1)，(2)，(3)の問いに答えなさい。

(1) 点Pが線分AM上にあるとき，△PMBの面積は1秒間に何cm^2ずつ減少しているか。

(2) 点Pが線分NC上にあるときの，xとyの関係を表す式を求めなさい。

(3) △PMBの面積が長方形ABCDの面積の$\frac{1}{5}$以上$\frac{2}{5}$以下になっているのは何秒間か。ただし，途中の計算も書くこと。

問題 R5
198
199
200
201
【数学】第201回

6 下の図のように，マッチ棒1本ずつを1辺とする正方形と正三角形とからなる図形をつくり，これを1番目の図形とする。さらに，2番目の図形として，マッチ棒2本ずつを1辺とする正方形と正三角形，3番目の図形として，マッチ棒3本ずつを1辺とする正方形と正三角形，…と，n番目の図形までつくっていく。また，それぞれの図形の内部にも，マッチ棒1本ずつを1辺とする正方形と正三角形ができるようにマッチ棒を並べていく。

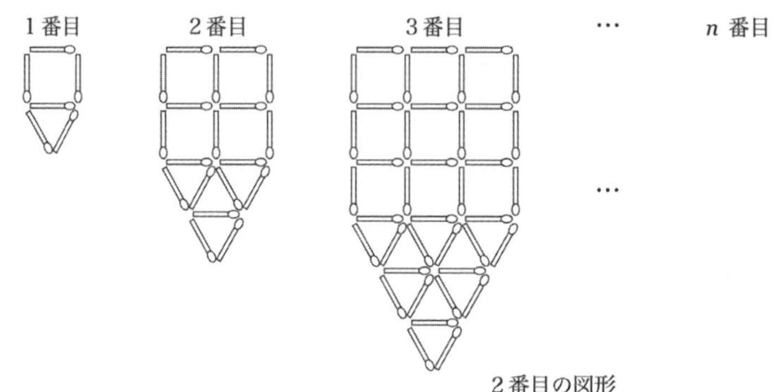

例えば，2番目の図形におけるマッチ棒の，正方形をつくる本数，正三角形をつくる本数，正方形と正三角形の両方をつくる本数は，それぞれ右の表のようになる。

2番目の図形

正方形をつくる本数	12本
正三角形をつくる本数	9本
両方をつくる本数	2本

このとき，次の**1**，**2**，**3**の問いに答えなさい。ただし，1からmまでの自然数の和について，$1+2+3+\cdots+m=\frac{1}{2}m(m+1)$ であることを利用してよい。

1 次の文の①，②，③に当てはまる数をそれぞれ求めなさい。

> 4番目の図形においては，正方形をつくるマッチ棒の本数は（ ① ）本，正三角形をつくるマッチ棒の本数は（ ② ）本，正方形と正三角形の両方をつくるマッチ棒の本数は（ ③ ）本である。

2 マッチ棒1本ずつを1辺とする正三角形は，▽と△の2種類の向きのものがある。7番目の図形において，▽の向きのものは何個できているか。

3 n番目の図形において，並んでいるすべてのマッチ棒の本数を，nを用いた式で表しなさい。ただし，かっこを使わない最も簡単な式で答えること。

解答・解説 P281・P288

令和6年
1月21日実施

第201回 下野新聞模擬テスト
理　科

1 次の**1**から**8**までの問いに答えなさい。

1 次のうち，原子核の中にある，電気をもたない粒子はどれか。
ア 電子　　**イ** 陽子　　**ウ** 胞子　　**エ** 中性子

2 次のうち，遺伝子の本体を表す略号はどれか。
ア RGB　　**イ** DNA　　**ウ** LED　　**エ** PVC

3 P〔W〕の電力を消費する電熱線にt〔s〕だけ電流を流したときに，この電熱線から発生する熱量をQ〔J〕とする。Qを求める式をP，tを使って表しているものは，次のうちどれか。
ア $Q=P+t$　　**イ** $Q=P-t$　　**ウ** $Q=P\times t$　　**エ** $Q=P\div t$

4 次の太陽系の惑星のうち，太陽からの距離(平均距離)が最も近いものはどれか。
ア 地球　　**イ** 金星　　**ウ** 火星　　**エ** 水星

5 右の図は，Ag，Oという元素記号で表される２種類の原子が２：１の個数の割合で結びついている，ある物質のモデル図である。分子をつくらないこの物質は何という物質か。

6 右の図は，ある生態系で暮らす生物A，生物Aを食べる生物B，生物Bを食べる生物Cの個体数の関係を，直方体の体積によって模式的に表したものである。自然界での役割から生物Aを生産者というのに対し，生物B，Cを何というか。

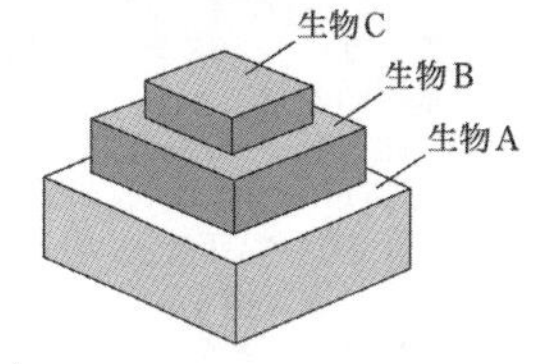

7 水中の物体に対して水からはたらく，上向きの力を何というか。

8 右の図のような，日本各地の自治体が，地震や火山活動，大雨などの被害に対して発行している被害予測図で，避難場所などが示されていることもあるものを何というか。**カタカナ**で書きなさい。

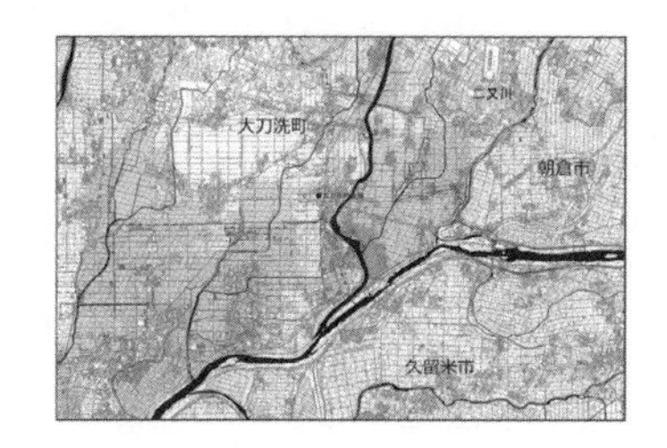

2 右の図のような装置を用いて，二酸化マンガンにオキシドール(うすい過酸化水素水)を加え，発生した気体Xを集めた。ただし，気体Xは，<u>最初に出てくる試験管１本分の気体を捨ててから集めた</u>。
　このことについて，次の**1**，**2**，**3**の問いに答えなさい。

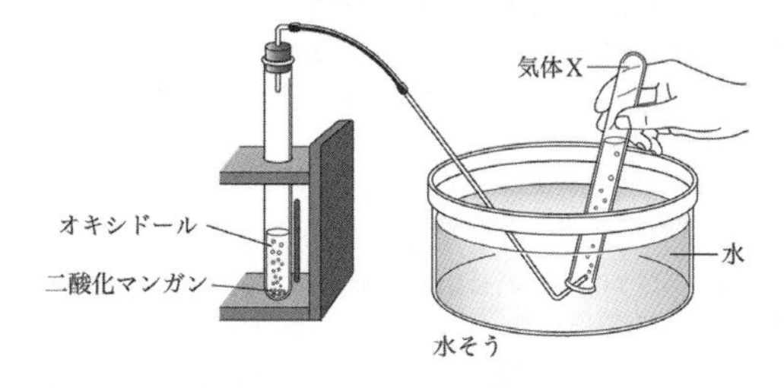

1 気体Xを集めたとき，下線部のようにしたのはなぜか。簡潔に書きなさい。

2 次の［　　］内の文章は，気体Xについて述べたものである。①，②に当てはまる化学式や語をそれぞれ書きなさい。

> 　気体Xは，(　①　)という化学式によって表される気体である。また，気体Xは，生物が生命活動のエネルギーを得るために行っている，(　②　)というはたらきに利用されている。

3 乾燥した空気１L中に含まれている気体Xのおよその体積は，次のうちどれか。
ア 約0.4mL　　**イ** 約9mL　　**ウ** 約210mL　　**エ** 約780mL

解答・解説 P281・P289

下野模擬問題（第201回）◆理科

【理科】第201回

3 右の図は，体の正面側から見たヒトの消化器官のようすを模式的に表したもので，ヒトが口からとり入れた食物中の養分は，口から肛門まで移動していく間に，消化酵素などのはたらきによって化学的に分解されていく。

このことについて，次の**1**，**2**，**3**の問いに答えなさい。

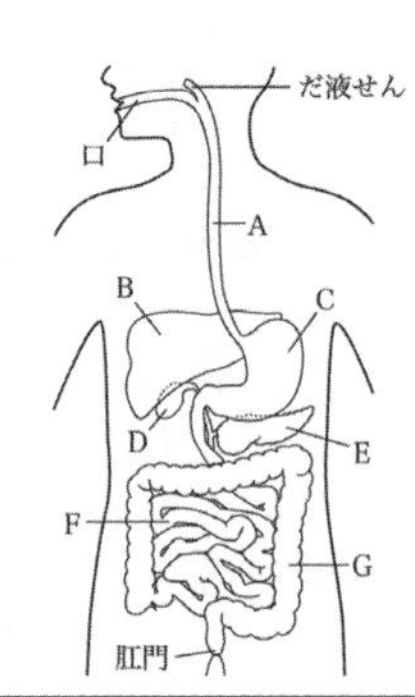

1 ヒトが口に入れた食物中の養分が移動していく，口から肛門までつながっている１本の管を何というか。

2 図中にＡからＧで示した器官のうち，胆汁という消化液をつくっているものを一つ選び，記号で答えなさい。

3 次の□内の文章は，養分が分解されてできた物質を吸収している小さな突起について述べたものである。①，②に当てはまる語をそれぞれ書きなさい。

> 食物中の養分が分解されてできた物質は，小腸にある（　①　）という小さな突起から体内に吸収される。また，その突起の中を通っていて，養分が分解されてできた物質が入る２種類の管は，毛細血管と（　②　）である。

4 図１のように，一端を壁に固定した弦を水平面の端にとりつけた滑車に通し，弦のもう一端におもりをつるし，水平面上に木片を置いた。次に，実験(1)として，固定した一端と木片の中央付近を指ではじいて音を出した。図２は，その音の波形を表したもので，横軸（時間軸）の１目盛りの間隔は0.0005秒である。

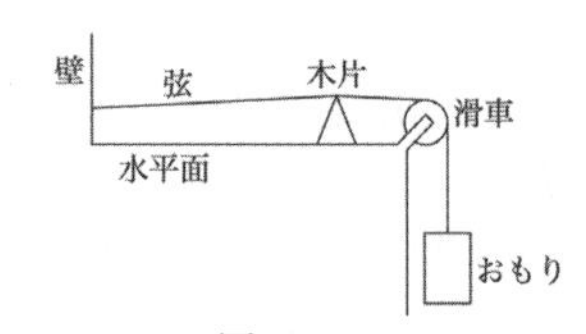

図１

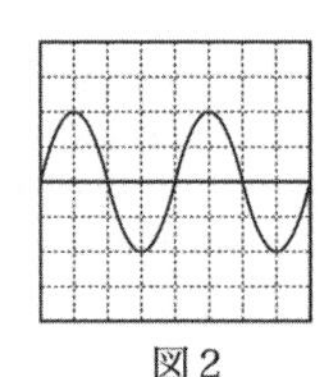
図２

このことについて，次の**1**，**2**，**3**の問いに答えなさい。

1 図２の波形より，弦は１秒間に何回振動していたことがわかるか。

2 実験(2)として，実験(1)の状態から木片の位置は図１のままで，おもりの質量のみを大きくして，実験(1)のときよりも弦を弱くはじいた。次の□内の文は，このときの弦のようすについて述べたものである。①，②に当てはまる語をそれぞれ（　）の中から選んで書きなさい。

> 弦が振動する回数は，実験(1)のときよりも ①（多く・少なく）なり，弦が振動する幅については，実験(1)のときよりも ②（大きく・小さく）なっていた。

3 実験(3)として，木片の位置のみを壁の方に近づけて，<u>ある操作</u>を行ってから，実験(1)のときと同じ強さで弦をはじいたところ，出た音の高さは，実験(1)で出た音の高さと同じであった。下線部の操作の内容として考えられるものを，次の**ア**，**イ**，**ウ**，**エ**のうちから**二つ**選び，記号で答えなさい。

ア おもりの質量を大きくした。　　**イ** おもりの質量を小さくした。
ウ 弦を太いものに交換した。　　**エ** 弦を細いものに交換した。

5 右の図のように，標高０ｍのＡ地点における，気温25℃，湿度79.2％の空気のかたまりが，標高1200ｍの山の斜面に沿って上昇したとき，<u>斜面の途中で雲が発生し始め</u>，その後に山頂に達した。また，下の表は，20℃から26℃までの気温と飽和水蒸気量との関係を１℃刻みで表したものである。

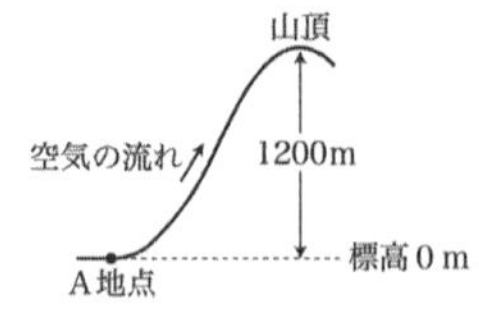

気温〔℃〕	20	21	22	23	24	25	26
飽和水蒸気量〔g/m^3〕	17.3	18.3	19.4	20.6	21.8	23.1	24.4

このことについて，次の**1**，**2**，**3**の問いに答えなさい。ただし，空気のかたまりの上昇にともなう気温の低下は，雲が発生していないときは100ｍにつき1.0℃，雲が発生してからは100ｍにつき0.5℃とする。

1 Ａ地点における，気温25℃，湿度79.2％の空気の露点は，次のうちどれか。

ア 約20℃　　**イ** 約21℃　　**ウ** 約22℃　　**エ** 約23℃

2 下線部が起こった標高は，次のうちどれか。

ア 約200ｍ　　**イ** 約400ｍ　　**ウ** 約600ｍ　　**エ** 約800ｍ

解答・解説 P281・P289

3 次の□内の文は，山頂に達した空気のかたまりの湿度と気温について述べたものである。①，②に当てはまる数値をそれぞれ整数で書きなさい。

空気のかたまりが山頂に達したときには，その湿度は（ ① ）%になっていて，気温は（ ② ）℃になっていたと考えられる。

6 酸化銅と炭素による混合物を加熱したときに起こる化学変化について調べるために，次の実験(1)，(2)，(3)，(4)を順に行った。

(1) 1.60gの銅の粉末をステンレス皿にのせ，十分に加熱して完全に反応させ，ステンレス皿の上にできた酸化銅の質量をはかったところ，2.00gであった。

(2) (1)でできた2.00gの酸化銅と0.15gの炭素の粉末をよく混ぜ合わせた混合物を試験管Aに入れ，右の図のような装置を組んでガスバーナーで加熱したところ，試験管A内から発生した気体によって，試験管Bに入れておいた石灰水が白く濁った。

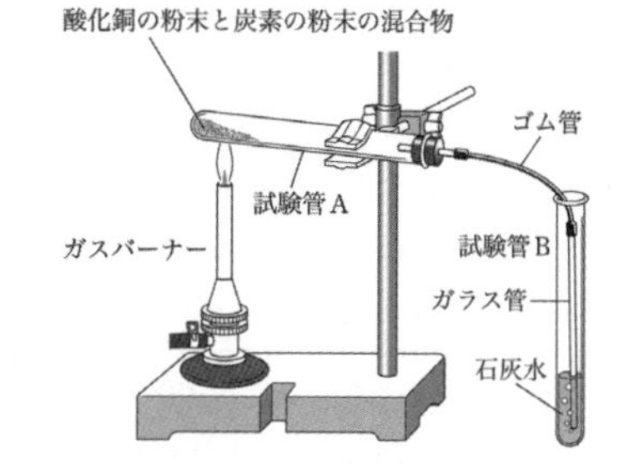

(3) 気体の発生が見られなくなった後，<u>適切な手順によって加熱を終えた</u>ところ，試験管Aの中には赤色の固体のみが残っていた。

(4) 試験管Aが十分に冷えるまで待ってから，試験管A内に残った赤色の固体の質量をはかったところ，1.60gであった。

このことについて，次の**1**，**2**，**3**，**4**の問いに答えなさい。

1 次の□内の文章は，実験(2)で混合物を加熱することによって起こった化学変化について述べたものである。①，②に当てはまる語をそれぞれ(　)の中から選んで書きなさい。

石灰水を白く濁らせた気体は，酸化銅と炭素のうちの ①(酸化銅・炭素) に起こった化学変化によって発生したものである。また，この気体を石灰水ではなく中性のBTB溶液に通すと，BTB溶液の色は ②(青色・緑色・黄色) に変化する。

2 実験(2)，(3)では，気体は全部で何g発生したと考えられるか。

3 実験(3)の下線部について，次のA，B，C，Dを正しい手順になるように並べかえなさい。

A　ガスの元栓を閉じた。　　B　ガス調節ねじを閉めた。

C　空気調節ねじを閉めた。　　D　ガラス管を石灰水から抜き出した。

4 実験(4)では，試験管Aが十分に冷えるまでの間，ピンチコックなどでゴム管を閉じておく必要がある。このようなことを行うのはなぜか。「赤色の固体の名称」，「ある気体の具体的な名称(空気は不可)」を表す語を用いて簡潔に書きなさい。

7 タンポポの一つの花のようすについて調べるために，ルーペを用いて，次の観察(1)，(2)を順に行った。

(1) 図1のルーペを用いて，タンポポの一つの花を観察した。図2は，観察した花のようすをスケッチしたものである。

(2) 植物図鑑を利用して調べることでわかった，タンポポの花のつくりのうちの，いくつかのつくりの名称についても図2の中に記入した。

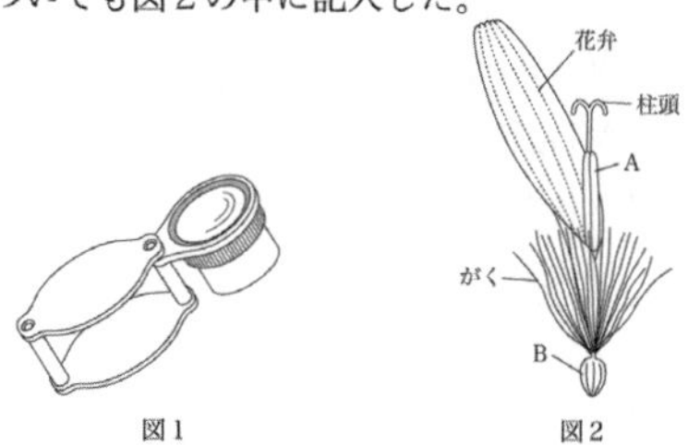

図1　図2

このことについて，次の**1**，**2**，**3**，**4**の問いに答えなさい。

1　タンポポの一つの花とは異なり，動かすことができない対象物をルーペで観察するときには，ルーペのレンズと目が平行になるようにしてルーペをできるだけ目に近づけた後，どのようにしてよく見える位置を探せばよいか。「前後」という語を用いて簡潔に書きなさい。

2　タンポポの花のようすをスケッチする方法について，正しく述べているものはどれか。次の**ア**，**イ**，**ウ**，**エ**のうちから**すべて**選び，記号で答えなさい。

ア　影をつけずに，細部まではっきりとかくようにする。

イ　見えるものは，そのすべてをかくようにする。

ウ　いくつもの線を重ね，できるだけ正確にかくようにする。

エ　よく削った鉛筆を使って，細い線でかくようにする。

3　図2にAで示したつくりを何というか。また，Bで示したつくりを何というか。

4　次の［　　］内の文は，タンポポがなかまをふやすために必要な過程について述べたものである。①，②に当てはまる語をそれぞれ書きなさい。

> タンポポがなかまをふやすためには，図2の柱頭についたものから（　①　）が胚珠に向かって伸び，その（　①　）の中を通って送られてきた生殖細胞の核と，胚珠の中にある生殖細胞の核とが合体する，（　②　）という過程が必要である。

8　物体がもっているエネルギーについて調べるために，次の実験(1)，(2)を順に行った。

> (1)　質量50gの小球を天井から糸でつるしてふりこをつくった後，糸がたるまないようにしてAの位置で静止させた小球から静かに手を離したところ，図1のように，小球はB，C(天井と糸のつなぎ目の真下の位置)，Dの位置を通過し，Eの位置まで動いた。
>
> (2)　レールを使って斜面と水平面をつくり，水平面の部分のレールに木片をのせた後，図2のように，水平面から20cmの高さの斜面上の位置まで，(1)で使用した小球をレールに沿って押し上げた。小球から静かに手を離したところ，斜面を下った小球は木片に衝突して，木片は水平方向に動いた。

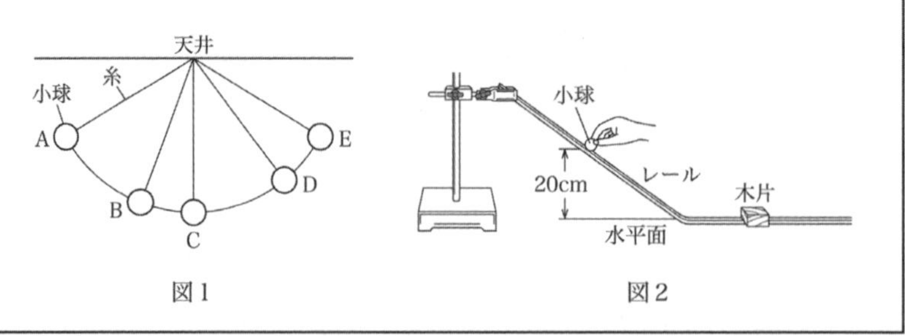

図1　　図2

このことについて，次の**1**，**2**，**3**，**4**の問いに答えなさい。ただし，質量100gの物体にはたらく重力の大きさを1Nとし，空気の抵抗については考えないものとする。

1　実験(1)で小球が行った運動をストロボ写真に撮影したとすると，その写真において，B，C，Dの位置付近での小球の間隔について正しく述べているものは，次のうちどれか。

ア　Bの位置付近が最も広い。　　**イ**　Cの位置付近が最も広い。

ウ　Dの位置付近が最も広い。　　**エ**　どの位置付近もほぼ同じである。

解答・解説 P281・P289

2　実験(1)で小球がEの位置に達した瞬間に糸を切ったとすると，小球は図3のどの向きに動くか。また，糸を切った後の小球は何とよばれる運動を行うか。

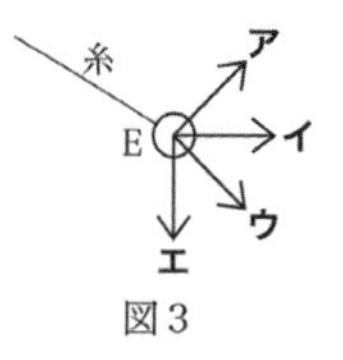

図3

3　基準面からある高さの位置にある物体がもっている位置エネルギーは，その物体を基準面からその高さまでもち上げるのに必要な仕事の大きさに等しい。このことから，実験(2)で，水平面(基準面とする)から20 cmの高さの斜面上の位置で小球がもっていた位置エネルギーは何Jか。

4　実験(2)では，小球が水平面から20 cmの高さの斜面上の位置で最初にもっていた位置エネルギーのすべてが木片を動かす仕事に使われたわけではない。次の□内の文は，このようなことになる理由について述べたものである。①，②に当てはまる語をそれぞれ書きなさい。

> 小球が最初にもっていた位置エネルギーの一部は，小球が木片に衝突するまでの間に，小球とレールとの間の（　①　）によって，（　②　）エネルギーや音エネルギーなど，他のエネルギーにも変換されるからである。

9　太陽の1日の動きについて調べるために，日本国内のある地点で，次の観測(1)，(2)，(3)，(4)を順に行った。

> (1)　厚紙に透明半球と同じ半径の円をかき，円の中心を通る2本の直線を，それぞれが互いに垂直になるように引いた。次に，透明半球を，厚紙にかいた円と重なるようにして固定した。
> (2)　(1)で引いた2本の直線が，それぞれ東西の方向と南北の方向になるように合わせて，日当たりのよい水平な地面の上に厚紙を置いた。
> (3)　7時，9時，11時，13時，15時，17時の太陽の位置を，透明半球の球面上にサインペンで•印A～Fをつけて記録していった。
> (4)　下の図のように，(3)で記録した•印A～Fをなめらかな曲線で結んだ後，隣り合う•印どうしの間隔をはかったところ，いずれも96 mmであった。なお，図中の•印Mは，太陽が真南の方角に位置したときにつけたもので，•印Cと•印Mの間隔は36 mmになっている。
>
> 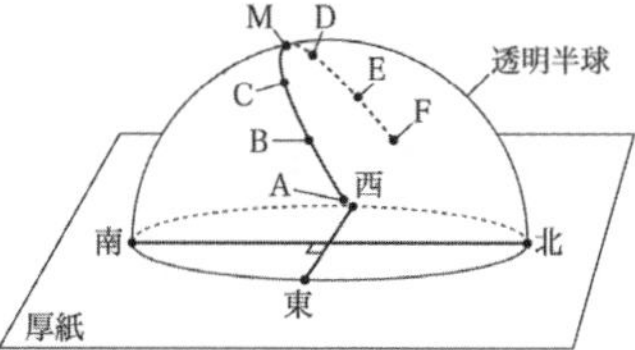
>

このことについて，次の**1**，**2**，**3**，**4**の問いに答えなさい。

1　観測(3)で，サインペンで•印をつけたときには，どのようにしてその位置を決めたか。「ペン先の影」，「透明半球」という語を用いて簡潔に書きなさい。

2　太陽が真南の方角に位置することを，太陽の何というか。

3　観測(4)で，•印Mをつけた時刻は何時何分であったと考えられるか。また，日本では，兵庫県明石市で太陽が真南の方角に位置する時刻を，日本の標準時における正午(12時)としている。このことから，観測を行った地点は，兵庫県明石市の東側と西側のどちら側にあることがわかるか。

4　次の□内の文章は，観測で見られた太陽の動きについて述べたものである。①，②に当てはまる語をそれぞれ(　　)の中から選んで書きなさい。

> 時間の経過につれて，太陽はその位置をしだいに変えていくように見える。このような太陽の見かけの動きを太陽の ①(日周・年周) 運動といい，その見かけの動きの原因となっているのは，地球の ②(自転・公転) という回転運動である。

令和6年 1月21日実施　第201回 下野新聞模擬テスト　英語

制限時間 50分

1 これは聞き方の問題である。指示に従って答えなさい。

1〔英語の対話とその内容についての質問を聞いて，答えとして最も適切なものを選ぶ問題〕

(1) ア　　イ　　ウ　　エ

(2) ア　　イ　　ウ　　エ

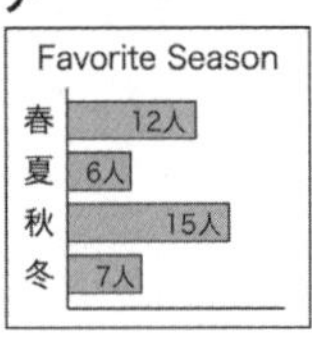

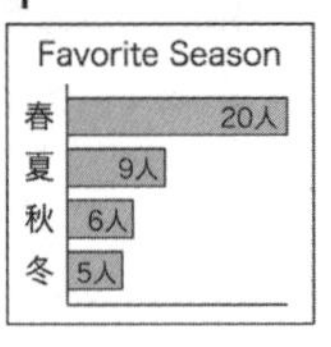

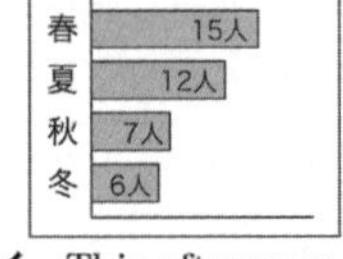

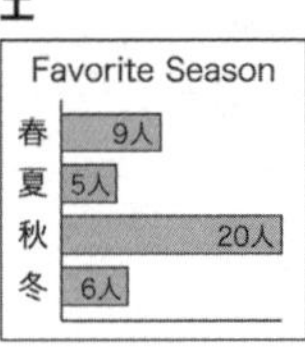

(3) ア Next week.　　イ This afternoon.
　　ウ This evening.　　エ During the school trip.

(4) ア The food wasn't good.　　イ She had to pay a lot of money for lunch.
　　ウ The restaurant was closed.　　エ She was late for lunch.

2〔英語の対話とその内容についての質問を聞いて，答えとして最も適切なものを選ぶ問題〕

School Experience Program at Minami High School

	Place	Subject
Classes 1:30 p.m.～2:20 p.m. ＊Choose one from four.	Science Room	Science
	Cooking Room	Home Economics
	Classroom No. 103	Math
	Classroom No. 202	Japanese

	Place	Club
Club Activities 2:30 p.m.～3:30 p.m. ＊Choose one from four.	Gym	Basketball Club
	Grounds	Soccer Club
	Music Room	Chorus Club
	Classroom No. 105	English Conversation Club

(1) ア Science.　　イ Home Economics.
　　ウ Math.　　エ Japanese.

(2) ア Gym.　　イ Grounds.
　　ウ Music Room.　　エ Classroom No. 105.

(3) ア Kenny recommends the English Conversation Club to Taeko.
　　イ Kenny wants to make Japanese sweets with Taeko.
　　ウ Taeko wants Kenny to take the science class.
　　エ Taeko likes science the best of all the subjects.

3〔英語の説明を聞いて，メモを完成させる問題〕

※数字も英語で書くこと。

About the School Library
- We can use the library from 9 a.m. to 4:45 p.m.
- We can use the library when the library teacher is there.
  ＊On the [(1)] Wednesday of every month, she is out.
- We can usually borrow [(2)] books for two weeks.
  ＊During school vacations → We can borrow more books.
- We can't take dictionaries [(3)] the library.

2 次の**1**，**2**の問いに答えなさい。

1 次の英文中の (1) から (6) に入る語句として，下の(1)から(6)の**ア**，**イ**，**ウ**，**エ**のうち，それぞれ最も適切なものはどれか。

One day, I (1) Lucy to the *shogi club in my school because she wanted to experience some traditional Japanese (2) . When we got to the club, the members (3) *shogi.* Lucy said, "Each *piece has some kanji on it. It looks cool!" I said, "*Shogi* is played by many people, and there are many professional *shogi* players. Some of them are still high school students, but they are very (4) !" Lucy said, "Wow, it's amazing! I wish I (5) a great *shogi* player like them. I'll try it hard." Then, she went to the club many times and learned the rules.

Last month, Lucy went back to Australia. She wants to be a good player, so she plays *shogi* on the Internet every day. I'm looking forward to (6) her again.

〔注〕 *shogi＝将棋　*piece＝(将棋の)駒

	ア	イ	ウ	エ
(1)	took	went	visited	arrived
(2)	songs	culture	seasons	homework
(3)	was played	were played	was playing	were playing
(4)	old	weak	young	strong
(5)	am	are	were	will be
(6)	see	saw	seen	seeing

2 次の(1)，(2)，(3)の(　　)内の語を意味が通るように並べかえて，(1)と(2)は**ア**，**イ**，**ウ**，**エ**，(3)は**ア**，**イ**，**ウ**，**エ**，**オ**の記号を用いて答えなさい。

(1) *A*：I can't buy those shoes because they're expensive.
B：Why don't you ask your father? He has (**ア** enough　**イ** buy　**ウ** money　**エ** to) them.

(2) *A*：Do you (**ア** who　**イ** he　**ウ** is　**エ** know)?
B：Sure. He is Yamato's brother.

(3) *A*：We have to leave now.
B：Wait a minute, please. I (**ア** to　**イ** decided　**ウ** buy　**エ** which　**オ** haven't) yet.

3 次の英文は，高校生のあおい(Aoi)とオーストラリアからの留学生サム(Sam)の対話の一部である。また，**図**は対話の後であおいが完成させたスピーチ用の配布資料(handout)の一部である。これらに関して，**1**から**6**までの問いに答えなさい。

Sam：Hi, Aoi. What are you doing?

Aoi：I'm making (1)a handout for my speech. I need to make a speech about one of the important things around us at the school festival next month. I learned about water in science class last week, so I'm going to make a speech about water.

Sam：That sounds interesting! [A] in the class?

Aoi：I learned many things. For example, about 70% of the earth's *surface is water, but about 97% of the water on the earth is salt water. Actually, we can easily use only about 0.01% of all the water on the earth.

Sam：I've heard about that. There is much water on the earth, but the water we can use is (　B　). Many countries around the world have water problems. A lot of people in those countries (　C　) use clean water.

Aoi：It may *cause serious problems.

Sam：Right. In fact, wars often happen because people want to get more water.

Aoi：I can't believe (2)that! You know about water problems a lot, don't you?

Sam：Yes, I learned about it in Australia. Australia is a *dry country, and water is very *valuable. So, many of us study about water at school.

Aoi：Oh, I see. Sam, I think we should also save water. Do you have any ideas to save water?

Sam：Well, for example, some people in Australia often ＿＿＿(3)＿＿＿.

Aoi：That sounds interesting. I'll talk about your idea in my speech. We Japanese try to save water, too.

Sam：Oh, really? Please tell me about it.
Aoi：For example, after we wash rice, we ＿＿＿＿(4)＿＿＿＿.
Sam：Oh, that's a good idea.
Aoi：Thanks to you, now I understand each of us ＿＿＿＿(5)＿＿＿＿ water problems. I'll say so at the end of my speech. Thank you, Sam!
Sam：I hope everyone will learn from your speech.

〔注〕*surface＝表面 *cause ～＝～を引き起こす *dry＝乾燥した *valuable＝貴重な

私たちの周りの大切なものについて考えよう ～「水」について～

地球の水陸分布の割合

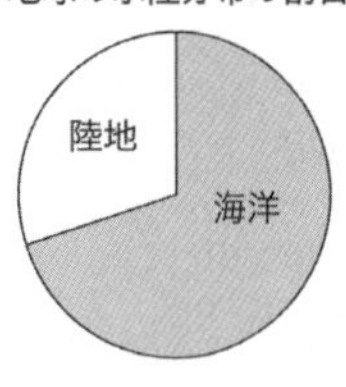

容易に利用できる水の割合

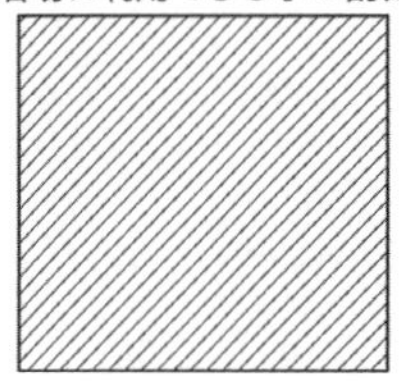

世界中の多くの国が水の問題を抱えている

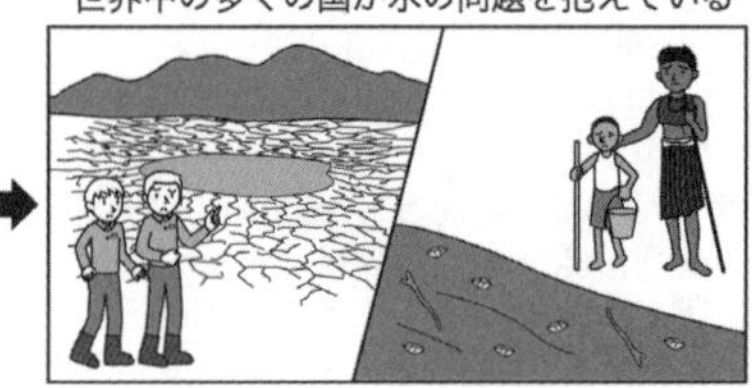

オーストラリアで行われている節水方法の一例

日本で行われている節水方法の一例

【結論】私たち一人ひとりが，水の問題を解決する方法を考えなければならない。

図

1　下線部(1)について，**図**の▨の位置に入るグラフとして，最も適切なものはどれか。

ア　容易に利用できる水

イ　容易に利用できる水

ウ　容易に利用できる水

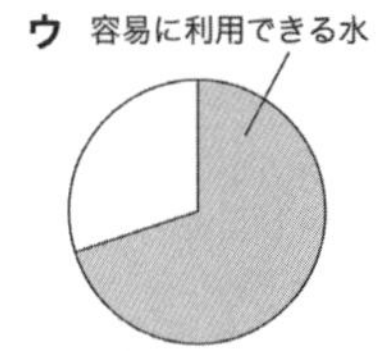

エ　容易に利用できる水

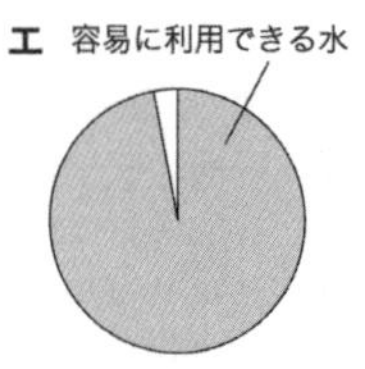

2　二人の対話が成り立つよう，［　A　］に入る適切な英語を**4語**で書きなさい。

3　本文中の(　**B**　)，(　**C**　)に入る語句の組み合わせとして，最も適切なものはどれか。

ア　**B**：not clean　－ **C**：can　　　**イ**　**B**：very useful　－ **C**：can
ウ　**B**：easy to use　－ **C**：can't　　　**エ**　**B**：not enough　－ **C**：can't

4　下線部(2)のthatは何を指すか。日本語で書きなさい。

5　**図**を参考に，二人の対話が成り立つよう，下線部(3)，(4)，(5)に適切な英語を書きなさい。

6　英語の授業で，「あなたの周りの一番大切な人やもの」について，短いスピーチをすることになりました。それに向けて，次の〔**条件**〕に合うよう，あなたの考えを書きなさい。

〔**条件**〕　①　本文で述べられた「水」以外で，一番大切だと思う人やものについて書くこと。
　　　　　②　なぜ一番大切だと思うのかという理由も書くこと。
　　　　　③　まとまりのある**4～6文程度**の英語で書くこと。

4　主人公である中学生の海斗(Kaito)と，彼が幼いときからの知り合いである藤田さん(Mr. Fujita)について書かれた次の英文を読んで，**1**から**5**までの問いに答えなさい。

One day, I got some good news. My mother told me that Mr. Fujita came back to Japan after his volunteer work in an *Asian country. When I was a child, we often played soccer together. He was like my older brother.

The next Sunday, I went to see Mr. Fujita. When I saw him again, I was really happy. He asked me a lot of questions about my school life. After answering his questions, I asked him about his experiences. He said, "I worked at an elementary school in an Asian country. I taught children math there. However, some children can't go to school. They have to work for their families or take care of their brothers and sisters. Also, their school building isn't as good as ours in Japan." I asked him, "Why did you work abroad as a volunteer?" He answered, "Japan is supported by other countries. You may think Japan has everything you need, but it's not true. Japan has some problems, too. For example, most of our food and clothes come from other countries. If they stop making and sending these things to Japan, our lives will be hard." He continued, "It is necessary for each country to know each other's problems. I think we should support each other. So, I decided to do something to support people in other countries."

On that night, I remembered Mr. Fujita's words. Through his words, I learned that Japan supports other countries. Also, Japan is supported by other countries. Other countries make our lives better, so I wanted to do something for people in other countries, too.

A week later, I visited the *international center, Mr. Fujita's working place. I said, "I can't forget your words. So, I've decided to do something, but what should I do?" He said, "You don't have to do anything special. It is important to do something that you can do." Then, he told me that a volunteer member in an Asian country needed twenty *castanets for music classes. He said, "Kaito, can you collect twenty castanets?" I said, "OK, I'll try!"

At home, I found my old castanet in my room. However, I still needed to collect nineteen castanets. Then, I sent messages to my friends in my soccer club and (a   ) them to bring their old castanets. In the messages, I told them why I needed nineteen castanets. They all understood my plan and agreed.

The next Monday, they brought their castanets from their houses. Finally, I collected more than twenty castanets. After school, I went to see Mr. Fujita with the castanets. He said, "Thank you, Kaito. Children will be very happy."

Two months later, I visited the international center to see Mr. Fujita again. When he saw me, he soon said, "Kaito, you can have this picture." In the picture, some children were playing the castanets. There were big smiles on their faces. Their smiles made me very happy.

〔注〕*Asian＝アジアの　*international center＝国際交流センター　*castanet＝カスタネット

1 本文中の下線部について，本文ではどのような具体例が述べられているか。日本語で書きなさい。

2 本文中の(　　　)に入る適切な英語を**1語**で書きなさい。ただし，(　　　)内に示されている文字で書き始め，その文字も含めて答えること。

3 本文の内容についての次の問いに，**主語と動詞を含む英語**で答えなさい。
What did Mr. Fujita do at an elementary school in an Asian country?

4 次の文は，本文をまとめたものである。(**A**)，(**B**)に入る語の組み合わせとして，最も適切なものはどれか。

> From Mr. Fujita's words, Kaito learned that he couldn't live without other countries. So, Kaito wanted to do something for them. He decided to collect castanets to send to an Asian country. While he was collecting them, he was (**A**) by his friends. Finally, he was able to do it. When Kaito visited Mr. Fujita, he (**B**) Kaito a picture of some children playing the castanets. He was happy to see their smiles.

ア **A**：helped — **B**：gave　　イ **A**：played — **B**：gave
ウ **A**：used — **B**：took　　エ **A**：supported — **B**：took

5 本文の内容と一致するものはどれか。

ア Kaito learned that Mr. Fujita came back to Japan by reading a message sent by him.
イ Some children cannot go to school in the country that Mr. Fujita visited.
ウ Kaito wanted to know Mr. Fujita's reason for collecting castanets.
エ Mr. Fujita told Kaito that they had to do something special for people in other countries.

5 次の英文を読んで，1，2，3，4の問いに答えなさい。

When people want to go to some places quickly, bikes are one of the most popular machines, and a lot of people ride them, especially in cities. Some people use them to go to school. Others use them to go shopping. If you use them, you can get to these places [A] than walking.

Bikes were first made about two hundred years ago. Then, they were improved very quickly. Let's [B].

In 1813, a man in Germany made a machine with two *wheels. It is said that this was the first bike. It had no *pedals, so people had to kick the ground to go forward. This kind of bike became popular among rich people. They enjoyed playing with such a bike.

People hoped to move [A]. In 1860s, a new bike *appeared in the U.K. It had pedals on the front wheel. It was easier to go forward on such bikes. After that, <u>the new bike was improved again</u>. People made the front wheels bigger than the wheels of older bikes. Some bikes were very tall with front wheels of 1.5 meters. Riding such a bike was difficult and dangerous.

At the end of the nineteenth century, there was a big change in bikes. Bikes with *chains were made. With chains, people were able to *turn the back wheels. Soon, *rubber tubes were used for wheels, so people rode bikes easily. After that, other parts such as baskets and lights were put on them. Bikes became more and more useful, and a lot of people began to use them.

Today, *ESD has become very important. Bikes are a good example of ESD. ESD tells us what to do now. We should take care of the Earth for the next *generation. Bikes are good for the environment because we do not need any *fuel to ride them. If we often ride bikes, it is good for our health. Let's think of these good points of riding bikes and using them more.

〔注〕*wheel＝車輪　*pedal＝ペダル　*appear＝現れる　*chain＝(自転車の)チェーン
*turn ～＝～を回転させる　*rubber tube＝ゴムチューブ
*ESD＝持続可能な開発のための教育　*generation＝世代　*fuel＝燃料

1 本文中の二つの[A]には同じ英語が入る。適切な英語を**1語**で書きなさい。

2 本文中の[B]に入るものとして，最も適切なものはどれか。
ア think about the future of bikes　イ go to the United States to see bikes
ウ study about the history of bikes　エ visit many countries to make new bikes

3 本文中の下線部の内容を，次の[ ]が表すように，(　　)に入る適切な日本語を書きなさい。

人々は，新型自転車の前輪を（　　　　　　　　　　　　）した。

4 本文の内容と一致するものはどれか。
ア At first, bikes had two wheels and pedals to go forward.
イ The bikes made in 1813 weren't expensive, so many poor people bought them.
ウ All the bikes made in the nineteenth century had chains and rubber tubes.
エ We can say that bikes are good for the environment and for our health.

解答・解説 P280・P284

MEMO

6 次の会話文は、生徒たちが本文について話し合ったときの会話の一部である。□に当てはまる言葉を本文中から十八字で抜き出しなさい。

Aさん「大地は化石の知識に自信を持っているよね。」
Bさん「海也や美子に化石についていろいろ語っている場面からよくわかるね。」
Aさん「でも本文では大地はあまり機嫌がよくないみたいだね。」
Bさん「海也が化石を見つけたことが原因だということが『□』という部分から読み取れるね。」
Aさん「化石の知識に自信があるだけに、自分で見つけたかったのだろうね。」

5 中学校の生徒会役員であるAさんとBさんは、秋に行われる地域の人々との交流を深める活動の内容について話している。AさんとBさんの意見のどちらがよいと考えるか。あなたの考えを国語解答用紙(2)に二百字以上二百四十字以内で書きなさい。

なお、次の《条件》に従って書くこと。

《条件》

(i) 第一段落で、AさんとBさんのどちらかの意見を選び、その理由を明確にすること。

(ii) 第二段落で、選んだ活動についての自分の考えを具体的に書くこと。

Aさん「私は地域の人々から学ぶ活動がいいと思うよ。私たちの知らない地域の歴史や伝統などを学んでみたいな。」
Bさん「私は地域の人々を助ける活動がいいな。一緒に公園の掃除などをして、地域の役に立てたらいいと思うよ。」

(3)頭の芯がしびれて、後頭部がだんだん熱くなってくる。中生代白亜紀前期の地層から大型の動物化石。それは、大地が長い間夢に見てきたものだ。

もしも、海成層なら首長竜か魚竜をまず疑うべきだが、ここは典型的な陸成層として知られている。河川や湖沼が氾濫し、その時に土砂に埋もれた化石が残されたものだ。とすると、選択肢はほかにない。

恐竜だ。

心の中で、その言葉を一度、(注6)反芻し、それから大きく深呼吸した。次第に鼓動が高まるのを、自分でも感じる。

大地はできるだけ冷静に(注7)たがねをとりだして、砂岩の表面を丁寧に削ってみた。表面に出ている骨がゆるやかな丸みをもって、砂岩の中に続いていることが分かった。

大地は唾を飲み込んだ。相当、大きな骨だ。恐竜に違いない！　大声で叫びたいのを、なんとか自制する。

「風見君！　こっち」美子の声が聞こえた。彼女は露頭沿いに二〇メートルほど離れたところから手招きしていた。

海也が見つけたのと同じ層準だ。彼女が指さす場所には、人差し指ほどの太さの小さな化石が露出していた。黒光りし、緻密な表面組織は、動物のものだと勘が告げていた。

大地はその化石から少し離れたところにたがねを当てて、ハンマーで叩いた。それほど強い砂岩ではないから、化石ごと(注8)剥落した。

「なんの骨なの」と美子は聞いた。

「(4)分からん。ちゃんとクリーニングしてみなきゃ」

そして、二人を交互に見た。

「いいか、これを見つけたことはおれたちの秘密にする」

（川端裕人「竜とわれらの時代」〈徳間書店〉から）

（注1）なんざ＝なんだ。
（注2）どうしたんにゃ＝どうしたの。
（注3）したんにゃろか＝したんだろうか。
（注4）嫉妬＝うらやみねたむこと。やきもち。
（注5）デイパック＝小型のリュックサック。
（注6）反芻＝繰り返して考えたり味わったりすること。
（注7）たがね＝岩などを砕く、鋼鉄製の道具。
（注8）剥落＝薄くはげ落ちること。

1　(1)黙々と転石を割っていた　とあるが、転石を割ることにはどのような利点があるか。その利点について説明した次の文の□に当てはまるように、本文中から二十二字で抜き出しなさい。

> 植物の化石が出る層は身長の倍の高さにあり、□であるため、地面に転がった石を叩く方が効率がよいという利点。

2　(2)なんとなくやる気が削がれてしまって　とあるが、大地がこのような気になったのはなぜか。

ア　海也が自分より先に本物の化石を発見したから。
イ　もうこの地層からは化石が出ないと分かったから。
ウ　素晴らしい化石が手に入って満足したから。
エ　美子が海也のことばかり気にかけていたから。

3　本文中の□に入る語として最も適当なものはどれか。

ア　がっかり　**イ**　びくびく　**ウ**　どぎまぎ　**エ**　かりかり

4　(3)頭の芯がしびれて、後頭部がだんだん熱くなってくる　とあるが、この表現は大地のどのような様子を表しているか。そのことについて説明した次の文の□に当てはまるように、三十字以上四十字以内で書きなさい。

> 海也の見つけた動物化石が、□大地の様子を表している。

5　(4)分からん　とあるが、大地がこのように答えた理由として最も適当なものはどれか。

ア　あえて分からないと言うことにより、海也の興味をそらして、化石を発見した手柄を自分だけのものにしたいから。
イ　あえて分からないと言うことにより、発見した化石が恐竜のものではなかったことを暗に伝えたいから。
ウ　あえて分からないと言うことにより、内心興奮していることを、美子や海也に見せないようにしたいから。
エ　あえて分からないと言うことにより、この化石が非常に奥深く貴重なものであることを印象づけたいから。

4 (2)話の上手な人が必ず文章がうまいというわけにはいきません とあるが、このことについてある生徒が次のようにノートにまとめた。これを見て、後の(I)、(II)の問いに答えなさい。

> 【話の上手な人が文章がうまいとは限らない理由】
> ○口で話す場合…言葉以外に声音や身振り、手まねなどを交え、その場で感動させようとする。
> ○文章で記す場合…口で話す際の身振りや手まねの代わりに、［X］ように表現する。
> ↓
> 口でしゃべることと、文章で表すことは［Y］であるから。

(I) ［X］に入る内容を二十五字以上三十字以内で書きなさい。

(II) ［Y］に入る語を本文中から四字で抜き出しなさい。

5 本文の表現の特徴を説明したものとして、最も適当なものはどれか。

ア 多くの具体例をあげることによって、読者に主張をわかりやすく伝えている。

イ 疑問を投げかける表現を多用することで、読者に問題意識を起こさせている。

ウ 漢語と和語を織り交ぜることで、筆者の主張する内容に幅を持たせている。

エ 断定を避ける言い回しをすることで、読者の考察力を深めさせている。

4

次の文章を読んで、**1**から**6**までの問いに答えなさい。

「あ」と声がした。(1)黙々と転石を割っていた海也が、こちらを見上げている。

「兄ちゃん、これ見て」

大地が腰をかがめると、海也の手元に黒光りするものがあった。

「うわあ、きれい。これ化石でしょ」美子が大きな声をあげた。割れた面から浮き出した葉の輪郭に、白い指で触れる。

「一億年前の化石なんざ(注1)」と海也が言った。「へえ、そんなに長い間……ずっと土の下に閉じこめられてて、なにか寂しげな感じね。すごいなあ。風見君は、化石採集が趣味なんだ……」

美子を無視し、大地は海也が叩いた石に顔をよせた。最初は見間違えかと思った。しかし、違う。本物だ。さっきのと同じ、イチョウモドキで、保存のよい葉が七つ。そして、それらの合間に、サクランボのような形のものが六つ枝についたままの状態で保存されていた。

「どうしたんにゃ(注2)」と海也が言った。「どうしたの、風見君」と美子。

「すごい保存状態だ。ほら果実まで残ってる……」

「それはすごいことなの？」と美子。

「……ぼくが発見したんにゃろか(注3)」海也は目を見開いた。

「ああ、海也の発見だ」

偶然の発見なのに、大地は嫉妬(注4)を覚える。いつもこいつはそうだ。昆虫採集だって、ギターだって、兄が興味を持って始めたものに後からついてきて、すぐに兄を追い越した。

大地は、その標本を持参していた新聞紙で包み、デイパック(注5)の中に詰め込んだ。(2)なんとなくやる気が削がれてしまって、「帰るぞ」と海也に言った。

返事がない。海也は美子と一緒に断崖の下まで歩み寄り、何かを話し合っているのだ。海也の「んにゃ」や「にゃろか」が聞こえてくるだけで、内容は分からない。大地が歩み寄るとこっちを見た。

「兄ちゃん、今、話しとったんだけど、なんで兄ちゃんは下に転がった石ばかり叩いたんにゃろか」

「その方が効率的だろ」大地は露頭の中程、身長の倍ほどの高さのところを指さした。「あのあたりが植物化石がたくさん出る層準だ。あそこまで登って、岩を切り出すのは大変な作業になるからな」

「あのあたりからしか出ないんだ……」美子が言った。

「化石というのは、いくつもの偶然が重なってはじめて出来る。堆積環境が違えば出てくる化石の種類が違うし、目に見える化石がほとんど出てこない地層だってある。大きな化石が豊富な場所は限られている」

「そうかあ、風見君よく知っているよね……」

涼やかな視線に［　］して、大地はうつむいた。

「兄ちゃん……これは、何にゃろか」

臍の高さほどの地層を、海也はしゃがみ込んで見つめていた。

「ほら、これ」と指し示す指先には、周囲よりも黒っぽいものが露出していた。幅三センチ、長さ四〇センチ程度で、中央部は摩耗しているように見えた。

「動物化石だ」と大地は言った。「大きいわね」「なんにゃろか」

美子と海也の声が、上滑りするみたいに意識の表層を流れていった。

る場合がある。黙ってさめざめと涙を流しているほうが、くどくど言葉を費やすよりも千万無量(注5)の思いを伝える。もっと簡単な例を挙げますと、鯛を食べたことのない人に鯛の味を分からせるように説明しろと言ったらば、皆さんはどんな言葉を選びますか。恐らくどんな言葉をもってしても言い表す方法がないでありましょう。さように、たった一つの物の味でさえ伝えることができないのでありますから、言語というものは案外不自由なものでもあります。のみならず、思想にまとまりをつけるという働きがある一面に、思想を一定の型に入れてしまうという欠点があります。例えば赤い花を見ても、各人がそれを同じ色に感ずるかどうかは疑問でありまして、目の感覚の優れた人は、その色の中に常人には気が付かない複雑な美しさを見るかもしれない。その人の目に感ずる色は、普通の「赤い」という色とは違うものであるかもしれない。しかしそういう場合にそれを言葉で表そうとすれば、とにかく「赤」にいちばん近いのでありますから、やはりその人は「赤い」と言うでありましょう。つまり「赤い」という言葉があるために、その人の本当の感覚とは違ったものが伝えられる。言葉がなければ伝えられないだけのことでありますが、あるために害をすることがある。(1)かえすがえすも言語は万能なものでないこと、その働きは不自由であり、時には有害なものであることを、忘れてはならないのであります。

次に、言語を口で話す代わりに、文字で示したものが文章であります。少数の人を相手にするときは口で話したら間に合いますが、多数を相手にするときはいちいち話すのが面倒であります。また、口で言う言葉はその場限りで消えてしまうのでありますから、長く伝えることができない。そこで言語を文章の形にして、大勢の人に読んでもらい、または後まで残すという必要が生じたわけであります。ですから言語と文章とはもともと同じものでありまして、「言語」という中に「文章」を含めることもあります。厳密に言えば、「口で話される言葉」と「文字で書かれる言葉」というふうに区別したほうがよいかもしれません。が、同じ言葉でも既に文字で書かれる以上は、口で話されるものとは自然違ってこないはずはありません。小説家の佐藤春夫氏は「文章は口でしゃべるとおりに書け」という主義を主張したことがありましたが、仮にしゃべるとおりを書いたとしましても、文字に記したものを目で読むのと、それが話されるのを直接に聞くのとは、感じ方に違いがあります。口で話される場合には、その人の声音とか、言葉と言葉の間とか、目つき、顔つき、身振り、手まねなどが入ってきますが、文章にはそういう要素がない代わりに、文字の使い方やその他いろいろな方法でそれを補い得る長所があります。なおまた口で話すほうは、その場で感動させることを主眼としますが、文章のほうはなるたけその感銘が長く記憶されるように書きます。したがって、口でしゃべる術と文章をつづる術とは、それぞれ別の才能に属するのでありまして、(2)話の上手な人が必ず文章がうまいというわけにはいきません。

（谷崎潤一郎「文章読本」〈中央公論社〉から）

（注1）嘆息＝悲しんだりがっかりしたりして、ため息をつくこと。
（注2）算術＝現在の算数に相当する教科。
（注3）幾何＝「幾何学」の略。物の形・大きさ・位置関係など、空間の形式的な性質を研究する、数学の一部門。
（注4）表白＝言葉や文章に表して述べること。
（注5）千万無量＝数が多くはかりしれないこと。

1 本文中の［　］に入る語として、最も適当なものはどれか。

ア 革新的　イ 原始的　ウ 理性的　エ 学術的

2 本文中の［　］に入る語として、最も適当なものはどれか。

ア そのため　イ それでも　ウ ところが　エ それから

3 (1)かえすがえすも言語は万能なものでないとあるが、筆者はなぜそのように考えるのか。その理由について説明した次の文の［　］に当てはまるように、三十字以上四十字以内で書きなさい。

> 言語は、鯛の味を伝えることができなかったり、「赤い」という言葉があるために［　］といった欠点を持つから。

問題 R5 198 199 200 201 【国語】第201回

にせんと呼び留めて、かの鳥を二つ三つ買ひけり。「目籠をも買はん」と云へば、先へ行きたる者を呼び帰し、「我は鳥を参らせぬ(売って差し上げた)。目籠はそこより参らせよ」と云ひたりしを聞きて、(1)いとやさしき心ばへかな。都の人はひたすらいきほひある方に付きて身の栄(さかえ)を望み、兄弟一門をも越えて、(2)おのれ独り世にあらんとのみするが、かかる田舎の幼き賤の女には遥(はる)かに劣れりとて、涙を流しける。

(「落栗物語」から)

(注1) 芳野＝奈良県中部の吉野山。桜の名所。
(注2) 蔵王堂＝吉野山にある金峯山寺(きんぷせんじ)の本堂。
(注3) 目籠＝目の粗い籠。 (注4) 苞＝みやげ。

1 いきほひ は現代ではどう読むか。現代かなづかいを用いて、ひらがなで書きなさい。

2 ア 行き　イ 行き逢(あ)ひ　ウ 呼び留め　エ 呼び帰し　の中で、主語が異なるものはどれか。

3 (1)いとやさしき心ばへかな と端隆が思ったのはなぜか。次の文の□に当てはまるように、二十五字以上三十字以内の現代語で書きなさい。

鳥のつくりものを買った端隆が、少女から目籠も買おうとした際に、その少女が□から。

4 (2)おのれ独り世にあらん の意味として最も適当なものはどれか。

ア 世の中は自分ひとりだけではない。
イ 自分ひとりが出世しようとする。
ウ 世の中で頼れるのは自分だけだ。
エ 自分だけでなく家族の出世も望む。

5 本文の内容と合うものはどれか。

ア 芳野に花見に出かけたところ、桜がすばらしく咲いている様子に感動し、端隆は涙を流した。
イ 幼い少女二人が竹で編んだ籠や鳥を売っている姿を見てかわいそうに思い、端隆は涙を流した。
ウ 少女たちと比べると自分の出世ばかりを考える都の人々があわれに思えて、端隆は涙を流した。
エ 二人の少女が互いに相手のことを気づかう言動をしたことに心を打たれ、端隆は涙を流した。

3 次の文章を読んで、1から5までの問いに答えなさい。

人間が心に思うことを他人に伝え、知らしめるのには、いろいろな方法があります。例えば悲しみを訴えるのには、悲しい顔つきをしても伝えられる。物が食いたいときは手まねで食う様子をして見せても分かる。そのほか、泣くとか、うなるとか、叫ぶとか、にらむとか、(注1)嘆息(たんそく)するとか、殴るとかいう手段もありまして、急な、激しい感情を一息に伝えるのには、そういう□な方法のほうが適する場合もありますが、しかしやや細かい思想を明瞭(めいりょう)に伝えようとすれば、言語によるよりほかはありません。言語がないとどんなに不自由かということは、日本語の通じない外国へ旅行してみると分かります。

なおまた、言語は他人を相手にするときばかりでなく、独りで物を考えるときにも必要であります。我々は頭の中で「これをこうして」とか「あれをああして」とかいうふうに独り言を言い、自分で自分に言い聞かせながら考える。そうしないと、自分の思っていることがはっきりせず、まとまりがつきにくい。皆さんが(注2)算術や(注3)幾何(きか)の問題を考えるのにも、必ず頭の中で言語を使う。我々はまた、孤独を紛(まぎ)らすために自分で自分に話しかける習慣があります。強いて物を考えようとしないでも、独りでぽつねんとしているとき、自分の中にあるもう一人の自分が、ふとささやきかけてくることがあります。□、他人に話すのでも、自分の言おうとすることを一遍(いっぺん)心で言ってみて、しかる後(のち)口に出すこともあります。普通、我々が英語を話すときは、まず日本語で思い浮かべ、それを頭の中で英語に訳してからしゃべりますが、母国語で話すときでも、難しい事柄を述べるのには、しばしばそういうふうにする必要を感じます。されば言語は思想を伝達する機関であると同時に、思想に一つの形態を与える、まとまりをつける、という働きを持っております。そういうわけで、言語は非常に便利なものでありますが、しかし人間が心に思っていることならなんでも言語で表せる、言語をもって(注4)表白できない思想や感情はない、というふうに考えたら間違いであります。今も言うように、泣いたり、笑ったり、叫んだりするほうが、かえってそのときの気持ちにぴったり当てはま

令和6年
1月21日実施

第201回 下野新聞模擬テスト

国語

制限時間 50分

1

次の1から4までの問いに答えなさい。

1 次の――線の部分の読みをひらがなで書きなさい。

(1) 締め切りが迫る。 (2) 体育館に集う。 (3) 絵画展を見に行く。
(4) 覚悟を決める。 (5) 結果を分析する。

2 次の――線の部分を漢字で書きなさい。

(1) 初日の出をオガむ。 (2) 機械をアヤツる。 (3) 燃料をキョウキュウする。
(4) タンニンの先生。 (5) 大学のコウギで学ぶ。

3 次の会話について(1)から(3)までの問いに答えなさい。

先生「Aさんは、『自分は英語が苦手だ』と思いますか。」
Aさん「私はそんなに英語が苦手だとは思いませんが、苦手意識を持つ人は多いようです。」
先生「苦手な人は、どのあたりが難しいと思っているのでしょうか。」
Aさん「私が友人に聞いたところ、単語を覚えるのが難しいと答えた人が多くいました。」
先生「単語はひとつひとつ覚えていくことが重要です。ただ、□単語を覚えたとしても、文法が理解できていないと英語は難しいと感じるかもしれませんね。」
Aさん「先生の①言うように、文法も学習していくことが大切だと思います。」
先生「中学生の時に英語の基礎を身につけ、英語力を高めていくことをおすすめします。」
Aさん「わかりました。これからも英語の学習を頑張ろうと思います。わからないことは、先生のアドバイスを②もらいたいと思います。」

(1) □に入る副詞として最も適当なものはどれか。
ア なぜ イ けっして ウ まさか エ たとえ

(2) ――線の部分と熟語の構成が同じものはどれか。
ア 記名 イ 救助 ウ 進退 エ 山頂

(3) 〰〰線の部分を適切な敬語表現に改める場合、正しい組み合わせはどれか。
ア ① おっしゃる ② 受け取り
イ ① おっしゃる ② いただき
ウ ① 申す ② 受け取り
エ ① 申す ② いただき

4 次の俳句について(1)、(2)の問いに答えなさい。

A 雪とけて村いっぱいの子どもかな （小林一茶）
B いくたびも雪の深さを尋ねけり （正岡子規）
C つきぬけて天上の紺曼珠沙華 （山口誓子）
D 遠山に日の当たりたる枯野かな （高浜虚子）

(1) A・B・Dに共通して用いられている表現技法はどれか。
ア 対句 イ 体言止め ウ 切れ字 エ 比喩

(2) AからDのうち、同じ季節を詠んだ俳句はどれか。二つ選びなさい。

2

次の文章は、「端隆」という教養人が花見に出かけたときの話である。これを読んで、1から5までの問いに答えなさい。（……の左側は現代語訳である。）

ある時、芳野(注1)の花見にア行きしに、蔵王堂(注2)の辺にて、年のころ十三、四なる賤の女（身分の卑しい少女）ふたり打ち連れつつ、竹にて編みたる目籠(注3)と云ふ物と、鳥の姿に造りたる物を、あまた持ち来て売るにイ行き逢ひたり。都の苞(注4)

問題編

令和４年度

10月　2日実施　第192回
11月　6日実施　第193回
12月　4日実施　第194回
1月22日実施　第195回

2022・2023

[令和7年高校入試受験用]

令和4年
10月2日実施

第192回 下野新聞模擬テスト
社　会

1 次の**1**から**5**までの問いに答えなさい。

1 **図1**は，アジア州を主に示した地図である。これを見て，(1)，(2)，(3)の問いに答えなさい。

(1) アジア州を細かく区分したとき，**図1**中の**A**の国が属するのはどれか。

ア 東南アジア　**イ** 中央アジア
ウ 西アジア　**エ** 南アジア

(2) **図1**中の**B**と**C**に当てはまる国名の組み合わせとして正しいのはどれか。

ア **B**－トルコ　**C**－ネパール
イ **B**－トルコ　**C**－モンゴル
ウ **B**－サウジアラビア　**C**－ネパール
エ **B**－サウジアラビア　**C**－モンゴル

(3) **図2**中の**ア**，**イ**，**ウ**，**エ**は，**図1**中の**P**，**Q**，**R**，**S**のいずれかの地点の，1月と7月の平均気温と平均降水量を示している。**Q**の地点に当てはまるのはどれか。

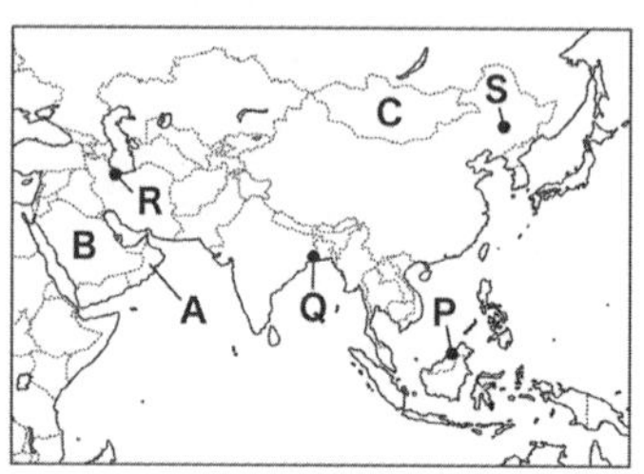

図1

	1月		7月	
	平均気温(℃)	平均降水量(mm)	平均気温(℃)	平均降水量(mm)
ア	20.0	12.6	29.4	409.4
イ	−14.8	4.2	23.2	170.1
ウ	5.1	29.7	31.2	2.5
エ	26.9	319.5	27.6	252.3

図2（「理科年表」ほかにより作成）

2 **図3**は，ペルー中部のアンデス山脈が通る地域の土地利用を示している。これについて述べた次の文中と**図3**中の［ X ］に共通して当てはまる家畜名を書きなさい。また，文中の［ Y ］に当てはまる文を，「標高」の語を用いて簡潔に書きなさい。

> ペルー中部の4,000mをこえる地域では，主に荷物を運ぶためのリャマ，毛を衣服などに利用するための［ X ］を放牧している。また，**図3**のように，農業が変化するのは，［ Y ］ためである。

6,000m
5,000
4,000
3,000
2,000
1,000
0
氷雪
リャマや［ X ］の放牧
じゃがいもの栽培
とうもろこしの栽培
かんきつ類・熱帯作物の栽培

図3

3 **図4**は，ある宗教についてまとめたものである。ある宗教の名称を書きなさい。

> ○信仰する人口の割合は，世界の人口の10％以上を占めるが，信仰する人口が多い地域は限定的で，世界中に広がっているとは言えない。
> ○カースト制度という身分制度があった。
> ○牛は神聖な動物とされるため，牛肉を食べない。

図4

4 東京の日時が3月15日午前9時のとき，西経120度を標準時子午線とするシアトルは3月何日の何時か。午前，午後を明らかにして書きなさい。

5 次の文は，日本の国土について述べたものである。文中の［ I ］，［ II ］に当てはまる語の組み合わせとして正しいのはどれか。

> 日本は多くの島から構成されており，国土面積は約［ I ］万km²で，北海道から沖縄県まで，およそ［ II ］kmにわたって弓のような形にのびている。

ア I－38　II－3000　**イ** I－38　II－1000
ウ I－50　II－3000　**エ** I－50　II－1000

解答・解説 P292・P295

2 **図1**は，太郎さんが社会科の授業でまとめた，日本を七つの地方に区分したときの，その地方で最も製造品出荷額(2019年)が多い市の位置を示したものである。これを見て，次の**1**から**6**までの問いに答えなさい。

図1

1 **図1**で示した市のうち，道府県庁所在地である市の数を書きなさい。

2 苫小牧市のある北海道の漁業について述べた次の文中の［　　］に当てはまる語を書きなさい。

> 北海道では，これまでロシアやアメリカのアラスカ沿岸の海で，さけやすけとうだらなどをとる［　　］がさかんであった。しかし，遠洋漁業の一つであるこの漁業は，排他的経済水域の設定により，水揚げ量が大幅に減少した。

3 **図2**中の**ア**，**イ**，**ウ**，**エ**は，苫小牧市，仙台市，大阪市，大分市のいずれかの雨温図である。大分市はどれか。

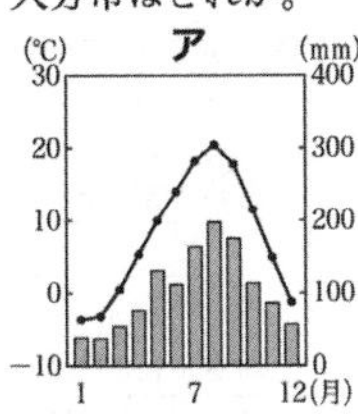

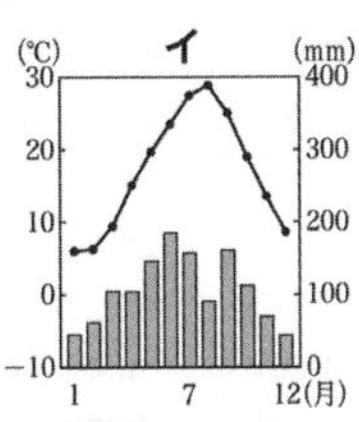

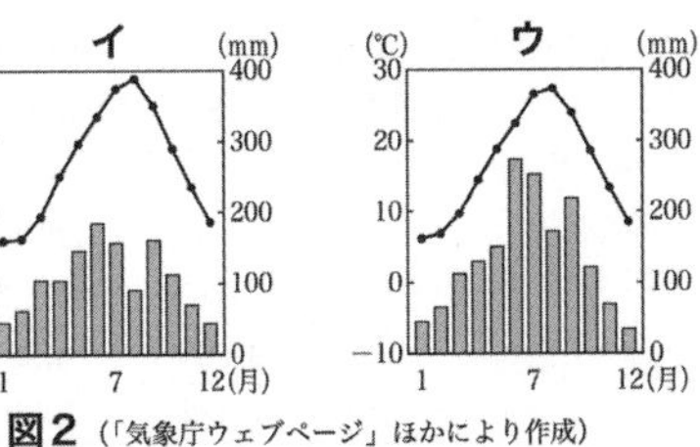

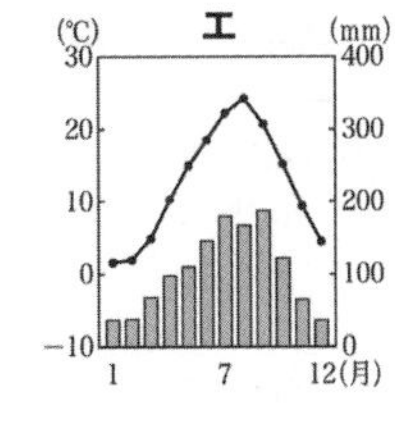

図2（「気象庁ウェブページ」ほかにより作成）

4 **図3**中の**ア**，**イ**，**ウ**，**エ**は，仙台市，川崎市，豊田市，大分市の製造品出荷額とそれぞれの市が属する県の製造品出荷額に占める主な製造品を示している。仙台市はどれか。

	製造品出荷額(2019年)(億円)	それぞれの市が属する県の製造品出荷額に占める主な製造品
ア	151,717	輸送用機械，電気機械，鉄鋼
イ	27,660	輸送用機械，鉄鋼，非鉄金属
ウ	9,944	食料品，輸送用機械，石油・石炭製品
エ	40,828	輸送用機械，石油・石炭製品，化学製品

図3（「県勢」により作成）

5 倉敷市について述べた次の文中の［　　］に共通して当てはまる語を書きなさい。

> 倉敷市は，瀬戸大橋によって海を隔てた香川県坂出市とつながっている。瀬戸大橋，明石海峡大橋，大鳴門橋などの本州と四国地方を結ぶ橋の総称を［　　］といい，［　　］は，瀬戸内海に面する地方の経済や人の移動，物流の大きな支えとなっている。

6 日本の発電所についての太郎さんと先生の会話文中の［　X　］に当てはまる文を，「化石燃料」の語を用いて簡潔に書きなさい。

> 太郎：「川崎市は，大きな火力発電所が二か所あると知り，**図4**の資料を作成しました。」
> 先生：「**図4**から何か読み取れることはありますか。」
> 太郎：「はい。火力発電所は，すべて臨海部に立地していることが分かります。この理由は，日本では，火力発電に使用される［　X　］しており，それらを運ぶ専用の船での運び込みに都合が良いからです。」
> 先生：「日本のエネルギー事情が関係しているのですね。」

図4（「県勢」により作成）

問題 R4 192 193 194 195

【社会】第192回

下野模擬問題(第192回)◆社会

3 次の**1**から**6**までの問いに答えなさい。

1 **図1**は，日本を除く，自動車の生産台数が多い上位4か国(2020年)を示している。これを見て，(1)，(2)，(3)の問いに答えなさい。

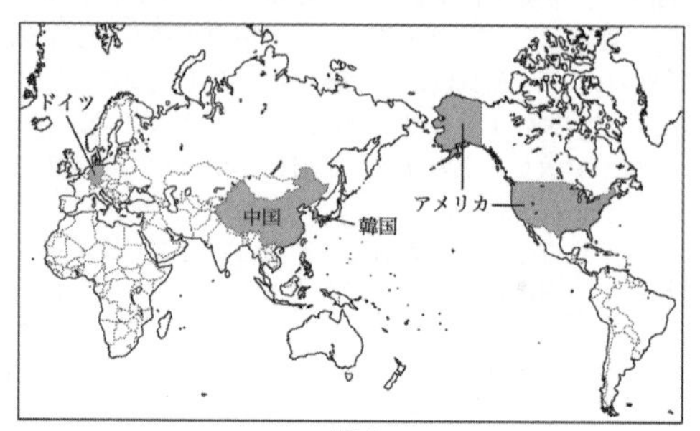

図1

(1) アメリカの農業について述べた次の文中の□に当てはまる語を書きなさい。

> アメリカは，気候や土壌など，地域の自然環境に合わせた農業を行っている。このような農業を□という。

(2) ドイツについて正しく述べているのはどれか。

ア キリスト教の正教会を信仰する人が多く，天然ガスが大量に採掘される。
イ 南東部や南西部に人口のほとんどが集中しており，日本に鉄鉱石や石炭を輸出している。
ウ ルール工業地域で鉄鋼業が盛んで，現在はミュンヘン近郊の先端技術産業も成長している。
エ ヨーロッパ最大の農業国で，小麦の輸出量は世界でも上位に入る。

(3) **図2**中のａ，ｂ，ｃには，中国，アメリカ，韓国のいずれかが当てはまる。ａ，ｂ，ｃに当てはまる国の組み合わせとして正しいのはどれか。

	自動車生産台数(千台)		輸出総額に占める割合の多い主な輸出品（2019年）
	1990年	2020年	
a	470	25,225	機械類，衣類，繊維品
b	9,785	8,822	機械類，自動車，石油製品
c	1,322	3,507	機械類，自動車，石油製品

図2（「世界国勢図会」により作成）

ア ａ－中国　ｂ－韓国　ｃ－アメリカ　**イ** ａ－中国　ｂ－アメリカ　ｃ－韓国
ウ ａ－アメリカ　ｂ－中国　ｃ－韓国　**エ** ａ－アメリカ　ｂ－韓国　ｃ－中国

2 アルゼンチンのブエノスアイレス周辺に広がる，牛の放牧などが行われている温帯草原を何というか。

3 **図3**は，カナダ，ブラジル，オーストラリアの小麦，米，とうもろこし，大豆の農産物自給率(2018年)を示している。ブラジルは**A**，**B**のどちらか。また，**C**，**D**には，とうもろこしか小麦のいずれかが当てはまる。小麦は**C**，**D**のどちらか。

(%)

	C	D	大豆	米
A	43	128	248	96
B	240	101	54	140
カナダ	406	98	274	0

図3（「世界国勢図会」により作成）

4 南アメリカ州の民族について述べた次の文中の□に当てはまる語を書きなさい。

> 南アメリカ州の多くの地域では，植民地時代に白人が入植し，アフリカから連れてこられた黒人が奴隷として働かされていた。その後，先住民と白人の間での混血である，□とよばれる人々も増えた。

5 次の文は，**図4**中の**ア**，**イ**，**ウ**，**エ**のいずれかの地点について述べたものである。文で述べられている地点として正しいのはどれか。

> 2004年に，この地点の近くの海洋でおきた大地震により津波が発生し，大きな被害を受けた。周辺には火山も多く分布しており，地殻の変動が激しい。

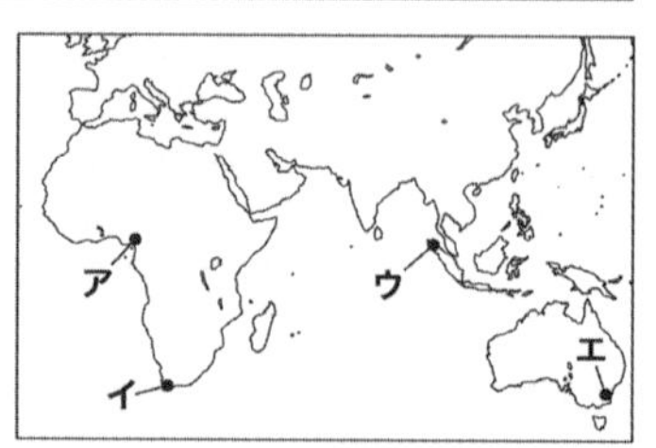

図4

問題 R4 192 193 194 195 【社会】第192回

解答・解説 P292・P295

6　**図5**は，世界の養殖業・漁船漁業(船を出して魚介類をとる方法)の生産量の推移を，**図6**は，世界の漁業資源の状況を，**図7**は，**図5**と**図6**を参考にして，考えられることをまとめたものである。**図7**中の［ X ］，［ Y ］に当てはまる文を，簡潔に書きなさい。なお，［ X ］では，「人口」の語を用いること。

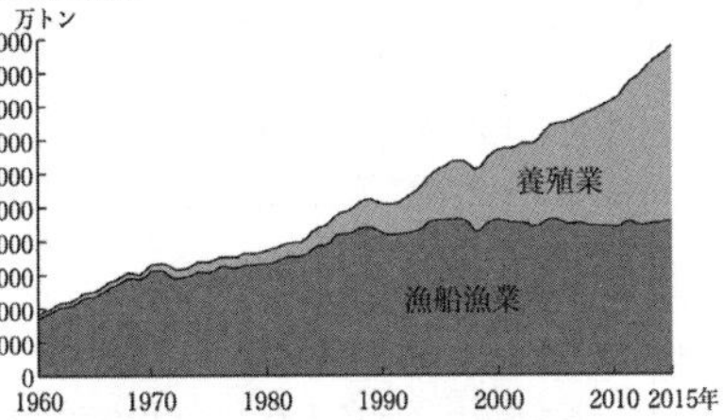

図5（「水産庁資料」ほかにより作成）

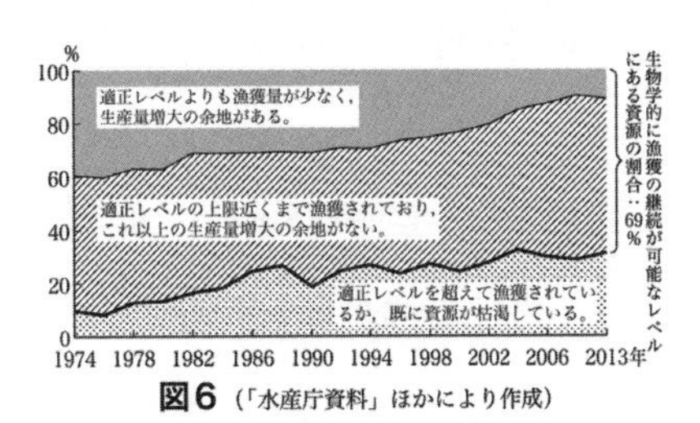

図6（「水産庁資料」ほかにより作成）

○養殖業・漁船漁業の生産量が増えているのは，アジア州やアフリカ州を中心として［ X ］しており，世界全体の食料消費量が増えていることが原因の一つと考えられる。 ○**図6**を参考にすると，**図5**の漁船漁業の推移が1980年代後半からほぼ横ばいなのは，［ Y ］からと考えられる。

図7

4

花子さんは，古代から中世の時期に活躍した人物について調べ，**図1**を作成した。これを見て，次の**1**から**6**までの問いに答えなさい。

人　物	説　　　　明
中臣鎌足	中大兄皇子らと協力して蘇我氏をたおし，ⓐ新しい支配体制の確立を目指した。
白河上皇	子に天皇の位をゆずって上皇となり，［ X ］を始めた。
栄西	ⓑ禅宗のうちの臨済宗を開いた。
後鳥羽上皇	源実朝が殺害されると，ⓒ幕府をたおそうと兵を挙げた。
後醍醐天皇	建武の新政を行ったが，武士からの批判が集中し，ⓓ2年ほどでくずれた。
ⓔ今川義元	戦国時代の大名の一人で，東海の一帯を支配していた。

図1

1　下線部ⓐに関して，中臣鎌足や中大兄皇子が活躍した時期に，新しい支配体制の確立のために行われたこととして正しいのはどれか。

ア　土地と人々を国家が直接支配するようにした。
イ　家柄にとらわれず，才能や功績のある人物を役人に取り立てる政策を行った。
ウ　仏教の力によって国家を守るため，全国に国分寺や国分尼寺を建てるよう命令した。
エ　藤原京に都を移し，律令制度を実施する準備を整えた。

2　次の文と**図1**中の［ X ］に共通して当てはまる語を書きなさい。

後三条天皇のあとをついだ白河天皇は，上皇となると，摂政や関白の力をおさえて政治を行った。この政治を，［ X ］という。

3　下線部ⓑに関して，臨済宗と同じ禅宗である曹洞宗を開いた人物は誰か。

4　下線部ⓒに関して，この戦いの後に幕府が行った朝廷への対応を，この戦いの後につくられた幕府の機関名を用いて，簡潔に書きなさい。

5　下線部ⓓに関して，**図2**は，花子さんが，このできごとの後の南北朝時代が始まる過程についてまとめたものである。**図2**中の［ Ⅰ ］，［ Ⅱ ］に当てはまる語の組み合わせとして正しいのはどれか。

ア　Ⅰ－足利義満　Ⅱ－大阪　　**イ**　Ⅰ－足利義満　Ⅱ－吉野
ウ　Ⅰ－足利尊氏　Ⅱ－大阪　　**エ**　Ⅰ－足利尊氏　Ⅱ－吉野

【［ Ⅰ ］】 ○京都で新たな天皇を立てる。 【後醍醐天皇】 ○［ Ⅱ ］にのがれ，天皇としての正統性を主張する。

図2

6　下線部ⓔに関して，今川義元がほろぼされた戦いとして正しいのはどれか。
ア　関ヶ原の戦い　　**イ**　応仁の乱　　**ウ**　桶狭間の戦い　　**エ**　長篠の戦い

5　略年表を見て，次の**1**から**6**までの問いに答えなさい。

年	世界と日本の主なできごと
1671	ⓐ河村瑞賢(ずいけん)が航路を開く
1790	ⓑ幕府の学校で朱子学以外の学問が禁止される
1867	ⓒ大政奉還が行われる
1873	ⓓ西郷隆盛が政府を去る
1910	日本が韓国を併合する ↑
	A
1932	ⓔ犬養毅が暗殺される ↓

1　下線部ⓐに関して，次の文中の[　　]に当てはまる語を書きなさい。

> 河村瑞賢は，東北地方の米などを，日本海側から津軽海峡を通り，太平洋沿岸をまわって江戸に運ぶ[　　]とよばれる航路を開いた。

2　下線部ⓑを行った人物の政策として**当てはまらない**のはどれか。
ア　商品作物の栽培を制限して，米などの穀物の栽培を奨励し，ききんに備えて米を蓄えさせた。
イ　江戸などの都市に出かせぎに来ていた者を村に帰した。
ウ　政治批判を禁止し，出版物に対する統制を厳しくした。
エ　物価の上昇をおさえるため，営業を独占している株仲間の解散を命じた。

3　下線部ⓒに関して，**図1**は，朝廷に政権を返すことを，幕府の将軍が家臣に伝えている様子を示したものである。これについて述べた次の文中の[Ⅰ]，[Ⅱ]に当てはまる語の組み合わせとして正しいのはどれか。

図1

> **図1**中の**X**の将軍は[Ⅰ]で，朝廷に政権を返すことを家臣に告げている。[Ⅰ]は，この後，新政権の中で主導権を握ろうとしたが，西郷隆盛や岩倉具視などが朝廷を動かして，[Ⅱ]を出した。

ア　Ⅰ－徳川慶喜　Ⅱ－王政復古の大号令　　**イ**　Ⅰ－徳川慶喜　Ⅱ－民撰議院設立の建白書
ウ　Ⅰ－徳川家光　Ⅱ－王政復古の大号令　　**エ**　Ⅰ－徳川家光　Ⅱ－民撰議院設立の建白書

4　下線部ⓓに関して，西郷隆盛について述べた次の文中の[　　]に当てはまる語を書きなさい。

> 政府を去った西郷隆盛は，周囲の要請もあり，鹿児島の士族などが中心となっておこした[　　]で指揮を執った。しかし，政府軍はこれを鎮圧した。

5　**A**の時期におきたできごとを年代の古い順に並べ替えなさい。
ア　満州事変がおこった。　　**イ**　中国に二十一か条の要求を出した。
ウ　三・一独立運動がおこった。　　**エ**　第一次世界大戦が始まった。

6　下線部ⓔに関して，**図2**は，暗殺された犬養毅が組織した当初の内閣と，その次に斎藤実(さいとうまこと)が組織した内閣について，それぞれの内閣を構成する大臣の所属とその数を示したものである。これについて述べた次の文中の[　　]に当てはまる文として正しいのはどれか。

	犬養毅内閣		斎藤実内閣	
	所属	数	所属	数
内閣を構成する大臣	立憲政友会 軍部	11人 2人	軍部 無所属 立憲政友会 立憲民政党	4人 4人 3人 2人

(注)兼任もそれぞれ1人として数える。
図2

> 二つの内閣の時期，立憲政友会は，衆議院で最も議席を獲得している政党であった。**図2**の変化から，犬養毅が暗殺されたことは，[　　]を意味していることが分かる。

ア　政党政治の始まり　　**イ**　政党政治の終わり
ウ　立憲君主制の始まり　　**エ**　立憲君主制の終わり

6 次の文は，誠さんが社会科の授業で発表した，第二次世界大戦後の日本の様子に関する発表原稿の一部である。これを読み，次の**1**から**4**までの問いに答えなさい。

> 第二次世界大戦後の日本は，ⓐGHQ(連合国軍最高司令官総司令部)の指示に従って，政府が政策を実施するようになりました。しかし，世界中で冷戦の影響が出るようになると，アメリカが日本の独立を促すようになり，ⓑサンフランシスコ平和条約が結ばれました。1950年代半ばには経済が復興しはじめ，1960年代には，ⓒアメリカに次ぐ資本主義国第2位の国民総生産(GNP)となります。現在の日本は，ⓓ国際連合をはじめとした世界規模の機関や各国，地域と協力を深めています。

1 下線部ⓐに関して，**図1**は，誠さんがGHQの指示についてまとめたものの一部を示したものである。これを見て，(1)，(2)，(3)の問いに答えなさい。

○女性の解放
・衆議院議員選挙法の改正………**A**
○労働組合の奨励
・労働組合法，労働基準法などの制定
○教育の民主主義化………**B**
・軍国主義教育の撤廃
○経済の民主化
・農地改革　・[**X**]解体

図1

(1) **A**に関して，この選挙法改正により，女性も選挙で投票できるようになった。このときの衆議院議員選挙法の改正による，もう一つの変更点として正しいのはどれか。

ア 年齢制限　**イ** 納税額
ウ 出身地　**エ** 政治思想

(2) **B**に関して，日本国憲法の制定にともない，民主主義教育の基本を示すために行われた政策はどれか。

ア 教育勅語の発布　**イ** 学制の制定　**ウ** 寺子屋の設置　**エ** 教育基本法の制定

(3) **図1**中の[**X**]に当てはまる語を書きなさい。

2 下線部ⓑに関して，この条約に調印したときの内閣総理大臣は誰か。

3 下線部ⓒに関して，**図2**は，アメリカとの貿易額の差(輸出額から輸入額を引いた値)の推移を示したものである。これについて述べた次の文中の[Ⅰ]に当てはまる文を，「超過」「深刻化」の二つの語を用いて簡潔に書きなさい。また，[Ⅱ]に当てはまる語は**ア**，**イ**のどちらか。

年	アメリカとの貿易額の差（百万円）
1960	−166,497
1965	40,712
1970	136,887
1975	−129,366
1980	1,559,956
1985	9,369,335

図2
(「数字でみる日本の100年」により作成)

> 日本とアメリカとの貿易においては，1980年代頃に日本からアメリカへの[Ⅰ]したため，[Ⅱ]に対する批判が高まった。

ア アメリカから日本　**イ** 日本からアメリカ

4 下線部ⓓに関して，**図3**は，国際連合加盟国の推移を示したもので，**ア**，**イ**，**ウ**，**エ**は南北アメリカ州，アフリカ州，アジア州，ヨーロッパ州のいずれかである。アフリカ州はどれか。

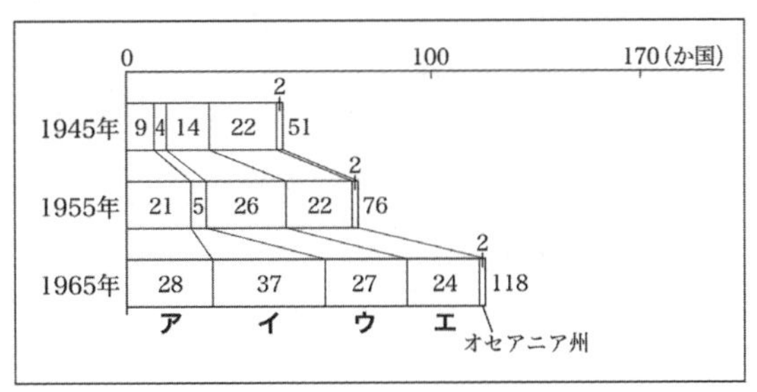

図3（「国際連合広報センター資料」により作成）

7 次の文を読み，あとの**1**から**4**までの問いに答えなさい。

> 21世紀になり，世界ではエネルギー問題や貧困，男女平等の実現など，さまざまな課題が浮きぼりになっている。2015年に開かれた「国連［ X ］な開発サミット」では，課題解決のための具体的な17の行動計画がまとめられ，日本においても企業や市町村などでその周知・実践が行われている。現在の日本の社会は，ⓐグローバル化やⓑ情報化，ⓒ少子高齢化が進んでおり，今後，［ X ］な社会を築いていくうえで，念頭に置くべき特色となっている。

1 文中の［ X ］に共通して当てはまる語を書きなさい。

2 下線部ⓐに関して，グローバル化と世界の産業について述べた次の文中の［ Ⅰ ］，［ Ⅱ ］に当てはまる語の組み合わせとして正しいのはどれか。

> グローバル化が進むと，自国や他国の商品の輸出入が活発になる。そうすると，より良い商品をより安く提供しようとする［ Ⅰ ］が激しくなる。現代の日本の農業において，とくに［ Ⅱ ］は，安い外国産の輸入が増えるなどして，自給率が低い状態が続いている。

ア Ⅰ－国際分業　Ⅱ－小麦　　**イ** Ⅰ－国際分業　Ⅱ－米
ウ Ⅰ－国際競争　Ⅱ－小麦　　**エ** Ⅰ－国際競争　Ⅱ－米

3 下線部ⓑに関して，**図1**は，紙の出版と電子出版の市場規模の推移を，**図2**は，日本における情報機器の普及率を示したものである。近年の紙の出版と比べた電子出版の傾向とその要因を，**図1**，**図2**をふまえ，「情報機器」の語を用いて簡潔に書きなさい。

	年	2015	2017	2020
市場規模の推移(億円)	紙の出版	15,220	13,701	12,237
	電子出版	1,502	2,215	3,931

(注)「出版」は書籍や雑誌などを意味する。

図1（「日本国勢図会」により作成）

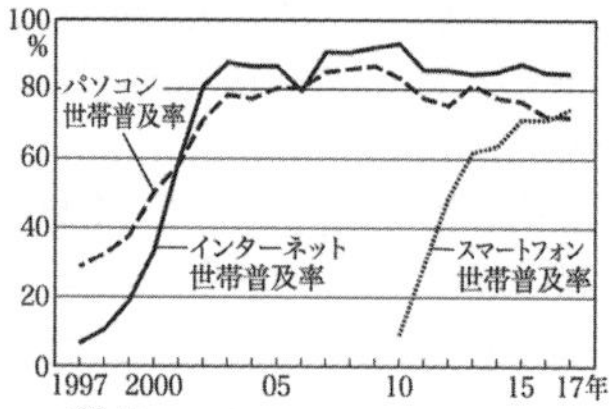

パソコン世帯普及率
インターネット世帯普及率
スマートフォン世帯普及率
100 % / 80 / 60 / 40 / 20 / 0
1997 2000 05 10 15 17年

図2（「通信利用動向調査」により作成）

4 下線部ⓒに関して，次の(1)，(2)の問いに答えなさい。

(1) **図3**は，日本の1960年と2010年のいずれかの人口ピラミッドを示したものである。これについて述べた次の文中の［ A ］，［ B ］，［ C ］に当てはまる語の組み合わせとして正しいのはどれか。

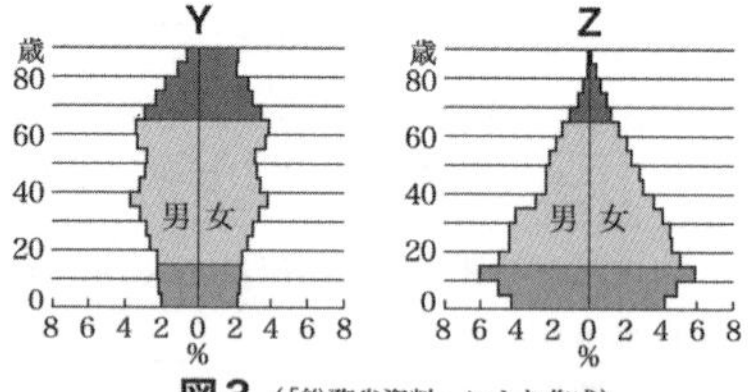

図3（「総務省資料」により作成）

> **Y**と**Z**を年代の古い順に並べると，［ A ］の次が［ B ］となる。このような変化がおきたのは，平均寿命の伸びや，合計特殊出生率の［ C ］などが原因とされる。

ア A－Z　B－Y　C－低下　　**イ** A－Z　B－Y　C－上昇
ウ A－Y　B－Z　C－低下　　**エ** A－Y　B－Z　C－上昇

(2) **図4**は，家族類型別世帯割合の推移を示したものである。これについて述べた次の文中の［　］に当てはまる数字を書きなさい。

> 1960年から2015年にかけて，核家族の世帯の割合は［　］%増えている。

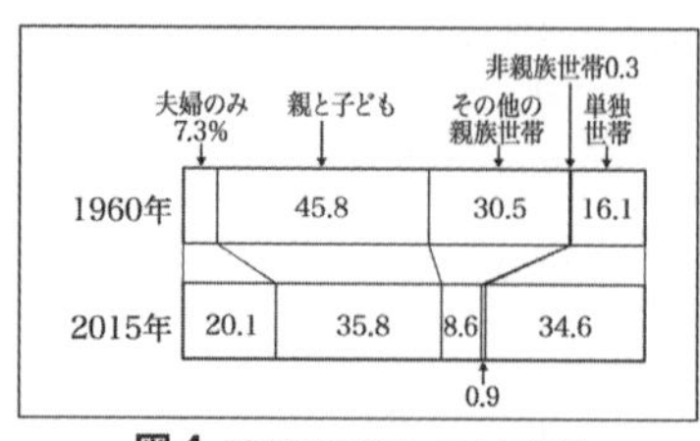

図4（「国勢調査報告」により作成）

令和4年
10月2日実施

第192回 下野新聞模擬テスト
数　学

1 次の**1**から**8**までの問いに答えなさい。

1　$12 \div (-3)$　を計算しなさい。

2　$\frac{1}{2}a + \frac{3}{5}a$　を計算しなさい。

3　$(x+2)(x+3)$　を展開しなさい。

4　2次方程式　$x^2 - 11x + 30 = 0$　を解きなさい。

5　関数 $y = -2x$ について，xの変域が$1 \leqq x \leqq 4$のときのyの変域を求めなさい。

6　右の図は，半径が6cm，中心角が45°のおうぎ形である。
このおうぎ形の面積を求めなさい。ただし，円周率はπとする。

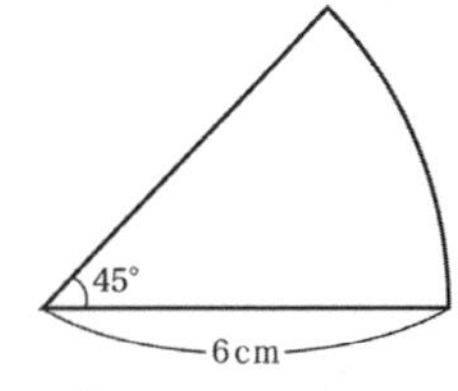

7　右の図のように，正六角形と正五角形が1辺を共有しているとき，$\angle x$の大きさを求めなさい。

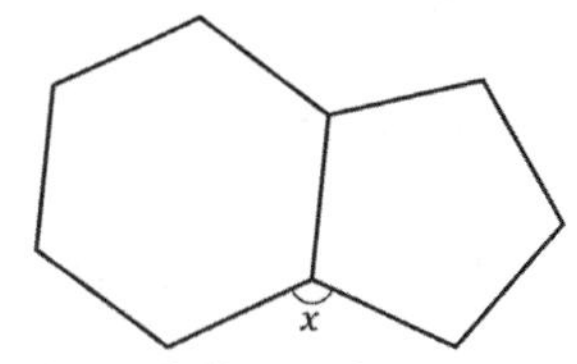

8　△ABCと△DEFにおいて ∠ABC＝∠DEF＝90° であるとき，条件として加えても△ABC≡△DEFが**常に成り立つとは限らない**ものを，**ア**，**イ**，**ウ**，**エ**のうちから1つ選んで，記号で答えなさい。

ア　AB＝DE，BC＝EF　　**イ**　AB＝DE，AC＝DF
ウ　∠BAC＝∠EDF，AC＝DF　　**エ**　∠BAC＝∠EDF，∠ACB＝∠DFE

2 次の**1**，**2**，**3**の問いに答えなさい。

1　$\sqrt{29} < n < \sqrt{97}$ となるような自然数nは何個あるか。

2　太郎さんは，母親に頼まれて買い物に行くことになった。1個220円(税込)の商品Aと1個330円(税込)の商品Bを，それぞれある個数ずつ買った場合の代金5720円を預かって買い物に行ったが，商品Aの個数と商品Bの個数を逆にして買ったため，440円余ってしまった。

このとき，最初に買う予定であった商品Aの個数をx個，商品Bの個数をy個として連立方程式をつくり，最初に買う予定であった商品Aと商品Bの個数をそれぞれ求めなさい。ただし，途中の計算も書くこと。

3　xについての2次方程式 $x^2 + nx + 9 = 0$ において，左辺を因数分解して解くことができるような，xの係数nの値を2つ求めなさい。ただし，nは自然数である。

3 次の**1**，**2**，**3**の問いに答えなさい。

1　右の図のように，袋の中に黒玉が3個，白玉が2個入っている。この袋の玉をよくかき混ぜてから2個の玉を同時に取り出すとき，2個とも黒玉である確率を求めなさい。ただし，どの玉を取り出すことも同様に確からしいものとする。

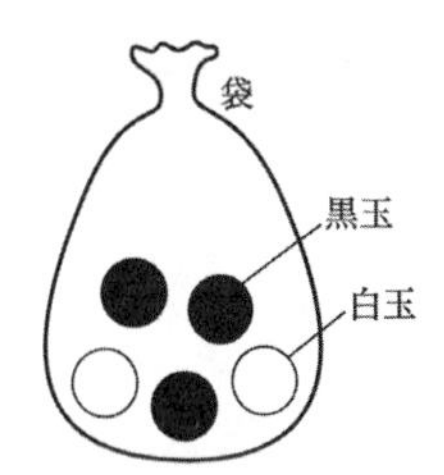

2　ある除法の商xについて，小数第3位を四捨五入すると7.87になった。xのとりうる値の範囲を，不等号を用いて表しなさい。

解答・解説 P293・P299

下野模擬問題(第192回)◆数学

3 右の図は，2021年の夏季に開催された東京オリンピックにおける，男子バスケットボール全26試合の勝利チームの得点，女子バスケットボール全26試合の勝利チームの得点をそれぞれヒストグラムで表したものであり，例えば，男子の70点以上80点未満の試合数は1試合であることがわかる。

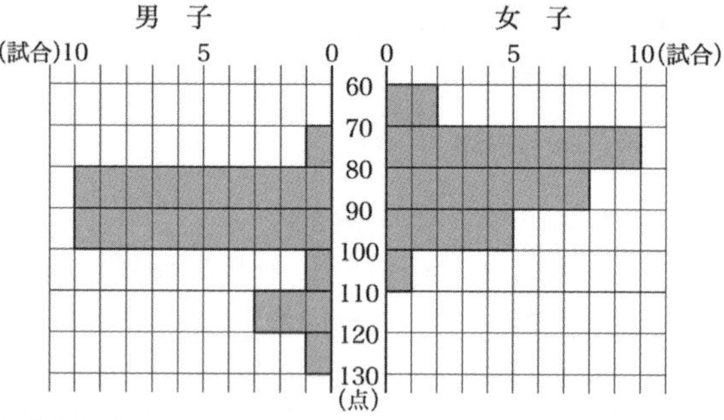

このとき，次の(1)，(2)の問いに答えなさい。

(1) 男子の得点の中央値(メジアン)が含まれていると考えられる階級は何点以上何点未満の階級か。また，ヒストグラムから求められる女子の得点の最頻値(モード)は何点か。

(2) ヒストグラムからは，実際の得点の範囲(レンジ)は，男子の方が女子よりも大きいとはいいきれない。その理由を，具体的な数値の例をあげて説明しなさい。

問題 R4
192
193
194
195
【数学】第192回

4 次の**1**，**2**，**3**の問いに答えなさい。

1 右の図のような△ABCがある。このとき，下の【条件】をともに満たす点Pを作図によって求めなさい。ただし，作図には定規とコンパスを使い，また，作図に用いた線は消さないこと。

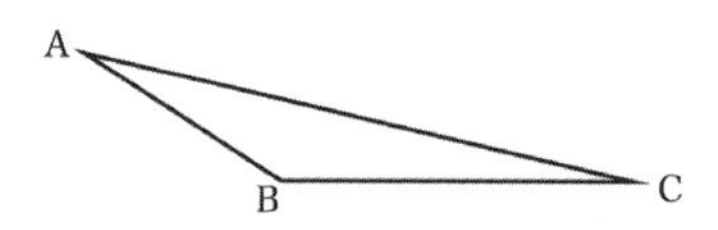

【条件】
・点Pは辺AC上にある。
・点Pは辺AB，BCから等しい距離にある。

2 右の図のように，円柱と，円柱の側面と2つの底面の中心とで接している直径12cmの球がある。

このとき，次の(1)，(2)の問いに答えなさい。ただし，円周率はπとする。

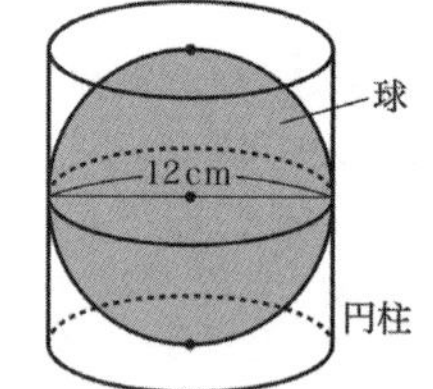

(1) 球の表面積を求めなさい。

(2) 球の表面積は円柱の表面積の何倍か。

3 右の図のような長方形ABCDがあり，点Oは対角線AC，BDの交点である。また，点E，Fはそれぞれ点Oを通る直線と辺AD，BCとの交点である。

このとき，△AOE≡△COFであることを証明し，それを利用することで，四角形AECFが平行四辺形であることを証明しなさい。

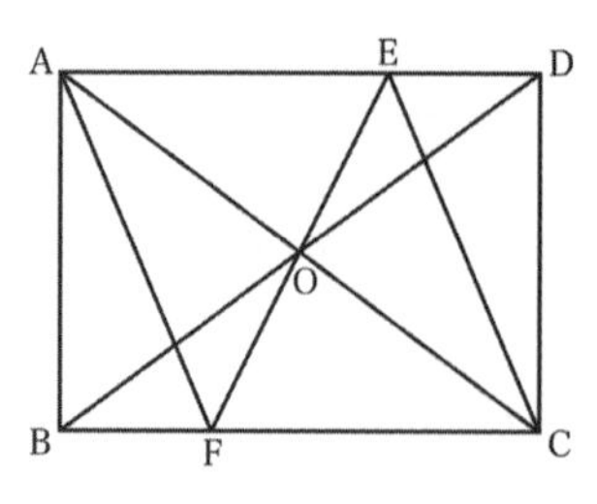

解答・解説 P293・P299

5 次の**1**，**2**の問いに答えなさい。

1 右の図のように，2つの関数$y=ax+b$，$y=\frac{1}{2}x+m$のグラフがある。2点A(4，0)，B(0，-8)は$y=ax+b$のグラフ上の点であり，$y=\frac{1}{2}x+m$のグラフとx軸，y軸との交点を，それぞれC，Dとする。また，点Eは$y=ax+b$，$y=\frac{1}{2}x+m$のグラフの交点で，点Eのx座標は6である。

このとき，次の(1)，(2)，(3)の問いに答えなさい。

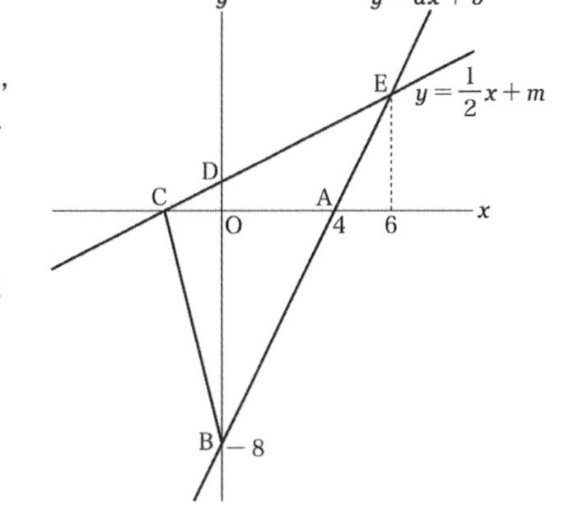

(1) a，bの値をそれぞれ求めなさい。

(2) △BCEの面積を求めなさい。

(3) y軸上の$y>0$の範囲に，△ABC＝△ABPとなる点Pをとるとき，点Pのy座標を求めなさい。ただし，途中の計算も書くこと。

2 図1のような，1辺の長さが40cmの正方形を底面とする，深さが60cmの直方体の形をした水そうがあり，中央(左右の側面から20cmの位置)には，高さが40cmの仕切り板が，左右の側面と平行になるように取りつけられていて，水そうは左側の部分と右側の部分とに完全に分けられている。また，左側の部分の上部には給水管，左側の部分の底面には排水口があり，水位が40cmまでは，給水管は左側の部分の水位を1分間につき10cmの割合で高くすることができ，排水口は左側の部分の水位を1分間につき8cmの割合で低くすることができる。

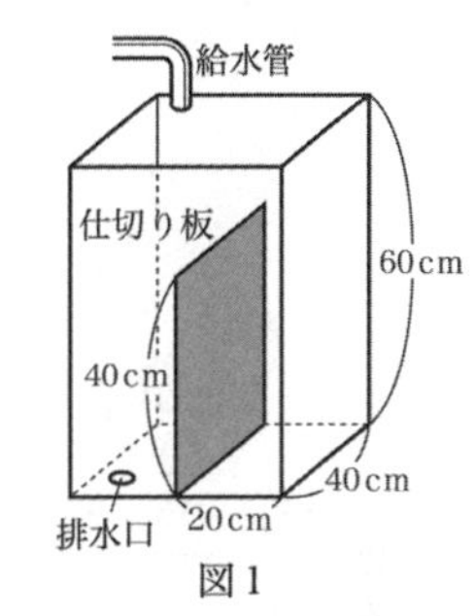

図1

給水管を開いて，空(から)の状態の水そうに水を入れ始めたが，水を入れ始めてから5分後に，排水口が開いているのに気づいたのですぐに排水口を閉じた。

図2は，水を入れ始めてからの時間をx分，左側の部分の水位を$y$cmとして，左側の部分の水位が仕切り板の高さに達するまでのxとyの関係を表したグラフである。

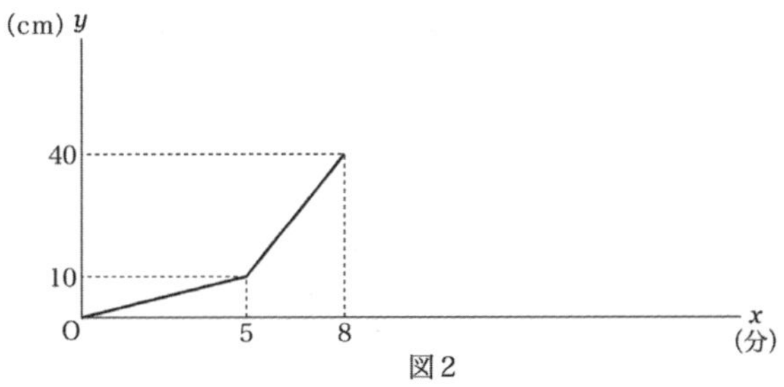

図2

このとき，次の(1)，(2)，(3)の問いに答えなさい。ただし，水そうと仕切り板の厚さは考えないものとする。

(1) 給水管からは，1分間につき何cm^3の水が給水されるか。

(2) 次の□内の先生と太郎さんの会話文中の，Ⅰ，Ⅱ，Ⅲに当てはまる数を求めなさい。

> 先生 「水を入れ始めて8分後から右側の部分の水位が40 cmになるまでの間において，右側の部分の水位は，1分間につき何cmの割合で高くなっていきますか。」
> 太郎 「はい，(Ⅰ) cmです。」
> 先生 「そうですね。では，水を入れ始めてから何分何秒後に右側の部分の水位が27 cmになるかを求めてみましょう。」
> 太郎 「ええと，右側の部分に水が入り始めるのは，水を入れ始めてから8分後だから，(Ⅱ)分(Ⅲ)秒後だと思います。」
> 先生 「その通りです。」

(3) 右側の部分の水位が仕切り板の高さに達してから水そうが満水になるまでの，xとyの関係を表す式を求めなさい。

6 同じ長さのマッチ棒がたくさんある。下の図のように，ある規則にしたがってこれらのマッチ棒を並べて，1番目の図形，2番目の図形，3番目の図形，……とする。

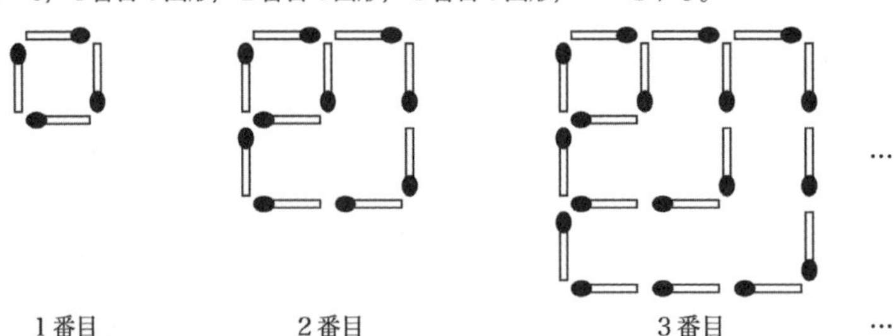

1番目　2番目　3番目　…

下の表は，1番目の図形，2番目の図形，3番目の図形，……における，最も外側(最も外側の正方形)のマッチ棒の本数，内部のマッチ棒の本数，頭薬(火薬が塗られているふくらんだ部分)が下向きのマッチ棒の本数をまとめたものである。

図形	1番目	2番目	3番目	…
最も外側のマッチ棒の本数(本)	4	8	12	…
内部のマッチ棒の本数(本)	0	2	6	…
頭薬が下向きのマッチ棒の本数(本)	1	3	6	…

このとき，次の**1**，**2**，**3**の問いに答えなさい。ただし，1からmまでの連続したm個の自然数の和は$1+2+3+\cdots+m=\frac{1}{2}m(m+1)$という式で求められることを利用してよい。

1 次の文のⅠ，Ⅱに当てはまる数や式を求めなさい。ただし，式はかっこを用いない最も簡単な式で答えること。

> 1番目の図形から3番目の図形までの規則性から，最も外側のマッチ棒の本数は，4番目の図形では(Ⅰ)本になることがわかる。したがって，最も外側のマッチ棒の本数は，n番目の図形においては(Ⅱ)本と表される。

2 内部のマッチ棒の本数は次のように表される。

1番目の図形 …… $0=2\times0$(本)
2番目の図形 …… $2=2\times1$(本)
3番目の図形 …… $6=2+4=2\times(1+2)$(本)

このことを利用して，n番目の図形をつくるときに使うマッチ棒の本数をnを用いた最も簡単な式で表しなさい。ただし，かっこを用いない式で答えること。

3 p番目の図形をつくったところ，頭薬が下向きのマッチ棒の本数が66本になった。p番目の図形をつくるときに使うマッチ棒の本数は全部で何本か。

解答・解説 P293・P300

令和4年
10月2日実施

第192回 下野新聞模擬テスト
理　科

1　次の**1**から**8**までの問いに答えなさい。

1　次のうち，現在の日本で用いられている震度階級の階級数はどれか。

ア　7階級　　**イ**　8階級　　**ウ**　9階級　　**エ**　10階級

2　振動数や周波数の単位である「ヘルツ」は，ある単位時間における振動の回数を表している。その単位時間とは，次のうちどれか。

ア　1秒間　　**イ**　1分間　　**ウ**　1時間　　**エ**　1日間

3　次のうち，裸子植物であるスギの花粉を運んでいるものはどれか。

ア　水　　**イ**　鳥　　**ウ**　風　　**エ**　昆虫

4　「N」という元素記号で表される原子は，次のうちどれか。

ア　炭素原子　　**イ**　酸素原子　　**ウ**　窒素原子　　**エ**　水素原子

5　右の図は，方位を正しく合わせた風向計を真上から見たようすを表している。このときの風向を，16方位で書きなさい。

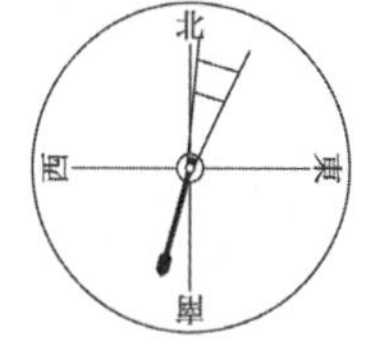

6　右の図において，ねじ(右ねじ)の進む向きを導線を流れる電流の向きに合わせると，ねじの回る向きは何の向きを表しているか。

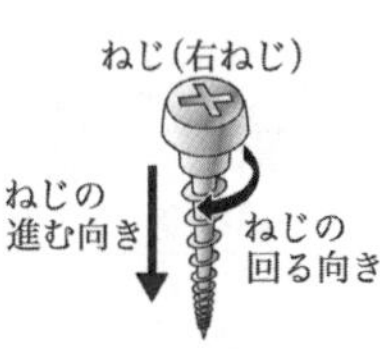

7　右の図は，ある双子葉類の葉の断面を模式的に表したものである。気孔をとり囲んでいる(気孔の両側にある)一対の細胞を何細胞というか。

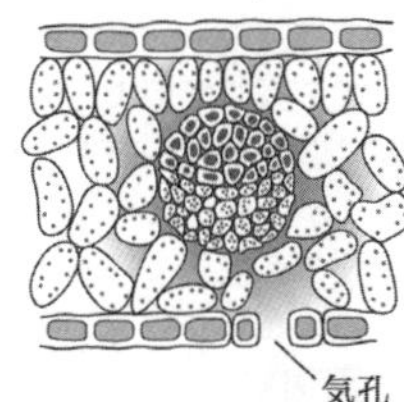

8　右の図のような，アルミニウムでできた，1辺の長さが2cmの立方体の形をしている物体がある。この物体の質量は何gか。ただし，この物体は均質で，アルミニウムの密度を2.7g/cm³とする。

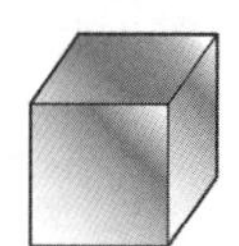

2　三つの地点A，B，Cでボーリングにより，地表から24mまでの深さの地下における，地層の重なりに関する調査が行われた。図1は，地点A，B，Cを含む地域の地形図で，曲線は等高線，数値は標高を表している。また，図2は，地点AとCの地下における地層の重なりのようすを表した図である。なお，図1の地域では，地下の各地層は水平に重なっていて，地層のずれや<u>地層が波打つように曲げられたもの</u>，および地層の上下の逆転などはなく，れき岩の層は1枚しかないことがわかっている。

このことについて，次の**1**，**2**，**3**の問いに答えなさい。

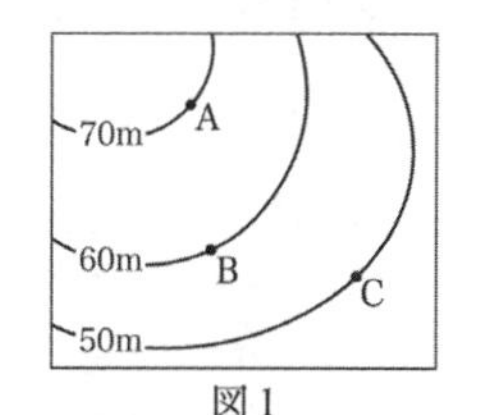

図1

A　C
地表からの深さ〔m〕 0 4 8 12 16 20 24
泥岩　凝灰岩　砂岩　れき岩　石灰岩
図2

1　図2のような，地下の地層の重なりを1本の柱のように表した図を何というか。

2　下線部の，地層が波打つように曲げられたものを何というか。またそれは，地層に対してどのような力が作用することでできたか。「地層」，「両側」という語を用いて簡潔に書きなさい。

解答・解説　P293・P301

3 図1の地点Bの地下において，れき岩の層の地表からの深さとして考えられるものは，次のうちどれか。

ア 2m〜18m　**イ** 12m〜28m　**ウ** 22m〜38m　**エ** 32m〜48m

3 空間を電流が流れる現象について調べるために，次の実験(1)，(2)，(3)を順に行った。

(1) 管内の圧力を小さくしたガラス管の電極A，Bを，装置Xの－極，＋極にそれぞれ接続した。

(2) 装置Xのスイッチを入れて電極A，B間に非常に高い電圧を加えたところ，右の図のように，蛍光板上に明るい線が現れた。

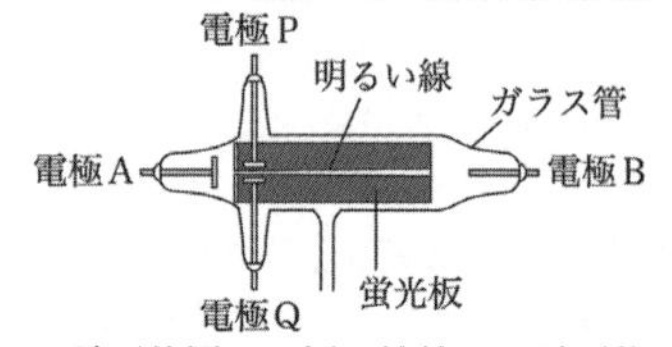

(3) 図の状態から，電極Pを電源装置の－極に，電極Qを電源装置の＋極に接続して電源装置のスイッチを入れ，明るい線に起こる変化を観察した。

このことについて，次の**1**，**2**，**3**の問いに答えなさい。

1 実験で用いた，非常に高い電圧を加えることができる装置Xは，次のうちどれか。

ア 手回し発電機　**イ** 誘導コイル　**ウ** オシロスコープ　**エ** 光電池

2 実験(2)で，蛍光板上に現れた明るい線を何というか。

3 次の□内の文は，実験(3)で明るい線に起こった変化について述べたものである。①，②に当てはまる符号や語をそれぞれ(　)の中から選んで書きなさい。

明るい線の正体である粒子は ①(－・＋) の電気をもっているため，実験(3)では，明るい線は ②(上・下) 向きに曲がった。

4 図1は，ステージ上下式の顕微鏡を表していて，図2は，図1の顕微鏡で観察するためのプレパラートをつくっているようすを表している。

このことについて，次の**1**，**2**，**3**の問いに答えなさい。

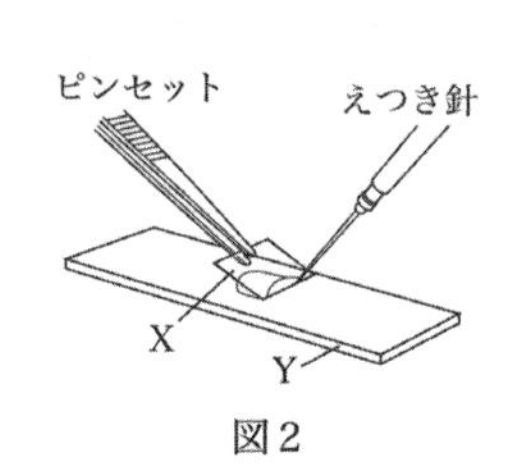

図1　図2

1 図2でつくっているプレパラートにおいて，X，Yで示したガラスをそれぞれ何というか。

2 図3は，図1の顕微鏡で使用する接眼レンズと対物レンズである。図1の顕微鏡で最初に観察するときに用いる接眼レンズと対物レンズの組み合わせは，次のうちどれか。

ア AとC　**イ** AとD
ウ BとC　**エ** BとD

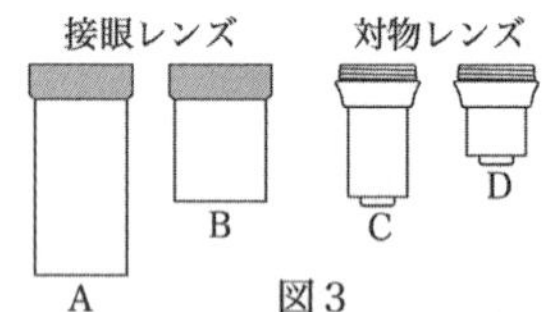

図3

3 次の□内の文章は，図1の顕微鏡を用いて観察するときにピントを合わせる方法について述べたものである。①，②に当てはまる語をそれぞれ(　)の中から選んで書きなさい。

プレパラートをステージにセットした後，横から見ながら対物レンズとプレパラートをできるだけ ①(遠ざける・近づける)。次に，接眼レンズをのぞきながら調節ねじを回して，ステージを ②(上げ・下げ) ながらピントを合わせる。

5 ビーカーAとBには40℃の水を200gずつ，ビーカーCとDには80℃の水を200gずつ入れた。次に，ビーカーAとCには固体の物質Xを50gずつ，ビーカーBとDには固体の物質Yを50gずつ加えてよくかき混ぜた後，ビーカーAとBの水温は40℃に，ビーカーCとDの水温は80℃に保ったまま放置しておいたところ，一つのビーカーの底には溶け残りが見られた。右の表は，100gの水に溶ける，水温が40℃のときと80℃のときの物質XとYの限度の質量をまとめたものである。

	100gの水に溶ける限度の質量	
	40℃	80℃
物質X	36.6g	38.4g
物質Y	11.8g	54.7g

問題R4 192 193 194 195 【理科】第192回

このことについて，次の**1**，**2**，**3**の問いに答えなさい。

1　一般に，100gの水に溶ける物質の限度の質量の値を，その物質の何というか。

2　ビーカーの底に溶け残りが見られたビーカーはどれか。ビーカーA，B，C，Dのうちから一つ選び，記号で答えなさい。また，溶け残っていた物質の質量は何gであったと考えられるか。

3　次の□内の文は，物質Xの水溶液中に溶けている物質Xを固体としてとり出す操作のうちの一つについて述べたものである。①，②に当てはまる語をそれぞれ(　　)の中から選んで書きなさい。

> 水溶液を ①(加熱・ろ過) して，②(溶質・溶媒) の量を少なくする。

6

1年のうちのある時期における日本付近の天気の特徴について，次の(1)，(2)，(3)のようなことを調べた。

> (1) 右の図は，この時期によく見られる日本付近の天気図であり，この時期の天気の特徴を読みとることができる。なお，図中の×印は高気圧や低気圧の中心がある位置を，1000前後の数値は気圧〔hPa〕を表している。
>
> (2) 日本周辺に位置するいくつかの気団のうち，Ⓟこの時期に特に勢力を強める気団によってできる高気圧の影響を大きく受け，Ⓠこの時期に特有の空気の流れができることが多くなる。
>
> (3) (2)の空気の流れにより，日本列島の太平洋側の地域と日本海側の地域においては，それぞれ特徴的な天気になる日が多くなる。

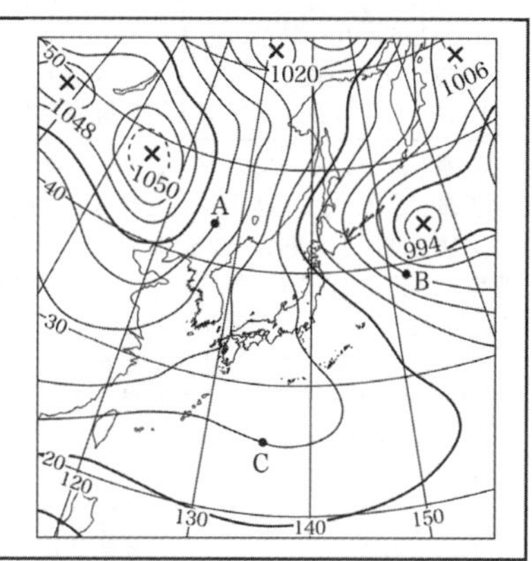

このことについて，次の**1**，**2**，**3**，**4**の問いに答えなさい。

1　図中の等圧線上に●印で示したA，B，Cの三つの地点のうち，最も強い風がふいていると考えられる地点はどれか。その理由も含めて簡潔に書きなさい。

2　次の□内の文章は，(2)の下線部Ⓟ，およびこの時期によく現れる日本付近の気圧配置について述べたものである。①，②に当てはまる語をそれぞれ書きなさい。

> 下線部Ⓟの気団は，(　①　) 気団とよばれる気団である。この気団によってつくられる高気圧の位置と，その高気圧と対をなす低気圧の位置を日本列島から見た方角の関係より，図の天気図のような気圧配置は，(　②　) とよばれる。

3　(2)の下線部Ⓠについて，特有の空気の流れによって地表付近をふく，特有の向きの風を何というか。

4　(3)について，太平洋側と日本海側の天気のようすを述べた文として最も適切なものは，次のうちどれか。

ア　太平洋側では乾燥した晴天の日が多くなり，日本海側では大量の降水がもたらされる日が多くなる。

イ　太平洋側では湿度が高くて不快感を感じる日が多くなり，日本海側では大量の降水がもたらされる日が多くなる。

ウ　太平洋側では乾燥した晴天の日が多くなり，日本海側では湿度が高くて不快感を感じる日が多くなる。

エ　太平洋側では大量の降水がもたらされる日が多くなり，日本海側では乾燥した晴天の日が多くなる。

7

凸レンズによってスクリーンに映る像や，光の性質などについて調べるために，次の実験(1)，(2)，(3)，(4)を順に行った。

(1) 凸レンズ，フィルター，光源(ナツメ球)，半透明のスクリーン，光学台を用意した。
(2) 図1のように，フィルターをとりつけた光源，凸レンズ，スクリーンを，凸レンズの軸(光軸)とフィルター，スクリーンの面が垂直になるように配置した。図2は，フィルターを凸レンズの側から見たようすを表していて，四つの切り込みには，赤色，青色，黄色，緑色のセロハンがそれぞれはられている。

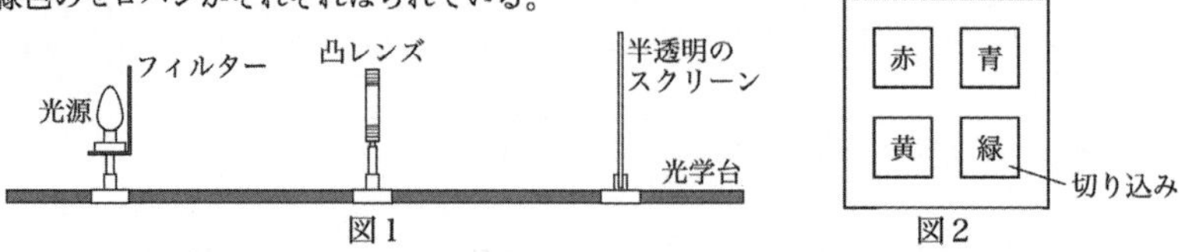

図1　図2

(3) 凸レンズからフィルターまでの距離を24cmにしてこれらを固定し，スクリーンのみを動かして，スクリーンにフィルターの切り込みを抜けてきた光による4色の鮮明な像が映るようにした。このとき，凸レンズからスクリーンまでの距離は24cmであった。
(4) 凸レンズからフィルターまでの距離を24cmより少し長くしてこれらを固定し，(3)と同様にしてスクリーンに4色の鮮明な像が映るようにした。

このことについて，次の**1**，**2**，**3**，**4**の問いに答えなさい。

1 実験(3)，(4)で，スクリーンに映った鮮明な像を何というか。

2 実験で使用した凸レンズにおいて，その軸に平行に進んできた光が凸レンズを通過後に通る，光軸上の点を何というか。また，凸レンズの中心からその点までの距離は，次のうちどれか。

ア 12cm　**イ** 24cm　**ウ** 36cm　**エ** 48cm

3 図3は，実験(3)でスクリーンに映った鮮明な像を，スクリーンの背後(図1でスクリーンの右側)から見たようすを表している。図3中の4か所の□のうち，青色であったものを，解答用紙の図中に黒くぬって示しなさい。

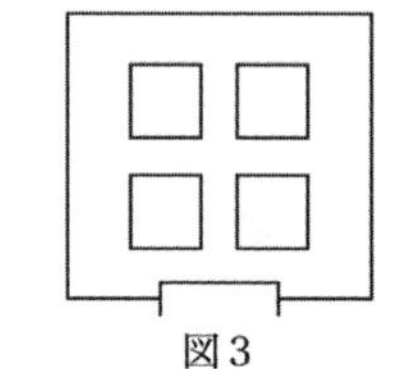

図3

4 次の□内の文章は，実験(4)でスクリーンに映った像について述べたものである。①，②に当てはまる語をそれぞれ(　)の中から選んで書きなさい。

実験(4)で，スクリーンに鮮明な像が映ったときの凸レンズからスクリーンまでの距離は，実験(3)のときよりも ①(長く・短く) なっていた。また，その像の大きさは，実験(3)のときよりも ②(大きく・小さく) なっていた。

8 エンドウのさやの形には，「ふくれ」のものと「くびれ」のものとがある。このさやの形における遺伝の規則性について調べるために，次の実験(1)，(2)，(3)を順に行った。

(1) さやの形が，代々「ふくれ」であるエンドウの株と，代々「くびれ」であるエンドウの株を，親の代として用意した。
(2) (1)で用意した親の代の株どうしの交配(かけ合わせ)によってできた種子をまき，子の代として育てたところ，自家受粉によってその株にできたさやの形は，すべて「ふくれ」であった。
(3) (2)でできた種子をまき，孫の代として育てたところ，自家受粉によってその株にできたさやの形は，「ふくれ」のものと「くびれ」のものとが，ある割合で混在していた。下の図は，この実験の操作の流れを模式的に表したものである。

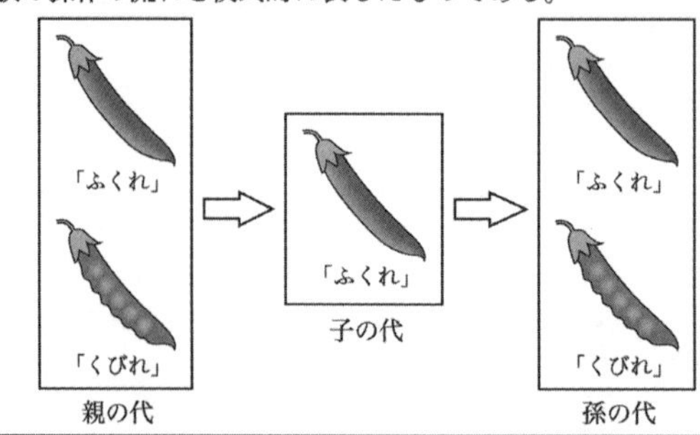

このことについて，次の**1**，**2**，**3**，**4**の問いに答えなさい。ただし，エンドウのさやの形に関しては，メンデルによって提唱された遺伝に関する法則が常に成り立つものとする。

1 次の［　］内の文章は，実験(1)で用意した親の代の株と，遺伝子の本体について述べたものである。①，②に当てはまる語や略号をそれぞれ書きなさい。

> 実験(1)で用意した親の代の株のように，代々同じ形質が現れ続ける系統を（　①　）という。また，その形質を次の代に伝えている遺伝子の本体は，アルファベットの大文字を用いて，（　②　）という略号で表記される物質である。

2 実験(2)でできた子の代のさやの形には，親の代のうちの「ふくれ」の形質のみが現れ，「くびれ」の形質は現れなかった。このことから，「くびれ」の形質に対して，「ふくれ」の形質を何形質(何の形質)というか。

3 実験(3)でできた孫の代のすべての株において，さやの形が「ふくれ」のものと「くびれ」のものの数の割合を表しているものは，次のうちどれか。

ア 「ふくれ」:「くびれ」＝1：3　　**イ** 「ふくれ」:「くびれ」＝3：1
ウ 「ふくれ」:「くびれ」＝1：4　　**エ** 「ふくれ」:「くびれ」＝4：1

4 実験に用いたエンドウとは異なり，受精によらない無性生殖の場合，子の代にはどのような形質が現れるか。「親の代」という語を用いて簡潔に書きなさい。

9 水溶液に電流を流したときに起こる変化について調べるために，次の実験(1)，(2)，(3)，(4)を順に行った。

(1) ビーカーに入れた92gの水に8gの塩化銅の粉末を加えて，質量パーセント濃度が8％の塩化銅水溶液をつくった。
(2) 発泡ポリスチレンの板にあけた二つの穴に炭素棒を1本ずつさし込み，どちらの炭素棒も塩化銅水溶液にひたるようにした。
(3) 右の図のように，2本の炭素棒がそれぞれ陽極と陰極になるように，炭素棒を電源装置に接続した。
(4) 電源装置のスイッチを入れて電圧を加え，それぞれの電極で見られた変化を下の表のようにまとめた。

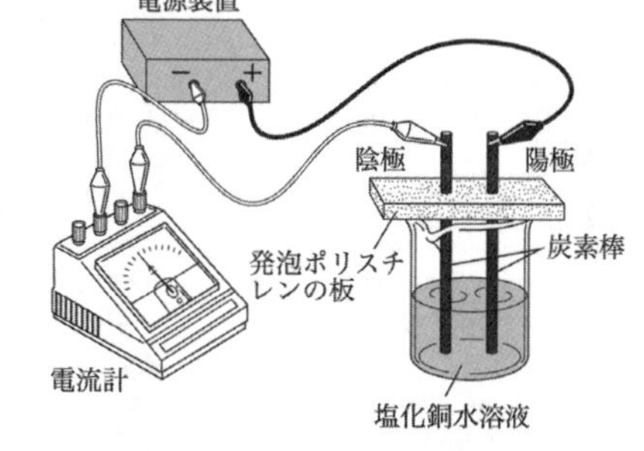

陽極	陰極
無数の気泡が発生していた。	赤色の物質が付着していた。

このことについて，次の**1**，**2**，**3**，**4**の問いに答えなさい。

1 実験(1)でつくった塩化銅水溶液の色は，次のうちどれか。

ア 無色　　**イ** 黄色　　**ウ** 赤色　　**エ** 青色

2 次の［　］内の文章は，実験に用いた塩化銅について述べたものである。①，②に当てはまる語をそれぞれ(　　)の中から選んで書きなさい。

> 塩化銅のように，水に溶けたとき，その水溶液に電流が流れる物質を ①(電解質・導体) という。また，実験(1)で水に溶かした塩化銅は，水溶液中で陽イオンと陰イオンとに分かれている。このように，①が陽イオンと陰イオンとに分かれることを ②(電気分解・電離) という。

3 塩化銅が水溶液中で陽イオンと陰イオンとに分かれるようすを，化学式とイオンを表す化学式を用いて表しなさい。

4 実験(4)で，陽極から発生していた気体は何か。名称を書きなさい。また，その気体の性質を述べているものは，次のうちどれか。

ア 無色無臭である。　　**イ** プールの消毒剤のようなにおいがする。
ウ 水に溶けにくい。　　**エ** 石灰水を白く濁らせる。

令和4年
10月2日実施

第192回 下野新聞模擬テスト
英　語

制限時間 50分

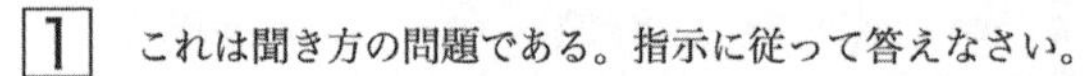

1 これは聞き方の問題である。指示に従って答えなさい。

1〔英語の対話とその内容についての質問を聞いて，答えとして最も適切なものを選ぶ問題〕

(1) ア  イ  ウ 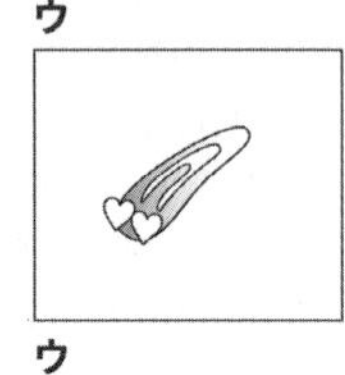 エ 

(2) ア 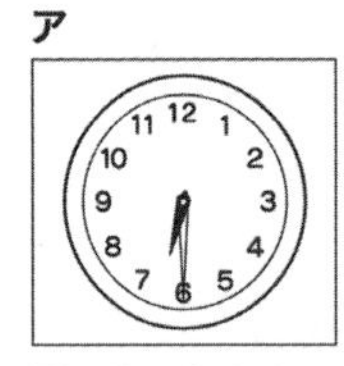 イ  ウ  エ 

(3) ア Jane's father.　　　イ Jane's older brother.
　ウ Jane's younger brother.　　　エ Jane's younger sister.

(4) ア Help his mother.　　　イ Go to the library.
　ウ Write a letter.　　　エ See a movie.

2〔英語の対話とその内容についての質問を聞いて，答えとして最も適切なものを選ぶ問題〕

www.abctravelskitour.com

Ski Tour in Hokkaido During Winter Vacation

Date / Meet	Price (One Person)	Contact
Date Tuesday, March 21 ～Thursday, March 23 Meet At Chuo Station	Price (One Person) 18 years old or older : 30,000 yen 15 years old or older : 25,000 yen 14 years old or younger : 18,000 yen	ABC Bus Travel Company ☎ 0138-67-XXXX ✉ abcbustravel @mail.jp.com
On the First Day In the Morning A Leave Chuo Station In the Afternoon 1:00 Arrive at ABC Ski Area Enjoy Skiing	On the Second Day Enjoy Skiing All Day	On the Third Day In the Afternoon 1:00 Leave ABC Ski Area 1:30 Shopping Time in Sapporo 7:00 Arrive at Chuo Station

(1) ア Yes, he goes there to ski with his family about ten times every year.
　イ Yes, he often goes there and enjoys skiing with his family.
　ウ No, but he will go there with his parents when they come to Japan.
　エ No, but he will go there this winter with Yuka and her family.

(2) ア For free.　イ 18,000 yen.　ウ 25,000 yen.　エ 30,000 yen.

(3) ア 8:00　イ 8:30　ウ 9:00　エ 9:30

3〔館内放送を聞いて，英語で書いたメモを完成させる問題〕※数字も英語で書くこと。

The City Library

Open	: From 9:00 in the morning to 7:00 in the evening
Closed	: Every (1)(　　　)
The number of Books	: More than eight thousand books
Borrowing Books	: From one to five books for (2)(　　　) days
Information Room	: On the (3)(　　　) floor

2 次の**1**，**2**の問いに答えなさい。

1 次の英文中の (1) から (6) に入る語句として，下の(1)から(6)の**ア**，**イ**，**ウ**，**エ**のうち，それぞれ最も適切なものはどれか。

Dear Hina,
Last spring, I went to *Victoria with my family. Today I would like (1) you about my trip. Victoria is one of (2) in Canada. We can see flowers *everywhere in Victoria. We walked in the city all day, and I (3) many pictures. This is a picture of Victoria. You can see beautiful flowers in this picture, (4) ? We really enjoyed watching (5) kinds of flowers there. We (6) a wonderful time there. I want to go there again.
What did you do last spring? Please tell me about that in your e-mail.
Alice

〔注〕*Victoria＝ビクトリア(カナダの都市名)　*everywhere＝どこでも

(1) **ア** tell　**イ** told　**ウ** to tell　**エ** telling
(2) **ア** more famous city　**イ** more famous cities
　ウ the most famous city　**エ** the most famous cities
(3) **ア** take　**イ** took　**ウ** taken　**エ** taking
(4) **ア** do you　**イ** can you　**ウ** don't you　**エ** can't you
(5) **ア** any　**イ** many　**ウ** much　**エ** little
(6) **ア** had　**イ** did　**ウ** took　**エ** made

2 次の(1)，(2)，(3)の(　　)内の語句を意味が通るように並べかえて，(1)と(2)は**ア**，**イ**，**ウ**，**エ**，(3)は**ア**，**イ**，**ウ**，**エ**，**オ**の記号を用いて答えなさい。ただし，文頭にくる語も小文字で示してある。

(1) *A*：I (**ア** never　**イ** to　**ウ** been　**エ** have) Kyoto.
　B：Oh, really? You should go there.
(2) *A*：(**ア** it　**イ** for　**ウ** is　**エ** difficult) you to swim fast?
　B：No, I'm good at swimming.
(3) *A*：(**ア** is　**イ** tennis　**ウ** the boy　**エ** who　**オ** playing) with Rika?
　B：He is my brother. His name is Makoto.

3 次の英文は，中学生の夏奈(Kana)と，オーストラリアからの留学生サム(Sam)との対話の一部である。また，右の図は，総合的な学習の時間で夏奈が作成している，マスメディア(mass media)に関する発表資料の一部である。これらに関して，**1**から**6**までの問いに答えなさい。

Kana：I'm *preparing for my speech. Look at these *graphs. We can know the most popular mass media in 1955 and 2022.
Sam：Oh, your topic sounds interesting. Let me see..., why wasn't TV so popular in 1955?
Kana：In those days, TV was ＿＿＿(1)＿＿＿, so only rich people could buy one.
Sam：I see. In 1955, was the *radio more popular than newspapers?
Kana：Yes, it was. I hear there were many *farmers in our city at that time. They often listened to the radio [A] their work.
Sam：I see. (2)<u>The graph on the right</u> shows that the Internet and TV are popular in 2022. But the Internet isn't the most popular, right?
Kana：Right. Look at another graph, Sam. It shows the popular mass media in each age group in 2022.
Sam：Which is the most popular?
Kana：Of course, TV is. Many people of all groups watch TV.
Sam：How about the Internet?
Kana：＿＿＿(3)＿＿＿ many young people. They think it's very useful. But, people in their sixties don't use the Internet very often.
Sam：I check the news on the Internet because it gives me the *latest news. How about newspapers?

Kana：Older people read newspapers more.
Sam：I don't read newspapers. How about you?
Kana：(4)I try to read a newspaper every day. Last year my father said to me, "You can get a lot of information about the world if you read newspapers every day." After that, I started reading the newspaper.
Sam：I see. When we should think about many things carefully, maybe it's better to read newspapers. But, listening to the radio isn't popular among every age group in 2022.
Kana：Today we don't often listen to the radio. But we should understand each media has good points, and the radio also has its own. A radio is very useful at the time of *disaster like an *earthquake. So, ＿＿＿(5)＿＿＿. Do you have a radio?
Sam：No, I don't.
Kana：Oh, that's not good. [B] go to the shop to buy one next weekend?
Sam：Sure. I'd love to. About how much do I need to get one?
Kana：Maybe about 2,000 yen. I'll check the prices on the Internet and send you a message later.
Sam：Thank you, Kana. The Internet is really useful!
Kana：I think so, too. But some people don't think spending too much time on the Internet is good for us. (6)What do you think about this idea?

〔注〕*prepare for ～＝～の準備をする　*graph＝グラフ
*radio＝ラジオ放送，ラジオ受信機　*farmer＝農場経営者　*latest＝最新の
*disaster＝大災害　*earthquake＝地震

1955年と2022年におけるマスメディアの利用状況(全年齢対象)【みどり市内調査結果】

1955年(%)
テレビ(14)
新聞(27)
ラジオ(59)

2022年(%)

1955年において，テレビはほとんどの人にとって，とても高価なものでした。当時のみどり市には，農場経営者の方が多く，仕事中によくラジオを聞いていたそうです。

2022年におけるマスメディアの利用状況(年齢別)

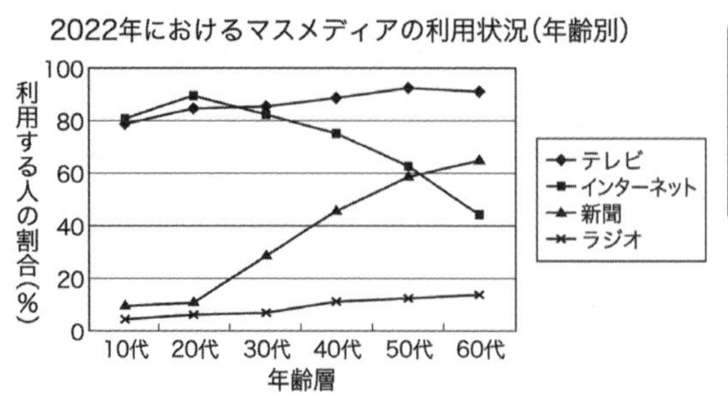

2022年において，ラジオを利用している人は，非常に少ないです。しかし，ラジオは地震などの災害時に役立つので，一家に一台は持っておくべきです。

1　二人の対話が成り立つよう，上の図を参考に，下線部(1)，(3)，(5)に適切な英語を書きなさい。

2　本文中の[A]に入る語として，最も適切なものはどれか。
ア　for　　**イ**　while　　**ウ**　during　　**エ**　without

解答・解説 P292・P296

3 下線部(2)について，上の図の▨の位置に入るグラフとして，最も適切なものはどれか。

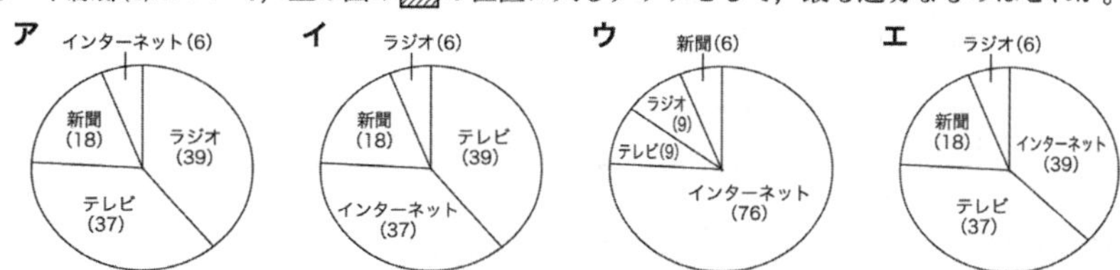

4 下線部(4)について，夏奈が毎日，新聞を読むようになったのはなぜか。日本語で書きなさい。

5 二人の対話が成り立つよう，本文中の［ B ］に入る最も適切な英語を**2語または3語**で書きなさい。

6 下線部(6)について，あなたならどのように答えますか。this ideaに対するあなたの立場を明確にして，その理由も含めて，まとまりのある**4文から6文程度**の英語で書きなさい。ただし，本文及び発表資料に書かれていること以外で書くこと。

4 ミズホ(Mizuho)と，ミズホのおじについての次の英文を読んで，**1**から**5**までの問いに答えなさい。

This summer I visited Australia. My uncle lives in Australia, and he *invited me to his house. It was my first visit to a foreign country, so I was very excited.

My uncle teaches Japanese to junior high school students. In Australia, Japanese is a popular language, and many students study Japanese. I was surprised to hear that and became interested in his Japanese class.

On the third day in Australia, my uncle said to me, "Mizuho, can you come to my class and talk about Japan in front of my students?" When I first heard (1)his words, I couldn't say anything. I wanted to go and meet his class, but I didn't think I could speak in front of many students. He said, "Don't worry. My students are interested in Japan. You just talk a little about Japan. It's not so difficult." I thought that his students could learn about Japan through my stories, so I said to him, "OK. I'll be happy to help."

Two days later, I went to the school with my uncle. When I was walking to the classroom, I became nervous. He said, "You don't [ ] be *perfect. Just talk about Japan for my students." When I came into the classroom, I found that all of them were looking at me. The students were *quiet, and I was very nervous. Then, one student said with a smile, "Hello, Mizuho! Nice to meet you! I'm Kate. We are happy to meet you. We want to listen to your stories." Everyone smiled, and I felt much better. Then, I talked about Japanese food, my school, and some other things in English. Every student listened to me. It was about fifteen minutes, but it felt like two hours.

After I finished talking, they asked me many questions. Some of their questions were difficult, but I tried to answer all of them. I was glad to learn that the students understood me. I learned an important thing that day. We can understand each other if we try hard to tell something to each other.

After the class, Kate came up to me and said, "I want to know more about Japan." Kate was very interested in Japanese culture. I was surprised because she already knew a lot of things about Japan. We enjoyed talking with each other on that day.

After that, we met many times and became good friends. On my last day in Australia, (2)one happy thing happened. Kate gave me a letter. She wrote it all in Japanese. I was surprised, and I was also very happy to get a nice letter from her. From that day, we started to write to each other. I hope I can visit and see her again someday.

〔注〕*invite ～＝～を招待する　*perfect＝完璧な　*quiet＝静かな

1 下線部(1)の，おじの言葉の具体的な内容は何であったか。日本語で書きなさい。

2 本文中の［ ］に入る適切な英語を**2語**で書きなさい。

3 ミズホが学んだ大切なこととはどのようなことであったか。日本語で書きなさい。

4 下線部(2)の内容を次の□内のように表したとき，(　　　)に入る適切な英語を**2語**で書きなさい。

Mizuho got a letter from Kate. It (　　　　　　　　) all in Japanese.

5 本文の内容と一致するものはどれか。

ア Mizuho likes Australia very much, so she has visited there many times.

イ The students in Australia wanted to practice Japanese, so Mizuho talked to them only in Japanese.

ウ Mizuho was going to speak in front of the students for fifteen minutes, but she spoke for two hours.

エ Mizuho tried to answer all the questions from the Australian students, but some of them were difficult.

5 次の英文を読んで，**1**，**2**，**3**，**4**の問いに答えなさい。

Why do people want to have pets? First, living with pets makes people happy. Pets are very [**A**] to us. Second, pets make communication in a family easier. We can enjoy playing with our pets together and talking about them. Third, it is good for children to take care of pets. Some people say that taking care of pets is hard, and it's true. However, by doing that, children can feel love for their pets and will learn that life is very important. So, taking care of pets will be a good experience for children.

Pets are also very *helpful for sick people and old people. For example, walking with a dog is good for them. When they see a cat playing with a ball, they smile. When they spend time with their pets, they often feel happy.

But, at the same time, there are some bad things about pets. Some animals sometimes make a lot of big *noise, and some animals are dangerous for both children and old people. Also, we need to remember that some people do not like animals.

[**B**]

Pets often make us happy, so we need to be good friends to our pets too. We should *think of our pets as our friends or family members. Then, both we and our pets will be happy.

〔注〕*helpful＝役に立つ　*noise＝騒音　*think of ～ as…＝～を…と考える

1 本文中の[**A**]に入るものとして，最も適切なものはどれか。

ア kind stories　**イ** difficult problems　**ウ** hard work　**エ** important friends

2 下線部について，ペットの世話をすることが，子どもにとってよいのはなぜだと書かれているか。日本語で書きなさい。

3 本文中の[**B**]に入る次の**ア**，**イ**，**ウ**，**エ**の文を，意味が通るように並べかえて，記号を用いて答えなさい。

ア Most people love their pets when they start having them.

イ These people do not understand that the lives of pets are as important as their lives.

ウ But some of them throw their pets away when they do not want to take care of them anymore.

エ We often hear sad stories about pets.

4 本文のタイトルとして，最も適切なものはどれか。

ア Remember that Taking Care of Pets Is Hard

イ Pets Are Helpful for Sick People

ウ Having Pets in Our Lives

エ Pets Are Often Dangerous for Old People

「オレも、そうだから。」
「え?」
「新しい扉がそこにあるのに、なかなか開ける気になれなくてさ。つまり、転校するのがイヤでイヤで。」
「転校するんですか?」
「うん、十月に。ありえねーって思ってた。でも行けば、きっと新しい景色が見えるんだよな? 昨日、東山と話したときに、ヒントもらった。東山の叔母ちゃんってのが、すげー強烈な人らしくて、新しいことに挑戦しないのは『怠慢』なんだってさ。」
宮本がくすくすと笑いだした。歯にノリがくっついている。
「あの、先輩。その東山の叔母ちゃんって、ぼくのお母さんですよ。」
「えっ、そうなのか! おまえ、めちゃくちゃ大変だろうな。」
顔を見合わせて、爆笑してしまった。

(吉野万理子「部長会議はじまります」〈朝日学生新聞社〉から)

(注1) クレマチス=白や紫の花色をしたツル性植物。
(注2) クリケットやラグビー=イギリス古来の国民的な球技。

1 (1)いや、今がいいチャンスではないか? とあるが、どういうことかがわかるひとまとまりの会話を本文中から抜き出し、初めの四字を書きなさい。

2 (2)花壇の花が、風に吹かれて揺れている という表現の効果について説明した次の文の□に入る語を漢字二字で書きなさい。

・間を置くことで、読者に宮本の反応を□させる効果。

3 (3)「えっ。」 とあるが、このとき「オレ」がひどく驚いた理由の説明として最も適当なものはどれか。

ア 宮本の返事によってキャプテンの誇りが傷ついたから。
イ 対応を真剣に考えていたのにあっさり否定されたから。
ウ 宮本の返事をする態度があまりにも軽いものだったから。
エ 宮本にはバスケをやってほしいと強く思っていたから。

4 (4)なんか意地張っちゃって とあるが、宮本の「意地」についての説明として最も適当なものはどれか。

ア スポーツをするならやはり球技でなければならない。
イ ハンディがあってもスポーツをすることに価値がある。
ウ スポーツじゃないことをしてもみんなに認められない。
エ 自分は運動神経もいいのでスポーツを続けるべきだ。

5 (5)「でも、その選択、きっといいんじゃないか?」 とあるが、このとき「オレ」が宮本に伝えたかったことを、「新しい扉」「同じ立場」という語を用いて、四十字以上五十字以内で書きなさい。

6 本文の内容に合うものとして最も適当なものはどれか。

ア 「宮本」のことを聞いた「オレ」はなんとか彼の役に立ちたいと思っていたが、逆に励まされてばつの悪さを感じている。
イ 「宮本」は「オレ」がしつこく問いかけることを不快に思っていたが、しだいに心を開いて打ち解けるようになっている。
ウ 「オレ」は転校がイヤでたまらなかったが、「宮本」と話すうちに自分も新しいことにチャレンジすべきだと前向きになっている。
エ 「宮本」は「オレ」がバスケ部のキャプテンなので先輩として立てていたが、「東山」と親しいと聞いて対等な口をきいている。

5

「古いものや新しいものの良さ」について、あなたの考えを国語解答用紙(2)に二百四十字以上三百字以内で書きなさい。
なお、次の《条件》に従って書くこと。

《条件》
(Ⅰ) 二段落構成とすること。
(Ⅱ) 各段落は次の内容について書くこと。

第一段落

・あなたが考える「古いものの良さ」と「新しいものの良さ」について、それぞれ具体的な例を挙げて説明しなさい。例は、あなたに直接関わることでも見たり、聞いたりしたことでもよい。

第二段落

・第一段落に書いたことを踏まえて、あなたが今後「古いものや新しいもの」にどのように関わっていこうと思うかについて、あなたの考えを書きなさい。

5 さらに実演をその場で見せてくださいました(4) とあるが、このとき筆者を感動させたものを、「身体感覚」という語を用いて、三十字以上四十字以内で書きなさい。

6 本文における筆者の考えについて説明したものとして最も適当なものはどれか。

ア 重みのある一言で気持ちを伝えるには、一呼吸おいて表現するように心がけ、言葉と感情を一致させる必要がある。

イ 言葉というものは、短く一言で言うと最も重みがある言葉になるので、できるだけ間をおいて表現する必要がある。

ウ 言葉に感情を乗せて話しても疲れないためには、口頭だけでなく全身を使って表現する練習をする必要がある。

エ 本心から謝るには感情の〝ため〟をつくることで、なるべく言葉を軽快なものにして相手を傷つけないようにする必要がある。

4

次の文章を読んで、1から6までの問いに答えなさい。

〔「オレ」はバスケットボール部のキャプテンであるが、両親の都合でイギリスのロンドンに転校することになった。次は、同級生で卓球部の「東山」のいとこである「宮本剣」と話している場面である。〕

隣のベンチに宮本剣がいて、松葉杖を横に置いて弁当を開いている。頭のなかをいろんな考えがめぐる。こいつはオレを追いかけてきたのかな。それはないか。じゃあ、いつもここで食べているのかな。もう一度目を閉じて、知らん顔をしようか。(1)いや、今がいいチャンスではないか？

「あのさ。」

突然声をかけると、宮本ははしを持つ手を一瞬びくっと震わせた。

「はい？」

オレのほうを数秒見てから、宮本はまた弁当箱に目を戻した。

「バスケ部、見学に来てるだろ？　あれって、マジで興味あるわけ？」

宮本は答えない。

「バレー部の部長に聞いたけど、おまえ、バレーでパラリンピック目指そうとしたんだろ？　で、断られて今度はバスケを見にきて。正直、なんでもいいのかよ、ってオレは思ってた。」

また答えないで、宮本はミートボールを口へ放り込む。

「でも昨日、東山としゃべったんだ。いとこなんだろ？」

「あ、はい……。」

「東山は、別のことを言った。おまえはきっと新しい扉を開きたいんだ、って。『剣は病気になったからこそ、新しい世界に出会えた、という経験をしたいんだと思う。』って。」

(2)花壇の花が、風に吹かれて揺れている。紫色の花びら。地面に「クレマチス」(注1)という立て札が差してある。

「それって本当にバスケなのか？」

「うーん……たぶん違うと思います。」

(3)「えっ。」

もし歩きながら話していたら、オレはズッコケて転んだかもしれない。

覚悟していたのだ。「バスケをやりたいです！」と言われたら、車椅子バスケがどんなものか調べたり、部員たちに相談したり、いろいろやらなきゃな、と。

「ぼく……小四まで元気で、卓球やりまくってて。」

「うん。」

「それが急に病気になって、納得できなかった。膝に人工関節入れたけど、ぼくは運動神経いいし、スポーツ、やり続けられるって思ったんですよ。逆にスポーツ続けなきゃ、って思いこんでいるようなとこもあった。」

少しわかる。ロンドンでクリケット(注2)やラグビーをやったらどうだと言われても、納得できなかった。バスケを続けたい気持ち、整理できていない。

「だからバレーを考えて、次にバスケもありかなって。」

「うん。」

「でも、本当はもっと気になることを見つけてて。」

「え？」

「それはスポーツじゃないから、(4)なんか意地張っちゃって。まだ決心が。」

「何部のこと言ってんのかよくわかんねーけど。」

「まだ秘密。」

(5)「でも、その選択、きっといいんじゃないか？」

宮本はけへへ、と笑った。

「知らないのに、いいんじゃないかって言っちゃいます？」

ところが、言葉に感情を乗せないと、疲れない。だから[　　]のうちに、同じ言葉をリピートしてしまうわけです。これが癖になっている人も多いのです。

しかし、もちろんこんな癖のある相手に、人は好感を持ちません。言葉に心がこもっていない、不誠実な人だと見られるのがオチです。たとえば、こちらのミスで顧客に謝る時(3)「すいませんでした、すいませんでした、すいません、すいません」などと何回も繰り返すと、誠意が伝わるどころか、言葉の重みが消えていきます。

自分自身を守ろうとしている、失敗を深いところではきちんと受け止めようとしていない、早くやり過ごそうとしている、という思いが透けて見えます。それで結局、顧客をもっと怒らせることになってしまうのです。

本心から謝るには、感情の〝ため〟をつくることで、言葉と感情をうまく一致させる必要があります。そして、重みのある一言で気持ちを伝えるのです。

感情の〝ため〟がない人は、言葉と感情を合致させる作業をしていません。言葉だけが、軽く流れていってしまうので、むしろ、相手の感情を傷つけてしまいます。

言葉の重みについて、ある時、歌舞伎役者の坂東玉三郎さんと対談する機会がありました。数百人ほどの聴衆を前に、玉三郎さんはこんなことを語ってくださいました。

「感情と言葉を、上手に重ね合わせるのが本当に大事なんです。二つをぴったり重ね合わせないとだめです。言葉だけが先走ると、感情がついていっていない。感情だけを出そうとすると、今度はセリフが弱くなり、言葉が弱くなってしまう。」

(4)さらに実演をその場で見せてくださいました。

(注)「真如の月を眺め明かさん」

というセリフで、感情とその言葉が一致するように動かれるのです。ポイントは、体のつかい方だ、ということでした。

思いと同調させながら、手の差し伸べ方や足の出し方などにそれを表していく。仙骨という腰の骨から手の先まで、月に向かって伸ばしていく。そんな意識を持ち、思いを体に乗せて体現していくそうです。身体に、感情と言葉をくぐらせるように同調させて、セリフを言われている。その身体感覚のようなものを、身近で感じて本当に感動しました。

無駄にリピートする言葉は、この対極にあります。

玉三郎さんには及びませんが、私たちが一言に重みを出すには、一瞬でよいので、感情の〝ため〟を作り、一呼吸おいてから、思いを一言で表現するように心がけるべきでしょう。そうすれば、感情と言葉の一体化に近づくのではないでしょうか。

（齋藤孝「余計な一言」〈新潮社〉から）

（注）真如＝あるがままの姿。

1 [　　]に入る語として最も適当なものはどれか。

ア 無計画　**イ** 無意識　**ウ** 無関心　**エ** 無内容

2 (1)相手に与える自身の印象も軽くなってしまいます　とあるが、同じ言葉をリピートする人は、相手にどのような印象を与えると筆者は述べているか。本文中から五字で抜き出しなさい。

3 (2)二つの心理が隠れています　とあるが、「二つの心理」についての説明として最も適当なものはどれか。

ア 思いをためて感情を整えることは疲れるという心理と、そのために言葉の重みを軽くしようとする心理。

イ 本当は聞いていないことが発覚しないようにする心理と、自分が疲れないようにする心理。

ウ 人に注意されるのは嫌なことだという心理と、そのために相手に言わせず自分を守ろうとする心理。

エ 相手に話す気をなくさせ自分を守ろうとする心理と、自分が疲れないために言葉の重みを軽くしようとする心理。

4 (3)「すいませんでした、すいませんでした、すいません、すいません」などと何回も繰り返す　とあるが、このような例を挙げて筆者が述べようとしていることとして最も適当なものはどれか。

ア 自分の誠意を伝えるためには、適度な回数が必要であること。

イ 謝っているつもりでも、気持ちが伝わらず逆効果になること。

ウ 感情の〝ため〟をつくるには、繰り返す言葉に間が要ること。

エ 相手を不快にさせるだけなので、何も言わない方がいいこと。

に貧窮なるが悲しければ、貧窮を、今は追はんと思ふなり」とて、十二月晦日の夜、桃の枝を、我も持ち、弟子にも、小法師にも持たせて、呪を誦して、家の内より次第にものを追ふやうに打ち打ちして、「今は貧窮殿、出ておはせ、出ておはせ」といひて、門まで追ひて、門を立てけり。

その後の夢に、やせたる法師一人、古堂にゐて、「年ごろ候ひつれども、追はせ給へば、罷り出候ふ」とて、雨に降りこめられて、泣きて有りと見て、円浄房語りけるは、「この貧窮、いかに侘びしかるらん」と、泣きけるこそ、情けありて覚ゆれ。それより後、世間事欠けずして過ぎけり。

（「沙石集」から）

（注1）尾州＝尾張国。現在の愛知県西部。
（注2）世間＝暮らし向き。
（注3）五旬＝五十歳。
（注4）小法師＝年若い僧。
（注5）追はん＝追い払おう。
（注6）呪を誦して＝呪文を唱えて。
（注7）出ておはせ＝出ていかれよ。
（注8）門を立てけり＝門を閉めてしまった。
（注9）ゐて＝座って。
（注10）候ひつれども＝お側におりましたが。
（注11）罷り出候ふ＝お別れします。
（注12）事欠けずして＝不自由なく。

1　追ふやうに　は現代ではどう読むか。現代かなづかいを用いて、すべてひらがなで書きなさい。

2　ア 持たせて　イ 追ひて　ウ 泣きて有り　エ 泣きける　の中で、主語が異なるものはどれか。

3　(1)年ごろあまりに貧窮なるが悲しければ　の意味として最も適当なものはどれか。

ア　長年とても貧しいことが悲しいので
イ　このごろひどく貧しくなったことが悲しいので
ウ　長年とても貧しいことが悲しいのならば
エ　このごろひどく貧しくなったことが悲しいのならば

4　(2)やせたる法師一人、古堂にゐて　とあるが、法師が「古堂」にいたのはなぜか。三十字以上三十五字以内の現代語で答えなさい。

5　本文の内容と合うものはどれか。

ア　円浄房は五十歳になって弟子に模範を見せるために、せっかく追い払った貧窮殿を憐れんで助けることを教えた。
イ　円浄房は弟子や小法師を養うために貧窮殿を追い出したが、貧窮殿が出ていってしまうとひどく寂しい思いをした。
ウ　円浄房は貧しさを嫌って、貧窮殿を追い出そうと考え儀式を行ったが、貧窮殿が途方に暮れている姿に同情した。
エ　円浄房は貧しさと縁を切るために、親しくしていた貧窮殿を追い出したので、その後は暮らし向きに困らなかった。

3

次の文章を読んで、1から6までの問いに答えなさい。

同じ言葉をリピートする人がいます。

言葉というのは、短く一言を放った時にその重みを増しますから、このように繰り返してしまうと、言葉がどんどん軽くなるのです。同時に(1)相手に与える自身の印象も軽くなってしまいます。

昔は、こういう人は、大人でも子どもでも「返事は一回でよい」とよく注意されたものです。「はいはい」「はいはいはい」などと繰り返して答えれば答えるほど、聞いていないことを伝えているようなものです。

この背景には、(2)二つの心理が隠れています。

相手の言葉を遮りたい、相手から自分を守りたいという意図が一つ。続けて言葉を繰り出すことで、相手はしゃべる気が失せてしまいます。もう一つが、一言一言の重みをわざと軽くしていくという意図です。わざと軽くすると、どんなメリットがあるのでしょうか。謝罪する際に、「ごめんごめんごめん」と二〜三回リピートすることは、「ごめんなさい」という一言よりも随分軽くなります。すると、言うほうは疲れないのです。本来、「ごめんなさい」という一言は、思いをためて、感情を整えてからでないと、なかなか言えません。つまり、その分、疲れるわけです。

問題 R4
192
193
194
195

第192回 下野新聞模擬テスト

国語

制限時間 50分

1

次の**1**から**4**までの問いに答えなさい。

1 次の――線の部分の読みをひらがなで書きなさい。

(1) 無作為に抽出する。　(2) 文明から隔絶した土地。

(3) 理想を掲げる。　(4) 珍しい種類の花。

(5) 壊滅的な被害。

2 次の――線の部分を漢字で書きなさい。

(1) ケントウを重ねる。　(2) 頭をヒやす。

(3) ネットウでやけどする。　(4) 負担をヘらす。

(5) フッキンをきたえる。

3 次は、生徒たちが俳句について話している場面である。これについて、(1)から(4)までの問いに答えなさい。

> Ⅰ　大空に又わき出で（い）し小鳥かな
>
> Ⅱ　木曾川（きそがわ）の今こそ光れ渡り鳥　　高浜虚子（たかはまきょし）

Aさん　「この二つの俳句は渡り鳥を捕らえる小鳥狩りを見て詠（よ）まれたんだそうだよ。Ⅰの『小鳥』とⅡの『渡り鳥』が同じ季節の季語なんだ。」

Bさん　「そうか。すると『小鳥』も『渡り鳥』なんだね。季節は（　①　）ということになるね。」

Aさん　「そうだね。Ⅰの俳句は大空いっぱいの小鳥が季節の光の中に感じられる（ア）ね。（　②　）という表現に作者の驚きの気持ちが出ている（イ）よ。」

Bさん　「Ⅱの俳句では光りながら（ウ）谷底を流れていく木曾川と渡り鳥を対比して（エ）いるね。どちらもすがすがしい季節の光に満ちあふれているよ。」

Aさん　「同じ作者の俳句を味わってみるとまた新たな発見があって楽しいね。」

(1) Ⅱの俳句に用いられている表現技法はどれか。

ア 倒置法　**イ** 体言止め　**ウ** 擬人法　**エ** 字余り

(2) （　①　）に入る語として最も適当なものはどれか。

ア 春　**イ** 夏　**ウ** 秋　**エ** 冬

(3) （　②　）に入る語を、Ⅰの俳句の中から六字以内で抜き出しなさい。

(4) 捕らえる と活用の種類が同じ語は〰〰部**ア**から**エ**のどれか。

4 次の漢文の書き下し文として正しいものはどれか。

何（なんノ）亡（ほろボシ）レ国（くにヲ）敗（やぶルコト）レ家（いえヲ）之（これ）有（あランノ）。（「孟子（もうし）」）

ア 何の国を亡ぼし之れ有らん家を敗ることか。

イ 何の之れ有らん国を家を亡ぼし敗ることか。

ウ 何の亡ぼし国を敗ることか家を之れ有らん。

エ 何の国を亡ぼし家を敗ることか之れ有らん。

2

次の文章を読んで、**1**から**5**までの問いに答えなさい。

尾州（びしゅう）(注1)に、円浄房（えんじょうぼう）といふ僧ありけり（ア）。世間(注2)貧しくして、年齢も五旬(注3)に及びけるが、弟子の僧一人に、小法師（こぼふし）(注4)一人ありける（イ）。「(1)年ごろあまり

第193回 下野新聞模擬テスト

社会

1 **図1**は，栃木県に住む太郎さんが，旅行で訪れた五つの都府県(秋田県，福島県，東京都，大阪府，宮崎県)の位置を示したものである。これを見て，次の**1**から**6**までの問いに答えなさい。

図1

1 次の文は，太郎さんが訪れた都府県のいずれかについて述べたものである。どの都府県か書きなさい。

> スペインのマドリードやアメリカのニューヨークを通過する北緯40度の緯線が通っている。

2 東京都について，次の(1)，(2)の問いに答えなさい。

(1) 東京都の沿岸部について述べた次の文中の［　　］に当てはまる語を書きなさい。

> 東京都の沿岸部は，埋立地や鉄道施設の跡地が残っていたが，1990年代以降，これらの土地の［　　］が進められ，現在は大型商業施設やホテルなどが建てられている。

(2) **図2**は，東京都の1年間の熱帯夜(夜間の最低気温が25度以上の日)の日数の推移を示したものである。これについて述べた次の文中の［　　］に当てはまる語を書きなさい。

> **図2**のような変化がおきている理由は，地球温暖化もあるが，［　　］現象による影響も大きい。これは，アスファルトやコンクリートに囲まれ，緑地や水面が少なく，車やエアコンなどからの排熱量が多い都市部で発生しやすい現象である。

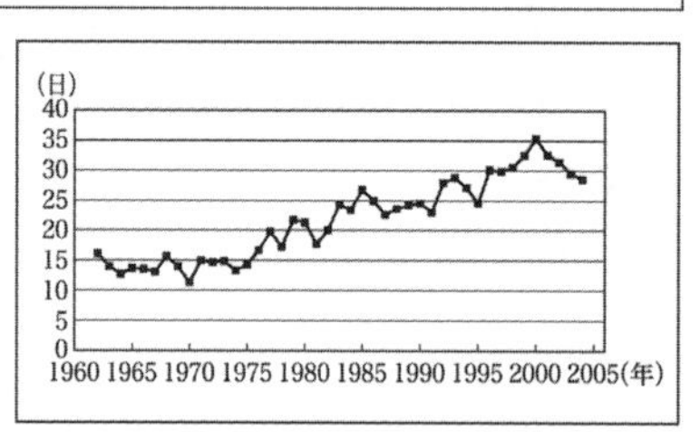

図2（「気象庁資料」により作成）

3 **図3**は，ある果実の収穫量上位4県とその収穫量を示したものである。**図3**中の［X］に当てはまる果実はどれか。

ア りんご　**イ** みかん　**ウ** さくらんぼ　**エ** もも

(2020年)

［X］の収穫量上位4県	収穫量(t)
山梨県	30,400
福島県	22,800
長野県	10,300
山形県	8,510

図3（「県勢」により作成）

4 **図4**は，大阪府の1965年と2016年の工業用水の水源の内訳を示したものである。**図4**のように変化した理由の説明として正しいのはどれか。

ア 地下水のくみ上げすぎにより，地盤沈下などが多発したから。
イ 飲用水が不足したから。
ウ 都市部で洪水が発生するようになったから。
エ 淀川の水量が増え，これまで以上に利用できるようになったから。

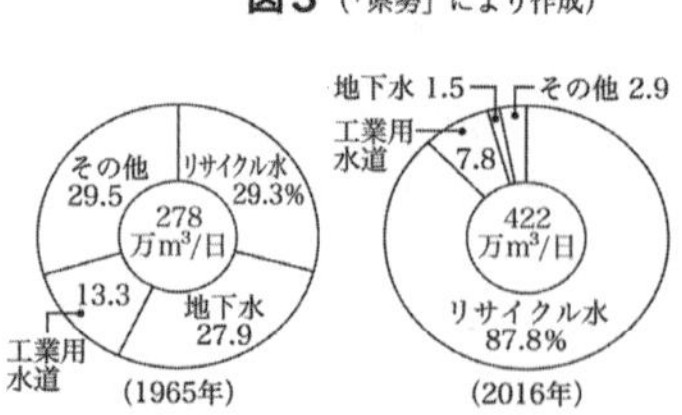

図4（「経済産業省資料」により作成）

5 **図1**中の東海道新幹線の路線図(―――)上の地点**A**周辺の風景として，正しいのはどれか。

ア 日本最大の湖が見える。
イ 日本で最も長い川が流れ，水田が広がっている。
ウ 牧ノ原台地に茶畑が広がっている。
エ 日本で最も長い山脈が見られ，山々が横一線に並んでいる。

解答・解説 P302・P305

6 **図5**は，宮崎県のピーマンの栽培過程と，2021年の東京都の市場におけるピーマン1kg当たりの平均価格を示したものである。これについて述べたあとの文中の[I]に当てはまる文を，「ビニールハウス」の語と具体的な栽培方法の名称を用いて，[II]に当てはまる文を，「価格」の語を用いて，**図5**をふまえ，簡潔に書きなさい。

月	1	2	3	4	5	6	7	8	9	10	11	12
栽培過程	○	○	○	○	○	○			△	△	△	△
平均価格(円)	604	733	592	480	396	505	349	304	417	255	356	356

○は収穫・出荷，△は苗植えを示している。

図5（「東京中央卸売市場統計年報」ほかにより作成）

> 宮崎県は，気候が温暖であるため，[I]が可能である。このような栽培方法を行うことで，[II]時期に出荷することができる。

2 次の**1**から**3**までの問いに答えなさい。

1 **図1**は，花子さんが社会科の授業で調べようと思った国を示したものである。これを見て，次の(1)から(4)までの問いに答えなさい。

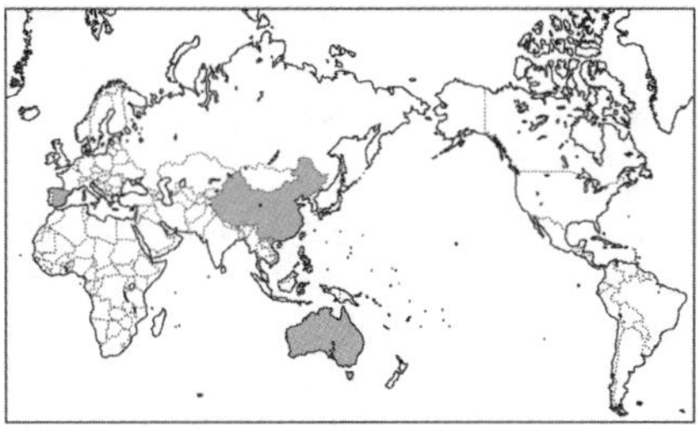

図1

(1) スペインの暮らしの説明として正しいのはどれか。

ア かんがいにより農業用の水を引き，ラクダや羊などの遊牧を行っている。
イ 伝統的な住居は，家の壁を白くぬり，窓は小さくしている。
ウ カリブー(トナカイ)の遊牧やアザラシなどの狩猟を行っている。
エ 地表に水道管が出た状態で，各家庭に温めた水道水が通されている。

(2) ベトナムの伝統料理について述べた次の文中の[ ]に共通して当てはまる農産物はどれか。

> ベトナムでは，[ ]の粉からつくっためん料理である「フォー」が食べられている。**図2**は，その農産物の主な輸出国とその輸出量(2019年)を示しており，[ ]が南アジアから東南アジアの地域などで栽培されていることが分かる。

国名	輸出量(千t)
インド	9,732
タイ	6,848
ベトナム	5,454

図2（「世界国勢図会」により作成）

ア 米　**イ** 小麦　**ウ** タロいも　**エ** ライ麦

(3) オーストラリアの先住民を何というか。

(4) **図3**は，中国の省別・地域別の1人当たりの総生産額を，**図4**は，中国の都市人口割合の推移(全人口のうち都市に居住する人の割合)を示したものである。これについて花子さんがまとめた**図5**中の[X]に当てはまる文を，「内陸部」「沿岸部」の二つの語を用いて簡潔に書きなさい。

(2017年)

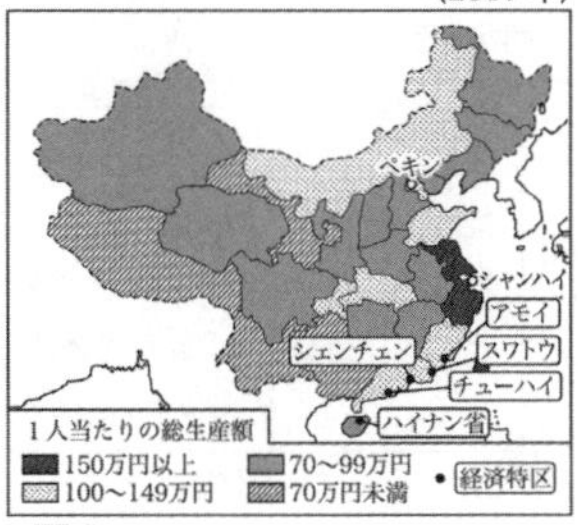

図3（「中国統計年鑑」ほかにより作成）

年	1980	2000	2010	2020
都市人口割合(%)	19.4	35.9	49.2	61.4

図4（「世界国勢図会」により作成）

> ○ペキンやシャンハイ，経済特区に指定されている都市部は，中国の経済発展を支える都市である。
> ○**図3**から，**図4**のように変化しているのは，[X]ことが，理由の一つであると読み取れる。

図5

2 世界で最も面積が小さい国はどこか。

3 図6は，地熱発電量が多い上位5か国(2018年)を示したものである。図6中の Y に当てはまる国はどれか。

ア 南アフリカ共和国　イ ブラジル
ウ イギリス　エ インドネシア

1位	アメリカ
2位	Y
3位	フィリピン
4位	ニュージーランド
5位	トルコ

図6（「世界国勢図会」により作成）

3 略年表を見て，次の1から8までの問いに答えなさい。

時代	主なできごと
飛鳥	ⓐ小野妹子が隋に派遣される
平安	坂上田村麻呂が征夷大将軍に任命される…… ↕A ⓑ平清盛が太政大臣に任命される………
鎌倉	北条泰時がⓒ法令を制定する……… ↕B
安土桃山	ⓓ太閤検地が行われる………
江戸	ⓔ村役人が自治を行う ⓕ異国船打払令をやめる

1 下線部ⓐに関して，これを行った人物の政策について述べた次の文中の□に当てはまる語を書きなさい。

> かんむりの色などで地位を区別する□を定めた。これは，家柄にとらわれず，才能や功績のある人物を役人に取り立てるための制度であった。

2 Aの時期におきたできごとを年代の古い順に並べ替えなさい。

ア 高野山に金剛峯寺(こんごうぶじ)が建てられた。　イ 白河上皇が院政を始めた。
ウ 藤原道長が摂政になった。　エ 平治の乱がおこった。

3 下線部ⓑに関して，図1中のP，Q，R，Sの場所と，その場所でおきた平氏に関わるできごとの組み合わせとして正しいのはどれか。

ア P－日宋貿易のために，港を整備した。
イ Q－平将門の乱がおきた。
ウ R－平清盛が後白河天皇の味方をした乱がおきた。
エ S－平氏が厳島神社にたびたび参詣した。

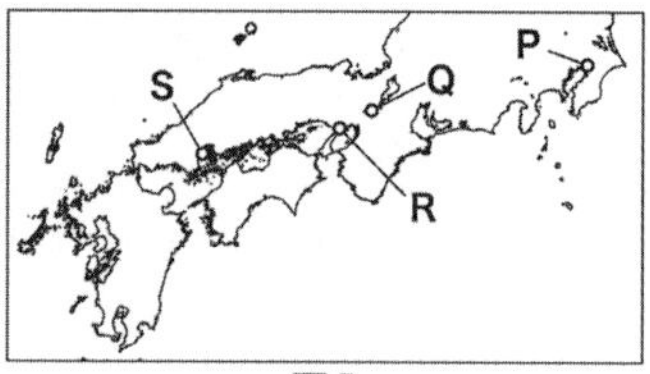

図1

4 下線部ⓒについて述べた次の文中の□に当てはまる語を書きなさい。

> 北条泰時は，裁判を公正にするため，武士社会の慣習などを基にして□を制定した。この法令は，長く武士の法律の見本とされた。

5 次のア，イ，ウ，エのできごとのうち，Bの時期におきたものを**すべて**選びなさい。

ア 承久の乱がおこる。　イ 長篠の戦いがおこる。
ウ 参勤交代が制度化される。　エ 建武の新政が行われる。

6 下線部ⓓについて述べた次の文中の Ⅰ ， Ⅱ に当てはまる語の組み合わせとして正しいのはどれか。

> 太閤検地を行うにあたって，それまで地域で異なっていた物差や升(ます)を統一し，予想される米の収穫量を Ⅰ という単位で表すようにした。また，検地帳に登録された農民にのみ，土地の所有権を認めたため， Ⅱ の制度は完全にくずれた。

ア Ⅰ－丁　Ⅱ－荘園　イ Ⅰ－丁　Ⅱ－班田収授
ウ Ⅰ－石　Ⅱ－荘園　エ Ⅰ－石　Ⅱ－班田収授

7 下線部ⓔは，庄屋(名主)，組頭と，あともう一つは何か。

8 下線部ⓕに関して，図2は，この法令が停止される前後のできごとを示した略年表である。図2を参考にして，異国船打払令をやめた理由を，図2中の X に当てはまる語を用いて簡潔に書きなさい。

年	できごと
1840	X がおこる
1842	異国船打払令をやめる
〃	外国船にまきや水を与える法令が出される

図2

4 謙心さんは，近代から現代までに活躍した人物について調べ，**図1**を作成した。これを見て，次の**1**から**6**までの問いに答えなさい。

人物	説明
大隈重信	明治政府を追われた後，［ X ］の党首となった。
榎本武揚(えのもとたけあき)	開拓使で勤めた後，ⓐロシアとの領土確定の交渉における担当となった。
平塚らいてう(ちょう)	新婦人協会を設立し，女性の政治活動の自由，ⓑ女子教育の発展などに努めた。
原敬	寺内正毅内閣がⓒ米騒動で倒れた後，本格的な政党内閣を組織した。
ⓓ佐藤栄作	1974年にノーベル平和賞を受賞した。
田中角栄	ⓔ日中共同声明を発表し，中国との国交を回復させた。

図1

図2

1 ［ X ］に当てはまる語はどれか。

ア 自由党　**イ** 立憲改進党　**ウ** 立憲政友会　**エ** 大政翼賛会

2 下線部ⓐの交渉によって，**図2**のように日本の領土が決められた。この条約を何というか。

3 下線部ⓑに関して，次の文中の［　　］に共通して当てはまる人物名を書きなさい。

> 岩倉使節団の女子留学生として加わった［　　］は，使節団派遣当時は，わずか7歳であった。帰国後，［　　］は留学経験を生かし，日本の女子教育の発展に力をつくした。

4 下線部ⓒに関して，次の謙心さんと大樹さんの会話文中の［ I ］に共通して当てはまる語はどれか。また，［ II ］に当てはまる文を，「米」の語を用いて簡潔に書きなさい。

> 大樹：「米騒動はなぜおこったのですか。」
> 謙心：「これには，［ I ］が関わります。」
> 大樹：「どのような関係が見られるのでしょうか。」
> 謙心：「**図3**は米価の推移を示したものです。米価の急上昇が見られるのは，ちょうど［ I ］がおきていた時期と重なります。このとき，アメリカ，イギリス，フランス，日本などの資本主義国が，干渉戦争を行いました。この干渉戦争をみこして［ II ］ため，米価が急上昇しました。民衆はこれに反発し，米騒動をおこしたのです。」
> 大樹：「なるほど。食費が上がると，生活も苦しくなりますよね。」

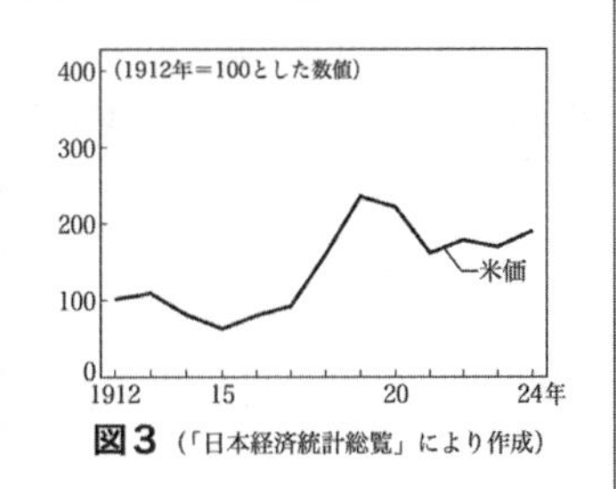

図3（「日本経済統計総覧」により作成）

ア ロシア革命　**イ** フランス革命　**ウ** 名誉革命　**エ** インド大反乱

5 下線部ⓓの人物が行った政策はどれか。

ア 日中平和友好条約を締結した。　**イ** 沖縄返還を実現した。

ウ 日ソ共同宣言に調印した。　**エ** アジア・アフリカ会議を開催した。

6 下線部ⓔの後におきたできごととして**当てはまらない**のはどれか。

ア ベルリンの壁が取り壊され，米ソの首脳が冷戦の終結を宣言した。

イ 細川護熙(もりひろ)を首相とする非自民連立内閣が成立し，55年体制が崩壊した。

ウ テレビ，洗濯機，冷蔵庫などの家庭電化製品が普及し始めた。

エ 阪神淡路大震災がおき，大きな被害が出た。

5 次の1から6までの問いに答えなさい。

1 図1中のア，イ，ウ，エは，日本，ブラジル，ノルウェー，アルジェリアの，1980年，2000年，2020年における全人口に占める65歳以上の人口の割合と2019年の合計特殊出生率を示している。日本はどれか。

	全人口に占める65歳以上の人口の割合(%)			合計特殊出生率(人)
	1980年	2000年	2020年	
ア	8.9	17.0	28.4	1.4
イ	14.7	15.3	17.5	1.5
ウ	3.8	5.2	9.6	1.7
エ	3.4	4.3	6.7	3.0

図1（「世界国勢図会」により作成）

2 次の文は，物事の採決について述べたものである。文中の□に当てはまる語を書きなさい。

物事の採決の方法において，それぞれ長所や短所があり，場合によって使い分けることも必要である。□は，一定時間内で決定できるが，少数意見が反映されにくいという特徴があり，日本の国会における採決では，この方法が採られている。

3 次の文中の Ⅰ ， Ⅱ に当てはまる語の組み合わせとして正しいのはどれか。

社会では，人々が円滑に生活するために，ルールや決まりが設けられる。これらを設ける際には，決められた内容に無駄がないかという Ⅰ の視点や，誰かが不当に扱われていないかという Ⅱ の視点を持っておく必要がある。

ア Ⅰ－公正 Ⅱ－効率　イ Ⅰ－公正 Ⅱ－対立
ウ Ⅰ－効率 Ⅱ－公正　エ Ⅰ－効率 Ⅱ－対立

4 図2は，1919年にドイツで制定された，ワイマール憲法の条文の一部を示したものである。図2中の X に当てはまる語はどれか。

ア 自由　イ 平等　ウ 私有財産　エ 生存

【第151条】
経済生活の秩序は，すべての人に人間に値する X を保障することを目指す，正義の諸原則にかなうものでなければならない。

図2

5 次の文は，人権の歴史について述べたものである。文中の□に当てはまる語を書きなさい。

欧米諸国の市民革命において人々が立ち上がった背景には，さまざまな思想家の考えがあった。そのうち，モンテスキューは著書『法の精神』の中で，司法権，立法権，行政権は一つの機関に集中させず，別々の機関が担うべきとした□の考えを紹介した。

6 憲法について正しく述べているのはどれか。

ア 権力者が国民に対して示すもので，権力者は憲法に制限されないが，国民の行動は憲法によって制限される。
イ 憲法に違反する法律は，法としての効力を持たない。
ウ 法の構成において，法律の下に憲法があるため，法律に比べると法としての効力は弱い。
エ 条例に違反する憲法は，法としての効力を持たない。

問題 R4 192 193 194 195 【社会】第193回

 解答・解説 P302・P305

6 ゆうさんと先生の会話文を読み，次の**1**から**5**までの問いに答えなさい。

ゆう：「バリアフリーについて紹介するテレビ番組を見ていて，授業で習ったことを思い出しました。」
先生：「ⓐ日本国憲法の項目で，平等権について学習したときのことですね。平等権以外にも基本的人権がありましたが，覚えていますか。」
ゆう：「はい。ⓑ自由権や社会権などがありました。参政権の話では，ⓒもうすぐその権利を得られる年齢になると思って，興味を持って学習に取り組みました。」
先生：「すばらしい姿勢ですね。次回の授業では，ⓓ日本国憲法に直接書かれていない人権についても学習します。」
ゆう：「書かれていないのであれば，ⓔ憲法を改正する必要があるのではないでしょうか。」
先生：「そのあたりも授業で紹介しますね。ぜひ，予習をしておいてください。」

1 下線部ⓐに関して，**図1**は，日本国憲法の前文の一部を示したものである。これを見て，次の(1)，(2)の問いに答えなさい。

(1) **図1**中の下線部に関して，日本は核兵器を「持たず，つくらず，持ち込ませず」という方針を採ってきた。この方針を何というか。

(2) **図1**中の X に当てはまる語はどれか。
ア 集団的自衛権　**イ** 交戦権
ウ 主権　**エ** 拒否権

日本国民は，正当に選挙された国会における代表者を通じて行動し，われらとわれらの子孫のために，諸国民との協和による成果と，わが国全土にわたつて自由のもたらす恵沢(けいたく)を確保し，政府の行為によつて再び戦争の惨禍(さんか)が起(おこ)ることのないやうにすることを決意し，ここに X が国民に存することを宣言し，この憲法を確定する。

図1

2 下線部ⓑに関して，**図2**は，1947年に発行された社会科の教科書「あたらしい憲法のはなし」に掲載された図を示したものである。表現の自由に関わる内容は，**図2**中の**ア**，**イ**，**ウ**，**エ**のどれか。

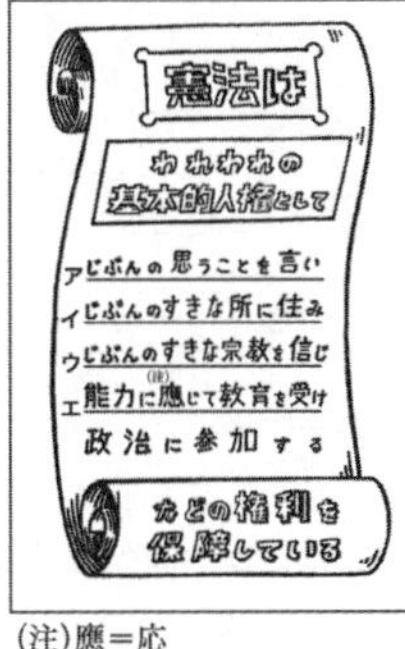

(注)應＝応
図2

3 下線部ⓒに関して，次の文中の□に当てはまる数字を書きなさい。

選挙権は，国会や地方議会の議員，都道府県知事，市町村や特別区の長を選ぶ権利で，2016年から満□歳以上のすべての国民に認められている。

4 下線部ⓓに関して，国や地方には情報公開制度が設けられている。この制度の背景にある，新しい権利はどれか。また，この制度の目的を，「透明性」の語を用いて簡潔に書きなさい。
ア 環境権　**イ** 自己決定権　**ウ** プライバシーの権利　**エ** 知る権利

5 下線部ⓔに関して，**図3**は，憲法改正の流れを示している。**図3**中の Ⅰ ，Ⅱ に当てはまる語の組み合わせとして正しいのはどれか。
ア Ⅰ－3分の2以上　Ⅱ－過半数
イ Ⅰ－過半数　Ⅱ－3分の2以上
ウ Ⅰ－過半数　Ⅱ－過半数
エ Ⅰ－3分の2以上　Ⅱ－3分の2以上

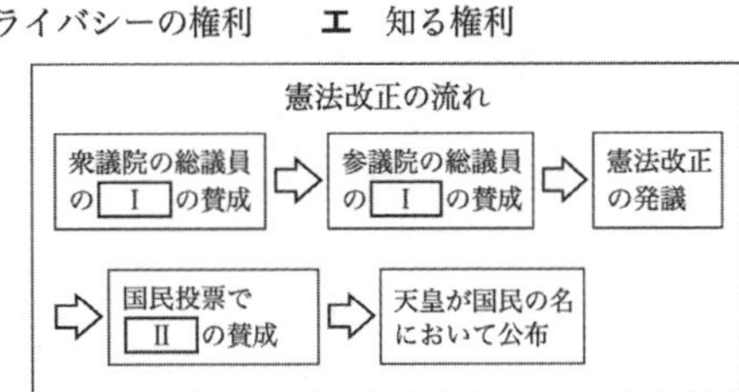

図3

7 次の文を読み，**1**から**4**までの問いに答えなさい。

ⓐインターネットなどの国際通信の99％は，海底ケーブルを利用しており，全世界の海底ケーブルを一本につなげると，その長さは地球30周分にもなる。日本からは，ロシアやアメリカ，ⓑアジアの国々やオセアニアの国々などに向かって伸びている。
海底ケーブルを敷設する際は，専用の船を使ってケーブルをたらし，海底に沿うように敷設する。当然メンテナンスも大切で，漏電を防ぐため，ⓒ銅線に熱帯の樹木から取れる樹脂がぬられている。
世界最初の実用的な海底ケーブルが敷設されたのは1851年で，日本で最初に敷設されたのはⓓ1871年である。

1 下線部ⓐに関して，次の(1)，(2)の問いに答えなさい。

(1) 次の文は，情報化の進展について述べたものである。文中の□に当てはまる語を書きなさい。

情報技術の発展により，人間のように多くの情報から推論したり判断したりする働きを持ったコンピューターである□が登場した。これにより，情報通信技術産業がさらに発展し，さまざまな製品がつくりだされている。

(2) 国や地方，民間の情報管理者に，個人の氏名や住所などを厳重に管理することを義務付けた制度を何というか。

2 下線部ⓑに関して，**図1**中の**ア**，**イ**，**ウ**，**エ**は，アジアに属するサウジアラビア，シンガポールとオセアニアに属するオーストラリア，ニュージーランドの人口密度，1人当たりGDP(国内総生産)，牛・豚・羊の家畜頭数を示している。サウジアラビアはどれか。

	人口密度(人/km²)(2018年)	1人当たりGDP(ドル)(2019年)	家畜頭数(千頭)(2019年)		
			牛	豚	羊
ア	7,804	64,103	0.2	−	−
イ	18	43,229	10,151	256	26,822
ウ	3	54,763	24,723	2,319	65,755
エ	15	23,140	567	−	9,420

(注)−は皆無，または定義上該当数字がない。

図1(「世界国勢図会」ほかにより作成)

3 下線部ⓒに関して，**図2**は，チリの輸出総額と輸出総額に占める品目の割合(2018年)を，**図3**は，銅の国際価格の推移を示したものである。チリの経済における課題を，**図2**，**図3**をふまえ，「収入」の語を用いて簡潔に書きなさい。

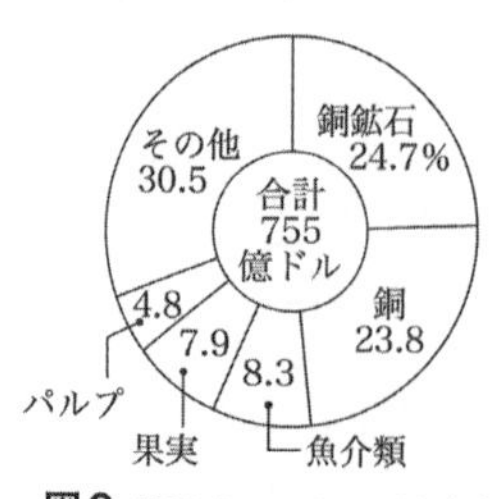

図2(「UN Comtrade」により作成)

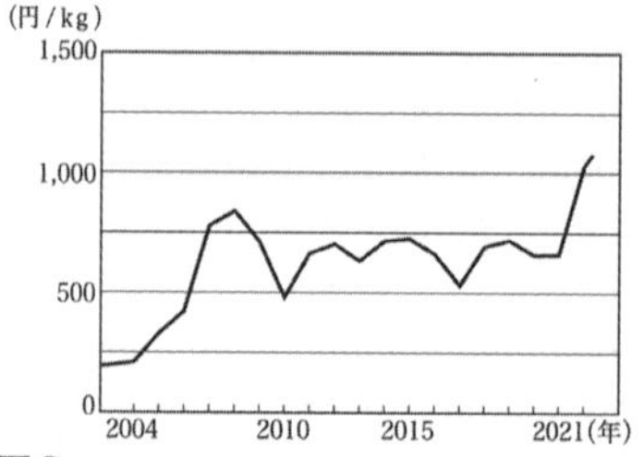

図3(「World Bank Commodity Markets」により作成)

4 下線部ⓓの年に日本で行われた政策はどれか。

ア 治安維持法の制定　**イ** 農地改革　**ウ** 廃藩置県　**エ** 公武合体

令和4年
11月6日実施

第193回 下野新聞模擬テスト
数　学

1 次の**1**から**8**までの問いに答えなさい。

1 $8\times(-3)$ を計算しなさい。

2 $2a+\dfrac{1}{4}a$ を計算しなさい。

3 $(x+7)(x-7)$ を展開しなさい。

4 2次方程式 $x^2+5x+1=0$ を解きなさい。

5 関数 $y=2x^2$ について，xの値が1から3まで増加するときのyの増加量を求めなさい。

6 右の図は，底面の半径が3cm，高さが5cmの円錐（すい）である。
この円錐の体積を求めなさい。ただし，円周率はπとする。

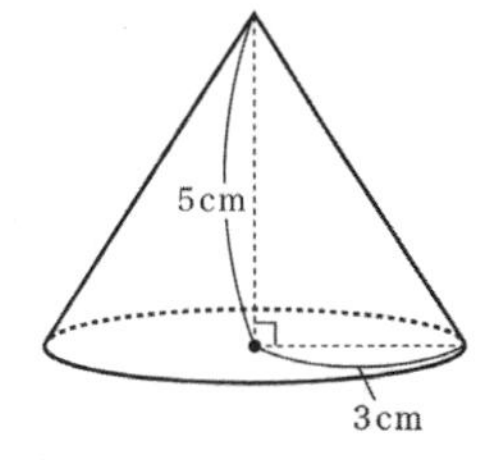

7 右の図で，$\ell /\!/ m$のとき，$\angle x$の大きさを求めなさい。

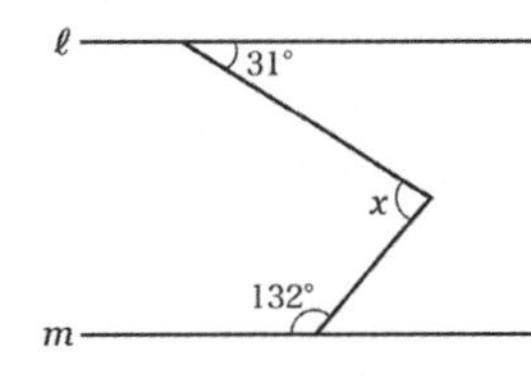

8 正六角形について**誤った内容を述べている**ものを，**ア**，**イ**，**ウ**，**エ**のうちから1つ選んで，記号で答えなさい。

ア 線対称な図形である。　　**イ** 9本の対角線をひくことができる。
ウ 外角の和は360°である。　**エ** 1つの内角の大きさは60°である。

2 次の**1**，**2**，**3**の問いに答えなさい。

1 $\sqrt{56n}$が整数となるような自然数nのうち，最小のnの値を求めなさい。

2 A地点からB地点を経由してC地点まで行く道のりは2000mである。A地点とC地点の間を往復するのに，行きはA地点からB地点までを毎分60m，B地点からC地点までを毎分40mの速さで進んだ。また，帰りはC地点からB地点までを毎分60m，B地点からA地点までを毎分40mの速さで進んだところ，所要時間は行きの方が帰りより5分だけ長かった。
　このとき，A地点からB地点までの道のりをxm，B地点からC地点までの道のりをymとして連立方程式をつくり，A地点からB地点までの道のりとB地点からC地点までの道のりをそれぞれ求めなさい。ただし，途中の計算も書くこと。

3 xについての2次方程式 $x^2-16x+p=0$ の解がただ1つだけになるような整数pの値を求めなさい。

3 次の**1**，**2**，**3**の問いに答えなさい。

1 1から5までの数字が1つずつ書かれた5枚のカード [1]，[2]，[3]，[4]，[5] がある。これらのカードをよくきって1枚取り出した後，取り出したカードはもとに戻さずに，続けてもう1枚カードを取り出す。このとき，取り出した2枚のカードがどちらも偶数になる確率を求めなさい。ただし，どのカードを取り出すことも同様に確からしいものとする。

2　△ABCについて，次のことがらの逆を書きなさい。また，逆のことがらの真偽について，正しければ○，正しくなければ×を書きなさい。

「∠ABC＝50°，∠BCA＝60°ならば，∠BAC＝70°である。」

3　右の図は，あるクラスで行われた数学のテストの結果を箱ひげ図に表したものである。
　このとき，次の⑴，⑵の問いに答えなさい。

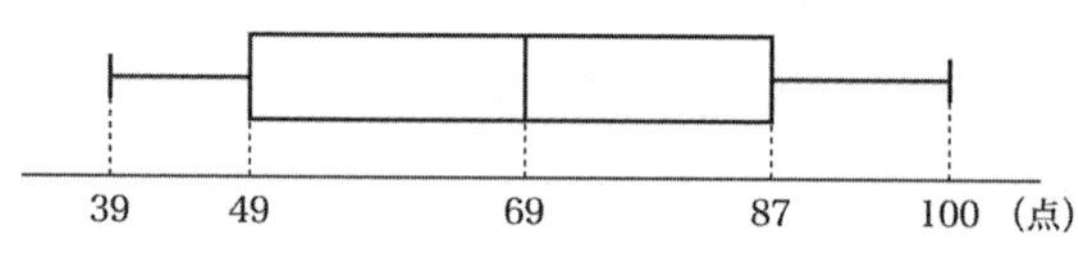

⑴　下の文は，箱ひげ図から読みとれる中央値（メジアン）について述べたものである。文中のⅠ，Ⅱに当てはまる数を求めなさい。

> 中央値（メジアン）とは第（　Ⅰ　）四分位数のことであるから，その値は（　Ⅱ　）点であることがわかる。

⑵　四分位範囲を求めなさい。

問題 R4
192
193
194
195
【数学】第193回

4　次の**1**，**2**，**3**の問いに答えなさい。

1　右の図のような△ABCと点Oがある。このとき，下の【条件】をともに満たす△PQRを作図によって求めなさい。ただし，作図には定規とコンパスを使い，また，作図に用いた線は消さないこと。

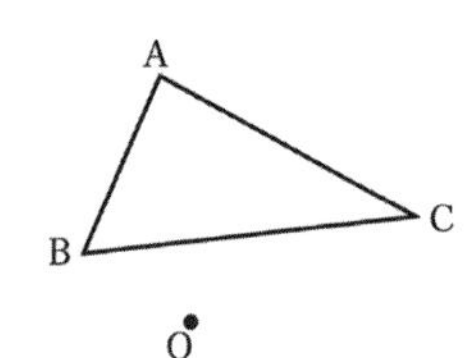

> 【条件】
> ・△PQRは点Oを回転の中心として，△ABCを180°回転移動させたものである。
> ・頂点Aは頂点Pに，頂点Bは頂点Qに，頂点Cは頂点Rにそれぞれ対応している。

2　図1のような，AB＝DE＝10 cm，AC＝DF＝26 cm，BC＝EF＝24 cm，AD＝BE＝CF＝5 cm，∠ABC＝∠DEF＝90°の三角柱ABC－DEFがあり，側面はすべて長方形である。
　このとき，次の⑴，⑵の問いに答えなさい。

⑴　三角柱ABC－DEFの表面積を求めなさい。

⑵　図2のように，三角柱ABC－DEFの辺AC，BCの中点をそれぞれP，Qとし，4点D，E，P，Qを含む平面で三角柱ABC－DEFを切断すると，PQ//AB，PQ＝5 cmになる。このとき，6点A，B，D，E，P，Qを頂点とする立体の体積を求めなさい。

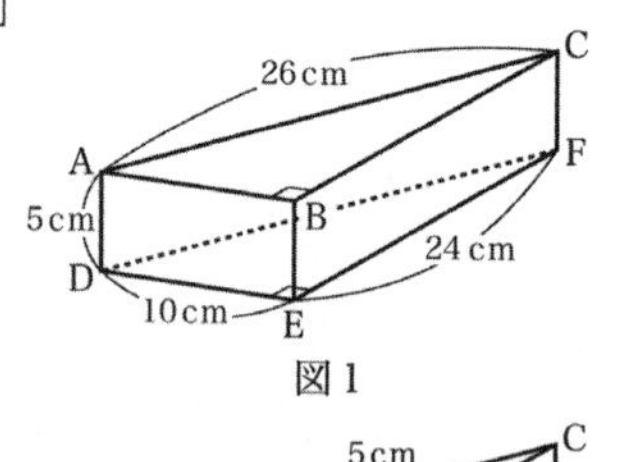

図1

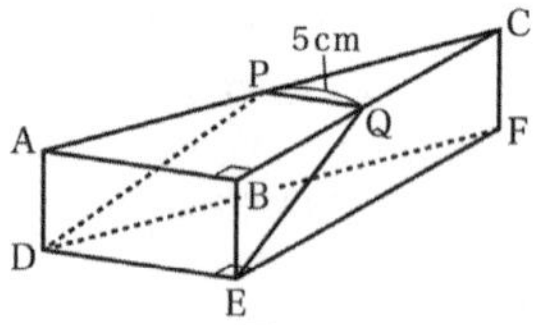

図2

3　右の図のような正方形ABCDがあり，辺CDを1辺とする△CDEを正方形ABCDの外側につくった。また，辺CEを1辺とする正方形CEFGを△CDEの外側につくり，頂点BとE，DとGをそれぞれ結んだ。
　このとき，△BCE≡△DCGであることを証明しなさい。

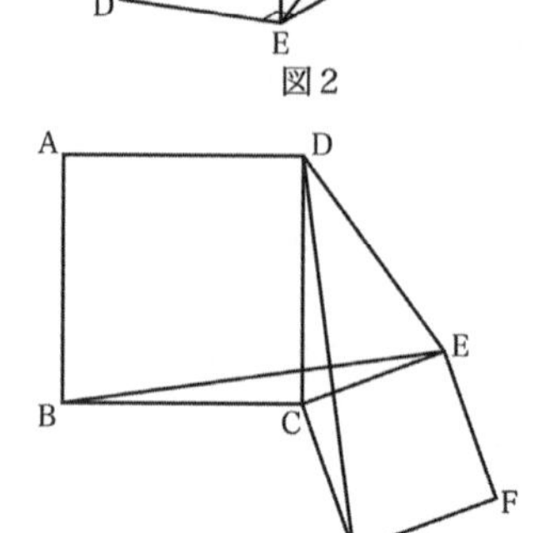

5 次の**1**，**2**の問いに答えなさい。

1 右の図のように，2つの関数$y = x^2$，$y = ax^2$ $(a < 0)$のグラフがある。$y = x^2$のグラフ上で，x座標が-2である点をAとし，点Aを通りx軸に平行な直線が$y = x^2$のグラフと交わる点のうち，Aと異なる点をBとする。また，点Aを通りy軸に平行な直線がx軸と交わる点をCとする。さらに，$y = ax^2$のグラフ上でx座標が3である点をDとする。

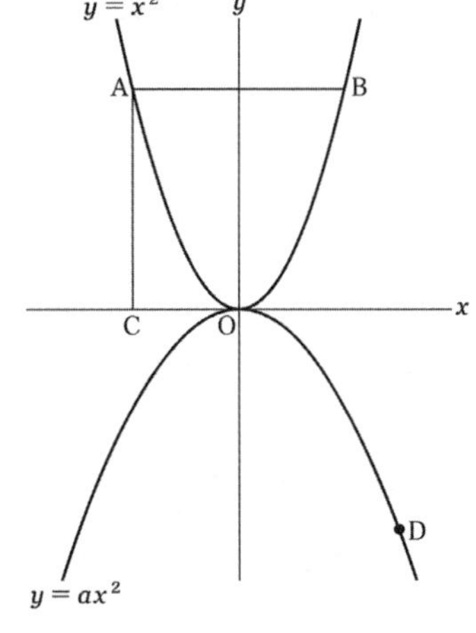

このとき，次の(1)，(2)，(3)の問いに答えなさい。

(1) 点Bの座標を求めなさい。

(2) 関数$y = x^2$について，xの変域が$-3 \leqq x \leqq 1$のときのyの変域を求めなさい。

(3) 直線ADと直線BCとの交点がy軸上にあるとき，aの値を求めなさい。ただし，途中の計算も書くこと。

2 姉と妹は午後5時に家を出発し，毎分60mの速さでスタジアムに向かって歩いていたが，家から300m進んだ地点で，妹はスマートフォンを家に忘れていることに気づいた。そこで，妹は急いで家に戻り，家に着いてから2分後に再び家を出発し，スタジアムに向かった。姉は，妹が家に戻ってからも，それまでと同じ速さで歩き続け，午後5時28分にスタジアムに着いた。なお，家からスタジアムまでの道には信号などはなく，妹が家に戻っているときの速さと，再び家を出発してからの速さは等しかった。

下の図は，2人が家を出発した午後5時からの経過時間をx分，家から妹までの道のりをy mとして，妹がスタジアムに着くまでのxとyの関係を表したグラフである。

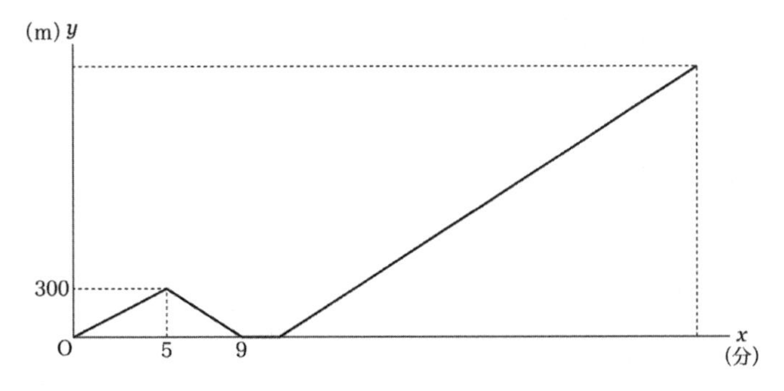

このとき，次の(1)，(2)，(3)の問いに答えなさい。

(1) 2人の家からスタジアムまでは何m離れているか。

(2) 妹がスマートフォンを忘れていることに気づいた地点から家に戻るまでの，xとyの関係を表す式を求めなさい。

(3) 次の□内の先生と太郎さんの会話文中の，Ⅰ，Ⅱ，Ⅲに当てはまる数を求めなさい。なお，同じ記号には同じ数が当てはまる。

先生「妹がスタジアムに着いた時刻を求めてみましょう。」
太郎「妹が家に戻っているときの速さと，再び家を出発してからの速さは等しいから，妹が再び家を出発してからスタジアムに着くまでに（ Ⅰ ）分（ Ⅱ ）秒かかります。」
先生「そのことを利用すると，妹がスタジアムに着いた時刻が求められますね。」
太郎「はい。午後5時（ Ⅲ ）分（ Ⅱ ）秒です。」
先生「その通りです。」

6 正三角形の形をした白いタイルと黒いタイルが，どちらもたくさんある。下の図のように，ある規則にしたがってこれらのタイルをすき間なく並べて，大きな正三角形の形をした図形を作っていき，1番目の図形，2番目の図形，3番目の図形，……とする。

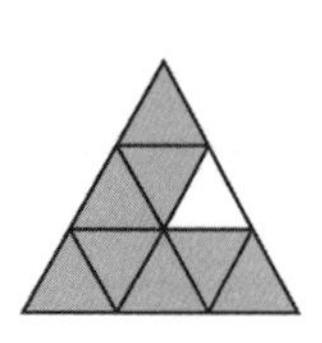
1番目の図形

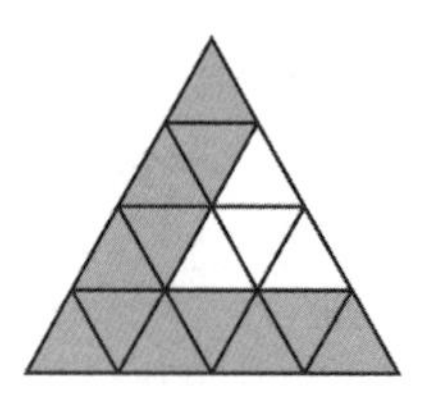
2番目の図形

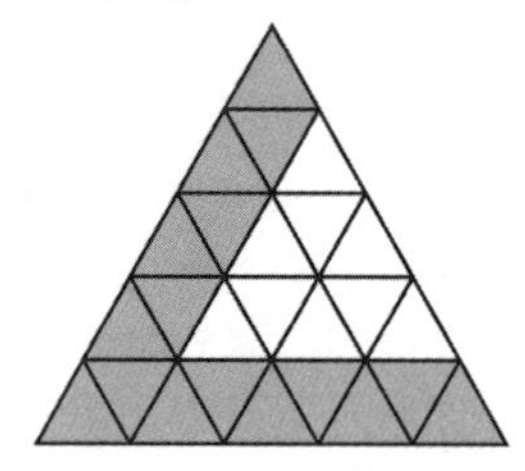
3番目の図形

・・・

下の表は，1番目の図形から3番目の図形までにおいて，並んでいる白いタイルの枚数，並んでいる黒いタイルの枚数，並んでいるすべてのタイルの枚数をまとめたものである。

図形	1番目	2番目	3番目	…
並んでいる白いタイルの枚数(枚)	1	4	9	…
並んでいる黒いタイルの枚数(枚)	8	12	16	…
並んでいるすべてのタイルの枚数(枚)	9	16	25	…

このとき，次の**1**，**2**，**3**の問いに答えなさい。

1 次の文のⅠ，Ⅱに当てはまる数や式を求めなさい。

1番目の図形から3番目の図形までに成り立っている規則性から，4番目の図形においては，並んでいる白いタイルの枚数は（ Ⅰ ）枚であり，並んでいる黒いタイルの枚数は（ Ⅱ ）枚であることがわかる。

2 並んでいる白いタイルの枚数が黒いタイルの枚数より41枚多くなるのは何番目の図形か。

3 200番目の図形において，並んでいる白いタイルのうち，▽の向きのものの枚数を求めなさい。

令和4年
11月6日実施

第193回 下野新聞模擬テスト

理　科

1 次の**1**から**8**までの問いに答えなさい。

1 次のうち，外とう膜という，内臓を包み込む膜をもっている動物のなかまはどれか。

ア 恒温動物　**イ** 節足動物　**ウ** 軟体動物　**エ** 脊椎動物

2 次のうち，原子核の中にあって電気をもたない粒子はどれか。

ア 陽子　**イ** 中性子　**ウ** 電子　**エ** 整流子

3 P波とS波が伝わる速さがそれぞれ一定であるとき，震源から観測地点までの距離に比例するものは，次のうちどれか。

ア 初期微動が継続する時間　**イ** 主要動が続く時間
ウ 初期微動によるゆれの強さ　**エ** 主要動によるゆれの強さ

4 次のうち，10 m/sの速さを「km/h」の単位で表しているものはどれか。

ア 36 km/h　**イ** 60 km/h　**ウ** 360 km/h　**エ** 600 km/h

5 右の図は，マツの若い枝の先端付近にある花から採取したりん片をスケッチしたものである。図中にAで示した，受粉が行われた後に種子へと成長していくつくりを何というか。

A

6 右の図は，製鉄所にある溶鉱炉のしくみを模式的に表したもので，酸化鉄を主成分とする鉄鉱石と，石炭を蒸し焼きにしてつくったコークスを混ぜ合わせたものを原料として，単体の鉄を液体の状態でとり出している。この過程で酸化鉄に起こる化学変化を，コークスに起こる化学変化に対して何というか。

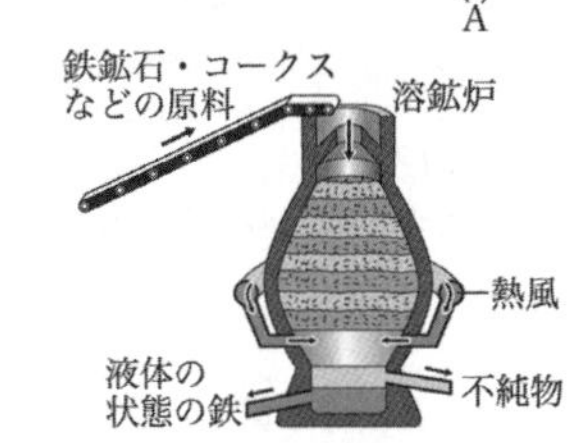

7 右の図は，コップに入っている水をストローで吸い上げているようすを，横から見たものである。図中に下向きの矢印で表されている，空気の重さによって生じる圧力を何というか。

8 右の図のように，コイルに棒磁石のN極を近づけたところ，矢印の向きに電流が流れるのが確認できた。このように，磁界の変化によってコイルに電圧が生じ，電流が流れる現象を何というか。

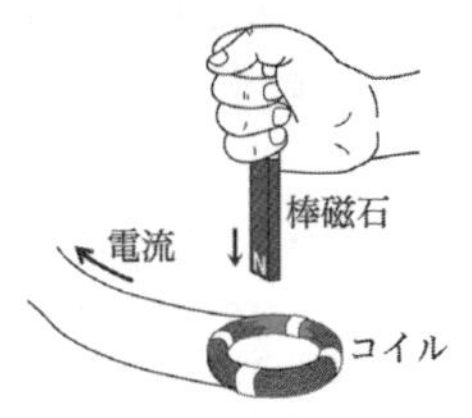

2 下の図のA，B，C，Dは，カエルの胚が変化していくようすを表したものであるが，変化の順には並んでいない。

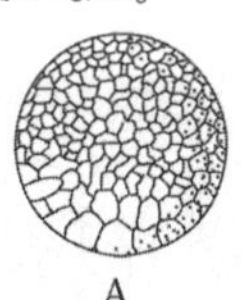
A
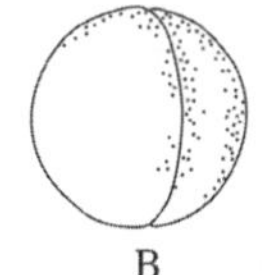
B
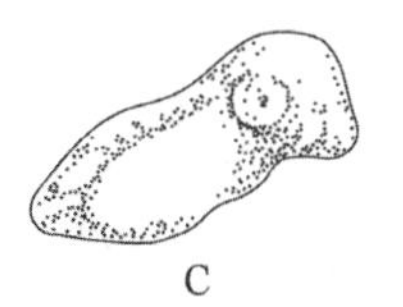
C
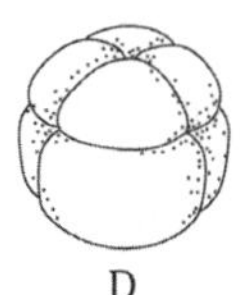
D

このことについて，次の**1**，**2**，**3**の問いに答えなさい。

1 カエルの胚ができるためには生殖細胞による受精が必要であるが，雌のカエルの生殖細胞をつくる器官を何というか。また，動物の発生における胚とは，受精卵が分裂を始めてからどのようになるまでの期間の子のことをいうか。「自分」という語を用いて簡潔に書きなさい。

2 図のA，B，C，Dを，胚が変化していく正しい順になるように並べかえなさい。

問題 R4
192
193
194
195
【理科】第193回

解答・解説 P303・P311

3　次の□内の文章は，図のAとCをつくる細胞について述べたものである。①，②に当てはまる語をそれぞれ(　)の中から選んで書きなさい。

> 図のAとCを比較すると，細胞の数が ①(少ない・多い) のはCの方である。また，1個の細胞の大きさが ②(小さい・大きい) のはAの方である。

3　固体の物体A，B，C，Dの質量を測定した後，メスシリンダーに入れた水に沈め，水面の目盛りの上昇分から，それぞれの物体の体積を調べた。ただし，水に沈まなかった物体が一つだけあったので，その物体については，太さの無視できる細い棒で上から押し，物体を完全に水中に入れてから体積を調べた。右の表は，それぞれの物体の質量と体積をまとめたものである。

	質量〔g〕	体積〔cm^3〕
A	170.1	21.6
B	51.1	18.9
C	57.2	6.4
D	12.9	14.2

このことについて，次の1，2，3の問いに答えなさい。なお，どの物体も均質で内部に空洞はなく，水に溶けることはなかった。

1　水に沈まなかった物体は，A，B，C，Dのうちどれか。また，それを選んだ理由を，「水」，「密度」という語を用いて簡潔に書きなさい。

2　物体Bの密度は何g/cm^3か。小数第2位を四捨五入して，小数第1位までの数で書きなさい。

3　右の図のように，物体Aと同じ素材でできた，1辺の長さが10cmの立方体Xが水平な台の上にあるとき，立方体Xが台におよぼしている圧力は何Paか。ただし，質量100gの物体にはたらく重力の大きさを1Nとする。

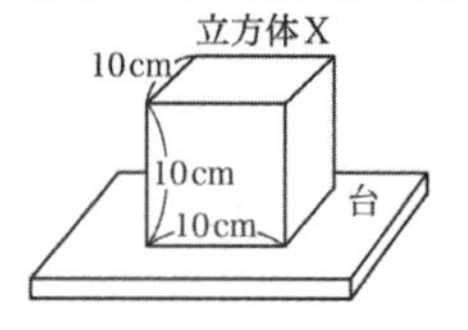

4　右の図は，ある露頭(地層が地表に現れているところ)で地層が重なっているようすを模式的に表したもので，図中の砂岩の層にはサンゴの化石が含まれていた。

このことについて，次の1，2，3の問いに答えなさい。

…れき岩の層
…砂岩の層(サンゴの化石を含む)
…泥岩の層
…凝灰岩の層
…石灰岩の層

1　凝灰岩の層が堆積したころ，この地域付近で起こったと考えられることは，次のうちどれか。

ア　土地の沈降　　イ　火山の噴火　　ウ　大きな地震　　エ　海面の上昇

2　次の□内の文章は，図中の砂岩の層に含まれていたサンゴの化石からわかることについて述べたものである。①，②に当てはまる語をそれぞれ(　)の中から選んで書きなさい。

> サンゴの生育条件から，砂岩の層が堆積した当時，この地域はあたたかくて水の澄んだ海であり，その深さは ①(深かった・浅かった) ことがわかる。このように，地層が堆積した当時の自然環境を推測することができる化石を ②(示相化石・示準化石) という。

3　れき岩の層を観察すると，丸みを帯びたれきの粒でできていた。れきの粒が丸みを帯びていたのはなぜか。「流水」という語を用いて簡潔に書きなさい。

5　花火大会の日に，花火がよく見える地点Aに立った。右の図のように，一発の花火が空中で開くのが見えた瞬間にストップウォッチを作動させ，爆発音が聞こえた瞬間にストップウォッチを止めたところ，ストップウォッチには2.80秒と表示されていた。

このことについて，次の1，2，3の問いに答えなさい。

1　花火が開くのが見えた後に爆発音が聞こえた理由を述べているものは，次のうちどれか。

問題 R4
192
193
194
195
【理科】第193回

解答・解説 P303・P311

ア 音の方が光よりも先に花火から出たから。
イ 音の方が光よりも後に花火から出たから。
ウ 音の方が光よりも伝わる速さが速かったから。
エ 音の方が光よりも伝わる速さが遅かったから。

2 次の□内の文章は，音が空気中を伝わるしくみについて述べたものである。①，②に当てはまる語をそれぞれ書きなさい。

> 音を発するものを（　①　）または発音体といい，音を発しているときには（　②　）している。この（　①　）の（　②　）が周囲の空気を（　②　）させ，波のように伝わっていく。

3 音が空気中を伝わる速さを340 m/sとすると，地点Aは花火が開いた空中の場所から何m離れていたと考えられるか。

6 植物が行っているはたらきのうちの一つについて調べるために，次の実験(1)，(2)，(3)，(4)を順に行った。

(1) 鉢植えのコリウスを用意し，それを一昼夜暗室に置いておいた。

(2) 翌日の朝，(1)のコリウスの葉の中からふ入りの葉(白い部分が入っている葉)を1枚だけ選び，図1のように，その葉の一部をアルミニウムはくでおおった。

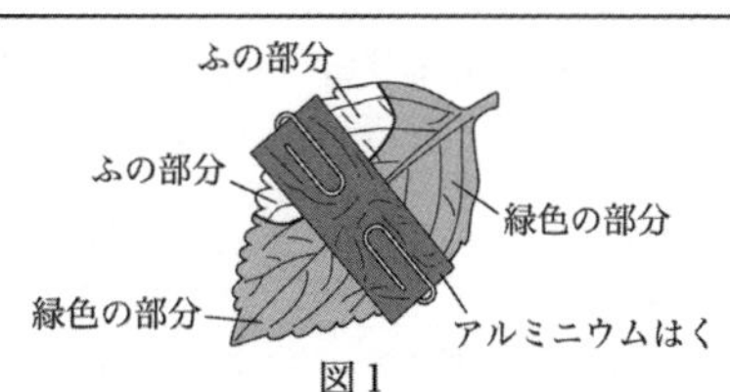

図1

(3) 鉢植えのコリウスに日光を夕方まで十分に当ててから，(2)で選んだ葉を切りとってアルミニウムはくをはずした。次に，その葉を熱湯につけ，さらに図2のように，あたためたエタノールの中にしばらく入れておいた。

(4) エタノールの中に入れておいた葉を水洗いし，図3のように，その葉にヨウ素溶液をかけたところ，図4のA，B，C，Dの部分のいずれかだけが，ヨウ素溶液と反応してある色に染まった。

図2　図3　図4

このことについて，次の**1**，**2**，**3**，**4**の問いに答えなさい。

1 この実験は，コリウスを含む植物が行っている，何というはたらきについて調べるために行ったか。

2 実験(2)において，選んだ葉の一部をアルミニウムはくでおおったのはなぜか。簡潔に書きなさい。

3 次の□内の文章は，実験(4)で用いたヨウ素溶液について述べたものである。①，②に当てはまる語をそれぞれ書きなさい。

> 茶褐色をしているヨウ素溶液は，（　①　）という物質の検出に用いる薬品である。したがって，実験(4)では，葉に（　①　）ができていた部分は，ヨウ素溶液と反応して（　②　）色に染まった。

4 実験(4)で，ヨウ素溶液と反応してある色に染まったのはどの部分か。図4のA，B，C，Dのうちから一つ選び，記号で答えなさい。

7 塩酸と水酸化ナトリウム水溶液を混ぜ合わせたときに起こる変化について調べるために，次の実験(1)，(2)，(3)を順に行った。

(1) 水溶液Xとしてうすい塩酸を，水溶液Y，水溶液Zとして水酸化ナトリウム水溶液を用意した。なお，水溶液Yと水溶液Zの濃度は異なっている。

(2) 20mLの水溶液XにBTB溶液を少量加えたものに，図1のように，水溶液Yを少しずつ加えていったところ，水溶液Yを40mL加えたとき，水溶液の色の変化から，水溶液が中性になったことが確認された。

(3) (2)と同様のことを，水溶液Yのかわりに水溶液Zを用いて行ったところ，水溶液Zを30mL加えたとき，水溶液が中性になったことが確認された。その後，あと10mLだけ水溶液Zを加えて操作を終えた。

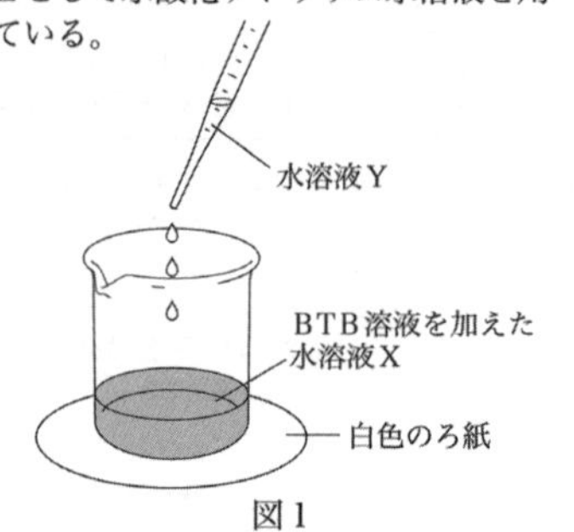

図1

このことについて，次の**1**，**2**，**3**，**4**の問いに答えなさい。なお，図1で，ビーカーの下の白色のろ紙は，水溶液の色の変化を見やすくするためのものである。

1 実験で使用した水溶液Yや水溶液Zにおいて，その溶質が電離しているようすを，化学式を用いて書きなさい。

2 次の□内の文章は，酸性の水溶液にアルカリ性の水溶液を加えたときに起こる化学変化について述べたものである。①，②に当てはまる語をそれぞれ書きなさい。

酸性の水溶液にアルカリ性の水溶液を加えると，互いの性質を打ち消し合う（ ① ）という化学変化が起こる。また，この化学変化によって（ ② ）と塩ができる。

3 図2のグラフは，実験(3)における，塩化物イオンの個数の変化を表したものである。実験(3)を行っている間，水素イオンの個数の変化はどのようであったか。その個数の変化を表すグラフを，解答用紙の図中に実線でかき入れなさい。

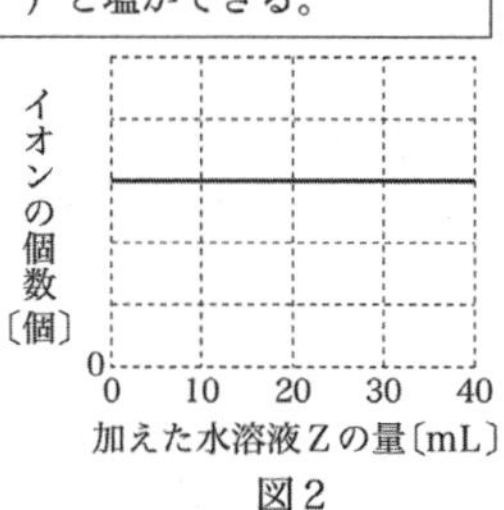

図2

4 実験の結果から考えられる，水溶液Yと水溶液Zの質量パーセント濃度の割合(水溶液Y：水溶液Z)を表しているものは，次のうちどれか。

ア 2：3　　**イ** 3：2　　**ウ** 3：4　　**エ** 4：3

8 空気中に含まれている水蒸気の量と湿度との関係について調べるために，次の実験(1)，(2)，(3)，調査(4)を順に行った。

(1) 理科実験室内の温度計を見たところ，26℃を示していた。

(2) よく磨いた金属製のコップにくみ置きの水を入れ，右の図のように，ガラス棒でかき混ぜながら，このコップの中に氷水を少しずつ加えていったところ，水温が20℃になったときに，コップの表面がくもり始めた。

(3) 水温が16℃になるまで，ガラス棒でかき混ぜながらさらに氷水を少しずつ加えていった。

(4) 資料集を使って，気温と飽和水蒸気量との関係を調べた。右の表は，この実験で温度計が示した水温26℃，20℃，16℃について，それぞれの気温における飽和水蒸気量を表したものである。

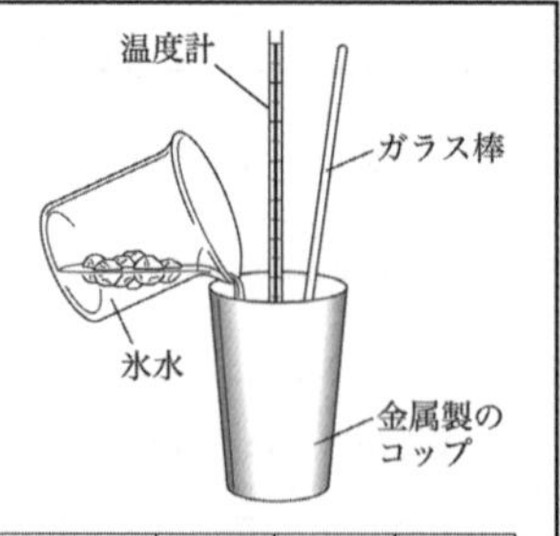

気温〔℃〕	26	20	16
飽和水蒸気量〔g/m³〕	24.4	17.3	13.6

このことについて，次の**1**，**2**，**3**，**4**の問いに答えなさい。ただし，温度による空気の体積の変化については考えないものとする。

1 実験(2)において，コップの表面がくもり始めたときの水温(20℃)を，理科実験室内の空気の何というか。

ア 沸点　　**イ** 露点　　**ウ** 融点　　**エ** 氷点

2　実験を行ったときの，理科実験室内の湿度は何％か。小数第1位を四捨五入して，整数で書きなさい。

3　理科実験室内の空気全体の温度が，実験(3)のときの水温と同じ16℃にまで下がったとすると，理科実験室内の空気1 m^3あたりに生じると考えられる水滴の質量は，次のうちどれか。ただし，理科実験室は密閉されていて，室内と室外との間での空気の出入りはないものとする。

ア　3.7 g　　**イ**　7.1 g　　**ウ**　10.8 g　　**エ**　13.6 g

4　次の□内の文章は，理科実験室を完全に密閉して，室内の空気の温度を26℃から16℃まで下げていったときの，室内の湿度の変化について述べたものである。①，②に当てはまる語をそれぞれ(　　)の中から選んで書きなさい。

> 理科実験室内の空気の温度が26℃から20℃になるまでは，室内の湿度は ①(高くなる・低くなる・変化しない)。また，その後に20℃から16℃になるまでは，室内の湿度は ②(高くなる・低くなる・変化しない)。

9　斜面上で物体が行う運動について調べるために，次の実験(1)，(2)，(3)，(4)を順に行った。

> (1)　図1のような斜面の上端付近に，1秒間に50打点する記録タイマーを固定した。
>
> 記録タイマー　台車　紙テープ　斜面
>
> 図1
>
> (2)　台車の後面に紙テープをとりつけた後，たるみがないようにしながら紙テープを記録タイマーに通し，台車を斜面上のある位置に手で支えて静止させた。
>
> (3)　記録タイマーのスイッチを入れた後，台車を支えていた手を静かに離すと，台車は斜面を下っていった。
>
> (4)　台車が斜面を下り終えたのち，台車から紙テープをとりはずした。次に，紙テープの打点がはっきりと区別できる打点を最初の打点として，5打点ごとを一つの区間として切りとり，図2のように，順にA，B，C，D，E，Fとして台紙にはりつけた。ただし，図2では，それぞれの区間の上端と下端以外の打点は省略してある。
>
> 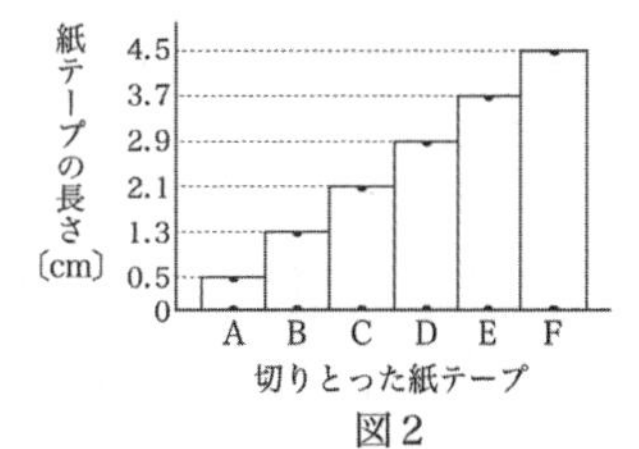
>
>
> 図2

このことについて，次の**1**，**2**，**3**，**4**の問いに答えなさい。ただし，摩擦や空気の抵抗は考えないものとする。また，斜面は十分に長いものとする。

1　物体の運動のようすを決定する要素は二つあり，そのうちの一つは，運動の速さである。もう一つの要素は，運動の何か。

2　図2で，5打点ごとを一つの区間として切りとった，1本の紙テープを記録するのにかかった時間は，次のうちどれか。

ア　0.02秒　　**イ**　0.1秒　　**ウ**　0.2秒　　**エ**　1秒

3　図2で，2本の紙テープB，Cを記録した区間における，台車の平均の速さは何cm/sか。

4　次の□内の文章は，図2から読みとることができる，斜面を下る台車の運動について述べたものである。①，②に当てはまる語の正しい組み合わせはどれか。

> 図2から，台車は，速さを増しながら斜面を下っていったことを読みとることができる。台車がこのような運動をしたのは，台車にはたらいている重力の斜面に平行な向きの(　①　)が，(　②　)台車にはたらいていたためと考えられる。

	①	②
ア	合力	しだいに大きくなりながら
イ	合力	一定の大きさで
ウ	分力	しだいに大きくなりながら
エ	分力	一定の大きさで

問題 R4
192
193
194
195
【理科】第193回

第193回 下野新聞模擬テスト

英 語

1 これは聞き方の問題である。指示に従って答えなさい。

1〔英語の対話とその内容についての質問を聞いて，答えとして最も適切なものを選ぶ問題〕

(1) ア　イ　ウ　エ

(2) ア　イ　ウ　エ

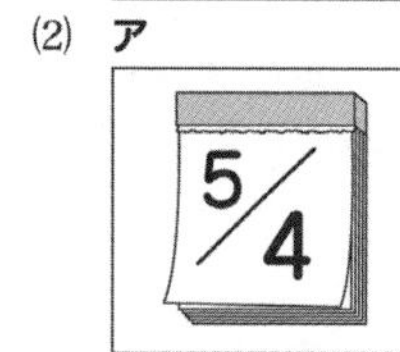

(3) ア　Clean the living room.　イ　Go shopping for dinner.
ウ　Have lunch with Susan.　エ　Visit his mother's friend.

(4) ア　Her friend called her.　イ　She watched the news on TV.
ウ　She got an e-mail from her sister.　エ　Her friend sent her an e-mail.

2〔英語の対話とその内容についての質問を聞いて，答えとして最も適切なものを選ぶ問題〕

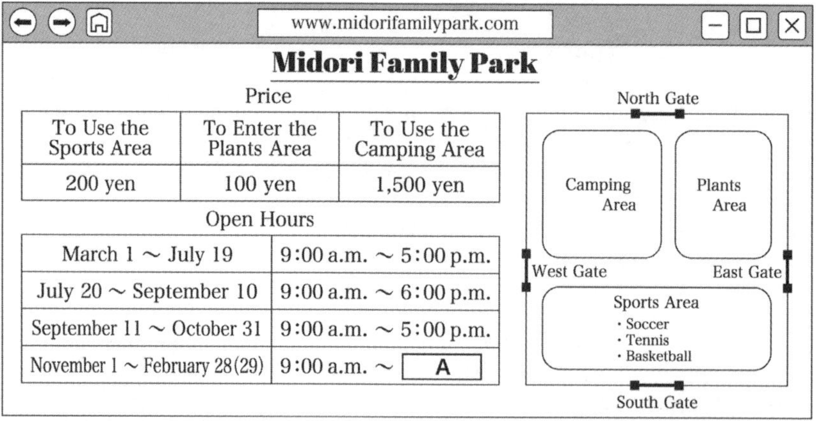

Price

To Use the Sports Area	To Enter the Plants Area	To Use the Camping Area
200 yen	100 yen	1,500 yen

Open Hours

March 1 ～ July 19	9:00 a.m. ～ 5:00 p.m.
July 20 ～ September 10	9:00 a.m. ～ 6:00 p.m.
September 11 ～ October 31	9:00 a.m. ～ 5:00 p.m.
November 1 ～ February 28(29)	9:00 a.m. ～ A

(1) ア　They will go to the Plants Area, then they will play basketball in the Sports Area.
イ　They will play tennis in the Sports Area, then they will go to the Camping Area.
ウ　They will go to the Plants Area, then they will play tennis in the Sports Area.
エ　They will play tennis in the Sports Area, then they will go to the Plants Area.

(2) ア　At the North Gate.　イ　At the East Gate.
ウ　At the South Gate.　エ　At the West Gate.

(3) ア　4:00 p.m.　イ　4:30 p.m.　ウ　5:00 p.m.　エ　5:30 p.m.

3〔対話を聞いて，英語で書いたメモを完成させる問題〕

Jim's favorite book: *The Happiest Elephant*

□ About the book
・A picture book for Japanese children.
・It was not (1)(　　　) for Jim to read.

□ Story
・An elephant tries to work with people.
↓
・He has many (2)(　　　), but he never gives up.
↓
・He starts working with children, and he is welcomed.

□ Jim thinks this story means that everyone is (3)(　　　).

2 次の**1**，**2**の問いに答えなさい。

1 次の英文中の (1) から (6) に入る語句として，下の(1)から(6)の**ア**，**イ**，**ウ**，**エ**のうち，それぞれ最も適切なものはどれか。

Dear Betty,

Last month some of my classmates and I joined a work experience program. We (1) a *kindergarten for three days. I had a good time in Himawari Class. There were twenty-one children in the class. At first, I was nervous, and playing with the children (2) not easy for me. Ms. Nosaka, the teacher of the class, was very kind. She was (3) by the children. That day, Ms. Nosaka read a book to the children. They liked the story (4) by her.

On the second day, when I played the piano for the children, they enjoyed (5) songs. I was glad to see their happy faces.

On the last day, the children said to me, "Thank you, Emi! Come again, please!" I was really happy (6) they thanked me a lot.

Emi

〔注〕*kindergarten＝幼稚園

(1)	**ア** go	**イ** went	**ウ** visit	**エ** visited
(2)	**ア** is	**イ** was	**ウ** are	**エ** were
(3)	**ア** love	**イ** loves	**ウ** loved	**エ** loving
(4)	**ア** tell	**イ** told	**ウ** telling	**エ** to tell
(5)	**ア** sing	**イ** sang	**ウ** singing	**エ** to sing
(6)	**ア** because	**イ** though	**ウ** but	**エ** until

2 次の(1)，(2)，(3)の(　　)内の語句を意味が通るように並べかえて，(1)と(2)は**ア**，**イ**，**ウ**，**エ**，(3)は**ア**，**イ**，**ウ**，**エ**，**オ**の記号を用いて答えなさい。

(1) *A*：What is (**ア** in **イ** highest **ウ** the **エ** mountain) Japan?
B：Mt. Fuji is.

(2) *A*：Paul, I saw you in front of Kita Station yesterday.
B：Oh, did you? I like Japanese trains very much, so I was at the station (**ア** to **イ** of **ウ** pictures **エ** take) some trains.

(3) *A*：Have you (**ア** which **イ** has **ウ** that restaurant **エ** to **オ** been) big windows?
B：Yes, I have. My parents and I enjoyed dinner there.

3 次の英文は，みどり町に住んでいる中学生の圭太(Keita)と，イギリス(the UK)からの留学生アリス(Alice)との対話の一部である。また，右のそれぞれの**図**(picture)は，町のお年寄りの人たちとのふれあいイベントの説明会に向けて圭太が作成している発表資料の一部である。これらに関して，**1**から**6**までの問いに答えなさい。

Keita：In 2020, about 29% of *households in our town were one-person households.

Alice：I see. Most households are *nuclear families and one-person households.

Keita：Do you know that some of the young people are ＿＿(1)＿＿ for another city? I hear it's one of the reasons. Look at (2)the graph in the picture 2. It shows that the number of old people who live alone is *increasing.

Alice：About seven hundred old people lived alone in 2000, but in 2020, such people were about two thousand and four hundred.

Keita：Actually, my grandmother lives alone, and I don't have much time to talk with her. I'm afraid that the *relationship between young people and old people is becoming (**A**).

Alice：That is one of the problems of Japanese *society today, right? We should find a way to make the relationship between young people and old people (**B**).

Keita：I agree with you. Look at the picture 3.

Alice：Let me see, it shows that about 60% of old people ＿＿(3)＿＿.

Keita：Old people know a lot of things and have great experiences. However, we young people don't have many chances to talk with them. So, I think we can learn a lot from old people if we work together.

Alice：You're right, Keita. When I was in the UK, we had an event called "Historypin." Many people, young and old, join the event. They ＿＿＿(4)＿＿＿ and talk about them together.

Keita：That sounds interesting. Young people and old people use their favorite pictures as a *tool to make new relationships between them, right?

Alice：Right. My grandfather also joined it, and he talked about his old memories with young people.

Keita：I see. My grandmother sometimes [C] her old pictures to me, and she talks about her memories. Her stories are always interesting. Through the pictures and stories, I can learn about her life.

Alice：Why don't we collect pictures of this town and use them to talk with old people in an event?

Keita：That's (5)a good idea! It will be a good chance to make a new relationship between young people and old people in our town.

Alice：I think so, too. (6)There are young people who want to learn something from old people, so many of them will come.

〔注〕*household＝世帯　*nuclear family＝核家族　*increase＝増える
*relationship＝関係　*society＝社会　*tool＝手段

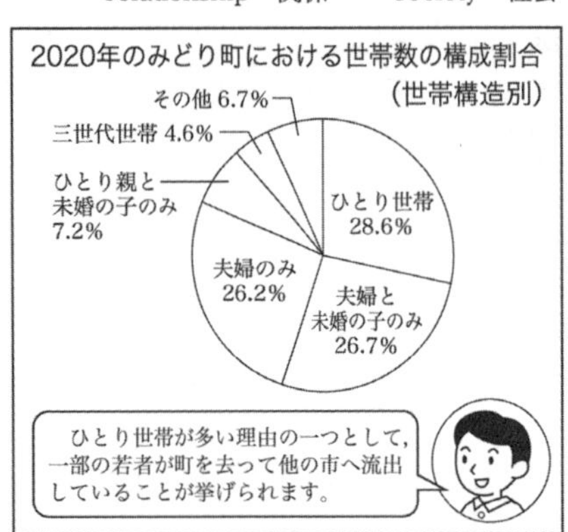

図1

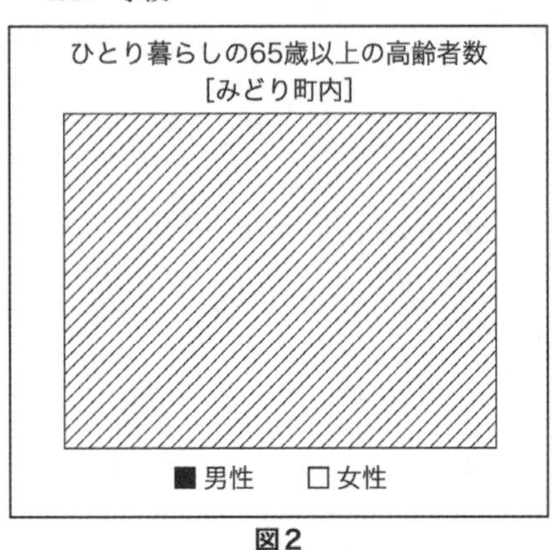

図2

若者とのふれあいイベントへの
高齢者の参加意識［みどり町内］

わからない 2.4%
若者と話をしたくない 37.9%
若者と話をしてみたい 59.7%

図3

「ヒストリーピン」とは
・多世代の交流の場を創り出す取組。
・若者からお年寄りまでが集まる場。
・お互いのお気に入りの写真を持ち寄り，その写真について話をする。
・イギリスのNPO(非営利団体)が始めた活動。

図4

1　二人の対話が成り立つよう，**図1**，**図3**，**図4**を参考に，下線部(1)，(3)，(4)に適切な英語を書きなさい。

2　下線部(2)について，**図2**の▨の位置に入るグラフとして，最も適切なものはどれか。

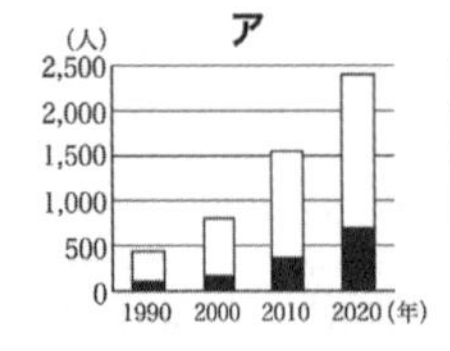

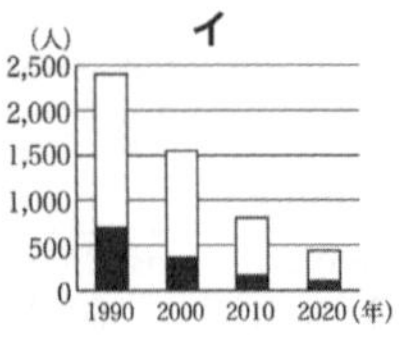

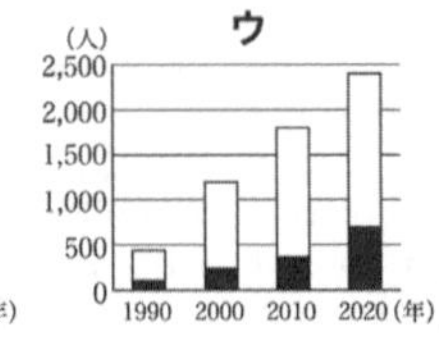

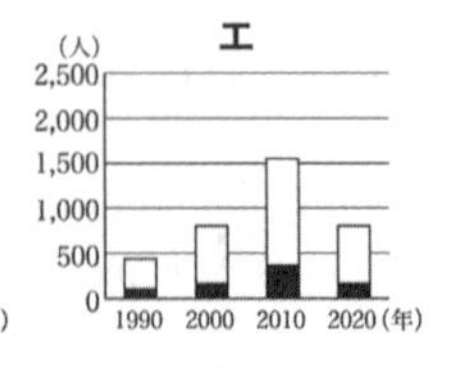

3　本文中の(　**A**　)，(　**B**　)に入る語の組み合わせとして最も適切なものはどれか。

ア　**A**：weak　—　**B**：weaker　　　**イ**　**A**：strong　—　**B**：weaker
ウ　**A**：weak　—　**B**：stronger　　**エ**　**A**：strong　—　**B**：stronger

4　本文中の［　**C**　］に入る語として，最も適切なものはどれか。

ア　makes　　**イ**　tells　　**ウ**　calls　　**エ**　shows

5　下線部(5)が指す内容は何か。日本語で書きなさい。

6　下線部(6)について，あなたなら具体的にどのようなことを学びたいですか。その理由も含めて，まとまりのある**4文から6文程度**の英語で書きなさい。

4　翔太(Shota)と，翔太の友達である直樹(Naoki)についての次の英文を読んで，**1**から**5**までの問いに答えなさい。

I could not get up early in the morning last year. I was a member of the soccer team, and I practiced hard every day. When I came home, I was very tired, but I watched TV for a long time. I often went to bed very late at night. Of course, I was sleepy in the morning.

One day in my English class, my teacher said, "Shota, you don't look well. Are you OK?" I said, "I'm OK, Ms. Brown. I'm just sleepy. I watched soccer games on TV until late last night." She said, "Shota, I worry about you. It's very important to go to bed early and get up early for your health."

After the class, my best friend Naoki said to me, "Shota, you should go to bed early and get up early." I said, "I know, but it's difficult for me." Naoki said, "It's difficult for me, too. But I want to be a good tennis player. If I get up early, I can practice tennis a lot more. Shota, let's try to go to bed early and get up early with me."

After I came home, I told my mother about Ms. Brown's English class. I asked, "(1)<u>Is there any good way to get up early?</u>" She answered, "You watch TV until late at night, right? You should stop that and go to bed early." I said, "All right. I'll try to do so."

The next day, Naoki and I decided to run before breakfast. "Let's meet at the park at six tomorrow morning," I said. Naoki said, "OK. Don't be late."

The next morning, I was very sleepy, but I remembered Naoki's words. I thought, "Naoki is waiting for me at the park. I should go to see him soon." I got up and ran to the park. Naoki was there. I said, "Good morning. I thought you were waiting here, so I *was able to get up." He said, "I also thought (2)<u>the same thing</u>, so I was able to get up."

After coming back from running, I enjoyed breakfast. I also read the newspaper. I thought for the first time that getting up early was wonderful.

Some days later, I read about my favorite soccer player in the newspaper. He said, "I try to do things early. My teammates won't *trust me if I'm late for practice." After that, I started to go to soccer practice early.

Naoki and I still run together in the morning. Now I am the *captain of our soccer team. I don't think I'm the best player, but my team members trust me. I go to practice the earliest of all the team members. I sometimes remember Ms. Brown's words. (3)<u>My life has changed so much</u>. I thank Ms. Brown and Naoki.

〔注〕*be able to ～＝～できる　*trust＝～を信用する　*captain＝キャプテン

1　下線部(1)について，翔太は母親からどのような内容のアドバイスをもらったか。具体的に日本語で書きなさい。

2　下線部(2)が指す内容は何か。日本語で書きなさい。

3　次の［　　］は，下線部(3)の指す内容をまとめたものの一部である。本文の内容と合うように，(　　)に適切な日本語を書きなさい。

> 翔太は，昨年まで早起きをすることができなかったが，ブラウン先生の言葉を聞いた翌日に，早起きをして直樹と(　　　　　)ことに決めて，それを今でも続けている。

4　本文の内容に合うように，次の質問に**主語と動詞を含む英語**で答えなさい。

> What did Shota start to do after he read about his favorite soccer player in the newspaper?

5　本文の内容と一致するものはどれか。

ア　Last year Shota learned that getting up early was wonderful, but he couldn't get up early.
イ　Ms. Brown told Shota that going to bed early and getting up early is important.
ウ　It was easy for Naoki to get up early because he wanted to be a good tennis player.
エ　Shota thinks he is the best player in his soccer team, and all of his teammates trust him.

5　次の英文を読んで，1，2，3，4の問いに答えなさい。

Have you learned about *AI? Now we can get a smartphone with AI. AI can find good ways to do things better. If you want to learn about something, AI can tell you a lot of information about it. For example, some restaurants will be shown on the *screen if you [A] to your smartphone with AI, "Tell me a nice restaurant around here."

Today, many machines and robots have AI in them. They can do many things as people do. AI cannot create new things, but it can learn people's ideas and use them very well. I'll give you an example. It is a *self-driving car. Maybe you have seen it on TV. When its cameras find something dangerous on the street, it can stop *automatically. There aren't any perfect self-driving cars yet, but we won't have to drive in the near future.

[B]

In America, a famous *professor studied about 700 different kinds of jobs. He says that about 50% of the jobs will be taken away by AI in the future. For example, taxi and bus drivers will lose their jobs. *Servers at restaurants will also lose their jobs. So, those people worry about their future.

People may lose their jobs because of AI, so some people don't think that they need AI in their lives. However, the professor says that people will spend more and more time with AI from now on. So, we need to understand better about AI and should think about how to live with it.

〔注〕*AI(artificial intelligence)＝人工知能　*screen＝画面　*self-driving＝自動運転の
*automatically＝自動的に　*professor＝教授　*server＝接客係

1　本文中の[A]に入るものとして，最も適切なものはどれか。

ア　put　イ　let　ウ　say　エ　try

2　本文中の[B]に入る次のア，イ，ウ，エの文を，意味が通るように並べかえて，記号を用いて答えなさい。

ア　This problem is important, and some people study about it.
イ　Machines and robots with AI make our lives better.
ウ　So, some people don't think that AI is so wonderful in their lives.
エ　However, those machines and robots *may take away jobs from people.

〔注〕*may ～＝～かもしれない

3　下線部の理由は何か。日本語で書きなさい。

4　筆者が伝えたいこととして，最も適切なものはどれか。

ア　We should understand that AI is dangerous for us.
イ　We need to think about our future with AI.
ウ　We should take away our jobs again from AI.
エ　We need to create new machines or robots with AI.

問題 R4 192 193 194 195 【英語】第193回

解答・解説 P302・P306

「みんな、こないじゃないか」
信夫はいった。
「うん」
「どんなことがあっても集まって約束したのにな」
信夫はもう、自分は約束を守ってここにきたような気になっていた。
「雨降りだから、仕方がないよ」
吉川がいった。(3)その声に俺は約束を守ったぞというひびきがなかった。信夫は吉川をほんとうにえらいと思った。

(三浦綾子「塩狩峠」〈新潮社〉から)

(注1) 貞行＝信夫の父。
(注2) 歩きなずんだ＝歩きにくかった。
(注3) 丁＝一丁は約一〇九メートル。

1 □に入る語として最も適当なものはどれか。
ア ぼんやり　**イ** おずおず　**ウ** あっさり　**エ** しっかり

2 (1)信夫は泣きたくなった とあるが、このときの信夫の気持ちについての説明として最も適当なものはどれか。
ア 約束のためにつらい思いをするのはばからしいという気持ち。
イ わざと自分につらい思いをさせる父をうらめしく思う気持ち。
ウ 雨の中を歩いていくことに楽しさを見出(みいだ)せずつらく思う気持ち。
エ つまらない約束をしてしまった自分をあわれに思う気持ち。

3 本文中の **ア** ～ **エ** のいずれかに、次の一文が入る。最も適当な位置はどれか。

信夫はぎくりとした。

4 (2)信夫は吉川の言葉を心の中でつぶやいてみた とあるが、この表現の効果についての説明として最も適当なものはどれか。
ア 吉川のようにさりげなく言うことで、約束を軽くさせる効果。
イ 吉川と同じように話すことによって、信夫の成長を促す効果。
ウ 吉川の言い方をまねることで、約束の意味を実感させる効果。
エ 吉川の言葉を繰り返すことで、約束の仕方を理解させる効果。

5 (3)その声に俺は約束を守ったぞというひびきがなかった とあるが、この表現から吉川のどのような様子がわかるか。四十字以上五十字以内で書きなさい。

6 本文の内容に合うものとして最も適当なものはどれか。
ア 貞行は信夫に約束するということの大切さを理解させなければならないと思い、信夫につらくあたっている。
イ 信夫は貞行のきびしさが理解できなかったが、結果的に吉川と同じく約束を守る立場の人間になれたことを感謝している。
ウ 吉川は、雨がひどいのでだれもくるはずがないと思っていたが、信夫がやって来たためおどろいている。
エ 信夫は約束を守ることに気が進まなかったが、当たり前のことのように実行している吉川に引け目を感じている。

5

「思いや考えを伝える手段」(直接会って話す・電話・メール・手紙で伝える等)について、あなたの考えを国語解答用紙(2)に二百四十字以上三百字以内で書きなさい。
なお、次の《条件》に従って書くこと。

《条件》
(Ⅰ) 二段落構成とすること。
(Ⅱ) 各段落は次の内容について書くこと。

第一段落
・あなたが考える「思いや考えを伝える手段」について、具体的な例を挙げて説明しなさい。例は、あなたに直接関わることでも見たり聞いたりしたことでもよい。

第二段落
・第一段落で書いたことを踏まえて、あなたが今後「思いや考え」をどのように伝えていこうと思うかについて、あなたの考えを具体的に書きなさい。

問題 R4 192 193 194 195 【国語】 第193回

6　段落の関係について説明したものとして最も適当なものはどれか。

ア　①段落は、全体の主張となる結論を最初に示し、②段落以降でその根拠を具体的に説明し、④段落で再び結論を示している。

イ　②段落は、①段落の主張の理由となる具体的な例を示すことによって、③段落以降の論の発展へとつないでいる。

ウ　③段落は、②段落の内容を前提として、①段落で示した主張を再確認することによって、④段落の結論へと発展させている。

エ　④段落は、③段落で示した仮説に対する反証を具体的に示すことによって、筆者の結論となる主張を導いている。

4

次の文章を読んで、1から6までの問いに答えなさい。

〔旧制の小学校四年生である永野信夫(ながののぶお)と級友たちは、学校の変なうわさの真偽を確かめるために、夜八時に校庭に集まる約束をしていた。〕

「約束したことはしたけれど、行かなくてもいいんです。おばけがいるかどうかなんて、つまらないから」

こんな雨の中を出ていかなければならないほど、大事なことではないと信夫は考えた。

「信夫、行っておいで」

貞行(さだゆき)(注1)がおだやかにいった。

「はい。……でも、こんなに雨が降っているんだもの」

「そうか。雨が降ったら行かなくてもいいという約束だったのか」

貞行の声がきびしかった。

「いいえ。雨が降った時はどうするか決めていなかったの」

信夫は［　　］と貞行をみた。

「約束を破るのは、犬猫に劣るものだよ。犬や猫は約束などしないから、破りようもない。人間よりかしこいようなものだ」

(だけど、大した約束でもないのに)

信夫は不満そうに口をとがらせた。

「信夫。守らなくてもいい約束なら、はじめからしないことだな」

信夫の心を見通すように貞行はいった。

「はい」

しぶしぶと信夫はたちあがった。

外に出て、何歩も歩かぬうちに、信夫はたちまち雨でずぶぬれになってしまった。まっくらな道を、信夫は爪先(つまさき)でさぐるように歩いていった。思ったほど風はひどくはないが、それでも雨にぬれた、まっくらな道は歩きづらい。四年間歩きなれた道ではあっても、ひるの道とは全く勝手がちがった。

(つまらない約束をするんじゃなかった)

信夫はいくども後悔していた。

(どうせだれもきているわけはないのに)

信夫は貞行の仕打ちが不満だった。ぬかるみに足をとられて、信夫は歩きなずんだ(注2)。春の雨とはいいながら、ずぶぬれになった体が冷えてきた。

(約束というものは、こんなにまでして守らなければならないものだろうか)

わずか四、五丁(注3)の道が、何十丁もの道のりに思われて、(1)信夫は泣きたくなった。［ア］

やっと校庭にたどりついたころは、さいわい雨が小降りになっていた。暗い校庭はしんとしずまりかえって、何の音もしない。だれかきているかと耳をすましたが話し声はなかった。ほんとうにどこからか女のすすり泣く声がきこえてくるような、無気味なしずけさだった。

［イ］集合場所である桜の木の下に近づくと、

「誰だ」

と、ふいに声がかかった。［ウ］

「永野だ」

「何だ、信夫か」

信夫の前の席に並んでいる吉川修(よしかわおさむ)の声だった。吉川はふだん目だたないが、落ちついて学力のある生徒だった。

「ああ、吉川か。ひどい雨なのによくきたな」

だれもくるはずがないと決めていただけに、信夫はおどろいた。

「だって約束だからな」

淡々とした吉川の言葉が大人っぽくひびいた。［エ］

(2)(約束だからな)

信夫は吉川の言葉を心の中でつぶやいてみた。するとふしぎなことに、「約束」という言葉の持つ、ずしりとした重さが、信夫にもわかったような気がした。

(ぼくはおとうさまに行けといわれたから、仕方なくきたのだ。約束だからきたのではない)

信夫は急にはずかしくなった。吉川修が一段えらい人間に思われた。日ごろ、級長としての誇りを持っていたことが、ひどくつまらなく思われた。

もちのなかには、本を読むおとなの声に耳かたむける安らかさをなつかしむきもちが、つねにふくまれている。そして、こんどは自分が幼児に本を読んでやるめぐりあわせになって、空想に陶然(注2)と身をゆだねる子どもの表情に思わず引きこまれ、俗念(注3)をそぎおとすようにして無邪気な童話の世界にみずからもたゆたう(注4)とき、わたしたちはことばの共同性のみずみずしさを肌で感ずるような境地に身を置いているのである。

③　幼児に自分で本を読むように要求することは、おとなの肉声を媒介(ばいかい)にしたものやわらかな共同性のそとに子どもを追いやることだ。(3)ひとに読んでもらうのも、自分で読むのも同じことだというのは、おとなの手前勝手な理屈にすぎない。おとなにとっては、本は自分で読むものと相場がきまっているが、まだ本の読めない幼児にとっては、ひとに読んでもらうというのが本との本来のつきあいかたなのだ。その点で、紙芝居と選ぶところはない。紙芝居を自分で読めといわれたときとおなじ困惑を、本を読めとすすめられる幼児は感じているはずなのだ。読む意欲がなかなかわかないのは当然のことだ。

④　ひとりで本を読むという行為においては、直接の対人的な共同性は失われている。読書技術の初歩の段階にあらわれる音読は、自分の肉声を□のごとくに聞こうとする試みであって、その点、対人的な共同性の余韻(よいん)が聞きとれはするが、そこでも、もうふつうの意味での直接の対他関係は失われている。が、言語とは本質的に人間的な共同性の場である以上、失われた共同性に代わって、あらたな共同性が形成されないかぎり、ひとりで本を読むという言語行為はなりたたない。読んでもらう段階から自分で読む段階へといたるのに要する時間は、言語意識に即していえば、(4)あらたな間接的な共同性を模索する期間に当たっている。子どもがひとりで本にむかっているとき、そこに生じた共同の場は、子どもと意味の世界とのあいだに成立しているといってもいいし、子どもと作者のあいだ、あるいは、子どもと言語社会とのあいだになりたっているといってもいいが、いずれにせよ、ここでの共同の関係が、本を読むおとなとそれを聞く子どもの直接的な共同関係にくらべれば、格段に抽象的なものになっていることはあらそえない事実なのだ。本を読むという孤独の行為のなかで、なおかつ共同の言語世界を創出できるだけの言語能力を身につけたとき、子どもはようやくにして本を読んでもらう段階を卒業し、自分で読書を楽しむ段階に入っていくのである。

（長谷川宏「ことばへの道」〈講談社〉から）

（注1）郷愁＝過去のものや遠い昔などにひかれる気持ち。
（注2）陶然と＝うっとりと。（注3）俗念＝名誉や利益などを求める心。
（注4）たゆたう＝ただようこと。

1　(1)幼児にとってのことばの共同性　について具体的に説明している部分を一文で抜き出し、初めと終わりの五字を書きなさい。

2　(2)子どもといっしょに空想の世界を楽しむ心のゆとり　とあるが、その説明として最も適当なものはどれか。

ア　幼児の楽しげな表情に、自分の幼児期の体験のなつかしさを重ね合わせながら、共に無邪気な童話の世界を楽しむきもち。
イ　幼児が無邪気に楽しむ様子に引かれて、自分も空想的な童話の世界を現実のこととして受け入れて楽しむきもち。
ウ　幼児が空想の世界にうっとりとしている様子と自分の幼児期のなつかしい体験を比較して、無邪気さを競うきもち。
エ　幼児の満ち足りた雰囲気に、自分もまた幼児期に帰って本を読んでもらうことで、満足感を得ようとするきもち。

3　(3)ひとに読んでもらうのも、……理屈にすぎない　とあるが、筆者がそのように言う根拠となる考えとして最も適当なものはどれか。

ア　本と紙芝居は楽しみかたが異なっているとする考え。
イ　おとなの世界が幼児の世界に勝っているとする考え。
ウ　無邪気で空想的な童話の世界を認められない考え。
エ　幼児の本との本来のつきあいかたを無視した考え。

4　□に入る語として最も適当なものはどれか。

ア　自分の声　　**イ**　他人の声
ウ　先生の声　　**エ**　親の声

5　(4)あらたな間接的な共同性　とあるが、それはどのようなものか。これより後の内容から「抽象的」という語を用いて、三十字以上四十字以内で書きなさい。

をし、又四書(注7)をア習ひ読む。朋輩(注8)の者ねたみて、読書にことをよせ、悪しき所に遊ぶなどイ讒し(注9)ければ、主も疑ひてウ竹ヶ鼻にかへしぬ。されどもなほ旧恩を忘れず、道のついであれば必ず訪ね寄りて(2)安否を問ふ。年経て後、其の家大きに衰へければ、又よりよりに(注10)物を贈りけるとかや。主の暇を得て後は、綿の仲買といふ業(注11)をなせしが、秤といふものをエ持たず、買ふ時は買ふ人に任せ、売る時は売る人に任す。後には佐吉が直なる(注12)を知りて、売る人は心して(注13)重くやり、買ふ人は心して軽くはかりければ、いくほどなく豊かに暮らしける。

（「続近世畸人伝」から）

（注1）美濃の国羽栗郡竹ヶ鼻＝今の岐阜県羽島市の一部。
（注2）たぐひ無し＝他に比較できないほど立派だ。
（注3）貧しきを憐み＝貧しい人を気の毒に思い。
（注4）なべて＝総じて。　（注5）僕たりしが＝召し使われていたが。
（注6）手習ふ＝文字を習う。　（注7）四書＝儒教の四つの経典。
（注8）朋輩の者＝仕事の仲間。
（注9）讒しければ＝うそを言いふらしたので。
（注10）よりよりに＝おりおりに。　（注11）業＝仕事。
（注12）直なる＝正直なこと。　（注13）心して＝気を配って。

1　かへしぬ　は現代ではどう読むか。現代かなづかいを用いて、ひらがなで書きなさい。

2　ア習ひ読む　イ讒しければ　ウ疑ひて　エ持たず　の中で、主語が同じものはどれとどれか。

3　(1)誰となく仏佐吉とは呼びならしけり　とあるが、この表現からわかることとして最も適当なものはどれか。
ア　佐吉が仏のような人間だと皆から呼ばれるのは正しいこと。
イ　佐吉が仏のような人物であるのは誰の目にも明らかであること。
ウ　佐吉が仏のような人柄だと皆から自然に思われていたこと。
エ　佐吉が仏のような人間と皆から呼ばれるのには理由があること。

4　(2)安否を問ふ　とあるが、佐吉がこのようにしたのはなぜか。二十五字以上三十字以内の現代語で答えなさい。

5　本文の内容と合うものはどれか。
ア　佐吉は自分の親につかえるのにもよく尽くしたので、紙屋で使用人として働いたときも過分な俸給を受けることができた。
イ　佐吉は誰に対しても誠実な人間であったが、綿の仲買をしていたときも、人を信用して注文をつけることをしなかった。
ウ　佐吉は召し使われていた紙屋で一緒だった仲間にねたまれても、主を最優先したため、誰からも信用されるようになった。
エ　佐吉は紙屋につかえていたときに、寸暇を惜しんで文字を学び勉学に励んだので、その後の商売で成功することができた。

3

次の文章を読んで、**1**から**6**までの問いに答えなさい。（①〜④は形式段落の番号である。）

①　字が読めることと本が読めることとのあいだには、知能の面からいっても、ひとつの飛躍がある。字を読めるようになるには一定の知的努力が必要だが、同様、本が読めるようになるためにも、あらたな知的努力が必要とされる。それが面倒で字は読めるのになかなか本に取りつけない、ということもたしかにある。が、それよりも大きな障害は、ひとりで本を読むという意欲が幼児になかなか生じないという点にある。そして、それは(1)幼児にとってのことばの共同性のありようとふかくかかわる事実だ。

②　本が読めるようになるまえの時期にあっては、幼児にとって本はおとなのだれかに読んでもらうものときまっている。おとなが読むのを黙って聞く、というのが、幼児期の長きにわたる習慣である。そういう幼児にとって、空想の世界をつくりあげる実体は本を読むおとなの声にあって、本そのものは、おとなとともに空想をつくりあげる素材にすぎない。本を読むおとなの声に耳をかたむけるなかで、幼児は空想世界に身をゆだねるとともに、おとなとのもっともゆたかなコミュニケーションを交しているのだ。おとなとておなじことで、(2)子どもといっしょに空想の世界を楽しむ心のゆとりさえあれば、絵本を読んでやることで、子どもとゆたかにきもちを通じあうことができる。「三びきのこぶた」や「七ひきの子やぎ」の話が、郷愁(注1)に似たなつかしさをもって思いだされるのは、その話を楽しんだ幼児期の雰囲気が、子どもとおとなの心をやわらかく溶けあわせるようなものであったことと無関係ではない。童話をなつかしむき

制限時間 50分

1

次の1から4までの問いに答えなさい。

1　次の――線の部分の読みをひらがなで書きなさい。

(1)　見舞金を拠出する。　(2)　恒久の平和を願う。

(3)　水たまりで滑る。　(4)　優雅な趣の庭園。

(5)　神仏に誓願する。

2　次の――線の部分を漢字で書きなさい。

(1)　ハイエイを得意とする。　(2)　一計をアンじる。

(3)　決議をサイタクする。　(4)　お墓に花をソナえる。

(5)　水分をキュウシュウする。

3　次は、生徒たちが和歌について話している場面である。これについて、(1)から(4)までの問いに答えなさい。

> 草も木も色変れどもわたつ海の
> 波の花にぞ（　①　）なかりける　　紀淑望
>
> Aさん「この和歌は『(海の)波』を『花』に見立てているところがポイントだね。」
>
> Bさん「そうなんだ。草木の世界には、はっきりとした季節感があるけれども、『波の花』には季節が感じられないということだね。」
>
> Aさん「そうだね。草木の色が変わるという表現から、どの季節を詠んだ歌かが②わかるよ。和歌には他にも、『嵐』や『雪』など自然の現象に『花』をたとえたものがたくさんあるということを先生から③聞いたよ。」
>
> Bさん「和歌や俳句には『見立て』という技法がとても多く用いられているらしいね。もっと調べてみよう。」

(1)　この和歌に用いられている表現技法はどれか。

ア　字余り　イ　対句　ウ　倒置法　エ　擬人法

(2)　（　①　）に入る語として最も適当なものはどれか。

ア　春　イ　夏　ウ　秋　エ　冬

(3)　次のア～エの漢字を楷書で正しく書いた場合、②象と画数が同じものはどれか。

ア　郵　イ　慈　ウ　航　エ　善

(4)　③聞いたを正しい敬語表現に改めたものはどれか。

ア　聞かれた　イ　お聞きした

ウ　お聞きになられた　エ　お聞きになった

4　次の漢文の書き下し文として正しいものはどれか。

林尽キ二水源一ニ、便チ得タリ二一山一ヲ。（「陶淵明」）

ア　水源に林尽き、便ち一山を得たり。

イ　林尽き水源に、便ち得たり一山を。

ウ　林水源に尽き、便ち一山を得たり。

エ　水源に林尽き、一山を便ち得たり。

2

次の文章を読んで、1から5までの問いに答えなさい。

永田佐吉は、(注1)美濃の国羽栗郡竹ヶ鼻の人にして、親につかふること(注2)たぐひ無し。又、仏を信ず。大かた貧しきを(注3)憐み、(注4)なべて人に交じるに誠あれば、(1)誰となく仏佐吉とは呼びならしけり。幼けなき時、尾張名古屋、紙屋某といふ家に(注5)僕たりしが、暇ある時は砂にて(注6)手習ふこと

第194回 下野新聞模擬テスト
社会

1 **図1**は，栃木県に住む太郎さんが社会科の授業で調べた八つの都道県(北海道，群馬県，東京都，栃木県，富山県，長野県，奈良県，高知県)の位置を示したものである。これを見て，次の**1**から**7**までの問いに答えなさい。

図1

1 次の文は，**図1**で示した**A**の島々について述べたものである。文中の□に当てはまる語を書きなさい。

> **A**の島々を総称して，北方領土という。この島々のうち，日本最北端に位置する島が□島である。この島は，オットセイやアザラシ，キタキツネなどの動物が生息する，自然豊かな島となっている。

2 **図2**は，**図1**で示した前橋市の1月と7月における，1日の降水量が1mm以上の日数の月別平年値を示したものである。1月の日数が7月に比べて少ない理由として正しいのはどれか。

ア 一年中偏西風が吹きつけるため。
イ 南東の季節風が吹きつけるため。
ウ からっ風などとよばれる北西の季節風が吹きつけるため。
エ やませが吹きつけるため。

(日)

	1月	7月
前橋市	2.9	14.9

図2(「理科年表」により作成)

3 **図3**は，富山県を流れている常願寺川について，太郎さんがまとめたものである。**図3**中の□に当てはまる文を，「標高」「川の流れ」の二つの語を用いて簡潔に書きなさい。

> 常願寺川は，古代から，何度も氾濫(はんらん)をくり返してきた。右の資料から，常願寺川は世界の主な川に比べ，□という特徴があり，これが川の氾濫をまねく原因である。

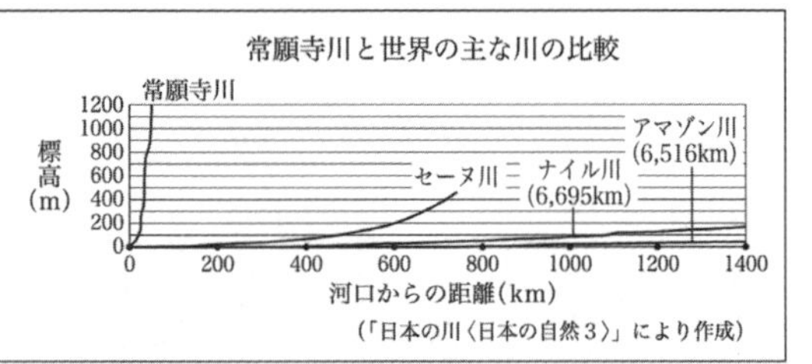

図3

4 次の文は，長野県の農業について述べたものである。文中の□に当てはまる語を書きなさい。

> 長野県では，夏でも涼しい気候を利用して，レタスなどの野菜の成長を遅らせ，他の地域の出荷量が少ない時期に出荷する□栽培が行われている。

5 **図4**は，栃木県，東京都，全国における主な製造品の出荷額および民営事業所数(2019年)についてそれぞれ示したものである。**P**に当てはまる都県と，**Y**に当てはまる製造品の組み合わせとして正しいのはどれか。

ア **P**－東京都 **Y**－印刷・同関連業
イ **P**－東京都 **Y**－プラスチック製品
ウ **P**－栃木県 **Y**－印刷・同関連業
エ **P**－栃木県 **Y**－プラスチック製品

都県	主な製造品の出荷額(億円)		民営事業所数
	Y	木材・木製品	
P	7,810	127	913,912
Q	619	1,020	93,113
全国	49,981	29,169	6,398,912

図4(「県勢」により作成)

問題 R4
192
193
194
195
【社会】第194回

解答・解説 P312・P315

6　**図5**は，栃木県，北海道，東京都，高知県のいずれかの就業者人口に占める，第一次産業，第二次産業，第三次産業に従事する人の割合を示したものである。**B**に当てはまる県と，**R**に当てはまる産業の組み合わせとして正しいのはどれか。

（%）（2017年）

都道県	R	S	第三次産業
東京都	15.8	0.5	83.7
B	17.4	10.2	72.3
北海道	17.4	6.1	76.5
C	31.1	5.9	63.0

図5（「県勢」により作成）

ア　**B**－栃木県　**R**－第一次産業　　**イ**　**B**－栃木県　**R**－第二次産業
ウ　**B**－高知県　**R**－第一次産業　　**エ**　**B**－高知県　**R**－第二次産業

7　**図6**は，奈良県のある地域の地形図を示したものである。**図6**中の竜田川駅から寺院までの直線距離は，地形図上で2cmある。実際の直線距離は何mか書きなさい。

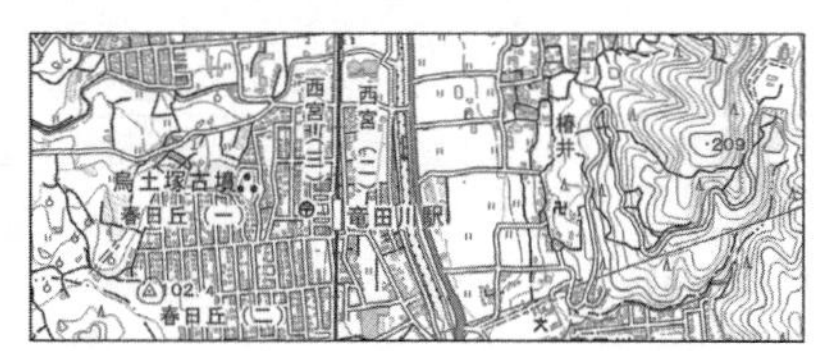

図6（国土地理院発行2万5千分の1地形図により作成）

2　次の**1**，**2**，**3**の問いに答えなさい。

1　**図1**を見て，次の(1)から(4)までの問いに答えなさい。

(1)　次の文は，**図1**で示した**A**の海岸線について述べたものである。文中の［　　］に当てはまる語を書きなさい。

> **A**の海岸線は，氷河によってけずられた谷に海水が深く入り込んで形成された［　　］が広がっている。その雄大な景色は，観光資源にもなっている。

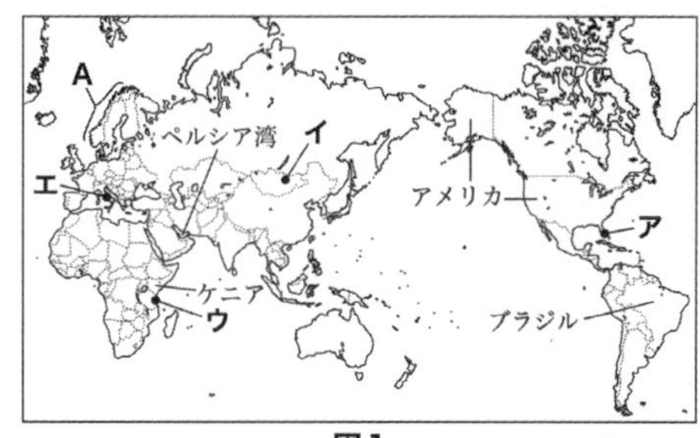

図1

(2)　**図2**の雨温図が当てはまる都市は，**図1**中の**ア**，**イ**，**ウ**，**エ**のどれか。

(3)　**図1**で示したケニアについての説明として正しいのはどれか。

ア　温帯草原であるパンパでは，牛の放牧や小麦の栽培が盛んである。
イ　ポルトガル語が公用語とされている。
ウ　茶のプランテーション農業が行われ，世界で最も茶の輸出量が多い。
エ　英語が広く使用され，ICT（情報通信技術）産業が発達している。

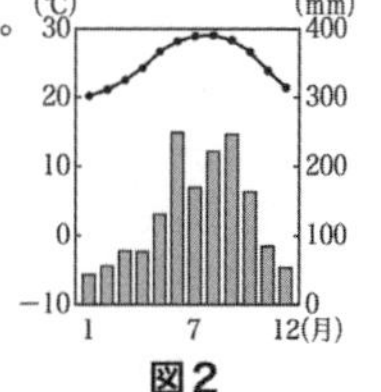

図2
（「理科年表」により作成）

(4)　次の文は，**図1**で示したブラジルについて述べたものである。文中の［　　］に当てはまる語を書きなさい。

> ブラジルを流れるアマゾン川流域では，森林を焼きはらい，その灰を肥料として作物を栽培する，［　　］農業が行われていた。作物を収穫するとその場所を移動し，数年から数十年のサイクルで元の場所に戻ってくる。

2　**図3**は，**図1**で示したアメリカの国際移住者の出身国の割合（2020年）を示したものである。**図3**中の［**X**］に当てはまる国名として正しいのはどれか。

ア　カナダ　　**イ**　キューバ　　**ウ**　日本　　**エ**　メキシコ

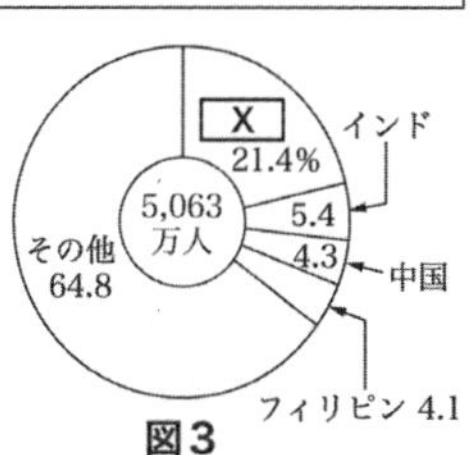

図3
（「世界国勢図会」により作成）

3　**図1**で示したペルシア湾沿岸には，タンカーを停泊させる港が集中している。その理由を，「パイプライン」「輸出」の二つの語を用いて簡潔に書きなさい。

問題 R4
192
193
194
195
【社会】第194回

3 一郎さんは，古代から近世までの歴史について調べ，**図1**を作成した。これを見て，次の**1**から**8**までの問いに答えなさい。

ことがら	説　明
須恵器	朝鮮半島から日本に一族で移り住んだ［ X ］が伝えた，かたく黒っぽい土器。
ⓐ寝殿造	複数の建物が渡殿（わたどの）とよばれる廊下によって結ばれた建築様式。
北条時宗	フビライ・ハンからの国書を無視したため，ⓑ博多湾に元軍が攻めてきた。
花の御所	足利家の邸宅が造営され，とくにⓒ足利義満のころに大規模な造営が行われた。
楽市・楽座	ⓓ楽市令を出して商人を招き，自由なⓔ商工業の発展を図ろうとした政策。
鎖国	幕府による禁教，ⓕ貿易統制，外交独占の体制。
北方探索	ⓖ最上徳内，近藤重蔵，間宮林蔵は，幕府の命令により北方を探索した。

図1

1 **図1**中の［ X ］に当てはまる語を書きなさい。

2 下線部ⓐの様式の建物がつくられ始めた時代の書物はどれか。
ア 古今和歌集　**イ** 徒然草　**ウ** 新古今和歌集　**エ** 万葉集

3 **図2**は，下線部ⓑの後に出された法律の一部を示したものである。**図2**中の［ Y ］に当てはまる語を書きなさい。

永仁の［ Y ］
領地の質入れや売買は，御家人の生活が苦しくなるもとなので，今後は禁止する。
…御家人以外の武士や庶民が御家人から買った土地については，売買後の年数に関わりなく，返さなければならない。
(一部要約)

図2

4 下線部ⓒが行ったことがらとして**当てはまらない**のはどれか。
ア 朝鮮国との貿易を始めた。
イ 南北朝を統一した。
ウ 京都の北山に金閣を建てた。
エ 奥州藤原氏を攻めほろぼした。

5 **図3**は，下線部ⓓの一部を示したもので，**図4**は，**図3**中の［ Z ］に当てはまる地域に建てられた城を示したものである。**図3**中の［ Z ］に共通して当てはまる語を書きなさい。

［ Z ］城下の町中に対する定め
一　この［ Z ］の町は楽市としたので，いろいろな座は廃止し，さまざまな税や労役は免除する。
(一部要約)

図3

図4

6 下線部ⓔに関して，商工業の歴史について述べた次の文を，年代の古い順に並べ替えなさい。
ア 問屋制家内工業が発達した。
イ 工場制手工業(マニュファクチュア)が発達した。
ウ 京都の裕福な商工業者である町衆が，自治を行った。
エ 和同開珎が都とその周辺で流通した。

7 下線部ⓕに関して，鎖国が実施されていた時代に交易を行っていた中国の当時の王朝名はどれか。
ア 秦　**イ** 清　**ウ** 漢　**エ** 宋(北宋)

8 下線部ⓖに関して，**図5**は，一郎さんが調べてまとめた，最上徳内，近藤重蔵，間宮林蔵が探索した行程を示したものである。**図5**の地域を探索した理由を，「通商」「警戒」の二つの語を用いて簡潔に書きなさい。

図5

解答・解説 P312・P315

4 略年表を見て，次の**1**から**6**までの問いに答えなさい。

年	世界と日本の主なできごと	
1861	ⓐアメリカで南北戦争がおこる	↕A
1889	ⓑ大日本帝国憲法が制定される	
1904	日露戦争がおこる	↕B
1931	ⓒ満州事変がおこる	↕C
1991	バブル経済が崩壊する	

1 次の文は，下線部ⓐについて述べたものである。文中の□に当てはまる人物名を書きなさい。

> 南北戦争で北部，南部ともに多大な被害を出した後，北部の□大統領は「人民の，人民による，人民のための政治」を訴え，北部を勝利に導いた。

2 次の文は，**A**の時期におきたできごとについて述べたものである。文中の□に共通して当てはまる語を書きなさい。

> 板垣退助らが民撰議院設立(の)建白書を政府に提出したことから，国民が政治に参加する権利の確立を目指す□が盛んになった。□の一環で講演会などが開かれていたが，政府が介入してきたため，多くの国民は反発した。

3 **図1**は，下線部ⓑにおける帝国議会のしくみの一部を示したものである。**図1**中の**X**に当てはまる機関の説明として正しいのはどれか。

ア 国家の重大なことがらについて，天皇の質問に答える機関。
イ 天皇が統帥(統率・指揮)し，政府の指示を受けない機関。
ウ 政府の最高機関で，長官に太政大臣が置かれたが，内閣制度の制定により廃止された機関。
エ 皇族や華族，天皇が任命した議員などで構成された機関。

帝国議会
X　Y
↑ 選挙
国民

図1

4 **B**の時期におきた昭和恐慌の要因として**当てはまらない**のはどれか。

ア 東京や横浜を中心に大地震が発生し，甚大な被害が出た。
イ 預金を引き出そうとする人々が，銀行などの金融機関に殺到した。
ウ アメリカのニューヨークの株式市場の株価が大暴落した。
エ (第一次)石油危機により，石油価格が上昇した。

5 下線部ⓒに関して，**図2**は，満州事変前後の日本の工業の変化を示したものである。**図2**のように，重化学工業が成長した理由を，**図3**をふまえ，簡潔に書きなさい。

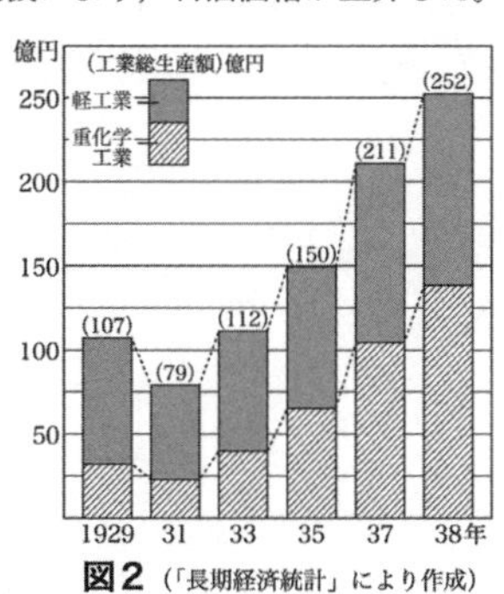

図2（「長期経済統計」により作成）

年	主なできごと
1932	五・一五事件がおこる
1937	日中戦争が始まる
1938	国家総動員法が制定される

図3

6 次の文は，**C**の時期の文化について述べたものである。文中の□に当てはまる人物名はどれか。

> 昭和時代には，大衆娯楽が盛んになった。第二次世界大戦後，映画が人気を集め，□が「羅生門」などの映画監督として，世界的に高い評価を得た。

ア 湯川秀樹　**イ** 川端康成　**ウ** 黒澤明　**エ** 佐藤栄作

5 次の1から5までの問いに答えなさい。

1 図1は，あるきまりの賛否について，提案から決定に至るまでの流れを示したものである。図1において用いられている採択方法の名称を書きなさい。

・提案A
提案書の提出→審議→採択(賛成5名，反対1名)→否決
・提案B
提案書の提出→審議→採択(賛成6名，反対0名)→成立

図1

2 次の文は，日本国憲法における天皇について述べたものである。文中の[I]，[II]に当てはまる語の組み合わせとして正しいのはどれか。

日本国憲法において，天皇は主権者ではなく，日本国と日本国民統合の「[I]」とされている。また，国の政治についての権限を持たず，憲法に定められた国事行為のみを行う。国事行為を行う時は，[II]の助言と承認が必要とされている。

ア I－総覧者 II－内閣　イ I－総覧者 II－国会
ウ I－象徴 II－内閣　エ I－象徴 II－国会

3 次の文は，日本の安全保障について述べたものである。文中の[ ]に共通して当てはまる語を書きなさい。

自国は攻撃を受けていなくても，攻撃を受けた同盟関係にある国の防衛活動に参加する権利を，[ ]という。日本の政府は，憲法上[ ]は使えないとしてきたが，2014年に限定的に使えるという見解に変更した。

4 次の文は，男女の平等の実現について述べたものである。文中の[ ]に当てはまる語を書きなさい。

女性の社会進出にともない，男女の雇用面における取り扱いの差が問題視された。そこで1985年に男女雇用機会均等法が制定され，雇用面において性別による差を設けることが禁止された。さらに，1999年には，男性も女性も対等な立場であらゆる社会活動に参加し，利益と責任を分かち合う社会の実現を目指して，[ ]が制定された。

5 次の(1)，(2)の問いに答えなさい。

(1) 図2は，ある学校で衆議院の比例代表制と同じ方式で，模擬選挙を行った結果である。図2の選挙結果における，b党の当選人数として正しいのはどれか。なお，当選人数は6名とされた。

政党	a	b	c	d
得票数	420	276	180	99

図2

ア 3名　イ 2名　ウ 1名　エ 0名

(2) 次の文は，選挙の課題について述べたものである。文中の[ ]に当てはまる語句として正しいのはどれか。

2014年に行われた衆議院議員総選挙の小選挙区において，東京都第1区の議員1人当たりの有権者数は492,025名，宮城県第5区は231,081名であった。この状態で小選挙区の選挙が行われると，[ ]に2倍以上の差が出ることになる。これを解消するため，議員定数や選挙区の範囲の変更などが行われている。

ア 年齢別投票率　イ 1人当たりの一票の価値
ウ 立候補者の数　エ 当選する議員の数

問題 R4 192 193 194 195 【社会】第194回

解答・解説 P312・P315

6 次の文は，ゆうさんが社会科の授業で学んだ日本の政治のしくみについてまとめたものの一部である。これを読み，次の**1**から**5**までの問いに答えなさい。

> 日本の政治のしくみには，三権分立(権力分立)の考え方が取り入れられている。立法権を担う⓪国会，行政権を担う⑥内閣，司法権を担う©裁判所に分かれており，それぞれが権力を抑制し合い，均衡を保っている。私たちの身近な生活の場においては，⓪地方公共団体(地方自治体)が主体となって，⑥地方財政や地方行政を行っている。

1 下線部ⓐに関して，次の文は，衆議院の優越について述べたものである。文中の［ Ⅰ ］，［ Ⅱ ］に当てはまる数字や語の組み合わせとして正しいのはどれか。

> 法律案や予算の先議など，衆議院は参議院に対して，いくつかの事項において衆議院の優越が認められている。これは，衆議院の方が参議院に比べて任期が［ Ⅰ ］年短く，解散が［ Ⅱ ］ことにより，国民の意見をより反映しやすいと考えられているからである。

ア Ⅰ－2 Ⅱ－ある　**イ** Ⅰ－2 Ⅱ－ない
ウ Ⅰ－3 Ⅱ－ある　**エ** Ⅰ－3 Ⅱ－ない

2 下線部ⓑに関して，次の(1)，(2)の問いに答えなさい。

(1) 内閣は，国権の最高機関である国会が選んだ内閣総理大臣(首相)を中心に組織され，国会に対して連帯して責任を負っている。この制度を何というか。

(2) **図1**は，内閣不信任決議の可決以降の流れを示したものである。**図1**中の**X**，**Y**に当てはまる数字や語の組み合わせとして正しいのはどれか。

ア X－10 Y－臨時会(臨時国会)
イ X－5 Y－臨時会(臨時国会)
ウ X－10 Y－特別会(特別国会)
エ X－5 Y－特別会(特別国会)

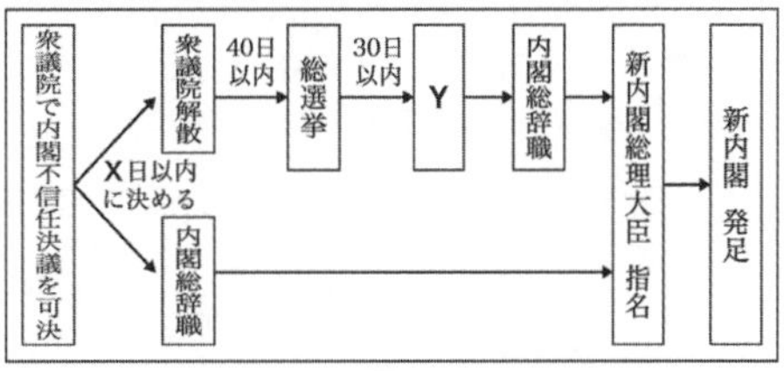

衆議院で内閣不信任決議を可決 → X日以内に決める → 衆議院解散 → 40日以内 → 総選挙 → 30日以内 → Y → 内閣総辞職 → 新内閣総理大臣 指名 → 新内閣 発足
（X日以内に決める → 内閣総辞職 → 新内閣総理大臣 指名）

図1

3 下線部ⓒに関して，次の文は，刑事裁判について述べたものである。文中の［　　］に当てはまる語を書きなさい。

> 刑事裁判において，［　　］は，被疑者が罪を犯した疑いが確実で，刑罰を科すべきと判断すると，被疑者を被告人として裁判所に訴える。

4 下線部ⓓに関して，**図2**は，ゆうさんが，市町村合併による市町村数の変化についてまとめたものである。**図2**中の［ P ］に当てはまる文を，「地方税」の語を用いて，［ Q ］に当てはまる文を，「住民の意見」の語を用いて，それぞれ簡潔に書きなさい。

> 急激な過疎化が進むと，地方公共団体の［ P ］し，財政が悪化する。これを安定化させ，仕事を効率化させるために，右の資料のように市町村合併が進んだ。しかし，市町村合併が進み，地方自治の対象となる範囲が拡大されることには，［ Q ］という欠点がある。

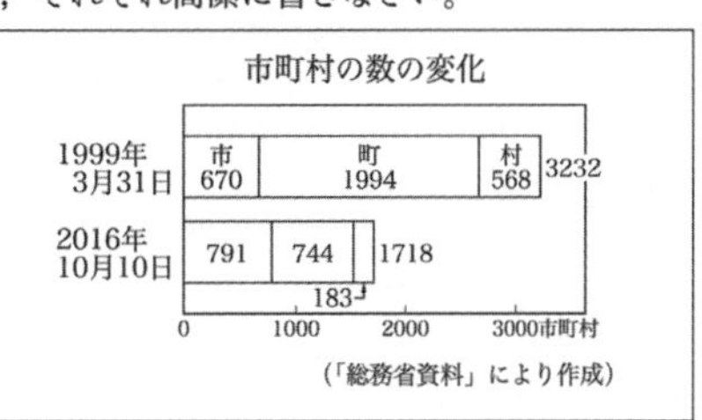

図2

5 下線部ⓔに関して，地方における教育や道路の整備など，特定の仕事の費用の一部を国が負担するために，地方公共団体に支給する財源として正しいのはどれか。

ア 地方交付税交付金　**イ** 国庫支出金　**ウ** 地方債　**エ** 公的年金

問題 R4
192
193
194
195
【社会】第194回

下野模擬問題(第194回)◆社会

7 健司さんと先生の会話文を読み，次の**1**から**4**までの問いに答えなさい。

健司：「先日中国について学習して，栃木県とⓐ中国との関係について興味を持ったので調べてみると，栃木県やいくつかのⓑ市町村は，中国のいくつかの都市と姉妹(友好)都市になっているのですね。」
先生：「互いに交流を深めることで，自分たちの地域にはない取り組みの様子を学んだり，ⓒ持続可能なまちづくりにつなげたりすることができます。栃木県内の市町村は，中国だけでなく，様々な国の都市と姉妹(友好)都市になっていますよ。」
健司：「アメリカのカリフォルニア州の都市と姉妹(友好)都市になっている市もありました。カリフォルニア州には，きれいなⓓ海を観光資源としている都市もあるようなので，調べてみたいです。」

1 下線部ⓐに関して，次の(1)，(2)の問いに答えなさい。

(1) 次の文は，**図1**の人物について健司さんがまとめたものである。この人物として正しいのはどれか。

・日本に正しい仏教の教えを伝えるために，唐から来日した。
・何度か渡航に失敗し，盲目(もうもく)になった。
・日本で唐招提寺を開いた。

ア 鑑真　**イ** 行基　**ウ** 空海　**エ** 道元

図1

(2) **図2**は，中国の明にまつわる言葉について，健司さんがまとめたものの一部である。**図2**中の X に当てはまる語を書きなさい。

「北虜南倭(ほくりょなんわ)」…明が対応に苦労した，南北の圧力や争いごとを意味する
・北虜について
北からは，モンゴル民族がひんぱんに侵入してきたため，万里の長城を修築，延長した。
・南倭について
日本との貿易において X という証明書を発行し，倭寇と正式な貿易船を区別した。

図2

2 下線部ⓑに関して，次の文は，地方公共団体に関わる法律について述べたものである。文中の□に共通して当てはまる語を書きなさい。

1999年に，□一括法がつくられた。これ以後，国の仕事の多くが地方公共団体の仕事となり，現在でも，仕事や財源を国から地方公共団体に移す□が進められている。

3 下線部ⓒに関して，現在，環境省は，移動において積極的に公共交通機関を利用する「スマートムーブ」という取り組みを推進している。その理由を，**図3**をふまえ，「地球温暖化」の語を用いて簡潔に書きなさい。

1人が1km移動する際の輸送手段別の二酸化炭素排出量(g-CO_2/トンkm)

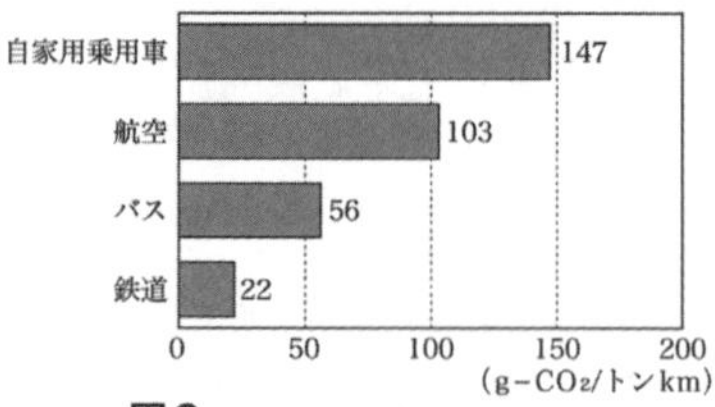

図3（「国土交通省資料」により作成）

4 下線部ⓓに関して，リマン海流について正しく述べているのはどれか。

ア 日本海側を流れる暖流。
イ 日本海側を流れる寒流。
ウ 太平洋側を流れる暖流。
エ 太平洋側を流れる寒流。

令和4年
12月4日実施

第194回 下野新聞模擬テスト

数　学

1 次の**1**から**8**までの問いに答えなさい。

1　$-1-(-4)$　を計算しなさい。

2　$ab^2 \times 3ab$　を計算しなさい。

3　$(x+5)^2$　を展開しなさい。

4　2次方程式 $x^2-9x=0$ を解きなさい。

5　yはxに反比例し，$x=-3$のとき$y=8$である。$x=4$のときのyの値を求めなさい。

6　右の図は，ある立体の投影図である。この立体の体積を求めなさい。

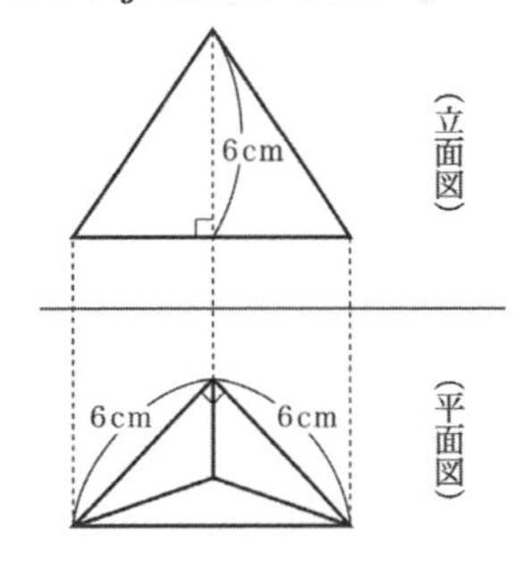

7　右の図で，DE//BCのとき，xの値を求めなさい。

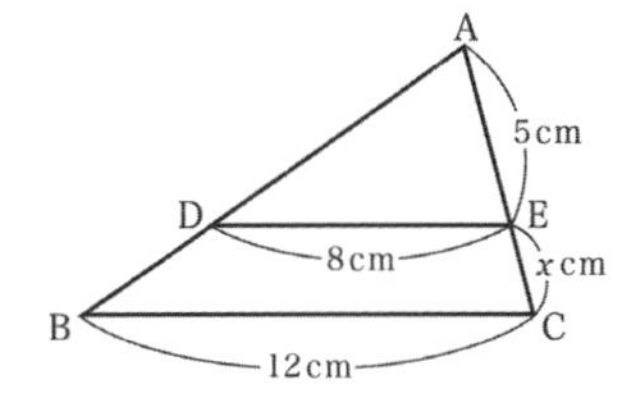

8　右の図のような正八面体について<u>**誤った内容を述べている**</u>ものを，**ア**，**イ**，**ウ**，**エ**のうちから1つ選んで，記号で答えなさい。

ア　頂点の数は6個である。　　　**イ**　平行な面は4組ある。
ウ　3本の線分AF，BD，CEのうち，1本は他の2本より長い。
エ　ある辺とねじれの位置にある辺は4本ある。

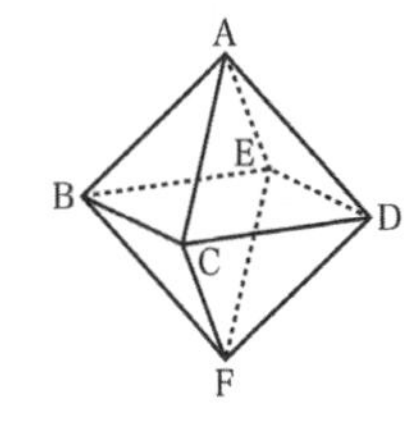

2 次の**1**，**2**，**3**の問いに答えなさい。

1　$\sqrt{19}$の小数部分を求めなさい。例えば，3.14では0.14を小数部分という。

2　ケースの中に，あるイベントの参加者に配るためのキャンディーが入っている。参加者1人にキャンディーを5個ずつ配ると25個余ってしまった。そこで，さらにその25個を2個ずつ全員に配ろうとしたら3個不足した。
　このとき，イベントの参加者をx人として方程式をつくり，最初にケースの中に入っていたキャンディーの個数を求めなさい。ただし，途中の計算も書くこと。

3　xについての2次方程式 $x^2+px-32=0$ の解が $x=q$，4 であるとき，整数p，qの値をそれぞれ求めなさい。

3 次の**1**，**2**，**3**の問いに答えなさい。

1　右の図のような，1，2，3，4，5の数字が1つずつ書かれた5枚のカードがある。これらの5枚のカードを裏返しにした後，よく混ぜてから同時に2枚のカードを取り出し，カードに書かれている数字のうち，大きい方をa，小さい方をbとする。
　$a-b$の値が奇数になる確率を求めなさい。ただし，どのカードを取り出すことも同様に確からしいものとする。

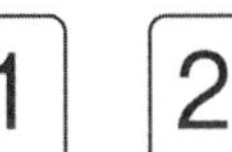

4

解答・解説 P313・P319

下野模擬問題(第194回)◆数学

2　絶対値が4未満の整数は全部で何個あるか。

3　あるクラスの生徒40人を対象として，通学時間(片道に要する時間)の調査が行われた。右の図は，この調査の結果をヒストグラムで表したものであり，例えば，0分以上5分未満の人数は2人であることがわかる。
　このとき，次の(1)，(2)の問いに答えなさい。

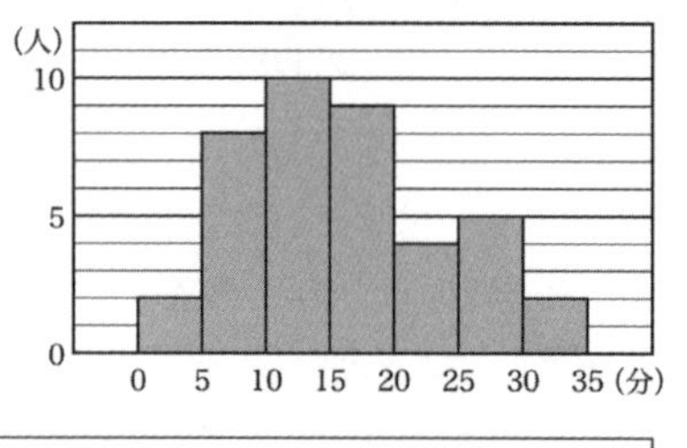

(1)　次の文のⅠ，Ⅱに当てはまる数を求めなさい。

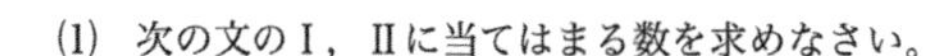

> 　このヒストグラムより，階級の幅は（　Ⅰ　）分であることがわかる。また，このヒストグラムから求められる最頻値(モード)は（　Ⅱ　）分である。

(2)　このヒストグラムを，右の表のように整理するとき，15分以上20分未満の階級の累積相対度数を，小数で求めなさい。

階級(分)	度数(人)	相対度数	累積相対度数
以上　未満 0 ～ 5	2		
5 ～ 10			
10 ～ 15			
15 ～ 20			[　　]
20 ～ 25			
25 ～ 30			
30 ～ 35			
計	40		

4　次の**1**，**2**，**3**の問いに答えなさい。

1　右の図のような直線ℓとℓ上にない2点A，Bがある。このとき，下の【条件】をともに満たす点Pを作図によって求めなさい。ただし，作図には定規とコンパスを使い，また，作図に用いた線は消さないこと。

ℓ

A・　　・B

> 【条件】
> ・点Pは直線ℓ上にある。
> ・線分AP，ABによってつくられる∠BAPの大きさが90°になる。

2　図1のような，AB＝25cm，BC＝15cm，AC＝20cm，∠ACB＝90°の直角三角形ABCがある。図2は，△ABCを，辺ACを軸として1回転させてできる立体Xの見取図である。
　このとき，次の(1)，(2)の問いに答えなさい。ただし，円周率はπとする。

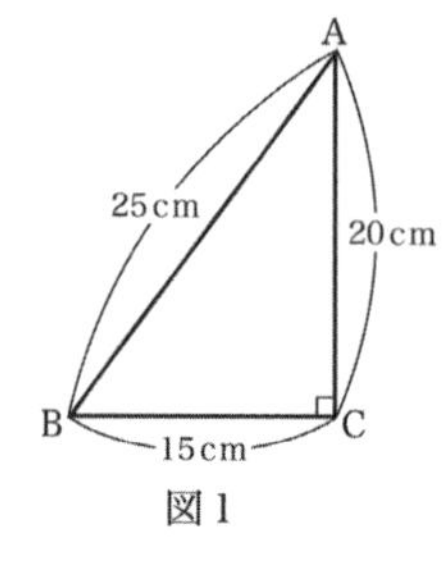

図1

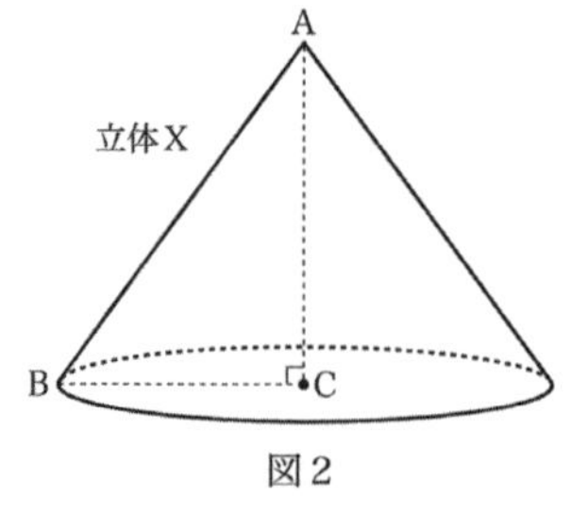

図2

(1)　立体Xの体積を求めなさい。

(2)　△ABCを，辺ABを軸として1回転させてできる立体を立体Yとする。立体Yの表面積を求めなさい。ただし，途中の計算も書くこと。なお，円錐(すい)の側面積は，
π×(底面の半径)×(母線の長さ)　という式によって求められることを利用してよい。

3　右の図のような，AB＜ADの長方形ABCDがある。辺BC上にAD＝AEとなるように点Eをとり，頂点Dから線分AEにひいた垂線と線分AEとの交点をFとする。
　このとき，BE＝FAであることを証明しなさい。

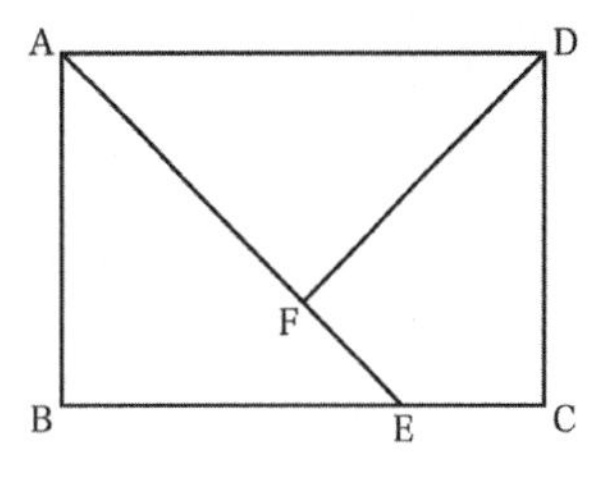

5　次の**1**，**2**の問いに答えなさい。

1　右の図のように，関数$y=\frac{1}{2}x^2$のグラフ上に2点A，Bがあり，x座標はそれぞれ1，4である。また，関数$y=mx+n$のグラフは，2点A，Bを通る直線である。
　このとき，次の(1)，(2)，(3)の問いに答えなさい。

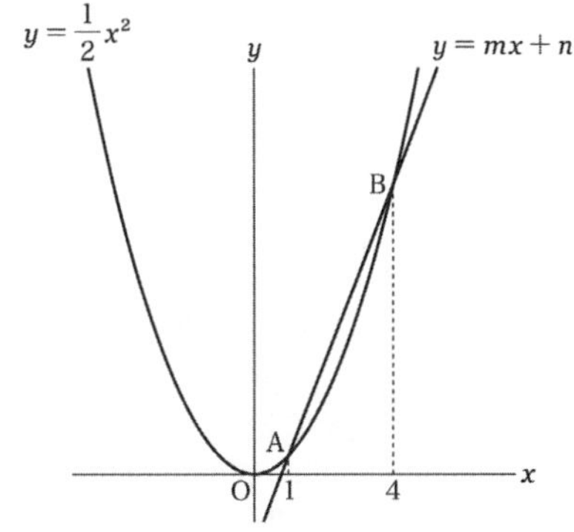

(1)　m，nの値をそれぞれ求めなさい。

(2)　関数$y=\frac{1}{2}x^2$のグラフ上に，x座標がpであり，点Aとは異なる点Pをとるとき，直線APの傾きが負になるためには，pはどのような範囲にあればよいか。不等号を使って表しなさい。

(3)　関数$y=\frac{1}{2}x^2$のグラフ上の$x<0$の範囲に，△OABの面積と△OAQの面積が等しくなるように点Qをとるとき，点Qの座標を求めなさい。

2　70 Lの水が入っている水そうがある。この水そうの底には，毎分3 Lの割合で排水する排水口Aと，毎分5 Lの割合で排水する排水口Bがついている。この水そうに70 Lの水が入っている状態から，排水する操作を2回行った。
　1回目は，最初の5分間は排水口Aのみを開いて排水し，次の5分間は排水口A，Bの両方を開いて排水した。さらに，その後は排水口Bのみを開いて水そうが空(から)になるまで排水した。
　下の図は，1回目について，排水を始めてから，x分後の水そう内に残っている水の量をy Lとして，xとyの関係を表したグラフの一部である。

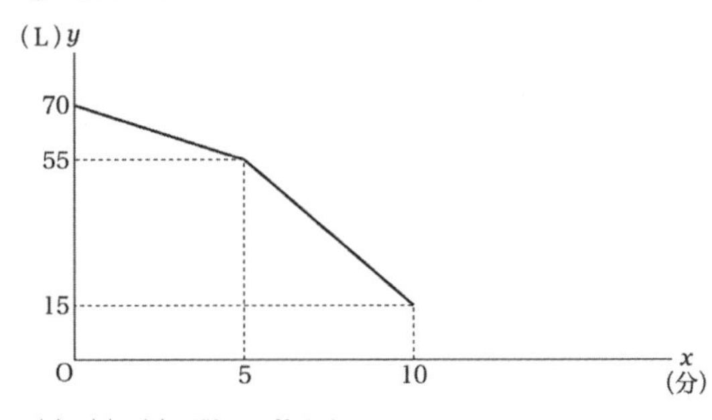

　このとき，次の(1)，(2)，(3)の問いに答えなさい。

(1)　1回目について，排水を始めてから3分後の水そう内に残っている水の量は何Lか。

(2)　1回目について，排水を始めて5分後から10分後までの，xとyの関係を式で表しなさい。ただし，途中の計算も書くこと。

(3) 次の□内の先生と太郎さんの会話文中の，Ⅰ，Ⅱに当てはまる数を求めなさい。

> 先生 「2回目は，排水口を使う順序と時間を変えてみましょう。」
> 太郎 「どのようにするのですか。」
> 先生 「最初の4分間は排水口Bのみを開いて排水し，次の数分間は排水口Aのみを開いて排水します。そして，その後は排水口A，B両方を開いて排水すると，1回目と比べて，排水を始めてから水そうが空になるまでの時間が1分30秒短くなります。排水口A，Bの両方を開いて排水した時間は何分何秒間ですか。」
> 太郎 「まず，1回目に水そうが空になる時間を求めます。そして，求める時間を文字を使って表すと，排水口Aのみを開いて排水した時間も同じ文字を使って表すことができるから，（ Ⅰ ）分（ Ⅱ ）秒間です。」
> 先生 「その通りです。」

6 横にA列，B列，C列，D列，E列，F列，G列と列が並び，縦に1行目，2行目，3行目，4行目，…，n行目と行が並んでいる枠がある。
この枠の中に，下の図のように，ある規則にしたがって自然数を1つずつ順に書き入れていくものとする。

	A列	B列	C列	D列	E列	F列	G列
1行目	1	2	3	4	5	6	7
2行目	4	5	6	7	8	9	10
3行目	7	8	9	10	11	12	13
4行目	10	11	12	13	14	15	16
⋮	⋮	⋮	⋮	⋮	⋮	⋮	⋮
n行目	…	…	…	…	…	…	…

このとき，次の**1**，**2**，**3**の問いに答えなさい。

1 次の文のⅠに当てはまるアルファベットをA，B，C，D，E，Gのうちから1つ選んで答えなさい。また，Ⅱに当てはまる数を求めなさい。なお，同じ記号Ⅰには同じアルファベットが当てはまる。

> それぞれの列に書き入れられている自然数に着目すると，ある数の倍数が順に書き入れられている列は，F列を除いて考えると（ Ⅰ ）列である。したがって，8行目の（ Ⅰ ）列に書き入れられている自然数は，（ Ⅱ ）であることがわかる。

2 19行目のG列に書き入れられている自然数を求めなさい。

3 n行目のA列，B列，C列，D列，E列，F列，G列に書き入れられている自然数の和が1183になるとき，nの値を求めなさい。

問題 R4 192 193 194 195 【数学】第194回

解答・解説 P313・P320

令和4年
12月4日実施

第194回 下野新聞模擬テスト
理　科

1

次の**1**から**8**までの問いに答えなさい。

1　ある前線の東側(前線が進む向きの前方)の上空には乱層雲という雲が広がっていて，広い範囲に穏やかな雨が降っていることが多い。この前線は，次のうちどれか。

ア　温暖前線　　**イ**　停滞前線　　**ウ**　寒冷前線　　**エ**　閉塞前線

2　水が液体から気体へと状態変化したとき，水をつくる分子において変化するものは，次のうちどれか。

ア　分子の運動のようす　　**イ**　1個の分子の大きさ
ウ　分子をつくる原子の種類　　**エ**　1個の分子の質量

3　次のうち，体の表面が外骨格という殻のようなものでおおわれている動物**ではない**ものはどれか。

ア　カニ　　**イ**　クモ　　**ウ**　カメ　　**エ**　アリ

4　次のうち，光が空気中から水中へと進む際に，空気と水の境界(水面)で光に起こる現象はどれか。ただし，入射角は0°ではないものとする。

ア　振動　　**イ**　屈折　　**ウ**　直進　　**エ**　反射

5　右の図は，ある地点に設置されている地震計に記録された，ある地震によるゆれのようすを表したものである。図中の2種類のゆれのうち，小さなゆれに続いて始まる大きなゆれを何というか。

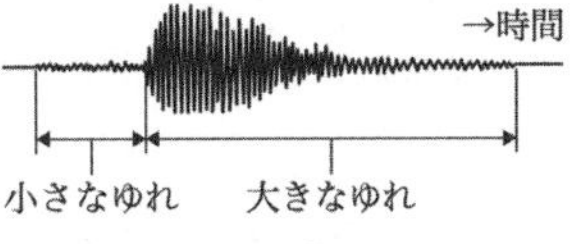

6　右の図のように，二酸化炭素で満たされた集気びんの中に火のついたマグネシウムリボンを入れると，マグネシウムリボンは燃焼し続け，マグネシウムが酸化されて酸化マグネシウムができる。このとき，二酸化炭素が還元されてできる物質は何か。**漢字2字**で書きなさい。

7　右の図は，ジャガイモの茎(地下茎)にいもができているようすをスケッチしたものである。ジャガイモやサツマイモのいも，ヤマノイモやオニユリのむかご，オランダイチゴのほふく茎のように，体の一部に養分をたくわえたものから新しい個体をつくる無性生殖を，特に何生殖というか。

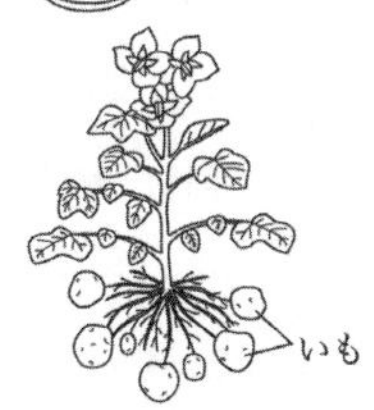

8　ある国で家庭に供給されている電流は，その向きや強さが1分間に3600回の割合で変化する。この電流の周波数は何Hzか。

2

右の図は，花こう岩という火成岩の表面をルーペで観察し，そのようすをスケッチしたものである。図中にAで示したものは，花こう岩の表面に見られた鉱物の結晶で，Aの他には，Ⓧ<u>白色で規則正しい形をした鉱物</u>や，Ⓨ<u>無色で不規則な形をした鉱物</u>の結晶が見られた。

このことについて，次の**1**，**2**，**3**の問いに答えなさい。

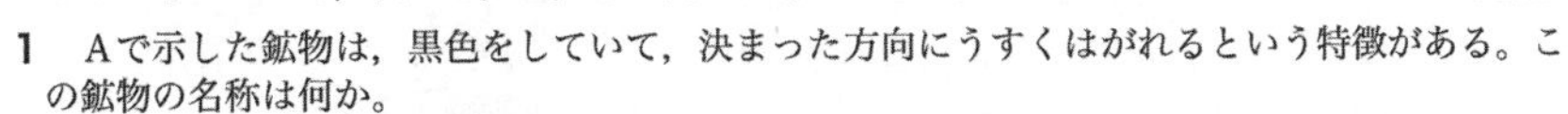

1　Aで示した鉱物は，黒色をしていて，決まった方向にうすくはがれるという特徴がある。この鉱物の名称は何か。

2　Aの他に見られた下線部Ⓧ，Ⓨの鉱物のうち，含まれている割合が大きい方の鉱物，およびその鉱物の名称を正しく組み合わせているものは，次のうちどれか。

ア　割合が大きい方の鉱物：下線部Ⓧ　鉱物の名称：セキエイ
イ　割合が大きい方の鉱物：下線部Ⓧ　鉱物の名称：チョウ石
ウ　割合が大きい方の鉱物：下線部Ⓨ　鉱物の名称：セキエイ
エ　割合が大きい方の鉱物：下線部Ⓨ　鉱物の名称：チョウ石

3　次の□内の文章は，花こう岩の分類とつくりについて述べたものである。①，②に当てはまる語をそれぞれ書きなさい。

> マグマの冷え固まり方によって火成岩を大きく2種類のグループに分けたとき，花こう岩は（　①　）とよばれる方のグループに分類される。また，花こう岩のつくりのように，比較的大きな鉱物の結晶がすき間なくつまっているつくりを（　②　）という。

解答・解説 P313・P321

下野模擬問題(第194回)◆理科

3 右の図のように，試験管の中に入れたある物質と水酸化カルシウムの混合物をガスバーナーで加熱し，発生したアンモニアを，よく乾かした別の試験管に集めた。ただし，図では，アンモニアを集めた試験管は省略されている。
このことについて，次の**1**，**2**，**3**の問いに答えなさい。

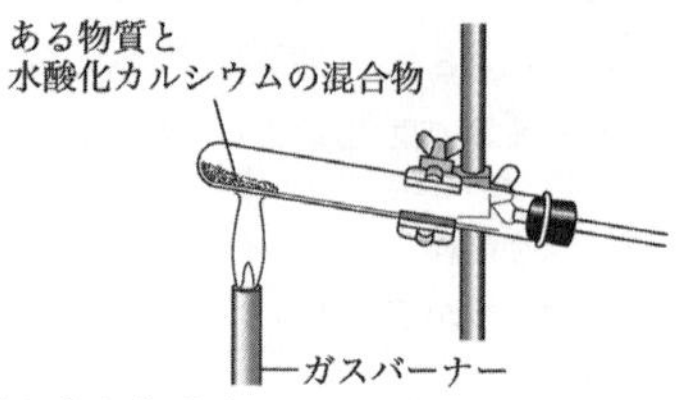

1 アンモニアを発生させるために用いた，下線部の物質を表す化学式は，次のうちどれか。
ア HCl　**イ** NaCl　**ウ** NH_4Cl　**エ** $CuCl_2$

2 次の［　］内の文章は，アンモニアの集め方について述べたものである。①，②に当てはまる語をそれぞれ書きなさい。

> アンモニアは（　①　）という集め方(捕集法)によって集めた。このことは，アンモニアが水に対して示す性質と，アンモニアの密度が空気の密度よりも（　②　）ことによる。

3 1個のアンモニア分子を構成する窒素原子と水素原子の数を正しく組み合わせているものは，次のうちどれか。
ア 窒素原子：2個　水素原子：1個　**イ** 窒素原子：3個　水素原子：1個
ウ 窒素原子：1個　水素原子：2個　**エ** 窒素原子：1個　水素原子：3個

4 右の図は，受粉が行われた後の，ある被子植物の花の断面を模式的に表したものである。
このことについて，次の**1**，**2**，**3**の問いに答えなさい。

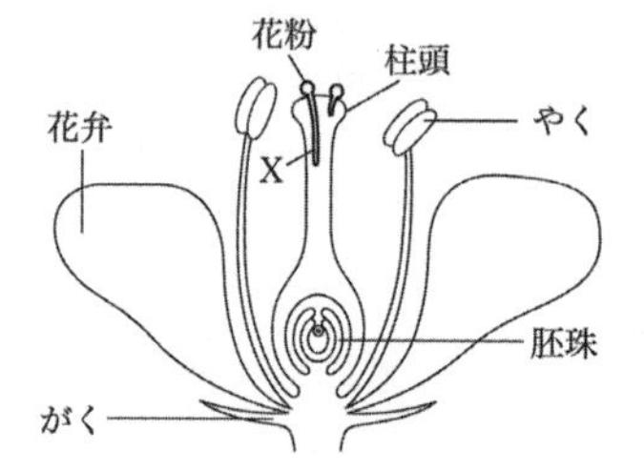

1 花粉からのびている，Xで示したものを何というか。

2 次の［　］内の文章は，被子植物における受精について述べたものである。①，②に当てはまる語をそれぞれ(　)の中から選んで書きなさい。

> Xで示したものの先端が胚珠にまで達すると，①(精細胞・精子・卵細胞・卵) の核が，②(精細胞・精子・卵細胞・卵) の核に受け入れられて，これらの生殖細胞どうしの核が合体する。このことを受精という。

3 有性生殖において，生殖細胞がつくられるときに行われる，分裂前後で染色体の数が変化する細胞分裂を何というか。

5 電熱線から発生する熱量について調べるために，次の実験(1)，(2)を順に行った。

(1) 発泡ポリスチレンの容器の中に，くみ置きの水100gを入れ，規格が「6V－9W」の電熱線を用いて，右の図のような装置を組み立てた。

(2) 電源装置の電圧を6.0Vに合わせて，ガラス棒でときどき水をゆっくりとかき混ぜながら電流を流し，1分が経過するごとに水の上昇温度を調べた。下の表は，その結果をまとめたものである。

経過時間〔分〕	1	2	3	4	5
水の上昇温度〔℃〕	1.1	2.2	3.3	4.4	5.5

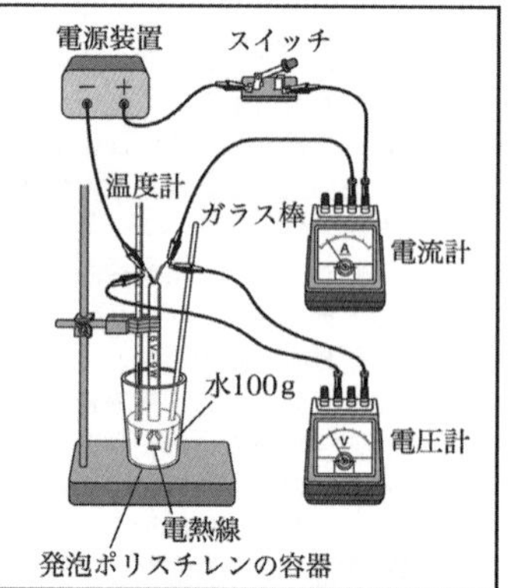

このことについて，次の**1**，**2**，**3**の問いに答えなさい。ただし，図の装置には，電熱線以外に抵抗はないものとする。

1 電熱線の規格「6V－9W」の意味は，6Vの電圧を加えると9Wの何を消費するということか。

2 実験(2)で電熱線に電流を流していたとき，電流計は何Aを示したか。

3 次の□内の文章は，実験の結果からわかることについて述べたものである。①，②に当てはまる数値をそれぞれ書きなさい。

電流を流していたとき，電熱線からは1分間あたりに（ ① ）Jの熱量が発生していた。また，水1gの温度を1℃上昇させるのに必要な熱量は4.2Jであることから，電熱線から発生していた（ ① ）Jの熱量のうち，水の温度を上昇させること以外に使われた熱量は（ ② ）Jであったことがわかる。

6 ある天気図をもとに，次の考察(1)，(2)，(3)を行った。

(1) 図1は，ある日のある時刻における日本付近の天気図で，九州の西の海上には台風が位置しているのが見られる。このように，台風が日本列島に接近していることから，この天気図は，夏から秋のものであると考えられる。

(2) 図1中に見られる台風の中心付近では，ある決まった向きの強い風が吹いていると考えられる。

(3) 北海道の東の太平洋上にある，図1中にAで示したところは，高気圧か低気圧の中心であると考えられる。

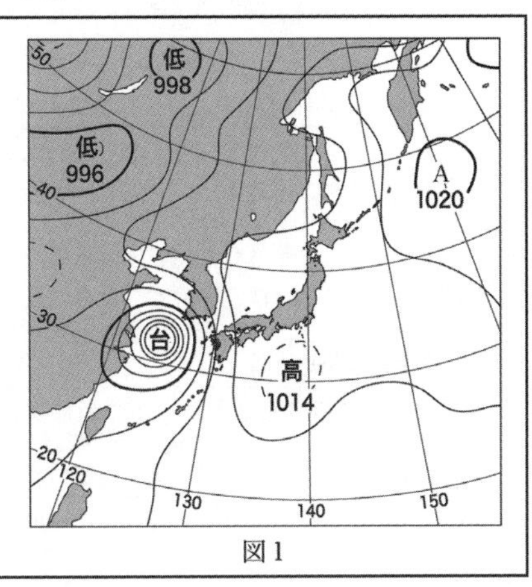

図1

このことについて，次の**1**，**2**，**3**，**4**の問いに答えなさい。

1 図1中に引かれている，同じ時刻に等しい気圧の地点を結んだ曲線を何というか。また，一般的な天気図において，となり合っているその曲線の間隔は，次のうちどれか。

ア 2hPa　**イ** 4hPa　**ウ** 10hPa　**エ** 20hPa

2 次の□内の文は，台風の定義について述べたものである。①，②に当てはまる語や数値をそれぞれ（ ）の中から選んで書きなさい。

台風とは，低緯度帯のあたたかい海洋上で発生した熱帯 ①（高気圧・低気圧）が，海面から供給された多量の水蒸気をエネルギー源として発達し，その中心付近における最大風速が ②（17.2・32.7）m/s以上になったものをいう。

3 図2は，図1中に見られる台風において，その中心付近の地表(海面)を真上から見たようすを模式的に表したもので，**台**は台風の中心，曲線は**1**で答えた曲線である。図2中に三つの●で示した地点における風の吹き方が，考察(2)で考えた向きになるように，三つの●で交わる6本の点線のうちの3本をなぞって実線の矢印(→)に変えたものを，解答用紙の図中にかき入れなさい。

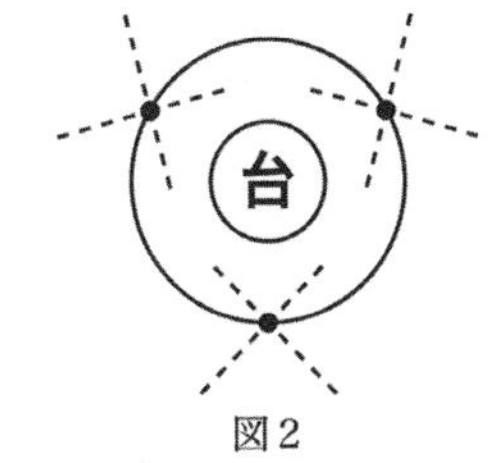

図2

4 考察(3)に関して，図1中にAで示したところについて述べているものは，次のうちどれか。

ア 低気圧の中心であり，上昇気流が生じている。
イ 低気圧の中心であり，下降気流が生じている。
ウ 高気圧の中心であり，上昇気流が生じている。
エ 高気圧の中心であり，下降気流が生じている。

7 うすい硫酸の性質について調べるために，次の実験(1)，(2)，(3)，(4)を順に行った。

(1) スライドガラスの上に水道水をしみ込ませたろ紙を置き，両端を2個の目玉クリップで止めた。なお，水道水のかわりに，食塩水や硝酸カリウム水溶液を用いることもある。

(2) ろ紙の上に，小さく切った赤色リトマス紙R_1，R_2，青色リトマス紙B_1，B_2をのせた。

(3) 下の図のように，ろ紙の中央付近にうすい硫酸をしみ込ませた糸をのせ，2個の目玉クリップが陽極と陰極になるように電源装置をつないだ。
(4) (3)の直後に電源装置のスイッチを入れて2個の目玉クリップ間に電圧を加えたところ，リトマス紙R_1，R_2，B_1，B_2のうちの1枚に色の変化が見られた。

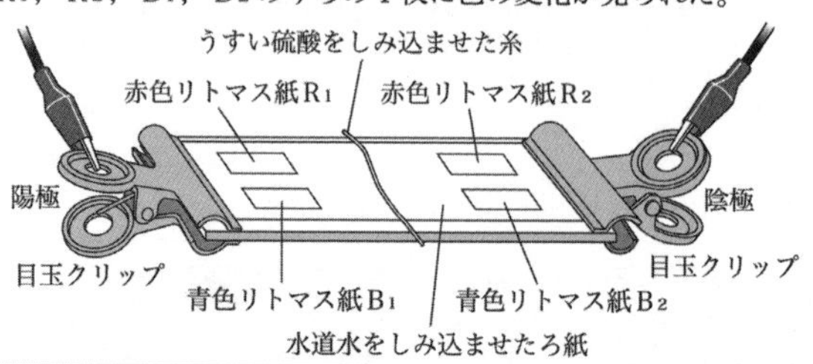

このことについて，次の**1**，**2**，**3**，**4**の問いに答えなさい。

1 実験(1)で，ろ紙に水道水（または食塩水や硝酸カリウム水溶液）をしみ込ませた理由は，電極間に電流を流しやすくするためであるが，これらと同じく電解質の水溶液である炭酸水やアンモニア水を用いると不都合が生じる。その不都合とはどのようなことか。簡潔に書きなさい。

2 次の□内の文章は，実験(4)で見られたリトマス紙の色の変化からわかることについて述べたものである。①，②に当てはまる語をそれぞれ書きなさい。ただし，①には具体的なイオンの名称を表す語が入る。

> 実験(4)で見られたリトマス紙の色の変化から，実験に用いたうすい硫酸の中には，（ ① ）イオンが生じていることがわかる。水に溶かしたとき，水溶液中にこのイオンが生じる物質をまとめて（ ② ）という。

3 実験に用いたうすい硫酸をpHメーターの先につけたときにpHメーターに表示される数値をxとすると，xはどのような値になると考えられるか。次の**ア**，**イ**，**ウ**のうちから一つ選び，記号で答えなさい。

ア $x<7$　　**イ** $x=7$　　**ウ** $x>7$

4 実験の後，実験(1)〜(3)と同様の準備を再び行った。ただし，ろ紙の中央付近には，うすい硫酸のかわりにうすい水酸化バリウム水溶液をしみ込ませた糸を置いた。次に，実験(4)と同様に2個の目玉クリップ間に電圧を加えたところ，この場合も，4枚のリトマス紙のうちの1枚に色の変化が見られた。色が変化したのはどのリトマス紙か。R_1，R_2，B_1，B_2のうちから一つ選び，記号で答えなさい。また，その色の変化の原因となったイオンを表す化学式を書きなさい。

8 植物の体の表面から大気中に放出されている水の量について調べるために，次の実験(1)，(2)，(3)を順に行った。

(1) 葉の枚数や大きさ，茎の太さがほぼ同じくらいの，ある植物の枝A，B，Cを用意した。次に，枝Aのすべての葉の表側と，枝Bのすべての葉の裏側にワセリンをぬった。また，枝Cの葉には何の処理もしなかった。
(2) 下の図のように，50.0mLの水を入れたメスシリンダーに枝A，B，Cをそれぞれさして水面に少量の食用油を浮かべてから，日当たりがよくて風通しのよい窓際にしばらく置いた。

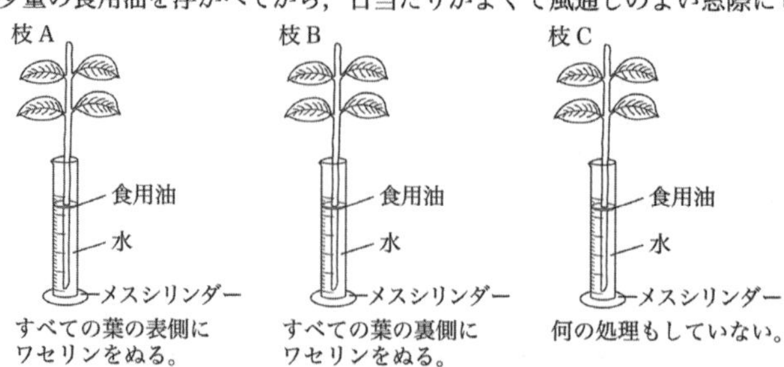

(3) 枝A，B，Cを抜いてから，それぞれのメスシリンダー内の水の量を調べ，その結果を右の表のようにまとめた。

枝	A	B	C
(3)で調べた水の量〔mL〕	46.1	48.5	44.9

問題 R4 192 193 194 195 【理科】第194回

このことについて，次の**1**，**2**，**3**，**4**の問いに答えなさい。

1 次の□内の文章は，植物が根から吸収した水を大気中に放出するまでの水の通り道などについて述べたものである。①，②に当てはまる語をそれぞれ書きなさい。

植物が根から吸収した水は，（ ① ）という管を通って葉などに運ばれる。その後，水は，葉などの表面(表皮)に分布している（ ② ）という小さなすきまから，水蒸気の状態で大気中に放出されている。

2 実験(2)で，「水を入れたメスシリンダーに枝をさす」→「水面に食用油を浮かべる」という順序で操作を行ったのはなぜか。「枝の切り口」という語を用いて簡潔に書きなさい。

3 表の枝BとCの結果を比較することでわかることを述べているものは，次のうちどれか。

ア すべての葉の表側と裏側から放出された水の量。
イ すべての葉の表側から放出された水の量。
ウ すべての葉の裏側から放出された水の量。
エ 茎から放出された水の量。

4 実験の結果より，すべての葉の表側から放出された水の量，およびすべての葉の裏側から放出された水の量は，それぞれ何mLであったと考えられるか。

9 物体がされる仕事について調べるために，次の実験(1)，(2)，(3)を順に行った。

(1) 図1のように，滑車つきモーターを机の端に固定し，モーターで糸を巻きとることができるようにした後，糸につないだばねに床の上に置いた質量600gの物体をとりつけ，糸のたるみがないようにした。なお，このとき，ばねはまったくのびていない。
(2) モーターを電源装置に接続して電流を流したところ，モーターが回転し始め，糸を一定の速さで巻きとっていった。図2は，電流を流し始めてから20秒が経過するまでの，経過時間とばねののびとの関係をグラフに表したものである。
(3) 電流を流し始めてからしばらくすると，物体の床からの高さが50cmになったので，電流を流すのを止めた。

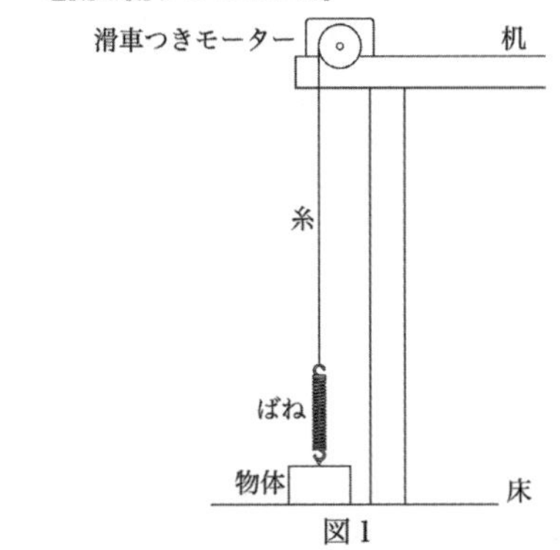

図1

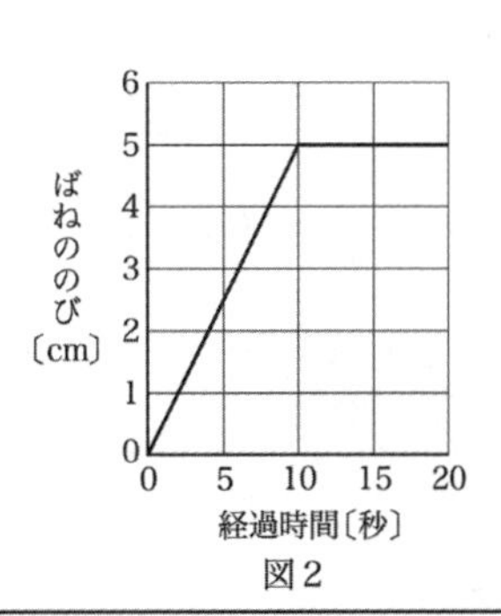

図2

このことについて，次の**1**，**2**，**3**，**4**の問いに答えなさい。ただし，質量100gの物体にはたらく重力の大きさを1Nとし，糸の質量やのび，および，ばねの質量は無視できるものとする。

1 物体が床を離れて50cmの高さに引き上げられるまでの間に，物体がされた仕事の大きさは何Jか。

2 次の□内の文は，図2のグラフからわかることについて述べたものである。①，②に当てはまる数値をそれぞれ書きなさい。

実験で用いたばねを1cmのばすためには，（ ① ）Nの力が必要であることや，ばねののびが2cmになった瞬間には，物体は床から（ ② ）Nの垂直抗力を受けていたことなどがわかる。

3 電流を流し始めてから物体が50cmの高さに引き上げられるまでにかかった時間は，次のうちどれか。

ア 90秒　　**イ** 100秒　　**ウ** 110秒　　**エ** 120秒

4 物体が床を離れてから50cmの高さに引き上げられるまでの間に，物体がもっている運動エネルギーの大きさはどのように変化していったか。簡潔に書きなさい。

1 これは聞き方の問題である。指示に従って答えなさい。

1〔英語の対話とその内容についての質問を聞いて，答えとして最も適切なものを選ぶ問題〕

(1) 

ア 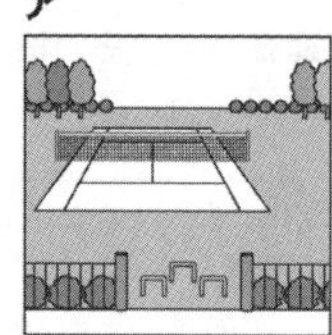

イ 

ウ 

エ 

(2)

ア 

イ 

ウ 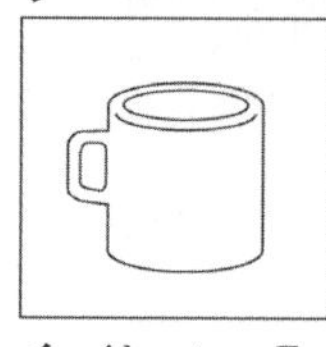

エ 

(3) ア About their homework.　　イ About an English book.
　　ウ About their grandparents.　　エ About the place to study.

(4) ア Because the festival was nice.　　イ Because the festival was boring.
　　ウ Because the festival was exciting.　　エ Because the festival was crowded.

2〔英語の対話とその内容についての質問を聞いて，答えとして最も適切なものを選ぶ問題〕

www. summervolunteerprogram.com 

Summer Volunteer Program
July 20 – August 30
Welcome to our website!
Let's join our volunteer program!

Volunteer Activities
☐ Plant Flowers（5 people）
☐ Plant Trees（10 people）
☐ Clean the Street（15 people）
☐ Clean the River（15 people）

Meetings
You need to join one meeting if you want to join the program.

Date and Time
☐ June 16, Tuesday　18:00–19:00
☐ June 20, Saturday　10:00–11:00
☐ July 5, Sunday　10:30–11:30
☐ July 11, Saturday　10:00–11:00

Place
☐ City Hall
（ A walk from Kita Station）
☐ Volunteer Center
（35 minutes' walk from Kita Station）

(1) ア Because he has been interested in volunteer work.
　　イ Because he knows that the water from the river helps the trees to grow.
　　ウ Because he sometimes goes fishing at the river.
　　エ Because he lives near the river and plays there in summer.

(2) ア June 16　　イ June 20　　ウ July 5　　エ July 11

(3) ア 5 minutes'　　イ 10 minutes'　　ウ 15 minutes'　　エ 20 minutes'

3〔ホワイト先生(Mr. White)のスピーチを聞いて，英語で書いたメモを完成させる問題〕

About Sports in Mr. White's Country

・Soccer is very (1)(　　　) among people in his country.
・Mr. White's favorite sport is tennis.
・His town (2)(　　　) a famous tennis tournament every year.
・His parents walk in the park (3)(　　　) breakfast.

解答・解説 P312・P316

2 次の**1**，**2**の問いに答えなさい。

1 次の英文中の (1) から (6) に入る語句として，下の(1)から(6)の**ア**，**イ**，**ウ**，**エ**のうち，それぞれ最も適切なものはどれか。

June 26th, 2022

Our school invited a famous American musician who (1) Japan. He came to our school with an *interpreter to make a speech, but he spoke only English. Many of the students couldn't understand much of the speech (2) in English. The musician's speech at the gym was wonderful. But it was a little long. After he (3) speaking, the interpreter *translated his story into Japanese. We were surprised because the interpreter finished translating in (4). Most of us laughed and *clapped our hands. The musician thanked the interpreter and said, "(5) did you translate my long story into such a short Japanese one?" The interpreter answered, "I just said, 'This great musician made a wonderful speech and told you an interesting story. Please (6) and clap your hands.'" The musician laughed a lot. That was the interpreter's *joke. After that, the interpreter told us about the musician's speech. It was very interesting.

〔**注**〕*interpreter＝通訳者　*translate ～ into…＝～を…に翻訳する
*clap one's hands＝拍手をする　*joke＝冗談

(1) **ア** visit　**イ** visits　**ウ** is visited　**エ** was visiting
(2) **ア** speak　**イ** spoke　**ウ** spoken　**エ** was speaking
(3) **ア** stopped　**イ** tried　**ウ** started　**エ** practiced
(4) **ア** an hour　**イ** half a minute　**ウ** a few hours　**エ** more than thirty minutes
(5) **ア** How　**イ** Why　**ウ** When　**エ** Which
(6) **ア** sleep　**イ** laugh　**ウ** be quiet　**エ** listen to him

2 次の(1)，(2)，(3)の(　　)内の語を意味が通るように並べかえて，(1)と(2)は**ア**，**イ**，**ウ**，**エ**，(3)は**ア**，**イ**，**ウ**，**エ**，**オ**の記号を用いて答えなさい。ただし，文頭にくる語も小文字で示してある。

(1) *A*：Let's swim in the sea together.
B：No, thank you. It's (**ア** for　**イ** easy　**ウ** not　**エ** me) to do that.

(2) *A*：(**ア** I　**イ** to　**ウ** have　**エ** do) buy this book?
B：No. I have the same one, so I can lend you mine.

(3) *A*：Did you go fishing with Bob last Sunday?
B：Yes. He (**ア** which　**イ** fish　**ウ** a　**エ** was　**オ** caught) very big.

3 次の英文は，図書委員のさくら(Sakura)と，ALTのリー先生(Mr. Lee)との対話の一部である。また，右のそれぞれの**図**(Figure)は，来月号の図書室だよりを作るために，さくらが作成している資料の一部である。これらに関して，**1**から**6**までの問いに答えなさい。

Mr. Lee：When I visit the library, I always see many third-year students. They borrow many books there.

Sakura：That's right, Mr. Lee. Please look at (1)Figure 1. It shows the number of books students borrowed from the library. In April, only the third-year students borrowed more than two hundred books. In May, the number of books they borrowed didn't change. And the number of books borrowed by the second-year students went down. They borrowed one hundred twenty books in June.

Mr. Lee：I see. I hope the first-year and the second-year students will visit the library more often and borrow more books.

Sakura：We talked about (2)that a lot and *hit upon a points system.

Mr. Lee：A points system? What's that?

Sakura：When students visit the library, each student will get one point. Then, if they ____(3)____, each will get another point. When they collect fifty points, every student can get a special *bookmark.

Mr. Lee：Sounds interesting! I hope your idea will **A** many students to the library. These days, many students in Japan don't like to read books.

Sakura: Look at Figure 3, please. What can you say from the graph?
Mr. Lee: An elementary school student ____(4)____ a junior high and a high school student every year.
Sakura: That's right. An elementary school student reads about ten books a month, but a junior high school student reads only about four books. And a high school student reads only one or two books.
Mr. Lee: Junior high school students and high school students read only a few books a month. Why is that?
Sakura: Please look at Figure 4. About 60% of the students answered "____(5)____." More than 50% said, "I have no time to read books because of studying or club activities." The third reason is "I don't know [B] to read." I hope that many students will read books more often than they do now. Do you have any ideas about how to make this situation better?
Mr. Lee: I think (6)<u>they will read books if they learn the *advantage of reading books.</u>
Sakura: You are right! We'll think about that. Thank you, Mr. Lee.

〔注〕*hit upon ～＝～を思いつく(※hitは過去形も同じ)
*bookmark＝栞(しおり)　*advantage＝利点，メリット

学年別図書貸出冊数(4月～6月)

図1

ポイントシステム導入のお知らせ
多くの皆さんに図書室を利用してほしいので，近日中にポイントシステムを開始することにしました。
50ポイント貯(た)めると，特製の栞(しおり)をプレゼントします。
【ポイントの貯め方】
来室・・・・・・1ポイント
本を借りる・・・1ポイント
(1冊につき)

図2

一か月間の平均読書冊数(一人当たり)

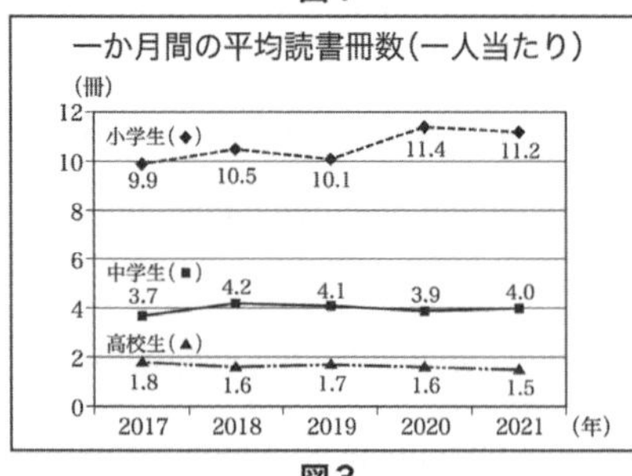

図3

読書をしない理由(中高生回答／複数回答可)

本を読む必要があると思わない 61.2%
勉強や部活動で本を読む時間がない 54.9%
どんな本を読むべきか分からない 39.7%
本を買うお金がない 35.1%
その他 29.1%
0% 10% 20% 30% 40% 50% 60% 70%

図4

1　下線部(1)について，**図1**の▨の位置に入る表として，最も適切なものはどれか。

ア

学年＼月	4月	5月	6月
三年生	200	200	208
二年生	64	103	120
一年生	114	111	98

イ

学年＼月	4月	5月	6月
三年生	204	204	199
二年生	103	64	120
一年生	114	111	98

ウ

学年＼月	4月	5月	6月
三年生	208	204	199
二年生	103	64	120
一年生	114	111	98

エ

学年＼月	4月	5月	6月
三年生	196	196	208
二年生	64	103	120
一年生	114	111	98

2　下線部(2)が指す内容は何か。日本語で書きなさい。

3　二人の対話が成り立つよう，**図2**，**図3**，**図4**を参考に，下線部(3)，(4)，(5)に適切な英語を書きなさい。

4　本文中の[A]に入る語として，最も適切なものはどれか。

ア read　**イ** have　**ウ** come　**エ** bring

問題 R4
192
193
194
195
【英語】第194回

解答・解説 P312・P316

5　二人の対話が成り立つよう，本文中の［ B ］に入る適切な英語**2語**を書きなさい。

6　下線部(6)について，あなたの考える「利点」は何ですか。理由や具体的な例を含めて，まとまりのある**4文から6文程度**の英語で書きなさい。

4　サトル(Satoru)と，彼の叔母であるミエコ(Mieko)，彼女の友達であるカレン(Karen)についての次の英文を読んで，**1**から**5**までの問いに答えなさい。

I'm Satoru. I like cooking very much. My aunt, Mieko, teaches how to cook local foods in Tochigi to students from abroad. I often learn cooking from her. Also, I often talk with her after cooking. This is one of the stories I heard from her.

When my aunt was a junior high school student, a girl from Canada came to her house and stayed for two weeks. Her name was Karen. She was very interested in Japanese food. When Karen came to Mieko's house for the first time, she asked a lot of questions. For example, "What food is popular in Tochigi?" "What does *Itadakimasu* mean?" Mieko tried to answer them, but she couldn't. That night, when Mieko was sitting alone in her room, her mother came in and said, "(1)<u>You look sad</u>. What happened?" Mieko said, "Karen asked me questions, but I couldn't answer them well." Then, her mother said, "As you know, I sometimes go to the cooking class at the *community center. Our cooking teacher, Ms. Higuchi, teaches us how to cook local foods in Tochigi. She can speak English a little. [　　　] Do you want to join me with Karen?" Mieko smiled and said, "Of course!"

The next day, Mieko went to the cooking class with her mother and Karen. Ms. Higuchi came and said to them, "Please enjoy cooking our local foods. I'm going to explain how to cook one of them. Karen, you can introduce it to your family and friends in Canada." Mieko and Karen enjoyed cooking together. Everyone looked very happy when they were cooking. When Karen asked her questions, Ms. Higuchi answered them all. Other women in the cooking class helped them, too. They talked about many things about Tochigi.

After cleaning up, Karen said to Mieko, "I had a very good time with you. I'm very glad to learn about local food in Tochigi." Then Ms. Higuchi asked them, "What did you learn?" Karen answered, "I learned that local food is important for the people living there. We can also learn about the local history by cooking and studying its food." Ms. Higuchi said, "Yes, that's right! You learned a lot about Tochigi today. Japanese food is becoming popular around the world. Why don't you learn more about it?" Karen looked very happy to hear that. After hearing (2)<u>Karen's words</u>, Mieko thought, "I thought I knew our local food, but I didn't. I want to learn more about it, too. In the future, I want to be a cooking teacher like Ms. Higuchi and teach how to cook it to foreign students."

My aunt told me this story and showed me a picture taken at the cooking class. A girl was smiling next to her. "Her name is Karen, my best friend. Thanks to her, I found the importance of local food. I also found (3)<u>my dream</u>," she said happily.

〔**注**〕*community center＝公民館

1　ミエコが下線部(1)のような様子であったのはなぜか。日本語で書きなさい。

2　本文中の［　　　］に入る適切な英語はどれか。

ア　I'm sure she can help you a lot.
イ　I'm sure you can teach her how to cook local food.
ウ　I'm sure she can learn about Canada.
エ　I'm sure you can meet many people who are learning how to cook.

3　次の［　　　］は，下線部(2)の内容をまとめたものである。本文の内容と合うように，(　①　)と(　②　)に，それぞれ適切な日本語を書きなさい。

・郷土料理は，(　①　)にとって大切だということを学んだ。
・(　②　)ことによって，その地域(土地)の歴史を学ぶことができる。

問題 R4
192
193
194
195
【英語】第194回

4 下線部(3)の内容を次の□内のように表したとき，(　　)に入る適切な英語を，本文から**5語**で抜き出して書きなさい。

Mieko's dream was (　　　　　　　　　　　　) like Ms. Higuchi.

5 本文の内容と一致するものはどれか。

ア Karen learned about local foods a lot while she was in Tochigi for three months.
イ Ms. Higuchi came to Mieko's house and taught how to cook, so Mieko was glad.
ウ Ms. Higuchi didn't know that Japanese food was becoming popular around the world.
エ Mieko has a picture taken at the cooking class, and Mieko and Karen are in it.

5 ペンギン(penguin)についての次の英文を読んで，**1**，**2**，**3**，**4**の問いに答えなさい。

Penguins need to be near water because they spend most of their lives in the sea. Their bodies are perfect for their lives in the sea. They are *shaped smoothly to swim fast. There is one more strong point. It's their big yellow feet. They can run fast and walk around.

Penguins eat a lot of fish. They have a *bill which helps to catch their food. [**A**] Penguins can clean the salt out of seawater. They can get fresh water to drink and the salt back into the sea. Penguins have to be careful while they are eating food because some animals try to get them as their food. Penguins are the favorite food of *leopard seals and *whales. Birds like *sea eagles also eat penguins. Even cats and foxes eat penguins when they can.

On land, most penguins live in a large group with thousands or more of other penguins. If it's very cold, they come close together. It's so warm [**B**] the group because penguins are always moving to keep warm. Penguins walk together to get to their house. They call, dance, and sing to find their friends. Most penguins stay with their group friends for many years.

Most penguins *lay two eggs, but often only one egg survives. They soon put the eggs between their legs and warm them. When their babies come out of the eggs, the parents try to keep their babies warm and bring food to them. While the babies wait, eagles and other animals are always trying to catch them. Also, <u>the parents have to find their babies among many other baby birds</u>. How do they do that? The baby birds sing special songs to call their parents. The parents hear the song and find their own babies.

〔注〕*shaped smoothly＝滑(なめ)らかな形をしている　*bill＝口ばし
*leopard seal＝ヒョウアザラシ　*whale＝クジラ　*sea eagle＝ウミワシ
*lay＝(卵)を産む

1 本文中の[**A**]に入る次の**ア**，**イ**，**ウ**，**エ**の文を，意味が通るように並べかえて，記号を用いて答えなさい。

ア However, it is too hard for penguins' children to get food by themselves.
イ With the food, penguins' children drink salty water, too. But don't worry.
ウ They are given food by their parents.
エ So, it's not difficult for them to catch fish moving in the water.

2 本文中の[**B**]に入る語として，最も適切なものはどれか。

ア over　　**イ** inside　　**ウ** under　　**エ** outside

3 下線部について，ペンギンの親鳥は，どのようにして自分のひな鳥を見つけるのか。日本語で書きなさい。

4 本文の内容と一致するものはどれか。

ア Most penguins aren't perfect for their lives in the sea, but they try to live there.
イ Cats and whales eat penguins only when they are very hungry.
ウ Penguins usually don't change the group to be with for a long time.
エ All of their eggs are usually safe because the parents keep them warm.

解答・解説 P312・P316

1 □に入る語として最も適当なものはどれか。
ア なれなれしく　イ 全く　ウ めったに　エ 軽々に

2 (1)何を言われているのか、よく分からなかった とあるが、廉太郎がそのように思った理由として最も適当なものはどれか。
ア 自分が延に褒められるのはまったく予想外のことだったから。
イ 延の褒め言葉が一般的な評語の範囲を超えたものだったから。
ウ ひどく緊張して延の自信に満ちた言葉遣いに圧倒されたから。
エ 延が自分をからかっているように感じて反発心を覚えたから。

3 (2)延は一瞬だけ暗い顔を浮かべた とあるが、それは延にどのような不安があったからか。それについて説明した次の文の□に当てはまるように、本文中から九字で抜き出しなさい。

廉太郎の、バイオリニストとしての□という不安。

4 (3)人生のすべてを懸けることができるほど とあるが、この表現に込められている延の気持ちについての説明として最も適当なものはどれか。
ア 音楽に身を捧(ささ)げて、日本の西洋音楽を発展させてほしい。
イ 自分の費やす犠牲に見合うだけの努力を約束してほしい。
ウ 音楽は才能だけでは成功できないことを自覚してほしい。
エ 音楽以外のものをすべて捨てて自分についてきてほしい。

5 (4)面食らっていると、延は肩をすくめた とあるが、この表現から読み取れる廉太郎と延の様子として最も適当なものはどれか。
ア 廉太郎は延の重奏の提案を不満に思ったが、延は廉太郎を軽くたしなめて素直に従わせようとしている。
イ 廉太郎は延に重奏を提案されてひどく驚いたが、延は西洋式の軽快な流儀で廉太郎を重奏に導いている。
ウ 廉太郎は延の重奏の提案の理由が分からなかったが、延はあれこれ考えずにやってみるよう促している。
エ 廉太郎は延に重奏を提案されて喜びを表せないでいるが、延は気持ちを素直に表現させようとしている。

6 (5)気づけば、外の上野の景色は夕暮れに染まっていた とあるが、この表現からわかるのはどのようなことか。三十字以上四十字以内で書きなさい。

5 下の【資料】を参考にして、「言葉」を使用する際に心がけたいことについて、あなたの考えを国語解答用紙(2)に二百四十字以上三百字以内で書きなさい。
なお、次の《条件》に従って書くこと。

《条件》
(Ⅰ)二段落構成とすること。
(Ⅱ)各段落は次の内容について書くこと。

第一段落
・【資料】から、あなたが気づいたことを書くこと。

第二段落
・自分の体験(見聞したことを含む)を踏まえて、「言葉」を使用する際にあなたが心がけたいことを書くこと。

【資料】〈令和二年度「国語に関する世論調査」(文化庁)より〉

「(1)明るみになる／明るみに出る　(2)寸暇を惜しまず／寸暇を惜しんで」の言い方はどちらを使うか。(**太字**は辞書などで本来の言い方とされてきたもの、対象は16歳以上の男女、数字は%)

	「知られていなかったことが、世間に知られること」を	令和2年度
(1)	(a) 明るみになる	43.0
	(b) 明るみに出る	**44.1**
	(a) と (b) の両方とも使う	10.5
	(a) と (b) のどちらも使わない	0.8
	無回答	1.6
	「僅かな時間も無駄にしない様子」を	令和2年度
(2)	(a) 寸暇を惜しまず	43.5
	(b) 寸暇を惜しんで	**38.1**
	(a) と (b) の両方とも使う	3.7
	(a) と (b) のどちらも使わない	13.1
	無回答	1.5

解答・解説 P312・P314

下野模擬問題（第194回）◆国語

冷や汗交じりに弾き終えたその時、延は、手を叩いた。

「(1)君はなかなか体を動かすのが上手い」

何を言われているのか、よく分からなかった。顔を見上げると、延は薄く微笑んでいた。

「楽器は音楽への理解力で弾きこなすものという誤解があるが、一番必要とされるのは、的確に体を動かし、姿勢を保持し、滑らかに体重を移動させる身体操作に他ならない」

子供の頃から体を動かすことが好きだった。まさか、こんなところで活きてくるとは思わなかった。

「瀧君。君は楽器の専攻は決めたか」

「いえ、実はまだ……」

「教師として言っておく」延は鋭い声を発した。「バイオリンは避けたほうがいい」

「なぜ、ですか」

当然の問いだった。そもそも延自身がバイオリンを専攻している。その人の言とはとても思えなかった。

(2)延は一瞬だけ暗い顔を浮かべた。その時、教師としての仮面が剝がれ、年齢相応の女性の素顔が覗いた気がした。だが、延はすぐにその表情を追い出し、元の硬い表情を取り戻した。

「君の同世代に途轍もないバイオリニストがいるが、あの子に巻き込まれてしまっては、君の芽が潰されかねないと思ってな。だから、君には別の道を歩いてほしい」

教師の顔に戻った延は、ケースの中からバイオリンを取り出した。飴色の銅がつややかに光るバイオリンは、学校に置いてある練習用のそれとは比べ物にならない品格を備えている。しかし、延もそれに負けぬ凛とした立ち姿をしていた。肩にバイオリンを乗せ、延は続けた。

「今、日本の西洋音楽はよちよち歩きをしているところだ。あまりに人材が足りない上、国の理解も薄い。今、東京音楽学校が高等師範学校(注1)付きになっているのは知っているだろう」

大きく頷くと、延はなおも続ける。

「師範学校の付属扱いは、国の西洋音楽への冷淡ぶりを如実に示している。現状を打破するためには、有望な人材に活躍してもらうしかない。――瀧君。君は、音楽は好きか。(3)人生のすべてを懸けることができるほど」

人生のすべて。延の口からその言葉が滑り落ちた時、部屋の中の空気が一段重くなった。その意味を考えれば考えるだけ、空恐ろしくなったからだ。相手は日本の西洋音楽界を牽引するあの幸田延だ。この人を前に、□口にできることなどありはしない。

喉から言葉が出ない廉太郎を見咎めるように、延は皮肉げに口角を上げた。

「突然のことだ。致し方あるまい。だが、もし、君が人生すべてを音楽に懸けられると考えるのなら――。わたしが個人的にレッスンをしよう。南千住の橋場にわたしの家がある。休日は家で過ごしているから、その時に腕を見てやる。わたしの家に楽器は一通り揃っている」

その代わり、教えるからにはみっちりとやる。全身から気を立ち上らせながら、延はそう口にした。

「覚悟が決まったら来い」延はバイオリンの弓を弦に沿わせた。「ときに瀧君、一曲、重奏をしよう」

(4)面食らっていると、延は肩をすくめた。どうやら延は長い西洋留学の間に、向こう式の身振り手振りを覚えてきたらしい。

「おいおい、音楽家が重奏を渋ってはならんぞ。音楽の醍醐味は調和にあるのだからな」

それからは、延のバイオリンとの重奏を繰り返した。

延のバイオリンは融通無碍(注2)な鵺(注3)のようだった。ある曲ではぐいぐいと旋律を引っ張り、ある曲では廉太郎のたどたどしい旋律を優しく包み込み、またある曲では廉太郎の連打に挑みかかるようにバイオリンの音色が絡みついてきた。

「楽しかったよ、今日はありがとう」

延が去って一人になったピアノ室の中で、廉太郎は天井を見上げた。圧倒的なまでの実力差を見せつけられたというのに体中に心地いい疲労がのしかかっている。ふと鍵盤を見れば、廉太郎の汗で光っている。懐の手ぬぐいで鍵盤を拭いて、廉太郎は外を眺めた。(5)気づけば、外の上野の景色は夕暮れに染まっていた。

（谷津矢車「廉太郎ノオト」〈中央公論新社〉から）

（注1）高等師範学校＝中等教育の教員を養成した国立の学校。
（注2）融通無碍＝何ものにもとらわれず、自由である様子。
（注3）鵺＝伝説上の怪獣。得体の知れないものという意味でたとえられる。

〈B〉

(2)正統的な演劇は、しかし、総合性をもって無署名的である。だれが書いた作品であるか、観客には、作者名によってしか知ることができない。作者の書いたものが、そのままでは舞台にならないことがあれば、作者とは別の手による脚色という大幅な加工が必要になる。そしてすべての場合において、演出家によって作品に新しいものが加わり、ある部分はとりのぞかれる。役者は、セリフのことばはそのまま口にしても、演技によってそのニュアンス(注3)に微妙に改変を加えないではいられない。そういう過程を通じて、原作者の作意はきわめて多くの改変を受けることになるが、それを嫌っては演劇は成立しないのだから仕方もない。

演劇は作者の主観、思想、意図をそのまま伝える様式ではない。多くの参加者、観客をふくめて、作者、演出家、演者がすべて、めいめいの意図、解釈を集約してつくり上げる芸術である。近代文学の作者にとって、不純な世界で、□でありすぎる。しかし、それによってのみ表現できるおもしろさがあることは、現代においても忘れられているわけではない。

文学の伝達として考えるとき、こういう演劇様式の性格はもっとも原初的な形をとどめているということもできる。つまり、作者の考えそのままが作品を完結させるのではなく、享受者に解釈の自由が大きく許容されているということである。作者は、作品の成否を、舞台を成立させる関係者に委ねるのである。普通、そのことを作者も観客もはっきり意識していないだけのことである。

（外山滋比古「古典論」〈みすず書房〉から）

（注1）レーゼドラマ＝上演を目的としない読むための戯曲（ぎきょく）。
（注2）ジャンル＝分野。種別。とくに文芸作品の種類。
（注3）ニュアンス＝言葉の微妙な意味合いや意図。

1 (1)小説のような文芸とは異なる伝達のしかたをしている　とあるが、小説と演劇の伝達のしかたの違いを、筆者はどのように説明しているか。四十五字以上五十五字以内で書きなさい。

2 (2)正統的な演劇は、しかし、総合性をもって無署名的である　とあるが、その説明として最も適当なものはどれか。

ア 演劇は参加者の意図や解釈を集約することに多くの時間を費やす必要があるので、作者の過度な主張は有効ではないということ。
イ 演劇は観客には作者名によってしか知ることができないので、便宜（べんぎ）的に作者が設定されているだけのことであるということ。
ウ 演劇はそこに関わる多くの者の存在を前提としているので、特定の人物が作者として記録されることはまれであるということ。
エ 演劇はそもそも作者の個性がそのまま反映されるのではなく、多様な意図や解釈が集約される仕組みになっているということ。

3 □に入る語として最も適当なものはどれか。

ア 抽象　**イ** 主観　**ウ** 陳腐（ちんぷ）　**エ** 複雑

4 次の図は、〈A〉と〈B〉の文章から読み取れる筆者の考えをまとめたものの一部である。後の(I)、(II)の問いに答えなさい。

> **現状**　演劇的表現の多様な□の要素が敬遠され、芸術的価値を減ずる傾向にある。
> ↓レーゼドラマへの志向が強まる。
> **本来**　演劇化の過程で加えられる□がおもしろさを生み出す。
> ↓もっとも原初的な形をとどめている。

(I) □に入る、〈A〉と〈B〉の文章に共通して用いられている語を、本文中から二字で抜き出しなさい。

(II) 原初的な形をとどめている　とあるが、それはどういうことか。四十字以上五十字以内で書きなさい。

5 〈A〉と〈B〉の文章の関係について説明したものとして最も適当なものはどれか。

ア 〈B〉は、〈A〉で示された考えに対して反対する立場から論を展開させている。
イ 〈B〉は、〈A〉で述べられた内容を前提として筆者の主張を補足的に展開している。
ウ 〈B〉は、〈A〉で示された結論を踏まえて筆者の意見を明らかにしている。
エ 〈B〉は、〈A〉で述べられた主張を発展させる立場から論を補強している。

4

次の文章を読んで、**1**から**6**までの問いに答えなさい。

〔明治の中頃、東京音楽学校に進学した瀧廉太郎（たきれんたろう）は、欧米に留学し、バイオリンを学んで音楽学校の教授となった幸田延（こうだのぶ）と会っていた。延の指示で廉太郎はショパンの曲をピアノで弾いた。〕

問題R4　192　193　194　195
【国語】第194回

けむ、いと思ひの外になむ賞(注8)でける。唐土とこの国とは、言(注9)異なるものなれど、月の影(注10)は同じことなるべければ、人の心も同じことにやあらむ。

（「土佐日記」から）

（注1）唐土＝中国。
（注2）帰り来ける＝帰って来ようとする。
（注3）馬のはなむけ＝送別の会。
（注4）かしこの＝あちらの。
（注5）かうやうに＝このように。
（注6）言の心＝和歌の意味。
（注7）ここの言葉伝へたる＝日本の言葉を理解している。
（注8）賞でける＝感心したということだった。
（注9）言＝言葉。
（注10）影＝光。

1 思ほえたれども　は現代ではどう読むか。現代かなづかいを用いて、すべてひらがなで書きなさい。

2 ア帰り来ける　イ別れ惜しみて　ウよめりける　エいひ知らせければ　の中で、主語が異なるものはどれか。

3 (1)飽かずやありけむ　の説明として最も適当なものはどれか。

ア なごりがつきないように思ったのであろうかということ。
イ 少しも満足することができなかったのであろうかということ。
ウ 作った漢詩に納得できなかったのであろうかということ。
エ 面白くてやめることができなかったのであろうかということ。

4 (2)聞き知るまじく　の意味として最も適当なものはどれか。

ア 聞けば分かるにちがいないと
イ 聞けば分かるかもしれないと
ウ 聞いても分からないだろうと
エ 聞く気にはならないだろうと

5 「阿倍の仲麻呂」は自分のよんだ歌について、どのように説明しているか。次の文の空欄に当てはまるように、十五字以上二十字以内の現代語で答えなさい。

> 中国と日本では言葉が異なるものだが、□から、和歌の心が伝わったのだろう。

3 次の〈A〉、〈B〉の文章は、外山滋比古「古典論」の一節である。これらを読んで、**1**から**5**までの問いに答えなさい。

〈A〉

演劇は古くから存在する芸術様式であるが、その性格は複雑であって、(1)小説のような文芸とは異なる伝達のしかたをしている。

演劇は、だれがこしらえたのか、作者というものが、見る側、享受者にとってはっきりしていないのである。したがって、作者の意図するところがなまの形ではっきり感知されることはないといってよい。近代の個性的劇作家はつよい自己主張をすることがすくなくないけれども、それでもなお、小説家のように、直接、作者の声を伝えることはできない。

芝居として演じられるには、脚本だけでは足りないのははっきりしている。演出が加わる。それによって台本には当然、解釈が加わるから、原作者の意図、作意が多少とも変化するのを免れるのは難しい。

さらに、演者が参加して、その演ずるところによってはじめて、具体的な舞台になる。どのように、原作者の意図に忠実であろうとしても、また、いかに演出家の考えに合致しようとしても、演ずるのは、演者の個性による表現であるのをやめることができない。

そうして演じられた芝居を見る観客は、まためいめいに自分なりの色づけ、まとめをしながら鑑賞する。演劇的表現のおもしろさは、こうして何層もの解釈が加わり、いわば加工の施された世界を理解するところから生ずる。

そういう多様な改変の要素をきらうところから、レーゼドラマ(注1)、つまり、演劇化の過程を抜かして、脚本をそのまま小説のように読むジャンル(注2)が生まれる。これなら、演出、演技という仲介の要素を排除して、読者はじかに作者の書いたものに触れることができる。作者の言わんとするところを尊重する近代において、また、作者がいちじるしい個性をもっていると認定される場合において、実際の舞台よりも書斎における読書の方が豊かな享受になるという認識がつよまるところでレーゼドラマへの志向はつよくなる。

作者の個性の表出をそのまま理解しようという文学伝達の意識が高まるにつれて、演劇は、それがつくり上げられる過程を通じてもつ複雑な総合性のゆえに、芸術的価値を減ずる傾向にあると言ってよい。

小説の栄える時代に演劇が不振であるという文学史の状況は、ひとつには、演劇の総合性によって誘発されるものであろう。

令和4年12月4日実施
第194回 下野新聞模擬テスト
国語

制限時間 50分

1

次の1から7までの問いに答えなさい。

1 次の――線の部分の読みをひらがなで書きなさい。

(1) 殊勝な心がけ。　(2) 恭順の意を表す。
(3) 委員会に諮る。　(4) 思わず天を仰ぐ。
(5) 弔辞を述べる。

2 次の――線の部分を漢字で書きなさい。

(1) 本がゾウサツされる。　(2) 門を固くトざす。
(3) ソウバン行き詰まるだろう。　(4) 手を合わせてオガむ。
(5) 我が国有数のコクソウ地帯。

3 「心温まる物語が世界中で読まれる。」の――線の部分と文法的に同じ意味・用法のものはどれか。

ア 後ろのランナーに抜かれる。　イ 来賓(らいひん)が話される。
ウ 駅までは五分で行かれる。　エ 昔が思い出される。

4 次の――線の部分について適切に説明したものはどれか。なお、[A]・[B]は人物を表している。

来週、[A]が[B]にお会いになる。

ア 尊敬語で、[A]への敬意を表している。
イ 尊敬語で、[B]への敬意を表している。
ウ 謙譲語で、[A]への敬意を表している。
エ 謙譲語で、[B]への敬意を表している。

5 次の――線の部分のうち、「のびのびと健やかに」と文節どうしの関係が同じものはどれか。

ア 広い空に白い飛行機雲ができる。
イ 東京や大阪などの大都会に住む。
ウ 兄は一日中プールで泳ぐだろう。
エ 来週は文化祭なので楽しみだ。

6 「湯気(訓と音)」と熟語の読みが同じものはどれか。

ア 絵巻　イ 系統　ウ 姿見　エ 夕食

7 次の二句の俳句の□には同じ語が入る。適当なものはどれか。

わが宿は四角な影を窓の□　(松尾芭蕉(まつおばしょう))
菜の花や□は東に日は西に　(与謝蕪村(よさぶそん))

ア 雪　イ 風　ウ 月　エ 春

2

次の文章を読んで、1から5までの問いに答えなさい。

昔、阿倍の仲麻呂(あべのなかまろ)といひける人は、(注1)唐土(もろこし)に渡りて、ア帰り来(き)ける時に、(注2)船に乗るべき所にて、かの国人(くにびと)、(注3)馬(むま)のはなむけし、イ別れ惜しみて、(注4)かしこの漢詩(からうた)作りなどしける。(1)飽かずやありけむ、月出(い)づるまでぞありける。その月は、海よりぞ出でける。これを見てぞ、仲麻呂の主、わが国に、かかる歌をなむ、(注5)かうやうに別れ惜しみ、喜びもあり、悲しびもある時にはよむとて、ウよめりける歌、

青海(あをうみ)ばらふりさけ見れば春日(かすが)なる三笠(みかさ)の山に出でし月かも

とぞよめりける。かの国人(2)聞き知るまじく、思ほえたれども、(注6)言(こと)の心を、(注7)ここの言葉伝へたる人に、エいひ知らせければ、心をや聞きえたり

令和5年
1月22日実施

第195回 下野新聞模擬テスト
社　会

1 次の**1**から**4**までの問いに答えなさい。

1 **図1**は，太郎さんが社会科の授業でまとめ学習を行うために作成したものである。これを見て，次の(1)から(5)までの問いに答えなさい。

(1) 次の文は，**図1**中の**X**の山脈について述べたものである。文中の□に当てはまる語を書きなさい。

> **図1**中の**X**の山脈は，日本で最も長い山脈で，その長さは，約500 kmにもわたる。この山脈を□山脈といい，ここから流れ出す河川は，流域で行われる稲作の重要な水源となっている。この山脈の東側には北上高地，西側には出羽山地が位置している。

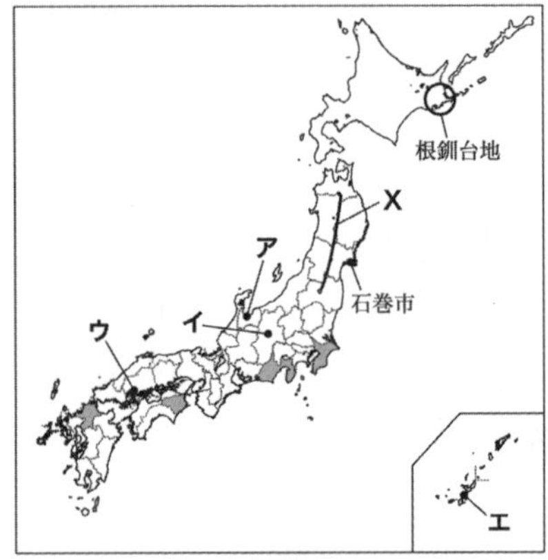

図1

(2) **図2**の雨温図が当てはまる都市として正しいのは，**図1**中の**ア**，**イ**，**ウ**，**エ**のどれか。

(3) 次の文は，**図1**中の根釧台地で行われている農業について述べたものである。文中の□に当てはまる語を書きなさい。

> 根釧台地は，夏でも気温が上がらないうえに，濃霧の影響を受けるため，稲作や畑作に適していない。そのため，寒い地域でも栽培できる牧草と，広い土地を生かして乳牛を飼育し，生乳や，生乳を加工した乳製品を販売する□が発展した。

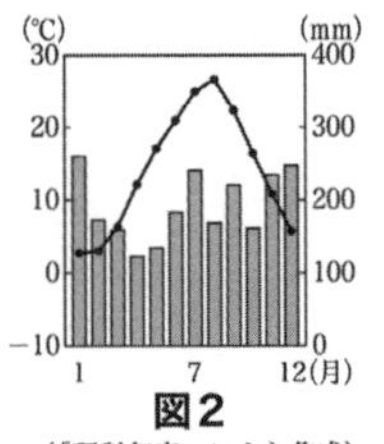

図2
（「理科年表」により作成）

(4) **図3**は，**図1**中に⬬で示した県(千葉県，静岡県，徳島県，福岡県)の製造業，運輸・郵便業，情報通信業，教育業の県内総生産を示したものである。ⅠとⅡには，製造業か情報通信業のいずれかが当てはまる。**A**に当てはまる県と，Ⅰに当てはまる産業の種類の組み合わせとして正しいのはどれか。

(億円)(2018年)

県	Ⅰ	教育業	Ⅱ	運輸・郵便業
千葉県	40,092	7,844	6,153	15,264
A	30,825	7,958	10,759	13,252
徳島県	9,042	1,350	803	1,225
B	69,631	5,498	4,074	9,686

図3（「県勢」により作成）

ア　**A**－静岡県　Ⅰ－情報通信業　　**イ**　**A**－静岡県　Ⅰ－製造業
ウ　**A**－福岡県　Ⅰ－情報通信業　　**エ**　**A**－福岡県　Ⅰ－製造業

(5) 太郎さんは，**図1**中の石巻市の半島の沿岸部に位置する地域で進められているまちづくりの変化について，**図4**を作成した。**図4**中の［Y］，［Z］に当てはまる文を，それぞれ簡潔に書きなさい。

> 右の資料から，石巻市の半島の沿岸部に位置する集落では，地震により海底の地形が変形した場合に発生する［Y］ために，［Z］させていることが読み取れる。このほかの地域では，防波堤や防潮堤を整備し，さらに盛土をした道路を敷設するなどの工夫が見られる。

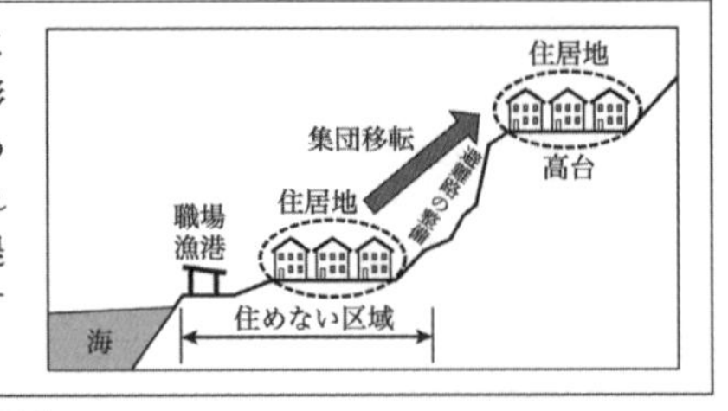

図4

2 **図5**は，日本の石炭と鉄鉱石の輸入量と，輸入先の内訳(2017年)を示したものである。**図5**中の**P**に共通して当てはまる国はどれか。

ア インド　　　　**イ** 中国
ウ オーストラリア　**エ** タイ

石炭 1.9億t	P 61.8%	インドネシア 16.6	ロシア 9.4	その他 12.2
鉄鉱石 1.3億t	P 57.7%	ブラジル 27.0	カナダ 5.1	その他 10.2

図5（財務省「貿易統計」により作成）

3 次の文は，岡山県について述べたものである。内容が**誤っている**のは，文中の下線部**ア**，**イ**，**ウ**，**エ**のどれか。

> 岡山県は，**ア**中国地方に位置する県で，倉敷市の水島地区には**イ**石油化学コンビナートが形成されている。また，県南部には**ウ**山陽自動車道(高速道路)が通っており，県北部の市町村の多くは，県南部の市町村に比べて**エ**人口増加率が高く，過密化が進んでいる。

4 **図6**は，日本のある項目における人口ピラミッド(2020年)を示したものである。ある項目として正しいのはどれか。

ア 農業就業者　　**イ** 小売業就業者
ウ 観光業就業者　**エ** 医療・介護業就業者

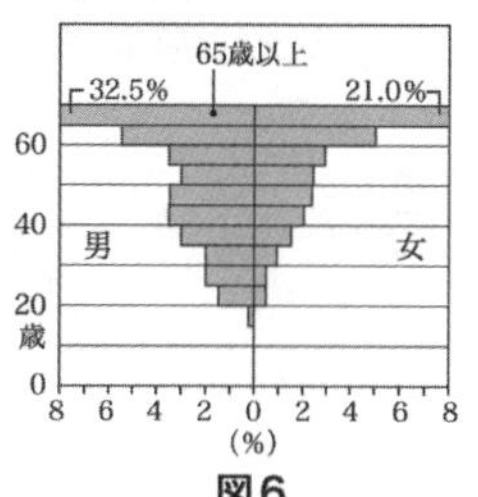

図6
（「データブック オブ・ザ・ワールド」により作成）

2 **図1**を見て，次の**1**から**7**までの問いに答えなさい。

1 次の文は，**図1**中の**X**の地点の建物について述べたものである。文中の[　　]に当てはまる語を書きなさい。

> **X**の地点は，[　　]が広がっているため，その上の建物は高床にして，建物の熱が地面に伝わらないようにしている。

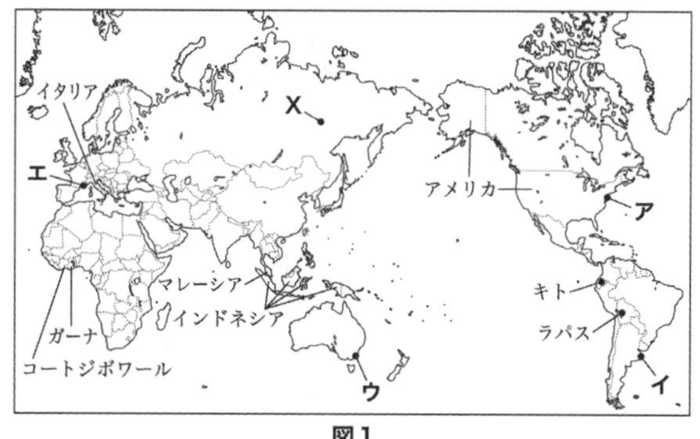

図1

2 次は，ゆきさんと，ある国に留学している兄のけんさんとの電話での会話の一部である。会話文をふまえ，けんさんがいる地点として正しいのは，**図1**中の**ア**，**イ**，**ウ**，**エ**のどれか。

> ゆき:「とても眠そうな声だね。どうしたの。」
> けん:「ここは今，深夜だからね。日本は今お昼ぐらいなのかな。」
> ゆき:「日本はお昼だよ。どうしても今しか時間が取れなかったから。」
> けん:「大丈夫だよ。ところで夏休みは楽しんでいるかい。」
> ゆき:「この前は，友達と一緒に海水浴に行ったよ。」
> けん:「それは良かったね。こちらは冬だから，寒くて，海水浴はできそうにないね。」
> ゆき:「日本と同じ温帯なのに，不思議だね。」

3　**図2**は，**図1**中のコートジボワール，ガーナ，インドネシアの，ある農産物の生産量を示しており，この3か国は世界上位3位の生産量である。**図2**中の Y に当てはまる農産物はどれか。

ア　大豆　　　　**イ**　ぶどう
ウ　コーヒー豆　**エ**　カカオ豆

国名	Y の生産量(千t)(2019年)
コートジボワール	2,180
ガーナ	812
インドネシア	784

図2（「世界国勢図会」により作成）

4　**図3**は，東京と**図1**中のキト，ラパスのおよその標高を示したものである。キトとラパスが，**図3**のような標高の高い場所に立地している理由を，気候に注目して，「赤道」「暑い」の二つの語を用いて簡潔に書きなさい。

都市名	標高(m)
東京	40
キト	2,850
ラパス	3,625

図3

5　**図4**の**ア**，**イ**，**ウ**，**エ**は，**図1**中のアメリカを中心とした，小麦，とうもろこし・大豆，綿花，放牧のいずれかの農業を主に行っている地域の分布図を⬬で示したものである。小麦はどれか。

ア
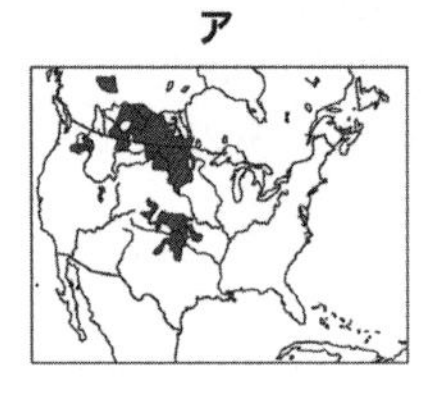
イ
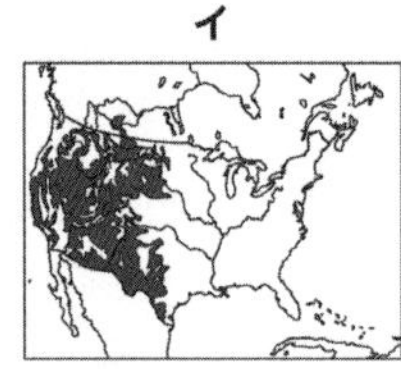
ウ
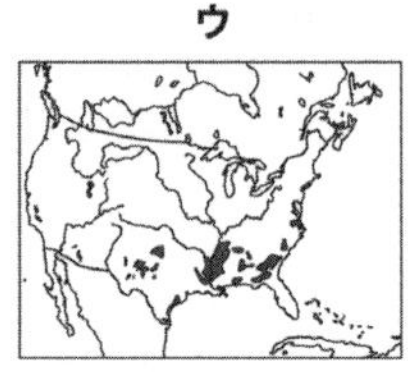
エ
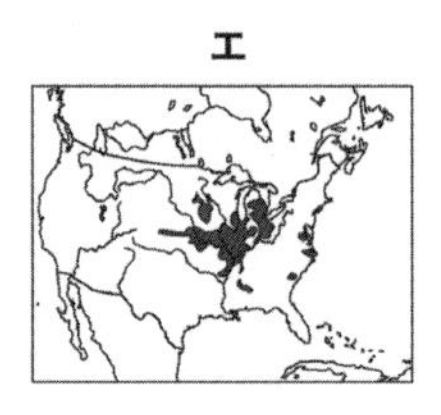

図4

6　**図5**は，**図1**中のマレーシアの1980年と2017年の輸出額と輸出額に占める主な輸出品の割合を示したものである。**図5**中のⅠ，Ⅱ，Ⅲに当てはまる語の組み合わせとして正しいのはどれか。

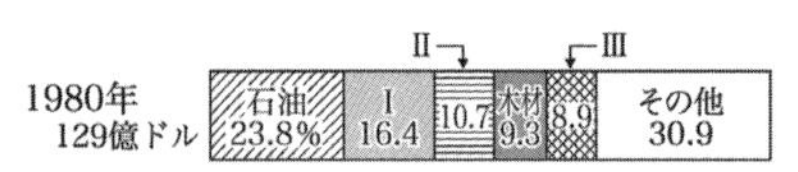

2017年
2,164億ドル
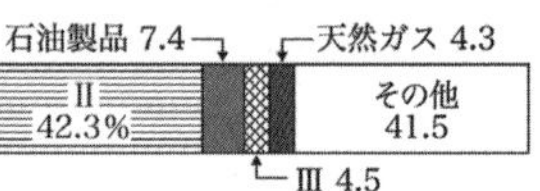

図5（「国連資料」ほかにより作成）

ア　Ⅰ－機械類　　Ⅱ－医薬品　　Ⅲ－天然ゴム
イ　Ⅰ－機械類　　Ⅱ－パーム油　Ⅲ－天然ゴム
ウ　Ⅰ－天然ゴム　Ⅱ－機械類　　Ⅲ－パーム油
エ　Ⅰ－天然ゴム　Ⅱ－医薬品　　Ⅲ－機械類

7　**図1**中のイタリアについての説明として正しいのはどれか。

ア　APECを通して，ヨーロッパ州の国々とのつながりを深めており，自動車などの産業が発達している。

イ　地中海に面した国で，首都ローマの中には，カトリックの総本山が位置する国があり，信者だけでなく，多くの観光客が訪れている。

ウ　AU発足当初からの加盟国で，AUに対する拠出金の高さや移民の多さが国内の課題となっている。

エ　プロテスタントの信者が多い国で，かつては南アフリカ共和国やインドなどを植民地としていた。

問題 R4
192
193
194
195
【社会】第195回

解答・解説 P322・P325

3 花子さんは，古代から近世までに活躍した人物(宗教者を含む。)について調べ，**図1**を作成した。これを見て，次の**1**から**7**までの問いに答えなさい。

人　物	説　　　明
ⓐ坂上田村麻呂	蝦夷(えみし)を征服するための征夷大将軍に任命され，東北地方に朝廷の勢力を広げた。
琵琶法師	盲目(もうもく)の僧で，鎌倉時代には琵琶の伴奏に合わせてⓑある書物の内容を語り歩いた。
竹崎季長(たけざきすえなが)	ⓒ元寇の恩賞を授かるため幕府に直接出向いて交渉し，地頭に任じられた。
織田信長	桶狭間の戦いやⓓ長篠の戦いなどで勝利し，天下統一まで近づいたが，家臣から背かれた。
徳川家康	ⓔ約260年間続く時代の基礎をつくり，死後は日光東照宮にまつられた。
X	「日本永代蔵」などの，元禄文化における，浮世草子の代表的な作者。
徳川家茂(いえもち)	1863年に，ⓕ外国との関わりを持つことに慎重であった孝明天皇と会見した。

図1

1 下線部ⓐの人物を征夷大将軍に任命した天皇は誰か。

2 **図2**は，下線部ⓑの様子を示したものである。主に鎌倉時代に，琵琶法師が語り歩いた書物はどれか。

ア 徒然草　**イ** 源氏物語　**ウ** 日本書紀　**エ** 平家物語

図2

3 次の文は，下線部ⓒについて述べたものである。文中の[Ⅰ]，[Ⅱ]に当てはまる語の組み合わせとして正しいのはどれか。

> 竹崎季長は，[Ⅰ]に押し寄せた元軍の1度目の侵攻である[Ⅱ]で，多くの元軍を打ち取った。また，2度目の侵攻にも出陣している。この時の様子を描かせた「蒙古襲来絵詞(もうこしゅうらいえことば)」からは，元寇の様子が詳しく見て取れる。

ア Ⅰ－博多湾　Ⅱ－文禄の役　**イ** Ⅰ－博多湾　Ⅱ－文永の役
ウ Ⅰ－壇ノ浦　Ⅱ－文禄の役　**エ** Ⅰ－壇ノ浦　Ⅱ－文永の役

4 下線部ⓓの戦いについての説明として正しいのはどれか。

ア 石田三成は西軍の中心となって戦ったが敗れた。
イ 足利義政のあとつぎを争った。
ウ 東海地方の大名であった今川義元がたおされた。
エ 鉄砲が有効に使われ，武田氏の騎馬隊が破られた。

5 下線部ⓔに関して，次の(1)，(2)の問いに答えなさい。

(1) **図3**は，この時代の幕府のしくみを示したものである。**図3**中の[P]に当てはまる語はどれか。

ア 六波羅探題　**イ** 京都所司代
ウ 太政大臣　**エ** 管領

将軍
- 大老(臨時の職)
- 老中
  - 大目付　(大名・役人の監視)
  - 町奉行　(江戸の町政)
  - 勘定奉行(幕府の財政)
  - 遠国奉行(主な都市の支配)
- 若年寄　(老中の補佐)
- 寺社奉行(寺社を取り締まる)
- [P]　(朝廷・西国の大名の監視)
- 大阪城代(西日本の軍事を担当)

図3

(2) この時代におきたできごとを年代の古い順に並べ替えなさい。

ア 天保の改革が行われた。　**イ** 公事方御定書が制定された。
ウ 生類憐みの令が制定された。　**エ** 井伊直弼が桜田門外の変で暗殺された。

6 **図1**中の[X]に当てはまる人物は誰か。

7 下線部ⓕに関して，花子さんは19世紀の外国とのできごとを，**図4**にまとめた。**図4**中の[Y]に当てはまる文を，「世直し」「幕府の権威」の二つの語を用いて簡潔に書きなさい。

開国 → ・外国との貿易 ・貨幣の改鋳(かいちゅう) → 生活用品の値上がりや借金をする民衆の増加 → 民衆が[Y]した

図4

4 略年表を見て，次の**1**から**6**までの問いに答えなさい。

1 下線部ⓐについて，西郷隆盛や板垣退助は，武力で朝鮮に開国をせまるよう主張したが，欧米から帰国した大久保利通らに反対されたため政府を去った。この主張を何というか。

年	主なできごと
1873	ⓐ<u>西郷隆盛や板垣退助などが政府を去る</u>
1875	ⓑ<u>新聞紙条例</u>が制定される……………… ↕A
1914	ⓒ<u>サラエボでオーストリア皇太子夫妻が暗殺される</u>…
1920	ⓓ<u>日本社会主義同盟が結成される</u>
1975	第一回［ X ］が開催される

2 **図1**は，下線部ⓑの一部を示したものである。下線部ⓑが制定された理由として適切なのはどれか。

第12条 新聞紙あるいは雑誌やその他の報道において，人をそそのかして罪を犯させた者は，犯した者と同罪とする。
第13条 政府をたおし，国家をくつがえすような言論をのせ，さわぎをあおろうとする者は，禁獄1年から3年とする。
(注)禁獄…牢には入るが，労役をしないばつ

図1

ア 西南戦争において，政府を批判しないようにするため。
イ 徴兵令に反対する者を取り締まるため。
ウ 「挙国一致」の体制をつくり，国民を戦争に協力させるため。
エ 自由民権運動の活動に介入し，弾圧するため。

3 **A**の時期におきたできごとを年代の古い順に並べ替えなさい。

ア 関税自主権を完全に回復した。 **イ** ノルマントン号事件がおきた。
ウ 領事裁判権が撤廃された。 **エ** 鹿鳴館が建てられた。

4 下線部ⓒに関して，次の(1)，(2)の問いに答えなさい。

(1) 次の文は，下線部ⓒについて述べたものである。文中の［　　］に当てはまる語を書きなさい。

オスマン帝国(トルコ)が衰退すると，バルカン半島では，スラブ民族の独立運動が盛んになる一方，ゲルマン民族が中心のオーストリアが半島に力を伸ばそうとするなど，争いが絶えなかった。このことから，バルカン半島は「［　　］」と呼ばれていた。

(2) 次の文は，下線部ⓒがきっかけとなっておきた戦争における日本の動きを述べたものである。文中の［　　］に当てはまる文を，具体的な軍事同盟の名称と「山東省」の語を用いて簡潔に書きなさい。

ヨーロッパの各国が戦争状態にある中，日本は［　　］した。そして中国に対して，二十一か条の要求を示し，大部分を強引に認めさせた。

5 下線部ⓓに影響を与えたロシア革命で，革命を率いた人物はどれか。

ア ウィルソン **イ** ゴルバチョフ **ウ** レーニン **エ** ビスマルク

6 **図2**は，1975年に行われた略年表中の［ X ］についてまとめたものである。略年表中と**図2**中の［ X ］に共通して当てはまる語はどれか。

【1975年第一回［ X ］の概要】
開催国：フランス
参加国：日本，アメリカ，イタリア，フランス，イギリス，西ドイツ
議題：第一次石油危機(オイル・ショック)にともなう世界の経済危機について

図2

ア アジア・アフリカ会議 **イ** マルタ会談
ウ 気候変動枠組条約締約国会議 **エ** 主要国(先進国)首脳会議(サミット)

解答・解説 P322・P325

5 次の文は，ゆうさんが人権と国の機関について発表したときの発表原稿の一部である。これを読み，次の**1**から**5**までの問いに答えなさい。

> 地球上に生きる人間にはすべて，ⓐ人権が認められています。しかし，人権が侵害されることもあり，その際にはⓑ裁判をすることもあるでしょう。だから，裁判所の独立性は必ず守られなければなりません。また，ⓒ条約によって人権が規定されることもあります。条約が日本でも認められれば，ⓓ法律やⓔ条例などにも反映されます。

1 下線部ⓐに関して，ゆうさんは発表に向けた資料を作成する途中，世界人権宣言と日本国憲法第14条の条文が似ていることに気が付き，**図1**を作成した。**図1**中の［X］に共通して当てはまる語は何か。

【世界人権宣言　第2条①】	【日本国憲法　第14条①】
すべて人は，人種，皮膚の色，性，言語，宗教，政治上その他の意見，国民的若しくは社会的出身，財産，門地その他の地位又はこれに類するいかなる事由による［X］をも受けることなく（後略）	すべて国民は，法の下に平等であつて，人種，信条，性別，社会的身分又は門地により，政治的，経済的又は社会的関係において，［X］されない。

図1

2 下線部ⓑに関して，次の(1)，(2)の問いに答えなさい。

(1) **図2**は，裁判官がその職をやめさせられる条件についてまとめたものである。**図2**中の［Y］に当てはまる語を書きなさい。

- 心身の病気
- 国会議員による［Y］
- 最高裁判所の裁判官に対する国民審査

図2

(2) 裁判員制度の説明として**当てはまらない**のはどれか。

ア 刑事裁判で行われる。　**イ** 高等裁判所での裁判で行われる。
ウ 一般の国民が参加する。　**エ** 裁判には，検察官が出席している。

3 下線部ⓒに関して，**図3**は，ある条約の締結後の流れを示したものである。これを見て，次の(1)，(2)の問いに答えなさい。

［Ⅰ］が条約を締結
⇩
国会で審議
⇩
衆議院と参議院で議決が異なる
⇩
［Ⅱ］でも不一致
⇩
［Ⅲ］となる

図3

(1) **図3**中の［Ⅰ］，［Ⅱ］に当てはまる語の組み合わせとして正しいのはどれか。

ア Ⅰ－内閣　Ⅱ－両院協議会　**イ** Ⅰ－内閣　Ⅱ－委員会
ウ Ⅰ－天皇　Ⅱ－両院協議会　**エ** Ⅰ－天皇　Ⅱ－委員会

(2) **図3**中の［Ⅲ］に当てはまる文を簡潔に書きなさい。

4 下線部ⓓに関して，次の文は，法律を制定する国会や国会議員が属する政党について述べたものである。内容が**誤っている**のは，文中の下線部**ア**，**イ**，**ウ**，**エ**のどれか。

> 衆議院の議員定数は**ア**465人で，参議院は2022年の選挙で248人となった。衆議院の議員として立候補するには**イ**満20歳以上，参議院の議員は**ウ**満30歳以上であることが条件とされている。国会議員の多くは，それぞれの政党に属しており，得票や議席に応じて各政党に**エ**政党交付金が交付される。

5 下線部ⓔを新たに制定することを請求する場合に必要なこととして正しいのはどれか。

ア 対象地域の有権者の3分の1以上の署名を集め，首長に請求する。
イ 対象地域の有権者の3分の1以上の署名を集め，監査委員会に請求する。
ウ 対象地域の有権者の50分の1以上の署名を集め，選挙管理委員会に請求する。
エ 対象地域の有権者の50分の1以上の署名を集め，首長に請求する。

6 次の**1**から**7**までの問いに答えなさい。

1 **図1**は，ある家計の収入の使い道を示したものである。非消費支出の金額はいくらか。

	食費	住居費	光熱費	交通・通信費	娯楽費	交際費	税金	社会保険料	預金
金額(円)	30,000	50,000	10,000	8,000	5,000	6,000	30,000	15,000	30,000

図1

2 消費者に商品が届くまでの流れである流通の一般的な順序として正しいのはどれか。

ア 生産者→卸売業者→小売業者→消費者　**イ** 生産者→小売業者→卸売業者→消費者
ウ 卸売業者→小売業者→生産者→消費者　**エ** 卸売業者→生産者→小売業者→消費者

3 **図2**は，消費者問題の一つの事例を示したものである。**図2**中の［X］に当てはまる法律名を書きなさい。

①充電器で携帯電話を充電していると，充電器が発火し，手にやけどを負った。
②被害者が［X］に基づいて，メーカーを裁判所に訴えた。
③裁判所は，充電器に欠陥があることを認め，メーカーに賠償金を支払うよう命令した。

図2

4 株式会社についての説明として適切なのはどれか。

ア 株主総会を通して株式は売買され，これ以外の場所での売買は禁止されている。
イ 証券取引所では企業の経営方針などを決め，業績が悪い企業の経営者を交代させることもある。
ウ 株主は配当を受け取る権利がある。
エ 一般的に良い商品を開発した株式会社は，その株式を求める人が増え，株価が下がる。

5 **図3**は，家庭用ゲーム機の生産に占める企業別の割合（2017年）を示したものであり，次の文は，このような市場でおこる現象について述べたものである。文中の［　］に当てはまる語はどれか。

図3のような状態の市場は，寡占状態にあると言える。このような市場では，［　］がおきにくいため，広告やデザインなどの分野での競争がおきるようになる。

ア 技術革新　**イ** 価格競争　**ウ** 輸出規制　**エ** 国際分業

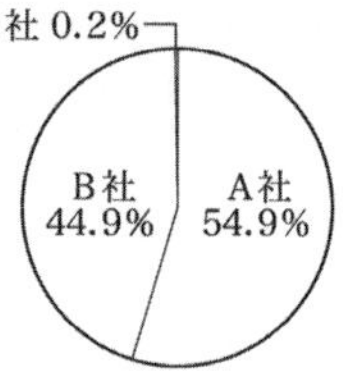

図3

6 **図4**は，2022年1月4日と2022年8月4日の1ドルの価格を示したものである。**図4**について述べた次の文中の［Ⅰ］，［Ⅱ］に当てはまる語の組み合わせとして正しいのはどれか。

	2022年1月4日	2022年8月4日
1ドルの価格(円)	103.25	133.62

図4（「日本銀行ウェブページ」により作成）

2022年1月4日から8月4日にかけて，［Ⅰ］が進行している。エネルギー原料を輸入に頼る日本においては，［Ⅰ］が進行すると，エネルギー原料の価格が［Ⅱ］するようになる。

ア Ⅰ－円安　Ⅱ－上昇　**イ** Ⅰ－円安　Ⅱ－下落
ウ Ⅰ－円高　Ⅱ－上昇　**エ** Ⅰ－円高　Ⅱ－下落

7 **図5**は，日本の経済成長率の対前年度比を示したものである。このような経済成長をしているとき，日本銀行が行う一般的な金融政策を，その目的にも触れながら，「借りやすく」「国債」の二つの語を用いて簡潔に書きなさい。

年	対前年度比(%)
2006	1.2
2007	0.6
2008	−4.8

図5（「改訂第7版　数字でみる日本の100年」により作成）

問題 R4
192
193
194
195
【社会】第195回

解答・解説 P322・P325

令和5年
1月22日実施

第195回 下野新聞模擬テスト

数 学

制限時間 50分

1 次の**1**から**8**までの問いに答えなさい。

1 $-6+(-2)$ を計算しなさい。

2 $6a^3b^2 \div 2ab$ を計算しなさい。

3 $(x-1)(x+4)$ を展開しなさい。

4 2次方程式 $x^2-8=0$ を解きなさい。

5 関数 $y=3x^2$ について，xの変域が$-2 \leqq x \leqq 1$のときのyの変域を求めなさい。

6 右の図は，母線の長さが6cmの円錐(すい)を底面に平行な面で切り離してできた2つの立体A，Bの見取図である。立体Aの母線の長さが2cmであるとき，立体Bの体積は立体Aの体積の何倍か。

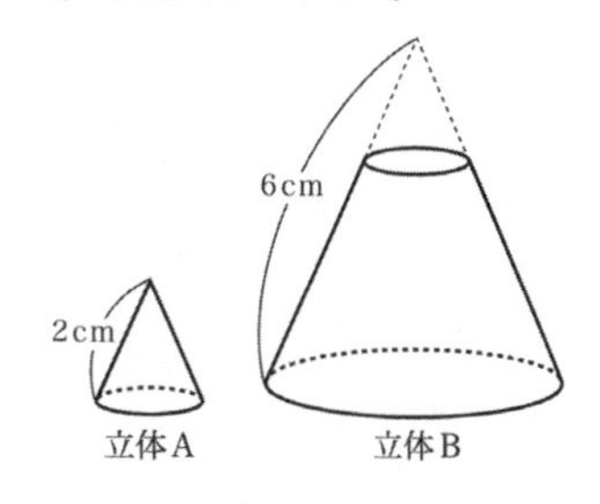

7 右の図の△ABCにおいて，線分ADは∠Aの二等分線であり，∠ABC＝42°，∠ADC＝95°である。∠xの大きさを求めなさい。

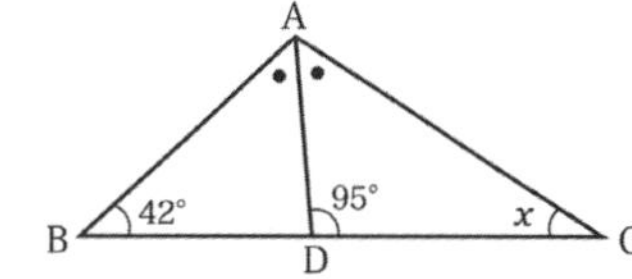

8 右の図のような点Oを中心とする円Oがあり，点A，B，C，Dは円Oの周上にある。線分BDは円Oの直径であり，線分PQは点Dで円Oに接している。

このとき，**常に成り立つとは限らない**ものを，**ア**，**イ**，**ウ**，**エ**のうちから1つ選んで，記号で答えなさい。

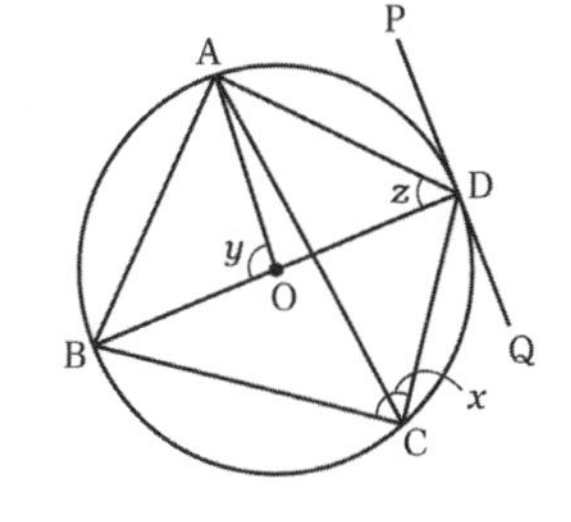

ア 線分BDと直線PQは垂直である。
イ ∠x(∠BCD)の大きさは90°である。
ウ ∠yの大きさは∠zの大きさの2倍である。
エ △AOBと△AODの面積比は線分ABと線分ADの長さの比に等しい。

2 次の**1**，**2**，**3**の問いに答えなさい。

1 $\sqrt{3}=1.732$，$\sqrt{30}=5.477$とするとき，$\sqrt{3000}$の値を求めなさい。

2 右の図のような，1辺の長さが15cmの正方形ABCDがあり，点Pは辺AB上の点で，AP＜BPである。点Pを通って辺ADに平行な直線をひき，辺CDとの交点をQとし，線分PQ上に，BP＝PRとなるように点Rをとる。次に，点Rを通って線分PQに垂直な直線をひき，辺AD，辺BCとの交点をそれぞれS，Tとすると，四角形PBTRと四角形QDSRの面積の和が137cm²になった。

このとき，線分APの長さを$x$cmとして2次方程式をつくり，線分APの長さを求めなさい。ただし，途中の計算も書くこと。

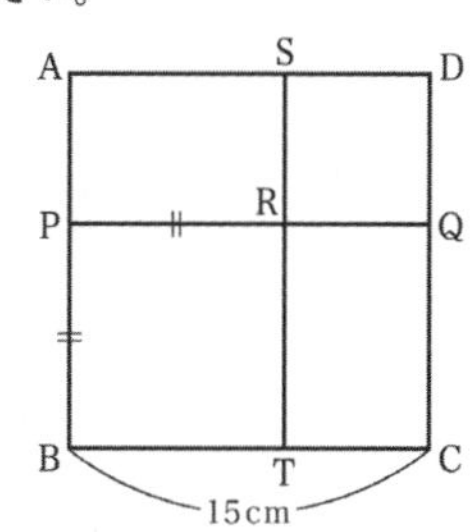

3 x，yについての連立方程式 $\begin{cases} ax+y=7 \\ x-y=9 \end{cases}$ の解が$x=4$，$y=b$であるとき，a，bの値をそれぞれ求めなさい。

問題 R4 192 193 194 195

【数学】第195回

解答・解説 P323・P329

下野模擬問題(第195回)◆数学

3 次の**1**, **2**, **3**の問いに答えなさい。

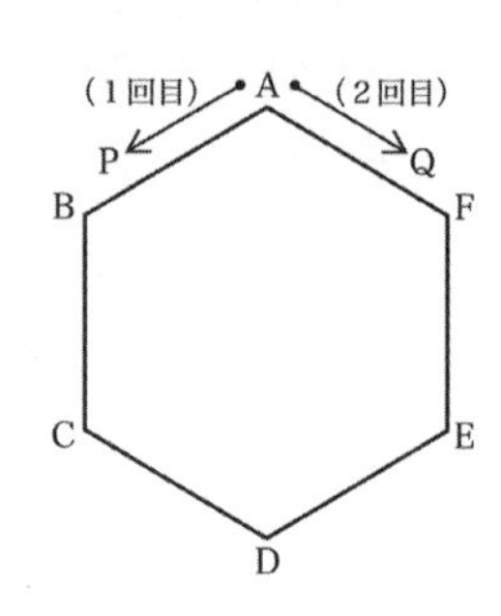

1 右の図のような，正六角形ABCDEFがあり，頂点Aの上に2点P，Qがある。1から6までの目があるさいころを2回投げ，1回目に出た目の数の分だけ，点Pを頂点AからB→C→D→E→F→Aと左回りに正六角形の周上を移動させる。また，2回目に出た目の数の分だけ，点Qを頂点AからF→E→D→C→B→Aと右回りに正六角形の周上を移動させる。

さいころを2回投げた後にできる△APQが二等辺三角形(正三角形も含む)になる確率を求めなさい。ただし，さいころのどの目が出ることも同様に確からしいものとする。

2 ある物体の質量をはかったときに，四捨五入によって測定値3.27×10^2gが得られた。この物体の質量について，測定値と真の値との誤差の絶対値は最大で何gか。

3 右の図は，あるクラスの男子生徒20人について，先週の日曜日に外出していた時間をヒストグラムに表したものであり，例えば，20分以上40分未満の人数は2人であることがわかる。

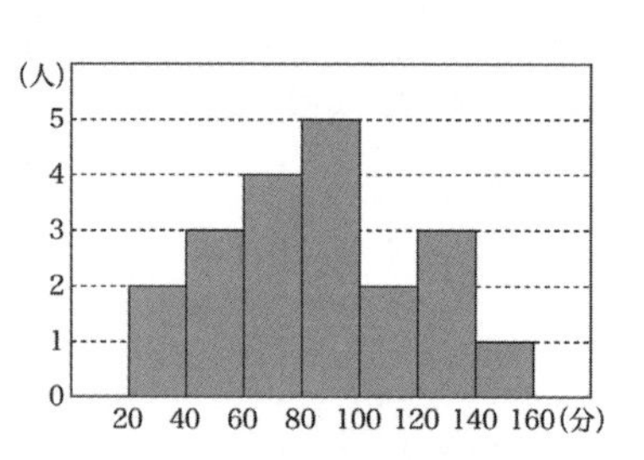

このとき，次の(1)，(2)の問いに答えなさい。

(1) 中央値(メジアン)を含む階級の階級値について述べた，次の文のⅠ，Ⅱ，Ⅲに当てはまる数をそれぞれ求めなさい。

> 中央値は，外出時間が短い方から(　Ⅰ　)番目と(　Ⅱ　)番目の値の平均値である。このことから，中央値を含む階級の階級値を求めると，ヒストグラムから求められる平均値とは(　Ⅲ　)分異なっていることがわかる。

(2) ある階級に属する男子生徒全員について，その階級値が実際の外出時間であるものとする。例えば，20分以上40分未満の2人は，ともに実際の外出時間は30分であるとして考える。この条件によって得られるデータについて，四分位範囲を求めなさい。

4 次の**1**, **2**, **3**の問いに答えなさい。

1 右の図のような3点A，B，Cがある。このとき，3点A，B，Cを通る円の中心Oを作図によって求めなさい。ただし，作図には定規とコンパスを使い，また，作図に用いた線は消さないこと。

A

B

C

2 1辺の長さが6cmの立方体ABCD－EFGHがある。図1のように，頂点Bと頂点Dを結ぶ対角線BDをひき，その中点をOとする。また，辺AB上に点Pを，辺EF上に点Qをとる。

このとき，次の(1)，(2)の問いに答えなさい。

(1) 点Oと点Pを結ぶ線分OP，点Pと点Qを結ぶ線分PQ，点Qと頂点Hを結ぶ線分QHをひく。3本の線分OP，PQ，QHの長さの和OP＋PQ＋QHが最も短くなるとき，線分EQの長さを求めなさい。

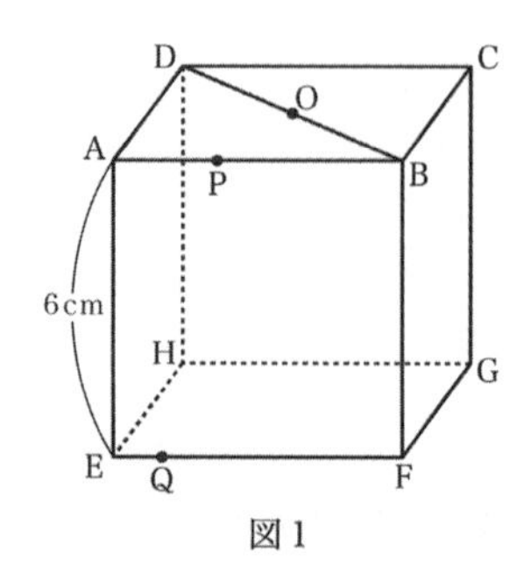

図1

(2) 図1の立方体ABCD－EFGHの4つの頂点B，D，E，Gを結び，図2のような三角錐BDEGをつくる。辺DEの中点をMとし，線分BM上に線分GNの長さが最も短くなるように点Nをとる。次の文の①，②に当てはまる数をそれぞれ求めなさい。

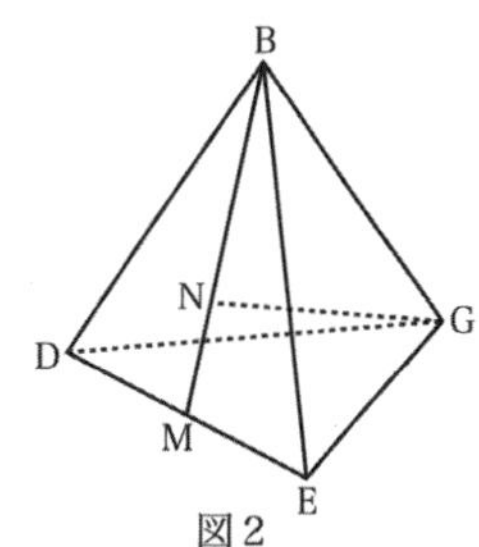

図2

三角錐BDEGの体積が（ ① ）cm^3であることを利用すると，線分GNの長さは（ ② ）cmであることが求められる。

3 右の図のような，点Oを中心とし，線分ABを直径とする半円がある。弧AB上に，2点A，Bとは異なる点Cをとる。また，弧BC上に，弧ACと弧CDの長さが等しくなるように点Dをとり，線分BCと線分ADとの交点をEとする。

このとき，△BCD∽△BAEであることを証明しなさい。

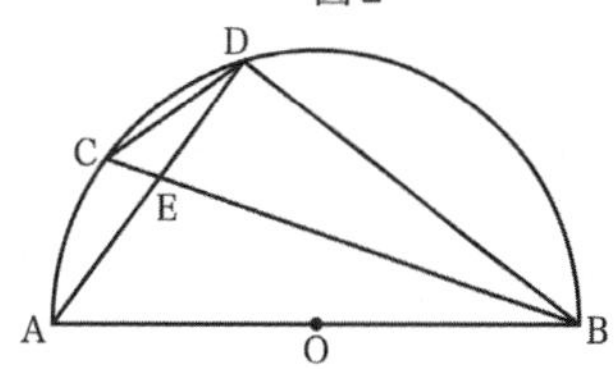

5 次の**1**，**2**の問いに答えなさい。

1 右の図のように，2つの関数$y=\frac{1}{4}x^2$，$y=ax+b$のグラフがある。点A，Bは$y=\frac{1}{4}x^2$のグラフ上にある点で，それぞれのx座標は-4，6であり，$y=ax+b$のグラフは，点A，Bを通る直線である。また，$y=ax+b$のグラフとy軸との交点をCとし，点Aからx軸に垂線AD，y軸に垂線AEをひき，点Bからx軸に垂線BFをひく。

このとき，次の(1)，(2)，(3)の問いに答えなさい。

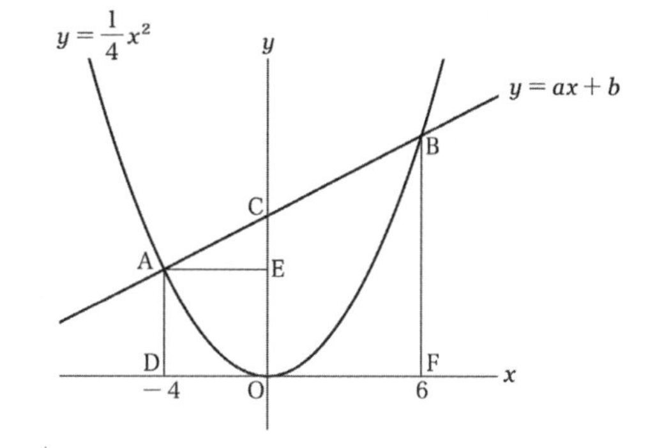

(1) a，bの値をそれぞれ求めなさい。

(2) 次の□内の先生と太郎さんの会話文中の，Ⅰには当てはまる座標を，Ⅱには当てはまる式をそれぞれ求めなさい。

先生	「点Bを通って四角形ADOEの面積を二等分する直線の式を求めてみましょう。」
太郎	「難しそうですね。」
先生	「四角形ADOEは正方形になりますね。正方形は平行四辺形の特別な場合でしたよね。」
太郎	「そうか。平行四辺形の面積を二等分する直線は，その平行四辺形の対角線の交点を通ればいいので，まずは四角形ADOEの対角線の交点を求めてみます。」
先生	「2本の対角線はそれぞれの中点で交わりますよ。」
太郎	「四角形ADOEの2本の対角線の交点の座標は（ Ⅰ ）になるから，点Bを通って四角形ADOEの面積を二等分する直線の式は$y=$（ Ⅱ ）ですね。」

(3) 関数$y=\frac{1}{4}x^2$のグラフ上の$0<x<6$の範囲に，△PCOの面積と△PFOの面積の和が9になるように点Pをとるとき，点Pのx座標を求めなさい。

2 あるジョギングコースを，兄は午前9時にスタートして，毎分130mの一定の速さで10分間ジョギングしてから5分間休憩した。その後も，同じ速さで，10分間のジョギング→5分間の休憩を繰り返した。また，弟は，兄が出発する午前9時よりも前の時刻にスタートし，毎分60mの一定の速さでジョギングコースを歩き続けており，午前9時にはスタート地点から1325mの地点にいた。

下の図は，兄がスタートしてから，x分後のスタート地点から進んだ道のりをymとして，兄がスタートしてから30分が経過するまでのxとyの関係を表したグラフで，この後も，兄と弟は同じペースで進んでいったものとする。

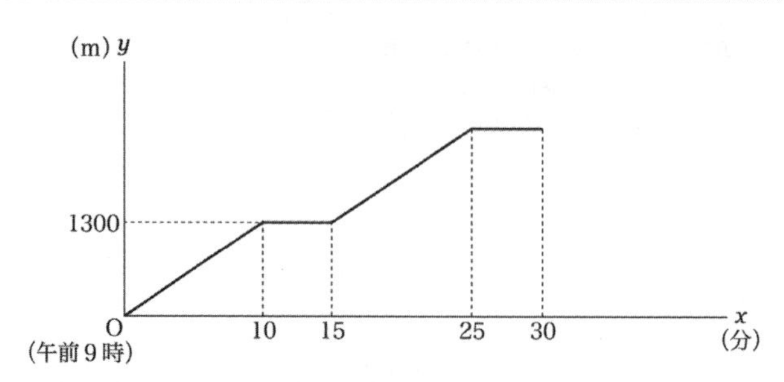

このとき，次の(1)，(2)，(3)の問いに答えなさい。

(1) 午前9時10分には，兄と弟は何m離れていたか。

(2) 弟がスタートしたのは午前何時何分何秒か。ただし，途中の計算も書くこと。

(3) スタート地点から兄と弟が進んだ道のりが最初に等しくなったのは午前何時何分何秒か。

6 自然数が1から順に1つずつ書かれたボールがある。下の図のように，1と書かれたボールを置いたものを1列目とし，1列目の外側に，2，3，4と書かれた3個のボールを2列目として並べた。次に，2列目の外側に，ある規則にしたがって3列目としてボールを並べ，その後も同様に，4列目，5列目，……と，順にボールを並べていく。

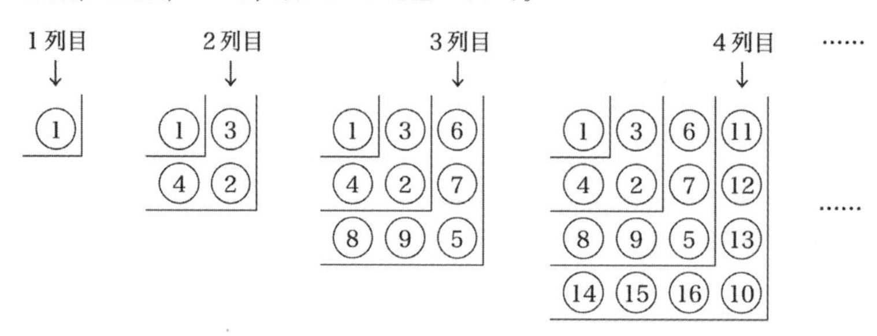

下の表は，1列目から4列目までにおいて，その列に並べたボールの個数，その列のボールに書かれている最大の数と最小の数の差，その列のボールに書かれている数の和を整理したものである。

	1列目	2列目	3列目	4列目	……
その列に並べたボールの個数(個)	1	3	5	7	……
その列のボールに書かれている最大の数と最小の数の差	0	2	4	6	……
その列のボールに書かれている数の和	1	9	35	91	……

このとき，次の**1**，**2**の問いに答えなさい。

1 次の文は，5列目と6列目に並べたボールについて述べたものである。文中の①，②に当てはまる数をそれぞれ求めなさい。

> 5列目に並べたボールの個数は（ ① ）個であり，6列目のボールに書かれている最大の数と最小の数の差は（ ② ）である。

2 各列の右下の角(かど)に並べたボールに書かれた数について，次の(1)，(2)の問いに答えなさい。例えば，2列目の右下の角に並べたボールに書かれた数は2，3列目の右下の角に並べたボールに書かれた数は5である。

(1) n列目において，右下の角に並べたボールに書かれている数を，nを用いて表しなさい。ただし，かっこを使わない最も簡単な式で答えること。

(2) ある列の右下の角に並べたボールに書かれている数が197のとき，この列に並べたボールに書かれている数の和を求めなさい。

解答・解説 P323・P330

令和5年
1月22日実施

第195回 下野新聞模擬テスト
理　科

1 次の**1**から**8**までの問いに答えなさい。

1 次のうち，レントゲン検査に使用されている放射線はどれか。

ア α線　　**イ** β線　　**ウ** γ線　　**エ** X線

2 現在の太陽系にある惑星の個数は，次のうちどれか。

ア 6個　　**イ** 7個　　**ウ** 8個　　**エ** 9個

3 次の化学式で表される化合物のうち，分子からできているものはどれか。

ア $NaCl$　　**イ** CuS　　**ウ** Ag_2O　　**エ** NH_3

4 顕微鏡用の接眼レンズ(10倍と15倍)と，対物レンズ(4倍と40倍)がある。それぞれのレンズにおいて，筒が長い方のレンズの倍率を正しく組み合わせているものは，次のうちどれか。

ア 接眼レンズ：10倍　　対物レンズ：4倍
イ 接眼レンズ：10倍　　対物レンズ：40倍
ウ 接眼レンズ：15倍　　対物レンズ：4倍
エ 接眼レンズ：15倍　　対物レンズ：40倍

5 重さ5.0Nの直方体の形をした物体を糸でばねばかりにつり下げ，右の図のように，物体の体積の半分だけ水中に入れたところ，糸をつり下げているばねばかりは3.7Nを示した。この物体をすべて水中に入れたとすると，ばねばかりは何Nを示すと考えられるか。ただし，物体は水底にはふれておらず，糸の体積や重さは考えないものとする。

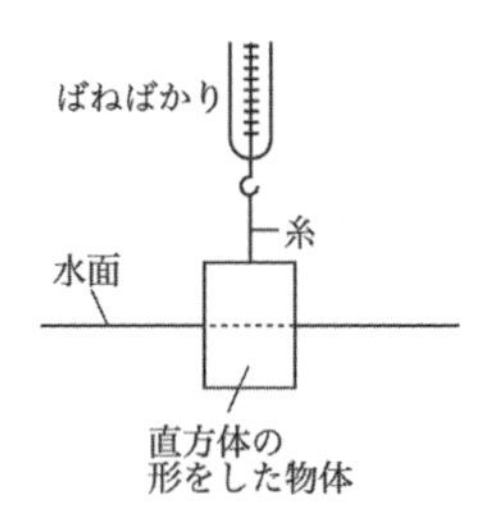

6 かたい岩石が，気温の変化や風雨のはたらきによってもろくなることを何というか。

7 右の図は，ガスバーナーを分解したようすを表したものである。図中にAで示した部分は，何の量を調節する際に回すか。

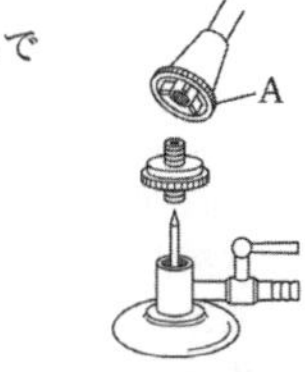

8 右の図は，ある生態系での食物連鎖のようすを模式的に表したもので，矢印のもとから先に向かって有機物が移動している。有機物に対する自然界での役割から，植物に対して，草食動物と肉食動物をまとめて何というか。**漢字3字**で書きなさい。

2 抵抗の大きさが12Ωの電熱線X，18Ωの電熱線Yを用いて，右の回路図で表される回路を組み立て，電源装置の電圧を9Vに合わせて回路に電流を5分間流した。

このことについて，次の**1**，**2**，**3**の問いに答えなさい。

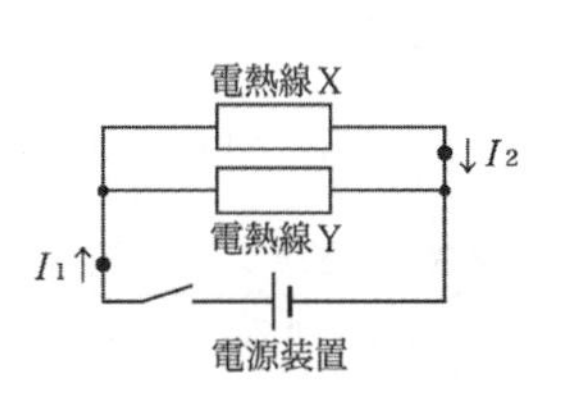

1 次の□内の文章は，電熱線を流れる電流の大きさと，電熱線の抵抗の大きさの間に成り立つ関係について述べたものである。①，②に当てはまる語をそれぞれ書きなさい。

> 電熱線を流れる電流の大きさと，電熱線に加わる電圧の大きさの間には，（　①　）の法則という関係が成り立つ。このことから，電熱線を流れる電流の大きさは，電熱線の抵抗の大きさに（　②　）することがわかる。

2 図中に●印で示した導線上の二つの点を流れている電流をそれぞれI_1〔A〕，I_2〔A〕とするとき，これらの大きさの比(I_1：I_2)を最も簡単な整数比で表しなさい。

3 回路に電流を流していた5分間に，電熱線Yから発生した熱量は何Jか。

解答・解説 P323・P331

3 雲のでき方について調べるために，次の実験(1)，(2)を順に行った。

(1) 丸底フラスコの内側をぬるま湯でぬらしてからⓧ線香の煙を入れ，右の図のように，デジタル温度計と注射器をとりつけたゴム栓をした。

(2) 注射器のピストンを強く引いた後，続けて強く押し，それぞれの場合について丸底フラスコの中のようすを観察したところ，ⓨ温度が変化し，丸底フラスコ内が白くくもることがあった。

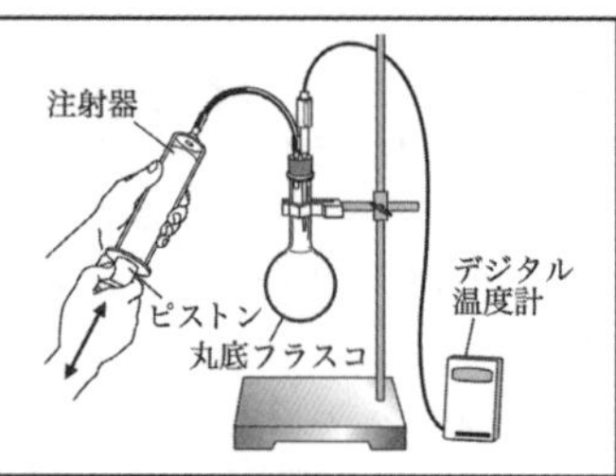

このことについて，次の1，2，3の問いに答えなさい。

1 実験(1)で，下線部ⓧの操作を行った理由を，「煙の粒子」という語を用いて簡潔に書きなさい。

2 次の□内の文は，下線部ⓨについて述べたものである。①，②に当てはまる語をそれぞれ(　)の中から選んで書きなさい。

> 注射器のピストンを強く ①(引いた・押した) とき，丸底フラスコ内の温度が ②(高く・低く) なり，白くくもった。

3 気温と飽和水蒸気量との関係をまとめた下の表を利用すると，地表付近にある，気温26℃で湿度75％の空気のかたまりが上昇していった場合には，地表から何mの高さに達したときに雲ができ始めると考えられるか。ただし，雲ができていないときには，空気は100m上昇するごとに気温が1℃ずつ低下していくものとする。

気温〔℃〕	18	19	20	21	22	23	24	25	26
飽和水蒸気量〔g/m³〕	15.4	16.3	17.3	18.3	19.4	20.6	21.8	23.1	24.4

4 炭酸水素ナトリウムの熱分解について調べるために，次の実験(1)，(2)を順に行った。

(1) 右の図のように，乾いた試験管Aの中に炭酸水素ナトリウムの粉末を入れ，試験管Aの口を底よりも低くした装置を組み立て，ガスバーナーで炭酸水素ナトリウムを加熱したところ，気体の発生によって，試験管Bに入れておいた石灰水が白く濁った。

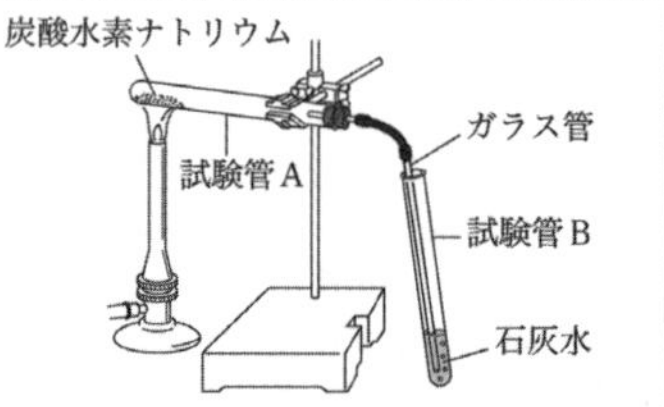

(2) しばらく加熱を続けると，気体の発生が見られなくなったので，ガスバーナーの火を消した。このとき，試験管Aの口付近の内側に液体がついていることが確認できた。

このことについて，次の1，2，3の問いに答えなさい。

1 実験(1)で，発生した気体は何か。その化学式を書きなさい。

2 実験(2)で，下線部のガスバーナーの火を消す前には，どのような操作を行う必要があるか。「ガラス管」という語を用いて簡潔に書きなさい。

3 次の□内の文章は，実験(2)で試験管Aの口付近の内側についていた液体が何であるのかを調べた方法について述べたものである。①，②に当てはまる語をそれぞれ書きなさい。

> 試験管Aの口付近の内側についていた液体を青色の（ ① ）につけると，その色が赤色へと変化した。このことから，この液体は（ ② ）という物質であることがわかった。

5 ヒトが体内に生じた不要物を排出している器官を排出器官という。右の図は，ヒトの排出器官の一つであるじん臓と，それにつながる器官のつくりを模式的に表したものである。なお，図中の矢印は血液が流れる向きを示していて，じん臓から出ている管Xの先は袋Yにつながっている。

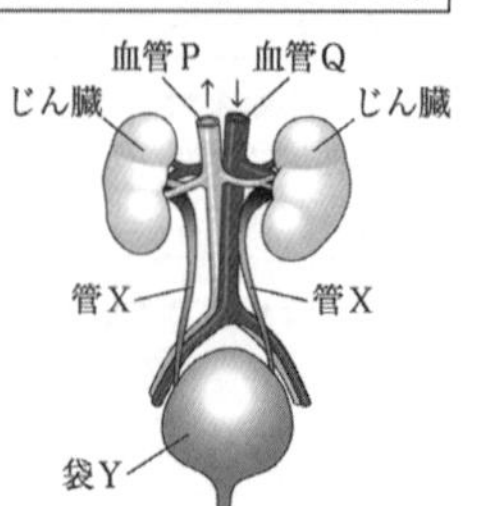

問題 R4 192 193 194 195 【理科】第195回

解答・解説 P323・P331

このことについて，次の**1**，**2**，**3**の問いに答えなさい。

1 次の□内の文章は，図中の血管Pについて述べたものである。①，②に当てはまる語をそれぞれ(　　)の中から選んで書きなさい。

> 血管Pは，血管Qに比べると，含まれている不要物の割合が ①(大きい・小さい) 血液が流れている。また，血管Pを流れる血液が最初に流れ込む心臓の部屋は，②(右心房・左心房・右心室・左心室) である。

2 図中の管Xを何というか。また，袋Yを何というか。

3 次の□内の文章は，体内でできた，不要なアンモニアを排出するしくみについて述べたものである。①，②に当てはまる語をそれぞれ書きなさい。

> アミノ酸が分解されると，二酸化炭素と水以外にアンモニアができる。有害なアンモニアは，(　①　)で(　②　)という無害な物質に変えられた後，血液によってじん臓へと送られる。

6 金属球がもっているエネルギーについて調べるために，次の実験(1)，(2)，(3)，(4)を順に行った。

(1) 水平面上に，レールやスタンド，木片，ものさしなどを用いて，図1のような装置を組み立てた。なお，木片の一部はくり抜かれていて，図2のように，レールをまたぐようしてレールにのせている。

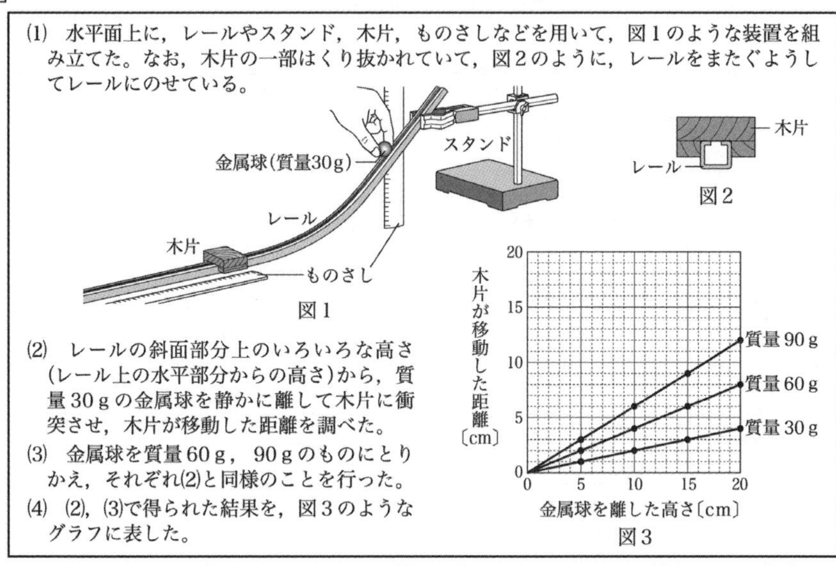

(2) レールの斜面部分上のいろいろな高さ(レール上の水平部分からの高さ)から，質量30gの金属球を静かに離して木片に衝突させ，木片が移動した距離を調べた。

(3) 金属球を質量60g，90gのものにとりかえ，それぞれ(2)と同様のことを行った。

(4) (2)，(3)で得られた結果を，図3のようなグラフに表した。

このことについて，次の**1**，**2**，**3**，**4**の問いに答えなさい。ただし，質量100gの物体にはたらく重力の大きさを1Nとし，空気の抵抗については考えないものとする。また，レール上の水平部分を基準の高さとし，レールと木片の間には，一定の大きさの摩擦力がはたらくものとする。

1 実験(2)で，レール上の水平部分に置かれていた質量30gの金属球を，レール上の20cmの高さまで手でもち上げたときに，重力にさからって手が金属球に対して行った仕事の大きさは何Jか。

2 次の□内の文章は，金属球がもっているエネルギーについて述べたものである。①，②に当てはまる語をそれぞれ書きなさい。

> 実験において，いろいろな高さにある金属球がもっていた位置エネルギーは，木片に衝突する直前には，すべて(　①　)エネルギーに移り変わっている。また，摩擦や空気の抵抗などがない場合，位置エネルギーと(　①　)エネルギーの和が一定に保たれることを(　②　)という。

3 実験の結果をもとに，金属球を離した高さを20cmにした場合の，金属球の質量と木片が移動した距離との関係を表すグラフを，解答用紙の図中に実線で記入しなさい。ただし，図3から得られる値については，●印ではっきりと示すこと。

4 図1の装置をそのまま使って，質量40gの金属球を30cmの高さから離したとすると，木片が移動する距離は何cmになると考えられるか。

問題 R4
192
193
194
195
【理科】第195回

下野模擬問題(第195回)◆理科

7 日本のある地点において，天球上での太陽の1日の動きについて調べるために，次の観察(1)，(2)，(3)，(4)を順に行った。

(1) 板にはりつけた白い紙に透明半球と同じ直径の円をかき，円の中心を通って直交する2本の直線を引いた。次に，円に合わせて透明半球を固定し，2本の直線がそれぞれ東西，南北を向くようにして，日当たりのよい水平な場所に置いた。

(2) フェルトペンの先の影が透明半球の中心と一致するようにして，9時から15時までの2時間ごとに，透明半球上に●印をつけた。

(3) 図1のように，透明半球上の●印をなめらかな線で結び，その線を透明半球のふちまで延長した。点P，Qはその線の延長と透明半球のふちとの交点で，点Mは太陽の高度が最も高くなったときの点である。また，点A～Dは，(1)で引いた2本の直線と円の交点を，点Oは透明半球の中心を示している。

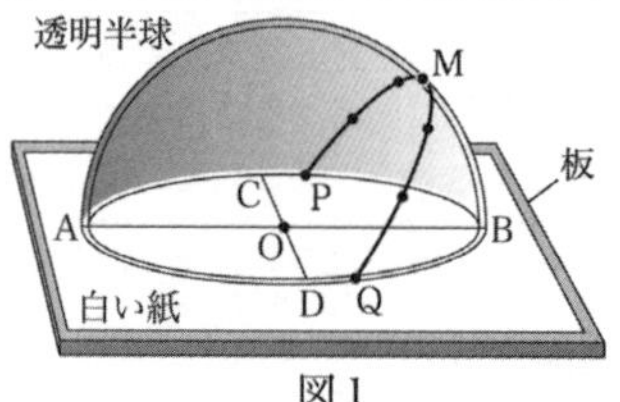

図1

(4) (3)で●印を結んだなめらかな線に沿って透明半球に糸を張り，図2のように，2時間ごとの太陽の位置を糸にうつしとったところ，その間隔はいずれも6.0cmで等しかった。また，11時につけた●印と点Mの間隔は2.4cmであった。

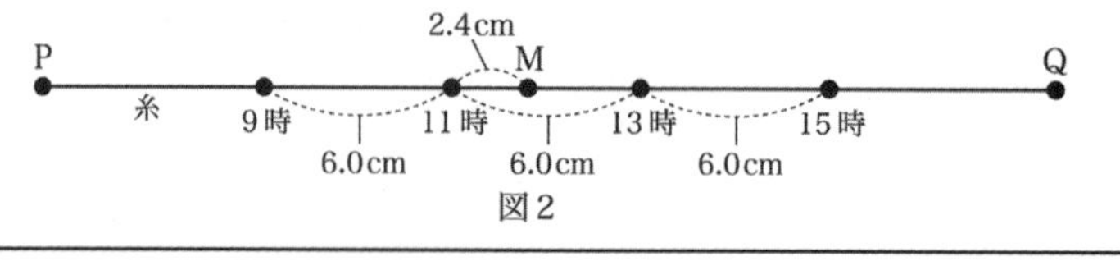

図2

このことについて，次の**1**，**2**，**3**，**4**の問いに答えなさい。

1 図1より，観察を行ったのは，秋分の日から春分の日までの間の冬の時期であると考えられる。このように考えられる理由を，「日の出」という語を用いて簡潔に書きなさい。

2 観察を行った日の太陽の南中高度を，図1中に書かれている記号(アルファベット)のうちの三つを使って，例のように表しなさい。(例：∠ABC)

3 次の[　　]内の文章は，観察において，時間の経過とともに太陽が天球上を移動していった理由について述べたものである。①，②に当てはまる語をそれぞれ(　　)の中から選んで書きなさい。

> 地球は，地軸を中心に ①(東から西・西から東) の向きに1日でほぼ1回転していて，この地球の運動を ②(自転・公転) という。地球がこの運動をすることにより，時間の経過とともに太陽は天球上を移動していくように見える。

4 図2より，観察を行った日の太陽の南中時刻は何時何分であったと考えられるか。

8 化学変化を利用して電流をとり出す電池について調べるために，次の実験(1)，(2)，(3)を順に行った。

(1) ダニエル電池用の水そうを用意し，向かって左側には硫酸亜鉛水溶液と亜鉛板を，向かって右側には硫酸銅水溶液と銅板を，それぞれの金属板がそれぞれの水溶液に十分にひたるように入れた。

(2) 図のように，電子オルゴールの－極側からの導線を亜鉛板につなぎ，＋極側からの導線を銅板につないだところ，電子オルゴールが鳴り始めた。

(3) しばらく電子オルゴールを鳴らし続けてから，亜鉛板と銅板の表面のようすを観察したところ，それぞれ次のようであった。

亜鉛板 ： 黒っぽく，ボロボロになっていた。
銅　板 ： 赤色の物質が付着していた。

電子オルゴール
亜鉛板
銅板
⊖ ⊕
硫酸亜鉛水溶液
硫酸銅水溶液
セロハン
ダニエル電池用の水そう

このことについて，次の**1**，**2**，**3**，**4**の問いに答えなさい。

問題 R4
192
193
194
195
【理科】第195回

解答・解説 P323・P331

1 実験(1)でダニエル電池用の水そうに入れた硫酸亜鉛水溶液について，その溶質が電離しているようすを，化学式を用いて表しなさい。

2 実験(2)，(3)で電子オルゴールが鳴っていたときに，銅板の表面で起こっていた変化を正しく表している化学反応式は，次のうちどれか。ただし，電子1個をe^-という記号で表すものとする。

ア $Cu \rightarrow Cu^{+} + e^{-}$　　**イ** $Cu^{+} + e^{-} \rightarrow Cu$
ウ $Cu \rightarrow Cu^{2+} + 2e^{-}$　　**エ** $Cu^{2+} + 2e^{-} \rightarrow Cu$

3 次の□内の文は，実験(2)，(3)で電子オルゴールが鳴っていたときに，硫酸亜鉛水溶液と硫酸銅水溶液の間を，セロハンを通して移動していたイオンについて述べたものである。①，②に当てはまる語(具体的なイオン名)をそれぞれ書きなさい。

> セロハンにあいている微細な穴を通って，硫酸亜鉛水溶液から硫酸銅水溶液へは（　①　）が移動し，逆に硫酸銅水溶液から硫酸亜鉛水溶液へは（　②　）が移動していた。

4 現在広く普及しているマンガン乾電池やアルカリマンガン乾電池，リチウム電池などは，携帯電話に用いられているリチウムイオン電池や自動車のバッテリーとして用いられている鉛蓄電池とは異なり，充電が不可能な電池である。このような使いきりタイプの電池を，充電が可能な電池に対して何電池というか。

9

オオカナダモが行っている，あるはたらきについて調べるために，次の実験(1)，(2)，(3)を順に行った。

> (1) 3本のペットボトルX，Y，Zを用意し，息をふき込んで緑色にしておいたBTB溶液をそれぞれのペットボトルに入れた。
> (2) ペットボトルXとペットボトルYにはオオカナダモを入れ，ペットボトルZには何も入れないで，すべてのペットボトルにふたをした。次に，ペットボトルXだけをアルミニウムはくで完全におおった。
> (3) 下の図のようにして，すべてのペットボトルを日光の当たる場所に置いたところ，それぞれのペットボトルに入れておいたBTB溶液の色に，次のような変化が見られた。
> 　ペットボトルX ： 黄色に変化した。
> 　ペットボトルY ： 青色に変化した。
> 　ペットボトルZ ： 緑色のままだった。

このことについて，次の**1**，**2**，**3**，**4**の問いに答えなさい。

1 実験(1)において，息をふき込む前のBTB溶液の色として考えられるものは，次のうちどれか。

ア 青色　　**イ** 黄色　　**ウ** 赤色　　**エ** 無色

2 次の□内の文は，実験(1)，(2)，(3)を行った結果，ペットボトルXに入れたBTB溶液の色が緑色から黄色に変化した理由について述べたものである。①，②に当てはまる語をそれぞれ書きなさい。

> 実験(1)，(2)，(3)において，ペットボトルXに入れたオオカナダモが（　①　）というはたらきを行って，（　②　）という気体をBTB溶液中に放出したためである。

3 ペットボトルYに対して，ペットボトルZを用意したのは，BTB溶液の色の変化が何によることを確かめるためか。「はたらき」という語を用いて簡潔に書きなさい。

4 実験(1)，(2)，(3)の結果，ペットボトルYに入れたオオカナダモは，何というはたらきを行ったことが確かめられたか。また，そのはたらきは，オオカナダモの細胞内に見られる，何というつくりの中で行われたか。

第195回 下野新聞模擬テスト
英　語

1 これは聞き方の問題である。指示に従って答えなさい。

1〔英語の対話とその内容についての質問を聞いて，答えとして最も適切なものを選ぶ問題〕

(1) ア

イ

ウ

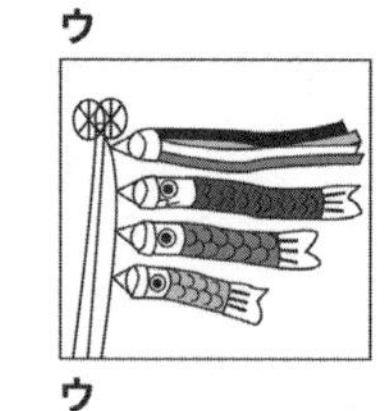

エ

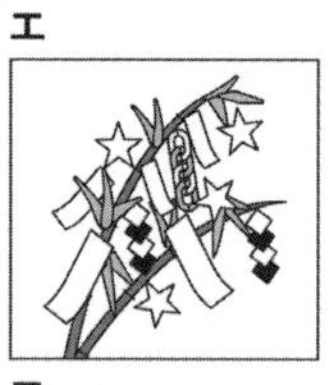

(2) ア

社会 2, 理科 2, 国語 2, 数学 4, 英語 30 (人)

イ

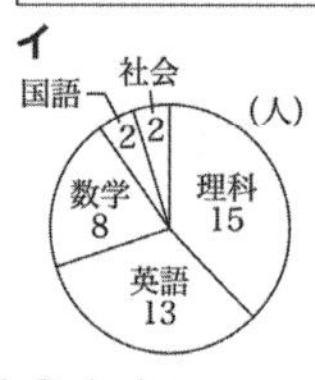

ウ

エ

(3) **ア** Have dinner with Daisuke.　　**イ** Watch a soccer game with Daisuke.
ウ Have dinner with her sister.　　**エ** Watch a soccer game with her sister.

(4) **ア** To study with him.　　**イ** To borrow books from him.
ウ To go to the library with him.　　**エ** To ask him about homework.

2〔英語の対話とその内容についての質問を聞いて，答えとして最も適切なものを選ぶ問題〕

The Schedule for Jack's Homestay

	The first day	The second day	The third day	The last day
Weather	☀ → ☁	☂ → ☁	☀ → ☁	☁ → ☀
Morning	Get to Japan	A	B	Go to the mountain
Afternoon	Get to Tochigi	See a movie	Walk in the park	
Evening	Welcome party	Make Japanese food	Go to the autumn festival	Goodbye party

(1) **ア** To tell people at the party about himself.
イ To try to talk to people who come to the party in Japanese.
ウ To make a speech about the beautiful nature in his country.
エ To talk about the cultural differences between Japan and his country.

(2) **ア** On the first day.　　**イ** On the second day.
ウ On the third day.　　**エ** On the last day.

(3) **ア** **A**：Take pictures together　　**B**：Visit a museum
イ **A**：Visit a museum　　**B**：Go shopping
ウ **A**：Play basketball　　**B**：Take pictures together
エ **A**：Visit a museum　　**B**：Play basketball

3〔インタビューを聞いて，英語で書いたメモを完成させる問題〕
※数字も英語で書くこと。

About Kate's school in Canada

○ School year
・starts in (1)(　　　) and ends in June

○ Classes
・start at nine o'clock
・have (2)(　　　) classes a day
・one class：seventy-five minutes long

○ How to come to school
・school bus：only for students who (3)(　　　) far from school

○ Climate
・has a lot of snow in winter

2 次の1，2の問いに答えなさい。

1 次の英文中の (1) から (6) に入る語句として，下の(1)から(6)のア，イ，ウ，エのうち，それぞれ最も適切なものはどれか。

Dear Andy

Have you ever (1) to Hawaii? This summer my family and I visited Hawaii and stayed there for a week. We stayed at a hotel, and our room was very big. So, I was very (2). The view (3) the window was nice. The sea was very beautiful, and the sun was so *bright.

On the second day, we went shopping. We wanted to buy some *donuts, but the famous shop (4) sells nice donuts was closed that day. We were sad, but in the afternoon, we enjoyed swimming in the beautiful sea.

There were a lot of Japanese people in Hawaii, so I wasn't (5). In many shops, we were able to communicate in Japanese. We didn't need to speak any English. Then we (6), "Are we in Japan or in a foreign country?" Of course, we were in Hawaii.

Please tell me about your summer vacation.

Best wishes,

Naoto

〔注〕*bright＝明るい　*donut＝ドーナッツ

	ア	イ	ウ	エ
(1)	got	done	been	brought
(2)	surprise	surprised	surprising	to surprise
(3)	into	over	around	from
(4)	who	what	whose	which
(5)	nervous	angry	ready	easy
(6)	think	will think	thought	were thought

2 次の(1)，(2)，(3)の(　　)内の語句を意味が通るように並べかえて，(1)と(2)はア，イ，ウ，エ，(3)はア，イ，ウ，エ，オの記号を用いて答えなさい。

(1) *A*：Did you do your homework last night?
B：No. I was (ア tired　イ to　ウ too　エ finish) my homework.

(2) *A*：We (ア go　イ like　ウ to　エ would) with you.
B：OK, let's go together.

(3) *A*：Oh, your new bag looks nice and expensive.
B：Thank you. But I don't (ア how　イ remember　ウ was　エ this bag　オ much).

3 次の英文は，高校生の誠(Makoto)と，オーストラリアからの留学生エマ(Emma)との対話の一部である。彼らは，地域イベントの実行委員で，イベントの開催について話をしている。また，右のそれぞれの図(picture)は，誠が作成した資料の一部である。これらに関して，1から5までの問いに答えなさい。

Makoto：Yesterday I studied about the exercise *habits of people living in our city. Look at (1)<u>Picture 1</u>. About eighty percent of people in our city aren't getting enough exercise. What do you think about this?

Emma：I think they should do more exercise for their health.

Makoto：I think so, too. Look at Picture 3. Most people understand getting exercise is important for their health. But actually, as Picture 1 shows, they aren't doing enough exercise. What do you think about (2)<u>this</u>?

Emma：I think we should find something we can do for their health.

Makoto：I agree with you. Look at Picture 2. Many people don't think doing exercise is fun, and they don't want to do it alone. Also, they think ____(3)____. We should do something about this situation, so everyone can enjoy exercise. How about holding a sports event that people living in this city can join?

Emma：Sounds interesting!

Makoto：Look at Picture 3 again. It also shows that about fifty percent of people want to ____(4)____ through exercise. So, if we hold a fun and exciting sports event, many people will join it.

Emma : I see. If we hold an event like that, people will be able to have a chance to enjoy exercise and make new friends there. But how can we hold such a big event?

Makoto : We must do something big. For example, we can invite some famous sports players. If they teach exercise or a sport that everyone can enjoy, many people will become more interested in the event. They join it and enjoy exercise together, and some of them may start doing more exercise.

Emma : I can understand your idea, but we will need a lot of money for such a big event, right? How can we [　　　　] money for this sports event?

Makoto : I have a good idea. Why don't we try *crowdfunding? On the Internet, we can ask ＿＿＿(5)＿＿＿. If they *donate to us, we can invite some famous sports players.

Emma : Great! It may be hard, but we should try.

Makoto : Actually, I've heard from my uncle about how to try crowdfunding. He tried it for his event last year. I'm sure he can help us.

Emma : That's good. (6)<u>What exercise or sports should we choose for our event?</u>

Makoto : That's a very important point, so let's talk about it more with other members.

Emma : Yes, let's.

〔注〕*habit＝習慣　*crowdfunding＝クラウドファンディング（※図4の説明を参照）
*donate＝寄付する

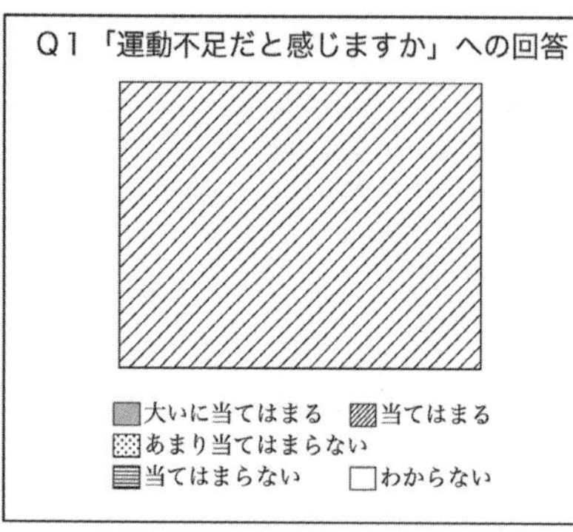

図1

図2

Q2「運動をする利点は何ですか」への回答
（複数回答可・上位3回答のみ表示）

健康維持	61%
人との交流	49%
自己実現	24%

0　20　40　60

図3

クラウドファンディングとは？

●インターネット上で，人々に自分たちのアイデアを支援してくれるように頼む。

●支援を希望する人たちが寄付をしてくれることで資金が集まり，目的を達成できる。

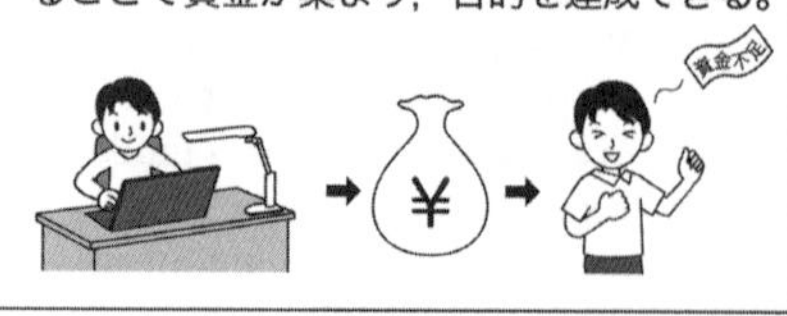

図4

1　下線部(1)について，図1の▨の位置に入るグラフとして，最も適切なものはどれか。

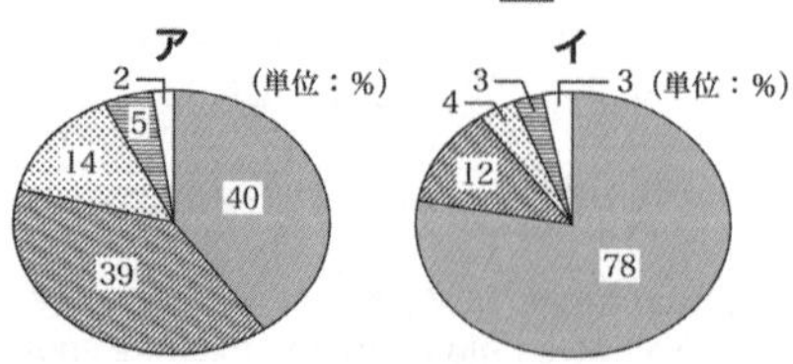

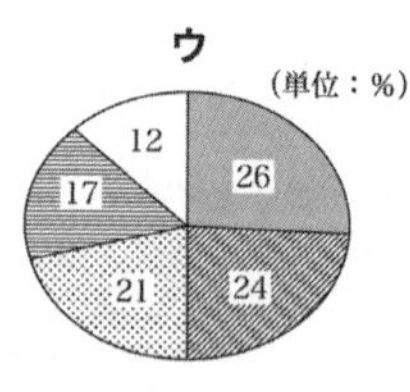

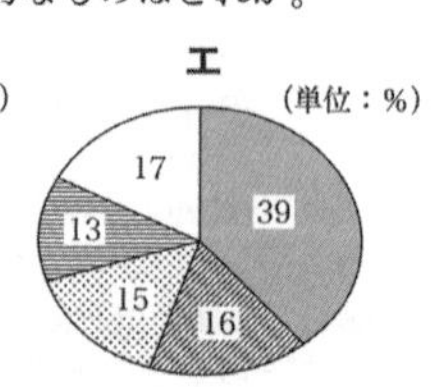

2　下線部(2)の内容を次の［　　　］内のように表したとき，(　①　)と(　②　)に入る日本語を書きなさい。

ほとんどの人が（　　　　　①　　　　　）だと理解しているが，実際は，（　　　　②　　　　）こと。

3　二人の対話が成り立つよう，**図2**，**図3**，**図4**を参考に，下線部(3)，(4)，(5)に適切な英語を書きなさい。

4　本文中の［　　　］に入る語として，最も適切なものはどれか。

ア　use　　**イ**　break　　**ウ**　collect　　**エ**　return

5　下線部(6)について，あなたがこのイベントを開催するとしたら，どのような運動やスポーツを選びますか。理由や具体的な例を含めて，まとまりのある**4文から6文程度**の英語で書きなさい。

4　遙香(Haruka)についての次の英文を読んで，**1**から**5**までの問いに答えなさい。

During summer vacation I visited my aunt and uncle's house and stayed there for three days. They keep many cows. I wanted to help them by taking care of their cows, so I visited them. When I got to their house, my aunt gave me some milk. The milk was delicious. "I've never drunk delicious milk like this. Why is it so delicious?" I asked my aunt. She answered, "Because it is fresh milk. We have just *milked the cows." I was surprised to hear that. She asked me, "Do you want to try milking the cows with us tomorrow?" I answered, "Sure!"

The next morning, when my aunt and I got to the *cowshed at six, my uncle was already there. He starts cleaning the place at five every morning. He said, "If we don't clean the cowshed, the cows will become stressed and won't make milk. Now, let's give the cows food." The cows looked very happy while they were eating.

After that, my uncle showed me how to milk the cows and said, "We milk the cows once in the morning and once in the afternoon." Milking the cows looked easy while he was doing it. However, ［　　　］. When I was milking the cows, I realized that milk comes from living animals. In the afternoon, I tried milking the cows with my aunt and uncle again.

The next morning, I cleaned the cowshed with my aunt and uncle. While my aunt was cleaning, she was watching the cows carefully. I asked her, "Why are you watching the cows so carefully?" She answered, "Cows can't tell us the things they need, so we need to watch them carefully."

In the evening, my uncle asked me, "What did you think about taking care of the cows?" I said, "I enjoyed it very much, but I became tired. Getting up early and working for cows every day is hard, right?" He said, "Yes, but we love our cows and want a lot of people to drink their delicious milk every day." Also, he showed me a letter. "Thank you for your delicious milk" was written in the letter. My uncle said, "A boy who lives near our house gave this to us. We work hard to make a lot of people who drink our milk happy." (1)<u>I thought my aunt and uncle were really great.</u>

My aunt and uncle love their cows and take care of them from morning to evening, so a lot of people can drink milk every day. Buying milk at a shop is easy, but I learned getting milk from cows is not so easy. Now, when I drink milk, I always think of my aunt and uncle. Also, when I see food sold at shops, I think about people working hard to *produce the food for us. We should remember (2)<u>this</u> when we eat or drink every day.

〔**注**〕*milk ～＝(牛などの)乳をしぼる　*cowshed＝牛舎　*produce＝生産する，作る

1　本文中の［　　　］に入る適切な英語はどれか。

ア　I didn't like doing it because it was too easy for me
イ　it was really difficult when I tried it
ウ　I really wanted to do it alone after he did it
エ　it was easy for me because he showed me how to do it

2　遙香が下線部(1)のように思った理由を，次の［　　　］内のように表したとき，(　　　)に入る適切な日本語を書きなさい。

叔父が，「私たちは，（　　　　　　　　　）ために，一生懸命に働いているんだよ」と言ったから。

問題 R4　192　193　194　195　【英語】第195回

3　下線部(2)の内容を，次の□内のように表したとき，(　　)に入る適切な英語を，本文から**3語**で抜き出して書きなさい。

We can eat and drink something every day thanks to (　　　　　　　　) like Haruka's aunt and uncle.

4　次の**質問**に答えるとき，**答え**の□に入る適切な英語を**1語または2語**で書きなさい。

質問：How many times did Haruka milk the cows at the cowshed on her second day?

答え：She milked the cows □.

5　本文の内容と一致するものはどれか。

ア　Haruka decided to visit her aunt and uncle's house because she was told to help them.
イ　Haruka's aunt was surprised to know that fresh milk was really delicious.
ウ　Haruka's aunt watches the cows carefully to understand necessary things for them.
エ　Haruka thinks about people who need her aunt and uncle's milk when she drinks milk.

5　砂漠(desert)についての次の英文を読んで，**1**，**2**，**3**，**4**の問いに答えなさい。

What is desert? You may think of a place without water. You may think that the desert does not have enough rain. But there is life in every desert. Plants, animals, and humans live there. How can this happen? Sometimes it does not rain for five years in the desert. Then one day a *storm comes, and there is a heavy rain. After that, the desert is covered with green. You can see many kinds of plants and small flowers. They grow very fast. In a week, they grow from *seeds to flowers and back to seeds. Then the seeds [A] in the ground and wait another five years for rain.

Desert plants try very hard to find water. Some plants send their *roots far down into the ground. Some plants send their roots far out from their *stem. Other plants save water in their stems or leaves.

Desert animals also save rain water in their bodies to survive. Some of them keep water to live for seven to nine days. [B] Some desert people seem to know where it will rain. They go to the place soon. If they are lucky, it rains there.

Today people who visit the desert on a trip want to move around by car. However, this is often very dangerous. *Water holes are sometimes 100 *miles away. In the desert, a man may die in about 14 hours if he has no water to drink. The desert is a hard place to live. Plants, animals, and people must have water.

Humans have tried to bring water to the desert to live. For example, some people started bringing water from the nearby rivers through *pipes. Maybe someday new and better ways to bring water to the desert will be found. Then, one day, people will be able to grow enough food in the desert.

〔**注**〕*storm＝嵐　*seed＝種　*root＝根　*stem＝茎　*water hole＝水たまり
*mile＝マイル　*pipe＝パイプ

1　本文中の[A]に入る語として，最も適切なものはどれか。

ア　move　**イ**　know　**ウ**　stay　**エ**　need

2　本文中の[B]に入る次の**ア**，**イ**，**ウ**，**エ**の文を，意味が通るように並べかえて，記号を用いて答えなさい。

ア　In this way, humans have learned how to live with very little water.
イ　Humans who have them in the desert know about that.
ウ　And they can find a water hole by using their animals.
エ　The animals also know how to find water.

3　下線部が指す内容は何か。日本語で書きなさい。

4　本文で筆者が述べている内容として，最も適切なものはどれか。

ア　We can say that it rains almost every day in the desert.
イ　Some people can live in the desert because they know where it will rain.
ウ　Humans have learned that they couldn't grow food in the desert.
エ　When a heavy rain falls in the desert, most animals go away from it.

問題 R4
192
193
194
195
【英語】第195回

解答・解説 P322・P326

豪快な笑い声が響いた。

（石井睦美「ひぐまのキッチン」〈中央公論新社〉から）

（注1）かみさん＝岡本の妻のこと。　（注2）杞憂＝無用な心配。

1 (1)その羽二重餅は今日きり食べられないよ　とあるが、その理由について説明した次の文の□に当てはまる語を、本文中から六字で抜き出しなさい。

□を大切にしようと考えたから。

2 (2)岡本の言葉にまりあは首を傾げた　とあるが、その理由について説明したものとして最も適当なものはどれか。

ア 羽二重餅をおいしいと思った自分に自信をなくしたから。
イ 羽二重餅の味の改良をやめることが残念に思われたから。
ウ 羽二重餅と小松菜の味噌汁の関係がわからなかったから。
エ 羽二重餅のおいしさをきちんと説明できず後悔したから。

3 (3)お気に召さなかったのかしらという杞憂　とあるが、「杞憂」であったことがわかる部分を、本文中から二十二字で抜き出しなさい。

4 (4)まりあにはまだ話が見えてこない　とあるが、このときのまりあの気持ちについて説明したものとして最も適当なものはどれか。

ア 米田は岡本の話の意味を理解しているようなので焦る気持ち。
イ 仕事に対する考え方の違いにはこだわらないという気持ち。
ウ 米田がどうして理解を示すのかわからず不審に思う気持ち。
エ 自分の味噌汁を誉めた後に否定されたようで困惑する気持ち。

5 (5)その通りなんだよ　とあるが、「その通り」とは、岡本の場合について具体的に言うとどのようなことか。四十五字以上五十五字以内で書きなさい。

6 (6)今度からはインスタントのダシで　とあるが、この表現から読み取れるまりあの意図について説明したものとして最も適当なものはどれか。

ア くたくたでよかったと皮肉を言われたことに少し腹が立ったので、インスタントのダシで作ると皮肉で返している。
イ きちんと出汁を取って作るよりもインスタントのダシですませれば岡本も気兼ねしないですむだろうと考えている。
ウ インスタントのダシで作る方が簡単であり、岡本の記憶の中にある味噌汁により近づくこともできると考えている。
エ インスタントのダシで作ればもっと懐かしんでもらえるだろうと冗談めかして言うことによって笑いを誘っている。

5

下の【資料】を参考にして、「自分の考えを相手に伝えること」について、あなたの意見や考えを国語解答用紙(2)に二百四十字以上三百字以内で書きなさい。

なお、次の《条件》に従って書くこと。

《条件》

（Ⅰ）二段落構成とすること。

（Ⅱ）各段落は次の内容について書くこと。

第一段落

・【資料】から、あなたが気づいたことを書くこと。

第二段落

・自分の体験（見聞したことを含む）を踏まえて、「自分の考えを相手に伝えること」について、あなたの意見や考えを書くこと。

【資料】

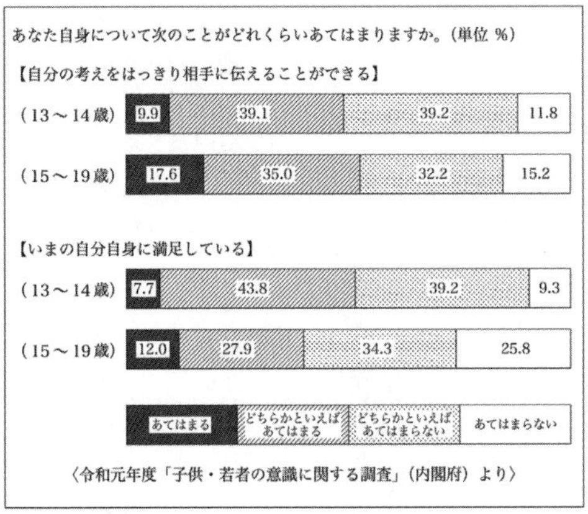

あなた自身について次のことがどれくらいあてはまりますか。（単位 %）

【自分の考えをはっきり相手に伝えることができる】

	あてはまる	どちらかといえばあてはまる	どちらかといえばあてはまらない	あてはまらない
（13～14歳）	9.9	39.1	39.2	11.8
（15～19歳）	17.6	35.0	32.2	15.2

【いまの自分自身に満足している】

	あてはまる	どちらかといえばあてはまる	どちらかといえばあてはまらない	あてはまらない
（13～14歳）	7.7	43.8	39.2	9.3
（15～19歳）	12.0	27.9	34.3	25.8

〈令和元年度「子供・若者の意識に関する調査」（内閣府）より〉

ア　〈B〉は、〈A〉で示された具体的な事例を更に発展させて述べている。
イ　〈B〉は、〈A〉で述べられた内容を導入として考えをまとめている。
ウ　〈B〉は、〈A〉で示された反対意見に対して筆者の主張を述べている。
エ　〈B〉は、〈A〉で述べられた問題点を絞り込んで意見を述べている。

4

次の文章を読んで、**1**から**6**までの問いに答えなさい。

（　食品商社で米田社長の秘書をしている樋口まりあは、取引先の岡本が会社を訪れた際、岡本に手作りの簡単な昼食を振る舞った。その後、まりあは、岡本が持参した、味を改良中の羽二重餅を試食するように勧められた。　）

まりあは羽二重餅をひと口、口にいれた。
「おいしい」
岡本がまりあを嬉しそうに見る。
「口のなかでとけていきました。いくらでも食べられちゃいます……すみません、ちゃんとした感想をお伝えできなくて」
「なに、おいしいっていうのがいちばんだ。でも、お嬢さん、せっかく褒めてもらったけど、(1)その羽二重餅は今日きり食べられないよ」
「どうしてですか？　こんなにおいしいのに」
「それはね、味噌汁だよ。あなたの作ってくれた小松菜の味噌汁を飲んでね。ああ、やっぱり今までどおりでいこうって決めたんだ」
(2)岡本の言葉にまりあは首を傾げた。
「かみさん、一昨年(注1)、俺より先に逝っちまったんだが、そのかみさんがよく小松菜の味噌汁を作ったんだ。具は菜っ葉だけ。菜っ葉だけの味噌汁なんて、物足りないよ。俺はさ、油揚げのはいった味噌汁が好きなんだ」
(3)お気に召さなかったのかしらという杞憂(注2)と、羽二重餅と小松菜の味噌汁とがどうつながっていくのかわからないまま、まりあはうなずいた。
「油揚げをいれろよって、言ったわけさ。若いころだ。それからは大根の味噌汁にもワカメの味噌汁にも、あいつは油揚げをいれるようになった。ところが、小松菜の味噌汁を作るときにかぎっては、小松菜だけなんだ」
「どうしてでしょう？　そのほうがおいしいんでしょうか？」
「どうしてかねえ。でも、うまくないってことはたしかだったな」
「すみません」
まりあは思わず詫びた。
「いや、樋口さんのは、きちんと出汁が取れてうまかった。かみさんはあんなに丁寧に出汁なんて取らない。インスタントのやつをパッパッてね」
岡本はそう言うと笑った。
「二年ぶりに菜っ葉だけの味噌汁を飲んだよ。懐かしかった。それを飲みながら、気づいたんだ。うまいもんを作るだけじゃだめなんだって」
「たしかにそうだな」
と、米田も言った。
(4)まりあにはまだ話が見えてこない。
「職人っていうのは、もっといいものを、今よりいいものをって、いつも追いかけてしまう生き物なんだ。だけど、こういう言葉があるね。変わらない味。これ、誉め言葉かい？　それとも貶し言葉？」
「誉め言葉です」
「そうだね。何百年経っても、同じ味。上にも下にもいかないってことも、上を目指すのと同じように、いや、それ以上に難しいことなんだね。それを食べれば、記憶のなかの味が甦る。甦るのは味だけじゃない」
「(5)記憶そのものが甦るんですね」
「その通りなんだよ。だから変えちゃいけない。うちの羽二重餅を食べて、これを食べたときはあんなことがあったなあ、そう思ってくれるひともいるかもしれないんだ。そんなありがたいお客さんの思い出を奪っちゃいけない。そのことをあなたの味噌汁が教えてくれたんだ。ありがとう」
岡本の話をうなずきながら聞いていたまりあは、最後のひと言に首を横に振った。
「じゃあ、岡本さん、米はこれまでと同じで、だね」
「そういうことだ。それにしても、菜っ葉がくたくたのところまで、かみさんの味噌汁と一緒だったよ」
「気をつけていたんです。でもつい、煮過ぎてしまって」
「いや、くたくたでよかったんだ。いつかまた頼むよ」
「はい。いつでもお作りします。(6)今度からはインスタントのダシで」

のが普通で、空しく裁断されて煙となっているのだろう。そう思えば紙の本であることに、少なからざる罪の意識が生じる。単なる資源の浪費ではないか、と。電子書籍であれば、ほんの少しのシリコンを占領するだけで済むばかりでなく、時間を超えて保存してくれるから空しさも帳消しになるかもしれない。記録媒体としての電子書籍は評価すべきなのだろう。

たまに古典と言われる科学の本も存在する。例えば、アインシュタイン(注3)とインフェルト(注4)が書いた『物理学はいかに創られたか』(岩波新書)は七〇年を経てもなお読み継がれている。簡明にして真髄をつき、図版は少しだけだが含蓄に富む。ページを何度も行き来するうちに理解が深まり、いつ手にとっても新しい発見がある。もはや黄ばんでしまった紙がいっそう私を招いているように思える。あるいは、学生時代に読んだ教科書は、そこに残された書き込みもあって苦闘した歴史が懐かしく思い出され、新鮮な気持を蘇らせてくれる効用がある。歴史を経た紙の本であればこそ、科学の古典として自分と重ね合わせることができるのだ。それは科学者の誰もが体験することであり、鮮烈な印象となって心に刻み込まれ、アナログ的に内容が頭の書庫に並べられることになる。学問の継承には(2)このような体験が不可欠である。これらが電子書籍となれば、果たして学問が血肉化するかどうか疑問を持ってしまう。

とすると、記録媒体としての電子書籍(やたらに記憶が得意なシリコン頭にうってつけである)、自分の頭を鍛えるための紙の本(考え想像するカーボン頭に最も相応しい)という棲み分けができそうである。というより、それが□の道のように思える。豆粒一つに百科事典全体が収まるような技術を利用しない手はないし、それこそが省資源となり文化の継承を確実なものとするからだ。辞書、辞典、読み捨て本、ノウハウ本などは電子書籍で十分その役を果たすだろう。それに対し、絵本、教科書、古典、哲学書などは紙の本であり続けるに違いない。むろん始めは両方で出版し、生き残ったものだけが紙の本として継続されることになると考えられる。過渡期に本の選別が進むのである。そして二〇年先となれば、本の出版は様変わりしていることだろう。電子出版が当たり前となるのに対し(それは大事な本ではないことを意味する)、紙の本として出版できることが勲章となることだ。「せっかく価値ある本なのだから、是非とも紙の本として出版したい」と出版社が言ってくれるのを心待ちにする、なんてことを想像している。

(池内了「本の棲み分け」『本は、これから』〈岩波書店〉から)

(注1) シリコン＝電子画面の素材。
(注2) カーボン＝ここでは紙のこと。
(注3) アインシュタイン＝一八七九～一九五五年。ドイツ生まれの物理学者。
(注4) インフェルト＝一八九八～一九六八年。ポーランドの物理学者。

1 (1)今どうしようかと悩んでいる　とあるが、それはなぜか。四十字以上五十字以内で書きなさい。

2 (2)このような体験　とあるが、その説明として最も適当なものはどれか。

ア 学生時代に読んだ教科書の書き込みによって、忘れていた知識が想起させられ、新たな学びへの意欲につながっていく体験。
イ 何度も読んで古びてしまった本でも、読むたびに親しさが増し、自分の正しさを改めて認識させられ自信が深まっていく体験。
ウ 有名な古典の書物に感動することによって、自分の一生の指標とできるような出会いを果たしたという確信にいたる体験。
エ 古典と呼ばれる書物と何度も相対し、自分の成長とともに印象が深められ、知識が有用な生きたものとして更新されていく体験。

3 □に入る語として最も適当なものはどれか。

ア 必然　**イ** 創造　**ウ** 常識　**エ** 真実

4 次の図は、〈A〉と〈B〉の文章から読み取れる筆者の考えをまとめたものの一部である。後の(Ⅰ)、(Ⅱ)の問いに答えなさい。

以前　電子書籍は知識を得るには便利だが、思考には向いていない。→電子出版は□の発展に役立たない。

現在　・記録媒体としての電子書籍…省資源。→□を伝えるのに有効。　・紙の本…頭を鍛える。
(生き残ったもの)→紙の本としての出版が勲章となる。

(Ⅰ) □に入る、〈A〉と〈B〉の文章に共通して用いられている語を、本文中から二字で抜き出しなさい。

(Ⅱ) 紙の本としての出版が勲章となる　とあるが、それはなぜか。「価値」という語を用いて三十字以上四十字以内で書きなさい。

5 〈A〉と〈B〉の文章の関係について説明したものとして最も適当なものはどれか。

に賢人なり』と。『(1)いふ所当たれり。すべからく寺に寄せて、亡者の(注8)菩提を助けよ』と判ず。この事、(2)まのあたり見聞きし事なり。(注9)世俗塵労の俗士、なほ(注10)利養を貪らず。(注11)割愛出家の沙門の、世財を争はん」とて、(注12)法に任せて寺を追ひ出してけり。

(「沙石集」から)

(注1) 育王山＝中国浙江省にある山。
(注2) 布施＝仏や僧に謝礼として渡す金銭や品物。
(注3) かまびすしかりければ＝騒いでいたので。
(注4) 大覚連和尚＝「大覚」は悟りを得た人の意味。「連」は名前。
(注5) この僧を恥しめて＝この僧二人を戒めて。
(注6) なるべけれ＝なるべきだ。 (注7) 官の庁＝公の役所。
(注8) 菩提＝死後、極楽浄土に生まれ変わること。
(注9) 世俗塵労の俗士＝俗世間で生活する人。
(注10) 利養＝利益。
(注11) 割愛出家の沙門＝欲望や執着を断ち切って僧になり、修行する人。
(注12) 法に任せて＝寺の決まりに従って。

1 与へずして は現代ではどう読むか。現代かなづかいを用いて、すべてひらがなで書きなさい。

2 ア置きたりけるに　イ与ふ　ウいふ　エ返しつ　の中で、主語が異なるものはどれか。

3 (1)いふ所当たれり　の説明として最も適当なものはどれか。

ア どちらも相手の弱みにつけこんでいるということ。
イ どちらも言うことが理にかなっているということ。
ウ 公の役所に判断を委ねたことは正しいということ。
エ もっと早く公の役所に頼るべきだったということ。

4 (2)まのあたり見聞きし事なり　の意味として最も適当なものはどれか。

ア 二人の僧が目の前で見聞きしたことである。
イ 主が死んでしばらくして人が見聞きしたことである。
ウ 俗世間の人間が本当に見聞きしたことである。
エ 実際に大覚連和尚が見聞きしたことである。

5 「大覚連和尚」は「布施」を争う二人の僧をどのように戒めたのか。次の文の空欄に当てはまるように、十五字以上二十字以内の現代語で答えなさい。

> 俗世間の人間でさえ□であったことを引き合いに出しながら、寺の決まりに従って二人の僧を寺から追い出した。

3

次の〈A〉、〈B〉の文章は、池内了「本の棲み分け」の一節である。これらを読んで、**1**から**5**までの問いに答えなさい。

〈A〉

私は、(注1)シリコン製の電子画面とは性が合わない。辞書とか百科事典のような、その場限りの知識を得るには電子書籍は便利だが、考えたり想像したりしながらページを繰り、後戻りしたり飛ばし読みしたりしてから元に戻ってくる、というような読み方には電子本は不都合この上ないからだ。何しろシリコンは石頭だから融通が利かないこと夥しく、インターネットをしていても癇癪を起こして放り出す始末である。だから、(注2)カーボン人間はシリコンとは折り合えない、電子出版なんて文化を貶めるもの、と考えてきたのだ。

しかし、実際に電子出版を勧められると、少々動揺した。私の本はそう売れるわけでもないし、ましてや宇宙論の硬い本だから売れ行きが悪いのは目に見えている。この出版不況の時代に出版社は慈善事業をしているようなものである。手軽に電子出版ができるなら、出版社の顔を少しは立てられるかもしれない(私は出版社に対しては優しい人間なのである)。きれいな写真を売り物にした本ではなく、書いている中身で勝負のつもりなのだが、写真が人目を惹いて電子本を手に取る人がいればファンが少しは増えるかもしれない(本が売れて欲しいという色気もあるのだ)。というわけで、(1)今どうしようかと悩んでいる最中である。

〈B〉

文学の作品はこれ一つしかないという意味で永遠だが、科学の本はその知見が次々と書き換えられていく運命にある。科学は積み上げで成り立っており、先人の仕事を乗り越えつつ、時代に制約された実験技術の下でとりあえずの結論を提示するしかないからだ。その意味で本の寿命は短く、たった数年前の出版なのに入手できなくなってしまう。ましてや、私の本などは一年も経たないうちに店頭から姿を消す

第195回 下野新聞模擬テスト

国語

制限時間 50分

1 次の1から7までの問いに答えなさい。

1 次の――線の部分の読みをひらがなで書きなさい。

(1) 市内を循環するバス。
(2) 隙間から光が漏れる。
(3) 聞くに堪えない話。
(4) 靴の汚れを拭う。
(5) 進捗状況を確認する。

2 次の――線の部分を漢字で書きなさい。

(1) シフクのひと時を過ごす。
(2) 異議をトナえる。
(3) 育児にフンセンする。
(4) 執念をモやす。
(5) ロウホウが届く。

3 「明日も、雨は降らないと思う。」の――線の部分と文法的に同じ意味・用法のものはどれか。

ア 準備しないで後悔する。
イ この仕事はきりがない。
ウ うれしくない話を聞いた。
エ あどけない笑顔を見せる。

4 次の――線の部分について適切に説明したものはどれか。なお、A・Bは人物を表している。

昨日、AはBから手紙をいただいた。

ア 尊敬語で、Aへの敬意を表している。
イ 尊敬語で、Bへの敬意を表している。
ウ 謙譲語で、Aへの敬意を表している。
エ 謙譲語で、Bへの敬意を表している。

5 次の――線の部分が直接かかる文節として適当なものはどれか。

兄は試合中に　けがをして（ア）、とりあえず（イ）　救急の処置を　施されて（ウ）、その後病院に　運ばれた（エ）。

6 「□の攻防を繰り広げた。」の□に入る四字熟語はどれか。

ア 一喜一憂
イ 一挙一動
ウ 一長一短
エ 一進一退

7 次の短歌と俳句の□には同じ語が入る。適当なものはどれか。

春の夜の□のうき橋とだえして
峰（みね）にわかるる横雲（よこぐも）の空　（藤原定家（ふじわらのていか））

夏草や兵（つはもの）どもが□の跡　（松尾芭蕉（まつおばしょう））

ア 虹　イ 夢　ウ 霧　エ 花

2 次の文章を読んで、1から5までの問いに答えなさい。

唐（もろこし）の育王山（注1）の僧二人、布施（ふせ）（注2）を争ひてかまびすしかりければ（注3）、その寺の長老、大覚連和尚（だいかくれんをしやう）（注4）、この僧を恥（はぢ）しめて（注5）いはく、「ある俗、他人の銀（しろがね）を百両預かりて置きたりけるに、かの主死して後、その子に是（これ）を与ふ。子、是を取らず。『親、既に与へずして、そこに寄せたり。それの物なるべし』といふ。かの俗、『我はただ預かりたるばかりなり（注6）。譲り得たるにはあらず。親の物は子の物とこそなるべけれ』とて、また返しつ。互ひに争ひて取らず、果てには官の庁（注7）にて判断をこふに、『共

2022・2023

［令和7年高校入試受験用］

詳しく理解しやすい 解答・解説

解答・解説編

令和５年度

10月 1日実施 第198回
11月 5日実施 第199回
12月 3日実施 第200回
1月21日実施 第201回

令和４年度

10月 2日実施 第192回
11月 6日実施 第193回
12月 4日実施 第194回
1月22日実施 第195回

MEMO

2022・2023

[令和7年高校入試受験用]

解答・解説編

令和5年度

10月　1日実施　第198回
11月　5日実施　第199回
12月　3日実施　第200回
1月21日実施　第201回

第198回 下野新聞模擬テスト

国語・社会・英語 【解　答】

国　　語

1 1 (1) せいじゃく〔2点〕 (2) はんえい〔2点〕 (3) ほこ（らしい）〔2点〕
(4) こご（える）〔2点〕 (5) まいぼつ〔2点〕
2 (1) 謝（る）〔2点〕 (2) 消息〔2点〕 (3) 複雑〔2点〕
(4) 演奏〔2点〕 (5) 朗（らか）〔2点〕
3 イ〔2点〕 4 ア〔2点〕 5 ア〔2点〕 6 ウ〔2点〕 7 エ〔2点〕

2 1 あつらえ（ひらがなのみ可）〔2点〕 2 ア〔2点〕 3 ウ〔2点〕 4 イ〔2点〕
5〔例〕餅が軽くなり、安く買うことができる〔2点〕

3 1〔例〕村人を包む自然や生命の世界と、外国人たちを包む自然や生命の世界が、とらえられた世界としては異なっていたから。〔4点〕
2 ウ〔3点〕 3 ア〔3点〕
4 (I) 同じ〔3点〕
(II)〔例〕人間観も自然観も、生命観も異なっているので、日々の精神的態度やコミュニケーションのあり方〔4点〕
5 エ〔3点〕

4 1 ほんとあっさりした〔4点〕 2 エリート集団〔3点〕 3 ア〔3点〕
4〔例〕自分が補欠になることを心配している矢部さんに対して、私が生返事をしたから。〔4点〕
5 イ〔3点〕 6 ア〔3点〕

5〔例〕私は資料を見て、日本独自のジャンルのものが日本文化の魅力だと考える人が多いことに気づきました。伝統芸能を挙げる人が最も多く、伝統芸能の歌舞伎や能、狂言などを諸外国に発信すべきだと考えていることがわかります。

マンガは海外にもあるので、私は日本文化の魅力としては伝統芸能のほうが発信するのにふさわしいと思います。以前、伝統芸能の狂言を見た際には、現代にも通じる笑いの奥深さを感じながら笑ってばかりいました。内容を翻訳したちらしを事前に配ったりすれば、外国の人にも狂言のおもしろさを理解してもらえると思います。私は日本の伝統芸能を諸外国に発信すべきだと思います。〔20点〕

社　　会

1 1 (1) イ〔2点〕 (2) ア〔2点〕 (3) X：促成(栽培) Y：エ（完答）〔2点〕
(4) ウ〔2点〕 (5) エ〔2点〕 (6) イ〔2点〕 (7) エ〔2点〕
2 Q：〔例〕原料を輸入し，製品に加工して輸出〔2点〕
R：〔例〕工場をアメリカに移し，現地で生産〔2点〕

2 1 ア〔2点〕 2 経済特区〔2点〕 3 イ〔2点〕 4 ユーロ〔2点〕
5 エ〔2点〕 6 (1) ウ〔2点〕 (2)〔例〕適正な価格で売買し，生産者の自立〔4点〕

3 1 前方後円墳〔2点〕 2〔例〕口分田が不足しており，新しく土地を開墾するよう促すため。〔4点〕
3 イ〔2点〕 4 (1) ウ→イ→エ→ア（完答）〔2点〕 (2) ウ〔2点〕
5 ア〔2点〕 6 エ〔2点〕 7 寺子屋〔2点〕

4 1 富岡製糸場〔2点〕 2〔例〕税負担額が増えているにもかかわらず，賠償金を得られなかったため。〔4点〕
3 ア〔2点〕 4 吉野作造〔2点〕 5 (1) ウ〔2点〕 (2) イ〔2点〕 (3) ア〔2点〕

5 1 ウ〔2点〕 2 グローバル(化)（カタカナのみ可）〔2点〕 3 イ〔2点〕
4 核家族(世帯)〔2点〕 5 ア〔2点〕 6 オ〔2点〕
7〔例〕限られた時間の中で結論を出せるが，少数意見も尊重する必要がある。〔4点〕

6 1 浄土信仰〔2点〕 2 イ〔2点〕 3 エ〔2点〕 4 イ〔2点〕 5 ウ〔2点〕
6 酪農〔2点〕 7〔例〕川の水量を調節して，洪水がおきるのを防ぐため。〔4点〕

英　　語

1 1 (1) エ〔2点〕 (2) イ〔2点〕 (3) ア〔2点〕 (4) ウ〔2点〕
2 (1) ア〔3点〕 (2) イ〔3点〕 (3) エ〔3点〕
3 (1) Friday〔3点〕 (2) five〔3点〕 (3) fall[autumn]〔3点〕

2 1 (1) エ〔2点〕 (2) エ〔2点〕 (3) イ〔2点〕 (4) ウ〔2点〕 (5) ウ〔2点〕 (6) ア〔2点〕
2 (1) ア→エ→イ→ウ（完答）〔2点〕 (2) イ→ア→エ→ウ（完答）〔2点〕
(3) エ→ア→オ→ウ→イ（完答）〔2点〕

3 1〔例〕(美羽の学校では，)二年生全員が職場体験プログラムに三日間参加して，それぞれが選んだ仕事について学ぶこと。〔4点〕
2 ウ〔3点〕
3 (2)〔例〕can ask them some questions〔3点〕 (3)〔例〕read books to children〔3点〕
(4)〔例〕make a speech about it to[in front of]〔3点〕
4 エ〔3点〕 5〔例〕What time does it〔3点〕
6〔例〕I want to go to a hospital for my work experience. When I was a child, a doctor and nurses saved my life. So, in the future, I want to work in a hospital as a nurse. And I want to learn about working as a nurse. So, I will choose one of the hospitals in my city.〔6点〕

4 1 イ〔3点〕
2〔例〕若者とお年寄りの両方が，何かを一緒にすることによって，幸せになることができるということ。〔4点〕
3〔例〕She gave him a book about *taiko*(.)〔3点〕 4 teach〔3点〕 5 ア〔3点〕

5 1〔例〕焼き物で有名な日本の市町村。〔3点〕 2 ウ〔3点〕 3 called〔3点〕
4 ア〔3点〕

第198回 下野新聞模擬テスト

数学・理科　【解　答】

数　　学

1 1　6〔2点〕　2　$\frac{1}{12}a$〔2点〕　3　x^2-9〔2点〕　4　$x=0,\ 8$〔2点〕
　5　$2 \leqq y \leqq 11$〔2点〕　6　$64\pi \mathrm{cm}^2$〔2点〕　7　99度〔2点〕　8　ウ〔2点〕

2 1　$n=8$〔3点〕
　2〔例〕もとの自然数の百の位の数をx，十の位の数をyとすると，

$$\begin{cases} x=y+3 & \cdots\cdots① \\ (100y+10x+2)+(100x+10y+2)=1214 & \cdots\cdots② \end{cases}$$

②より，$110x+110y=1210$　……②′
①を②′に代入して，$110(y+3)+110y=1210$
$110y+330+110y=1210$
$220y=880,\ y=4$
これを①に代入して，$x=4+3=7$
百の位の数は7，十の位の数は4となり，これらは問題に適している。　答え（　742　）〔7点〕

　3　$p=-4$〔3点〕　$q=-5$〔3点〕

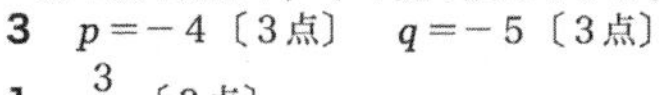

3 1　$\frac{3}{10}$〔3点〕
　2　$9550 \leqq x < 9650$〔3点〕
　3　(1)　301g〔3点〕　(2)　①　第1四分位数の差〔2点〕　②　22〔2点〕

4 1　右の図〔4点〕
　2　(1)　3本〔2点〕　(2)　①　12〔3点〕　②　12〔3点〕
　3（証明）〔例〕△ABGと△CBEにおいて，
四角形ABCDは正方形だから，AB＝CB　……①
∠BAG＝90°　……②
∠BCE＝180°－∠BCD＝180°－90°＝90°　……③
②，③より，∠BAG＝∠BCE＝90°　……④
四角形BEFGは正方形だから，BG＝BE　……⑤
①，④，⑤より，直角三角形の斜辺と他の1辺がそれぞれ等しいから，
△ABG≡△CBE
合同な図形の対応する辺は等しいから，AG＝CE〔6点〕

4 1（図）

5 1　(1)　$a=-48$〔3点〕　(2)　-6〔3点〕　(3)　①　-14〔3点〕　②　-21〔3点〕
　2　(1)　2100m〔3点〕　(2)　$y=300x-8400$〔3点〕
　(3)〔例〕忘れ物をしていることに気づいた地点が家からdm離れているとすると，家を出発してからその地点に歩いて到達するまでの時間は$\frac{d}{60}$分と表され，その地点から家に走って帰り着くまでの時間は$\frac{d}{150}$分と表される。
これらの時間の和が$28-7=21$(分)であることから，$\frac{d}{60}+\frac{d}{150}=21$
両辺を300倍して，$5d+2d=6300$
$7d=6300$より，$d=900$
この解は問題に適している。　答え（　900m　）〔6点〕

6 1　①　52〔2点〕　②　24〔2点〕　2　$4m+4$個〔4点〕　3　248個〔5点〕

理　　科

1 1　ア〔2点〕　2　エ〔2点〕　3　ウ〔2点〕　4　ア〔2点〕
　5　マグマ〔2点〕　6　全反射〔2点〕　7　離弁花〔2点〕　8　吸熱（反応）〔2点〕
2 1　化石：示準化石〔2点〕　条件：ウ〔2点〕　2　①　恐竜　②　中生代（完答）〔3点〕
　3　軟体（動物）〔2点〕
3 1　①　波〔2点〕　②　鼓膜〔2点〕　2　340(m/s)〔3点〕　3　119(m)〔3点〕
4 1　（例）空気の泡が入らないようにすること。〔3点〕　2　エ〔3点〕
　3　A：レボルバー〔2点〕　生物：ミジンコ〔2点〕
5 1　①　酸化銅〔2点〕　②　20〔2点〕　2　$2Cu+O_2 \rightarrow 2CuO$〔2点〕　3　1.25(g)〔3点〕
6 1　ウ〔2点〕　2　①　露点〔2点〕　②　100〔2点〕　3　2420(g)〔3点〕
　4　74(%)〔3点〕
7 1　磁界：D　下線部：B（完答）〔3点〕　2　①　時計回り　②　同心円状（完答）〔3点〕
　3　（例）間隔がせまくなっている。〔3点〕　4　ア，イ（順不同・完答）〔2点〕
8 1　（例）代々同じ形質が現れる系統。〔3点〕　2　①　顕性〔2点〕　②　潜性〔2点〕
　3　分離の法則〔2点〕　4　イ〔2点〕
9 1　$CuCl_2 \rightarrow Cu^{2+}+2Cl^-$〔3点〕　2　①　陰極　②　陽極　③　電子（完答）〔3点〕
　3　炭素棒X：陽極　気体：塩素（完答）〔3点〕　4　ウ，エ（順不同・完答）〔3点〕

第198回 下野新聞模擬テスト

国語 【解説】

国語 〔解説〕

1
3 「ある日」の「ある」と、**イ**「小さな」は体言を修飾する連体詞。**ア**は禁止の意味の終助詞。**ウ**「けっして」は副詞。**エ**「ある」は存在するという意味の動詞。
4 「うかがう」は「聞く」の謙譲語であり、動作の主体はA。謙譲語「うかがう」を使ってAの動作をへりくだらせることで、Bへの敬意を表している。
5 **ア**は「弟は笑いながら」で意味が切れているので、笑っているのが「弟」だとわかる。
6 「着席」と**ウ**「加熱」は、上の漢字が動詞で下の漢字がその目的や対象を示している。
7 俳句は、日の光はあかあかと照っているが、季節の変化を感じさせる秋の風が吹いているという内容。短歌は、秋の訪れは目では見えないが、風が秋の訪れを告げているという内容。

2
1 歴史的かなづかいの「はひふへほ」は、現代かなづかいでは「わいうえお」に改める。
2 **ア**は「この男(旦那)」、他は「餅屋」が主語である。
3 「忙はしき時の人遣ひ、諸道具の取置もやかましきとて」が餅をつかなかった理由にあたる。
4 旦那に注意されて、自分の過失に気づいて口をあけて呆然としている若い者の様子を、餅に重ねあわせておもしろく表している。
5 時間が経過すれば餅は冷めて、水分が減ることで軽くなる。そのときに目方を量ることで、餅を安く買うことができると旦那が考えていたことを読み取る。

〈口語訳〉
この男は、生まれつきけちではない。いろんなことのやりくりで、人の模範にもなりたいという願いがあり、これほどの資産家になるまで新年を迎える男の家で餅をついたことがなく、忙しい時には人手がいるし、餅をつく道具を置いておくのもわずらわしいと、これも損と得をしっかり計算して、あるお寺の大仏像の前にある餅屋へ注文して、一貫目につきいくらと決めてつかせた。十二月二十八日の明け方、(餅屋は)忙しそうに連れ立って餅をかつぎこんで、藤屋の店に並べ、「受け取ってください」と言う。餅はつき立ての好ましい感じで、正月の気分を漂わせている。旦那は知らないふりをしてそろばんをはじいていたが、餅屋はかき入れどきで時間を惜しんで、何回も催促するので、知恵がありそうな若者が、はかりできちんと量り餅を受け取って帰した。二時間ほどたってから、(旦那が)「今の餅受け取ったか」と言うので、「さっき代金を渡したので帰りました」と答えると、旦那が「この家に奉公するほどにもないやつだ、ぬくもりの冷めない餅をよく受け取ったものだ」と言うので、また量ってみると、思いのほかに目方が減っていたので、使用人もおそれ入って、食いもしない餅に口をあけて呆然とした。

3
1 「おそらくその理由は、その人を包みこんでいる世界が違うから、なのであろう」に着目する。筆者は村人と外国人の人間観や自然観、生命観が異なっているということを述べている。村人と外国人たちは「客観的世界としては同じものでも、とらえられた世界としては異なっている」ということが、外国人たちが動物にだまされることがなかった理由であると述べている。
2 筆者は上野村の「景色をはじめてみた」頃に比べて、「いま」は上野村で過ごしてきた時間の蓄積によって、私を包んでいる世界に変化があったため、上野村の森の様子が前よりもわかるようになったのである。
3 「現代の私たちはこのような存在ではない」とは、現象的世界に包まれた自分の存在のあり方を共有する村人たちと切り離すことのできないような存在ではないということ。そうなったのは「『私』のまわりに現象として展開している世界が違う」からである。そのため、現代の「私たちがキツネにだまされないのも当然のこと」だが、「そのことは、かつての人々がキツネにだまされていたということを否定する」ことにはならないのだということを読み取る。
4 (I) 〈A〉の文章に「人間観も自然観も、生命観も」、「キツネにだまされていた時代とだまされなくなった時代では異なっていた」とあることを押さえる。つまり、かつての日本の人々と現代の日本の人々は「同じ」ではないということ。〈B〉の文章にも「自然や生命の世界は同じではない」など、「同じ」という言葉がある。
(II) 「私たちがキツネにだまされないのも当然のこと」に着目する。その理由が「現代の私たちはこのような存在ではない」と述べられている。「このような存在」とは、「『私』のまわりに現象として展開している世界」が共有されているというような存在である。
5 **ア**「筆者の見解に対立する見解を新たに提示」、**イ**「筆者の体験を客観的な体験ととらえる理由を述べ」、**ウ**「しっかりした根拠に基づく確かな説」の部分がそれぞれ適当ではない。

4
1 ソフトボール部のクラブ紹介について「私」は、「短くて地味な紹介」であり、「ほんとあっさりしたものだった」と自分で述べている。
2 「十人の新入生」は「全員、チカちゃんのいたバレーボールチームのメンバー」で、「昼休みのみの特訓」であっても、ソフトボールの基本のようなことは「なんなくこなせるエリート集団」である。
3 「途方にくれるばかり」の「頼りないキャプテンのかわりに腹をくくったのは、真樹だった」とある。「腹をくくる」とは、「覚悟を決める」という意味である。
4 矢部さんは「私、補欠になったりしませんよね。レギュラーはもちろん上級生優先ですよね」ということを確認したくて「私の腕をゆす」ったのだが、「私」が「うーん」と生返事をしたので、不安がつのったのである。
5 「ハチミツドロップス」は「やる気満々な新入生を前にして」言えるような別名ではなかったことから考える。
6 「ふりまわされる」とは、相手を統率できずとまどうということ。

5
・形式　氏名や題名を書かず、二百四十字以上三百字以内で書いているか。二段落構成で、原稿用紙の正しい使い方ができているか。
・表現　文体が統一されているか、主述の関係や係り受けなどが適切か、副詞の呼応や語句の使い方が適切か、など。
・表記　誤字や脱字がないか。
・内容　第一段落では、【資料】から気づいたことを具体的に書いているか。第二段落では、自分の体験を踏まえて、日本文化の魅力として諸外国に発信すべきだと思うジャンルについて、自分の考えを書いているか、といった項目に照らし、総合的に判断するものとする。

第198回 下野新聞模擬テスト
社　会　【解　説】

社　　会 〔解説〕

1　1(2) 冬の季節風は，日本海上で水分を吸収するため，日本海側の地域に雪などを降らせる。そのため，松本盆地のある内陸部や太平洋側の地域には，乾いた風が吹きつけ，晴れの日が多くなる。

(3) **図3**から，高知県産のなすの出荷量が多い時期は，他の地域の出荷量が少なく，なすの価格が高いことが読み取れる。長野県などの地域で盛んな，野菜などの成長をおさえて出荷する抑制栽培も，同様に価格が高い時期に出荷する栽培方法である。

(5) 東京都のような都市部には，情報が多く集まるため，印刷業や出版業の企業が集まる。

(6) **ア**は東京都，**ウ**は大阪府，**エ**は栃木県が当てはまる。東京都や大阪府には，企業や学校が集中しているため，周辺の府県から通勤や通学のために人が集まり，昼夜間人口比率が高くなる。

(7) **ア**は秋田県，**イ**は山形県，**ウ**は岩手県について述べている。

2 日本は，加工貿易により経済発展を遂げ，製品を外国に輸出していたが，アメリカとの貿易摩擦が生じると，現地に企業が進出し，生産するようになった。また，労働者の賃金が安い中国や東南アジアの国々にも企業が進出するようになり，国内産業が衰退する産業の空洞化が問題となっている。

2　**1** アジア州は中国やインドなどを含むため，人口の割合が多い。また，中国や日本など，GDPが高い国も属している。

4 ユーロを使用する国同士では，通貨を両替する必要がないため，人々の行き来や経済交流が活発になる。

6(1) ブラジルに位置するサンパウロは，南半球で最も人口が多い都市で，政治・経済の中心都市である。また，植民地時代に進出してきたヨーロッパ系や，先住民とヨーロッパ系，過去に奴隷として連れてこられたアフリカ系とヨーロッパ系の混血，20世紀の日系移民など，さまざまな民族が混在している。**ア**はチリのサンティアゴ，**イ**はアメリカのロサンゼルス，**エ**はフランスのトゥールーズについて述べている。

(2) フェアトレードを行うことで，生産者は適正な収入を得ることができる。これにより，貧困の改善につながるとされている。

3　**2** 人口の増加などにより，人々に与える口分田が不足したため，新しく土地を開墾させようと，墾田永年私財法が出された。

3 「古今和歌集」は，平安時代の国風文化が栄えた時期の書物である。**ア**は室町時代，**ウ**は鎌倉時代，**エ**は奈良時代の書物である。

4(2) 臨済宗は栄西，曹洞宗は道元が開いた宗派である。

5 ヨーロッパ人がアメリカ大陸に進出したことにより，大西洋の三角貿易が行われるようになった。

6 **ア**は室町時代，**イ**は飛鳥時代から平安時代，**ウ**は飛鳥時代のできごとである。

4　**2** 日清戦争の講和条約である下関条約では，賠償金2億両(テール)(当時の日本の国家予算の3.6倍)を手に入れることができたが，**図3**のポーツマス条約では，賠償金を得ることができなかった。そのため，税負担が増加し続け，国民の不満が爆発した。

3 **イ**は南京条約，**ウ**はベルサイユ条約，**エ**は大西洋憲章について述べている。

5(2) Bの時期には，第二次世界大戦や太平洋戦争がおきている。**イ**は，日本国内での軍部の発言力が大きくなった事件である。**ア**は1891年に田中正造が運動をおこし，**ウ**は1904年に，文芸誌に発表し，**エ**は1973年におこったできごとである。

(3) **イ**女性の選挙権は，1945年に与えられていた。**ウ**地租改正は1873年に行われた。**エ**ノルマントン号事件は1886年におこったできごとである。

5　**1** **図1**から，情報通信機器の世帯普及率が急激に上がっている様子が読み取れる。文章だけでなく，写真や動画などをインターネットで簡単に公開できるようになったため，個人が特定されるようになった。また，企業などが持っている個人情報が流出し，悪用されるなどしている。

3 **ア**は2050年，**ウ**は1960年，**エ**は1930年の人口ピラミッドである。

6 Ⅰは，対立の状態である。Ⅲ公正とは，一人ひとりを尊重し，不当に扱わないことである。決定方法やルールを決めず，委員が独断で出し物を決めていることから，公正な決め方とは言えない。

7 A案とB案の票数は，1票しか違わないが，A案が採用されていることから，時間に制限がある場合に有効な，多数決で決められていることが分かる。多数決によりA案をそのまま採用すると，およそ半数に近いB案の票が無効となる。そこで，少数意見を尊重し，B案から取り入れられる点を考えている。

6　**1** 10世紀半ばに浄土信仰が都でおこり，11世紀になると地方にも広まった。藤原頼通が建てた平等院鳳凰堂には，阿弥陀如来像が置かれており，この当時の人々があつく信仰していたことが分かる。

3 1923年におこった関東大震災により経済的な打撃を受け，1927年に金融恐慌がおこり，さらには1929年から始まった世界恐慌の影響を受け，昭和恐慌がおこった。**ア**は1945年に受け入れた宣言，**イ**は1869～1882年に置かれた役所，**ウ**は1872年に設置した琉球藩を1879年に沖縄県として編入した一連のできごとについて述べている。

6 酪農は，牧草を栽培して乳牛などを飼い，バターやチーズなどを生産する牧畜の一つの形態である。北海道では十勝平野や根釧台地で，栃木県では県北部で酪農が盛んに行われている。

7 調節池は，川の沿岸に整備されたもので，豪雨などによる川の水量の増加をおさえるため，一時的に川の水を引き，ある程度川の水量が落ち着いた段階で排水口を開き，川に排水する。栃木県や茨城県などを流れる鬼怒川は，これまで何度も氾濫を繰り返しているため，調節池だけでなく，上流のダムや沿岸の堤防などが整備されている。

第198回 下野新聞模擬テスト
英語 【解 説】

英 語 〔解説〕

1 リスニング台本と解答を参照。

2 1 (1) taking以下が，「〜している…」という意味で，直前の名詞peopleを説明している。このtakingは現在分詞(形容詞的用法)で，people taking care of themの部分は，「それら(＝動物たち)を世話している人々」という意味になる。
(2) 将来は動物園で働きたいのだから，studyを入れて，「勉強のために，動物についての本を読んだり，テレビ番組を見たりしている」という意味の文にすると，前後の内容と合う。
(3) 直後にnameという名詞があるので，代名詞は所有格を用いる。itの所有格はitsになる。
(4) 直後の3文の内容から，differentを入れて，「それぞれが(飼い犬の)ハルのために，違うことをしている」という意味の文にすると，前後の内容と合う。
(5) enjoyに続く動詞は，動名詞(動詞の-ing形)にする。
(6) 直前の文から，父親が犬をもう一匹連れて帰って来たとわかるので，すでに飼っていたハルに加えて，彼らは今，二匹の犬を飼っているとわかる。another「もう一つ[一人]の」。
2 (1) 「〜される」や「〜された」という意味の受け身の文<be動詞＋動詞の過去分詞形>に，助動詞を用いる場合は，<助動詞＋be＋動詞の過去分詞形>の語順。builtはbuildの過去分詞形。
(2) 「〜はありますか」という意味の<Is there 〜?>の疑問文に，「何かする(ための)もの」という意味の<anything[something]＋to＋動詞の原形>を続ける。不定詞の形容詞的用法。
(3) 「なんて〜な…なのでしょう！」という意味の感嘆文。<What a[an]＋形容詞＋名詞＋主語＋動詞！>の語順。

3 1 本文訳参照。直前の美羽の発言を参照。終わりの2文の内容をまとめる。
2 今回は，職場体験プログラムに参加し，働くために図書館へ行くことから判断する。
3 (2) **図**の21日の「質疑応答」の部分と，その下の絵を参照。「(人)に質問をする」は，<ask＋(人)＋(some) questions>などで表現する。
(3) **図**の22日の「子供たちへの本の読み聞かせ」の部分と，その下の絵を参照。「(人)に本を読み聞かせる，読んであげる」は，<read books[a book] to＋(人)>などで表現する。
(4) **図**の23日の「職員の前でスピーチ」の部分と，その下の絵を参照。「スピーチをする」は<make[give] a speech>などで表現し，「〜に向けて」は<to 〜>，また「〜の前で」は<in front of 〜>などで表現する。
4 B **図**の21日の「古本」の部分を参照。used book「古本，中古の本」。このusedは過去分詞(形容詞的用法)。
C **図**の22日の「新刊」の部分を参照。new book「新刊，新品の本」
5 直後で美羽が時刻を答えているので，ダンは<What time 〜?>を使って，開始時刻を尋ねたとわかる。
6 職場体験プログラムに参加し，どの職場に行きたいかについて，提示されている四つから一つを選び，理由を含めて自分の考えを書く。so，and，whenなどの接続詞を使って，文と文のつながりを考えて書くとよい。英作文は，**条件**をよく読んで解くこと。

4 1 本文訳参照。前後の内容から，拓也が相馬さん(Mr. Souma)に，太鼓を教えてくれたことに対してお礼を述べた場面だとわかる。
2 本文訳参照。最終段落の最終文の内容をまとめる。
3 第4段落の最後から2文目を参照。原田さん(Ms. Harada)は，太鼓についての本を拓也にあげたとわかる。
4 最終段落の半ばを参照。拓也は将来，自分も相馬さんのように，若者に太鼓を教えたいと述べているので，「〜を教える」という意味のteachを入れる。
5 **ア**…第2段落の後半から第3段落の前半を参照。同じ内容を読み取ることができるので，正しい。
イ…第3段落の前半を参照。拓也が相馬さんと初めて会ったとき，相馬さんは77歳だったので，誤り。
ウ…第3段落の後半から第4段落の前半を参照。拓也は，太鼓を二か月練習しただけでは上手にならなかったとわかるので，誤り。
エ…最終段落の第1文を参照。拓也は，ステージで太鼓を演奏した次の日曜日も，体育館での練習に参加したとわかるので，誤り。

5 1 本文訳参照。下線部を含む文の直前の一文の内容をまとめる。
2 本文訳参照。weak「弱い」を選び，「昔の焼き物は弱く(＝脆(もろ)く)，今の焼き物よりも壊れやすかった」という意味の文にすると，Later以降の内容と合う。
3 <call＋A＋B>「AをBと呼ぶ」。二つ目の(　　)を含む文は，受け身(〜と呼ばれている)の文になっている。
4 **ア**…第1段落と最終段落を参照。同じ内容を読み取ることができるので，正しい。
イ…第3段落の第1文を参照。何種類かの焼き物は，芸術作品として知られていると書かれているので，誤り。
ウ…第4段落の半ばを参照。ファインセラミックスが登場したのは，20世紀だと書かれているので，誤り。
エ…最終段落の第1文を参照。焼き物は，現在でも日常生活で道具としても使用されていることがわかるので，誤り。

第198回 下野新聞模擬テスト

英語 【解説】

〔本文訳〕

3 ダン：おはよう，美羽。何をしているの。
美羽：おはよう，ダン。私は今，職場体験プログラムの準備をしているの。私の学校では，二年生全員がそれに三日間参加するの。それぞれが仕事を選んで，それについて学ぶのよ。
ダン：へぇ，それは知らなかった。市内にはたくさんの職場があるよね。君たちはどんな種類の職場に行くことができるの。
美羽：先生が私たちに職場のリストを提示して，そのリストから一つを選ぶわ。実は，私はすでに一つ選んだの。この紙を見て，ダン。それは私の計画書なの。日本語で書かれているから，あなたにとって読むのが難しいかもしれないわね。その計画書を読めるかしら。
ダン：うーん…，一部は読めるかな。君は11月21日，22日，そして23日に何かをするんだよね。
美羽：そうなの。市立図書館へ行くのよ。
ダン：君は読書が大好きだから，そこは君にとっていい場所だろうね。君はそこで本がたくさん読めるね。
美羽：あら，それは違うわよ，ダン。私は働くために図書館へ行くのだから，仕事をする必要があるわ。
ダン：そうなんだね。そこではどんな仕事をする予定なの。
美羽：一日目に，私たちは，市立図書館で働いている人たちによる説明を聞くわ。その後，私たちは彼らに質問をすることができて，彼らが私たちのために回答してくれるの。それから，私たちは各部屋を見学するわ。最後に，書庫内の古本を整理するの。
ダン：へぇ，君たちはたくさんのことをするんだね。
美羽：そうなの。そして，私にとってはとても興味深いわ。二日目に，私たちは新刊案内のポスターを作るの。その後，私たちは子供たちに本を読んであげるのよ。
ダン：それはすてきだね。三日目には何をするのかな。
美羽：受付カウンターで仕事をするわ。それから，市立図書館での職場体験についてレポートを書いて，職員の前でそれについてスピーチをするのよ。
ダン：君はそこで働くことで，たくさんのことを学ぶことができるね。そのプログラムを楽しんでね。それは何時に始まるの。
美羽：午前9時よ。でも8時30分までには着いていなくちゃいけないわ。
ダン：そうなんだ。遅れないようにね。

4 僕が中学生のとき，友達と地元のお祭りに行きました。お祭りで僕たちは，お年寄りの方々による太鼓の演奏を楽しみました。ステージからの大きな音にはとてもわくわくしました。
家で，僕はその太鼓の演奏について父に話しました。父は，「お祭りでは，お年寄りの方々は伝統的な太鼓を使用するんだ。最近は若い奏者を見ないな。将来，太鼓の演奏はなくなるかもしれない。若者に太鼓の演奏の仕方を教えることはとても大切なんだ。若者が地域の活動に参加することで私たちの伝統ある文化を守ってくれることを，私は願っているよ」と言いました。僕は，「太鼓の演奏はとてもかっこいいから，挑戦してみたいな」と言いました。父は，「お年寄りの奏者の一人が私の友達だから，今週末に彼のところへ連れて行くよ」と言いました。
その次の日曜日に，父が僕を家の近くの体育館へ連れて行ってくれました。僕はそこで相馬さんと出会いました。彼はそのとき77歳でした。僕たちの地域のお年寄りの方々は，普段は体育館で太鼓の演奏の練習をしています。相馬さんは僕に，「私達と一緒に太鼓の演奏の練習をするのはどうだい」と言いました。僕はそれを聞いてうれしくなり，彼らに加わることに決めました。僕は一生懸命に彼らと太鼓の練習をしましたが，美しい音を鳴らすことはとても難しいことでした。僕はとても悲しかったのですが，毎週日曜日に彼らと練習を続けました。
二か月後，ついに僕は相馬さんに，「僕は今でも太鼓を上手に演奏することができません」と言いました。彼はほほえんで，「拓也，君はまだ若い。一生懸命に練習を続ければ，太鼓を上手に演奏できるようになる」と言ってくれました。彼はいつも僕を励ましてくれました。多くの他のお年寄りの方々も，僕に太鼓の上手な演奏の仕方を教えてくれました。彼らのうちの一人である原田さんは，太鼓についての本を一冊僕にくれました。僕は彼女がそれをくれたことがうれしかったです。
一年後，地域のお祭りが再びやって来ました。僕は初めて，ステージで太鼓を演奏しました。僕は全力を尽くしました。僕たちが演奏を終えた後，僕たちに向けた盛大な拍手が送られました。僕は相馬さんに，「僕はあなたから太鼓の演奏を習うことができて本当によかったです」と言いました。彼は，「すばらしい演奏だったよ。私も拓也と一緒に太鼓の演奏を楽しんだ。私のような年寄りでも若者の手助けができるもんだね」と言ってくれました。他のお年寄りの方々も，「私たちは拓也君と太鼓を演奏できてうれしかったよ」と言ってくれました。僕も彼らと太鼓を演奏できてうれしかったです。
その次の日曜日，いつものように僕は太鼓の練習のために体育館へ行きました。そこで相馬さんが僕に，「拓也，上手に太鼓を演奏できたね」と言ってくれました。僕は，「相馬さんがよい先生だからですよ。相馬さんが僕たちの伝統文化を守るために太鼓の演奏を教えているのを知っています。将来，僕は太鼓の演奏を若者に教えて，あなたのような人になりたいです」と言いました。彼は，「すばらしい。太鼓の先生になった拓也に会うのが楽しみだよ」と言いました。僕は，自分の経験から，一つの大切なことを学びました。僕たち若者とお年寄りの両方が，何かを一緒にすることによって，幸せになることができるのです。

5 私たち日本人は，日々の生活の中で焼き物をよく使います。私たちがお米を食べるとき，たいていは茶碗を使います。顔や手を洗うとき，焼き物でできた洗面台を使っているかもしれません。これらは焼き物の一部の例です。
日本には，焼き物で有名な市町村があります。例えば，栃木県の益子町がそれらの一例です。これらの場所には通常，質のよい粘土があり，焼き物はそこの伝統的な製品の一つです。
何種類かの焼き物は，芸術作品として知られています。私たちは博物館で，多くのすばらしい焼き物の作品を見ることができます。焼き物は，縄文時代に日本で初めて作られました。その時代は，焼き物の製品は脆(もろ)く，現在の焼き物よりも簡単に壊れてしまいました。その後，人々は，焼き物をより熱い温度の火で作り始めたので，より頑丈で，より美しい焼き物を作ることができるのです。すぐに，一部の場所で作られた焼き物は有名になりました。人々はそれを瀬戸物と呼び，それは特に東日本で一般的になりました。
焼き物には，いくつかの良い点があります。例えば，焼き物には電気が流れないので，何種類かの焼き物は，電気製品に利用されています。20世紀に，新しい種類の焼き物が作られました。それらはファインセラミックスと呼ばれています。ファインセラミックスで作られたものは，ダイヤモンドと同じくらい硬いと言えますので，ファインセラミックスは，一部の道具に利用されています。
今では，多くの種類の焼き物が，日常生活において，道具としてだけでなく，工業製品の部品としても利用されています。焼き物の製作技術は，日本にとって非常に重要です。私たちは，日本の技術がより向上し，世界でより普及することを願います。

第198回 下野新聞模擬テスト
英語 【解　説】

英語問題 1 〔リスニング台本〕

台　本	時 間
これから中学3年生　第198回　下野新聞模擬テスト　英語四角**1**番，聞き方のテストを行います。 なお，練習はありません。 (ポーズ約5秒) これから聞き方の問題に入ります。問題用紙の四角で囲まれた**1**番を見なさい。問題は**1**番，**2**番，**3**番の三つあります。 最初は**1**番の問題です。問題は(1)から(4)まで四つあります。英語の対話とその内容についての質問を聞いて，答えとして最も適切なものを**ア**，**イ**，**ウ**，**エ**のうちから一つ選びなさい。対話と質問は2回ずつ言います。 では始めます。 (1)の問題です。　*A* : Robert, can you help me? Your uncle will come to see us in the afternoon. *B* : OK, Mom. What should I do? Shall I wash the dishes? *A* : I've already done that. I'll go shopping now. So, can you clean this room? *B* : Sure, Mom. 質問です。　*Q* : What will Robert do now?　(約5秒おいて) 繰り返します。(1回目のみ) (ポーズ約5秒) (2)の問題です。　*A* : Excuse me, I'd like two hamburgers. *B* : Thank you. That will be 500 yen. *A* : Oh, wait. Can I have two cups of orange juice? *B* : Sure. That's 800 yen for everything. 質問です。　*Q* : How much is one cup of orange juice?　(約5秒おいて) 繰り返します。(1回目のみ) (ポーズ約5秒) (3)の問題です。　*A* : Hi, Riku. Shall we study together after school today? *B* : Hi, Nancy. Sorry, but I have a violin lesson at home after school today. *A* : Oh, I see. How about tomorrow? *B* : That sounds good. I'll be free after school tomorrow. Let's go to the library. 質問です。　*Q* : What will Riku do after school today?　(約5秒おいて) 繰り返します。(1回目のみ) (ポーズ約5秒) (4)の問題です。　*A* : What are you reading, Karen? *B* : Hi, Tom. This is a book about Japanese history. *A* : Oh, I'm really interested in Japanese history. Can I borrow the book after you finish reading it? *B* : Well..., I borrowed this book from Davis. So, please ask him. 質問です。　*Q* : Who is reading the book now?　(約5秒おいて) 繰り返します。(1回目のみ) (ポーズ約5秒)	(**1**番) 約**5**分
次は**2**番の問題です。英語の対話とその内容についての質問を聞いて，答えとして最も適切なものを**ア**，**イ**，**ウ**，**エ**のうちから一つ選びなさい。質問は(1)から(3)まで三つあります。対話と質問は2回ずつ言います。 では始めます。 *Hiroyuki* : Excuse me, Ms. Brown. Would you tell me about the study tour? I'm interested in joining it. *Ms. Brown* : Sure, Hiroyuki. The tour was very popular last year. We were looking for 20 students to join the tour, but more than 50 students wanted to join it. *Hiroyuki* : That many? I didn't know that. *Ms. Brown* : About 30 students couldn't join the tour last year, but this year 50 students can. Hiroyuki, look at this. Here is the information about the tour. There are four courses, and each course will be held in a different country. In all of the courses, you'll study English and learn the history of each country every day. *Hiroyuki* : I see. I want to go to New York or London because I've been to Sydney and Toronto with my family. *Ms. Brown* : Have you? What did you do there? *Hiroyuki* : In Sydney, we went to the Opera House and a zoo. In Toronto, we enjoyed watching an ice hockey game. *Ms. Brown* : Wow! You had some good experiences. If you have never been to New York, you should go there. You love basketball, right? You will also have a chance to watch a basketball game. *Hiroyuki* : Oh, really? I often talk about American professional basketball with my friends. I've decided to go to New York to watch one! Is the study tour in New York going to start on January 18th? *Ms. Brown* : Yes, that's right, but for all of the courses you need to leave Japan two days before the first day of each tour. *Hiroyuki* : All right. Thank you very much, Ms. Brown. (1)の質問です。　How many students joined the study tour last year?　(ポーズ約5秒) (2)の質問です。　When does Hiroyuki need to leave Japan?　(ポーズ約5秒) (3)の質問です。　Which is true about Hiroyuki?　(約5秒おいて) 繰り返します。(1回目のみ) (ポーズ約5秒)	(**2**番) 約**4**分
次は**3**番の問題です。あなたは，荒木先生(Ms. Araki)の英語の授業で，新しいALTのホール先生(Mr. Hall)の自己紹介を聞いています。ホール先生の自己紹介を聞いて，英語で書いたメモを完成させなさい。英文は2回言います。 では始めます。 *Ms. Araki* : Hello, everyone. This is your new English teacher, Mr. Hall. Will you please introduce yourself? *Mr. Hall* : Sure, Ms. Araki. Hi, everyone. I'm Mike Hall. I came to Japan from the U.S. two years ago. I will come to your class every Monday and Friday. I have three daughters and two sons, and they love Japan. So, I'll take a lot of pictures in Japan and send the pictures to them. I love Japan, too. As you know, Japan has four seasons. I like fall the best because I can enjoy seeing and taking pictures of beautiful mountains. I want to talk with you about Japan. Thank you.　(約5秒おいて) 繰り返します。(1回目のみ) (ポーズ約5秒) これで聞き方の問題を終わります。では，ほかの問題を始めなさい。	(**3**番) 約**2**分

第198回 下野新聞模擬テスト

数学 【解説】

数学 〔解説〕

① **1** $4-(-2)=4+2=6$

2 $\frac{1}{3}a-\frac{1}{4}a=\frac{4}{12}a-\frac{3}{12}a=\frac{1}{12}a$

3 $(x+3)(x-3)=x^2-3^2=x^2-9$

4 $x^2-8x=0$の左辺を因数分解して，$x(x-8)=0$より，$x=0,\ 8$

5 $y=-3x+5$に$x=-2,\ 1$をそれぞれ代入して，$y=-3\times(-2)+5=11$，$y=-3\times1+5=2$
よって，$2\leqq y\leqq 11$

6 半径rの球の表面積は$4\pi r^2$と表されるから，$4\pi\times4^2=64\pi\,(\text{cm}^2)$

7 $\angle\text{ABE}=\angle\text{CBE}=a$，$\angle\text{DCE}=\angle\text{BCE}=b$とすると，四角形ABCDの内角の和は360°だから，
$2a+2b=360°-(113°+85°)=162°$となり，$a+b=162°\div2=81°$
△EBCの内角の和は180°だから，$\angle x=180°-(a+b)=180°-81°=99°$

8 立方体ABCD－EFGHの展開図は，右の図のようになる。

①8

② **1** 2.5と3をそれぞれ2乗して，$\sqrt{6.25}<\sqrt{n}<\sqrt{9}$
根号内を比較すると$6.25<n<9$となり，
これを満たす自然数は7と8だから，最大の自然数は$n=8$

2 百の位の数がa，十の位の数がb，一の位の数がcである3けたの自然数は，$100a+10b+c$と表される。解答の$110x+110y=1210$ ……②′は両辺を110で割ると$x+y=11$である。

3 $x^2+px+q=0$に$x=-1,\ 5$をそれぞれ代入して，$1-p+q=0$，$25+5p+q=0$
これらを連立方程式として解いて，$p=-4$，$q=-5$
【別解】2つの解が-1と5であることより，$(x+1)(x-5)=0$
左辺を展開すると$x^2-4x-5=0$だから，$p=-4$，$q=-5$

③ **1** 2本の棒に書かれている数の組は，
1と2，<u>1と3</u>，1と4，<u>1と5</u>，2と3，2と4，2と5，3と4，<u>3と5</u>，4と5
の10組で，下線を引いた3組がどちらも奇数だから，求める確率は$\frac{3}{10}$

2 上から3けた目である十の位の数を四捨五入しているから，百の位の6が意味する600は550以上650未満の範囲の数である。したがって，$9550\leqq x<9650$

3 (1) メジアン(中央値)は軽い方から$(13+1)\div2=7$(番目)の値だから，301gである。
(2) ① 第3四分位数と第1四分位数の差を，四分位範囲という。
② 第1四分位数は小さい方の6個の値のメジアンだから，$(286+292)\div2=289\,(\text{g})$であり，第3四分位数は大きい方の6個の値のメジアンだから，$(309+313)\div2=311\,(\text{g})$である。したがって，四分位範囲は$311-289=22\,(\text{g})$である。

④ **1** 円周上の点Aを通る接線ℓは，半径OAと垂直になる。
【作図法】① 半直線OAをひく。
② 点Aを中心とする円をかく。
③ ②でかいた円と半直線OAの2つの交点を中心とする，等しい半径の円をかく。
④ ③でかいた円どうしの交点と点Aを通る直線をひくと，その直線が求める直線ℓである。

④1

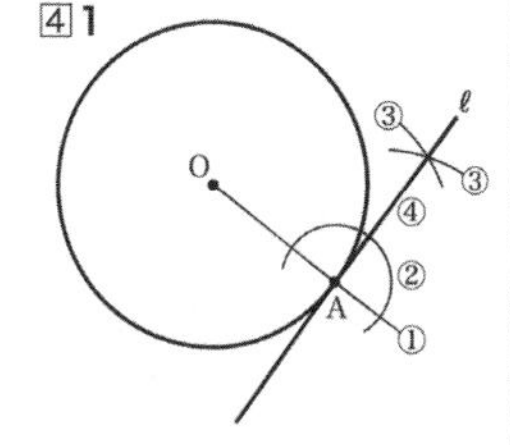

2 (1) 辺ABと垂直に交わる辺は，辺BC，AD，BEの3本である。
(2) ① 図2で，平行線の錯角は等しいから，$\angle\text{EBG}=\angle\text{CGB}=45°$であり，$\angle\text{CBG}=90°-45°=45°$だから，△CBGは直角二等辺三角形である。よって，$\text{CG}=\text{CB}=12\,\text{cm}$
② 三角錐G－ABCの体積は，$\frac{1}{3}\times\frac{1}{2}\times4\times12\times12=96\,(\text{cm}^3)$だから，残っている水の体積は，

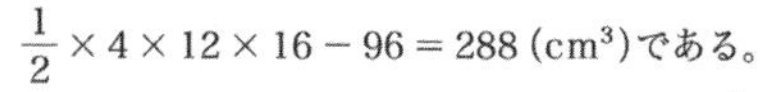
$\frac{1}{2}\times4\times12\times16-96=288\,(\text{cm}^3)$である。

したがって，水面の高さを$h$cmとすると，$\frac{1}{2}\times4\times12\times h=288$より，
$h=12\,\text{cm}$

④2(2)

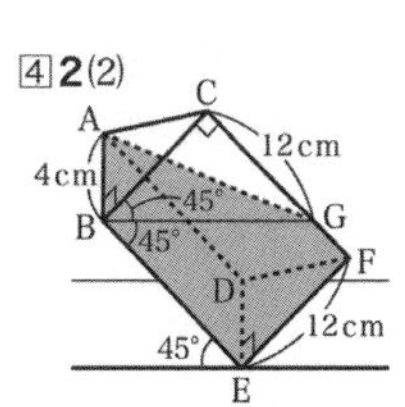

第198回 下野新聞模擬テスト

数 学 【解 説】

3 2組の正方形における等しい辺を利用して，直角三角形の合同条件である「斜辺と他の1辺がそれぞれ等しい」を導く。

5 **1** (1) 点A$(-4,\ 12)$は関数$y=\dfrac{a}{x}$のグラフ上の点だから，$y=\dfrac{a}{x}$に$x=-4$，$y=12$を代入して，

$12=\dfrac{a}{-4}$より，$a=-48$

(2) 点Bは関数$y=-\dfrac{48}{x}$のグラフ上の点だから，$y=-\dfrac{48}{x}$に$x=8$を代入して，$y=-\dfrac{48}{8}=-6$

(3) ① 辺ABを共通な底辺として，点Cを通って底辺ABに平行な直線をひく。

その直線の式を$y=mx+n$と表すと，直線ABの傾きは$\dfrac{-6-12}{8-(-4)}=-\dfrac{3}{2}$だから，$m=-\dfrac{3}{2}$

(2)と同様に点Cのy座標は3と求められるから，

$y=-\dfrac{3}{2}x+n$に$x=-16$，$y=3$を代入して，

$3=-\dfrac{3}{2}\times(-16)+n$より，$n=-21$

$y=-\dfrac{3}{2}x-21$に$y=0$を代入して，

$0=-\dfrac{3}{2}x-21$より，$x=-14$

よって，$p=-14$

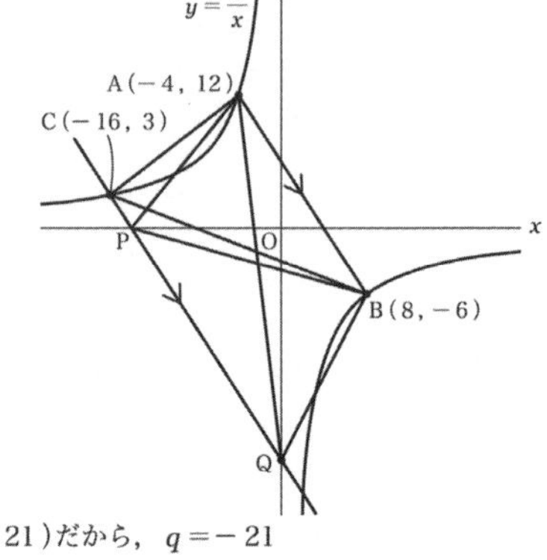

② ①で求めた$y=-\dfrac{3}{2}x-21$とy軸との交点は$(0,\ -21)$だから，$q=-21$

2 (1) 家から駅までは毎分60mの速さで歩くと35分かかることから，その距離は

$60\times35=2100$ (m)

(2) 家を再び出発した時刻は午前9時28分で，駅に着いた時刻は午前9時35分だから，求める式を$y=ax+b$と表すと，

$a=\dfrac{2100-0}{35-28}=300$

$y=300x+b$に$x=28$，$y=0$を代入して，

$0=300\times28+b$より，$b=-8400$

よって，$y=300x-8400$

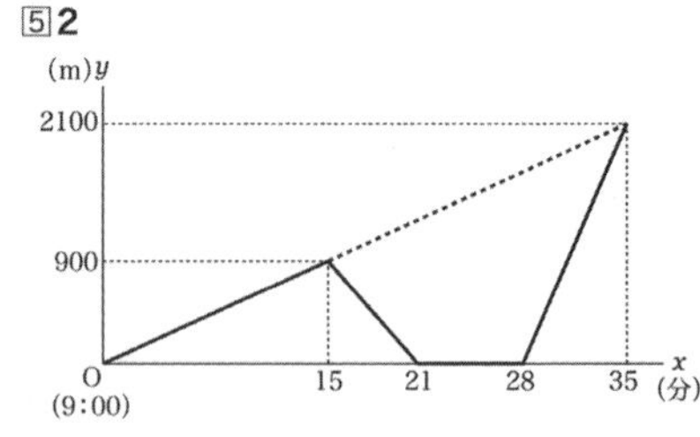

(3) 次のように解いてもよい。

走って帰って家に着いたのは9時28分よりも7分前の9時21分である。家と忘れ物に気づいた地点の間を進むのにかかる時間は速さに反比例するから，

(歩いた時間)：(走った時間)$=\dfrac{1}{60}:\dfrac{1}{150}=5:2$

となり，9時から$21\times\dfrac{5}{5+2}=15$ (分後)に忘れ物に気づいたことになる。よって，その地点までの距離は

$60\times15=900$ (m)

6 **1** ① 1番目の立体の表面積は$22\,\text{cm}^2$で，2番目，3番目の立体の表面積は$10\,\text{cm}^2$ずつ大きくなっているから，4番目の立体の表面積は$22+10\times(4-1)=52$ (cm^2)になる。

② 1番目の立体の頂点の個数は8個で，2番目，3番目の立体の頂点の個数は4個ずつ多くなっているから，5番目の立体の表面積は$8+4\times(5-1)=24$ (個)になる。

2 m番目の立体の頂点の個数は$8+4\times(m-1)=4m+4$ (個)と表される。同様に，m番目の立体の表面積は$22+10\times(m-1)=10m+12$ (cm^2)と表され，m番目の立体の辺の本数は$12+8\times(m-1)=8m+4$ (本)と表される。

3 辺の本数が492本になる立体をx番目の立体とすると，$8x+4=492$という式が成り立つ。これを方程式として解くと，

$8x=488$より，$x=61$

したがって，61番目の立体の頂点の個数は$4\times61+4=248$ (個)である。

【数学】第198回 解説

解答 R5
198
199
200
201

第198回 下野新聞模擬テスト
理科 【解説】

理科 〔解説〕

1 **1** 温暖前線の進行方向(東側)の上空には，穏やかな雨を広い範囲に降らせる乱層雲が広がっていることが多い。
2 BTB溶液の色は，アルカリ性では青色，中性では緑色，酸性では黄色である。
3 白血球は体内に侵入した異物などの分解を行い，赤血球は酸素の運搬を行っている。また，血しょうはいろいろな物質を溶かし込んで運搬している。
4 一般家庭のコンセントから供給される交流の周波数は，東日本では50Hz，西日本では60Hzである。
5 いろいろな火山噴出物は，地下のマグマに由来する。
6 ガラスの中から空気中に向けて光を進ませるとき，境界面に対する入射角を大きくしていくと，やがて屈折光がなくなって反射光のみになる。
7 花弁が離れている花を離弁花といい，花弁がくっついている花を合弁花という。
8 ビーカー内では，熱(反応熱)を周囲から吸収する化学変化が起こるため温度計の示度が低下する。なお，塩化アンモニウムと水酸化バリウムの反応では，気体のアンモニアが発生する。

2 **1** 個体数が多く，ある限られた期間に地球上の広い範囲に栄えていた生物の化石が，示準化石として適している。
2 選択肢のビカリアは新生代に，サンヨウチュウは古生代に栄えていた生物である。
3 アンモナイトは，現在のイカやタコ，貝などの軟体動物に近い生物であると考えられている。

3 **1** 振動して音を発している物体を音源といい，その振動は波としてあらゆる方向に伝わっていく。
2 Aさんが聞いた0.15秒後の音は，たいこから直接伝わった音である。BさんからAさんまでの距離は51mなので，音が伝わった速さは51m÷0.15s＝340m/sである。
3 Aさんが聞いた0.55秒後の音は，たいこから校舎まで伝わった後，校舎で反射してからAさんまで伝わった音である。このことから，校舎で反射してからAさんまで伝わるのにかかった時間は
(0.55s－0.15s)÷2＝0.20sなので，校舎からAさんまでの距離は340m/s×0.20s＝68mである。よって，校舎からBさんまでの距離は68m＋51m＝119mである。

4 **1** 水の中に空気の泡が入ると，観察の際にピントが合わせにくくなる。
2 顕微鏡の倍率は，低倍率→高倍率の順に変更する。また，倍率を高くすると視野がせまくなり，対象物が視野から消えることがあるので，対象物を視野の中央に移動させてから倍率を高くする。
3 レボルバーを回すことで，対物レンズを交換することができる。また，図2のミジンコは，エビやカニなどと同じく，無脊椎動物の甲殻類に属する。

5 **1** 空気中で銅を加熱すると酸化銅ができる。また，0.25gの酸化銅のうち，0.25g－0.20g＝0.05gが酸素の質量なので，その割合は0.05g÷0.25g×100＝20％である。
2 化学反応式では，両辺の原子の数が等しくなるように係数をつける。
3 1.40g－1.15g＝0.25gの酸素が結びついているので，その酸素によって$0.25\,\mathrm{g}\times\dfrac{0.25\,\mathrm{g}}{0.05\,\mathrm{g}}=1.25\,\mathrm{g}$の酸化銅ができている。

6 **1** 実験では，気温の変化を水温の変化に置き換えているので，水温をできるだけ気温に近づけておく必要がある。
2 飽和水蒸気量は，気温が低くなるほど小さくなる。したがって，水蒸気を含む空気の温度が下がっていくと，やがて空気中に含まれる水蒸気が飽和して(湿度が100％になって)水滴が現れ始める。このときの温度を露点という。
3 露点である14℃における飽和水蒸気量が$12.1\,\mathrm{g/m^3}$なので，容積が$200\,\mathrm{m^3}$の理科実験室内全体の空気中には，$12.1\,\mathrm{g/m^3}\times200\,\mathrm{m^3}=2420\,\mathrm{g}$の水蒸気が含まれていたことになる。
4 気温(くみ置きの水の温度)，露点における飽和水蒸気量はそれぞれ$16.3\,\mathrm{g/m^3}$，$12.1\,\mathrm{g/m^3}$なので，湿度は
$\dfrac{12.1\,\mathrm{g/m^3}}{16.3\,\mathrm{g/m^3}}\times100=74.2\cdots$％である。

7 **1** U字形磁石などの磁石による磁界の向きは，N極から出てS極に入る向きである。また，図2のC側では磁石による磁界と電流による磁界の向きが同じであるが，B側では反対である。よって，コイルはB側に向かって力を受ける。
2 導線を流れる電流によってできる同心円状の磁界は，導線に近いところほど強くなっている。
3 磁界の向きを順につないでできる線を磁力線といい，磁界の強いところでは磁力線どうしの間隔がせまくなっている。
4 磁界の向きか電流の向きのどちらか一方を逆向きにすると，電流が磁界から受ける力の向きが反対になる。また，力の向きは，電圧の大きさとは無関係である。

8 **1** いろいろな形質のうちの一つの形質に着目したとき，代を重ねてもその形質が現れ続ける系統を純系という。
2 対立する形質をもつ純系どうしをかけ合せたとき，子に現れる形質を顕性形質(顕性の形質)，現れない形質を潜性形質(潜性の形質)という。
3 染色体の数が半減する減数分裂によって生殖細胞である精細胞や卵細胞がつくられるとき，対になっている遺伝子が分かれて一つずつ別々の生殖細胞に入る。このことを分離の法則という。
4 子の遺伝子の組み合わせはすべてAaなので，子の自家受粉によってできる孫の遺伝子の組み合わせはAA，aa，Aaの3種類があり，理論上AA：aa：Aa＝1：1：2の割合で出現する。また，顕性の法則により，AAとAaに顕性形質が現れるので，(高い草たけ)：(低い草たけ)＝(1＋2)：1＝3：1の割合で出現する。

9 **1** 塩化銅が電離して，2価の陽イオンである銅イオンと(Cu^{2+})，1価の陰イオンである塩化物イオン(Cl^-)が，1：2の個数の割合で生じている。
2 銅イオンは陰極から電子を2個受けとり，塩化物イオンは陽極に電子を1個渡している。
3 陽極である炭素棒Xからは塩素が発生し，陰極である炭素棒Yには銅が付着する。この化学変化は，
$CuCl_2 \rightarrow Cu + Cl_2$と表される。
4 塩素は黄緑色の有毒な気体で，水に溶けやすく，プールを消毒したときのようなにおいがある。また，漂白作用もある。

第199回 下野新聞模擬テスト

国語・社会・英語 【解　答】

国　語

□1 **1** (1) かんわ〔2点〕 (2) かんとく〔2点〕 (3) あつか（う）〔2点〕
(4) せま（い）〔2点〕 (5) こうかい〔2点〕
2 (1) 反省〔2点〕 (2) 果（たす）〔2点〕 (3) 要領〔2点〕
(4) 観察〔2点〕 (5) 輪〔2点〕
3 (1) **ア**〔2点〕 (2) **ウ**〔2点〕 (3) **ア**〔2点〕 **4** (1) **イ**〔2点〕 (2) **ウ**〔2点〕

□2 **1** めずらしき（ひらがなのみ可）〔2点〕 **2** **ウ**〔2点〕
3〔例〕昔作られたいろいろな作品よりも、趣があるように感じられた。〔2点〕
4 **イ**〔2点〕 **5** **エ**〔2点〕

□3 **1** **イ**〔3点〕
2〔例〕助言や行為がちゃんとからだのなかにまでしみていくような状態にからだが変化〔4点〕
3 **ウ**〔3点〕 **4** **イ**〔3点〕
5 (I) 距離〔3点〕 (II)〔例〕携帯電話やメールで連絡を取り合っている〔4点〕

□4 **1** **ア**〔3点〕 **2** **ウ**〔3点〕 **3** **ア**〔3点〕 **4** **イ**〔3点〕
5〔例〕時次郎に会いに行くと決心し、自分の気持ちに区切りがついたことで、時次郎に会うことに胸のときめきを覚えたから。〔4点〕
6 苦痛に似た気分〔4点〕

□5〔例〕私はAさんの意見を選びます。なぜなら、クラスの一部の人のことは知っていても、その他の人のことはよく知らないという人がほとんどだと思うからです。
学級新聞に自己紹介のコーナーがあれば、クラスメートがどのようなことに興味を持っているのかが分かります。それによって、友だちの意外な一面を知ることができる上に、共通の趣味を持っていることが分かれば、新たな友だちができることもあるかもしれません。学級新聞が交友関係を広げるきっかけになれば、うれしいです。
〔20点〕

社　会

□1 **1** (1) **エ**〔2点〕 (2) **ウ**〔2点〕 **2** (1) 排他的経済水域〔2点〕 (2) **イ**〔2点〕
3 (1) **エ**〔2点〕 (2) **ア**〔2点〕 (3)〔例〕歴史的な景観を保護するため。〔4点〕 **4** **イ**〔2点〕

□2 **1** **イ**〔2点〕 **2** ASEAN(東南アジア諸国連合)〔2点〕 **3** **ウ**〔2点〕
4 **ウ**〔2点〕 **5**〔例〕標高が高くなるにつれて，気温が低くなる〔4点〕
6 **エ**〔2点〕 **7** レアメタル(希少金属)〔2点〕

□3 **1** **ア**〔2点〕 **2** 寝殿造〔2点〕 **3** **イ**〔2点〕 **4** **ウ**〔2点〕 **5** **エ**〔2点〕
6〔例〕下の身分の者が，上の身分の者を実力でたおす〔4点〕 **7** **ア**〔2点〕 **8** **エ**〔2点〕

□4 **1** **エ**〔2点〕 **2** **イ**〔2点〕 **3** イギリス〔2点〕 **4** **イ→エ→ウ→ア**（完答）〔2点〕
5 P：〔例〕五か年計画を実施していた〔2点〕 Q：〔例〕関税を高く〔2点〕
6 **ウ**〔2点〕 **7** **ア**〔2点〕

□5 **1** **ウ**〔2点〕 **2** 情報リテラシー〔2点〕 **3** **ア**〔2点〕
4 (1) **エ**〔2点〕 (2)〔例〕権力の集中を防ぎ，国民の人権を保障するため。〔4点〕 (3) **ウ**〔2点〕
5 国事行為〔2点〕

□6 **1** (1) 男女共同参画社会基本法〔2点〕 (2) **ウ**〔2点〕 **2** **イ**〔2点〕 **3** 団体行動権〔2点〕
4 (1) 情報公開(制度)〔2点〕 (2)〔例〕開発による影響がどれだけあるのか，事前に調査すること。〔4点〕
5 **エ**〔2点〕

英　語

□1 **1** (1) **エ**〔2点〕 (2) **エ**〔2点〕 (3) **ウ**〔2点〕 (4) **イ**〔2点〕
2 (1) **ア**〔3点〕 (2) **ウ**〔3点〕 (3) **ア**〔3点〕
3 (1) Tuesday〔3点〕 (2) music〔3点〕 (3) stars〔3点〕

□2 **1** (1) **イ**〔2点〕 (2) **エ**〔2点〕 (3) **ウ**〔2点〕 (4) **ア**〔2点〕 (5) **エ**〔2点〕 (6) **ウ**〔2点〕
2 (1) **エ→イ→ア→ウ**（完答）〔2点〕 (2) **ウ→ア→エ→イ**（完答）〔2点〕
(3) **オ→エ→イ→ウ→ア**（完答）〔2点〕

□3 **1** (1)〔例〕teach you how to make〔3点〕 (3)〔例〕the old life in Japan〔3点〕
(4)〔例〕some fruits grown[produced] in〔3点〕
2 **ウ**〔2点〕 **3** to eat something with a sound（完答）〔3点〕 **4** **エ**〔2点〕
5〔例〕How many people[performers]〔2点〕
6〔例〕そば打ち体験講座に参加し，太鼓コンサートを楽しんだ後で，スイーツを買いに行くこと。〔4点〕
7〔例〕I want to clean the park in my town as a volunteer for the environment. Many people will feel happy when they walk in the beautiful park. Also, I'll use things carefully or use them again and again. If I do so, I can reduce garbage.〔6点〕

□4 **1**〔例〕きれいな写真を使ったレポートを作成〔3点〕 **2**〔例〕couldn't[could not] use〔2点〕
3 ①〔例〕店員の女性が，自分の英語を理解できなかった〔2点〕
②〔例〕英語をよりうまく話すことができれば〔2点〕
4 studying new things（完答）〔3点〕 **5** **イ**〔3点〕

□5 **1** **ウ**〔3点〕 **2** **ア**〔3点〕
3〔例〕ベルと出会い，彼から言葉と他者とのコミュニケーションの取り方を学んだから。〔4点〕
4 **エ**〔3点〕

第199回 下野新聞模擬テスト

数学・理科 【解　答】

数　学

① **1** －3〔2点〕　**2** $3x+5y$〔2点〕　**3** $5a+2b$〔2点〕　**4** $x=5$〔2点〕
5 $0 \leqq y \leqq 18$〔2点〕　**6** $72\pi\,\mathrm{cm}^3$〔2点〕　**7** 18度〔2点〕　**8** **ウ**〔2点〕

② **1** 4通り〔3点〕
2〔例〕買った商品Aの個数をx個，商品Bの個数をy個とすると，

$$\begin{cases} x+y=20 & \cdots\cdots① \\ 120x+150y=2670 & \cdots\cdots② \end{cases}$$

①×150－②より，

$$\begin{array}{rl} 150x+150y &= 3000 \\ -)\ 120x+150y &= 2670 \\ \hline 30x \qquad\quad &= 330, \quad x=11 \end{array}$$

これを①に代入して，$11+y=20$，$y=9$
買った商品Aは11個，商品Bは9個となり，これらは問題に適している。
答え（ 商品A　11個，商品B　9個 ）〔7点〕
3 2〔3点〕

③ **1** $\frac{7}{10}$〔3点〕
2 ① 有理数〔2点〕　② 無理数〔2点〕
3 (1) 75点〔3点〕　(2) ① 最小値の差〔3点〕　② 61〔3点〕

④ **1** 右の図〔4点〕
2 (1) $420r\,\mathrm{cm}^3$〔2点〕　(2) ① 210〔3点〕　② 6〔3点〕
3（証明）
〔例〕四角形CB′QPは四角形ABQPが移動したものだから，
∠CPQ＝∠APQ　……①
AD//BCで平行線の錯角は等しいから，
∠APQ＝∠CQP　……②
①，②より，∠CPQ＝∠CQP　……③
③より，2つの角が等しいから，△CPQは二等辺三角形である。〔6点〕

④1

A　B　C

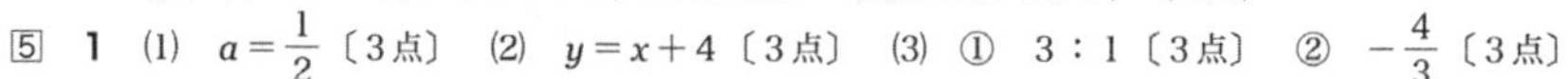

⑤ **1** (1) $a=\frac{1}{2}$〔3点〕　(2) $y=x+4$〔3点〕　(3) ① 3：1〔3点〕　② $-\frac{4}{3}$〔3点〕
2 (1) 毎分120m〔3点〕　(2) $y=-120x+1920$〔3点〕
(3)〔例〕$960 \div 80 = 12$（分）より，Aさんが家を出発してから$5+12=17$（分後）に弟は公園に着き，$17+12=29$（分後）に家に帰り着く。したがって，2人が2回目にすれちがったのは，Aさんが2回目に家から公園に向かっているときである。
このときのAさんの式は$y=120x-1920$，弟の式は$y=-80x+2320$と表されるから，これらを連立方程式として解くと，

$$120x-1920=-80x+2320 \text{ より，} x=\frac{106}{5}\ (x=21.2)$$

よって，Aさんが家を出発してから$\frac{106}{5}$分後となり，これは問題に適している。
答え（ $\frac{106}{5}$分後 ）〔6点〕

⑥ **1** ① 25〔2点〕　② 13〔2点〕　**2** m^2+4m+4 枚〔4点〕　**3** 19番目の図形〔5点〕

理　科

① **1** **イ**〔2点〕　**2** **ウ**〔2点〕　**3** **ア**〔2点〕　**4** **ウ**〔2点〕
5 斑状組織〔2点〕　**6** 1（mL）〔2点〕　**7** ゾウリムシ〔2点〕　**8** 15（Ω）〔2点〕

② **1**（例）煙の粒子を水蒸気が水滴に変化するときの核にするため。〔3点〕
2 **イ**〔2点〕　**3** 上昇（気流）〔2点〕　**4** 降水（漢字のみ可）〔2点〕

③ **1** **ウ**〔2点〕　**2** 19.37（g）〔3点〕　**3** 試験管：A〔2点〕　温度：沸点〔2点〕

④ **1** C〔2点〕　**2** ① 減数〔2点〕　② 13〔2点〕
3（例）分裂によって数がふえた細胞が大きくなること。〔3点〕

⑤ **1** **イ**〔2点〕　**2** ① 静電気　② 不導体（完答）〔3点〕
3 現象：放電〔2点〕　粒子：電子〔2点〕

⑥ **1** プレート（カタカナのみ可）〔3点〕　**2** ① 津波〔2点〕　② 断層〔2点〕
3 **ア**〔2点〕　**4** 8（cm）〔3点〕

⑦ **1** 6mL：**エ**〔2点〕　12mL：**ウ**〔2点〕
2 ① 陽イオン　② 陰イオン（完答）〔2点〕
3 物質名：硫酸バリウム〔2点〕　沈殿量：3（倍）〔2点〕　**4** 8（mL）〔2点〕

⑧ **1**（例）唾液に含まれている消化酵素のはたらきを盛んにするため。〔3点〕
2 ① 青色　② 赤褐色（完答）〔3点〕　**3** **エ**〔2点〕
4 胃液：ペプシン〔2点〕　すい液：リパーゼ〔2点〕

⑨ **1** 右図〔3点〕　**2**（例）打点間隔がせますぎて数えられないから。〔3点〕
3 ① 0.1〔2点〕　② 40.5〔2点〕　**4** 等速直線運動〔2点〕

⑨1

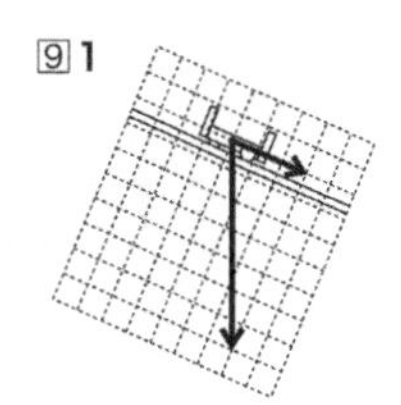

第199回 下野新聞模擬テスト

国語 【解説】

国　語 〔解説〕

□1
3 (1) 「だろう」と呼応する副詞は、「おそらく」「たぶん」などの推量を表す副詞である。
(2) 上の漢字が動詞で、下の漢字がその目的語になっている熟語を選ぶ。
(3) ①「うかがう」は「聞く」の謙譲語。②「申す」は「言う」の謙譲語。
4 (1) AもBも、切れ字の「や」が用いられて初句切れになっている。
(2) Aは「蛙」が季語で季節は春、Bは季語が「うぐひす」で季節は春。**ア**は、季語が「名月」で季節は秋、**イ**は、季語が「青田」で季節は夏、**ウ**は、季語が「雀(すずめ)の子」で季節は春。**エ**は、季語が「落葉(おちば)」で季節は冬。

□2
1 歴史的かなづかいの「づ」は「ず」に直す。
2 筆者は『隠れ蓑(みの)』には少しも読みがいがないと感じている。
3 筆者は、昔のいろいろな作品よりもかえってこの頃の作品のほうが趣があると感じたのである。
4 『源氏(げんじ)』よりも前の物語に見どころが少ないと感じるのは、『万葉集(まんようしゅう)』などの風情と比べるからである。
5 『隠れ蓑』は『とりかへばや』には予想外に圧倒されたと述べられている。

〈口語訳〉
「『隠れ蓑』こそ、めったにない話を素材にして、読みがいのあるはずなのに、そこまで書かなくてもいいようなことが多く、言葉遣いはとても古くさく、歌も悪いからでしょうか、同等に評価される『とりかへばや』には、予想外に圧倒されて、今はとても見る人が少なくなっています。
趣があり珍しいなど、いろいろ読みがいのありそうなところを思い浮かべて探しても、まったくそういう点もないのが、残念です。『今とりかへばや』というすぐれた作品が、今の世に出てきたように、『今隠れ蓑』というものを作る人がいたらいいのに。
今の世には、読みがいのあるように創作する人もいるだろうと思います。ごく最近の新作として作られたものだと、少し見られる作品は、古いいろいろな作品よりはかえって趣があるように見えます」などと言えば、「『源氏』より前の物語は、『宇津保』をはじめとしてたくさん見ましたが、皆見どころは少ないです。古めかしいのは当然で、言葉遣い・歌などは、たいしたことがないのは、『万葉集』などの風情には比べようもないからでしょうね」などと語る。

□3
1 A「どれだけ使われているのか」とのつながりから「日常的」が適当。B「からだのなか」の変化なので「生理的」が適当。
2 「本当にそういう状態にからだが変化する」とは「人からの助言や行為がちゃんとからだのなかにまでしみていく感覚」があり、からだが変化すること。そうなることで「よくわかったとか、深く感じたことになる」ことを読み取る。
3 直前の「焦がる」を直後で「焼ける」と言い直している。
4 ④段落は、「しみる」に関することばが使われなくなることで「いろんなものがからだに『しみる』ほど入り込んでいかない」という事態が生じることを述べている。
5 (I) 「なるべく関係を深くしないように、距離をおこうとしている」に着目。
(II) 「携帯電話をもち、インターネットでメール交換している」という内容をまとめる。

□4
1 およしが一方的に話す人物であることを、ここまでのお市との会話から読み取る。「息もつかず」は、「休まず一気に行動をする」という意味であるため、**ア**が適当。
2 叔母さんであるおよしのことを「あのひと」と呼ぶ様子からは、あえて他人行儀な言い方をすることで、およしを遠ざけたいというお市の心情が読み取れる。**エ**は、嫁入り盛りを過ぎたお市に対しておよしや母親が気を揉む気持がお市にはわかっており、およしが縁談を持って来ることにとまどいを感じているわけではないと読み取れるため適当ではない。
3 外に出て来たお辰は、お市に「もう二度もことわっているんだから、口のきき方に気をつけな」とお市の態度に苦言を述べていることや、「あたしゃ近ごろお前の了簡がわからなくなって来たね。何考えてんだか」と、最近のお市の態度に不満を述べていることに注目する。
4 直前の「女の二十は、もう嫁入り盛りとは言えない」に着目する。自分が盛りを過ぎたことを実感し寂しさを感じているお市の様子を「日の光がしぼむように、心に影がさしこむ」とたとえている。
5 お市は時次郎に「会ってみよう」と不意に決心した。それにより「気持ちに区切りがついたように思った」ことで急に「胸がさわいで来た」のである。「胸がさわいで来た」のは、時次郎に会うことにときめきを覚えた様子を表している。叔母さんの話を聞きながら「時次郎に、いつ会いに行こうか」と考えている様子から、小娘のようにときめいているお市の様子が読み取れる。
6 お市は時次郎に会いに行こうと決心しながら、「叔母のおしゃべりを聞いていた」のである。このときも、「持ちこまれる縁談を聞かされるとき、いつもそうであるように、苦痛に似た気分に苛まれながら、お市は時次郎に、いつ会いに行こうかと考えていた」のである。

□5
・形式　氏名や題名を書かず、二百字以上二百四十字以内で書いているか。二段落構成で、原稿用紙の正しい使い方ができているか。段落を分ける場合は段落の最初の文字を一マス下げているか、行の最初に「、」や「。」が来る場合は、前の行の最後の文字と共に書いているか、マスの中に入る適切な大きさで文字を書いているか、など。
・表現　「です・ます」や「だ」などどちらかの文体で統一されいて、混同して使っていないか、主述の関係や係り受けなどが適切か、副詞の呼応や語句の使い方が適切か、など。
・表記　誤字や脱字がないか。
・内容　まず、提示されているAさんとBさんの意見をよく読んで、どちらの意見を選ぶのかをはっきりと書く。そして、その意見を選んだ理由を明確にする。学級新聞についての自分の意見など、自分が記事を書く場合にどんなことを書くのかなど、内容に関連することも書かないと字数が不足しそうなので、構成をよく考えて、できれば二百二十字ぐらいは書くようにしたい。

第199回 下野新聞模擬テスト
社会 【解説】

社会 〔解説〕

1 1(1) 東京の対せき点は，アルゼンチンの大西洋沖である。
(2) 世界には，アルプス・ヒマラヤ造山帯と，日本が属する環太平洋造山帯の主に二つの造山帯がある。
3(1) Zの半島は知床半島であり，手つかずの豊かな自然が残されていることから，世界自然遺産に登録されている。また，晴れた日には対岸に，北方領土の一つである国後島が見える。
(2) 名古屋市は，夏の降水量が多くなる太平洋側の気候が広がっている。釧路市は，平均気温が最も低い**エ**，上越市は，冬の降水量が多くなる**ウ**，高松市は，年降水量が少ない**イ**である。
(3) 京都市は歴史的な建築物や文化財が多く，国内外から多くの観光客が訪れる。そのため，歴史的な景観を保護しようと，**図5**のような条例が定められた。京都市だけでなく，歴史の深い各地域でも，歴史的な景観を損なわないための条例が定められている。
4 日本は，オーストラリアから，鉄鉱石，石炭，天然ガスを多く輸入している。**図6**では，オーストラリアの57.7％に加え，ブラジルが27.0％を占めていることから，鉄鉱石と判断する。

2 **1** Xは，経度0度から180度までを示しており，これは，地球半周分に当たる長さである。地球は，赤道上で一周(360度)およそ40000kmであることから，その半分は，20000kmである。
3 東南アジアや東アジア，さらには南アジアのような，高温多湿の地域では，米が主食とされる地域が多い。また，沿岸部に熱帯が広がるナイジェリアなどでは，キャッサバやヤムいもなどのいも類が，主食として食べられている。
4 ドイツと**ウ**のポーランドは，EUに加盟しているため，人々の移動が自由である。しかし，平均賃金はドイツの方が高いため，より高い賃金を求めて，ポーランドから多くの人々がドイツに移住している。
5 標高が100m高くなると，気温はおよそ0.65度下がる。ペルー中部のアンデス山脈では，低地では熱帯作物を栽培しているが，標高が高くなるにつれ寒さに強い作物を栽培しており，農作物の栽培に向いていない高地では，リャマやアルパカの放牧を行っている。
6 バイオエタノールを消費して発生した温室効果ガスの一つである二酸化炭素を，栽培中のさとうきびが吸収して光合成を行うため，地球温暖化を抑えることができると考えられている。

3 **1** 班田収授法は，律令体制を支えた，税金の一つである租の徴収体系を定めた法律である。また，小野妹子は隋に派遣された人物であり，唐は隋の次に成立した王朝である。
3 平清盛は，武士として初めて太政大臣に任命された人物である。
5 管領が置かれたのは室町幕府であることから，室町時代以外におきたできごとを選ぶ。**エ**は，安土桃山時代のできごとである。
6 応仁の乱により，室町幕府による全国支配の力が極端に弱まった。そのため，下剋上の風潮が広がるようになった。
7 松平定信は，寛政の改革の中で，**ア**の政策を行った。**イ**は田沼意次の政策，**ウ**，**エ**は徳川吉宗による享保の改革の内容である。

4 **1** 江戸時代までは，税として米を納めており，収穫高に基づいていたため，安定して税を徴収できなかった。一方，地租改正では，地価を定めて現金で納めるようにしたため，政府は安定して税を徴収できるようになった。
3 日露戦争がおきる前の1902年に日本は，ロシアと対立したイギリスと日英同盟を結んだ。
4 1912年に**イ**孫文を臨時大総統とする中華民国が成立した。1914年に，**エ**オーストリアの皇位継承者夫妻が暗殺される(サラエボ事件)がおこると，第一次世界大戦がはじまった。日本は，ドイツが持つ山東省を攻め，1915年に**ウ**二十一か条の要求を中国に突きつけた。その後1918年に第一次世界大戦が終わり，1920年に**ア**国際連盟が設立された。
5 共産主義を目指すソ連は，計画的に工業の生産を行っていたため，世界恐慌の影響をあまり受けなかった。また，イギリスやフランスは，植民地との結びつきを強め，ブロック経済を成立させた。

5 **1** 外国産の安い農産物を大量に輸入しているため，日本の食料自給率は低下している。
3 日本は，世界の国々に比べると急速に高齢化が進んだ国である。**イ**は中国，**ウ**はスウェーデン，**エ**はアメリカである。
4(2) 三権分立は，モンテスキューが「法の精神」という著書の中で主張した。
5 天皇は，内閣の助言と承認がなければ国事行為をできない。また，大日本帝国憲法で，天皇は主権者とされたが，日本国憲法では，日本国と日本国民統合の象徴とされている。

6 **1**(2) 日本の女性の就業率は，結婚や出産をする時期に低下し，子育てがある程度落ち着く年齢になる頃に，再び上昇している。
2 住む場所や移転の自由は，経済活動の自由の一つである。
4(1) 情報公開制度は，国や地方公共団体が持つ情報を，可能な範囲で請求者に知らせる制度である。
5 公共の福祉のために，権利が制限される例には，開発や道路拡張などに伴って，立ち退きを要求されることがある。なお，その際には，国や地方公共団体は十分な補償をしなければならない。

第199回 下野新聞模擬テスト
英語 【解説】

英　　語 〔解説〕

1 リスニング台本と解答を参照。

2 **1** (1) 期間を表す前置詞の for を入れて，「私は英語を五年間勉強しています」という意味の文にする。

(2) to remember が「覚えておくべき…」という意味で，直前の two important points を説明している。不定詞の形容詞的用法が使われた文。

(3) ＜be afraid of ～ing＞「～することを恐れる」。ここでの speaking は動名詞で，前置詞 of の目的語になっている。

(4) 自分の英語が bad「悪い」と思っていたので，外国人と話すことが好きではなかったが，外国人の女性と話したことがきっかけで考えが変わったという流れになっている。

(5) ＜You are ～＞の文の付加疑問文は，文末に＜～ , aren't you?＞を置く。

(6) 一般的に言って「辞書を使う」とはいろいろな辞書を想定しているので，複数形：dictionaries「辞書」が適切。

2 (1) ＜like A better than B＞「BよりもAの方が好き」

(2) <u>a book which makes children</u> happy の語順。この which は，主格の関係代名詞で，直前の a book を後ろから修飾している。＜make＋A＋B＞「AをB（の状態）にする」

(3) ＜It is[It's] …＋for＋人＋to＋動詞の原形～＞「（人）にとって～することは…である」。疑問文は，be 動詞を文頭に置く。

3 **1** (1) **図**の「そば打ち体験講座」の絵を参照。女の子が，そばの先生からそばの作り方を教わっている状況だと判断し，この内容を英文にする。＜how to＋動詞の原形～＞「～の仕方」

(3) **図**の「古民家で<u>昔の日本の生活</u>を体験」の部分を参照。この内容を英文にする。

(4) **図**の「<u>もみじ町産の果物</u>が使われたスイーツ販売」の部分を参照。「もみじ町産の果物」は，some fruits grown[produced] in Momiji Town「もみじ町で育てられた果物」などのように言い換えるとよい。grown は grow の過去分詞形で，grown 以下が，「～された…」という意味で，直前の some fruits を説明している。

2 **A** 本文訳参照。温そばとざるそばを比べているので，different「異なる」を選ぶ。

D **図**の＜お願い＞を参照。マイお箸とビニール袋の持参をお願いされているので，bring「～を持ってくる」を選ぶ。

3 トムの4番目の発言中から to eat something with a sound「音を立てて何かを食べること」を抜き出す。

4 本文訳参照。直前にトムが言った So many countries, ～の説明をしている。

5 直後で絵未が演奏者の人数を答えているので，トムは＜How many＋複数名詞～?＞で，数を尋ねたと判断する。

6 本文訳参照。直前の絵未の発言をまとめる。

7 環境のためにできることについて，提示されている四つの取組から，一つまたは二つを選び，理由を含めて自分の考えを答える。英作文は，〔**条件**〕をよく読んで答えること。

4 **1** 本文訳参照。第3段落を参照。この内容からまとめる。

2 本文訳参照。桃子の祖父がコンピュータを勉強し始めたときで，桃子にたくさん質問もしていたと書かれているので，couldn't use などを入れて，「コンピュータを上手に使えなかった」とすると，前後の内容と合う。

3 本文訳参照。下線部の前にきっかけ，下線部の後に理由が述べられているので，これらの内容をまとめる。

4 最終段落最後から2文目の中から studying new things を抜き出す。(　　　)の直前が enjoys であることにも注意。

5 **ア**…第1段落の半ばを参照。桃子の祖父が，手話を勉強したと書かれているが，手話を他の人に教えているという記述は本文中にないので，誤り。

イ…第2段落の半ば～後半を参照。同じ内容が書かれているので，正しい。

ウ…第5段落の第1文を参照。桃子の祖父は，自分でホームページを作ったと書かれているので，誤り。

エ…第6段落の後半を参照。桃子の祖父が，毎日英語を勉強するようになったのは，カナダへ行く前ではなく，カナダから帰ってきた後なので，誤り。

5 **1** **A** 本文訳参照。空所の直前までの内容から，ベルは母親と特別なコミュニケーション方法を共有していたので，母親は補聴器なしでもベルの言葉を理解できたと考えられる。without ～「～なしで」

C 本文訳参照。空所の直後に，「ベルは1922年に亡くなるまで，ヘレンを助け続けた」と書かれていることがヒントになる。with ～「～と一緒に」

2 本文訳参照。空所の前後の内容から判断する。＜It is[It's] …＋for＋人＋to＋動詞の原形～＞「（人）にとって～することは…である」

3 本文訳参照。下線部を含む文の直前の文を参照。この内容をまとめる。

4 **ア**…第1段落の第3文を参照。ベルの父親も話し方を研究していたので，誤り。

イ…本文全体を参照。ベルにとって，教えることよりも発明することの方が大切だったという記述は本文中にないので，誤り。

ウ…第3段落の第1文を参照。ヘレンがベルと初めて出会ったのは，彼が電話を発明した後なので，誤り。

エ…最終段落を参照。同じ内容が書かれているので，正しい。

第199回 下野新聞模擬テスト
英語 【解説】

〔本文訳〕

③ 絵未：チラシには，そば打ち体験講座が受けられると書いてあるわ。そばについてもっと知りたいなら参加したほうがいいわね。そばを打って食べることもできるわよ。
トム：君は僕が自分でそばを打てると思うの。
絵未：もちろん，できるわよ。そばの先生が作り方を教えてくれるわ。
トム：わかった。やってみるよ。温かいつゆに入ったそばは，以前食べたことがあるけど，チラシに載っているこのそばは違うね。ざるに載っていて，つゆは冷たそう。
絵未：そうよ。私たちはそれを「ざるそば」と呼んでいるわ。そばは多くの食べ方を楽しめるの。
トム：なるほど。僕はそばにとても興味があるんだ。レストランでそばを食べたとき，日本人の男性がすすっていたんだ。君たち日本人は，そばを食べるときすするのが普通なの。
絵未：「スラープ？」どういうこと。
トム：それはね，音を立てて何かを食べるのはよくないと僕は思うんだ。
絵未：ああ，そういうことね。日本では，そばを食べるとき，すするのが普通なのよ。
トム：本当に。信じられないな。多くの国があれば，多くの習慣がある(＝所変われば品変わる)んだね。
絵未：それはどういう意味なの。
トム：世界各地で生活様式が異なるということだよ。
絵未：なるほどね。今，理解できたわ。外国に行けば新しい発見があるのかもしれないわね。
トム：その通りだね。他に何かイベントで楽しめることはあるかな。
絵未：古民家で，昔の日本の生活を体験できるわ。それに，午後には太鼓コンサートがあるの。午後2時30分から始まるわ。
トム：おもしろそうだね。何人で演奏するの。
絵未：チラシによると7人ね。
トム：そうなんだ。あっ，僕たちはスイーツを買うことができるの。
絵未：そうよ。もみじ町産の果物を使ってスイーツを作っているの。
トム：それはすてきだね。ホストファミリーに買って帰りたいんだけど。
絵未：スイーツ店は午後4時30分まで開いているわ。そば打ち体験講座に参加し，コンサートを楽しんだ後で，スイーツを買いに行くのはどうかしら。
トム：それがよさそうだね。最初に古民家を見に行こう。あっ，ここを見て。チラシには，マイお箸とビニール袋を持参するようにと書いてあるね。
絵未：マイお箸を使うことは環境によいと思うわ。
トム：僕もそう思う。僕も環境のために何かしたいな。

④ 私の祖父は偉大です。私は今日，彼について話そうと思います。彼はいつも新しいことを勉強しようとします。仕事を退職した後，彼は手話や書道などを勉強してきました。彼は今，コンピュータについて勉強しています。彼は英語も一生懸命に勉強しています。彼は勉強するのが本当に好きです。
　まず，彼とコンピュータについての話をします。私たちの家にはすでに一台のコンピュータがありました。私たちは多くのことをするためにそれを使いましたが，祖父は決してそれを使おうとはしませんでした。ある日，私は彼のために，オンラインでコンサートのチケットを買いました。彼は，「ありがとう。驚いたよ。コンピュータでチケットを取るのは，とても簡単なんだね」と言いました。
　数週間後，私が写真入りのレポートを作るためにコンピュータを使っていたとき，祖父がやってきました。彼は私のレポートを見て，「うわあ。きれいな写真でレポートを作っているね」と言ってくれました。そのとき彼は，コンピュータを使うことはおもしろいと思い，それに興味を持ったようです。
　祖父は，高齢者向けの教室でコンピュータの勉強を始め，コンピュータに関する本を何冊か買いました。彼は，新しいコンピュータも買いました。彼は教室を楽しんで，毎日二時間くらい勉強しました。勉強を始めた当初は，コンピュータをうまく使えませんでした。私に多くの質問をしました。今では，彼は私よりも上手にコンピュータを使えるようになり，使うのを楽しんでいます。
　コンピュータで，祖父は町の老人会の写真入りのチラシとホームページを作りました。そのチラシとホームページを老人会の人たちに見せると，彼らは，「あなたが自身でこれらを作ったのかい。すごいね。それらはとてもすばらしくてきれいだよ」と言ってくれました。彼はそれを聞いて，とても喜びました。
　次に，祖父と英語についてお話したいと思います。彼は昨年，友達とカナダに旅行しました。彼が帰ってきた後，カナダの写真をたくさん見せてくれました。彼は，「きれいなところをたくさん訪れて楽しかった。買い物に行ったとき，お店で英語を使おうとしたんだ。英語を話すことは私には難しかったよ。そこで働いている女性が，私の英語を理解できなかったので，とても悲しかった。それで，私は毎日，英語を勉強することに決めたよ。もし英語をよりうまく話すことができれば，これから(＝将来)旅行をもっと楽しむことができるからね」と言いました。
　今，彼はとても一生懸命に英語を勉強しています。本やCDの英単語や英文を繰り返して口に出しています。彼は，「これが私にとって英語のよい勉強方法なんだよ。私は多くの国へ行って，英語で人々と話したい。私は新しいことを勉強することが好きなんだ。新しいアイデアや情報を得ることができるからね。そのことが私の人生をずっとおもしろいものにしてくれているよ」と言いました。

⑤ アレクサンダー・グラハム・ベルは，電話の発明者として知られています。彼は耳の不自由な人々の教師でもあったのです。ベルの父親は，話し方を研究する教師でした。ベルの母親は耳が不自由でしたが，ベルは母親とコミュニケーションを取るための特別な方法を持っていました。ベルは，彼女の額に口を近づけてから，彼女に話しかけました。この方法で，彼女は補聴器がなくても彼の言葉を理解することができました。
　ベルはこの経験を通じて，耳の不自由な人々の多くが，周囲の人とコミュニケーションを取りたがっていることを知りました。彼は，「彼らが話せるようになれば，メッセージを送るのが彼らにとってより簡単になるだろう」と考えました。彼が1871年にアメリカへ引っ越したとき，学校で耳の不自由な子どもたちに教える機会を得ました。授業中の彼の手助けで彼らが言葉を話せるようになったとき，彼は幸せを感じました。彼は教師として一生懸命に働き，その教え方で有名になりました。彼はまた，彼らを手助けするために話し方を研究し始めました。それらの研究は，電話という彼の晩年の仕事にもつながりました。
　ベルが電話を発明してから10年後の1886年，彼は一人の少女と出会いました。彼女の名前はヘレン・ケラーでした。彼女は耳と目が不自由でした。彼女は言葉を話すことができず，家族が自分の気持ちを理解できないときに，よく怒っていました。彼女の父親は，アドバイスをもらうために，彼女と一緒にベルに会いに行きました。ヘレンはベルから，言葉と他者とのコミュニケーションの取り方を学びました。ヘレンは自分の人生に希望を持ち始めました。
　ヘレンは，多くの人と会うために，ベルと一緒にたくさんの場所へ出かけました。彼は1922年に亡くなるまで，彼女を助け続けました。ベルは彼女に自分の考えを他の人に話すための勇気を与えました。彼女はハンディキャップを克服し，耳や目の不自由な人々のために長きにわたり働いたのです。

第199回 下野新聞模擬テスト
英語 【解 説】

英語問題 1 〔リスニング台本〕

台　本	時 間
これから中学3年生 第199回 下野新聞模擬テスト 英語四角1番，聞き方のテストを行います。 なお，練習はありません。 (ポーズ約5秒) これから聞き方の問題に入ります。問題用紙の四角で囲まれた1番を見なさい。問題は1番，2番，3番の三つあります。 最初は1番の問題です。問題は(1)から(4)まで四つあります。英語の対話とその内容についての質問を聞いて，答えとして最も適切なものを**ア**，**イ**，**ウ**，**エ**のうちから一つ選びなさい。対話と質問は2回ずつ言います。 では始めます。 (1)の問題です。 *A*: Yesterday I went to the car museum and enjoyed seeing many kinds of cars. *B*: Oh, really, Anna? I want to go there, too. Can I go there by bike? *A*: Well, Hayato, it's hard to get there by bike. You should take a bus or a train. I went there by bus. *B*: OK. I'll take a train. Thank you. 質問です。 *Q*: How did Anna go to the car museum yesterday? (約5秒おいて) 繰り返します。(1回目のみ) (ポーズ約5秒) (2)の問題です。 *A*: How will the weather be tomorrow? *B*: It'll be cloudy and start to rain in the morning. *A*: Oh, really? Then, I can't go shopping with my friends. *B*: Don't worry. It'll stop raining by noon and be sunny in the afternoon. 質問です。 *Q*: How will the weather be tomorrow? (約5秒おいて) 繰り返します。(1回目のみ) (ポーズ約5秒) (3)の問題です。 *A*: Excuse me, where is the station? *B*: Go straight along this street and turn left at the flower shop. Then, turn right at the restaurant, and you will see the station. *A*: Thank you very much. Is it easy to find the station? *B*: Yes, it is in front of a large bookstore. 質問です。 *Q*: Where will the woman turn right? (約5秒おいて) 繰り返します。(1回目のみ) (ポーズ約5秒) (4)の問題です。 *A*: Hi, Sam. Will you come to my younger brother's birthday party tomorrow? *B*: Sure, Akari. I'll buy something for him. Do you have any ideas for a present? *A*: Let me see. His running shoes are very old. So how about new shoes? I can go with you to buy some good ones. *B*: Good idea. Let's meet in your class after school. 質問です。 *Q*: What will Akari and Sam do after school? (約5秒おいて) 繰り返します。(1回目のみ) (ポーズ約5秒)	(**1**番) 約**5**分
次は**2**番の問題です。英語の対話とその内容についての質問を聞いて，答えとして最も適切なものを**ア**，**イ**，**ウ**，**エ**のうちから一つ選びなさい。質問は(1)から(3)まで三つあります。対話と質問は2回ずつ言います。 では始めます。 *Nonoka*: Lucas, this poster is about volunteer activities for this summer. I'm going to join some of them. *Lucas*: Sounds interesting, Nonoka. I want to join, too. I have been interested in doing some volunteer activities in Japan for a long time. *Nonoka*: Do you want to join a volunteer activity with me? *Lucas*: Yes, but I can join you only before August 18th. I'll leave Japan on August 19th and stay in New York until August 28th. *Nonoka*: All right, Lucas. There are many volunteer days before August 18th. How about singing in a chorus? You're a member of the chorus club at school and practice singing in Japanese, right? *Lucas*: That's right, but I can't come on August 9th. Also, I have my club activity in the morning. *Nonoka*: OK. Let's think about another volunteer activity. *Lucas*: How about you, Nonoka? Which one do you like? *Nonoka*: I want to be a teacher in the future, so I want to try playing with children. You can also go to your club activity in the morning. *Lucas*: Good. Let's try this volunteer activity together. *Nonoka*: OK. I want to read books to children, too. Can you do it with me on August 3rd or 11th? *Lucas*: Sorry, but I'll pass. It's difficult for me to read Japanese. *Nonoka*: Oh, I see. Then, I'll go to the library to join this volunteer activity tomorrow. *Lucas*: I hope you will have a good time. (1)の質問です。 When are Nonoka and Lucas talking? (ポーズ約5秒) (2)の質問です。 Which volunteer activity will Nonoka and Lucas join together? (ポーズ約5秒) (3)の質問です。 Which is true about Lucas? (約5秒おいて) 繰り返します。(1回目のみ) (ポーズ約5秒)	(**2**番) 約**4**分
次は**3**番の問題です。グリーン先生が今，オーストラリアへの修学旅行について説明しています。その説明を聞いて，英語で書いたメモを完成させなさい。英文は2回言います。 では始めます。 I'll talk about the school trip to Australia. You'll come to school on Monday afternoon and go to the airport by bus. We'll leave Japan at 7:15 p.m. and get to Australia on the morning of the next day. In Australia, we are going to visit a museum and a zoo. On Thursday, you will go to school and have four classes. All of you will study English, history, and music. You can choose one more subject and study it. For example, if you choose science, you can learn about stars that can be seen in Australia. We'll leave Australia on Friday morning and arrive in Japan in the evening. (約5秒おいて) 繰り返します。(1回目のみ) (ポーズ約5秒) これで聞き方の問題を終わります。では，ほかの問題を始めなさい。	(**3**番) 約**2**分

第199回 下野新聞模擬テスト

数学 【解説】

数学 〔解説〕

□1 **1** $4-7=-3$

2 $(9x^2y+15xy^2)\div 3xy=\dfrac{9x^2y}{3xy}+\dfrac{15xy^2}{3xy}=3x+5y$

3 $(3a-4b)+2(a+3b)=3a-4b+2a+6b=3a+2a-4b+6b=5a+2b$

4 $x^2-10x+25=0$の左辺を因数分解して，$(x-5)^2=0$より，$x-5=0$，$x=5$

5 関数$y=2x^2$のグラフは上に開き，xの変域に$x=0$を含んでいることから，yの最小値は0である。また，-1よりも3の方が絶対値が大きいことから，yの最大値は$x=3$のときの$2\times 3^2=18$である。

6 底面の半径が$r$cm，高さが$h$cmの円錐の体積は$\dfrac{1}{3}\pi r^2h$と表されるから，
$\dfrac{1}{3}\times\pi\times 6^2\times 6=72\pi\,(\mathrm{cm}^3)$

7 AB＝ACより，△ABCは二等辺三角形だから，∠ACB＝48°である。
また，AC＝DCより，△CADも二等辺三角形だから，
∠CDA＝(180°－48°)÷2＝66°
である。よって，△ABDの内角と外角の関係より，
∠x＝∠CDA－∠ABD＝66°－48°＝18°

□1**8**

8 正七角形は，7本の対称の軸がある線対称な図形であるが，点対称な図形ではない。

□2 **1** かけて8になる整数の組から，左辺は$(x+1)(x+8)$，$(x-1)(x-8)$，$(x+2)(x+4)$，$(x-2)(x-4)$のいずれかに因数分解できる。
$(x+1)(x+8)=x^2+9x+8$，$(x-1)(x-8)=x^2-9x+8$，$(x+2)(x+4)=x^2+6x+8$，
$(x-2)(x-4)=x^2-6x+8$
だから，$n=9$，-9，6，-6の4通りである。

2 個数の合計と代金の合計についての式をつくる。

3 $3^2<11<4^2$より，$3<\sqrt{11}<4$だから，$\sqrt{11}$の整数部分は3である。よって，$\sqrt{11}$の小数部分aは$a=\sqrt{11}-3$だから，
$a^2+6a=a(a+6)=(\sqrt{11}-3)(\sqrt{11}-3+6)=(\sqrt{11}-3)(\sqrt{11}+3)=11-9=2$

□3 **1** 2本の当たりを当$_1$，当$_2$，3本の外れを外$_1$，外$_2$，外$_3$とすると，Aさん，Bさんのくじの引き方は，

A　B　A　B　A　B　A　B　A　B

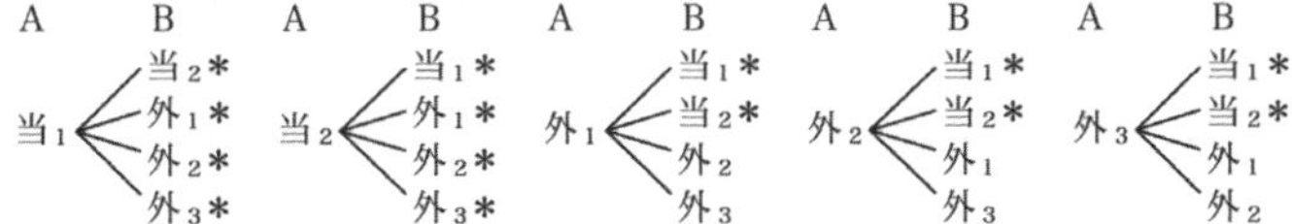

の20通りで，そのうち＊をつけた14通りになればよいから，求める確率は$\dfrac{14}{20}=\dfrac{7}{10}$ $\left(1-\dfrac{6}{20}=\dfrac{7}{10}\right.$でも求められる$\left.\right)$

2 数は有理数と無理数に分けられ，無理数にはπや$\sqrt{2}$などが含まれる。

3 (1) モード(最頻値)は70点以上80点未満の階級の階級値だから，$(70+80)\div 2=75$(点)
(2) レンジ(範囲)とは，最大値と最小値の差のことである。点数はすべて整数だから，最大値は90点以上99点以下で，最小値は20点以上29点以下である。したがって，$(90-29)\leqq R\leqq(99-20)$より，$61\leqq R\leqq 79$となる。

□4 **1** ∠ABC＝75°，∠BAC＝30°より，∠ACB＝180°－75°－30°＝75°となり，△ABCは，AB＝ACの二等辺三角形である。また，$30°=\dfrac{1}{2}\times 60°$だから，線分ACは60°の角の二等分線になる。

【作図法】① 点Aを中心とし，線分ABを半径とする円をかく。
② 点Bを中心とする，①の円と等しい半径の円をかく。
③ ①，②でかいた円の交点と点Bをそれぞれ中心とする，等しい半径の円をかく。
④ 点Aと，③でかいた円どうしの交点を通る直線を引く。
⑤ ④で引いた直線と①でかいた円の交点が，点Cである。
⑥ 点Bと点Cを両端とする線分BCを引く。

□4**1**

2 (1) 三角柱ABC－DEFの高さは球の直径と等しいから，三角柱ABC－DEFの体積は
$\dfrac{1}{2}\times 20\times 21\times 2r=420r\,(\mathrm{cm}^3)$

(2) 真上から見ると，右の図のように，△ABCのすべての辺に円Oが接しているように見える。△OAB，△OBC，△OACの面積の和は△ABCの面積に等しいことから，

$$\frac{1}{2}\times 20\times r+\frac{1}{2}\times 21\times r+\frac{1}{2}\times 29\times r=\frac{1}{2}\times 20\times 21$$
$$\frac{1}{2}\times(20+21+29)\times r=210$$
$$35r=210より，r=6$$

よって，①には210，②には6が当てはまる。

□4**2**(2)

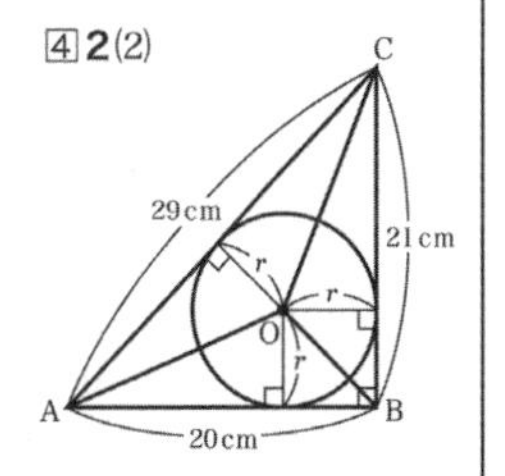

3　対称移動によってできる合同な図形と，平行線の錯角は等しいことを利用する。なお，二等辺三角形であることを証明する問題だから，証明の際に「底角」の語を使ってはならない。

5　1　(1)　点A(4，8)より，$y=ax^2$に$x=4$，$y=8$を代入して，

$8=a\times4^2$より，$a=\frac{1}{2}$

(2)　点Bのx座標は-2だから，$y=\frac{1}{2}x^2$に$x=-2$を代入して，

$y=\frac{1}{2}\times(-2)^2=2$

直線ℓは2点A(4，8)，B(−2，2)を通ることから，その傾きは$\frac{8-2}{4-(-2)}=1$

直線ℓの式を$y=x+b$と表し，点Aを通ることから$x=4$，$y=8$を代入して，

$8=4+b$より，$b=4$

したがって，直線ℓの式は$y=x+4$

(3)　①　PH：QH＝(PQ＋QH)：QH＝(2＋1)：1＝3：1

②　点P，Q，Hのx座標はtだから，直線ℓ上の点Pのy座標は$t+4$と表され，関数$y=\frac{1}{2}x^2$のグラフ上の点Qのy座標は$\frac{1}{2}t^2$と表される。よって，PH＝$t+4$，QH＝$\frac{1}{2}t^2$と表される。

PH：QH＝$(t+4):\frac{1}{2}t^2=3:1$より，

$\frac{3}{2}t^2=t+4$，$3t^2-2t-8=0$，

$t=\frac{-(-2)\pm\sqrt{(-2)^2-4\times3\times(-8)}}{2\times3}=\frac{2\pm10}{6}$

ただし，$-2<t<0$だから，$t=-\frac{4}{3}$

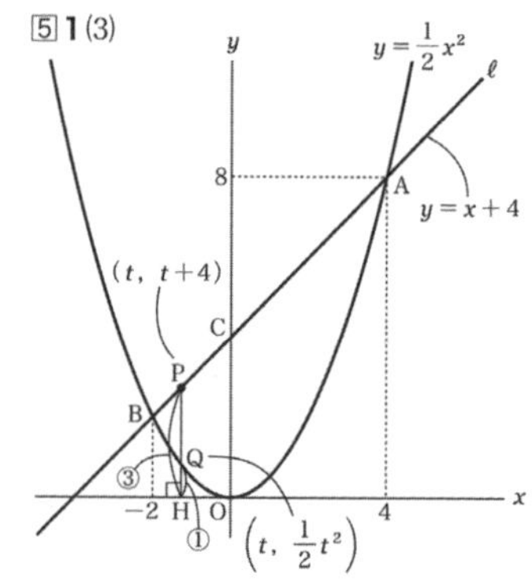

2　(1)　Aさんは家から公園までの1往復に16分かかっているから，その速さは

$(960\times2)\div16=120$より，毎分120m

(2)　Aさんが1回目に公園から家に向かっているときの式を$y=-120x+b$と表し，$x=16$，$y=0$を代入して，

$0=-120\times16+b$より，$b=1920$

よって，$y=-120x+1920$

(3)　弟のグラフをかき入れることで，2人が1回目にすれちがったのは，Aさんが1回目に公園から家に向かっているときで，2回目にすれちがったのは，Aさんが2回目に家から公園に向かっているときであることがわかる。なお，答えは21.2分後と表してもよい。

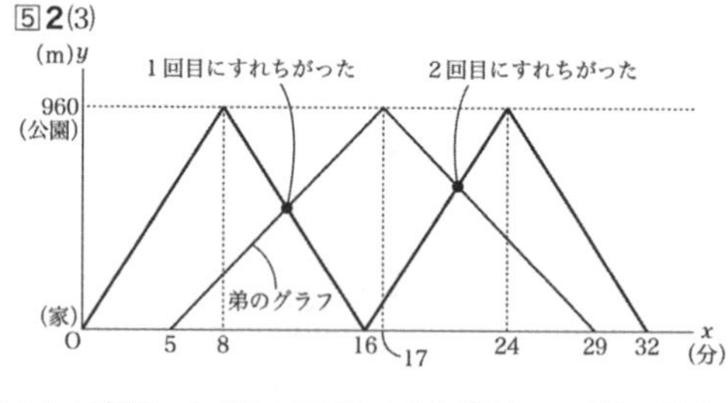

6　1　①　黒色のタイルの枚数について，1番目の図形は4枚(2^2枚)，2番目の図形は9枚(3^2枚)，3番目の図形は16枚(4^2枚)になっているから，n番目の図形では$(n+1)^2=n^2+2n+1$(枚)と表される。したがって，4番目の図形では$(4+1)^2=5^2=25$(枚)になる。

②　白色のタイルの枚数について，1番目の図形は5枚，2番目の図形は7枚，3番目の図形は9枚になっていて2枚ずつ増えていることから，n番目の図形では$2n+3$(枚)と表される。したがって，5番目の図形では$2\times5+3=13$(枚)になる。

2　すべてのタイルの枚数について，1番目の図形は9枚(3^2枚)，2番目の図形は16枚(4^2枚)，3番目の図形は25枚(5^2枚)になっているから，m番目の図形では$(m+2)^2=m^2+4m+4$(枚)と表される。

3　黒色のタイルの枚数と白色のタイルの枚数の差が359枚になる図形をx番目とすると，1より，

$(x^2+2x+1)-(2x+3)=359$という式が成り立つ。これを方程式として解くと，

$x^2+2x+1-2x-3=359$

$x^2=361$より，$x=\pm19$

ただし，$x>0$だから，$x=19$は問題に適する。

$x=-19$は問題に適さない。

よって，19番目の図形である。

第199回 下野新聞模擬テスト
理　科　【解　説】

理　科 〔解説〕

□1 **1**　一般の天気図における等圧線は，1000 hPaのものを基準の太線として，4 hPaごとに細線で，20 hPaごとに太線で引かれている。
2　1個のアンモニア分子は，1個の窒素原子と3個の水素原子が結びついてできている。
3　ウサギやシマウマなどの草食動物の臼歯は，草をすりつぶすのに適した形状をしている。ライオンとキツネは肉食動物，ワニはは虫類である。
4　溶解は，物質が水などに溶けることである。
5　斑状組織をしている火成岩は，マグマが地表や地表付近で急速に冷え固まってできた火山岩である。
6　メスシリンダーの目盛りは，最小目盛りの10分の1の位まで目分量で読みとる。
7　ゾウリムシは単細胞生物で，水の中に浮遊している。このような生物は動物プランクトンとよばれる。
8　500 mA用の－端子を使用しているので，電熱線を流れる電流は400 mA（0.4 A）であることがわかる。したがって，その抵抗は6.0 V÷0.4 A＝15 Ωである。

□2 **1**　水蒸気が水滴に変化するときには，核になるものがあった方が変化しやすい。
2　ピストンを引くと引いた分だけガラスびん内の空気の体積が大きくなるので，ガラスびん内の圧力は低くなっていく。その結果，ゴム風船内の圧力の方が相対的に大きくなるため，ゴム風船はふくらむ。また，空気が膨張すると，温度は低下する。
3　上昇気流によって空気が上昇し，気温が露点を下回ると雲（水滴）が発生する。
4　雲をつくる水滴（雲粒という）が大きく成長すると，上昇気流では支えきれなくなって落下してくる。

□3 **1**　炭素を含み，加熱すると黒くこげたり，燃えて二酸化炭素が発生したりする物質を有機物という。また，有機物に対して，有機物以外の物質を無機物という。
2　エタノールの質量は$3\,cm^3 \times 0.79\,g/cm^3 = 2.37\,g$，水の質量は$17\,cm^3 \times 1.00\,g/cm^3 = 17.0\,g$であるので，これらの混合液の質量は2.37 g＋17.0 g＝19.37 gである。
3　水の沸点は100℃，エタノールの沸点は約78℃なので，沸点の低いエタノールを多く含んだ気体が先に出てくる。そのため，最初に液体を集めた試験管Aの液にはエタノールが最も多く含まれている。

□4 **1**　図の胚はB→E→C→A→Dの順に変化していく。
2　トノサマガエルの生殖細胞は卵と精子である。雌の卵巣で卵が，雄の精巣で精子がつくられるときには，染色体数が体細胞の半分になる減数分裂が行われる。体細胞の染色体数が26本なので，生殖細胞の染色体数は26〔本〕÷2＝13〔本〕である。
3　多細胞生物の場合，分裂によって細胞の数がふえても，分裂直後の細胞の大きさはもとの細胞の半分ほどである。これらの分裂後の細胞がもとの細胞とほぼ同じ大きさになることで，多細胞生物の体が成長していく。

□5 **1**　ストローX，Yには互いに反発する力がはたらいているので，これらには同じ種類の電気が生じている。また，布にはストローX，Yとは異なる種類の電気が生じている。
2　ストローや布のような電気が流れにくい物体を不導体（絶縁体）といい，電気が流れにくいことから，不導体には電気がたまりやすい。
3　金属などの導体をふれさせることで，たまっていた静電気が一瞬で流れ出す。

□6 **1**　日本列島付近の4枚のプレートのうち，図の岩盤Xを北アメリカプレート，岩盤Yを太平洋プレートという。
2　到達する津波の高さが1 m以下と予想される場合は津波注意報，1 mから3 mと予想される場合は津波警報，3 mを超えると予想される場合は大津波警報が気象庁から発表される。
3　北アメリカプレートと太平洋プレートの境界は，太平洋側よりも日本海側の方が深くなっている。
4　6000 km＝6000000 m＝600000000 cmなので，1年間に600000000 cm÷75000000〔年〕＝8 cmほど動いていることになる。

□7 **1**　硫酸は酸性，水酸化バリウム水溶液はアルカリ性を示すので，水溶液の色は，中性（緑色）になる前は黄色，中性になった後は青色になる。
2　酸性の水溶液中には水素イオンH^+が，アルカリ性の水溶液中には水酸化物イオンOH^-が生じていて，これらが結びつくことで水ができる。なお，この化学変化を中和といい，$H^+ + OH^- \rightarrow H_2O$と表される。
3　白色の沈殿は，硫酸の中に生じている硫酸イオンSO_4^{2-}と，水酸化バリウム水溶液の中に生じているバリウムイオンBa^{2+}が結びついてできた，硫酸バリウム$BaSO_4$という，水に溶けにくい塩である。また，中和は水溶液が中性になるまで起こり，それ以降は起こらない。したがって，塩も中性になるまでは加えた水酸化バリウム水溶液の体積に比例して増加していくが，中性になったところから一定になる。中和は水酸化バリウム水溶液を9 mL加えるまで起こっているので，沈殿の量は9 mL÷3 mL＝3〔倍〕になる。
4　実験に用いた硫酸と水酸化バリウム水溶液は12 mL：9 mL＝4：3の体積比で中性になるので，中性になった以降に加えた15 mL－9 mL＝6 mLの水酸化バリウム水溶液に対して$6\,mL \times \frac{4}{3} = 8\,mL$の硫酸を加えればよい。

□8 **1**　消化液に含まれている消化酵素は，ヒトの体温程度の温度のときにそのはたらきが最も盛んになる。
2　ベネジクト溶液はうすい青色をしているが，ブドウ糖や麦芽糖などがある場合，加熱すると赤褐色の沈殿が現れる。
3　デンプンには唾液やすい液に含まれているアミラーゼがはたらきかけ，デンプンは最終的にはブドウ糖にまで分解される。
4　タンパク質には胃液に含まれているペプシン，脂肪にはすい液に含まれているリパーゼがはたらきかけ，タンパク質は最終的にはアミノ酸にまで，脂肪は最終的には脂肪酸とモノグリセリドに分解される。

□9 **1**　斜面上で静止および運動している台車には，台車にはたらいている重力を斜面に平行な向きと垂直な向きの分力に分解したもののうち，斜面に平行な向きの分力が一定の大きさではたらいていると考えることができる。
2　打点し始めは，打点どうしの間隔がせまくて重なっているため，打点を数えることが難しい。
3　5打点分の間隔は$\frac{1}{50}\,s \times 5 = 0.1\,s$なので，平均の速さは$\frac{3.3\,cm + 4.8\,cm}{0.1\,s \times 2} = 40.5\,cm/s$となる。
4　水平面上を運動している台車には，その運動の向きには力がはたらいていないので，台車は等速直線運動を続ける。また，運動している物体が等速直線運動を続けようとすることを慣性の法則といい，物体がもつこのような性質を慣性という。

第200回 下野新聞模擬テスト

国語・社会・英語 【解　答】

国　語

□1 1 (1) のが（れる）〔2点〕 (2) そ（らせる）〔2点〕 (3) みもん〔2点〕
(4) たいねつ〔2点〕 (5) きしょう〔2点〕
2 (1) 抱（える）〔2点〕 (2) 雨垂（れ）〔2点〕 (3) 予兆〔2点〕
(4) 貯蔵〔2点〕 (5) 画策〔2点〕
3 ウ〔2点〕 4 ウ〔2点〕 5 イ〔2点〕 6 エ〔2点〕 7 ア〔2点〕

□2 1 たわぶれ（ひらがなのみ可）〔2点〕 2 イ〔2点〕 3 ウ〔2点〕
4 初め：されば 終わり：ほどに（完答）〔2点〕
5〔例〕太鼓のばちとばちがあたるをうまくかけて〔2点〕

□3 1 あるアメリカ人〔3点〕 2 エ〔3点〕 3 イ〔3点〕
4 Ⅰ たどってきた道のりや、その過程で生じたさまざまな変化〔4点〕
Ⅱ〔例〕それを話す人々の生活や文化、伝統を未来へと引き継ぐ〔4点〕
5 ア〔3点〕

□4 1 イ〔3点〕 2 窓から見え〔3点〕 3 整理券と一緒に百二十円、箱に入っていた〔4点〕
4〔例〕最後の回数券に河野さんへの感謝の気持ちを書き、それを使用するため。〔4点〕
5 ア〔3点〕 6 イ〔3点〕

□5〔例〕資料から、「社会のために役立つこと」をしたいと考えている人が、九割近くいることがわかります。そのように思わない人は、全体の一割程度です。

私は毎月、町内会の活動である、地域の清掃ボランティアに参加して、ゴミ拾いや草取りを行っています。活動が終わって、街がきれいになった後に、地域の人から感謝されると、どこかすがすがしい気持ちになります。このように「社会のために役立つこと」は、自分のためにもなるので、積極的に社会のために役立つ行動をすべきだと考えます。〔20点〕

社　会

□1 1 (1) フォッサマグナ〔2点〕 (2) イ〔2点〕 (3) エ〔2点〕 (4) ア〔2点〕
(5)〔例〕工場の騒音による周辺地域の住民の生活環境の悪化を防ぐため。〔4点〕
2 ア〔2点〕 3 ウ〔2点〕 4 エ〔2点〕

□2 1 (1) ウ〔2点〕 (2) ウ〔2点〕 (3) イ〔2点〕 (4) ヒスパニック〔2点〕 (5) ア〔2点〕
2 プランテーション〔2点〕
3〔例〕貧困のため，十分な食料を購入できず，栄養不足の5歳未満児が多い〔4点〕

□3 1 エ〔2点〕 2 白村江の戦い〔2点〕 3 ウ→エ→イ→ア（完答）〔2点〕 4 保元の乱〔2点〕
5〔例〕十字軍を派遣して，イスラム教の勢力に支配されているエルサレムを奪回すること。〔4点〕
6 ウ〔2点〕 7 朱印状〔2点〕 8 イ〔2点〕

□4 1 版籍奉還〔2点〕 2 エ〔2点〕 3 イ〔2点〕
4〔例〕社会主義(共産主義)を拡大させないこと〔4点〕
5 ウ〔2点〕 6 ウ〔2点〕 7 ア〔2点〕

□5 1 ア〔2点〕 2 ウ〔2点〕 3 イ〔2点〕 4 生存権〔2点〕 5 オ〔2点〕
6 P：〔例〕国民の知る権利を支えている〔2点〕 Q：〔例〕プライバシーが侵害される〔2点〕
7 エ〔2点〕

□6 1 イ〔2点〕 2 一票の格差（5字のみ可）〔2点〕 3 ウ〔2点〕 4 エ〔2点〕
5 議院内閣制〔2点〕 6 被告人〔2点〕 7〔例〕歳出に占める借金返済の割合〔4点〕

英　語

□1 1 (1) ア〔2点〕 (2) エ〔2点〕 (3) イ〔2点〕 (4) エ〔2点〕
2 (1) イ〔3点〕 (2) ウ〔3点〕 (3) ウ〔3点〕
3 (1) 1941〔3点〕 (2) teacher〔3点〕 (3) map〔3点〕

□2 1 (1) エ〔2点〕 (2) エ〔2点〕 (3) ウ〔2点〕 (4) ア〔2点〕 (5) イ〔2点〕 (6) ア〔2点〕
2 (1) ア→エ→イ→ウ（完答）〔2点〕 (2) ウ→イ→エ→ア（完答）〔2点〕
(3) オ→エ→ウ→ア→イ（完答）〔2点〕

□3 1 ア〔2点〕 2〔例〕Which[What] place[sightseeing spot]〔2点〕
3 (1)〔例〕The castle[It] was built in〔3点〕
(4)〔例〕you want to enjoy[do some] shopping（.）〔3点〕
(5)〔例〕Don't[You mustn't] take pictures〔3点〕
4 used〔2点〕 5 seeing the mountain and walking along the river（完答）〔3点〕
6〔例〕(オーケン山の麓の) 川の中に入って泳いだりしてはいけないということ。〔4点〕
7〔例〕I think that Lake Chuzenji is the best place to visit. In spring, flowers are so beautiful around the lake. In fall, you can enjoy the autumn leaves there. Also, taking a pleasure boat on the lake may be exciting. So, you should go there during your stay. My family and I went there last fall and had a good time.〔6点〕

□4 1〔例〕(彼女の提案が)学校についての多くの情報を提供するよい方法だと(全員が)思ったから。〔4点〕
2〔例〕was hard[difficult] / was not easy〔3点〕 3 working〔2点〕
4 ウ〔2点〕 5 イ〔3点〕

□5 1 ウ〔3点〕 2 ①〔例〕布切れでとらえて〔3点〕 ②〔例〕絵を描いた〔3点〕
3 イ〔2点〕 4 エ〔3点〕

第200回 下野新聞模擬テスト
数学・理科 【解 答】

数 学

① 1 -3〔2点〕 2 $-4xy$〔2点〕 3 $x^2-10x+25$〔2点〕 4 $a=bc+d$〔2点〕
5 $18\pi\,\mathrm{cm}^3$〔2点〕 6 $y=12$〔2点〕 7 36度〔2点〕 8 $x=9$〔2点〕

② 1 $x=-4$，1〔3点〕

2〔例〕太郎さん以外のクラスの人数をx人とすると，記念品の代金は，
1人につき190円ずつ集めた金額より240円高いことから，$(190x+240)$円と表される。
また，1人につき210円ずつ集めた金額より420円安いことから，$(210x-420)$円と表される。
これらの金額は等しいから，$190x+240=210x-420$
$-20x=-660$より，$x=33$
よって，太郎さん以外のクラスの人数は33人で，
記念品の代金は$190\times33+240=6510$(円)となり，これは問題に適している。
答え（ 6510円 ）〔7点〕

3 ① $3n$〔1点〕 ② $9b+b$〔1点〕 ③ $99a+9b$〔1点〕 ④ 3〔1点〕
⑤ $33a+3b+n$〔1点〕

③ 1 右の図〔4点〕 2 (1) $\frac{64}{3}\,\mathrm{cm}^3$〔3点〕 (2) $24\,\mathrm{cm}^2$〔4点〕

③1
A
P
B
C

3 (証明)
〔例〕△ABDと△CAEにおいて，
仮定より，∠ADB＝∠CEA＝90° ……①
△ABDの内角の和は180°であるから，
∠ABD＝180°－90°－∠BAD＝90°－∠BAD ……②
∠DAE＝180°であり，∠BAC＝90°であるから，
∠CAE＝180°－90°－∠BAD＝90°－∠BAD ……③
②，③より，∠ABD＝∠CAE ……④
①，④より，2組の角がそれぞれ等しいから，△ABD∽△CAE〔7点〕

④ 1 $\frac{7}{8}$〔3点〕 2 (1) エ〔2点〕 (2) 0.375〔2点〕
3 (1) その数自身の他に約数がない〔4点〕 (2) 10個〔2点〕

⑤ 1 (1) 8〔2点〕 (2) 48〔4点〕
(3) 点Aのx座標を$-t$とすると，そのy座標は$y=2\times(-t)^2=2t^2$となり，A$(-t,\ 2t^2)$
また，点Bのx座標も$-t$だから，そのy座標は$y=-(-t)^2=-t^2$となり，B$(-t,\ -t^2)$
長方形ABCDはy軸を対称の軸とするから，C$(t,\ -t^2)$，D$(t,\ 2t^2)$である。
よって，AB$=2t^2-(-t^2)=3t^2$，BC$=t-(-t)=2t$と表される。
長方形ABCDが正方形になるためには，AB＝BCになればよいから，
$3t^2=2t$
これを解いて，$t=\frac{2}{3}$，0 ただし，$t\neq0$だから，$t=\frac{2}{3}$
よって，点Aのy座標は$2t^2=2\times\left(\frac{2}{3}\right)^2=\frac{8}{9}$ 答え$\left(\frac{8}{9}\right)$〔7点〕

2 (1) 毎分2L〔3点〕 (2) $y=5x-45$〔4点〕
(3) 給水管Qだけで水を入れる時間をs分とすると，両方の給水管で水を入れる時間は$(25-s)$分と表される。また，給水管Qは毎分3L，両方の給水管では毎分5Lの水を入れることができるから，
$3s+5(25-s)=80$
これを解いて$s=22.5$
22.5分＝22分＋0.5×60秒＝22分30秒 答え（ 22分30秒 ）〔5点〕

⑥ 1 ① 9〔2点〕 ② 25〔2点〕 ③ 17〔2点〕 2 m^2-m+1〔3点〕 3 23段目〔4点〕

理 科

① 1 エ〔2点〕 2 ア〔2点〕 3 イ〔2点〕 4 エ〔2点〕 5 主要動〔2点〕
6 精細胞〔2点〕 7 こまごめピペット〔2点〕 8 交流〔2点〕

② 1 マグマ〔3点〕 2 鉱物A：チョウ石〔2点〕 鉱物B：セキエイ〔2点〕 3 ウ〔2点〕

③ 1 ① アルカリ性 ② 酸性（完答）〔2点〕
2 実験：対照実験〔2点〕
ことがら：(BTB溶液の色の変化は)（例）オオカナダモが行ったはたらきに関係があること。〔3点〕
3 O_2〔3点〕

④ 1 融点〔3点〕 2 右図〔3点〕 3 ① 個数 ② 質量（完答）〔3点〕

④2
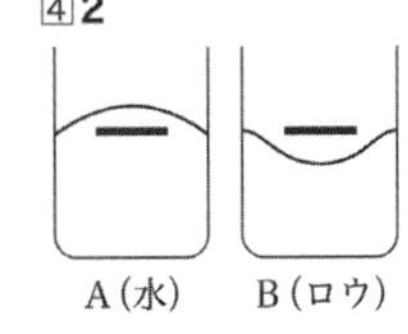

⑤ 1 ア〔2点〕 2 ① 32.0〔2点〕 ② 360〔2点〕
3 cal（アルファベットのみ可）〔3点〕

⑥ 1 イ〔2点〕 2 ① 温帯〔2点〕 ② 偏西風〔2点〕
3 閉塞（前線）〔3点〕
4 （例）しだいに強くなっていった。〔3点〕

⑦ 1 ① 子房 ② 果実（完答）〔2点〕
2 グループ：双子葉（類）〔2点〕 枚数：ア〔2点〕
3 合弁花〔2点〕 4 （例）維管束は見られない。〔3点〕

⑧ 1 ① 硫酸亜鉛 ② 青色（完答）〔3点〕 2 エ〔2点〕 3 SO_4^{2-}〔3点〕
4 種類数：2（種類）〔2点〕 作業：充電〔2点〕

⑨ 1 ① $0.5x$〔2点〕 ② $2y$〔2点〕 2 ウ〔2点〕 3 2.0（J）〔3点〕 4 90(秒)〔3点〕

国 語 〔解説〕

[1] **3** 「青く」と**ウ**「寒けれ」は形容詞。**ア**「珍しさ」は名詞、**イ**「ない」は助動詞、**エ**「すっかり」は副詞である。
4 「いただく」は「もらう」の謙譲語。「太郎」の動作をへりくだらせることで「先生」への敬意を表す。
5 「明るい」は「日差しが」を修飾している。
6 「国連」は「国際連合」の略である。
7 詩の最後の二行には、同じ言葉や似た言葉を繰り返す「反復法」が使われている。

[2] **1** 古文では、語頭や助詞以外の「はひふへほ」はそれぞれ「わいうえお」と読む。
2 ①を含む文は「旦那」について書かれている。②を含む文は、へぎに書き付けをした一休の動作について書かれている。
3 「何と」は「どのように」、「したまふぞ」は「するのか」という意味であることから考える。
4 会話の終わりの部分は「〜と」や「〜といふ」となることが多い。これを手がかりに「 」をつけられる部分を探す。
5 一休の「されば、夜昼三度づつばちあたる間、その方へも太鼓のばちをあて申さん」という会話をもとに考える。

〈口語訳〉

一休は、幼い時から、賢い人物であったとか。教養ある旦那がいて、常にやって来て、和尚から仏教を学んだりしては、一休が賢いことを気分よく思って、ときどき冗談を言って、問答などをした。

ある時その旦那が、皮のはかまを着て来たのを、一休は門の外でちらりと見て、(寺の)中にかけ込んで、薄い板に書きつけて立てたことには、「この寺の中に皮の類(を持ち込むことは)、固く禁止する。もし皮のものを持ち込む時には、必ずばちがあたるだろう」と書いて(立て札を)お置きになった。

その旦那はこの立て札を見て、「皮の類にばちがあたるならば、このお寺の太鼓はどういたしましょうか」と申した。一休はお聞きになって、「だから、毎日三度ずつ(太鼓の皮には時間を知らせるために)ばちがあたるので、あなたにも太鼓のばちを当てましょう。皮のはかまを着ていらっしゃるから」とたわむれごとを言われたということだ。

[3] **1** 言語によって個人のアイデンティティが変化した例として、「あるアメリカ人」の「イエス、ノー」がはっきり言えなくなったことが挙げられている。
2 「同じこと」とは第⑩段落の内容を受けて、それを言語に置き換え「『日本語を生かすため』にこの世に生きている」という内容を指す。
3 アイヌ語に習熟している人がいなくなると、アイヌ語のルーツや伝統が消えてしまう。このことがどのような問題かを考えれば、**イ**が適当である。
4 [I] は第①段落の内容から、言語を受け継ぐことが「言語がたどってきた道のりや、その過程で生じたさまざまな変化をすべて」背負うことであることを読み取る。[II] は最終段落の内容をまとめるとよい。
5 **イ**「カズオ・イシグロは日本語の持つあいまいさを嫌った」、**ウ**「それを話す人の価値観は日本人とは全く違う」がそれぞれ適当ではない。**エ**は本文には述べられていない内容である。

[4] **1** 傍線部(1)の後の文に「回数券を使わなければ、家に帰れない」とあることから考える。
2 涙があふれまわりがよく見えていない様子を、「真ん丸の月が、じわじわとにじみ、揺れはじめた」と隠喩を使って表現している。
3 少年の願い出に、河野さんは何も言わず、自分で少年の運賃を支払ってあげたことが、「小銭が運賃箱に落ちる音が聞こえた。目元から手の甲をはずすと、整理券と一緒に百二十円、箱に入っていた」の部分から分かる。
4 少年が日暮れまで河野さんのバスを待っていたことや、「回数券に書いた『ありがとうございました』にあとで気づいてくれるかな、気づいてくれるといいな」と思っていることを読み取り、まとめていく。
5 母のいる家に向かって歩き出した少年が、何歩か進んだところでバスの方を振り向く様子や、交差点を曲がって消えていくバスの様子からは、少年が抱く河野さんの運転するバスに対するもの悲しさや寂しさが感じられるため、**ア**が適当である。**イ**「河野さんと会わなくて済むと思い、ほっとしている」、**ウ**「嫌なバスが消えていったと思い」、**エ**「河野さんが心を開いてくれたと思い」がそれぞれ適当ではない。
6 **3**の解答部分や、「ぶっきらぼうではない言い方をされたのは初めてだった」「じゃあ早く入れなさい――とは、言われなかった」の部分の河野さんの様子から、**イ**が適当である。**ア**「職務に忠実な」、**ウ**「子どもに泣かれると困惑する」、**エ**「決して動じることのない」がそれぞれ適当ではない。

[5] ・形式　氏名や題名を書かず、二百字以上二百四十字以内で、指示通りの二段落の構成で書いているか。原稿用紙の正しい使い方ができているか。
・表現　文体が統一されているか、主述の関係や係り受けなどが適切か、副詞の呼応や語句の使い方が適切か、など。
・表記　誤字や脱字がないか。
・内容　第一段落に、【資料】から気づいたことについてわかりやすく書いているか、また、第二段落に、「社会のために役立つこと」について自身の体験や見聞を踏まえて、自分の考えをわかりやすく書いているか。
といった項目に照らし、総合的に判断するものとする。

第200回 下野新聞模擬テスト
社　会　【解　説】

社　　会 〔解説〕

1 1(1) フォッサマグナには，地盤の割れ目がずれ動いた状態である断層が集まっており，日本アルプスとフォッサマグナを境にして，日本列島の東側と西側では地形や岩石の特徴が大きく異なっている。
(2) Yの県は大分県である。**ア**は石川県，**ウ**は新潟県，**エ**は福井県について説明している。
(3) 東北地方の太平洋側では，夏に北東の湿った冷たい風(やませ)がふくことがある。やませがふくと，日照時間が減るため冷夏となり，この影響を受けて農作物が不作となる。これを冷害という。
(4) 東京や大阪のような都市部の周辺地域では，大消費地に向けて，新鮮さを求められる農産物が生産されている。これを近郊農業という。愛知県の渥美半島では，夜間に照明をあてることによって菊の成長を抑える抑制栽培が盛んである。
(5) **図3**からは，対象地域の特色や時間帯に合わせて，騒音発生許容範囲が変更されていることがわかる。東大阪市は，中小企業数が多く，そのうちの多くが住居の多い地域の中に立地している。そのため，工場から発せられる騒音が，住民の生活環境を悪化させないよう，**図3**のような規制が定められている。
2 水力発電の割合が多い**イ**はカナダ，原子力発電の割合が多い**ウ**はフランス，日本と同じように火力発電が多く，総発電量が最も多い**エ**は中国である。
3 海外生産比率は，上昇傾向にある。つまり，海外での生産が増えていることから，日本の工場が海外に進出し，そこで生産活動を主に行っていると推測できる。これにより，日本国内の産業が衰退する産業の空洞化が進んでいることがわかる。

2 1(2) 急激に経済が発展している中国では，内陸部と沿岸部の格差が大きくなっている。
(3) XとYの都市の標準時子午線は，75＋45＝120度の経度差がある。経度が15度異なると1時間の時差が生じるため，XとYの都市は，120÷15＝8時間の時差があることがわかる。
(5) フランスは「EUの穀物庫」といわれるほど，小麦の生産・輸出が多い。一方，スペインやイタリアは，地中海式農業が盛んで，オリーブやオレンジなどの果樹栽培が盛んである。
3 **図6**から，世界と比べてコンゴ民主共和国は，栄養不足がまん延しており，そのため5歳未満児の発育阻害の割合が高いことに加えて，貧困率が高いこともわかる。貧困率が高いということは，栄養のある食べ物や医療，衛生的な環境などを整える余裕がないと推測できる。

3 **1** **エ**は古墳時代におこったできごとである。
2 **図2**中のAは新羅，Bは唐である。白村江の戦いで，日本は唐と新羅の連合軍と戦ったが大敗した。その後，唐と新羅による侵攻に備えて，大宰府周辺に山城や水城を築くなどした。
3 **ウ**は645年，**エ**は701年，**イ**は743年，**ア**は794年のできごとである。聖徳太子の死後，蘇我氏が権力をにぎるようになったが，唐の成立など，外国の脅威に対抗するために，中央集権化が課題となったため，蘇我氏はほろぼされた。その後，律令に基づいた新しい支配体制を目指して，大宝律令が制定された。支配体制を支える税制度として班田収授法が制定されていたが，人口の増加や税負担から逃れる人の増加などにより，新たな開墾地が必要とされ，墾田永年私財法が制定された。平安京に都を移した桓武天皇は，地方政治の整備を進めた。
5 十字軍は，キリスト教，イスラム教，ユダヤ教の聖地であるエルサレムを，イスラム教の勢力から奪回するために組織された軍である。複数回派遣されたが，最終的にエルサレムを奪回することはできなかった。
6 俳諧(俳句)は，江戸時代の元禄文化が栄えた時期に，松尾芭蕉がその芸術性を高めたもの。かぶきおどりは，桃山文化が栄えた時期に，出雲の阿国がはじめたものである。

4 **2** **図1**は，植木枝盛が作成した私擬憲法(民間で検討された憲法草案)で，同じ時期には，五日市町(現在の東京都あきる野市)の青年たちがつくった五日市憲法も作成されており，この時期は，国会期成同盟が結成されるなど，国会の開設に向けての気運が高まっていた。これらは自由民権運動が盛り上がる中でのできごとである。
3 毛沢東は，中国共産党を率いた人物である。
6 国際連盟の設立を提唱したアメリカは，議会の反対により参加できなかった。また，紛争を解決する手段も限られていたことから，国際連盟は強い影響力をもつことができなかった。

5 **2** **ア**は非政府組織，**イ**は非営利組織，**エ**は情報通信技術のアルファベット表記の略称である。
3 身体の自由を守るため，警察や検察は制限を課されている。
5 A最高裁判所長官を指名するのは内閣である。C国や地方の公務員の不法行為で受けた損害に対しては，国家賠償請求権に基づいて賠償を請求できる。
6 国民が政治活動を行うためには情報が必要である。マスメディアは，取材活動などを通して，国民の知る権利を支えている。一方，国民のプライバシー(個人に関する情報)を大きく広めてしまう可能性もある。

6 **1** ドント式では，各党の得票総数を1，2，3…の整数で割り，得られた商の大きい順に当選人数に達するまで議席を配分し，当選者を決める。**図1**では，A党とC党が2名ずつ，B党とD党が1名ずつ当選する。
2 有権者が持つ一票の価値は，人口の多い地域ほど低く，少ない地域ほど高くなる傾向がある。
3 **ア**は毎年1月中に召集され，150日間の会期を設けるもの，**イ**は内閣が必要と認めたとき，またはいずれかの議院の総議員の4分の1以上の要求があった場合に召集されるもの，**エ**は衆議院の解散中，緊急の必要があるとき，内閣の求めによって開かれるものである。
4 **ア**は裁判所，**イ**，**ウ**は内閣の仕事である。
6 裁判員裁判は，地方裁判所で行われる重大な刑事事件で行われる。刑事事件は，被疑者が罪を犯した疑いが確実で，刑罰を与えるべきと検察官が判断したとき，被疑者を被告人として裁判所に訴えることではじまる。なお，被告は，民事裁判において原告に訴えられた人のことをいう。

英　　語 〔解説〕

1　リスニング台本と解答を参照。

2　**1**　(1)　現在完了形の文で，空所の後に文＜主語＋動詞～＞が続いているので，接続詞の since「～から，～以来」が入る。なお，現在完了形の文では，when や ago など，明確な過去の一時点を示す語句は使えない。
(2)　＜decide＋to＋動詞の原形～＞「～する決心をする」
(3)　＜Thank you for ～ing＞「～してくれてありがとう」
(4)　＜so … that − can't ～＞「とても…なので－は～できない」
(5)　「休憩をとった」→「元気になった後で掃除を開始した」という流れになるように fine を入れる。
(6)　help を入れて，「私たちにとって，困っている人々を助けることはとても大切だ」＜It is… for（人）to ～＞の構文。

2　(1)　the student that answered this question の語順。この that は主格の関係代名詞で，＜that＋動詞～＞が，人を表す名詞 the student を後ろから説明している。
(2)　a picture painted by a famous artist の語順。この painted は過去分詞（形容詞的用法）で，painted 以下が「…によって～された」という意味で，直前の名詞 a picture を後ろから説明している。
(3)　Do you know the woman we saw ～の語順。＜主語＋動詞～＞の名詞を修飾する文（＝接触節）が，人を表す名詞 the woman を後ろから説明している。

3　**1**　本文訳参照。空所の前後の内容から，ミアは少なくとも一度はヘンケル市を訪れたことがあると判断できる。
2　直後でミアが訪れるべき観光地を答えているので，陸は＜Which［What］＋名詞＞などを用いて，「どの［どんな］場所を訪れるべきか」などのような内容の質問をしたと判断する。
3　(1)　**図**の「ヘンケル城」についての吹き出しにある，「このお城は 12 世紀に建てられて，～」の部分を参照。この内容を受け身の文＜be 動詞＋動詞の過去分詞形＞を使って表現する。build「～を建てる」の過去分詞形は built になる。※build－built－built
(4)　**図**の「ブロスト街」についての吹き出しに，「買物を楽しみたいなら，～」と書かれているので，ミアは買物について述べたと判断する。下線部(4)の直後のミアの発言「そこで友達に何か買ってあげることができる」もヒントになる。
(5)　**図**の「アレンス美術館」の絵を参照。写真撮影等が禁止されていることがわかる。よってミアは，禁止の命令文＜Don't＋動詞の原形～＞などを用いて，陸に写真を撮らないように注意していると判断する。下線部(5)の直前のミアの発言「あら，だめよ，陸」もヒントになる。
4　一つ目の（　　）を含む文は，受け身の文＜be 動詞＋動詞の過去分詞形＞。二つ目の（　　）を含む文は，things と people の間に目的格の関係代名詞が省略されており，Clothes and other things（which［that］）people used long ago が長い主語となる文になっている。
5　本文訳参照。them は直前に述べられた複数のことがらを指すことが多い。ここでは，直前のミアの発言中から seeing the mountain and walking along the river を抜き出す。
6　本文訳参照。直前のミアの発言をまとめる。
7　栃木県で訪れるべき場所について，提示されている四つの観光地から一つを選び，理由を含めて自分の考えを答える。英作文は，〔**条件**〕をよく読んで答えること。

4　**1**　本文訳参照。第 1 段落の最後から 2 文目の because 以下の内容をまとめる。
2　本文訳参照。空所を含む文に続く文で，「まだやるべきことがたくさんあった」と書かれているので，was hard［difficult］などを入れて，「新聞を作るのは僕たちにとって大変だった」とすると，自然な流れになる。
3　本文訳参照。working（動名詞）を入れて，「目標のために一緒に働くこと」とすると，前後の内容に合う。
4　（　**A**　）を含む文の直前の文から，竜二の祖父母は竜二の学校について知る方法がなかったので，竜二のことを「心配していた」とわかり，（　**B**　）を含む文では，学校新聞を通じて，孫の竜二が学校生活を楽しんでいることを知って，祖父母はとても「うれしく」感じているとわかる。
5　**ア**…第 1 段落の第 2 文を参照。生徒会の役員たちが，自分たちの活動について話し合ったのは 5 月だと書かれているので，誤り。
イ…第 1 段落の第 3 文を参照。生徒会長の沙也加（Sayaka）の発言から，同じ内容を読み取ることができるので，正しい。
ウ…第 2 段落の前半を参照。第一号の学校新聞で，竜二が担当した記事の内容は，自分の中学校の先生についての記事ではなく，部活についての記事だったと書かれているので，誤り。
エ…第 2 段落の後半と，第 3 段落の後半を参照。確かに匠（Takumi）が担当した記事は授業の報告であったが，絵を描いてくれたのは美術部員だったので，誤り。

5　**1**　本文訳参照。**ウ**が第 3 段落の最終文の内容と一致する。
2　本文訳参照。下線部を含む文の直前の 2 文の内容をまとめる。
3　空所を含む文の直後の内容である「雪についてより注意深く学ぶことの大切さを私たちに教えてくれる」と書かれた文などがヒントになる。
4　**ア**…雪が降らない場所の人々が雪と生活したがっているという記述は本文中にないので，誤り。
イ…第 3 段落の後半を参照。殿様が著書で述べた内容は，江戸時代の人々の暮らしについてではなく，雪の結晶についてだったと書かれているので，誤り。
ウ…第 4 段落を参照。雪雲の状態は雪の結晶の形に影響を与えると書かれているので，誤り。
エ…最終段落を参照。同じ内容を読み取ることができるので，正しい。

第200回 下野新聞模擬テスト

英 語 【解　説】

〔本文訳〕

③ ミア：何を見ているの，陸。
陸：ヘンケル市の有名な観光地を見ているんだ。今度の夏に家族とそこへ行くんだ。君はドイツ出身だよね。ヘンケル市は知ってるかな。
ミア：ええ，知っているわ。すてきな市よ。前に訪れたことがあるわ。
陸：えっ，本当に。滞在２日目に自由時間があるんだ。どの場所を訪れるべきかな。
ミア：ヘンケル城を訪れるべきね。そのお城は 12 世紀に建てられたの。今は歴史博物館として利用されているわ。人々が大昔に使っていた衣服や他のものがそこで展示されていて，当時のドイツの人々の生活様式を知ることができるわよ。
陸：へえ，それはおもしろそうだね。
ミア：オーケン山もよいところよ。家族とそこへ行ったとき，山を見たり，川沿いを歩いたりして楽しんだわ。
陸：すばらしいね。僕もそれらをやってみたいな。
ミア：川はとてもきれいだけど，川の中に入って泳いだりしてはいけないの。
陸：わかった。そのことを覚えておくよ。それら二つの場所を同じ日に訪れることはできるかな。
ミア：いいえ，できないわ。オーケン山を訪れるにはかなりの時間が必要よ。オーケン山に行ったら，夕方に市内へ戻ってくることになるわ。だから，ヘンケル城の後にブロスト街へ行ってみたらどうかしら。それはお城の近くなの。その通りもすてきな観光地で，買物を楽しみたいならとてもよい場所よ。そこでお友達に何か買ってあげることができるわ。
陸：アレンス美術館はどうかな。いろいろな国の美術館に興味があるんだ。
ミア：それもよい選択ね。そこではすてきな絵がたくさん見られるわよ。
陸：いいね。写真や動画を撮ってみたいな。
ミア：あら，だめよ，陸。美術館で写真を撮ってはいけないわ。
陸：なるほど，わかった。それをするのはやめておくよ。とにかく，ヘンケル市で訪れる場所について家族と話してみるよ。ありがとう，ミア。
ミア：どういたしまして。栃木での滞在中に，私は栃木の有名な観光地を訪れたいの。訪れるのに一番よい場所の一つを私に教えてくれないかしら。

④ 今年，僕は生徒会の一員です。５月のある日，僕たちは生徒会活動について話をしました。生徒会長の沙也加は，「学校生活をよりよいものにしたい。多くの生徒が私たちの学校にもっと興味を持ってほしい。そのために何をすべきだろうか」と言いました。僕たちは学校のことを生徒に伝える方法について話し合いました。生徒会の一員である千里が，「学校新聞を発行するのはどうですか」と言いました。学校についての多くの情報を提供するよい方法だと思ったので，僕たち全員が彼女の考えに賛成しました。それからすぐに，僕たちは最初の学校新聞に取り組み始めました。

翌日，僕たちは部活についての記事，授業の報告，そして勉強のアドバイスを書き始めました。僕の(書いた)記事は部活についてでした。僕は多くの部の部員にインタビューをしました。彼らは自分たちの部活についての情報を僕たちに教えてくれました。また，練習風景を写真に撮りました。もう一人の役員の匠は授業の報告を書きました。彼は先生たちから許可を得て，ひとつひとつの授業を訪れました。彼が写真を撮ったとき，生徒たちはとても興奮しているようでした。千里は，勉強の仕方について先生たちに質問しました。先生たちは，彼女に勉強するのに役立つ方法を教えてくれました。

新聞作り(に取り組むの)は僕たちにとって大変でした。例えば，記事を確認したり，新聞に載せる絵を描いたり，まだやるべきことがたくさんありました。すると，美術部の何人かが，「私たちが新聞に載せる絵を描きましょうか」と言ってくれました。僕たちは彼らの手助けに感謝しました。

最終的に，僕たちは一か月後に，最初の新聞を発行し終えました。それをすべての生徒と先生たちに配りました。最初は緊張しましたが，多くの生徒や先生たちが楽しんで読んでくれたことを知って，とてもうれしかったです。ある生徒は僕に，「君たちの新聞はおもしろかったよ。次の新聞を楽しみにしてるね」と言ってくれました。目標のために一緒に働くことはとても大切なのだと学びました。別の生徒は僕に，「竜二は第二号の新聞で何について書くの」と尋ねました。僕は，「運動会について書くよ」と答えました。その後，僕たちは何の問題もなく第二号の学校新聞を発行し終えました。

三月には，三年生が学校を去る予定です。そのときまでに，僕たちは彼らのために，学校生活のよい思い出として，第三号の学校新聞を発行したいです。僕たちは，できるだけ長くこの仕事をし続けたいと思っています。また，市内の多くの人に新聞を読んでもらい，学校のことを知る機会をもってほしいです。僕たちは学校新聞を通して，学校生活をよりよいものにしたいです。

⑤ みなさんは，今まで雪について考えたことがありますか。雪があまり降らない場所にお住まいの方であれば，雪は冬に何度か見るものという存在かもしれません。雪の多い地域に住んでいる人であれば，雪は生活の中で大切な存在です。そこの人々は，雪と一緒に暮らしてきました。

雪は降ると溶けて，最後には水になります。人々は，雪が水でできていることを経験から知っています。そして，雪はさまざまな状態で降ることも知っています。雪を顕微鏡で観察すると，雪の結晶を見ることができます。

1800 年代の日本で，雪は顕微鏡で観察されていました。江戸時代に，ある殿様が雪の結晶について研究したいと考えたのです。彼は，雪の結晶を布切れでとらえ，それらを自分の顕微鏡で観察しました。それから彼は，それらの絵を描きました。これが，日本における雪についての最初の科学的研究の一つかもしれないのです。その後，彼は著書で，86 のさまざまな雪の結晶の形とそれらのとらえ方を紹介しました。その美しい形は，江戸時代の人々の間で大変な人気となり，衣服や他のものにデザインされました。

1936 年，日本の科学者が世界で初めて雪の結晶を作りました。彼の研究のおかげで，雪雲の状態や雲の下の温度が，地上で見かける雪の結晶の形に影響を与えるということを私たちは知っているのです。

彼は，「雪は空からの手紙である」というメッセージを残しています。それは，雪についてより注意深く学ぶことの大切さを私たちに教えてくれています。雪はきれいですが，たくさん降るととても危険です。冬の空についてもっと勉強すれば，雪とうまく付き合えるようになれます。

第200回 下野新聞模擬テスト

英 語 【解 説】

英語問題 1 〔リスニング台本〕

<table>
<tr><th>台 本</th><th>時 間</th></tr>
<tr><td>これから中学3年生 第200回 下野新聞模擬テスト 英語四角1番，聞き方のテストを行います。
なお，練習はありません。
(ポーズ約5秒)
これから聞き方の問題に入ります。問題用紙の四角で囲まれた1番を見なさい。問題は1番，2番，3番の三つあります。
最初は1番の問題です。問題は(1)から(4)まで四つあります。英語の対話とその内容についての質問を聞いて，答えとして最も適切なものをア，イ，ウ，エのうちから一つ選びなさい。対話と質問は2回ずつ言います。
では始めます。
(1)の問題です。 A : What are you doing, Kevin?
B : I can't find my dictionary. I usually put it in my school bag, but it isn't there. Did you see it, Mom?
A : No, I didn't. Why don't you look around your desk?
B : OK, I will.
質問です。 Q : What is Kevin looking for? (約5秒おいて) 繰り返します。(1回目のみ) (ポーズ約5秒)

(2)の問題です。 A : Good morning, Taiga. Can I go to watch your baseball game on July 12th?
B : Good morning, Karen. The date was changed.
A : Oh, really? When will the game be?
B : On August 20th.
質問です。 Q : What is the date of Taiga's baseball game? (約5秒おいて) 繰り返します。(1回目のみ) (ポーズ約5秒)

(3)の問題です。 A : Hello, Bill. How were your classes today?
B : Hi, Rika. Math and science were difficult, but I enjoyed Japanese today. I wrote a haiku in the class.
A : Wow! That's nice! Is Japanese your favorite subject?
B : Umm..., I like Japanese, but my favorite subject is music.
質問です。 Q : What class did Bill enjoy today? (約5秒おいて) 繰り返します。(1回目のみ) (ポーズ約5秒)

(4)の問題です。 A : Wataru, your bike is really nice! Do you enjoy riding it?
B : Yes. I went to the park with my father by bike last Sunday.
A : Great. When did you get it?
B : I got it last Saturday. My father bought it for me.
質問です。 Q : When did Wataru get the bike? (約5秒おいて) 繰り返します。(1回目のみ) (ポーズ約5秒)</td><td>(1番)
約5分</td></tr>
<tr><td>次は2番の問題です。英語の対話とその内容についての質問を聞いて，答えとして最も適切なものをア，イ，ウ，エのうちから一つ選びなさい。質問は(1)から(3)まで三つあります。対話と質問は2回ずつ言います。
では始めます。
Kasumi : Hey, Peter. Shall we play badminton at Wanpaku Sports Park?
Peter : Yes, let's, Kasumi! I have never been to the park, so I have wanted to go there. When do you want to play?
Kasumi : I want to play on Sunday.
Peter : Sorry, but I go to a language school to study Japanese every Sunday. How about next Monday?
Kasumi : I'm free that day, but look at this website. The park isn't open on Mondays.
Peter : Oh, I see. Then, let's go there on Saturday morning. I have plans in the afternoon, so I can play only for three hours. Is that all right?
Kasumi : No problem, Peter. What time shall we meet?
Peter : Let's meet in front of the park when it opens.
Kasumi : All right.
Peter : Oh, look here, Kasumi. We can't borrow rackets from the park. Do you have any rackets?
Kasumi : Yes, I have two, so you can use mine.
Peter : Oh, thank you, Kasumi.
(1)の質問です。 How much will Kasumi and Peter need to pay at the park? (ポーズ約5秒)
(2)の質問です。 What time will Kasumi and Peter meet at the park? (ポーズ約5秒)
(3)の質問です。 Which is true about Peter? (約5秒おいて) 繰り返します。(1回目のみ) (ポーズ約5秒)</td><td>(2番)
約4分</td></tr>
<tr><td>次は3番の問題です。あなたは今，英語の授業でクラスメイトのスピーチを聞いています。そのスピーチを聞いて，英語で書いたメモを完成させなさい。ただし，メモの(1)には数字を入れ，(2)と(3)には英語を入れなさい。英文は2回言います。
では始めます。
Today I'll talk about an American man living near my house. His name is John Nelson. He was born in 1941, and now he is 82 years old. He taught English to his students in Japan for twenty years. He looks very young and powerful. He walks for thirty minutes every morning. I hear that he has never been sick since he started walking. On weekends, he does a lot of things as a volunteer. For example, last month he made a map written in English for people from other countries. I respect him very much, and I want to be like him.
(約5秒おいて) 繰り返します。(1回目のみ) (ポーズ約5秒)
これで聞き方の問題を終わります。では，ほかの問題を始めなさい。</td><td>(3番)
約2分</td></tr>
</table>

第200回 下野新聞模擬テスト

数　学　【解　説】

数　　　学　〔解説〕

① **1**　$1+(-4)=1-4=-3$

2　$8xy^2\div(-2y)=8xy^2\times\left(-\dfrac{1}{2y}\right)=-\dfrac{8xy^2}{2y}=-4xy$

3　$(x-5)^2=x^2-2\times5\times x+5^2=x^2-10x+25$

4　(割られる数)＝(割る数)×(商)＋(余り)と表されるから，$a=b\times c+d$より，$a=bc+d$

5　投影図は半径が$6\div2=3$(cm)の半球を表している。よって，その体積は

$\dfrac{4}{3}\times\pi\times3^3\div2=18\pi$ (cm³)

6　yはxに反比例することから，$y=\dfrac{a}{x}$と表し，$x=3$，$y=-8$を代入して，

$-8=\dfrac{a}{3}$より，$a=-24$

$y=-\dfrac{24}{x}$に$x=-2$を代入して，$y=-\dfrac{24}{-2}=12$

7　多角形の外角の和は360°であるから，正十角形の1つの外角である$\angle x$の大きさは，

$\angle x=360°\div10=36°$

8　右の図より，$4:6=(15-x):x$

$4x=6(15-x)$

$4x=90-6x$

$10x=90$より，$x=9$ (cm)

①8

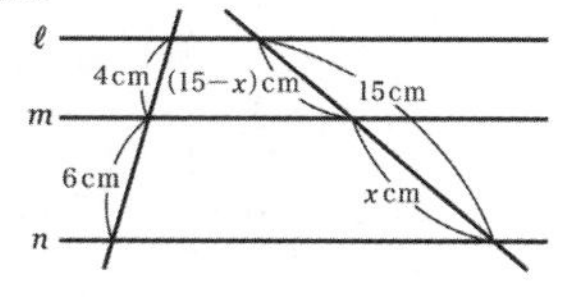

② **1**　$x^2+3x-4=0$の左辺を因数分解して，$(x+4)(x-1)=0$より，$x=-4$，1

2　記念品の代金を2通りの方法で表して，それらが等しいことから方程式をつくる。
記念品の代金は，1人につき190円ずつ集めた金額よりも240円高く，1人につき210円ずつ集めた金額よりも420円安い。

3　3の倍数は，nを整数として$3n$と表される。また，$100a$を$(99a+a)$，$10b$を$(9b+b)$と変形することで，

$100a+10b+c=99a+9b+a+b+c=99a+9b+3n=3(33a+3b+n)$

が導ける。

③ **1**　辺AB，BCから等しい距離にある点は，∠ABCの二等分線上にある。

【作図法】①　点Bを中心とする円をかく。
②　①でかいた円と辺AB，BCとの交点をそれぞれ中心とする，半径の等しい円をかく。
③　②でかいた円どうしの交点と頂点Bを通る直線を引く。
④　③で引いた直線と辺ACとの交点が点Pである。

2　(1)　切り離した立体は，△ABCを底辺，辺BFを高さとする三角錐F-ABCだから，その体積は，

$\dfrac{1}{3}\times\dfrac{1}{2}\times4\times4\times8=\dfrac{64}{3}$ (cm³)

(2)　切り離した三角錐F-ABCにおいて，辺BA，BC，BFに沿って切り開いて展開すると，右の図のような1辺が8cmの正方形になる。よって，切り口の△ACFの面積は，

$8\times8-\dfrac{1}{2}\times8\times4\times2-\dfrac{1}{2}\times4\times4=24$ (cm²)

3　∠ABDと∠CAEは，どちらも90°−∠BADという式で表されることを利用して，三角形の相似条件「2組の角がそれぞれ等しい」を使って証明する。

④ **1**　右の樹形図のように，3枚のコインが表向きか裏向きになる場合の数は全部で8通りあり，×をつけた1通り(3枚とも裏向き)以外になればよいから，求める確率は$\dfrac{8-1}{8}=\dfrac{7}{8}$

④1

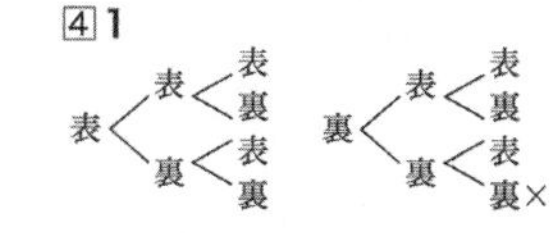

2　(1)　それぞれの選択肢について，

ア…階級の幅は$90-80=10$(g)である。
イ…最大値は130g以上140g未満の階級に属するから，140g未満である。
ウ…モード(最頻値)は90g以上100g未満の階級の階級値95gである。
エ…メジアン(中央値)は$16\div2=8$より，8番目と9番目の平均値だから，100g以上110g未満の階級に属する。

以上より，**エ**のみが正しい。

(2)　階級値が95gであるのは90g以上100g未満の階級だから，その相対度数は$6\div16=0.375$である。

3　(1)　素数には，約数が2つ(1とその数自身)だけある。

(2)　51から100までの素数は，53，59，61，67，71，73，79，83，89，97の10個である。

第200回 下野新聞模擬テスト

数　学　【解　説】

⑤ **1** (1) $x=1$のとき，$y=2\times1^2=2$
$x=3$のとき，$y=2\times3^2=18$
よって，変化の割合は$\dfrac{18-2}{3-1}=8$

(2) 点Aのx座標が-2のとき，そのy座標は
$y=2\times(-2)^2=8$より，A$(-2,\ 8)$
また，点Bのx座標も-2だから，そのy座標は
$y=-(-2)^2=-4$より，B$(-2,\ -4)$
長方形ABCDはy軸を対称の軸とする線対称な図形だから，
C$(2,\ -4)$，D$(2,\ 8)$である。
よって，AB$=8-(-4)=12$，BC$=2-(-2)=4$である。
したがって，長方形ABCD$=$AB$\times$BC$=12\times4=48$

(3) それぞれの頂点の座標を1つの文字tを使って表すことで，長方形の縦と横の長さをtで表す。次に，長方形が正方形になるための条件(隣り合う辺の長さが等しい)を利用して，tについての方程式をつくる。

⑤1(2)
y　$y=2x^2$　A$(-2,\ 8)$　D$(2,\ 8)$　12　O　x　B$(-2,\ -4)$　C$(2,\ -4)$　4　$y=-x^2$

2 (1) 給水管Pを開いて15分で30 Lの水が入っていることから，
$30\div15=2$
より，毎分2 Lの割合で水が出る。

(2) 給水管Pを開いて15分後にたまった水の量は30 Lで，25分後に満水(たまった水の量は80 L)になっていることから，求める式を$y=ax+b$と表すと，
$a=\dfrac{80-30}{25-15}=5$
$y=5x+b$に$x=15$，$y=30$を代入して，
$30=5\times15+b$より，$b=-45$
よって，$y=5x-45$

⑤2(2)

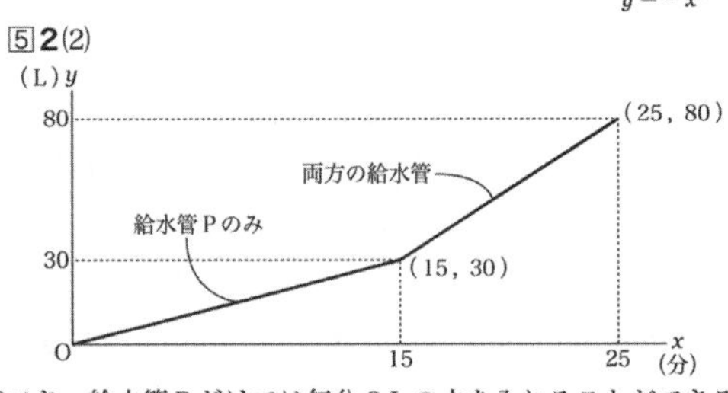

(3) 両方の給水管で毎分5 Lの水を入れることができ，給水管Pだけでは毎分2 Lの水を入れることができるから，$5-2=3$より，給水管Qだけで毎分3 Lの水を入れることができる。
給水管Qだけで水を入れる時間をs分とすると，両方の給水管で水を入れる時間は$(25-s)$分と表される。
また，給水管Qだけで$3s$ L，両方の給水管で$5(25-s)$ Lの水を入れることになり，これらの合計は80 Lである。

⑥ **1** ① 枠の個数は，1段目が1個，2段目が3個，3段目が5個，4段目が7個だから，n段目は$(2n-1)$個と表され，5段目は$2\times5-1=9$(個)

② 右端の枠内に書かれている自然数は，1段目が1，2段目が4，3段目が9，4段目が16だから，n段目はn^2と表され，5段目は$5^2=25$

③ 左端の枠内に書かれている自然数は，1段目が1，2段目が2，3段目が5，4段目が10である。これらは1つ上の段の右端の枠内に書かれている自然数より1大きくなっていることから，n段目は$(n-1)^2+1=n^2-2n+2$と表され，5段目は$(5-1)^2+1=16+1=17$

2 1の②，③の解説より，m段目の右端の枠内，左端の枠内に書かれている自然数はそれぞれm^2，m^2-2m+2と表され，中央の枠内に書かれている自然数はこれらの平均になるから，
$\dfrac{m^2+(m^2-2m+2)}{2}=m^2-m+1$
または，m段目の中央の枠内に書かれている自然数は，$(m-1)$段目の右端の枠内に書かれている自然数$(m-1)^2$にmを加えた数になる。
したがって，$(m-1)^2+m=m^2-m+1$

3 2の解説より，$m^2-m+1=507$
$m^2-m-506=0$
$(m+22)(m-23)=0$より，$m=-22,\ 23$
ただし，$m>0$だから，$m=23$となり，23段目である。

第200回 下野新聞模擬テスト

理科 【解説】

理科 〔解説〕

1 **2** コケ植物であるゼニゴケの体には，葉・茎・根の区別がない。
3 塩化物イオンは電子1個を受けとった状態で電子が18個であることから，塩素原子の原子核にある陽子は17個である。
4 光がガラス中から空気中へ進むときには，入射角よりも屈折角の方が大きくなるように屈折する。
5 S波が伝わることによって引き起こされる大きなゆれを主要動という。
6 精細胞が胚珠の中の卵細胞に達すると，これらの核どうしが合体して受精が行われる。
8 交流について，流れる向きと強さが変化する周期は，東日本では1秒間に50回(50Hz)，西日本では1秒間に60回(60Hz)である。

2 **1** 高温のために地下でドロドロにとけた状態になっている物質をマグマといい，マグマはいろいろな火山噴出物のもととなる。
2 鉱物A(チョウ石)と鉱物B(セキエイ)は無色鉱物で，鉱物C(クロウンモ)は有色鉱物である。
3 チョウ石，セキエイ，クロウンモを多く含む火成岩は，火山岩の流紋岩，および深成岩の花こう岩であるが，斑状組織をしていることから，火山岩であることがわかる。

3 **1** BTB溶液の色は，アルカリ性で青色，中性で緑色，酸性で黄色になる。呼気を吹き込むことにより，BTB溶液中の二酸化炭素の量が増加したため，BTB溶液の性質は最終的に酸性になった。
2 試験管Aに対して試験管Bを用意したのは，対照実験を行うためである。対照実験では，比較したいこと以外の条件をすべて同じにすることが必要である。試験管AとBの条件の違いは，オオカナダモの有無のみであることから，BTB溶液の色の変化は，オオカナダモが行ったはたらきに関係があることがわかる。
3 日光が当たっているので，オオカナダモは光合成を行い，二酸化炭素を吸収して酸素を放出していた。

4 **1** 物質が，固体・液体・気体の間で姿を変えることを状態変化といい，固体から液体へと状態変化するときの温度を融点，液体から気体へと状態変化するときの温度を沸点という。
2 液体から固体へと状態変化すると，水の場合はその体積が大きくなるが，水以外のほとんどの物質の場合はその体積が小さくなる。
3 物質が状態変化すると，粒子の集まり方や運動のようすは変化するが，粒子の個数は変化しない。したがって，全体の質量も変化しない。ただし，体積は変化するので，全体の密度は変化する。

5 **1** 6V－9Wの電熱線に6.0Vの電圧を加えているので，9W÷6.0V＝1.5Aの電流が流れる。
2 10分間で電熱線から発生する熱量は9W×600s＝5400Jである。一方，水温は(26.0℃－20.0℃)×2＝12.0℃上昇するので，水が得た熱量は4.2J×100g×12.0℃＝5040Jになる。したがって，5400J－5040J＝360Jの熱量が水の温度を上昇させること以外に使われると考えられる。
3 1calは約4.2Jである。

6 **1** 温暖前線と寒冷前線にはさまれた区域(低気圧の中心の南側)には暖気が位置し，温暖前線の東側と寒冷前線の西側の区域には寒気が位置している。
2 日本列島を含む中緯度帯(北緯30～60度)で発生し，上空を吹いている偏西風の影響を受けて，およそ西から東へ移動していく低気圧を温帯低気圧といい，中心からほぼ南東に伸びる温暖前線と，ほぼ南西に伸びる寒冷前線を伴っていることが多い。
3 寒冷前線の方が温暖前線よりも進む速さが速いので，寒冷前線がしだいに温暖前線に追いつくことで閉塞前線ができる。
4 中心の気圧が下がり，1000hPa以下の範囲が広くなったことから，低気圧の勢力はしだいに強くなっていったと考えられる。

7 **1** 花を咲かせる植物を種子植物といい，胚珠が子房に包まれているA植物を被子植物，子房がなくて胚珠がむき出しになっているB植物を裸子植物という。裸子植物には子房がないので，種子はできるが果実はできない。
2 発芽時に出る子葉の枚数が2枚のM類を双子葉類，1枚のN類を単子葉類という。
3 花弁が一つにくっついているP類を合弁花類，花弁の一枚一枚が互いに離れているQ類を離弁花類という。
4 陸上に生育する植物のうち，花を咲かせず，雄株と雌株の2種類の株があるものはコケ植物である。コケ植物には維管束がなく，葉・茎・根の区別もない。

8 **1** 亜鉛イオンは無色，銅イオンは青色である。
2 －極である亜鉛板の表面では，亜鉛板をつくる亜鉛原子が電子を2個放出して亜鉛イオンとなり，水溶液中に溶け出している。一方，＋極である銅板の表面では，$Cu^{2+}+2e^{-}\rightarrow Cu$のように，水溶液中の銅イオンが銅板から電子を受けとって銅原子になり，銅板に付着する。
3 硫酸亜鉛水溶液側では陽イオン(亜鉛イオン)が増加し続け，硫酸銅水溶液側では陽イオン(銅イオン)が減少し続けるので，電池のはたらきが低下する。そのため，セロハンに開いている小さな穴を通って，硫酸亜鉛水溶液側で増加している亜鉛イオンZn^{2+}が硫酸銅水溶液へ移動していき，不足している硫酸イオンSO_4^{2-}が硫酸銅水溶液側から移動してくる。
4 使い切りタイプの一次電池に対して，鉛蓄電池やリチウムイオン電池のような，充電することで繰り返し使用できるタイプの電池を二次電池という。鉛蓄電池は自動車のバッテリーに，リチウムイオン電池は携帯電話のバッテリーに用いられている。

9 **1** 動滑車を用いると，物体を引き上げるのに必要な力の大きさは半分になるが，糸を引く長さは2倍になる。
2 ばねの伸びが5.0cmになったときにおもりPが水平面から離れたことから，図1より，ばねには5.0Nの力が加わっていることがわかる。したがって，おもりPの重さは5.0N×2＝10Nとなり，その質量は
$100\,\mathrm{g}\times\dfrac{10\,\mathrm{N}}{1\,\mathrm{N}}=1000\,\mathrm{g}$である。
3 重さ10NのおもりPの高さが20.0cm(0.2m)高くなったので，おもりPがされた仕事の大きさは10N×0.2m＝2.0Jである。
4 最初にばねを5.0cm伸ばした後，20.0cm×2＝40.0cm引き上げたので，全部でばねを5.0＋40.0＝45.0cm引いたことになる。これを0.5cm/sの速さで行ったので，要した時間は45.0cm÷0.5cm/s＝90sである。

第201回 下野新聞模擬テスト

国語・社会・英語 【解　答】

国　　語

1　1　(1) せま（る）〔2点〕　(2) つど（う）〔2点〕　(3) かいが〔2点〕
(4) かくご〔2点〕　(5) ぶんせき〔2点〕
2　(1) 拝（む）〔2点〕　(2) 操（る）〔2点〕　(3) 供給〔2点〕
(4) 担任〔2点〕　(5) 講義〔2点〕
3　(1) **エ**〔2点〕　(2) **イ**〔2点〕　(3) **イ**〔2点〕
4　(1) **ウ**〔2点〕　(2) B，D〔2点〕(順不同・完答)

2　1　いきおい（ひらがなのみ可）〔2点〕　2　**エ**〔2点〕
3〔例〕自分ではなく、もう一人の少女の目籠が売れるように声をかけた〔2点〕
4　**イ**〔2点〕　5　**ウ**〔2点〕

3　1　**イ**〔3点〕　2　**エ**〔3点〕
3〔例〕思想を一定の型に入れてしまったり、本当の感覚とは違ったものが伝えられたりする〔4点〕
4　(I)〔例〕文字の使い方やその他の方法でそれを補い、感銘が長く記憶される〔4点〕　(II) 別の才能〔3点〕
5　**ア**〔3点〕

4　1　あそこまで登って、岩を切り出すのは大変な作業〔4点〕　2　**ア**〔3点〕　3　**ウ**〔2点〕
4〔例〕長い間夢に見てきた恐竜の化石であることが分かり、興奮で鼓動が高まっている〔4点〕
5　**エ**〔3点〕　6　偶然の発見なのに、大地は嫉妬を覚える〔4点〕

5〔例〕私は、Aさんの意見がよいと考える。地域の人々を助ける活動はいつでも行うことができるが、地域の人々から学ぶ活動は機会を設けなければなかなか実現できないからだ。
　地域の歴史や伝統を学ぶことは、地元への愛着を持つことにつながる。また、地元を愛する地域の人々から直接地域のことについて学ぶことができるというのは、インターネットや紙面上に載っていない地元の人ならではの情報を知ることができ、とても貴重な経験である。地元の人々との交流をより有意義にするために、Aさんの意見に賛成である。〔20点〕

社　　会

1　1　(1) 沖ノ鳥島〔2点〕　(2) **イ**〔2点〕　(3) **ア**〔2点〕
(4)〔例〕夏と冬の季節風が，中国山地や四国山地にさえぎられる〔4点〕　(5) **ア**〔2点〕
2　ターミナル(駅)〔2点〕　3　**エ**〔2点〕　4　**ウ**〔2点〕

2　1　(1) 華人〔2点〕　(2) **エ**〔2点〕
(3) Y：〔例〕自由に移動することができる〔2点〕
Z：〔例〕高い賃金を求めて，東ヨーロッパの国から西ヨーロッパの国に移住する〔2点〕
(4) ハリケーン〔2点〕　(5) **ア**〔2点〕
2　**イ**〔2点〕　3　**ウ**〔2点〕

3　1　渡来人〔2点〕　2　**ア**〔2点〕　3　**ウ**〔2点〕
4〔例〕武家政治を否定し，天皇中心の政治を行ったから。〔4点〕
5　分国法〔2点〕　6　**ウ**〔2点〕　7　**ア**〔2点〕　8　**エ**〔2点〕

4　1　戊辰戦争〔2点〕　2　**エ**〔2点〕　3〔例〕遼東半島を，三国干渉によって返還させられた〔4点〕
4　**イ**〔2点〕　5　**エ**〔2点〕　6　**ア**〔2点〕　7　**イ→ウ→エ→ア**（完答）〔2点〕

5　1　(1) **ウ**〔2点〕　(2) 非核三原則〔2点〕　2　**ア**〔2点〕
3　Y：〔例〕両院協議会でも意見が一致しなかった〔2点〕
Z：〔例〕30日以内に議決をしない〔2点〕
4　上告〔2点〕　5　(1) 69.1（%）〔2点〕　(2) **オ**〔2点〕

6　1　製造物責任法(PL法)〔2点〕　2　**エ**〔2点〕　3　労働基準法〔2点〕
4　**イ**〔2点〕　5　政府(の銀行)〔2点〕　6　**ウ**〔2点〕
7〔例〕所得額が上がるにつれ，課税される割合が増える制度。〔4点〕

英　　語

1　1　(1) **ア**〔2点〕　(2) **イ**〔2点〕　(3) **ウ**〔2点〕　(4) **イ**〔2点〕
2　(1) **エ**〔3点〕　(2) **ウ**〔3点〕　(3) **エ**〔3点〕
3　(1) second〔3点〕　(2) ten〔3点〕　(3) outside〔3点〕

2　1　(1) **ア**〔2点〕　(2) **イ**〔2点〕　(3) **エ**〔2点〕　(4) **エ**〔2点〕　(5) **ウ**〔2点〕　(6) **エ**〔2点〕
2　(1) **ア→ウ→エ→イ**（完答）〔2点〕　(2) **エ→ア→イ→ウ**（完答）〔2点〕
(3) **オ→イ→エ→ア→ウ**（完答）〔2点〕

3　1　**ア**〔3点〕　2〔例〕What did you learn〔3点〕　3　**エ**〔3点〕
4〔例〕人々がより多くの水を手に入れたいからという理由で，戦争がしばしば起きていること。〔4点〕
5　(3)〔例〕take a shower[bath] very quickly (.)〔3点〕
(4)〔例〕give the water to flowers (.)〔3点〕
(5)〔例〕has to think about how to solve〔3点〕
6〔例〕The most important thing for me is my dog. I call her Nana. I got her from my friend last year. I play with her every day and we have a good time together. Her smile makes me happy. So, my dog, Nana, is very important for me.〔6点〕

4　1〔例〕日本の食べ物と衣服のほとんどが他の国から来ており，他の国がそれらを作ったり送ったりするのをやめてしまうと，私たちの生活が難しくなってしまうこと。〔4点〕
2　asked〔3点〕　3〔例〕He taught math to the children (there) (.)〔3点〕
4　**ア**〔3点〕　5　**イ**〔3点〕

5　1　faster〔3点〕　2　**ウ**〔3点〕　3〔例〕古い自転車の車輪よりも大きく〔3点〕　4　**エ**〔3点〕

第201回 下野新聞模擬テスト

数学・理科 【解　答】

数　学

□1 **1** 1〔2点〕 **2** $-6x^2y$〔2点〕 **3** $(x+4)(x+9)$〔2点〕 **4** $ab \leqq 1000$〔2点〕
5 3個〔2点〕 **6** $y=-16$〔2点〕 **7** 29度〔2点〕 **8** $\frac{27}{8}$倍〔2点〕

□2 **1** $b=\frac{3-5a}{4}$〔3点〕

2〔例〕色画用紙の縦の長さを$x$cmとすると，色画用紙の横の長さは$(x+10)$cmと表され，
白画用紙の縦の長さは$(x-6)$cm，横の長さは$(x+10)-6=x+4$(cm)と表される。
白画用紙の面積が816 cm²であることから，$(x-6)(x+4)=816$
$$x^2-2x-24=816$$
$$x^2-2x-840=0$$
$$(x+28)(x-30)=0\text{より，}x=-28,\ 30$$
ただし，$x>6$だから，$x=-28$は問題に適さない。$x=30$は問題に適する。
よって，色画用紙の縦の長さは30 cmである。 答え（30 cm）〔7点〕

3 ① $12n+7$〔1点〕 ② $8m+12n+11$〔1点〕
③ $8m+12n+8$〔1点〕 ④ 4〔1点〕 ⑤ $2m+3n+2$〔1点〕

□3 **1** 右の図〔4点〕 **2** (1) 376 cm²〔3点〕 (2) $6\sqrt{5}$ cm〔4点〕

3（証明）〔例〕△ADFと△BDCにおいて，
弧DEに対する円周角は等しいから，
∠DAF＝∠DBC ……①
線分ABは円Oの直径だから，∠ADB＝90°となり，
∠ADF＝∠BDC＝90° ……②
①，②より，2組の角がそれぞれ等しいから，△ADF∽△BDC〔7点〕

□3 1

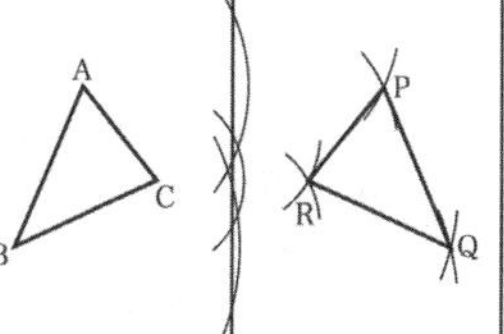

□4 **1** $\frac{2}{9}$〔3点〕 **2** (1) 9人〔2点〕 (2) 5人〔2点〕
3 (1) **ウ**〔3点〕 (2) 大きく〔3点〕

□5 **1** (1) $\frac{9}{2}$〔2点〕 (2) $y=\frac{1}{2}x+3$〔4点〕

(3) 点P，Qのx座標をpとすると，点P$\left(p,\ \frac{1}{2}p^2\right)$，点Q$\left(p,\ \frac{1}{2}p-1\right)$と表され，
線分PQの中点Mのx座標はp，y座標は$\left\{\frac{1}{2}p^2+\left(\frac{1}{2}p-1\right)\right\}\div 2=\frac{1}{4}p^2+\frac{1}{4}p-\frac{1}{2}$と表される。
点M$\left(p,\ \frac{1}{4}p^2+\frac{1}{4}p-\frac{1}{2}\right)$は関数$y=x$のグラフ上にあることから，
$y=x$に$x=p$，$y=\frac{1}{4}p^2+\frac{1}{4}p-\frac{1}{2}$を代入して，$\frac{1}{4}p^2+\frac{1}{4}p-\frac{1}{2}=p$，$p^2-3p-2=0$より，
$$p=\frac{-(-3)\pm\sqrt{(-3)^2-4\times1\times(-2)}}{2\times1}=\frac{3\pm\sqrt{17}}{2}$$
$p>0$だから，$p=\frac{3+\sqrt{17}}{2}$ 答え$\left(\frac{3+\sqrt{17}}{2}\right)$〔7点〕

2 (1) 3 cm²〔3点〕 (2) $y=3x-18$〔4点〕

(3) 長方形ABCDの面積は60 cm²だから，その$\frac{1}{5}$は12 cm²，$\frac{2}{5}$は24 cm²となり，△PMBの面積が12 cm²以上24 cm²以下になればよい。
$0\leqq x\leqq 5$のとき，$y=-3x+15$に$y=12$を代入して，$x=1$
$5\leqq x\leqq 11$のとき，$y=\frac{5}{2}x-\frac{25}{2}$に$y=12$を代入して，$x=\frac{49}{5}$
$11\leqq x\leqq 16$のとき，$y=3x-18$に$y=24$を代入して，$x=14$
よって，0秒後から1秒後までの1秒間と，$\frac{49}{5}$秒後から14秒後まで$\frac{21}{5}$秒間となり，
$1+\frac{21}{5}=\frac{26}{5}$（秒間） 答え$\left(\frac{26}{5}\text{秒間}\right)$〔5点〕

□6 **1** ① 40〔2点〕 ② 30〔2点〕 ③ 4〔2点〕 **2** 28個〔3点〕 **3** $\frac{7}{2}n^2+\frac{5}{2}n$本〔4点〕

理　科

□1 **1** **エ**〔2点〕 **2** **イ**〔2点〕 **3** **ウ**〔2点〕 **4** **エ**〔2点〕 **5** 酸化銀〔2点〕
6 消費者〔2点〕 **7** 浮力〔2点〕 **8** ハザードマップ（カタカナのみ可）〔2点〕

□2 **1**（例）最初の方に出てくる気体は空気を多く含むから。〔3点〕
2 ① O_2〔2点〕 ② 呼吸(細胞呼吸)〔2点〕 **3** **ウ**〔2点〕

□3 **1** 消化管〔2点〕 **2** B〔2点〕 **3** ① 柔毛〔2点〕 ② リンパ管〔2点〕

□4 **1** 500（回）〔3点〕 **2** ① 多く ② 小さく（完答）〔3点〕 **3** **イ**，**ウ**（順不同・完答）〔3点〕

□5 **1** **イ**〔2点〕 **2** **イ**〔2点〕 **3** ① 100（整数のみ可）〔2点〕 ② 17（整数のみ可）〔2点〕

□6 **1** ① 炭素 ② 黄色（完答）〔3点〕 **2** 0.55（g）〔3点〕
3 D(→)C(→)B(→)A（完答）〔3点〕 **4**（例）銅が酸素にふれないようにするため。〔3点〕

□7 **1**（例）顔を前後に動かす。〔3点〕 **2** **ア**，**エ**（順不同・完答）〔2点〕
3 A：おしべ〔2点〕 B：子房〔2点〕 **4** ① 花粉管〔2点〕 ② 受精〔2点〕

□8 **1** **イ**〔2点〕 **2** 向き：**エ**〔2点〕 運動：自由落下〔2点〕 **3** 0.1（J）〔3点〕
4 ① 摩擦 ② 熱（完答）〔3点〕

□9 **1**（例）ペン先の影が透明半球の中心と一致するようにしてつけた。〔3点〕
2 南中〔3点〕 **3** 時刻：11（時）45（分）〔2点〕 方角：東(側)〔2点〕
4 ① 日周 ② 自転（完答）〔3点〕

第201回 下野新聞模擬テスト
国語 【解説】

国語 〔解説〕

1 3 (1) 空欄の後に「単語を覚えたとしても」とあることから、**エ**「たとえ」を選ぶ。このように、決まった言葉で受ける副詞を、「呼応の副詞」という。
(2) 「学習」と**イ**「救助」は似た意味の漢字を組み合わせたものである。
(3) 波線部①は先生の動作であるため、「言う」の尊敬語である「おっしゃる」を用い、波線部②はAさんの動作であるため、「もらう」の謙譲語である「いただく」を用いる。
4 (1) A・Dの「かな」、Bの「けり」は、いずれも「切れ字」である。切れ字は句切れを示し、作者の感動の中心を表す働きのある言葉である。
(2) 俳句には季節を表す「季語」を詠み込むルールがある。それぞれの季語(季節)は、A「雪とけて(春)」、B「雪(冬)」、C「曼珠沙華(秋)」、D「枯野(冬)」である。

2 **1** 語頭と助詞以外の「はひふへほ」はそれぞれ「わいうえお」と読む。
2 **ア**、**イ**、**ウ**の主語は「端隆」、**エ**の主語は「二人連れの少女のひとり」である。
3 少女のひとりが言った「我は鳥を参らせぬ。目籠はそこより参らせよ(=私は鳥を売って差し上げた。目籠はあなたから売って差し上げなさい)」という言葉から考える。
4 傍線部(2)の直前に「身の栄を望み」とあることから、「世にあらん」は「自分が栄えること」すなわち「出世すること」と考える。
5 端隆は都の人は少女たちに劣ると思い、涙を流したのである。
〈口語訳〉
ある時、端隆が吉野山に花見に行った時、蔵王堂のあたりで、十三、四歳の身分の卑しい少女が二人連れだって、竹で編んだ目籠という物と鳥の姿をしている物をたくさん持って来て売っているのに出会った。(端隆は)都のみやげにしようと少女を呼び止めて、その鳥の姿をしている物を二つ三つ買った。「目籠も買おう」と言うと、(鳥の姿をしている物を売った少女が)先に行っていた少女を呼び戻し、「私は鳥を売って差し上げた。目籠はあなたから売って差し上げなさい」と言ったのを聞いて、とても立派でけなげな心だ(と端隆は思った)。都の人はひたすら力のある方について、身の栄えを望み、兄弟一門をも越えて、自分ひとりが出世しようとばかりするが、このような田舎の、幼い身分の卑しい少女にはるかに劣っていると思って、涙を流した。

3 **1** 「泣く」「叫ぶ」「殴る」などは生物の本能のまま感情にまかせきりの行動であるから、**イ**「原始的」が適当である。
2 空欄の前後は、ともに「自分で自分に話しかける習慣」の事例が述べられている。よって並列の接続詞**エ**「それから」を選ぶ。
3 傍線部(1)の具体的な例は、第二段落の「もっと簡単な例を挙げますと〜その人の本当の感覚とは違ったものが伝えられる」の部分に述べられているので、これらをまとめるとよい。
4 本文の最後の部分に「文章のほうはなるたけその感銘が長く記憶されるように書きます。したがって、口でしゃべる術と文章をつづる術とは、それぞれ別の才能に属するのでありまして」とあることを踏まえ、まとめていく。
5 筆者は「鯛の味」や「赤い花」をはじめ、多くの具体例を挙げている。**イ**は「疑問を投げかける表現を多用する」、**ウ**は「漢語と和語を織り交ぜる」、**エ**は「断定を避ける言い回しをする」の部分がそれぞれ適当ではない。

4 **1** 転石を割っていた海也の「なんで兄ちゃんは下に転がった石ばかり叩いたんにゃろか」という質問に対する、大地の返答の部分「『その方が効率的だろ』〜大変な作業になるからな』」の部分から字数に合うように抜き出す。
2 傍線部(2)の前にある、「いつもこいつはそうだ〜兄を追い越した」の部分から、海也に対してよい感情を持っていない大地の心情を読み取る。
3 化石についての知識の豊富さを、美子からほめられたことによって、少しあわてている大地の様子を考えると**ウ**が適当である。
4 恐竜の化石である可能性が高いことが分かり、大地が興奮してきていることが「恐竜だ。心の中で、その言葉を一度、反芻し、それから大きく深呼吸した。次第に鼓動が高まるのを、自分でも感じる」の部分から読み取ることができるので、この部分をまとめるとよい。
5 最後の「これを見つけたことはおれたちの秘密にする」という大地の言葉から、重大な発見であったことが分かる。あえて慎重な言い方をすることによって、大地はその化石の重大さを伝えようとしているのである。
6 **2**の解答にもあるが、大地は弟の海也に「嫉妬」していることが述べられている。この「嫉妬」という語をキーワードにして字数に合う部分をさがす。

5 ・形式　氏名や題名を書かず、二百字以上二百四十字以内で書いているか。原稿用紙の正しい使い方ができているか。
・表現　文体が統一されているか、主述の関係や係り受けなどが適切か、副詞の呼応や語句の使い方が適切か、など。
・表記　誤字や脱字がないか。
・内容　第一段落に、AさんとBさんのどちらかの意見を選び、その理由を明確に書いているか、また、第二段落に選んだ活動についての自分の考えを具体的に書いているか。
といった項目に照らし、総合的に判断するものとする。

第201回 下野新聞模擬テスト

社　会　【解　説】

社　　会〔解説〕

[1]　**1**(1)　日本の南端は沖ノ鳥島，北端は北海道に属する択捉島，東端は東京都に属する南鳥島，西端は沖縄県に属する与那国島である。

(3)　Aは秋田県，Cは栃木県が当てはまる。人口が多く，都市が発達している都道府県は，65歳以上の人口の割合が低く，出生率が高く，死亡率が低い傾向にある。

(4)　高松市には，年降水量が少ない瀬戸内の気候が広がっている。日本列島では，夏と冬に，ふく向きの変わる季節風がふき，それが気候に大きな影響を与えているが，瀬戸内は，中国山地と四国山地にはさまれた地域にあるため，夏も冬も乾いた風がふきつけやすい。

3　日本は，石炭だけでなく，鉄鉱石，天然ガスの多くをオーストラリアから輸入している。

4　インターネットショッピング利用世帯の割合は，増加傾向にある。インターネットショッピングで購入した商品は，運送業者が自宅などに運ぶため，運送業の売り上げが上昇していると考えられる。

[2]　**1**(2)　スリランカでは，茶が多く生産・輸出されている。**ア**，**ウ**はアメリカ合衆国やフランスなどの先進国，**イ**はコートジボワールやガーナなどのアフリカ中部の国々の輸出が多い。

(3)　EUは，加盟国間の経済・社会的交流を促進するため，パスポートなしで自由に国境を行き来でき，多くの加盟国では，ユーロという共通通貨が使われている。そのため，賃金の低い国から賃金の高い国に移動する労働者が増えている。

(5)　APECはアジア太平洋経済協力(会議)のことである。**イ**は東南アジア諸国連合，**ウ**は石油輸出国機構，**エ**はアフリカ連合のことである。

2　夏に乾燥し暑くなる地中海性気候が広がるスペインでは，暑い時間帯に活動することを避けるため，シエスタが導入されている。

[3]　**1**　5世紀から6世紀の朝鮮半島には，高句麗(こうくり)，百済(くだら)，新羅(しらぎ)，伽耶(かや)(任那(みまな)，加羅(から))の国や地域があり，互いに激しく争っていた。そのため，多くの人々が日本に渡ってくるようになり(渡来人)，日本にさまざまな文化を伝えた。中には，大和政権で役人として登用される者もいた。

2　下線部の「荏油(荏胡麻)」は，特産品である。特産品を税として納めていることから，調と判断する。**イ**は収穫した稲の約3％を納める税，**ウ**は地方で年間60日までの労役に従事する税，**エ**は九州北部で3年間の兵役に従事する税である。

3　**図3**の和歌をよんだ人物は，藤原道長である。藤原氏は，摂政や関白について政治を動かす，摂関政治を行ったことで知られる。

4　後醍醐天皇が行った建武の新政は，武家政治を否定し，天皇や貴族を重視した政治であった。そのため，倒幕に協力した足利尊氏を始め，武士の不満が高まった。

7　喜多川歌麿は，美人画の浮世絵を描いた人物である。朱子学は，儒学の一つで，上下関係や主従関係を重視する学問であり，徳川綱吉や松平定信が奨励した。

8　日本が開国して貿易がはじまると，日本からは生糸や茶などが輸出され，外国からは武器や綿織物，毛織物などが輸入された。

[4]　**3**　下関条約では，日本は台湾，澎湖(ほうこ)諸島，遼東半島を得ることができた。しかし，南方進出を目指すロシアは，日本が遼東半島を得ることで，政策実行を妨げられると考え，ドイツ・フランスをさそって，遼東半島を清に返還するよう三国干渉を行った。

5　**ア**は1991年，**イ**は1968年，**ウ**は日清戦争後のできごとである。

6　江華島事件は，1875年に日本が軍艦を朝鮮に派遣し，沿岸を無断で測量して圧力を加えたことによっておこった武力衝突のことである。

7　第二次世界大戦後，アメリカを中心とする資本主義諸国の西側と，ソ連を中心する社会(共産)主義諸国の東側とが対立し，冷戦となった。**イ**は1949年に成立した，西側諸国による軍事同盟である。その後，**ウ**1962年にキューバ危機がおこり，核兵器を使用した戦争がはじまる瀬戸際まで至った。1960年代後半に，ベトナム戦争が激化してくると，1970年代にかけて**エ**ベトナム反戦運動が広がるようになった。共産党政権が次々とたおれ，東ヨーロッパ諸国で民主化運動が盛んになると，**ア**1989年にベルリンの壁が崩壊した。

[5]　**1**(1)　内閣総理大臣を指名するのは，国会である。

3　衆議院の優越とは，いくつかの事項について，衆議院が参議院より優先されることである。これは，衆議院は参議院より任期が短く，解散もあることから，衆議院の方が国民の意見と強く結びついていると考えられているためである。

4　上告に対し，第一審に不服で，第二審を求めることを控訴という。

5(1)　**図2**の項目において，依存財源は，地方交付税交付金，国庫支出金，地方債である。地方税は自主財源である。

(2)　Ⅰ地方公共団体の首長は，住民の選挙によって決まる。Ⅲ地方議会は，首長に対して不信任決議を提出でき，首長は地方議会を解散できる。

[6]　**2**　株主総会は，株主が参加する，会社の経営方針や役員などを決定する会議である。利子は，お金を預けたり借りたりした人が，利子率に応じて受け取ったり支払ったりするお金のことである。

4　**図2**において，供給曲線と需要曲線が，600円の点で交わっている。この交わる点の価格を，均衡価格といい，商品を無駄なく販売できる価格である。

6　物価が下がり続けることをデフレーションという。また，不況時には，世の中に出回るお金の量を増やすため，政府は減税する。

7　累進課税を取り入れることで，国民の経済格差が大きくならないようにしている。

第201回 下野新聞模擬テスト

英語 【解　説】

英　語〔解説〕

□1 リスニング台本と解答を参照。

□2 **1** (1) <take＋(人)＋to＋(場所)>「(人)を(場所)へ連れて行く」。took は take の過去形。

(2) 将棋について述べられているので，culture を入れると，「ルーシーがいくつかの伝統的な日本の文化を経験したがっていたので…」という自然な文になり，後続の内容とも合う。

(3) 直前の主語が the members「部員たち」なので，were playing を選び，「部員たちが将棋をしていました」という過去進行形<be 動詞の過去形＋動詞の～ing 形>の文にすると自然な文になる。

(4) 「彼ら(＝プロの棋士)の一部はまだ高校生ですが，彼らはとても (4) です」という意味の文。strong「強い」を入れると自然な文になり，前後の内容とも合う。

(5) ルーシーが，「私が彼らのようなすごい棋士だったらなあ」という現実とは異なる願望を述べている。このような願望を述べるときは，仮定法<I wish＋主語＋動詞の過去形～>の文を使う。動詞の過去形の部分に be 動詞を用いるときは，主語に関係なく，多くの場合 were が使われることに注意する。

(6) <look forward to ～ing>「～することを楽しみにする」。この to は，前置詞であることに注意する。

2 (1) He has enough money to buy them. の語順。enough money to ～「～するのに十分なお金」

(2) Do you know who he is? の語順。疑問詞の who が，Do you know ～の文中に入り込む形の間接疑問文になっている。間接疑問文は，<疑問詞＋主語＋動詞～>の語順になることに注意する。

(3) I haven't decided which to buy yet. の語順。<which to＋動詞の原形～>「どちら[どれ]を～するべきか」。現在完了形の否定文で，「まだ～していない」と言うときは，ふつう文末に yet を置く。

□3 **1** 本文訳参照。あおいの２番目の発言中の最終文を参照。

2 本文訳参照。空所を含む文の直後で，あおいは理科の授業で学んだ具体的な内容を述べているので，サムはあおいに，「授業で何を学びましたか」などのように尋ねたと判断する。

3 **図**の右上の絵を参照。利用できる水が十分でない様子や，きれいな水を利用できない様子が描かれている。

4 本文訳参照。直前のサムの発言をまとめる。

5 (3) **図**の左下の絵を参照。男性が約５分でシャワーを済ませている様子が描かれているので，この内容を，quickly「すぐに」などを用いて英語にする。<finish＋動詞の～ing 形>「～し終える」を使うこともできる。

(4) **図**の右下の絵を参照。女性が，お米を洗った後の水を花にあげている様子が描かれているので，この内容を，<give＋(もの)＋to ～>「(もの) を～にあげる」などを用いて英語にする。

(5) **図**の【結論】を参照。この日本文を英語にする。<how to＋動詞の原形～>「～する方法」

6 自分の周りの一番大切な人やものについて，理由を含めて自分の考えを書く。英作文は，〔**条件**〕をよく読んで書くこと。

□4 **1** 本文訳参照。下線部を含む文に続く２文を参照。これらの内容をまとめる。

2 asked を入れて，「サッカー部の友達に，古いカスタネットを持ってくるように頼んだ」という文にする。<ask＋(人)＋to＋動詞の原形～>「(人)に～するように頼む」

3 第２段落５～６文目の藤田さんの発言を参照。「私はアジアのある国の小学校で働きました。私はそこで子どもたちに数学を教えました」と書かれている。

4 **A** 第５段落と第６段落から，海斗がサッカー部の友達によって助けられて[支えられて]，カスタネットを集めたことが分かるので，helped，または supported が入ると考えられる。

B 最終段落で，藤田さんが海斗に写真をあげているので，give「～を与える，あげる」の過去形 gave が入る。よって，**A**，**B**ともに正解を含む選択肢として，**ア**が適切。

5 **ア**…第１段落２文目を参照。海斗は，藤田さんが帰国したことを母親から聞いたと書かれているので，誤り。

イ…第２段落７文目を参照。藤田さんの発言から，同じ内容を読み取ることができるので，正しい。

ウ…第２段落半ばの海斗の質問と，第４段落の後半を参照。海斗が知りたがっていたのは，藤田さんが海外でボランティアとして働いた理由であり，カスタネットを集める理由ではないので，誤り。

エ…第４段落半ばの藤田さんの発言を参照。彼は海斗に，「何も特別なことをする必要はない」と言ったので，誤り。

□5 **1** 本文訳参照。内容から，fast「速く」が適当だと分かるが，一つ目の空所の直後に than があるので，比較級の faster にすることに注意する。

2 続く第３段落から第５段落にかけて，自転車の「歴史」について書かれていることから判断する。

3 本文訳参照。下線部を含む文の直後の１文を参照。この内容をまとめる。

4 **ア**…第３段落の前半から半ばを参照。最初の自転車には，車輪が二つ付いていたが，ペダルは付いていなかったと書かれているので，誤り。

イ…第３段落の後半を参照。1813 年に作られた自転車は，お金持ちの人々の間で人気が出たと書かれているので，誤り。

ウ…第５段落を参照。自転車にチェーンやゴムチューブが取り付けられたと書かれているが，これは 19 世紀末の出来事であり，19 世紀に作られたすべての自転車にこれらの部品が付属していたわけではないので，誤り。

エ…最終段落の後半を参照。同じ内容を読み取ることができるので，正しい。

第201回 下野新聞模擬テスト

英 語 【解 説】

〔本文訳〕

③ サム：やあ，あおい。何をしているの。
あおい：スピーチのための配布資料を作っているのよ。来月の文化祭で，私たちの周りの大切なものの一つについてスピーチをする必要があるの。先週の理科の授業で水について学んだから，水についてのスピーチをする予定よ。
サム：おもしろそうだね。授業ではどんなことを学んだの。
あおい：たくさんのことを学んだわ。例えば，地球の表面の約70%は水だけど，地球上の水の約97%は塩水なのよ。実際には，私たちが容易に使えるのは，地球上のすべての水の0.01%くらいしかないのよ。
サム：それは聞いたことがあるよ。地球上にはたくさんの水があるけど，僕たちが使える水は十分じゃない。世界中の多くの国では水の問題を抱えている。それらの国ではたくさんの人がきれいな水を使うことができないんだ。
あおい：それは深刻な問題を引き起こすかもしれないわね。
サム：そうだね。事実として，人々がより多くの水を手に入れたいから，戦争がしばしば起きている。
あおい：そんなこと信じられないわ。あなたは水の問題についてよく知っているのね。
サム：うん，それについてオーストラリアで学んだよ。オーストラリアは乾燥した国で，水がとても貴重なんだ。だから，僕たちの多くが学校で水について勉強するんだ。
あおい：あら，そうなのね。サム，私たちも水を節約すべきだと思うわ。水を節約するための考えは何かあるかしら。
サム：そうだね，例えば，オーストラリアの人たちの中には，よくシャワーをとても急いで浴びる人がいるよ。
あおい：それはおもしろいわね。あなたの考えについて，私のスピーチで話してみるわ。私たち日本人も節水に努めているのよ。
サム：えっ，本当に。それについて僕に教えてよ。
あおい：例えば，お米を洗った後，その水をお花にあげるの。
サム：ああ，それはよい考えだね。
あおい：あなたのおかげで，私は今，水の問題を解決する方法について私たち一人ひとりが考えなければならないということがわかったわ。スピーチの最後にそう言うつもりよ。ありがとう，サム。
サム：みんなが君のスピーチから学んでくれることを願っているよ。

④ ある日，よい知らせがありました。藤田さんがアジアの国でのボランティア活動を終えて帰国したと母が教えてくれました。僕が子どものとき，僕たちはよく一緒にサッカーをしました。彼は私の兄のような存在でした。
次の日曜日，僕は藤田さんに会いに行きました。彼と再会したとき，僕は本当にうれしかったです。彼は僕の学校生活について，僕にたくさん質問をしました。彼の質問に答えた後，僕は彼の経験について尋ねました。彼は，「僕はアジアのある国の小学校で働いたよ。そこで子どもたちに数学を教えたんだ。でも，学校に行けない子もいる。彼らは家族のために働かなければならないし，兄弟姉妹のめんどうを見なければならない。それに，校舎も日本の私たちのものほど立派じゃないんだ」と言いました。僕は彼に，「なぜボランティアとして海外で働いたの」と尋ねました。彼は，「日本は他の国によって支えられている。日本には君たちが必要なものが何でもあると思うかもしれないけど，それは正しくない。日本にも問題はあるんだ。例えば，私たちの食べ物と衣服のほとんどが他の国から来ている。もしそれらの国がそれらのものを作ったり日本に送ったりするのをやめたら，私たちの生活は難しくなるだろう」と答えました。彼は続けて，「それぞれの国にとってお互いの問題を知ることが必要だ。私たちはお互いに支え合うべきだと思うんだ。だから，僕は他の国の人々を支援するために何かをすることに決めたんだ」と答えました。
その夜，僕は藤田さんの言葉を思い出しました。彼の言葉を通じて，日本は他の国を支えていること，また日本も他の国によって支えられていることを学びました。他の国が僕たちの生活をよりよくしてくれている。だから，僕も他の国の人たちのために何かをしたいと思ったのです。
一週間後，僕は藤田さんの仕事場である国際交流センターを訪れました。僕は，「藤田さんの言葉が忘れられないんだ。だから僕も何かをすることに決めたよ。でも，僕は何をするべきかな」と言いました。彼は，「君は何も特別なことをする必要はないよ。君にできることをやることが大切なんだ」と言いました。それから彼は，あるアジアの国のボランティアメンバーが，音楽の授業のためにカスタネットを20個必要としていることを教えてくれました。彼は，「海斗，カスタネットを20個集めてくれないかな」と言いました。僕は，「分かりました。やってみます」と答えました。
家で，僕は自分の部屋で古いカスタネットを見つけました。でも，僕はまだ19個のカスタネットを集める必要がありました。そこで僕は，サッカー部の友達にメッセージを送り，古いカスタネットを持ってくるように頼みました。メッセージでは，なぜ僕が19個のカスタネットが必要なのかを彼らに伝えました。彼ら全員が僕の計画を理解して，賛同してくれました。
次の月曜日，彼らは家からカスタネットを持ってきてくれました。最終的に，僕は20個より多くのカスタネットを集めました。放課後，僕はそのカスタネットを持って，藤田さんに会いに行きました。彼は，「ありがとう，海斗。子どもたちはとても喜ぶよ」と言いました。
二か月後，藤田さんに会うために，僕は国際交流センターを再び訪れました。僕に会うと，彼はすぐに，「海斗，この写真を持っていていいよ」と言いました。写真の中で，子どもたちの何人かがカスタネットを演奏していました。彼らの顔には満面の笑みがありました。彼らの笑顔は，僕をとても幸せにしました。

⑤ 人々がある場所に急いで行きたいとき，自転車は最も人気のある機械の一つです。特に都会では，多くの人が自転車に乗ります。通学に使う人もいれば，買い物に使う人もいます。自転車を使えば，歩いて行くよりもすばやくこれらの場所に着くことができます。
自転車が最初に作られたのは200年ほど前です。それから，自転車は急速に改良されました。自転車の歴史について勉強してみましょう。
1813年，ドイツのある男性が，二つの車輪が付いた機械を作りました。これが最初の自転車だと言われています。それにはペダルがなかったので，前に進むためには，地面を蹴らなければなりませんでした。この種の自転車は，お金持ちの人々の間で人気が出ました。彼らは，そのような自転車で遊ぶことを楽しんだのです。
人々は，より速く移動することを望みました。1860年代，イギリスで新しい自転車が登場しました。それは，前輪にペダルが付いていました。そのような自転車では，前に進むのがより簡単でした。その後，その新しい自転車は再び改良されました。人々は，前輪を古い自転車の車輪よりも大きくしたのです。前輪が1.5メートルもあるような(背丈の)とても高い自転車もありました。そのような自転車に乗るのは難しく，危険でした。
19世紀末，自転車に大きな変化がありました。チェーン付きの自転車が作られました。チェーンがあることで，人々は後輪を回転させることができたのです。やがて，ゴムチューブが車輪に使われるようになったので，人々は簡単に自転車に乗るようになりました。その後，カゴやライトのような他の部品が自転車に取り付けられました。自転車はますます便利になり，多くの人々が使い始めました。
現在，ESD(＝持続可能な開発のための教育)が非常に重要になっています。自転車はESDのよい例です。ESDは，私たちが今何をすべきかを教えてくれます。私たちは次の世代のために地球を大切にすべきです。自転車は環境にやさしいです。なぜなら乗るために，一切の燃料を必要としないからです。私たちがしばしば自転車に乗れば，それは私たちの健康にとってよいです。自転車に乗ったりもっと使ったりすることのこれらの利点について考えてみましょう。

第201回 下野新聞模擬テスト
英語 【解説】

英語問題 [1]〔リスニング台本〕

台　本	時　間
これから中学3年生　第201回　下野新聞模擬テスト　英語四角1番，聞き方のテストを行います。 なお，練習はありません。 （ポーズ約5秒） これから聞き方の問題に入ります。問題用紙の四角で囲まれた**1**番を見なさい。問題は**1**番，**2**番，**3**番の三つあります。 最初は**1**番の問題です。問題は(1)から(4)まで四つあります。英語の対話とその内容についての質問を聞いて，答えとして最も適切なものを**ア**，**イ**，**ウ**，**エ**のうちから一つ選びなさい。対話と質問は2回ずつ言います。 では始めます。 (1)の問題です。　*A* : What do you usually do on Sundays, Saya? *B* : I play the guitar. How about you, Mike? *A* : After I finish my homework, I usually play badminton. *B* : Oh, I like badminton, too. Let's play it together someday. 質問です。　*Q* : What does Saya usually do on Sundays?　（約5秒おいて）繰り返します。（1回目のみ）（ポーズ約5秒） (2)の問題です。　*A* : Which season do you like the best, Emma? *B* : I like winter the best. How about you, Fumiya? *A* : I like fall the best. Look at this, Emma. I asked the same question to forty students in my class. These are their answers. *B* : Oh, half of your classmates like spring the best. 質問です。　*Q* : Which shows Fumiya's classmates' answers? （約5秒おいて）繰り返します。（1回目のみ）（ポーズ約5秒） (3)の問題です。　*A* : We will have a school trip next week. Do you have time to talk about it, Arisa? *B* : Sorry, Randy. I'm busy now, and I'm going to play tennis with my friends in the afternoon. *A* : Then, can I call you this evening? *B* : Yes, of course. 質問です。　*Q* : When will Randy call Arisa?　（約5秒おいて）繰り返します。（1回目のみ）（ポーズ約5秒） (4)の問題です。　*A* : I hear a new restaurant opened near our school last week. *B* : Right, Jun. Actually, I had lunch with my friends there yesterday. *A* : Oh, really, Karen? How was the restaurant? *B* : The food was delicious, but it was very expensive. 質問です。　*Q* : What was the problem with the restaurant for Karen? （約5秒おいて）繰り返します。（1回目のみ）（ポーズ約5秒）	（**1**番） 約**5**分
次は**2**番の問題です。英語の対話とその内容についての質問を聞いて，答えとして最も適切なものを**ア**，**イ**，**ウ**，**エ**のうちから一つ選びなさい。質問は(1)から(3)まで三つあります。対話と質問は2回ずつ言います。 では始めます。 *Taeko* : Hi, Kenny. I'll go to Minami High School next Saturday. We can experience one class and one club activity there. Do you want to come with me? *Kenny* : Oh, that sounds interesting. Yes, I want to go with you. Can you tell me more about it? *Taeko* : Sure. Look at this website. From 1:30 p.m. to 2:20 p.m., we can experience one class. There will be four different subjects, but we need to choose one of them. *Kenny* : Let me see..., I want to take the Japanese class or the home economics class. Is there anything special about them? *Taeko* : Yes. According to another page of this website, the Japanese class will be about Matsuo Basho and his haiku. In the home economics class, you will try making some Japanese sweets and eat them. *Kenny* : OK. Then, I'll choose Japanese because I have heard about Basho before and want to learn more about haiku. *Taeko* : Good. What about the club activity? *Kenny* : I want to go to watch the chorus club. *Taeko* : Really? The website says there will be a special concert by the members. Let's go there together. *Kenny* : Yes, let's! Taeko, which subject will you choose? *Taeko* : I'll choose science because it's my favorite subject. (1)の質問です。　Which subject will Kenny choose on Saturday?　（ポーズ約5秒） (2)の質問です。　Where will Taeko be from 2:30 p.m. to 3:30 p.m. on Saturday?　（ポーズ約5秒） (3)の質問です。　Which is true about Kenny or Taeko?　（約5秒おいて）繰り返します。（1回目のみ）（ポーズ約5秒）	（**2**番） 約**4**分
次は**3**番の問題です。あなたは今，ニュージーランドの高校に留学しています。学校の図書館についての友達の説明を聞いて，英語で書いたメモを完成させなさい。英文は2回言います。 では始めます。 This is our school library. You can read and borrow books, and you can also study here. You can use the library from 9 a.m. to 4:45 p.m. from Monday to Friday. But, on the second Wednesday of every month, the library teacher is not here. If she isn't here, you can't use the library. The number of books you can borrow is ten for two weeks, but you can borrow more books during school vacations. The library has some dictionaries. You can use them only in the library. The books in the library will help you learn more about things you are interested in. （約5秒おいて）繰り返します。（1回目のみ）（ポーズ約5秒） これで聞き方の問題を終わります。では，ほかの問題を始めなさい。	（**3**番） 約**2**分

数　　学〔解説〕

□1 **1**　$-2-(-3)=-2+3=1$

2　$-18x^3y^2\times\dfrac{1}{3xy}=-\dfrac{18x^3y^2}{3xy}=-6x^2y$

3　$x^2+13x+36=x^2+(4+9)x+4\times9=(x+4)(x+9)$

4　1個a円の品物b個の代金はab円と表され，この代金は1000円以下である。

5　線分AFは平行四辺形ABFEの対角線だから，△ABF＝△AEF
線分BFを共通の底辺とすると，△ABF＝△DBF
線分HFを共通の底辺とすると，△DHF＝△CHFだから，
　△DBF＝△DHF＋△HBF＝△CHF＋△HBF＝△HBC
以上より，△AEF，△DBF，△HBCの3個である。

6　yはxの2乗に比例することから，$y=ax^2$と表し，$x=2$，$y=-4$を代入して，
　$-4=4a$より，$a=-1$
$y=-x^2$に$x=-4$を代入して，$y=-(-4)^2=-16$

7　弧BCに対する円周角と中心角の関係より，$\angle BOC=2\angle BAC=2\times61°=122°$
△OBCはOB＝OCの二等辺三角形だから，$\angle OBC(\angle x)=(180°-122°)\div2=29°$

8　正四面体Aと正四面体Bは相似で，その相似比は3：2だから，正四面体Aと正四面体Bの体積比は
$3^3:2^3=27:8$となる。よって，正四面体Aの体積は，正四面体Bの体積の$27\div8=\dfrac{27}{8}$(倍)である。

□2 **1**　左辺の$5a$を移項して，$4b=3-5a$
両辺を4で割って，$b=\dfrac{3-5a}{4}$

2　色画用紙の横の長さは$(x+10)$cmと表され，白画用紙の縦，横の長さは，いずれも色画用紙の縦，横の長さより6cm短いことから方程式をつくる。

3　8で割ると4余る整数，12で割ると7余る整数は，m，nを整数として$8m+4$，$12n+7$と表される。
また，11を8と3に分けることで，$8m+12n+11=8m+12n+8+3=4(2m+3n+2)+3$が導ける。

□3 **1**　線対称な図形においては，対応する点どうしを結ぶ線分は，対称の軸によって垂直に二等分される。
【作図法】①　頂点Aを中心とし，直線ℓと2点で交わる円をかく。
②　①でかいた円と直線ℓの2つの交点をそれぞれ中心とし，①でかいた円と等しい半径の円をかく。
③　②でかいた2つの円の交点が頂点Pである。
④　頂点B，Cと対応する頂点Q，Rについても，①～③と同様にして，その位置を定める。
⑤　③，④で定めた頂点P，Q，Rを結んで，△PQRを作図する。

□3 1

2　(1)　直方体ABCD－EFGHの6つの面は，隣り合う2辺が8cmと10cm，6cmと10cm，6cmと8cmの長方形がそれぞれ2つずつあるから，その表面積は
　$(8\times10+6\times10+6\times8)\times2=376\ (\text{cm}^2)$

(2)　頂点BとDを結ぶと，△ABDは$\angle BAD=90°$の直角三角形だから，
　$BD=\sqrt{AB^2+AD^2}=\sqrt{10^2+8^2}=\sqrt{164}=2\sqrt{41}\ (\text{cm})$
△BDPは$\angle DBP=90°$の直角三角形だから，
　$DP=\sqrt{BD^2+BP^2}=\sqrt{(2\sqrt{41})^2+4^2}=\sqrt{180}=6\sqrt{5}\ (\text{cm})$

3　1つの弧DEに対する円周角は等しいことと，線分ABは直径で，半円の弧ABに対する円周角は90°であることを利用して，三角形の相似条件「2組の角がそれぞれ等しい」を使って証明する。

□4 **1**　$m-n$の値の絶対値が2になる場合は，mとnの差が2になるときで，
　$(m,\ n)=(1,\ 3),\ (2,\ 4),\ (3,\ 1),\ (3,\ 5),\ (4,\ 2),\ (4,\ 6),\ (5,\ 3),\ (6,\ 4)$
の8通りである。したがって，求める確率は$\dfrac{8}{6\times6}=\dfrac{2}{9}$

2　(1)　$1+3+5=9$(人)

(2)　学習時間が4時間以上5時間未満の階級の度数をx人とすると，度数の合計が$(13+x)$人で，平均値が4点であることから，合計の点数は$4(13+x)$点と表される。
また，(階級値)×(度数)の合計は$1.5+7.5+17.5+4.5x+16.5+6.5=49.5+4.5x$(点)となり，この値も合計の点数を表すことから，$4(13+x)=49.5+4.5x$より，$x=5$(人)

3　(1)　すべてのデータを得点の小さい順に並べると，
　1，1，2，3，3，3，3，4，4，4，4，4，4，5，5，5，5，5，6，6，6，6，7，8，8，8，8，8，9，9
だから，最小値は1点，最大値は9点，
　第2四分位数(中央値)は小さい方から15番目と16番目の平均を求めて$(5+5)\div2=5$(点)，第1四分位数は小さい方から8番目の4点，第3四分位数は大きい方から8番目の7点
となり，これに対応する箱ひげ図は**ウ**である。

(2)　データの散らばり具合について，四分位範囲が大きいほど大きく，四分位範囲が小さいほど小さい。

□5 **1**　(1)　点Aは関数$y=\dfrac{1}{2}x^2$のグラフ上にあるから，$y=\dfrac{1}{2}x^2$に$x=3$を代入して，$y=\dfrac{1}{2}\times3^2=\dfrac{9}{2}$より，

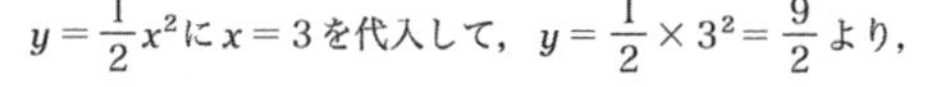

点Aとx軸との距離は$\dfrac{9}{2}$

第201回 下野新聞模擬テスト

数学 【解説】

(2) 直線ABの式を$y=\frac{1}{2}x+b$と表し，点Aを通ることから$x=3$，$y=\frac{9}{2}$を代入して，

$\frac{9}{2}=\frac{1}{2}\times3+b$より，$b=3$　したがって，$y=\frac{1}{2}x+3$

(3) 点Pは関数$y=\frac{1}{2}x^2$のグラフ上の点で，点Qは関数$y=\frac{1}{2}x-1$のグラフ上の点だから，これらの点のx座標をpとすると，点P$\left(p,\ \frac{1}{2}p^2\right)$，点Q$\left(p,\ \frac{1}{2}p-1\right)$と表され，線分PQの中点Mの$x$座標は$p$，$y$座標は

$\left\{\frac{1}{2}p^2+\left(\frac{1}{2}p-1\right)\right\}\div2=\frac{1}{4}p^2+\frac{1}{4}p-\frac{1}{2}$と表される。

点M$\left(p,\ \frac{1}{4}p^2+\frac{1}{4}p-\frac{1}{2}\right)$は関数$y=x$のグラフ上にあることから，$y=x$に$x=p$，$y=\frac{1}{4}p^2+\frac{1}{4}-\frac{1}{2}$を代入して，

2次方程式$\frac{1}{4}p^2+\frac{1}{4}p-\frac{1}{2}=p$を解くと，

$p^2-3p-2=0$，$p=\frac{3\pm\sqrt{17}}{2}$

ただし，$p>0$だから，$p=\frac{3+\sqrt{17}}{2}$

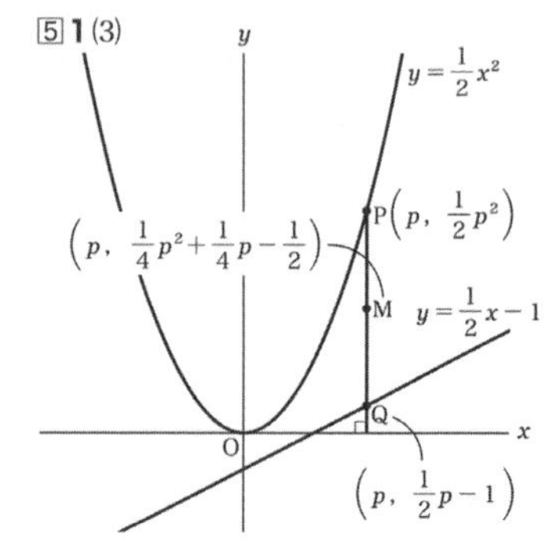

2 (1) △PMBの面積が15 cm²から0 cm²になるのに5秒かかったことから，1秒間に$15\div5=3$ (cm²)ずつ減少したことになる。

(2) 点Pは，頂点Aを出発してから11秒後に点Nに到着し，そのときの面積は15 cm²になる。また，16秒後に頂点Cに到着し，そのときの面積は30 cm²になる。したがって，点Pが線分NC上にあるときのxとyの関係を表す式を$y=ax+b$と表すと，

$a=\frac{30-15}{16-11}=3$

$y=3x+b$に$x=11$，$y=15$を代入して，

$15=3\times11+b$より，$b=-18$

よって，$y=3x-18$

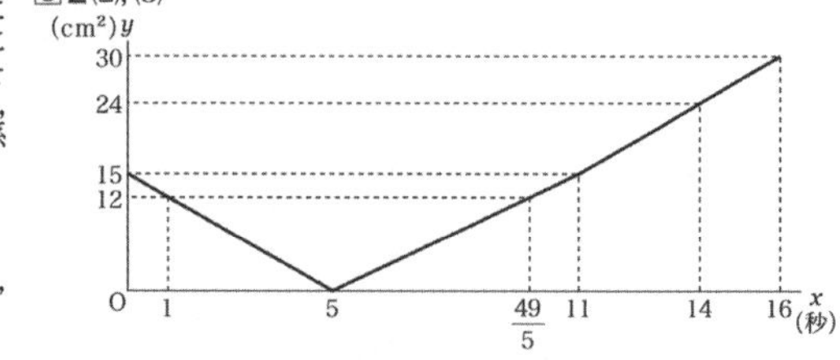

(3) 長方形ABCDの面積は$6\times10=60$ (cm²)だから，$60\times\frac{1}{5}=12$，$60\times\frac{2}{5}=24$より，△PMBの面積が12 cm²以上24 cm²以下になっていればよい。

$0\leqq x\leqq5$のとき，$y=-3x+15$に$y=12$を代入して，$x=1$

$5\leqq x\leqq11$のとき，$y=\frac{5}{2}x-\frac{25}{2}$に$y=12$を代入して，$x=\frac{49}{5}$

$11\leqq x\leqq16$のとき，$y=3x-18$に$y=24$を代入して，$x=14$

よって，0秒後から1秒後までと，$\frac{49}{5}$秒後から14秒後までの$(1-0)+\left(14-\frac{49}{5}\right)=\frac{26}{5}$ (秒間)である。

6 **1** ① 4番目の図形において，正方形をつくる縦向きのマッチ棒は，縦に4本，横に5列だから，$4\times5=20$ (本)で，横向きのマッチ棒も同数だから，正方形をつくるマッチ棒の本数は$20\times2=40$ (本)

② 正三角形をつくる本数は，マッチ棒1本ずつを1辺とする▽の向きの正三角形の個数の3倍になる。4番目の図形において，マッチ棒1本ずつを1辺とする▽の向きの正三角形は最も下の段に1個，下から2番目の段に2個，下から3番目の段に3個，下から4番目の段(最も上の段)に4個できるから，その個数は$1+2+3+4=10$ (個)である。したがって，正三角形をつくるマッチ棒の本数は$10\times3=30$ (本)

③ 正方形と正三角形の両方をつくるマッチ棒は，最も下の段の正方形と最も上の段の正三角形によって共有されるから，その本数は4本である。

2 1の②の解説より，7番目の図形において，マッチ棒1本ずつを1辺とする▽の向きの正三角形は最も下の段に1個，下から2番目の段に2個，下から3番目の段に3個，…，下から7番目の段(最も上の段)に7個できるから，その個数は$1+2+3+4+5+6+7=28$ (個)

3 n番目の図形において，正方形をつくる縦向きのマッチ棒は，縦にn本，横に$(n+1)$列だから，$n(n+1)$本で，横向きのマッチ棒も同数だから，正方形をつくるマッチ棒の本数は

$n(n+1)\times2=2n(n+1)$ (本)

マッチ棒1本ずつを1辺とする▽の向きの正三角形は最も下の段に1個，下から2番目の段に2個，下から3番目の段に3個，…，下からn番目の段(最も上の段)にn個できるから，その個数は

$1+2+3+\cdots+n=\frac{1}{2}n(n+1)$ (個)である。したがって，正三角形をつくるマッチ棒の本数は

$\frac{1}{2}n(n+1)\times3=\frac{3}{2}n(n+1)$ (本)

正方形と正三角形の両方をつくるマッチ棒は，最も下の段の正方形と最も上の段の正三角形によって共有されるから，その本数はn本であり，このn本は重複して数えているから除く。

以上より，並んでいるすべてのマッチ棒の本数は，

$2n(n+1)+\frac{3}{2}n(n+1)-n=2n^2+2n+\frac{3}{2}n^2+\frac{3}{2}n-n=\frac{7}{2}n^2+\frac{5}{2}n$ (本)

第201回 下野新聞模擬テスト

理 科 【解 説】

理 科 〔解説〕

1 1 電子は－，陽子は＋の電気をもつ粒子である。
4 太陽系には，太陽に近い方から順に，水星，金星，地球，火星，木星，土星，天王星，海王星の８個の惑星がある。
5 酸化銀は，Ag_2Oという化学式で表される化合物である。
6 光合成によって有機物をつくり出す植物(生物Ａ)を生産者，生産者がつくり出した有機物を直接または間接的に食べることから動物(生物Ｂ，Ｃ)を消費者という。
7 浮力は，水中の物体の上の面と下の面に作用する水圧の差によって生じる。
8 ハザードマップは，パソコンやスマートフォンなどでも確認することができる。

2 1 最初の方に出てくる気体は，装置内にあった空気を多く含むので，これを捨ててから集める。
2 気体Ｘは酸素である。
3 酸素は，乾燥した空気の約21％の体積を占めるので，空気１Ｌ中には1000mL×0.21＝210mLほど含まれる。

3 1 消化管は，口→Ａ(食道)→Ｃ(胃)→Ｆ(小腸)→Ｇ(大腸)→肛門の順につながっている。
2 胆汁は脂肪にはたらきかける消化液で，肝臓でつくられて胆のうに一時的にたくわえられている。
3 柔毛内には毛細血管とリンパ管が通っていて，デンプンが分解されてできたブドウ糖と，タンパク質が分解されてできたアミノ酸は毛細血管に入る。脂肪が分解されてできた脂肪酸とモノグリセリドについては，柔毛内で再び結合して脂肪となってリンパ管に入る。

4 1 0.0005s×4＝0.002sで１回振動しているので，１秒間では1s÷0.002s＝500〔回〕振動する。
2 おもりの質量を大きくすると，弦を張る強さが強くなって高い音が出るので，一定時間に振動する回数が多くなる。また，弦を弱くはじくと弦が振動する幅が小さくなるので，小さな音が出る。
3 弦の振動する部分の長さが短くなるので，高い音が出る。高い音を低くするためには，弦を弱く張ったり，弦を太いものに交換したりすればよい。

5 1 空気$1m^3$中に23.1g×0.792＝18.2952gの水蒸気を含んでいるので，露点は約21℃である。
2 雲が発生していないときは100mにつき1.0℃ずつ気温が低下するので，気温が25℃－21℃＝4℃下がるためには，空気のかたまりは$100m\times\frac{4℃}{1.0℃}=400m$上昇すればよい。
3 雲が発生してから山頂に達するまでは，湿度は100％である。また，雲が発生してからは100mにつき0.5℃ずつ気温が低下するので，空気のかたまりが山頂まであと1200m－400m＝800m上昇すれば，その気温は$21℃-0.5℃\times\frac{800m}{100m}=17℃$になる。

6 1 酸化物である酸化銅から酸素をとり去る化学変化を還元といい，このとき，とり去られた酸素によって炭素は酸化され，水溶液が酸性を示す二酸化炭素が発生する。なお，この化学変化は，$2CuO+C\rightarrow 2Cu+CO_2$という化学反応式によって表される。
2 質量保存の法則より，加熱前の酸化銅と炭素の質量の合計と，加熱後に試験管内に残った銅の質量との差が発生した二酸化炭素の質量である。よって，(2.00g＋0.15g)－1.60g＝0.55gとなる。
3 ガラス管の先が石灰水の中に入ったままガスバーナーの火を消すと，石灰水が試験管Ａに逆流して試験管Ａが破損する恐れがあり，危険である。
4 それまでの加熱によって熱くなっている銅に空気中の酸素がふれると，銅は再び酸化してしまう。

7 1 対象物が動かせる場合は，ルーペをできるだけ目に近づけた後，対象物を前後に動かしてよく見える位置を探す。
2 スケッチするときには，よく削った鉛筆を使い，できるだけ線を重ねずにかくようにする。また，影はつけずに，細部まではっきりとかくようにする。かくものは対象物のみにし，観察したときの日時や天気なども記入しておくとよい。
3 タンポポの場合，めしべをとり囲むように10本のおしべが見られ，がくの下側に子房が見られる。
4 おしべのやくにできた花粉がめしべの柱頭につくことを受粉という。受粉が行われた後，花粉から胚珠に向かって花粉管が伸び，花粉管の中を通って送られてきた精細胞の核と，胚珠の中にある卵細胞の核とが合体する。このことを受精といい，受精後に子房は果実へ，子房の中にある胚珠は種子へと成長していく。

8 1 小球の高さが最も低いＣの位置付近での速さが最も速いので，ストロボ写真における間隔は最も広くなる。
2 Ｅの位置では運動エネルギーが０になって一瞬だけ静止するので，糸を切ると重力によって自由落下を始める。
3 基準面から20cm(0.2m)の高さまで重さ$1N\times\frac{50g}{100g}=0.5N$の小球を垂直にもち上げる仕事に等しいので，そのエネルギーの大きさは0.5N×0.2m＝0.1Ｊとなる。
4 摩擦により，小球が最初にもっていた位置エネルギーの一部が失われた状態で，小球は木片に衝突する。

9 1 透明半球の中心から見ると，•印の延長上に太陽がある。
2 南中したときの太陽の高度を南中高度という。
3 透明半球の球面上では，太陽は96mm動くのに２時間(120分)かかっているので，36mm動くのにかかる時間は$120min\times\frac{36mm}{96mm}=45min$である。したがって，•印Ｍをつけた時刻(南中した時刻)は，•印Ｃを記録した11時から45分後の11時45分となり，12時よりも早いので東側になる。
4 地球は，地軸を中心に，西から東の向きに１時間に約15°の割合で自転している。そのため，太陽などの天体は，天球上を東から西の向きに１時間に約15°の割合で動いていくように見える。このような天体の見かけの動きを日周運動という。

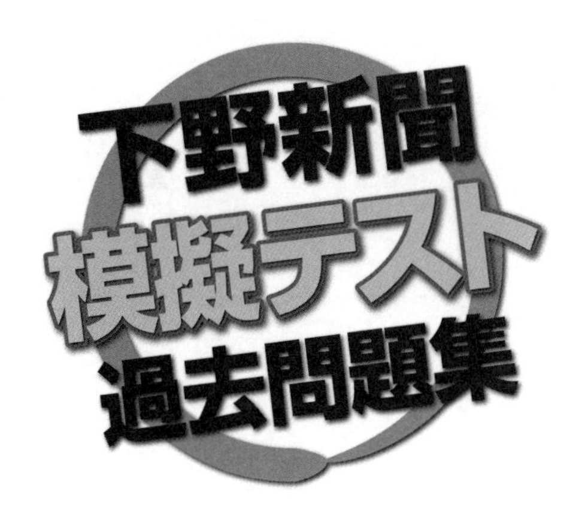

2022・2023

[令和7年高校入試受験用]

解答・解説編

令和４年度

10月　2日実施　第192回
11月　6日実施　第193回
12月　4日実施　第194回
1月22日実施　第195回

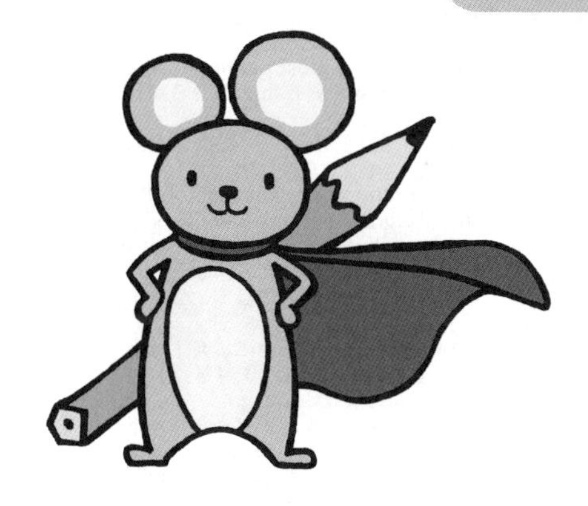

第192回 下野新聞模擬テスト
国語・社会・英語 【解　答】

国　語

1 1 (1) ちゅうしゅつ〔2点〕 (2) かくぜつ〔2点〕 (3) かか（げる）〔2点〕
(4) めずら（しい）〔2点〕 (5) かいめつ〔2点〕
2 (1) 検討〔2点〕 (2) 冷（やす）〔2点〕 (3) 熱湯〔2点〕
(4) 減（らす）〔2点〕 (5) 腹筋〔2点〕
3 (1) **イ**〔2点〕 (2) **ウ**〔2点〕 (3) （又）わき出でし〔2点〕 (4) **イ**〔2点〕 **4** **エ**〔2点〕

2 1 おうように（ひらがなのみ可）〔2点〕 **2** **ウ**〔2点〕 **3** **ア**〔2点〕
4〔例〕円浄房と別れようと思ったが、雨が降っていてどこへも行けなかったから。〔2点〕 **5** **ウ**〔2点〕

3 1 **イ**〔3点〕 **2** 不誠実な人〔3点〕 **3** **エ**〔3点〕 **4** **イ**〔3点〕
5〔例〕身体に感情と言葉をくぐらせるように同調させてセリフを言う、身体感覚のようなもの。〔4点〕
6 **ア**〔4点〕

4 1 「バスケ〔3点〕 **2**〔例〕想像〔4点〕 **3** **イ**〔3点〕 **4** **エ**〔3点〕
5〔例〕新しい扉を開けると新しい景色が見えるだろうという思いと、自分も同じ立場にあるということ。〔4点〕
6 **ウ**〔3点〕

5〔例〕私の家には古いLPレコードと、レコードプレーヤーがあって、今でも聴くことができます。父のものですが、私もクラシックやジャズを時々聴くことがあり、音がいいなと思います。新しいものでは、洋服やシューズなどを買いましたが、新しいものを身につけると気持ちがいいです。
　新しいものは私の気持ちを元気にさせてくれるので、自分にとって必要なものを選びながら、どんどん取り入れていきたいと思います。一方でレコードプレーヤーなどのように、古いものでも自分にとって大切なものができると、自分の気持ちの支えになると思うので、古いものも大事にしながらつき合っていきたいと思います。
〔20点〕

社　会

1 1 (1) **ウ**〔2点〕 (2) **エ**〔2点〕 (3) **ア**〔2点〕
2 **X**：アルパカ〔2点〕 **Y**：〔例〕標高によって気温の差がある〔2点〕
3 ヒンドゥー(教)〔2点〕 **4** （3月）14（日）午後4（時）（完答）〔2点〕 **5** **ア**〔2点〕

2 1 3（つ）〔2点〕 **2** 北洋漁業〔2点〕 **3** **ウ**〔2点〕 **4** **ウ**〔2点〕
5 本州四国連絡橋〔2点〕 **6**〔例〕化石燃料のほとんどを海外からの輸入に依存〔4点〕

3 1 (1) 適地適作〔2点〕 (2) **ウ**〔2点〕 (3) **イ**〔2点〕 **2** パンパ〔2点〕
3 ブラジル：**A** 小麦：**C**（完答）〔2点〕 **4** メスチーソ（メスチソ）〔2点〕 **5** **ウ**〔2点〕
6 **X**：〔例〕世界の人口が増加〔2点〕
Y：〔例〕漁獲の継続が可能なレベルにある資源の割合が減っている〔2点〕

4 1 **ア**〔2点〕 **2** 院政〔2点〕 **3** 道元〔2点〕
4〔例〕六波羅探題を設置して，朝廷を監視した。〔4点〕 **5** **エ**〔2点〕 **6** **ウ**〔2点〕

5 1 東廻り航路〔2点〕 **2** **エ**〔2点〕 **3** **ア**〔2点〕
4 西南戦争〔2点〕 **5** **エ→イ→ウ→ア**（完答）〔2点〕 **6** **イ**〔2点〕

6 1 (1) **ア**〔2点〕 (2) **エ**〔2点〕 (3) 財閥〔2点〕 **2** 吉田茂〔2点〕
3 Ⅰ：〔例〕輸出超過となり，貿易摩擦が深刻化〔2点〕 Ⅱ：**ア**〔2点〕 **4** **イ**〔2点〕

7 1 持続可能〔2点〕 **2** **ウ**〔2点〕
3〔例〕紙の出版に比べて，市場規模が増加傾向にあり，その要因には情報機器の普及率の向上がある。〔4点〕
4 (1) **ア**〔2点〕 (2) 2.8（%）〔2点〕

英　語

1 1 (1) **ア**〔2点〕 (2) **エ**〔2点〕 (3) **ウ**〔2点〕 (4) **イ**〔2点〕
2 (1) **エ**〔3点〕 (2) **イ**〔3点〕 (3) **ア**〔3点〕
3 (1) Wednesday〔3点〕 (2) seven〔3点〕 (3) fifth〔3点〕

2 1 (1) **ウ**〔2点〕 (2) **エ**〔2点〕 (3) **イ**〔2点〕 (4) **エ**〔2点〕 (5) **イ**〔2点〕 (6) **ア**〔2点〕
2 (1) **エ→ア→ウ→イ**（完答）〔2点〕 (2) **ウ→ア→エ→イ**（完答）〔2点〕
(3) **エ→ア→ウ→オ→イ**（完答）〔2点〕

3 1 (1)〔例〕very expensive (for most people)〔3点〕 (3)〔例〕It is used by[It's popular among]〔3点〕
(5)〔例〕we should have one at home(.)〔3点〕
2 **ウ**〔3点〕 **3** **イ**〔3点〕
4〔例〕父親から，「新聞を毎日読めば，世界についての多くの情報を得ることができる」と言われたから。〔4点〕
5〔例〕Shall[Why don't] we〔3点〕
6〔例〕I don't think spending too much time on the Internet is good for us. There are many bad websites on the Internet. My grandparents have lived for many years without using the Internet, so I think that we can live without it. We can learn many things by reading books. Also, using a computer and the Internet for a long time is bad for our eyes.〔6点〕

4 1〔例〕（おじの授業で,）生徒たちの前で日本について話してほしいということ。〔3点〕
2 have[need] to（完答）〔2点〕
3〔例〕私たちがお互いに何かを一生懸命に伝えようとすれば，お互いを理解できるということ。〔3点〕
4 was written（完答）〔3点〕 **5** **エ**〔3点〕

5 1 **エ**〔3点〕
2〔例〕（ペットの世話をすることで,）子どもがペットへの愛情を感じ，命がとても大切であることを学ぶことができるから。〔4点〕
3 **エ→ア→ウ→イ**（完答）〔4点〕 **4** **ウ**〔3点〕

第192回 下野新聞模擬テスト

数学・理科 【解 答】

数 学

1 1 -4〔2点〕 2 $\frac{11}{10}a$〔2点〕 3 x^2+5x+6〔2点〕 4 $x=5,\ 6$〔2点〕
5 $-8 \leqq y \leqq -2$〔2点〕 6 $\frac{9}{2}\pi\,\mathrm{cm}^2$〔2点〕 7 132度〔2点〕 8 エ〔2点〕

2 1 4個〔4点〕
2〔例〕最初に買う予定であった商品Aの個数をx個，商品Bの個数をy個とすると，

$$\begin{cases} 220x+330y=5720 & \cdots\cdots① \\ 330x+220y=5720-440 & \cdots\cdots② \end{cases}$$

①，②の両辺を110で割ると，

$$\begin{cases} 2x+3y=52 & \cdots\cdots③ \\ 3x+2y=48 & \cdots\cdots④ \end{cases}$$

③×3－④×2より，

$$\begin{array}{r} 6x+9y=156 \\ -)\ 6x+4y=\ \ 96 \\ \hline 5y=\ \ 60 \end{array},\quad y=12$$

これを③に代入して，$2x+3\times12=52$
$2x=16,\ x=8$
よって，最初に買う予定であった商品Aは8個，商品Bは12個となり，問題に適している。
答え（ 商品A 8個，商品B 12個 ）〔7点〕
3 $n=6,\ 10$（完答）〔4点〕

3 1 $\frac{3}{10}$〔3点〕 2 $7.865 \leqq x < 7.875$〔3点〕
3 (1) 男子の中央値 90点以上100点未満の階級〔2点〕，女子の最頻値 75点〔2点〕
(2)〔例〕例えば，男子の最小値が79点，最大値が120点であるなら，
得点の範囲は$120-79=41$(点)となる。
また，女子の最小値が60点，最大値が109点であるなら，
得点の範囲は$109-60=49$(点)となる。
$41<49$だから，この場合の得点の範囲は，男子の方が女子よりも小さくなる。〔6点〕

4 1 右の図〔4点〕 2 (1) $144\pi\,\mathrm{cm}^2$〔3点〕 (2) $\frac{2}{3}$倍〔4点〕
3（証明）〔例〕
△AOEと△COFにおいて，
長方形の対角線はそれぞれの中点で交わるから，
AO＝CO ……①
対頂角は等しいから，∠AOE＝∠COF ……②
AD//BCより平行線の錯角は等しいから，
∠OAE＝∠OCF ……③
①，②，③より，1組の辺とその両端の角がそれぞれ等しいから，
△AOE≡△COF
合同な図形の対応する辺は等しいから，EO＝FO ……④
①，④より，対角線がそれぞれの中点で交わるから，四角形AECFは平行四辺形である。〔7点〕

4 1

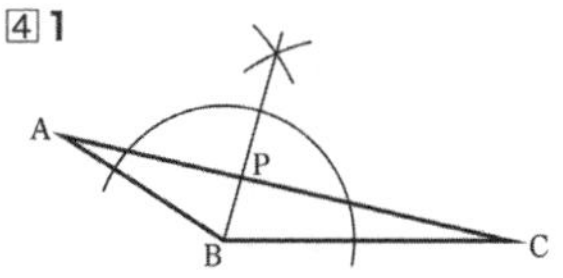

5 1 (1) $a=2,\ b=-8$（完答）〔2点〕 (2) 36〔3点〕
(3)〔例〕△ABCの面積は$\frac{1}{2}\times6\times8=24$だから，△ABP＝24になればよい。
線分PBを△ABPの底辺とすると，
$\frac{1}{2}\times\mathrm{PB}\times\mathrm{AO}=24$
$\frac{1}{2}\times\mathrm{PB}\times(4-0)=24,\ \mathrm{PB}=12$
したがって，点Pのy座標は$12-8=4$である。 答え（ 4 ）〔6点〕
2 (1) $8000\,\mathrm{cm}^3$〔2点〕 (2) Ⅰ 10〔2点〕 Ⅱ 10〔2点〕 Ⅲ 42〔2点〕 (3) $y=5x-20$〔3点〕

6 1 Ⅰ 16〔2点〕 Ⅱ $4n$〔2点〕 2 n^2+3n 本〔3点〕 3 154本〔6点〕

理 科

1 1 エ〔2点〕 2 ア〔2点〕 3 ウ〔2点〕 4 ウ〔2点〕
5 南南西〔2点〕 6 磁界(の向き)〔2点〕 7 孔辺(細胞)〔2点〕 8 21.6(g)〔2点〕

2 1 柱状図〔2点〕 2 名称：しゅう曲〔2点〕 力：(例) 地層を両側から押す力。〔3点〕
3 イ〔2点〕

3 1 イ〔2点〕 2 電子線(陰極線)〔3点〕 3 ① － ② 下（完答）〔3点〕

4 1 X：カバーガラス〔2点〕 Y：スライドガラス〔2点〕 2 イ〔2点〕
3 ① 近づける ② 下げ（完答）〔3点〕

5 1 溶解度〔2点〕 2 ビーカー：B〔2点〕 質量：26.4(g)〔2点〕
3 ① 加熱 ② 溶媒（完答）〔3点〕

6 1 (例) 等圧線どうしの間隔が最もせまくなっているのでBである。〔3点〕
2 ① シベリア〔2点〕 ② 西高東低〔2点〕 3 季節風〔3点〕 4 ア〔2点〕

7 1 実像〔3点〕 2 光軸上の点：焦点〔2点〕 距離：ア〔2点〕
3 右図〔3点〕 4 ① 短く ② 小さく（完答）〔3点〕

7 3

8 1 ① 純系〔2点〕 ② DNA〔2点〕 2 顕性(形質)〔3点〕
3 イ〔2点〕 4 (例) 親の代とまったく同じ形質が現れる。〔3点〕

9 1 エ〔2点〕 2 ① 電解質 ② 電離（完答）〔3点〕
3 $CuCl_2 \rightarrow Cu^{2+} + 2Cl^-$〔3点〕 4 名称：塩素〔2点〕 性質：イ〔2点〕

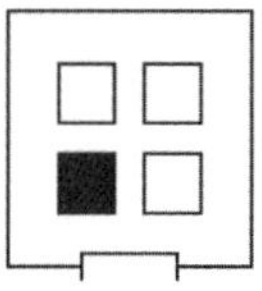

第192回 下野新聞模擬テスト

国 語 【解 説】

国 語 〔解説〕

1 3 (1) 「渡り鳥」という名詞で終わっているため、**イ**「体言止め」が正しい。
(2) 「小鳥」「渡り鳥」はどちらも秋の季語である。
(3) 第二句の「又わき出でし」という表現には、作者の驚きの気持ちが込められている。
(4) 「捕らえる」と**イ**「出(る)」は下一段活用。**ア**は上一段活用、**ウ**は五段活用、**エ**はサ行変格活用。

4 「何ノ亡ボシレ国ヲ敗ルコトカレ家ヲ之レ有ラン。」は「１３２５４６７。」の順で読む。

2 **1** 助詞と語頭以外の「はひふへほ」は「わいうえお」に直す。「やう」は「よう」となる。
2 **アイエ**は「円浄房」、**ウ**は「やせたる法師」が主語にあたる人物である。
3 「年ごろ」という古語は「長年」という意味になる。「悲しければ」は仮定条件(～ば)ではなく、確定条件(～ので)になる。
4 「『長年お側におりましたが、追い払いなさったので、お別れします』と言って、雨に降られてどこへも行けず、泣いている」とある部分に着目する。
5 **ア**「弟子に模範を見せる」「助けることを教えた」が合わない。**イ**「養うために」「ひどく寂しい思いをした」が合わない。**ウ** 円浄房は弟子の僧と年若い僧とともに貧窮を追い払ったこと、雨に降りこめられてどこへも行けない貧窮に同情したことと合っている。**エ**「親しくしていた貧窮殿」が合わない。

〈口語訳〉
尾張国に、円浄房という僧がいた。暮らし向きが貧しくて、年齢も五十歳になったが、弟子の僧一人と、年若い僧がいた。「長年とても貧しいことが悲しいので、貧窮を、今は追い払おうと思う」と言って、大みそかの夜、桃の枝を、自分も持ち、弟子にも、年若い僧にも持たせて、呪文を唱えて、家の中から次第にものを追うように打ちつけて、「今は貧窮殿、出ていかれよ、出ていかれよ」と言って、門まで追って、門を閉めてしまった。
その後の夢に、やせた法師一人が、古堂に座って、「長年お側におりましたが、追い払いなさったので、お別れします」と言って、雨に降られてどこへも行けず、泣いていると(夢に)見て、円浄房が語ることには、「この貧窮は、どれほどつらいことだろうか」と、泣いたことこそ、情けのあることだと思われる。
それより後、暮らし向きは不自由なく過ごした。

3 **1** 「同じ言葉をリピートしてしまう」理由は、「言葉に感情を乗せないと、疲れない」からであるという文脈なので、とくに意識せずにという意味の、**イ**「無意識」が適当。
2 傍線部(3)の前の段落に「こんな癖のある相手(＝同じ言葉をリピートする人)に、人は好感」を持たないどころか、「不誠実な人」だと見られると述べている。
3 傍線部(2)の直後に「相手の言葉を遮りたい、相手から自分を守りたいという意図が一つ」とあり、さらに次の段落に、「もう一つが一言一言の重みをわざと軽くしていくという意図」とあるので、この二つが正しく説明されているものを選ぶ。**ア**は二つ目だけが説明されている。**イ**は関係ない内容を含み、二つ目が少しだけ説明されている。**ウ**は関係ない内容を含み、一つ目が少しだけ説明されているので**エ**が適当である。
4 傍線部(3)の次の段落に、「それで結局、顧客をもっと怒らせることになってしまう」とあるので、「気持ちが伝わらず逆効果になる」とある**イ**が適当。
5 最後から三つ目の段落に「身体に、感情と言葉をくぐらせるように同調させて、セリフを言われている。その身体感覚のようなものを、身近で感じて本当に感動しました。」とあるので、「身体感覚」に着目して、制限字数内にまとめる。
6 **ア** 本文で繰り返されている「感情と言葉の一体化」の内容に合っており、とくに最後の段落の内容と合っている。**イ**「できるだけ間をおいて表現する必要がある」とは述べられていない。**ウ** 坂東玉三郎さんの例は述べられているが、「全身を使って表現する練習をする必要がある」とは述べられていない。**エ**「なるべく言葉を軽快なものにして相手を傷つけないようにする必要がある」が誤り。

4 **1** 「オレ」はバスケ部のキャプテンなので、「宮本剣」がバスケ部の見学に来ていたことが気になっていたのである。
2 「オレ」がバスケ部に興味があるのかと聞いても、宮本は二度とも答えなかった。それで、「オレ」は「東山」から聞いたことを伝えたところで、「風に吹かれて揺れている」花壇の花へと場面が変わっている。宮本の反応が気になるところで間を置いて、読者に宮本の反応を想像させている。
3 傍線部(3)のあとに、もし宮本が本気だったら、いろいろ対応しなければならないことを「覚悟」していたとある。それをあっさり否定されて気持ちが「ズッコけ」たのである。
4 傍線部(4)の前に「ぼくは運動神経いいし、スポーツ、やり続けられるって思ったんですよ。逆にスポーツ続けなきゃ、って思いこんでいるようなところもあった」と述べている。
5 何部なのかも知らないのに「いいんじゃないか」と言うことで、「新しい扉」を開けると「新しい景色」が見えるということと、自分も同じ立場だということを伝えたかったのである。
6 **ア**「逆に励まされてバツの悪さを感じている」が合っていない。**イ**「不快に思っていた」が合っていない。また、「しだいに心を開いて」という様子でもない。**ウ**「転校するのがイヤでイヤで」たまらなかったが、「その選択、きっといいんじゃないか？」と言った時点で気持ちが前向きになっていることが読み取れる。**エ**「対等な口をきいて」はいない。

5 ・形式 氏名や題名を書かず、二百四十字以上三百字以内で書いているか。二段落構成で、原稿用紙の正しい使い方ができているか。
・表現 文体が統一されているか、主述の関係や係り受けなどが適切か、副詞の呼応や語句の使い方が適切か、など。
・表記 誤字や脱字がないか。
・内容 第一段落では、「古いものの良さ」と「新しいものの良さ」についてそれぞれ具体的な例を挙げて書いているか。第二段落では、第一段落の内容を踏まえて、「古いものや新しいもの」にどのように関わっていこうと思うかについての自分の考えを具体的に書いているか。

といった項目に照らし、総合的に判断するものとする。

第192回 下野新聞模擬テスト
社　会　【解　説】

社　会 〔解説〕

1 1(1) Aの国はオマーンである。アラビア半島に位置するすべての国は，西アジアに属する。
(3) Qの地点は，夏は南西の湿った季節風，冬は北東の乾いた季節風がふきつけるため，乾季と雨季があるサバナ気候になる。1月の平均気温が低い**イ**はS，一年中乾燥している**ウ**はR，一年中気温が高く，降水量の多い**エ**はPである。
2 Y 標高が高くなるほど気温が下がる。とくに，ペルー中部のアンデス山脈が通る地域では，標高が低い所で熱帯の作物，標高が高くなるにつれ，その場所の気温に適応する作物を栽培し，4,000m以上の農業に不向きな土地ではリャマやアルパカの放牧を行っている。
4 東京の標準時子午線は東経135度で，シアトルとは255度の経度差がある。経度15度につき，1時間の時差が生じるため，東京とシアトルの時差は255÷15＝17時間となる。東京の日時から17時間戻すと，シアトルの日時が求められる。

2 1 道府県庁所在地は，仙台市(宮城県)，大阪市(大阪府)，大分市(大分県)である。
3 気温が最も低い**ア**は苫小牧市，苫小牧市に次いで気温が低い**エ**は仙台市，降水量が少ない**イ**は大阪市である。
4 仙台市は東北地方で最も人口が多いため，食料消費量が多く，食料品の製造が多い。製造品出荷額が最も多く，輸送用機械を多く製造している**ア**は，愛知県に位置する豊田市，輸送用機械と鉄鋼を製造している**イ**は，大分県に位置する大分市，京浜工業地帯に位置するため製造品出荷額が2番目に多い**エ**は，神奈川県に位置する川崎市である。
6 火力発電で使用される，石油・石炭・天然ガスなどの資源を化石燃料という。日本は，これらの自給率が低く，海外からの輸入に依存しているため，その運び込みに便利な沿岸部に火力発電所が設置される。また，大消費地が沿岸部に多いことも理由として挙げられる。

3 1(1) 広大な国土を持つアメリカは，地域によって土壌や気候が大きく異なる。その自然環境に合わせた農業を，企業が中心となって大規模に行い，生産物を世界中に輸出している。
(2) ルール工業地域で盛んな鉄鋼業は，ドイツの自動車産業を支えている。**ア**はロシア，**イ**はオーストラリア，**エ**はフランスについて述べている。
3 ブラジルやアルゼンチンは，大豆やさとうきび，とうもろこしの生産量が多い。オーストラリアでは，乾燥帯が広い範囲を占めているため，乾燥にも強い小麦が栽培されている。
5 **ウ**の地点は，アルプス山脈からヒマラヤ山脈を通って，インドネシア東部にいたる造山帯(変動帯)に位置している。**ア**，**イ**，**エ**はいずれも，地殻が安定している土地である。
6 アジア州やアフリカ州の人口爆発にともなって，世界で食料消費量が増加している。しかし，**図6**から魚介類の資源量にも限りがあり，近年は乱獲などによって，資源が減少していることが分かる。そのため，育てる漁業として養殖業や栽培漁業が注目されている。

4 1 **ア**は公地・公民の制度について述べている。**イ**は聖徳太子による冠位十二階，**ウ**は聖武天皇の政策，**エ**は天武天皇の皇后(天皇の妻)であった，持統天皇の政策について述べている。
4 下線部ⓒを承久の乱といい，この乱の結果，幕府の勢力は朝廷や西国にもおよんだ。この乱に勝利した幕府は，六波羅探題を設置して朝廷を監視し，乱で朝廷に従った西国の武士を統率するようになった。
5 足利尊氏は，後醍醐天皇とともに鎌倉幕府をたおしたが，後醍醐天皇の建武の新政に不満を持つようになり，対立するようになった。

5 1 河村瑞賢は東廻り航路だけでなく，東北地方から関門海峡を通って，大阪まで年貢などを届ける西廻り航路も開いた。
5 **エ**1914年に第一次世界大戦が始まると，欧米列強のアジアへの影響力が弱くなり，日本が参戦を宣言して，**イ**中国に二十一か条の要求を示した。第一次世界大戦後の民族主義の中，朝鮮では日本からの独立を目指した**ウ**三・一独立運動が1919年におきた。しかし，再び戦争への気運が高まると，1931年に関東軍が**ア**満州事変をおこした。
6 衆議院の議席の多くを占める政党が組織する内閣を，政党内閣という。

6 1(1) 第二次世界大戦後は，選挙権を得る性別が男性のみから男女となり，年齢制限は満25歳以上から満20歳以上に引き下げられた。
3 1973年の石油危機(オイル・ショック)により，日本の高度経済成長は終わったが，その後も安定成長を続け，1980年代にアメリカなどとの貿易摩擦が最も深刻化した。そのため，ジャパンバッシングとよばれる運動もおきた。
4 1960年は，アフリカ州の多くの国が独立したため，「アフリカの年」といわれる。

7 2 国際分業は，競争力のあるものを生産し，競争力のないものについては輸入することをいう。日本の小麦の自給率は16％，米の自給率は97％(2019年)となっている。
3 **図1**から，紙の出版による市場規模は現在も大きいが，少しずつ縮小していることが読み取れる。一方電子出版の市場規模は拡大しており，その要因に，**図2**の情報機器の普及率の向上があると分かる。
4(2) **図4**中の「夫婦のみ」「親と子ども」が核家族に当たる。

第192回 下野新聞模擬テスト

英語 【解説】

英　　語 〔解説〕

1 リスニング台本と解答を参照。

2 **1** (1) ＜would like to＋動詞の原形＞「～したい」

(2) ＜one of the＋最上級＋複数名詞＞「最も～な…のひとつ」

(3) ＜take a picture＞で「写真を撮る」。この文は過去のことなので，take の過去形の took を選ぶ。

(4) ＜You can ～.＞という肯定文を，付加疑問文にするときは，文末に，＜～, can't you?＞を付ける。

(5) 「(数が) 多い」という意味で複数名詞に付く many を選ぶ。

(6) ＜have a ～ time＞「～な時間を過ごす」

2 (1) ＜have[has] been to ～＞で「～に行ったことがある」という意味。＜have[has] never ～＞とすると，「一度も～したことがない」という意味になる。

(2) ＜It is[It's] … (for＋A)＋to＋動詞の原形＞「(Aにとって) ～するのは…です」の疑問文は，be 動詞の is を it の前に置く。

(3) playing tennis with Rika が後ろから the boy を修飾して，「リカとテニスをしている少年」という意味になる。(現在分詞の形容詞的用法)

3 **1** (1) 女の子の一つ目の吹き出しを参照。「テレビはほとんどの人にとって，とても高価なものでした」の部分を英語にする。

(3) 「2022年におけるマスメディアの利用状況(年齢別)」のグラフを参照。インターネットは，多くの若者によって利用されていると分かる。よって，＜be 動詞＋過去分詞＞「～され(てい)る」という意味の受け身の文を用いて，It is used by ～.「～によって利用されている」などのように表現するとよい。

(5) 女の子の二つ目の吹き出しを参照。「一家に一台は持っておくべきです」の部分を英語にする。

2 女の子の一つ目の吹き出しを参照。「仕事中によくラジオを聞いていたそうです」と書かれているので，「～の間」という意味の前置詞である during を選択し，during their work「彼らの仕事中に」とする。while も「～の間」という意味だが，この意味の while は接続詞で，後ろには＜主語＋動詞～＞が続くので，ここでは誤り。

3 本文訳参照。下線部を含む文と，続く文がヒントになる。

4 本文訳参照。下線部の直後で，父親から言われたことがきっかけだったと分かる。

5 「～しませんか」という意味の＜Shall[Why don't] we＋動詞の原形～?＞を使って，買い物に誘う場面である。

6 this idea (インターネットに長い時間を費やすのは良くないという考え)に対して，理由を含めて，自分の考えを述べる。理由を述べるときは，because や so を用いるとよい。英作文は，設問文に書かれている指示をよく読んで解くこと。

4 **1** 本文訳参照。下線部を含む文の直前の文で，ミズホのおじが，ミズホに頼み事をしていると分かるので，この内容をまとめる。

2 本文訳参照。＜don't have[need] to＋動詞の原形～＞「～する必要はない」。緊張しているミズホに，おじが，「完璧にする必要はない」と励ます場面である。

3 本文訳参照。第5段落に，「私はその日，大切なことを学びました」という一文がある。その直後の一文の内容をまとめる。

4 was written を入れると，「それ(＝手紙)はすべて日本語で書かれていました」という意味の受け身の文になる。

5 **ア**…第1段落を参照。この夏のミズホのオーストラリアへの訪問が，初めての外国への訪問だと書かれているので，選択肢の後半の「そこ(＝オーストラリア)を何回も訪れたことがある」の部分が誤り。

イ…第4段落の後半を参照。ミズホは，日本食，学校，そしていくつかの他のことについて，英語で話したと書かれているので，選択肢の後半の「ミズホは，彼らに日本語でのみ話した」の部分が誤り。

ウ…第4段落の最終文を参照。「それ(＝ミズホの話)は15分くらいでしたが，2時間くらいに感じました」と書かれている。ミズホが実際に話をした時間は，約15分間なので，誤り。

エ…第5段落を参照。同じ内容を読み取ることができるので，正しい。

5 **1** 本文訳参照。空所を含む文の前後で，ペットが人間に与えてくれる良いことについて書かれている。よって，「大切な友達」という意味の important friends が入ると分かる。

2 本文訳参照。下線部を含む文に続く二文目(However ～以下)の内容をまとめる。

3 本文訳参照。挿入する英文を並べかえる問題では，接続詞や代名詞に着目して考えるとよい。

4 本文訳参照。英文全体が，「ペットを飼うことの良い点→悪い点→悲しい話→ペットに対する心構え」という流れで，最終段落で，「私たちは，ペットを友達や家族だと考えるべきです」と締めくくっているので，**ウ**「私たちの生活の中でペットを飼うということ」が適切。

第192回 下野新聞模擬テスト

英 語 【解 説】

〔本文訳〕

3 夏奈：私はスピーチの準備をしているの。これらのグラフを見て。1955年と2022年における最も人気のマスメディアがわかるわ。
サム：へぇ，君のテーマはおもしろそうだね。ええと…，1955年に，テレビはどうしてそれほど人気がなかったのかな。
夏奈：当時，テレビはほとんどの人にとって，とても高価だったから，お金持ちの人だけが買うことができたのよ。
サム：なるほど。1955年に，ラジオ放送は新聞よりも人気だったのかな。
夏奈：ええ，そうなの。当時の私たちの市には，農場経営者が多かったそうよ。彼らが仕事中に，よくラジオを聞いていたの。
サム：そうなんだね。右のグラフは，2022年において，インターネットとテレビが人気であることを示しているね。でも，インターネットが一番人気じゃないんだね。
夏奈：そうなのよ。もう一つのグラフを見て，サム。それは，2022年における年齢別の人気のマスメディアを示しているの。
サム：どれが一番人気なのかな。
夏奈：もちろん，テレビよ。すべての年代の多くの人が，テレビを見ているわ。
サム：インターネットはどうなのかな。
夏奈：それは多くの若い人によって使われているわね。彼らはそれをとても便利だと思っているわ。でも，60代の人たちは，そんなに頻繁にインターネットを使っていないわ。
サム：インターネットは，僕に最新のニュースを与えてくれるから，僕はインターネットでニュースをチェックしているよ。新聞はどうなのかな。
夏奈：年齢が上の人のほうが，より多く新聞を読んでいるわ。
サム：僕は新聞を読まないんだよね。君はどうなの。
夏奈：私は毎日，新聞を読むようにしているわ。昨年，お父さんが私に，「毎日新聞を読めば，世界についての多くの情報を得ることができるよ」と言ったの。その後，私は新聞を読み始めたの。
サム：そうなんだ。多くのことを注意深く考えるべきときには，新聞を読むのがいいかもしれないね。でも，2022年に，ラジオを聞くことはすべての年代の間で人気がないね。
夏奈：現在，私たちは頻繁にはラジオを聞かないわね。でも，それぞれのメディアには利点があることを理解すべきで，ラジオ放送にはラジオ放送の利点があるのよ。ラジオは，地震のような大災害のときにおいて，とても役に立つわ。だから，私たちは，一家に一台は持っておくべきよ。あなたはラジオを持っているの。
サム：いや，持ってないよ。
夏奈：あら，それはよくないわ。今度の週末にラジオを買いにお店へ行きましょうか。
サム：うん，ぜひとも。ラジオを手に入れるのにいくらぐらい必要かな。
夏奈：たぶん，2,000円くらいね。私がインターネットで値段を調べて，後であなたにメッセージを送るわ。
サム：ありがとう，夏奈。インターネットは本当に便利だね。
夏奈：私もそう思うの。でも，インターネットの使いすぎは私たちにとってよくないと思う人もいるわ。あなたはこの考えについてどう思うかしら。

4 今年の夏，私はオーストラリアを訪れました。私のおじがオーストラリアに住んでいて，彼が私を家に招待してくれました。それは私の初めての外国訪問だったので，とてもワクワクしていました。

私のおじは，中学生に日本語を教えています。オーストラリアでは，日本語は，人気のある言語で，多くの学生が日本語を勉強しています。私はそれを聞いて驚き，おじの日本語の授業に興味を持ちました。

オーストラリアでの三日目に，おじが私に，「ミズホ，私の授業に来て，私の生徒たちの前で，日本について話してくれないかな」と言いました。私が最初に彼の言葉を聞いたとき，私は何も言えませんでした。私は彼の授業を見に行きたかったのですが，私はたくさんの生徒の前で話すことができないと思いました。彼は，「心配しないで。私の生徒たちは日本に興味があるんだ。君は日本について少し話してくれるだけでいいんだ。そんなに難しくないよ」と言いました。私の話を通じて，彼の生徒たちが日本について学ぶことができるかもしれないと思ったので，私は彼に，「分かりました。喜んでお手伝いします」と言いました。

二日後，私はおじと学校へ行きました。教室まで歩いていたとき，私は緊張しました。おじは，「完璧にする必要はないよ。私の生徒たちのために，日本について話すだけだよ」と言いました。私が教室に入って行くと，彼ら全員が私を見ていることに気づきました。生徒たちは静かで，私はとても緊張しました。そのとき，ひとりの生徒がほほ笑んで，「こんにちは，ミズホ。はじめまして。私はケイトといいます。私たちはあなたに会えてうれしいです。私たちはあなたの話を聞きたいです」と言いました。みんながほほ笑んでくれて，私はずいぶんと落ち着きました。それから私は，日本食，学校，そしていくつかの他のことについて，英語で話しました。すべての生徒が私の話に耳を傾けていました。それは15分くらいでしたが，2時間くらいに感じました。

私が話し終えた後，彼らは私にたくさんの質問をしました。彼らの質問のいくつかは難しかったですが，それらすべての質問に答えるように努めました。生徒たちが私を理解してくれたことが分かって，私はうれしかったです。私はその日，大切なことを学びました。私たちが互いに何かを一生懸命に伝えようとすれば，お互いを理解できるのです。

授業の後，ケイトが私のところに来て，「私はもっと日本について知りたいの」と言いました。ケイトは，日本の文化にとても興味を持っていました。彼女はすでに日本についてたくさんのことを知っていたので，私は驚きました。私たちはその日，お互い会話を楽しみました。

その後，私たちは何回も会って，親友になりました。私のオーストラリアでの最後の日に，ひとつうれしいことが起きました。ケイトが私に手紙をくれたのです。彼女はそれをすべて日本語で書いていました。私は驚きましたが，彼女からすてきな手紙をもらえて，私はとてもうれしくもありました。その日から，私たちは文通を始めました。いつの日か彼女にまた会いに行けたらいいなと思います。

5 なぜ人々はペットを飼いたがるのでしょうか。第一に，ペットと生活することは，人々を幸せにします。ペットは私たちにとって，とても大切な友達です。第二に，ペットは家族内のコミュニケーションをとりやすいものにしてくれます。私たちはペットと一緒に遊び，ペットについて話すことを楽しむことができます。第三に，ペットの世話をすることは，子どもにとってよいことです。ペットの世話は大変だという人がいて，それは本当です。しかし，それをすることで，子どもはペットへの愛情を感じることができ，命がとても大切だということを学ぶでしょう。だから，ペットの世話は，子どもにとってよい経験になるでしょう。

ペットはまた，病気の人々やお年寄りにとって，とても役に立ちます。たとえば，イヌと歩くことは，彼らにとってよいのです。ボールで遊んでいるネコを見ると，彼らはほほ笑みます。ペットと一緒に時間を過ごしていると，彼らはしばしばうれしく感じます。

しかし，それと同時に，ペットに関して悪いこともあります。ときどき多くの大きな騒音を出す動物もいれば，子どもやお年寄りの両方にとって危険な動物もいるのです。また，動物が好きではない人もいることを，私たちは覚えておく必要があります。

エ 私たちは，ペットに関する悲しい話をしばしば耳にします。 **ア** ペットを飼い始めたとき，ほとんどの人は彼らのペットに愛情を注ぎます。 **ウ** しかし彼らの一部は，自分のペットの世話をもうこれ以上したくなくなったときに，ペットを捨ててしまうのです。 **イ** このような人々は，ペットの命が自分たちの命と同じくらい大切であるということを理解していません。

ペットはしばしば私たちを幸せにしてくれるので，私たちもペットにとってのよい友達になる必要があります。私たちは，ペットを友達や家族の一員だと考えるべきです。そうすれば，私たちもペットも，幸せになれるでしょう。

第192回 下野新聞模擬テスト
英 語 【解 説】

英語問題 1 〔リスニング台本〕

<table>
<tr><th>台　本</th><th>時 間</th></tr>
<tr><td>これから中学3年生　第192回　下野新聞模擬テスト　英語四角1番，聞き方のテストを行います。
なお，練習はありません。
（ポーズ約5秒）
これから聞き方の問題に入ります。問題用紙の四角で囲まれた1番を見なさい。問題は1番，2番，3番の三つあります。
最初は1番の問題です。問題は(1)から(4)まで四つあります。英語の対話とその内容についての質問を聞いて，答えとして最も適切なものをア，イ，ウ，エのうちから一つ選びなさい。対話と質問は2回ずつ言います。
では始めます。
(1)の問題です。　A : Wow! It's so cute!
B : Thank you. I use this when I go shopping.
A : You should take it to school.
B : It's too small. I can't carry my notebooks in it.
質問です。　Q : What are they talking about?　（約5秒おいて繰り返す。）（ポーズ約5秒）
――――――――
(2)の問題です。　A : Get up, Naoki! You have baseball practice this morning, right?
B : Umm..., that's right, Mom. What time is it now?
A : It's already 7 o'clock.
B : Oh, really? I only have thirty minutes before it starts!
質問です。　Q : What time will the baseball practice start?　（約5秒おいて繰り返す。）（ポーズ約5秒）
――――――――
(3)の問題です。　A : Jane, is this a picture of your family?
B : Yes. It was taken last year.
A : Is this boy your older brother?
B : No, he is my younger brother. His name is Paul.
質問です。　Q : Who is Paul?　（約5秒おいて繰り返す。）（ポーズ約5秒）
――――――――
(4)の問題です。　A : Have you finished your homework, Brian?
B : No, I haven't. I'll go to the library after school to do my homework. Can you come with me, Sara?
A : Sorry, but I have a piano lesson at home every Thursday. After that, I'm going to go shopping with my sister.
B : I see. Have a good time.
質問です。　Q : What will Brian do after school?　（約5秒おいて繰り返す。）（ポーズ約5秒）</td><td>（1番）
約5分</td></tr>
<tr><td>次は2番の問題です。英語の対話とその内容についての質問を聞いて，答えとして最も適切なものをア，イ，ウ，エのうちから一つ選びなさい。質問は(1)から(3)まで三つあります。対話と質問は2回ずつ言います。
では始めます。
George : What are you looking at, Yuka?
Yuka : This is a website for a ski tour in Hokkaido. I'll go skiing with my family for the first time.
George : Oh, that's nice. I hear many people enjoy skiing in Hokkaido in winter. I like skiing very much, too. I often went skiing with my family in Canada.
Yuka : Skiing is a very popular sport in Canada, right? How often did you go skiing when you were in Canada?
George : I went skiing about ten times every year.
Yuka : Wow! You went skiing many times! You can ski well, right? Can you join the tour with us and teach us how to ski well? I think my family will be happy if you come.
George : Yes, I want to go to Hokkaido and enjoy skiing with you! It will be my first visit to Hokkaido. When will we go there?
Yuka : Look at this website, George. We'll leave Tochigi for Hokkaido on Tuesday, March 21. It will take about five hours.
George : All right. How much do I need for the tour?
Yuka : Look here, George. I'm fifteen years old, so I need 25,000 yen, but you are fourteen years old, right?
George : Yes, and my birthday is March 29. So, I'm really lucky! I hope we have a good time in Hokkaido.
(1)の質問です。　Has George ever been to Hokkaido to ski?　（ポーズ約3秒）
(2)の質問です。　How much does George need to join the tour?　（ポーズ約3秒）
(3)の質問です。　Which is true for [A] in the picture?　（約5秒おいて繰り返す。）（ポーズ約5秒）</td><td>（2番）
約4分</td></tr>
<tr><td>次は3番の問題です。あなたは，オーストラリアでの留学中に，滞在している市の図書館を訪れ，館内放送を聞いています。その館内放送を聞いて，英語で書いたメモを完成させなさい。英文は2回言います。
では始めます。
Thank you for coming to the city library. Our library has a long history. It was built in 1961. We have more than eight thousand books. Our library opens at 9:00 in the morning and closes at 7:00 in the evening. It is closed every Wednesday. You can borrow one to five books for a week. In the library, you can't eat or talk loudly with anyone. If you have any questions, please visit the information room. It is on the fifth floor. Thank you.
（約5秒おいて）繰り返します。（1回目のみ）　（ポーズ約5秒）
これで聞き方の問題を終わります。では，ほかの問題を始めなさい。</td><td>（3番）
約2分</td></tr>
</table>

第192回 下野新聞模擬テスト

数学 【解説】

数学 〔解説〕

① **1** $12 \div (-3) = -(12 \div 3) = -4$

2 $\frac{1}{2}a + \frac{3}{5}a = \frac{5}{10}a + \frac{6}{10}a = \frac{11}{10}a$

3 $(x+2)(x+3) = x^2 + (2+3)x + 2 \times 3 = x^2 + 5x + 6$

4 左辺を因数分解して，$(x-5)(x-6)=0$ より，$x=5$，6

5 $y=-2x$ に $x=1$ を代入して，$y=-2$　$x=4$ を代入して，$y=-8$　よって，$-8 \leqq y \leqq -2$

6 $\pi \times 6^2 \times \frac{45}{360} = \frac{9}{2}\pi\,(\mathrm{cm}^2)$

7 正六角形の内角の和は $180° \times (6-2) = 720°$ だから，１つの内角の大きさは $720° \div 6 = 120°$ であり，正五角形の内角の和は $180° \times (5-2) = 540°$ だから，１つの内角の大きさは $540° \div 5 = 108°$ である。したがって，$\angle x = 360° - 120° - 108° = 132°$

8 **ア**…２組の辺とその間の角がそれぞれ等しくなる。
イ…直角三角形の斜辺と他の１辺がそれぞれ等しくなる。
ウ…直角三角形の斜辺と１つの鋭角がそれぞれ等しくなる。
エ…３組の角がそれぞれ等しくなる。
選択肢**ア**は三角形の合同条件が成り立ち，**イ**と**ウ**は直角三角形の合同条件が成り立つ。

② **1** $\sqrt{29}$，n，$\sqrt{97}$ はいずれも正の数だから，２乗しても大小関係は変わらない。よって，
$\sqrt{29} < n < \sqrt{97}$ より，$29 < n^2 < 97$
n^2 は平方数(ある整数を２乗した数)であり，29より大きく97より小さい平方数は
$36\,(=6^2)$，$49\,(=7^2)$，$64\,(=8^2)$，$81\,(=9^2)$
の４個である。

2 220円の商品Aを x 個，330円の商品Bを y 個買う予定であったが，実際には商品Aを y 個，商品Bを x 個買ってしまった。

3 左辺の $x^2 + nx + 9$ が因数分解できるためには，かけて9，たして n になる２つの整数の存在が必要である。
かけて9になる２つの整数の組み合わせは，1と9，-1 と -9，3と3，-3 と -3 であり，
1と9のとき，$n=1+9=10$　　-1 と -9 のとき，$n=-1-9=-10$
3と3のとき，$n=3+3=6$　　-3 と -3 のとき，$n=-3-3=-6$
ただし，n は自然数だから，$n=6$，10

③ **1** 黒玉を B_1，B_2，B_3，白玉を W_1，W_2 とすると，取り出す２個の玉の組み合わせは
B_1 と B_2，B_1 と B_3，B_1 と W_1，B_1 と W_2，
B_2 と B_3，B_2 と W_1，B_2 と W_2，
B_3 と W_1，B_3 と W_2，
W_1 と W_2
の10通りで，２個とも黒玉であるのは B_1 と B_2，B_1 と B_3，B_2 と B_3 の３通りである。
したがって，求める確率は $\frac{3}{10}$

2 小数第３位を四捨五入して7.87になる数 x は7.865以上7.875未満の数だから $7.865 \leqq x < 7.875$

3 (1) 中央値(メジアン)とは，値を小さい順に並べたときの中央の値(度数の合計が偶数の場合は中央の２つの値の平均値)のことである。試合数は26試合だから，$26 \div 2 = 13$ より，男子の得点の中央値は小さい方から13番目と14番目の得点の平均値となり，これは90点以上100点未満の階級に含まれる。また，ヒストグラムで，最頻値(モード)とは，度数が最も多い階級の階級値のことである。女子では，70点以上80点未満の階級の度数が10試合で最も多いから，女子の得点の最頻値は $(70+80) \div 2 = 75$ (点)
(2) ヒストグラムより男子の得点の範囲(レンジ)は41点以上59点以下であり，女子の得点の範囲は31点以上49点以下であることがわかる。

④ **1** 辺AB，BCから等しい距離にある点は，∠ABCの二等分線上にある。
したがって，求める点Pは，∠ABCの二等分線と辺ACとの交点になる。
【作図法】① 頂点Bを中心とする円をかく。
② ①でかいた円と辺ABとの交点を中心とする円をかく。
③ ①でかいた円と辺BCとの交点を中心とする円(②の円と等しい半径)をかく。
④ 頂点Bと，②，③でかいた円の交点を通る直線をひく。
⑤ ④でひいた直線と辺ACとの交点が点Pである。

④1
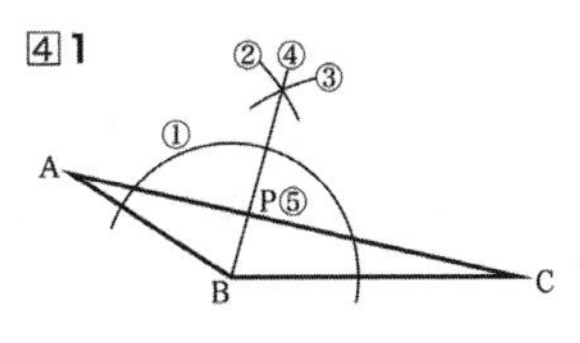

2 (1) 球の半径は6cmだから，その表面積は $4\pi \times 6^2 = 144\pi\,(\mathrm{cm}^2)$
(2) 円柱の底面の半径は6cm，高さは12cmだから，その表面積は $2\pi \times 6 \times 12 + \pi \times 6^2 \times 2 = 216\pi\,(\mathrm{cm}^2)$
したがって，$144\pi \div 216\pi = \frac{2}{3}$ (倍)

3 △AOE≡△COFより，EO＝FOであることを導き，平行四辺形になるための条件「対角線がそれぞれの中点で交わる」を利用する。(AE＝CF，AE//FCも利用できる。)

⑤ **1** (1) 点B$(0,\ -8)$より，グラフの切片は-8だから，$b=-8$

また，グラフは点A$(4,\ 0)$，B$(0,\ -8)$を通るから，$a=\dfrac{0-(-8)}{4-0}=2$

(2) 点Eは関数$y=2x-8$のグラフ上の点で，x座標が6だから，$y=2x-8$に$x=6$を代入して，

$y=2\times6-8=4$

より，点E$(6,\ 4)$である。また，点Eは関数$y=\dfrac{1}{2}x+m$のグラフ上の点でもあるから，$y=\dfrac{1}{2}x+m$

に$x=6$，$y=4$を代入して，$4=\dfrac{1}{2}\times6+m$より，$m=1$

よって，$y=\dfrac{1}{2}x+1$である。これに$y=0$を代入して，$0=\dfrac{1}{2}x+1$より，$x=-2$

したがって，点C$(-2,\ 0)$である。

△BCEの面積は△ABCの面積と△AECの面積の和になるから，線分ACをこれらの底辺とすると，

AC$=4-(-2)=6$

(△ABCの高さ)$=0-(-8)=8$

(△AECの高さ)$=4-0=4$

である。以上より，$\triangle\text{BCE}=\triangle\text{ABC}+\triangle\text{AEC}=\dfrac{1}{2}\times6\times8+\dfrac{1}{2}\times6\times4$

$=36$

⑤1(3)

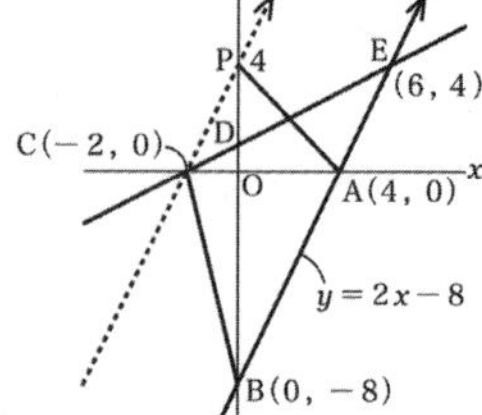

(3) 右の図のように，線分PBを△ABPの底辺，線分AOを△ABPの高さとして，△ABP$=24$であることから線分PBの長さを求める。または，点Cを通り直線ABに平行な直線をひくことで，等積変形を利用しても求められる。

2 (1) 左側の部分の水位を1分間に10 cmずつ高くするから，

$40\times20\times10=8000\ (\text{cm}^3)$

(2) Ⅰ 右側の部分の底面積は左側の部分の底面積と等しいから，右側の部分の水位も1分間につき10 cmの割合で高くなっていく。

Ⅱ，Ⅲ 右側の部分に水が入り始めてから$27\div10=\dfrac{27}{10}$(分)$=2$(分)42(秒)かかる。したがって，水を入れ始めてから8(分)＋2(分)42(秒)＝10(分)42(秒後)である。

(3) 右側の部分の水位が40 cmになるのは，水を入れ始めてから$8+40\div10=12$(分後)であり，満水になるのは，それから$(60-40)\div(10\div2)=4$(分後)の16分後だから，2点$(12,\ 40)$，$(16,\ 60)$を通る直線の式を求めればよい。求める直線の式を$y=ax+b$と表し，

$x=12$，$y=40$を代入して，$40=12a+b$ ……①

$x=16$，$y=60$を代入して，$60=16a+b$ ……②

①，②を連立方程式として解いて，$a=5$，$b=-20$

したがって，求める直線の式は，$y=5x-20$

⑤2(3)

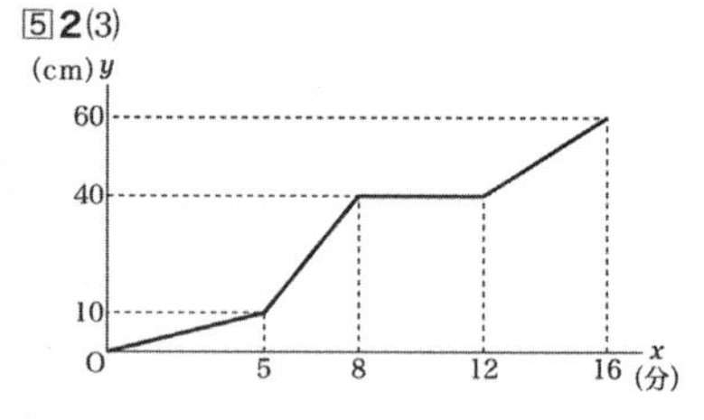

⑥ **1** Ⅰ，Ⅱ 最も外側のマッチ棒の本数は，

1番目の図形では4本，2番目の図形では8本，3番目の図形では12本

だから，n番目の図形では$4n$本と表される。よって，4番目の図形では$4\times4=16$(本)である。

2 内部のマッチ棒の本数は，

1番目の図形では$0=2\times0$(本)

2番目の図形では$2=2\times1$(本)

3番目の図形では$6=2+4=2\times(1+2)$(本)

だから，n番目の図形では$2\times\{1+2+3+\cdots+(n-1)\}$(本)と表される。{ }内は1から$(n-1)$までの$(n-1)$個の自然数の和になるから，

$2\times\{1+2+3+\cdots+(n-1)\}=2\times\dfrac{1}{2}\times(n-1)\times\{(n-1)+1\}=n^2-n$(本)

となる。n番目の図形をつくるときに使うマッチ棒の本数は，最も外側のマッチ棒の本数と内部のマッチ棒の本数の和になるから，$4n+(n^2-n)=n^2+3n$(本)

3 頭薬が下向きのマッチ棒の本数は，

1番目の図形では1本，2番目の図形では$3=1+2$(本)，3番目の図形では$6=1+2+3$(本)

だから，p番目の図形では$1+2+3+\cdots+p$(本)と表され，1からpまでのp個の自然数の和になるから，

$1+2+3+\cdots+p=\dfrac{1}{2}p(p+1)$(本)

となる。これが66本であることから，$\dfrac{1}{2}p(p+1)=66$，$(p+12)(p-11)=0$，$p=-12$，11となるが，$p>0$であるから，$p=-12$は問題に適していない。$p=11$は問題に適している。

したがって，11番目の図形をつくるときに使うマッチ棒の本数は，**2**より，

$p^2+3p=11^2+3\times11=154$(本)

第192回 下野新聞模擬テスト
理　科　【解　説】

理　　科 〔解説〕

1 **1** 現在(1996年10月以降)の日本で用いられている震度階級は，0，1，2，3，4，5弱，5強，6弱，6強，7の10階級に分けられている。
3 スギの花粉は空気中を飛散して雌花の胚珠まで運ばれる。このような，風によって花粉が運ばれる花を風媒花という。
4 炭素原子は「C」，酸素原子は「O」，水素原子は「H」という元素記号で表される。
5 風向とは風がふいてくる方角のことで，風向計はその方角を指し示す。
6 導線に電流を流したとき，電流が流れていく向きに向かって右回り(時計回り)の磁界が同心円状にできる。
8 物体の体積は$2\,cm \times 2\,cm \times 2\,cm = 8\,cm^3$なので，質量は$2.7\,g/cm^3 \times 8\,cm^3 = 21.6\,g$である。

2 **2** 地層が波打つように曲げられたものをしゅう曲といい，地層を両側から押す力が作用することでできる。
3 柱状図より，れき岩の層の上端の地表からの深さは，標高70mの地点Aで22m，標高50mの地点Cで2mであることから，その標高は70m－22m＝48m(50m－2m＝48m)である。また，れき岩の層の下端の地表からの深さは，地点Cで18mであることから，その標高は50m－18m＝32mである。よって，標高60mの地点Bでは，れき岩の層の上端，下端の地表からの深さは，それぞれ60m－48m＝12m，60m－32m＝28mとなる。

3 **1** 誘導コイルを用いることで，数千V～数万Vの電圧を加えることができる。
2 電子線は電子という粒子の流れである。
3 電子は－の電気をもつ粒子なので，＋極である電極Q側に引かれて曲がる。

4 **2** 最初は最も低い倍率で観察し始める。接眼レンズは筒が長い方が倍率が低く，対物レンズは筒が短い方が倍率が低い。
3 対物レンズがプレパラートにぶつかると，カバーガラスが破損する恐れがある。したがって，ステージ上下式の顕微鏡の場合，対物レンズとプレパラートを近づけておいてから，調節ねじを回してステージを下げながらピントを合わせるようにする。

5 **2** 200gの水に対しては，100gの水に溶ける限度の質量の2倍溶ける。このことから，表の値の2倍よりも多い物質を加えたビーカーBでは，物質Yが50g－11.8g×2＝26.4gだけ溶け残っている。
3 物質Xは物質Yのように温度による溶解度の差は大きくないので，高温の水に溶かして冷却する方法では多くの物質Xをとり出せない。水に溶ける物質の限度の質量は，水の量に比例するので，加熱して水(溶媒)を蒸発させればよい。

6 **1** 隣り合う等圧線どうしの間隔がせまいところほど，強い風がふいていると考えられる。
2 冬には，シベリア気団によってできる高気圧が日本列島の西側に，低気圧が東側に位置する，西高東低の気圧配置になることが多くなる。
3 空気は高圧部から低圧部に向かって流れるので，西高東低の気圧配置になると，日本列島には北西の季節風がふく。
4 シベリア気団からの空気の流れが日本海上で大量の水蒸気を含むことにより，日本海側は大雪になることが多くなる。その後，山脈を越えてきた乾燥した空気の流れにより，太平洋側は晴天の日が多くなる。

7 **1** 凸レンズによって，光が実際に集まってできる像を実像という。
2 凸レンズでは，焦点距離の2倍の位置に物体を置いたとき，反対側の焦点距離の2倍の位置に物体と同じ大きさの実像ができる。したがって，実験(3)より，使用した凸レンズの焦点距離は24cm÷2＝12cmである。
3 凸レンズによってできる実像は，同じ側から見ると，物体とは上下左右が反対になっている。青色のセロハンは右上にはられているので，スクリーンにできる実像の左下が青色になる。
4 焦点距離よりも遠い範囲で，凸レンズと物体の距離を長くしていくと，凸レンズから実像までの距離は短くなっていき，実像の大きさは小さくなっていく。

8 **1** 遺伝子の本体はデオキシリボ核酸という物質で，一般にはDNAという略号で表記される。
2 異なる形質をもつ純系どうしの交配において，子に現れる形質を顕性形質，子に現れない形質を潜性形質という。
3 「ふくれ」を現す遺伝子をA，「くびれ」を現す遺伝子をaとすると，子の代の遺伝子の組み合わせはすべてAaと表され，孫の代の遺伝子の組み合わせはAA：Aa：aa＝1：2：1の割合で現れる。このうち，AAとAaのものには「ふくれ」の形質が，aaのものには「くびれ」の形質が現れるので，
「ふくれ」:「くびれ」＝(1＋2)：1＝3：1となる。
4 無性生殖の場合，親の代がもつ遺伝子がそのまま子の代に伝わるので，子の代には親の代とまったく同じ形質が現れる。

9 **1** 塩化銅水溶液の青色は，水溶液中に生じている銅イオンの色である。
2 電解質の水溶液に電流が流れるのは，水溶液中に陽イオンと陰イオンとが生じているからである。
3 塩化銅は$CuCl_2 \rightarrow Cu^{2+} + 2Cl^-$のように電離するので，塩化銅水溶液中に生じている銅イオン(Cu^{2+})と塩化物イオン(Cl^-)の個数は，$Cu^{2+}:Cl^- = 1:2$の割合になっている。
4 塩化銅水溶液に電圧を加えると，陽極からは気体の塩素が発生し，陰極には金属の銅が付着する。

第193回 下野新聞模擬テスト

国語・社会・英語 【解答】

国語

□1 **1** (1) きょしゅつ〔2点〕 (2) こうきゅう〔2点〕 (3) すべ（る）〔2点〕
(4) おもむき〔2点〕 (5) せいがん〔2点〕
2 (1) 背泳〔2点〕 (2) 案（じる）〔2点〕 (3) 採択〔2点〕
(4) 供（える）〔2点〕 (5) 吸収〔2点〕
3 (1) **ア**〔2点〕 (2) **ウ**〔2点〕 (3) **エ**〔2点〕 (4) **イ**〔2点〕 **4 ウ**〔2点〕

□2 **1** かえしぬ（ひらがなのみ可）〔2点〕 **2** ア、エ（順不同・完答）〔2点〕 **3 ウ**〔2点〕
4〔例〕暇を出されても紙屋の主に世話になった恩を忘れなかったから。〔2点〕 **5 イ**〔2点〕

□3 **1** 初め：本を読むお 終わり：いるのだ。〔3点〕 **2 ア**〔3点〕 **3 エ**〔3点〕 **4 イ**〔3点〕
5〔例〕子どもと意味の世界、作者や言語社会とのあいだでなりたつ抽象的な共同関係。〔4点〕
6 ウ〔4点〕

□4 **1 イ**〔3点〕 **2 ア**〔3点〕 **3 ウ**〔3点〕 **4 ウ**〔3点〕
5〔例〕雨降りで約束を守らなかった者を見下したりせず、約束についてごく自然に振る舞っている様子。〔4点〕
6 エ〔4点〕

□5〔例〕自分の思いや考えを伝える時には、大事なことであればあるほど、気を使うものだと思います。私は、友達との約束を忘れてしまって、謝る時にメールで済ませたことがあります。私は軽い気持ちだったのですが、相手は腹を立てたようで、しばらく口をきいてくれませんでした。
　この経験から、これからは、直接会って話すようにしようと思いました。その方が、自分が言ったことを相手がどのように受け取ったか、言葉だけでなく表情からもわかるからです。簡単な連絡や確認であれば、メールや電話でも大丈夫だと思いますが、その時その時の様子によって使い分けることが大切だと思います。〔20点〕

社会

□1 **1** 秋田県〔2点〕 **2** (1) 再開発〔2点〕 (2) ヒートアイランド(現象)〔2点〕
3 エ〔2点〕 **4 ア**〔2点〕 **5 ウ**〔2点〕
6 Ⅰ：〔例〕ビニールハウスなどを用いた促成栽培〔2点〕
Ⅱ：〔例〕ピーマンの出荷量が少なく，価格が高い〔2点〕

□2 **1** (1) **イ**〔2点〕 (2) **ア**〔2点〕 (3) アボリジニー(アボリジニ)〔2点〕
(4)〔例〕内陸部の人が，沿岸部の都市に出かせぎに来ている〔4点〕
2 バチカン市国〔2点〕 **3 エ**〔2点〕

□3 **1** 冠位十二階〔2点〕 **2 ア→ウ→イ→エ**（完答）〔2点〕 **3 エ**〔2点〕
4 御成敗式目(貞永式目)〔2点〕 **5 イ，エ**（順不同・完答）〔2点〕 **6 ウ**〔2点〕
7 百姓代〔2点〕 **8**〔例〕アヘン戦争で清がイギリスに敗北したから。〔4点〕

□4 **1 イ**〔2点〕 **2** 樺太・千島交換(条約)〔2点〕 **3** 津田梅子〔2点〕
4 Ⅰ：**ア**〔2点〕 Ⅱ：〔例〕米の買い占めがおきた〔2点〕 **5 イ**〔2点〕 **6 ウ**〔2点〕

□5 **1 ア**〔2点〕 **2** 多数決〔2点〕 **3 ウ**〔2点〕 **4 エ**〔2点〕
5 三権分立(権力分立)〔2点〕 **6 イ**〔2点〕

□6 **1** (1) 非核三原則〔2点〕 (2) **ウ**〔2点〕 **2 ア**〔2点〕 **3** (満) 18 (歳)〔2点〕
4 記号：**エ**〔2点〕 目的：〔例〕政治の透明性を高めるため。〔2点〕 **5 ア**〔2点〕

□7 **1** (1) AI(人工知能)〔2点〕 (2) 個人情報保護(制度)〔2点〕 **2 エ**〔2点〕
3〔例〕銅関連の輸出品の割合が多いモノカルチャー経済であるため，安定した収入が得られない。〔4点〕
4 ウ〔2点〕

英語

□1 **1** (1) **イ**〔2点〕 (2) **エ**〔2点〕 (3) **ア**〔2点〕 (4) **ウ**〔2点〕
2 (1) **ウ**〔3点〕 (2) **イ**〔3点〕 (3) **イ**〔3点〕
3 (1) difficult[hard]〔3点〕 (2) problems〔3点〕 (3) needed〔3点〕

□2 **1** (1) **エ**〔2点〕 (2) **イ**〔2点〕 (3) **ウ**〔2点〕 (4) **イ**〔2点〕 (5) **ウ**〔2点〕 (6) **ア**〔2点〕
2 (1) **ウ→イ→エ→ア**（完答）〔2点〕 (2) **ア→エ→ウ→イ**（完答）〔2点〕
(3) **オ→エ→ウ→ア→イ**（完答）〔2点〕

□3 **1** (1)〔例〕leaving this town[leaving here]〔3点〕 (3)〔例〕want to talk with young people (.)〔3点〕
(4)〔例〕bring their favorite pictures〔3点〕
2 ア〔3点〕 **3 ウ**〔3点〕 **4 エ**〔3点〕
5〔例〕町の写真を集めて，イベントでお年寄りの方々と話すためにそれらを使うこと。〔4点〕
6〔例〕I want to cook with old people because I like cooking very much. I want to learn about some traditional Japanese foods, too. They are good for our health. Also, I want to hear some interesting old stories from them.〔6点〕

□4 **1**〔例〕夜遅くまでテレビを見ることをやめて，早く寝ること。〔3点〕
2〔例〕翔太が公園で待っていること。〔3点〕 **3**〔例〕朝食前に走る〔3点〕
4〔例〕He started to go to soccer practice early (.)〔2点〕 **5 イ**〔3点〕

□5 **1 ウ**〔3点〕 **2 イ→エ→ウ→ア**（完答）〔4点〕
3〔例〕自分たちの仕事を，人工知能に奪われるかもしれないと考えているから。〔4点〕 **4 イ**〔3点〕

第193回 下野新聞模擬テスト

数学・理科 【解　答】

数　学

1 1 -24〔2点〕　2 $\frac{9}{4}a$〔2点〕　3 x^2-49〔2点〕　4 $x=\frac{-5\pm\sqrt{21}}{2}$〔2点〕
5 16〔2点〕　6 $15\pi\,cm^3$〔2点〕　7 79度〔2点〕　8 エ〔2点〕

2 1 $n=14$〔3点〕
2〔例〕A地点からB地点までの道のりをxm，B地点からC地点までの道のりをymとすると，

$$\begin{cases} x+y=2000 & \cdots\cdots① \\ \frac{x}{60}+\frac{y}{40}=\left(\frac{y}{60}+\frac{x}{40}\right)+5 & \cdots\cdots② \end{cases}$$

②の両辺に120をかけて，
$2x+3y=2y+3x+600$
$-x+y=600$　……②′
①+②′より，　$x+y=2000$
$+)\ -x+y=600$
$2y=2600$，$y=1300$
これを①に代入して，$x+1300=2000$，$x=700$
よって，A地点からB地点までの道のりは700m，B地点からC地点までの道のりは1300mとなり，問題に適している。

答え（A地点からB地点までの道のり 700m　B地点からC地点までの道のり 1300m）〔7点〕

3 $p=64$〔5点〕

3 1 $\frac{1}{10}$〔3点〕
2 逆　∠BAC＝70°ならば，∠ABC＝50°，∠BCA＝60°である。〔3点〕　真偽　×〔2点〕
3 (1)　I　2〔2点〕　II　69〔2点〕　(2)　38点〔3点〕

4 1 右の図〔4点〕
2 (1)　540 cm^2〔3点〕　(2)　250 cm^3〔4点〕
3 (証明)〔例〕
△BCEと△DCGにおいて，
四角形ABCD，CEFGは正方形だから，BC＝DC　……①
CE＝CG　……②
∠BCE＝∠BCD＋∠DCE＝90°＋∠DCE　……③
∠DCG＝∠ECG＋∠DCE＝90°＋∠DCE　……④
③，④より，∠BCE＝∠DCG　……⑤
①，②，⑤より，2組の辺とその間の角がそれぞれ等しいから，
△BCE≡△DCG〔7点〕

4 1
A
B
C
O
Q
R
P

5 1 (1)　(2，4)〔2点〕　(2)　$0\leqq y\leqq 9$〔3点〕
(3)〔例〕点B(2，4)，点C(−2，0)を通るから，直線BCの式は$y=x+2$であり，y軸との交点の座標は(0，2)である。
直線ADも点(0，2)を通るから，その切片は2であり，直線ADの式は$y=px+2$と表される。このグラフは点A(−2，4)を通るから
$4=-2p+2$，$p=-1$
よって，直線ADの式は$y=-x+2$となり，この直線上にある点Dのx座標は3だから，そのy座標は
$y=-3+2=-1$
関数$y=ax^2$のグラフは点D(3，−1)を通るから，
$-1=a\times 3^2$，$a=-\frac{1}{9}$

答え$\left(a=-\frac{1}{9}\right)$〔6点〕

2 (1)　1680m〔2点〕　(2)　$y=-75x+675$〔3点〕
(3)　I　22〔2点〕　II　24〔2点〕　III　33〔2点〕

6 1　I　16〔2点〕　II　20〔2点〕　2　9番目の図形〔4点〕　3　19900枚〔6点〕

理　科

1 1 ウ〔2点〕　2 イ〔2点〕　3 ア〔2点〕　4 ア〔2点〕
5 胚珠〔2点〕　6 還元〔2点〕　7 大気圧〔2点〕　8 電磁誘導〔2点〕

2 1 器官：卵巣〔2点〕　期間：(例) 自分でエサをとり始める前まで。〔3点〕
2 B(→)D(→)A(→)C (完答)〔2点〕　3 ① 多い ② 大きい (完答)〔3点〕

3 1 記号：D　理由：(例) 水よりも密度が小さい。(完答)〔3点〕
2 2.7 (g/cm^3)〔3点〕　3 7875 (Pa)〔3点〕

4 1 イ〔3点〕　2 ① 浅かった ② 示相化石 (完答)〔3点〕
3 (例) 流水によって運ばれるときに角が削られたから。〔3点〕

5 1 エ〔2点〕　2 ① 音源〔2点〕 ② 振動〔2点〕　3 952 (m)〔3点〕

6 1 光合成〔2点〕　2 (例) 葉に日光を当てないようにするため。〔3点〕
3 ① デンプン〔2点〕 ② 青紫〔2点〕　4 D〔2点〕

7 1 $NaOH\rightarrow Na^++OH^-$〔3点〕　2 ① 中和〔2点〕 ② 水〔2点〕
3 右図〔3点〕　4 ウ〔2点〕

7 3
イオンの個数〔個〕
0 10 20 30 40
加えた水溶液Zの量〔mL〕

8 1 イ〔3点〕　2 71 (%)〔3点〕　3 ア〔3点〕
4 ① 高くなる ② 変化しない (完答)〔3点〕

9 1 (運動の) 向き〔3点〕　2 イ〔3点〕　3 17 (cm/s)〔3点〕　4 エ〔3点〕

第193回 下野新聞模擬テスト

国　語　【解　説】

国　語 〔解説〕

□1 **3** (1) 第三句「わたつ海(うみ)の」が六音で字余りである。
(2) 「草木の色が変わる」季節なので、「秋」が適当。
(3) 「象」と**エ**「善」が十二画。**ア**「郵」十一画、**イ**「蒸」十三画、**ウ**「航」十画。
(4) 「聞く」の謙譲語は「お聞きする」「うかがう」。尊敬語が「お聞きになる」「聞かれる」。
4 「林尽キ㆓水源ニ㆒、便チ得タリ㆓一山ヲ㆒。」は「１４２３５８６７。」の順で読む。

□2 **1** 助詞と語頭以外の「はひふへほ」は「わいうえお」に直す。「へ」は「え」となる。
2 **ア**と**エ**は「永田佐吉」、**イ**は「朋輩の者」、**ウ**は「主」である。
3 「誰ともなく仏佐吉と呼びならした」ということなので、「皆から自然に思われていた」とある**ウ**が適当。
4 佐吉が「朋輩の者」のありもしない悪口によって、暇を出されても、主を心配して尋ねたのは、主に世話になった「旧恩を忘れ」ていなかったためである。
5 **ア**「過分な俸給」を受けてはいない。**イ** 本文に「人に交じるに誠あれば」「買ふ時は買ふ人に任せ、売る時は売る人に任す」とあるのと合っている。**ウ**「紙屋で一緒だった仲間にねたまれても、主を最優先した」から、「誰からも信用されるようになった」のではない。**エ**「文字を学び勉学に励んだ」ので、「商売で成功することができた」のではない。
〈口語訳〉
永田佐吉は、美濃の国羽栗郡竹ヶ鼻の人で、親につくすことにおいて他に比較できないほど立派だった。また、仏を信じていた。大抵貧しい人を気の毒に思い、総じて人と交わるのに誠意があったので、誰ともなく仏佐吉と呼びならしていた。幼い時、尾張名古屋の、紙屋某の家に召し使われていたが、休暇がある時には砂で文字を習い、また四書を習い読んだ。仕事の仲間がねたんで、読書を口実にして、悪い所で遊ぶなどとうそを言いふらしたので、主も疑って竹ヶ鼻に返した。けれども(佐吉は)古くからの恩を忘れず、道中で機会があれば必ず寄って訪ね無事かどうかを尋ねた。年月が経って後、その家が大いに衰えたので、またおりおりに物を贈ったとかいうことである。主に暇を出されて後は、綿の仲買という仕事をしていたが、秤というものを持たず、買う時は買う人に任せ、売る時は売る人に任せる。後には佐吉が正直なことを知って、売る人は気を配って重くし、買う人は気を配って軽くしてはかったので、いくらも経たないうちに豊かに暮らすようになった。

□3 **1** ②段落で、「幼児にとってのことばの共同性」について説明されているが、幼児の立場から述べている部分は「本を読むおとなの声に耳をかたむけるなかで、幼児は空想世界に身をゆだねるとともに、おとなとのもっともゆたかなコミュニケーションを交しているのだ。」である。
2 傍線部(2)はおとなが「空想の世界を楽しむ」様子であることに注意する。「空想に陶然と身をゆだねる子どもの表情に思わず引きこまれ…無邪気な童話の世界にみずからもたゆたう」とある部分に着目すると**ア**が適当である。
3 傍線部(3)の後に「まだ本の読めない幼児にとっては、ひとに読んでもらうというのが本との本来のつきあいかたなのだ」とある。この「本来のつきあいかた」を「無視した考え」とある**エ**が適当。**ア**「本と紙芝居」の「楽しみ方」の問題ではない。**イ**・**ウ**は本文には述べられていない。
4 空欄の後に「ふつうの意味での直接の対他関係」とあることから、「自分の肉声」を客観的にとらえようとする**イ**「他人の声」が適当である。
5 傍線部(4)の後で述べられている、「子どもと意味の世界とのあいだ」「子どもと作者のあいだ」「子どもと言語社会とのあいだ」に着目して、「意味」「作者」「言語社会」の三つの語と「抽象的」という語を用いてまとめるようにする。
6 **ア**は「全体の主張となる結論」を「最初に」示してはいない。**イ**「①段落の主張の理由となる具体的な例」ではなく、①段落の主張の具体的な例である。**ウ** ②段落で述べられている傍線部(1)「幼児にとってのことばの共同性」についての説明を前提として、幼児の本を読む意欲についての主張について再確認し、④段落の結論へとつないでいることと合っている。**エ** ③段落で「仮説」は示されていない。

□4 **1** 「信夫」に対して「貞行の声がきびしかった」とあり、それに対して「信夫」が言い訳をしている場面なので、**イ**「おずおず」が適当である。他は「信夫」の態度として不自然である。
2 傍線部(1)の直前に「(約束というものは、こんなにまでして守らなければならないものだろうか)」とあり、信夫が約束をしたことを後悔していることがわかる。よって**ア**が適当。
3 校庭にたどりついて「無気味なしずけさ」の中で「誰だ」と声をかけられた場面が「ぎくりとした」様子として適当である。よって［**ウ**］が適当。
4 「淡々と」していて、「大人っぽく」ひびく「吉川の言葉」をつぶやいてみたことで、吉川が自分のものとしている約束という言葉の持つ「ずしりとした重さ」が「信夫」に伝わったのである。
5 「吉川」が約束を守らなかった者を見下していないばかりか、約束に対して自然に振る舞っているという二つのポイントをまとめること。
6 **ア**「つらくあたっている」わけではない。**イ**「結果的に吉川と同じく約束を守る立場の人間になれたことを感謝している」が合っていない。**ウ**「だれもくるはずがないと思っていた」のは「吉川」ではなく「信夫」である。**エ**「信夫」は「約束」に振り回されているが、「約束」に対して自然に振る舞う「吉川」を「えらい」と感じている。

□5 ・形式　氏名や題名を書かず、二百四十字以上三百字以内で書いているか。二段落構成になっているか。原稿用紙の正しい使い方ができているか。
・表現　文体が統一されているか、主述の関係や係り受けなどが適切か、副詞の呼応や語句の使い方が適切か、など。
・表記　誤字や脱字がないか。
・内容　第一段落では、「思いや考えを伝える手段」について具体的な例を挙げて書いているか。第二段落では、第一段落の内容を踏まえて、今後、「思いや考え」をどのように伝えていこうと思うかについて自分の考えを具体的に書いているか。

といった項目に照らし、総合的に判断するものとする。

第193回 下野新聞模擬テスト
社　会　【解　説】

社　　会〔解説〕

1　**2**(1)　過密により，都心部では渋滞や騒音などがおこるようになり，人口を分散させるため，郊外にニュータウンがつくられた。現在は，沿岸部の埋立地や鉄道施設の跡地で再開発が行われているため，人口が再び都心に集まる都心回帰現象がおきている。

(2)　都心部ではヒートアイランド現象がおきやすいため，熱帯夜が多くなる。

3　山梨県や福島県は，ももの栽培が盛んである。**ア**のりんごは青森県，**イ**のみかんは和歌山県や愛媛県，**ウ**のさくらんぼは山形県で栽培が盛んである。

4　大阪府の沿岸部では，1970年代に工場の集中によって，工業用水が不足し，地下水を多量に使用するようになったため，地盤沈下などの公害が発生した。現在は，工業用水にリサイクル水を使用して，環境に配慮する工夫がされている。

5　地点**A**は，静岡県の牧ノ原台地周辺を示しており，ここでは茶の栽培が盛んである。**ア**は滋賀県の琵琶湖，**イ**は信濃川が流れる，新潟県の越後平野で見られる風景で，**エ**は東北地方の奥羽山脈のことを述べている。

6　宮崎県や高知県では，温暖な気候とビニールハウスなどを利用した促成栽培が盛んである。ピーマンは本来夏に出荷時期をむかえるが，促成栽培を行うことで，他の地域の出荷量が少なく価格が高い時期に出荷できる。

2　**1**(1)　スペインは地中海性気候が広がっており，夏に乾燥し，暑くなるため，伝統的な住居は壁を石灰で白くぬるなどの工夫がされている。

(2)　**図2**は，米の輸出量が多い上位3か国を示している。南アジア，東南アジア，東アジアなどの温暖で降水量が多い地域では，米が主食とされている。

(4)　**図3**からは，沿岸部に比べ，内陸部の方が1人当たりの総生産額が少ないことが分かる。高い収入や働く場所を求めて，内陸部の人々が，経済的に発展している沿岸部の都市へ出かせぎに出るので，**図4**のように，中国の都市人口割合は年々増加している。

3　地熱発電は，地殻の変動が激しく，火山などが活発に活動する造山帯(変動帯)に位置する国で行われている。インドネシアは，アルプス・ヒマラヤ造山帯の一部であるため，地熱発電量が多い。

3　**2**　**ア**は816年，**ウ**は1016年，**イ**は1086年，**エ**は1159年のできごとである。

3　**P**は平将門の乱，**Q**は保元の乱(平清盛が後白河天皇の味方をした争い)がおきた場所，**R**は日宋貿易のために整備した兵庫(神戸市)の港を示している。

5　**ア**は1221年，**エ**は1333年～1336年，**イ**は1575年，**ウ**は1635年のできごとである。

8　アヘン戦争で清がイギリスに敗れたことは，幕府にとって欧米の軍事力を知るきっかけとなった。そのため，幕府は異国船打払令を撤回し，反対に燃料や食料を与える法令を出した。

4　**2**　千島列島が日本の領土になっていることに注目する。この後，ポーツマス条約で樺太の南半分を領有した。

4　ロシア革命により，共産主義の勢力が拡大することを脅威に感じた資本主義国は，シベリア出兵を行った。このとき，シベリア出兵をみこした米の買い占めにより，米価が急上昇したため，富山県の漁村の騒動を発端として，米の安売りを求める米騒動が全国に拡大した。

5　日本がサンフランシスコ平和条約により独立を果たした後も，沖縄や小笠原諸島はアメリカ軍の統治下に置かれていた。佐藤栄作は，アメリカと粘り強く交渉し，沖縄返還を実現した。また，非核三原則の方針を打ち出すなどの功績もあったため，ノーベル平和賞を受賞している。

6　日中共同声明は1972年に発表された。**ウ**は1950年代後半から1960年代にかけてのできごとである。

5　**1**　合計特殊出生率とは，一人の女性が一生の間に生む子どもの平均人数のことである。日本は，急速な高齢化と合計特殊出生率の低下がおきている。**イ**はノルウェー，**ウ**はブラジル，**エ**はアルジェリアである。

4　ワイマール憲法は，世界で初めて社会権が認められた憲法である。社会権は，人間らしい豊かな生活を送るための権利で，生存権などが含まれる。

6　憲法は，法の構成において最も高い効力を持つものである。また，権力者の政治活動を制限するものでもある。

6　**1**(2)　日本国憲法は，国民主権，基本的人権の尊重，平和主義の三つを基本原理としている。

2　**イ**は経済活動の自由，**ウ**は精神の自由のうちの信教の自由，**エ**は教育を受ける権利について述べている。

4　国民が政治活動を行う上で，政治について判断する情報が必須であり，それを確保するために知る権利がある。情報公開制度によって，国民は政治の透明性や公正さを判断することができる。また，マスメディアは，国民の知る権利を支える大きな役割を果たしている。

7　**1**(2)　情報化の進展により，個人情報が漏洩(ろうえい)したり，悪用されたりしている。

2　1人当たりGDPが低く，イスラム教を信仰しているため豚の頭数が皆無の**エ**はサウジアラビアである。**ア**はシンガポールで，面積が約730㎢と，東京23区とほぼ同じ大きさである。そのため，人口密度が高く，牧畜をするほどの面積がない。また，金融業や流通業などが盛んで，東南アジアの国々の中でも，1人当たりGDPが最も高い。羊の頭数が2番目に多い**イ**はニュージーランド，人口密度が低く，牛・羊の頭数が最も多い**ウ**はオーストラリアである。

3　**図2**から，チリは銅関連の輸出が48.5％を占めるモノカルチャー経済であることが読み取れる。一つの輸出品の割合が多いと，その輸出品の価格が**図3**のように上下した時，国の収入が不安定になる。

第193回 下野新聞模擬テスト
英語 【解説】

英語 〔解説〕

1 リスニング台本と解答を参照。

2 **1** (1) visit「～を訪れる」。ここでは過去のことを述べているので，過去形のvisitedを選ぶ。「～へ行く」という意味でgoを用いるときは，前置詞のtoを使い，＜go to＋場所＞という形にする必要がある。

(2) 主語になる動名詞(動詞の～ing形)は単数扱い。ここでは過去のことを述べているので，wasを選ぶ。

(3) lovedを選び，＜be動詞＋動詞の過去分詞形(＋by …)＞「(…によって)～され(てい)る」という意味の受け身の文にすると意味が通る。

(4) told by herが，後ろから直前のthe storyを修飾している。toldはtellの過去分詞で，過去分詞の形容詞的用法が使われた文。

(5) enjoyに続く動詞は，～ing形にする。

(6) 「～なので」という意味の接続詞であるbecauseを入れると意味が通る。

2 (1) 「日本で一番高い山は何ですか」という意味。＜What is the＋最上級＋名詞～?＞の語順。

(2) 「～だから僕は何台かの電車の写真を撮るために駅にいました」という意味。目的・理由を表す不定詞の副詞的用法が用いられた文。

(3) 「あなたは，あの大きな窓のあるレストランへ行ったことがありますか」という意味。＜Have you been to ～?＞「あなたは～へ行ったことがありますか」。この場合のwhichは主格の関係代名詞で，＜which＋動詞～＞が，ものを表す名詞(that restaurant)を後ろから修飾している。

3 **1** (1) 図1の男の子の吹き出しを参照。＜leave A for B＞「Aを去ってBへ行く」

(3) 図3のグラフを参照。約60パーセントのお年寄りが，「若者と話をしてみたい」と回答している。この部分を，＜want to＋動詞の原形～＞「～したい」や，＜talk with ～＞「～と話す」などを使って表現する。

(4) 図4の「ヒストリーピン」の説明文を参照。「お気に入りの写真を持ち寄り」の部分を，bring「～を持って来る」などを使って表現する。

2 本文訳参照。直後のアリスの発言を参照。

3 本文訳参照。weak「弱い」，strong「強い」。若者と高齢者の関係性について触れている。

4 本文訳参照。＜show＋(もの)＋to＋(人)＞「(人)に(もの)を見せる」

5 本文訳参照。直前のアリスの発言を参照。この内容をまとめる。

6 高齢者の方々から学んでみたいことについて，理由を含めて，自分の考えを述べる。理由を述べるときは，becauseやsoを用いるとよい。英作文は，設問文に書かれている指示をよく読んで解くこと。

4 **1** 本文訳参照。直後の翔太の母親の発言を参照。この内容をまとめる。

2 本文訳参照。翔太が直樹に，「僕は，君(直樹)が，ここ(公園)で待っていると思ったから，起きることができた」と言ったことに対して，直樹が「僕も同じことを思ったから，起きることができた」と言っている。直樹が思った同じこととは，「翔太が公園で待っていること」である。

3 本文訳参照。第5段落の第1文を参照。この内容をまとめる。

4 質問は，「翔太が新聞で，自分のお気に入りのサッカー選手について読んだ後，彼は何をし始めましたか」という意味。第8段落の最終文を参照。「サッカーの練習に早く行き始めた」と書かれている。

5 **ア**…第6段落と第7段落を参照。翔太は実際に早起きしてみて，早起きがすばらしいと初めて思ったので，選択肢の「早起きができなかった」の部分が誤り。

イ…第2段落を参照。同じ内容を読み取ることができるので，正しい。

ウ…第3段落を参照。直樹も，「(早起きは)僕にとっても難しい」と言っているので，誤り。

エ…最終段落を参照。翔太は，自分が一番の選手だとは思っていないので，誤り。

5 **1** 本文訳参照。sayを入れて，「人工知能を持ったスマートフォンに，～と言えば…」という意味にする。

2 本文訳参照。挿入する英文を並べかえる問題では，接続詞や代名詞に着目して内容のつながりを考えるとよい。

3 「将来に対する不安」の理由をたずねている。本文訳参照。直前の内容を参照し，これらの内容をまとめる。

4 本文訳参照。最終段落で，人々は近い将来，人工知能とより多くの時間を過ごすようになるので，人工知能についてもっとよく理解する必要があり，AIとの共生について考えるべきだと書かれている。この内容を言い換えた，**イ**「私たちは，人工知能との将来について考える必要がある」が適切。

第193回 下野新聞模擬テスト

英　語　【解　説】

〔本文訳〕

3　圭太：2020年には，僕たちの町の約29パーセントの世帯が，ひとり世帯だったんだ。
アリス：なるほどね。ほとんどの世帯が，核家族かひとり世帯なのね。
圭太：一部の若者がこの町を去って他の市へ流出していることは知っているかな。それが理由の一つらしいよ。図2のグラフを見て。それはひとり暮らしのお年寄りの数が増えていることを示しているんだ。
アリス：2000年は，約700人のお年寄りがひとり暮らしだったけど，2020年は，そのような人が約2,400人いたのね。
圭太：実は，僕の祖母がひとり暮らしで，僕は祖母と話す時間があまりないんだ。若者とお年寄りの間の関係が弱くなっているのではと僕は恐れているよ。
アリス：それは今日の日本社会の問題の一つなんでしょう。私たちは，若者とお年寄りの間の関係をより強くする方法を見つけるべきよ。
圭太：君に同意するよ。図3を見て。
アリス：ええと，それは約60パーセントのお年寄りが，若者と話をしたがっていることを示しているわね。
圭太：お年寄りの方々は，多くのことを知っていて，すばらしい経験がある。でも，僕たち若者は，彼らと話をする機会があまり多くない。だから，もし僕たちがお年寄りの方々と共同作業をすれば，僕たちは彼らからたくさん学ぶことができると僕は思うんだ。
アリス：その通りね，圭太。私がイギリスにいたとき，「ヒストリーピン」と呼ばれるイベントがあったわ。若者やお年寄り，多くの人がそのイベントに参加するの。若者もお年寄りも，自分たちのお気に入りの写真を持って来て，一緒にそれらについて話すの。
圭太：それはおもしろそうだね。若者とお年寄りは，彼らの間に新しい関係を作るための手段として，お気に入りの写真を使うんだよね。
アリス：そうよ。私の祖父もそれに参加して，自分の昔の思い出について，若者と話したの。
圭太：なるほど。僕の祖母がときどき昔の写真を僕に見せて，彼女の思い出について話してくれるんだ。彼女の話はいつもおもしろいんだよ。写真と話を通して，僕は彼女の人生について学ぶことができるんだ。
アリス：(一緒に)この町の写真を集めて，イベントでお年寄りの方々と話すためにそれらを使うのはどうかしら。
圭太：それはいい考えだね。それは，僕たちの町の若者とお年寄りの間に新しい関係を作るためのいい機会になるね。
アリス：私もそう思うわ。お年寄りの方々から何かを学びたがっている若者はいるから，彼らの多くが来てくれるでしょう。

4　僕は昨年の朝，早起きをすることができませんでした。僕はサッカー部の部員で，毎日熱心に練習しました。家に帰ると，僕はとても疲れていましたが，長時間テレビを見ました。僕はしばしばかなり夜遅くに寝ました。もちろん，僕は午前中眠たかったです。
ある日の英語の授業で，僕の先生が，「翔太，調子がよくなさそうね。大丈夫なの」と言いました。僕は，「大丈夫です，ブラウン先生。僕はただ，眠たいだけです。昨晩遅くまで，テレビでサッカーの試合を見たんです」と言いました。先生は，「翔太，私はあなたのことが心配よ。早寝早起きをすることは，あなたの健康のために，とても大切なのよ」と言いました。
授業の後で，親友の直樹が僕に，「翔太，君は早寝早起きをするべきだよ」と言いました。僕は，「分かっているけど，僕にとって難しいよ」と言いました。直樹は，「僕にとっても難しいよ。でも僕はいいテニス選手になりたいんだ。もし僕が早起きをしたら，テニスをもっとたくさん練習することができる。翔太，僕と早寝早起きに挑戦しようよ」と言いました。
家に帰った後，僕は母にブラウン先生の英語の授業のことを話しました。僕は，「早起きするために何かいい方法はないかな」と尋ねました。母は，「あなたは夜遅くまでテレビを見てるわよね。あなたはそれをやめて早く寝るべきよ」と言いました。僕は，「わかった。そうしてみるよ」と言いました。
翌日，直樹と僕は，朝食の前に走ることに決めました。「明日の朝6時に公園で会おうよ」と僕は言いました。直樹は，「わかったよ。遅れないでね」と言いました。
翌朝，僕はとても眠たかったのですが，直樹の言葉を思い出しました。僕は，「直樹が公園で僕を待っている。すぐに彼に会いに行かなくちゃ」と思いました。僕は起きて，公園まで走りました。直樹はそこにいました。僕は，「おはよう。君がここで待っていると思ったから，起きることができたよ」と言いました。彼は，「僕も同じことを思ったから，起きることができたよ」と言いました。
ランニングから戻った後，僕は朝食を楽しみました。僕は新聞も読みました。僕は初めて，早起きすることはすばらしいと思いました。
数日後，僕は自分のお気に入りのサッカー選手について新聞で読みました。彼は，「私は物事を早くするように努めています。もし私が練習に遅刻したら，チームメイトは私を信用してくれないでしょう」と言っていました。その後，僕はサッカーの練習に早く行き始めました。
直樹と僕は，今も朝に一緒に走っています。僕は今，サッカー部のキャプテンです。僕は自分が最も上手な選手だと思いませんが，チームのメンバーは僕を信用してくれています。僕はチームのメンバー全員の中で，一番早く練習に行きます。僕はときどき，ブラウン先生の言葉を思い出します。僕の生活は大きく変わりました。僕はブラウン先生と直樹に感謝しています。

5　あなたは人工知能について学んだことはありますか。私たちは今，人工知能を持ったスマートフォンを手に入れることができます。人工知能は，物事をよりよくやるために良い方法を見つけてくれます。もしあなたが何かについて知りたいとき，人工知能はそれに関するたくさんの情報をあなたに教えることができます。例えば，もしあなたが人工知能を持ったスマートフォンに，「この辺でいいレストランを私に教えて」と言えば，いくつかのレストランが画面に表示されるでしょう。
今日，多くの機械やロボットは人工知能を搭載(とうさい)しています。それらは，人々がするように，たくさんのことができます。人工知能は新しいものを作り出すことはできませんが，人々の考えを学習して，それらを使いこなすことができます。例を挙げましょう。それは自動運転の車です。おそらくあなたはテレビでそれを見たことがあるでしょう。それのカメラが通りで何か危険なものを見つけたとき，それは自動的に止まることができます。完璧な自動運転の車はまだありませんが，私たちは近い将来，運転をしなくてよくなるでしょう。
イ 人工知能を持った機械やロボットは，私たちの生活をよりよくしてくれます。 **エ** しかし，そのような機械やロボットは人々から仕事を奪うかもしれません。 **ウ** だから，人工知能が自分たちの生活の中であまりすばらしいものではないと思う人もいます。 **ア** この問題は重要で，それについて研究する人もいます。 アメリカでは，ある有名な教授が，700種類の異なる仕事について研究しました。彼は，人工知能によって将来は，約50パーセントの仕事が奪われるだろうと言っています。例えば，タクシーとバスの運転手は仕事を失うでしょう。また，レストランの接客係も仕事を失うことでしょう。だから，そのような人々は，自分たちの将来について心配しているのです。
人々は人工知能が原因で仕事を失うかもしれないので，自分たちの生活に人工知能は必要ないと考えている人もいます。しかし教授は，人々はこれからは，人工知能とだんだん多くの時間を過ごすようになるだろうと言います。だから，私たちは人工知能について理解を深める必要があり，それと共生していくことについて考えるべきなのです。

第193回 下野新聞模擬テスト

英語　【解説】

英語問題 1 〔リスニング台本〕

台本	時間
これから中学3年生　第193回　下野新聞模擬テスト　英語四角1番，聞き方のテストを行います。 なお，練習はありません。 （ポーズ約5秒） これから聞き方の問題に入ります。問題用紙の四角で囲まれた1番を見なさい。問題は1番，2番，3番の三つあります。 最初は1番の問題です。問題は(1)から(4)まで四つあります。英語の対話とその内容についての質問を聞いて，答えとして最も適切なものを**ア**，**イ**，**ウ**，**エ**のうちから一つ選びなさい。対話と質問は2回ずつ言います。 では始めます。 (1)の問題です。　*A* : What do you want to do in high school? *B* : I want to try a sport. *A* : Oh, that's good. What sport? *B* : I want to play table tennis. 質問です。　*Q* : What does the girl want to do in high school?　（約5秒おいて繰り返す。）（ポーズ約5秒） (2)の問題です。　*A* : When is your birthday? *B* : It's May 4. How about you, Nick? *A* : My birthday is the same day, but it's the next month. *B* : Oh, really? Then, it's easy to remember your birthday. 質問です。　*Q* : When is Nick's birthday?　（約5秒おいて繰り返す。）（ポーズ約5秒） (3)の問題です。　*A* : My friend Susan will visit us this evening. Can you help me, Tom? *B* : Sure, Mom. What can I do for you? *A* : Clean the living room after lunch, please. I'll go shopping for dinner. *B* : OK. I will. 質問です。　*Q* : What will Tom do after lunch?　（約5秒おいて繰り返す。）（ポーズ約5秒） (4)の問題です。　*A* : Good morning, Nick. *B* : Good morning, Alice. Today is a beautiful day. *A* : Yes, but it's snowing a lot in Tokyo. My sister there told me that by e-mail this morning. *B* : Oh, really? I didn't know that. I didn't have time to watch the news on TV. 質問です。　*Q* : How did Alice know about the weather in Tokyo this morning? （約5秒おいて繰り返す。）（ポーズ約5秒）	（1番） 約5分
次は2番の問題です。英語の対話とその内容についての質問を聞いて，答えとして最も適切なものを**ア**，**イ**，**ウ**，**エ**のうちから一つ選びなさい。質問は(1)から(3)まで三つあります。対話と質問は2回ずつ言います。 では始めます。 *Risa* : Let's go to Midori Family Park this Saturday. *Pat* : That sounds nice, Risa. Oh, there is a big sports area in the park! We can play soccer, tennis and basketball. Can you play tennis with me? *Risa* : Sure, Pat. There is a plants area in the park, too. I want to see many kinds of plants there. *Pat* : Sounds interesting! I'd like to do both. How much do we need? *Risa* : We need 600 yen for both of us. Then, we can enjoy playing tennis and seeing many kinds of plants. *Pat* : OK. What time does the park open? *Risa* : It opens at nine, but we have to remember next Saturday is November. *Pat* : Oh, it closes at four thirty. *Risa* : That's right. But I want to leave the park by four o'clock because I have to cook dinner. *Pat* : I see. We can have fun there until four. Which do you want to do first, play tennis or see the plants? *Risa* : Umm..., I want to see the plants first. Let's meet in front of the east gate at nine. Is that OK? *Pat* : All right. Thank you, Risa. (1)の質問です。　What will they do first and second at the park next Saturday?　（ポーズ約3秒） (2)の質問です。　Which gate will they meet at next Saturday?　（ポーズ約3秒） (3)の質問です。　Which is true for [A] in the picture?　（約5秒おいて繰り返す。）（ポーズ約5秒）	（2番） 約4分
次は3番の問題です。あなたは，お気に入りの本について，アメリカからの留学生ジム(Jim)と対話をしています。その対話を聞いて，英語で書いたメモを完成させなさい。対話は2回言います。 では始めます。 *You* : Jim, can you tell me about your favorite book? *Jim* : Sure. The name of the book is *The Happiest Elephant*. A Japanese woman wrote it. It's a picture book for Japanese children, so it was easy for me to read it. *You* : I see. I want to hear about the story. *Jim* : OK. An elephant tries to work with people, but many problems are waiting for him. But he never stops working with people. Finally, he starts working with children. The children are happy because they can play with the elephant. I think it means that everyone is needed. *You* : Sounds interesting. I'll read it, too. Thank you, Jim. （約5秒おいて）繰り返します。（1回目のみ）　（ポーズ約5秒） これで聞き方の問題を終わります。では，ほかの問題を始めなさい。	（3番） 約2分

第193回 下野新聞模擬テスト

数　学　【解　説】

数　学　〔解説〕

① 1　$8\times(-3)=-(8\times3)=-24$

2　$2a+\frac{1}{4}a=\frac{8}{4}a+\frac{1}{4}a=\frac{9}{4}a$

3　$(x+7)(x-7)=x^2-7^2=x^2-49$

4　2次方程式の解の公式　$x=\frac{-b\pm\sqrt{b^2-4ac}}{2a}$ に $a=1$，$b=5$，$c=1$ を代入して，

$x=\frac{-5\pm\sqrt{5^2-4\times1\times1}}{2\times1}=\frac{-5\pm\sqrt{25-4}}{2}=\frac{-5\pm\sqrt{21}}{2}$

5　$x=1$ のとき，$y=2\times1^2=2$　　$x=3$ のとき，$y=2\times3^2=18$
よって，y の増加量は $18-2=16$

6　$\frac{1}{3}\times\pi\times3^2\times5=15\pi\,(\mathrm{cm}^3)$

7　右の図より，平行線の錯角は等しいから，$\angle x=31°+48°=79°$

8　エ…正六角形の1つの外角は $360°\div6=60°$ だから，
1つの内角は $180°-60°=120°$ である。
(または，内角の和が $180°\times(6-2)=720°$ だから，
1つの内角は $720°\div6=120°$ である。)

①7

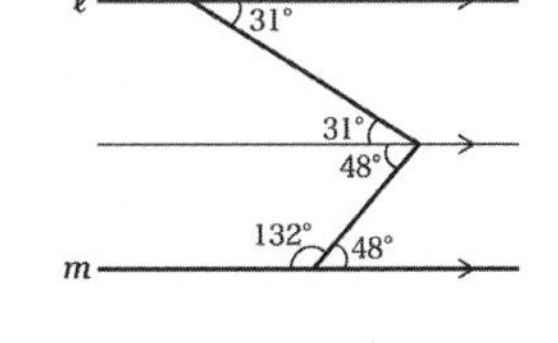

② 1　$\sqrt{56n}=\sqrt{2\times2\times2\times7\times n}=2\sqrt{2\times7\times n}$ より，$\sqrt{56n}$ が整数となるような最小の自然数 n は
$n=2\times7=14$ である。

2　道のりの和に関する式と，所要時間のちがいに関する式をつくる。なお，(時間)$=\frac{(道のり)}{(速さ)}$ である。

3　左辺が $(x-a)^2$ の形に変形できればよい。$(x-a)^2=x^2-2ax+a^2$　これが $x^2-16x+p$ に等しいから，
x の項の係数より，$-16=-2a$，$a=8$　　定数項より，$p=a^2=8^2=64$

③ 1　1枚目と2枚目の取り出し方は $5\times4=20$ (通り)で，2枚とも偶数になるのは
(1枚目，2枚目)=(2，4)，(4，2)の2通りだから，確率は $\frac{2}{20}=\frac{1}{10}$

2　「●●●ならば△△△」ということがらについて，「ならば」の前の部分「●●●」を仮定，「ならば」のあとの部分「△△△」を結論という。あることがらの仮定と結論を入れかえたものを，そのことがらの逆といい，正しいことがらの逆はいつでも正しいとはかぎらない。

3　(1)　最小値は39点，最大値は100点，第1四分位数は49点，第2四分位数(中央値)は69点，第3四分位数は87点である。

(2)　四分位範囲は第3四分位数と第1四分位数の差であるから，$87-49=38$ (点)である。なお，範囲(レンジ)は最大値と最小値の差であるから，$100-39=61$ (点)である。

④ 1　180°の回転移動を点対称移動といい，頂点Aに対応する頂点Pは直線AO上にあってAO＝OP，頂点Bに対応する頂点Qは直線BO上にあってBO＝OQ，頂点Cに対応する頂点Rは直線CO上にあってCO＝ORとなる。

【作図法】
① 2点A，Oを通る直線AOをひく。
② コンパスでAO＝OPとなる点Pを定める。
③ 2点B，Oを通る直線BOをひく。
④ コンパスでBO＝OQとなる点Qを定める。
⑤ 2点C，Oを通る直線COをひく。
⑥ コンパスでCO＝ORとなる点Rを定める。
⑦ ②，④，⑥で定めた点P，Q，Rをそれぞれ結んで△PQRを作図する。

④1

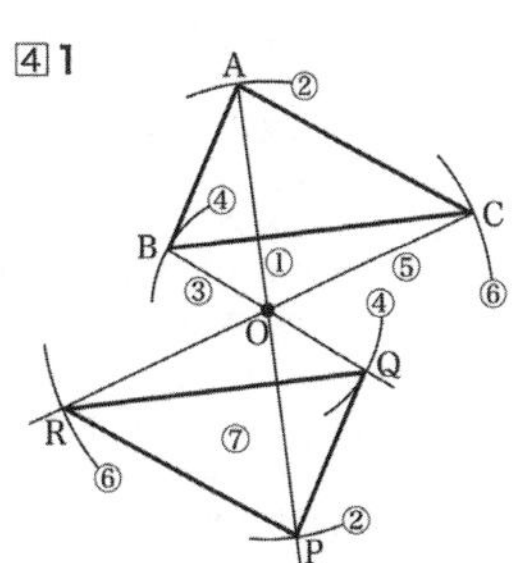

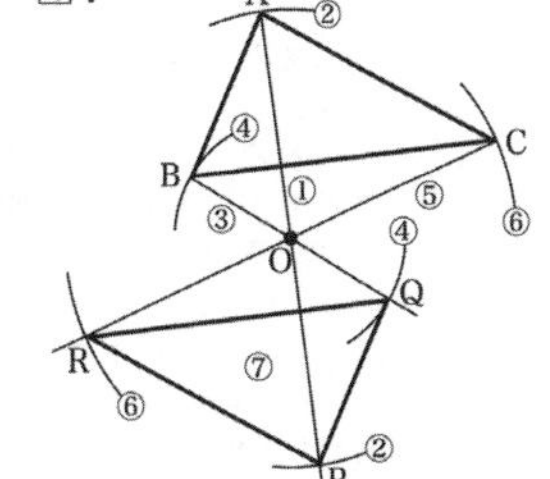

2　(1)　2つの底面積の和は $\frac{1}{2}\times10\times24\times2=240\,(\mathrm{cm}^2)$ で，側面積は $5\times(10+24+26)=300\,(\mathrm{cm}^2)$ だから，求める表面積は $240+300=540\,(\mathrm{cm}^2)$

(2)　6点A，B，D，E，P，Qを頂点とする立体を，右の図のように四角錐P－ARSDと三角柱BEQ－RSPに分けると，

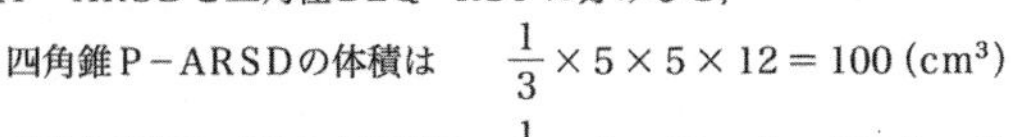

四角錐P－ARSDの体積は　$\frac{1}{3}\times5\times5\times12=100\,(\mathrm{cm}^3)$

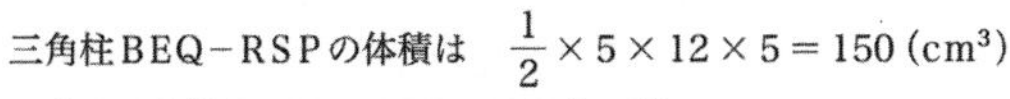

三角柱BEQ－RSPの体積は　$\frac{1}{2}\times5\times12\times5=150\,(\mathrm{cm}^3)$

だから，求める体積は $100+150=250\,(\mathrm{cm}^3)$

④2(2)

3　$\angle BCD=\angle ECG=90°$ であることより，$\angle BCE=90°+\angle DCE=\angle DCG$ であることを導き，三角形の合同条件「2組の辺とその間の角がそれぞれ等しい」を利用する。

第193回 下野新聞模擬テスト

数　学　【解　説】

5 1 (1) 点Aのx座標が-2であることから，$y=x^2$に$x=-2$を代入して，
$y=(-2)^2=4$
より，点Aの座標は$(-2,\ 4)$である。
線分ABはx軸に平行であることから，点Bは，y軸を対称の軸として点Aと線対称の位置にある。したがって，点Bの座標は$(2,\ 4)$である。

(2) xの変域が$-3 \leqq x \leqq 1$で，その変域に$x=0$を含んでいるから，
$x=0$のとき　最小値$y=0^2=0$
である。また，-3の方が1よりも絶対値が大きいから，
$x=-3$のとき　最大値$y=(-3)^2=9$
である。以上より，xの変域が$-3 \leqq x \leqq 1$のときのyの変域は，
$0 \leqq y \leqq 9$

(3) 直線ADと直線BCとの交点はy軸上にあるから，直線BCの式の切片は，直線ADの式の切片と等しい。

5 1(3)

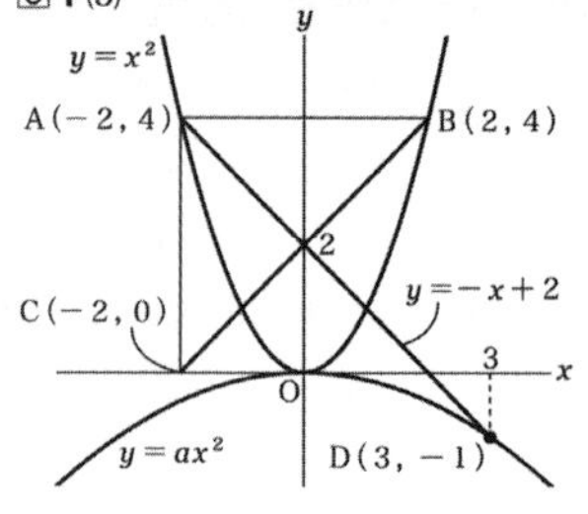

2 (1) 姉は毎分60mの速さで歩き続けて午後5時28分にスタジアムに着いたことから，2人の家からスタジアムまでの道のりは，$60 \times 28 = 1680$ (m)

(2) 妹がスマートフォンを忘れていることに気づいた地点は家から300m離れているから，この地点にいたのは，最初に家を出発してから$300 \div 60 = 5$ (分後)である。また，9分後に家に着いているから，求める直線の式を$y=ax+b$と表し，$x=5$，$y=300$を代入して　$300=5a+b$　……①
$x=9$，$y=0$を代入して　$0=9a+b$　……②
①，②を連立方程式として解いて，$a=-75$，$b=675$　よって，$y=-75x+675$

(3) 妹は，午後5時11分に再び家を出発してからは毎分75mの速さで進んだことから，
$1680 \div 75 = 22.4$ (分後) $= 22$ (分) $+ 0.4 \times 60$ (秒後) $= 22$ (分) 24 (秒後)
の午後5時33分24秒にスタジアムに着いた。

5 2(3)

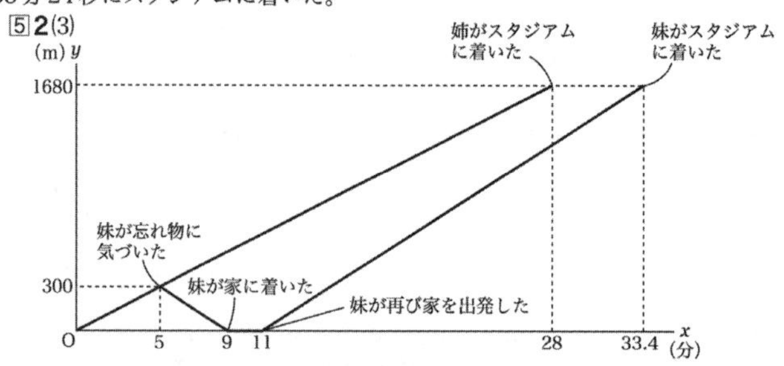

6 1 Ⅰ　並んでいる白いタイルの枚数は，1番目の図形では$1\ (=1^2)$枚，2番目の図形では$4\ (=2^2)$枚，3番目の図形では$9\ (=3^2)$枚だから，n番目の図形ではn^2枚と表される。よって，4番目の図形では$4^2=16$ (枚)

Ⅱ　並んでいる黒いタイルの枚数は，1番目の図形では$8\ (=4 \times 1 + 4)$枚，2番目の図形では$12\ (=4 \times 2 + 4)$枚，3番目の図形では$16\ (=4 \times 3 + 4)$枚だから，n番目の図形では$(4n+4)$枚と表される。よって，4番目の図形では$4 \times 4 + 4 = 20$ (枚)

2 求める図形をx番目の図形とすると，白いタイルの枚数はx^2枚，黒いタイルの枚数は$(4x+4)$枚と表される。並んでいる白いタイルの枚数が黒いタイルの枚数より41枚多くなることから
$$x^2=(4x+4)+41$$
$$x^2-4x-4-41=0$$
$$x^2-4x-45=0$$
$$(x+5)(x-9)=0,\quad x=-5,\ 9$$
xは自然数だから，$x=-5$は問題に適していない。$x=9$は問題に適している。
したがって，9番目の図形である。

3 並んでいる白いタイルのうち，▽の向きのものは，
2番目の図形……1枚
3番目の図形……$3=1+2$ (枚)
4番目の図形……$6=1+2+3$ (枚)
だから，200番目の図形では，$1+2+3+\cdots+199$ (枚)である。
ここで，$S=1+2+3+\cdots+199$とすると，
$$S=1+2+3+\cdots+199$$
$$+)\ S=199+198+197+\cdots+1$$
$$2S=200+200+200+\cdots+200$$
$$2S=200 \times 199$$
$$S=100 \times 199=19900$$
したがって，19900枚である。

第193回 下野新聞模擬テスト

理科 【解説】

理科 〔解説〕

1 1 軟体動物の外とう膜は，筋組織を含む膜である。
2 原子核の中にある陽子は＋の電気をもっていて，原子核のまわりを回っている電子は－の電気をもっている。
3 初期微動が始まってから主要動が始まるまでの時間を初期微動継続時間という。
4 1h＝3600sなので，10m/s×3600＝36000m/h＝36km/hとなる。
5 図は雌花のりん片で，むき出しになっている胚珠は，受粉後に成長すると種子になる。
6 溶鉱炉では，鉄鉱石(酸化鉄)を還元して鉄をとり出している。このとき，コークス(炭素)は酸化されるので，二酸化炭素が発生する。
7 空気の重さによって生じる圧力を大気圧(気圧)といい，1気圧は約1013hPaである。
8 電磁誘導によって得られる電流を誘導電流という。

2 1 雌の生殖細胞を卵，雄の生殖細胞を精子といい，これらはそれぞれ，卵巣，精巣という器官でつくられる。また，動物の発生における胚とは，受精卵が分裂を始めてから自分でエサをとり始める前までの期間の子のことをいう。
2 胚は細胞分裂を繰り返し，B→D→A→Cの順に変化していく。
3 AよりもCの方が段階が後なので，細胞の数はCの方が多く，1個の細胞の大きさはAの方が大きい。

3 1 水の密度は$1.00\,g/cm^3$であり，これよりも密度が小さい物体は水に浮き，大きい物体は水に沈む。
2 密度は質量を体積で割ることで求められるので，物体Aの密度は$170.1\,g \div 21.6\,cm^3 = 7.875\,g/cm^3$，物体Bは$51.1\,g \div 18.9\,cm^3 = 2.703\cdots g/cm^3$，物体Cは$57.2\,g \div 6.4\,cm^3 = 8.937\cdots g/cm^3$，物体Dは$12.9\,g \div 14.2\,cm^3 = 0.908\cdots g/cm^3$である。
3 立方体Xの質量は$7.875\,g/cm^3 \times 1000\,cm^3 = 7875\,g$なので，圧力は$\frac{78.75\,N}{0.010\,m^2} = 7875\,Pa$である。

4 1 凝灰岩は，火山噴出物である火山灰や軽石などが堆積した後，押し固められてできた。
2 サンゴは，浅くてあたたかい，水の澄んだ海にしか生育できない。

5 1 花火が開くのと同時に音も光も出るが，音が空気中を伝わる速さが約340m/sであるのに対し，光が伝わる速さは約30万km/sであるため，音の方が遅れて届く。
2 音が伝わるのは，空気の振動があらゆる向きに波のように伝わっていく現象によるものであり，空気が移動して伝わっていくわけではない。
3 光は瞬間的に届くため，地点Aと花火が開いた場所との距離は340m/s×2.80s＝952mである。

6 1 植物は光合成を行うことで，生命活動に必要な養分(有機物)をつくり出している。
2 光合成を行うためには日光などの光が必要である。アルミニウムはくでおおった部分には日光が当たらないので，光合成を行うことができない。
3 デンプンによってヨウ素溶液が青紫色に染まる反応を，ヨウ素デンプン反応という。
4 光合成を行うためには光エネルギーが必要なので，アルミニウムはくでおおった部分では光合成は行われない。また，光合成は細胞内の葉緑体で行われているので，葉緑体がないふの部分では光合成が行われない。

7 1 水酸化ナトリウムのように，水溶液中で電離する物質を電解質という。
2 酸性の水溶液中に存在する水素イオンと，アルカリ性の水溶液中に存在する水酸化物イオンが結びつくと，水ができる。この反応を中和といい，$H^+ + OH^- \rightarrow H_2O$と表される。
3 水溶液Zを加える前は，水素イオンの個数は塩化物イオンの個数と等しい。水溶液Zを加えると，水素イオンは加えられた水酸化物イオンと結びついて水になってしまうので，30mLまでは減少し続け，その後は0のままである。
4 20mLの水溶液X，40mLの水溶液Y，30mLの水溶液Zの中に生じているイオンの個数は等しい。その個数をa個とすると，例えば120mLの水溶液Yと水溶液Zの中に存在するイオンの個数の比は，$a \times \frac{120\,mL}{40\,mL} : a \times \frac{120\,mL}{30\,mL} = 3 : 4$となるので，120mLの水溶液Yと水溶液Zの中に溶けている溶質の比も3：4である。したがって，水溶液Yと水溶液Zの質量パーセント濃度の比も3：4である。

8 1 空気を冷やしていったとき，空気中に含まれる水蒸気が飽和する温度を露点といい，気温が露点を下回ると水蒸気が凝結して水滴が生じる。
2 露点が20℃なので，空気$1\,m^3$中には，20℃での飽和水蒸気量である，17.3gの水蒸気が含まれていた。26℃の飽和水蒸気量は$24.4\,g/m^3$なので，湿度は$\frac{17.3\,g/m^3}{24.4\,g/m^3} \times 100 = 70.9\cdots$%である。
3 16℃での飽和水蒸気量は$13.6\,g/m^3$なので，空気$1\,m^3$につき17.3g－13.6g＝3.7gの水滴が生じる。
4 気温が下がるにつれて湿度が高くなっていき，露点である20℃まで下がったときに湿度が100%になる。露点以下の気温では，湿度は100%のままである。

9 1 物体の運動のようすは，運動の向きと速さによって決定する。
2 記録タイマーは1秒間に50打点するので，一つの打点間隔は1s÷50〔打点〕＝0.02sを表している。したがって，5打点を一つの区間として切りとった1本の紙テープは，0.02s×5〔打点〕＝0.1sを表している。
3 0.2秒間に1.3cm＋2.1cm＝3.4cm運動しているので，その平均の速さは3.4cm÷0.2s＝17cm/sである。
4 台車にはたらく重力の大きさは変化しないので，斜面上の台車にはたらく重力を斜面に平行な向きと垂直な向きに分解したときの分力の大きさについても，どちらも変化しない。

第194回 下野新聞模擬テスト

国語・社会・英語 【解 答】

国 語

1 1 (1) しゅしょう〔2点〕 (2) きょうじゅん〔2点〕 (3) はか(る)〔2点〕
(4) あお(ぐ)〔2点〕 (5) ちょうじ〔2点〕
2 (1) 増刷〔2点〕 (2) 閉(ざす)〔2点〕 (3) 早晩〔2点〕
(4) 拝(む)〔2点〕 (5) 穀倉〔2点〕
3 ア〔2点〕 4 ア〔2点〕 5 イ〔2点〕 6 エ〔2点〕 7 ウ〔2点〕
2 1 おもおえたれども(ひらがなのみ可)〔2点〕 2 イ〔2点〕 3 ア〔2点〕 4 ウ〔2点〕
5〔例〕月の光は同じはずなので、人の心も同じだ〔2点〕
3 1〔例〕小説は、直接、読者に作者の声を伝えるが、演劇は、原作者、演出家、演者、さらに観客の解釈を経て、伝えられる。〔4点〕
2 エ〔3点〕 3 エ〔3点〕
4 (I) 改変〔3点〕 (II)〔例〕作者は作品の成否を舞台を成立させる関係者に委ね、享受者には解釈の自由が大きく許されているということ。〔4点〕
5 イ〔3点〕
4 1 エ〔3点〕 2 イ〔3点〕 3 芽が潰されかねない〔3点〕 4 ア〔3点〕 5 イ〔4点〕
6〔例〕廉太郎が延との重奏に時を忘れる程夢中になり、手応えを感じていること。〔4点〕
5〔例〕(1)は(a)「明るみになる」と(b)「明るみに出る」がほぼ同じ割合で、(2)は(b)「寸暇を惜しんで」という本来の言い方よりも、(a)「寸暇を惜しまず」という言い方の方が高い割合になっている。これらのように、慣用表現の使い方は、表現によって紛らわしいものがあることがわかる。
　自分の場合、これらの表現は、ふだんの会話の中で聞いたとしても、聞き流してしまっているような気がする。自分はなるべく正しい表現を使うように心がけたいと思うが、多くの人の中で使い方が分かれる表現は、時代とともに変わっていくものではないかと思うので、今後どのような使われ方をしていくのか注目したいと思う。
〔20点〕

社 会

1 1 択捉(島)〔2点〕 2 ウ〔2点〕
3〔例〕標高が高い位置から短い距離を流れるため，川の流れが速い〔4点〕
4 抑制(栽培)〔2点〕 5 ア〔2点〕 6 エ〔2点〕 7 500(m)〔2点〕
2 1 (1) フィヨルド〔2点〕 (2) ア〔2点〕 (3) ウ〔2点〕 (4) 焼畑(農業)〔2点〕 2 エ〔2点〕
3〔例〕パイプラインで運ばれてきた原油や天然ガスをタンカーに積み込み，世界中に輸出するため。〔4点〕
3 1 渡来人〔2点〕 2 ア〔2点〕 3 徳政令〔2点〕 4 エ〔2点〕
5 安土〔2点〕 6 エ→ウ→ア→イ(完答)〔2点〕 7 イ〔2点〕
8〔例〕通商を求めてきたロシアを警戒したから。〔4点〕
4 1 リンカン(大統領)〔2点〕 2 自由民権運動〔2点〕 3 エ〔2点〕 4 エ〔2点〕
5〔例〕戦争に向けて，武器や兵器の生産が盛んになったから。〔4点〕 6 ウ〔2点〕
5 1 全会一致〔2点〕 2 ウ〔2点〕 3 集団的自衛権〔2点〕
4 男女共同参画社会基本法〔2点〕 5 (1) イ〔2点〕 (2) イ〔2点〕
6 1 ア〔2点〕 2 (1) 議院内閣制〔2点〕 (2) ウ〔2点〕 3 検察官〔2点〕
4 P:〔例〕地方税による収入が減少〔2点〕 Q:〔例〕住民の意見が反映されにくくなる〔2点〕
5 イ〔2点〕
7 1 (1) ア〔2点〕 (2) 勘合〔2点〕 2 地方分権〔2点〕
3〔例〕公共交通機関は二酸化炭素排出量が少なく，地球温暖化の防止につながるから。〔4点〕
4 イ〔2点〕

英 語

1 1 (1) ウ〔2点〕 (2) エ〔2点〕 (3) ア〔2点〕 (4) エ〔2点〕
2 (1) ウ〔3点〕 (2) イ〔3点〕 (3) イ〔3点〕
3 (1) popular〔3点〕 (2) holds[has]〔3点〕 (3) before〔3点〕
2 1 (1) エ〔2点〕 (2) ウ〔2点〕 (3) ア〔2点〕 (4) イ〔2点〕 (5) ア〔2点〕 (6) イ〔2点〕
2 (1) ウ→イ→ア→エ(完答)〔2点〕 (2) エ→ア→ウ→イ(完答)〔2点〕
(3) オ→ウ→イ→ア→エ(完答)〔2点〕
3 1 イ〔3点〕
2〔例〕一年生と二年生に，もっと頻繁に図書室を訪れてもらい，もっと多くの本を借りてもらいたいということ。〔4点〕
3 (3)〔例〕borrow one[a] book〔3点〕 (4)〔例〕reads more books than〔3点〕
(5)〔例〕I don't (think I) need to read books(.)〔3点〕
4 エ〔3点〕 5〔例〕what book(s)〔3点〕
6〔例〕Books teach us a lot of things. For example, books often tell us important things to think about in our lives. Also, if we read a book, we can sometimes talk about the book with our friends. So, I think that reading books makes our lives better. We can also become smarter by reading many books.〔6点〕
4 1〔例〕(彼女が)カレンからの質問にうまく答えることができなかったから。〔2点〕 2 ア〔2点〕
3 ①〔例〕そこに住んでいる人たち〔2点〕 ②〔例〕(地元の)食べ物について学び，料理をする〔2点〕
4 to be a cooking teacher(完答)〔3点〕 5 エ〔3点〕
5 1 エ→ア→ウ→イ(完答)〔4点〕 2 イ〔3点〕
3〔例〕ひな鳥が自分の親鳥を呼ぶために特別な歌を歌うので，親鳥はその歌を聞いて，自分のひな鳥を見つける。〔4点〕
4 ウ〔3点〕

第194回 下野新聞模擬テスト
数学・理科 【解　答】

数　学

1　1　3〔2点〕　2　$3a^2b^3$〔2点〕　3　$x^2+10x+25$〔2点〕　4　$x=0,\ 9$〔2点〕
5　$y=-6$〔2点〕　6　36 cm^3〔2点〕　7　$x=\frac{5}{2}$〔2点〕　8　ウ〔2点〕

2　1　$\sqrt{19}-4$〔3点〕
2〔例〕イベントの参加者をx人とすると，余った25個のキャンディーについて，
$25-2x=-3$より，$x=14$
最初に参加者の14人にキャンディーを5個ずつ配ると25個余ったことから，ケースの中に入っていたキャンディーの個数は，$5\times14+25=95$(個)となり，問題に適している。　答え（ 95個 ）〔6点〕
3　pの値：$p=4$〔3点〕　qの値：$q=-8$〔3点〕

3　1　$\frac{3}{5}$〔3点〕　2　7個〔3点〕　3　(1)　Ⅰ　5〔2点〕　Ⅱ　12.5〔2点〕　(2)　0.725〔3点〕

4　1　右の図〔4点〕

4 1
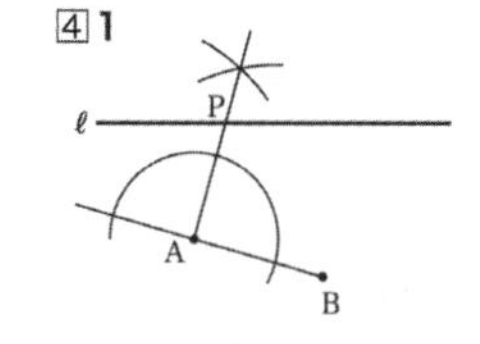

2　(1)　$1500\pi\ cm^3$〔3点〕
(2)〔例〕△ABCの頂点Cから辺ABに垂線CHをひくと，立体Yは，線分CHを底面の半径，線分AHを高さとする円錐①と，線分CHを底面の半径，線分BHを高さとする円錐②に分けられる。△ABCの面積に着目すると，
$\frac{1}{2}\times15\times20=\frac{1}{2}\times25\times CH$より，$CH=12$ (cm)
よって，立体Yの表面積は，円錐①，②の側面積の和より，
$\pi\times12\times20+\pi\times12\times15=240\pi+180\pi=420\pi$ (cm^2)
答え（ $420\pi\ cm^2$ ）〔6点〕
3（証明）〔例〕
△ABEと△DFAにおいて，
仮定より，∠ABE＝∠DFA＝90°　……①
AE＝DA　……②
AD//BCより，平行線の錯角は等しいから，∠AEB＝∠DAF　……③
①，②，③より，直角三角形の斜辺と1つの鋭角がそれぞれ等しいから，△ABE≡△DFA
合同な図形の対応する辺は等しいから，BE＝FA〔7点〕

5　1　(1)　mの値：$m=\frac{5}{2}$〔2点〕　nの値：$n=-2$〔2点〕　(2)　$p<-1$〔3点〕　(3)　$\left(-3,\ \frac{9}{2}\right)$〔4点〕
2　(1)　61 L〔2点〕
(2)〔例〕1回目について，排水を始めて5分後から10分後までのグラフの傾きは，$\frac{15-55}{10-5}=-8$であるから，xとyの関係の式は$y=-8x+b$と表される。グラフは点(10，15)を通るから，
$15=-8\times10+b$，$b=95$
したがって，求める式は$y=-8x+95$　答え（ $y=-8x+95$ ）〔6点〕
(3)　Ⅰ　5〔2点〕　Ⅱ　30〔2点〕

6　1　Ⅰ　C〔2点〕　Ⅱ　24〔2点〕　2　61〔4点〕　3　$n=56$〔5点〕

理　科

1　1　ア〔2点〕　2　ア〔2点〕　3　ウ〔2点〕　4　イ〔2点〕　5　主要動〔2点〕
6　炭素（漢字のみ可）〔2点〕　7　栄養(生殖)〔2点〕　8　60 (Hz)〔2点〕
2　1　クロウンモ〔3点〕　2　イ〔2点〕　3　①　深成岩〔2点〕　②　等粒状組織〔2点〕
3　1　ウ〔2点〕　2　①　上方置換法〔2点〕　②　小さい〔2点〕　3　エ〔2点〕
4　1　花粉管〔2点〕　2　①　精細胞　②　卵細胞（完答）〔3点〕　3　減数分裂〔3点〕
5　1　電力〔2点〕　2　1.5 (A)〔3点〕　3　①　540〔2点〕　②　78〔2点〕
6　1　曲線：等圧線〔2点〕　間隔：イ〔2点〕　2　①　低気圧　②　17.2（完答）〔3点〕
3　右図〔3点〕　4　エ〔2点〕
7　1（例）電流を流さなくてもリトマス紙の色が変化すること。〔3点〕
2　①　水素〔2点〕　②　酸〔2点〕
3　ア〔2点〕　4　リトマス紙：R_1〔2点〕　イオン：OH^-〔2点〕
8　1　①　道管〔2点〕　②　気孔〔2点〕
2（例）枝の切り口に食用油がつかないようにするため。〔3点〕　3　ウ〔2点〕
4　表側：1.2 (mL)〔2点〕　裏側：3.6 (mL)〔2点〕
9　1　3 (J)〔3点〕　2　①　1.2〔2点〕　②　3.6〔2点〕　3　ウ〔2点〕
4（例）一定のままであった。〔3点〕

6 3
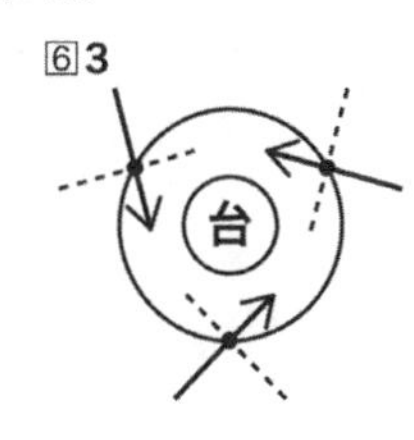

第194回 下野新聞模擬テスト

国 語 【解 説】

国 語 〔解説〕

1 **3** 「心温まる物語が世界中で読まれる。」と**ア**「抜かれる」が受け身、**イ**「話される」が尊敬、**ウ**「行かれる」が可能、**エ**「思い出される」が自発の意味。
4 「お…になる」は尊敬語、「お…する」は謙譲語の形。
5 「のびのびと健やかに」と**イ**「東京や大阪などの」は並立の関係。**ア**「白い飛行機雲が」、**ウ**「プールで泳ぐだろう」は修飾・被修飾の関係。**エ**「文化祭なので楽しみだ」は接続の関係。
6 **エ**「夕食」が「訓と音」、**ア**「絵巻」は「音と訓」、**イ**「系統」は「音と音」、**ウ**「姿見」は「訓と訓」。
7 「わが宿は…」は窓から差し込む月の光が四角である様子、「菜の花や…」は東の空に月が見え、西の空に夕日が沈む雄大な様子を詠んだ俳句。

2 **1** 助詞と語頭以外の「はひふへほ」は「わいうえお」に直す。「ほ」は「お」となる。
2 **イ**は「かの国人」、他は「阿倍の仲麻呂」が主語である。
3 「飽かずやありけむ」は本来、「物足りなく思ったのであろうか」という意味であるが、ここでは、阿倍の仲麻呂などの国人が別れを惜しんでいる場面なので、「なごりがつきない」という意味である。
4 「まじく」は現代語の「まい」に当たり、打ち消しの推量の意味である。
5 本文の最後に「月の影は同じことなるべければ、人の心も同じことにやあらむ」とあることに着目し、「月の光は同じはずなので、人の心も同じだ」などのように空欄に当てはまるようにまとめる。

〈口語訳〉
昔、阿倍仲麻呂といった人は、中国に渡って、(日本に)帰って来ようとする時に、船に乗るべき所で、あちらの国の人が、送別の会をして、別れを惜しんで、あちらの漢詩を作ったりしていた。なごりがつきないように思ったのであろうか、月が出てくるまでそこにいた。その月は、海から昇ってきた。これを見て、仲麻呂は、わが国に、このような歌を、このように別れ惜しみ、喜んだり、悲しんだりする時にはよむと言って、よんだ和歌は、
　青い海原のはるかに遠くを仰ぎ見ると春日にある三笠の山に出ていた月と同じ月だなあ
とよんだのだった。あちらの国の人は聞いても分からないだろうと、思われたが、和歌の意味を、日本の言葉を理解している人に、説明して伝えたところ、気持ちを理解することができたのだろうか、とても意外なことに、感心したということだった。中国と日本とは、言葉が異なるものだが、月の光は同じはずなので、人の心も同じことなのだろう。

3 **1** 傍線部(1)の次の段落の最後に、小説は「直接、作者の声を伝える」とあり、その後の三つの段落で演劇の伝達について、原作者、演出家、演者、観客の解釈が加わることを指摘している。
2 「無署名的である」とは、誰の作品であるかは重視されないという意味。傍線部(2)の次の段落に「演劇は作者の主観、思想、意図をそのまま伝える様式」ではなく、参加者、観客を含めたすべての人が「めいめいの意図、解釈を集約してつくり上げる芸術である」とある。よって**エ**が適当。
3 空欄の前にさまざまな「解釈を集約してつくり上げる」とあるので、**エ**「複雑」が適当。二つ前の段落に「複雑な総合性」とあることにも着目する。
4 (I) 〈A〉の文章の最後から二つ目の段落に「多様な改変の要素をきらう」、その次の段落に「複雑な総合性のゆえに、芸術的価値を減ずる傾向にある」とあるので「改変」が適当である。
(II) 本文最後の段落に「こういう演劇様式の性格はもっとも原初的な形をとどめている」とあるので、その前の「演劇様式」についての内容と、「つまり、…」以降の享受者の「解釈の自由」についての内容をまとめる。
5 〈A〉では、演劇の本来的な性質から演劇の不振を招いているという現状を述べ、〈B〉では、演劇の本来的な性質を補足的に説明しなおすことによって、肯定的に述べている。よって**イ**が適当である。**ア**は「反対する立場」、**ウ**は「結論を踏まえて」、**エ**は「発展させる立場」がそれぞれ適当ではない。

4 **1** 「日本の西洋音楽を牽引するあの幸田延」に対して、軽々しく返事ができないという意味で、**エ**「軽々に」が適当。
2 自分の演奏を褒めてくれているらしいとは感じても、ピアノの演奏に対する評価として、なぜ「体を動かすのが上手い」という言葉が出てくるのかがわからなかったことが、そのあとの「まさか、こんなところで活きてくるとは思わなかった」という表現からわかる。延の褒め方が今まで経験したことがないものだったという意味なので、**イ**が適当。
3 傍線部(2)の後の延の会話に「あの子に巻き込まれてしまっては、君の芽が潰されかねないと思って」とある。廉太郎がバイオリニストとしてやっていけるか不安を感じたのである。
4 延は西洋音楽への理解が薄い国に対して不満があり、「現状を打破するために」「有望な人材に活躍して」もらいたいと考えているが、容易ではないことを承知しているのである。**イ**～**エ**には、延の発言の内容に含まれる気持ちが含まれていないため、適当ではない。
5 突然重奏を提案された廉太郎は「面食らっ」たが、延は「肩をすくめ」て、西洋流の身振り手振りで、重奏をするように促している様子をとらえる。よって**イ**が適当である。**ウ**「提案の理由が分からなかった」わけではない。
6 廉太郎は延との重奏が終わって外を眺めたときに初めて「上野の景色」が「夕暮れに染まってい」ることに気づいていることから、それ程、重奏に夢中になっていたことがわかる。また、「体中に心地いい疲労がのしかかっている」とあることから、充実した手応えを感じていることもわかる。それらの内容を字数に注意してまとめる。

5 ・形式　氏名や題名を書かず、二百四十字以上三百字以内で書いているか。二段落構成で、原稿用紙の正しい使い方ができているか。
・表現　文体が統一されているか、主述の関係や係り受けなどが適切か、副詞の呼応や語句の使い方が適切か、など。
・表記　誤字や脱字がないか。
・内容　第一段落では、【資料】から気づいたことについて具体的に書いているか。第二段落では、自分の体験を踏まえて、「言葉」を使用する際に心がけたいことについて具体的に書いているか。
といった項目に照らし、総合的に判断するものとする。

第194回 下野新聞模擬テスト
社 会 【解 説】

社 会 〔解説〕

1 **1** 北方領土は，択捉島，国後島，色丹島，歯舞群島から構成されており，最も北に位置する島は択捉島である。
2 関東地方は，冬に北西の乾いた風が吹きつけるため，晴天の日が多くなる。**エ**のやませは，夏に東北地方の太平洋側で吹く，北東の冷たく湿った風である。
3 常願寺川は世界の主な川に比べ，標高が高い位置から，短い距離を流れている。そのため，川の流れが急である。
5 東京都は，印刷・同関連業の製造品の出荷額が多い。また，民営事業所数は日本で最も多い。
6 栃木県は，北関東工業地域の一部が広がっており，第二次産業の割合が多い。促成栽培が盛んな高知県は，第一次産業の割合が多くなる。
7 2万5千分の1の縮尺の地形図上の2cmは，2(cm)×25000＝50000(cm)＝500(m)となる。

2 **1**(2) 気温の高さや降水量の多さから，熱帯の雨温図と判断する。アメリカ南東部のフロリダ半島には，熱帯の気候が広がっている。**イ**は乾燥帯，**エ**は温帯の都市である。**ウ**もフロリダ半島と同様に熱帯の都市であるが，南半球であるため，気温が下がる時期が6月～9月ごろとなる。
(3) ケニアは，かつてイギリスの植民地支配を受けた国で，当時茶のプランテーションが開かれた。**ア**はアルゼンチン，**イ**はポルトガルやブラジルなど，**エ**はインドやアメリカなどについて述べている。
2 アメリカでは，スペイン語を話す移民であるヒスパニックが増加している。とくにメキシコからの移民が多く，不法に入国させないため，アメリカは対策を行っている。
3 サウジアラビアをはじめとして，ペルシア湾の沿岸国は原油や天然ガスの輸出量が多い。産出された原油や天然ガスは，パイプラインで世界の各地やペルシア湾沿岸の港に運ばれる。港では，タンカーにそれらを積み込み，世界中に輸出される。

3 **2** 寝殿造の様式の建物がつくられ始めたのは平安時代で，**ア**は10世紀初頭に成立した書物である。**イ**，**ウ**は鎌倉時代，**エ**は奈良時代の書物である。
3 下線部ⓑは元寇のことを示している。この頃，御家人の生活は苦しくなっており，中には土地を手放す者もいた。これらの御家人を救うため，永仁の徳政令が出された。徳政令とは，借金などを取り消しにする法律である。
4 **エ**は源頼朝が行ったことがらである。
6 **エ**は奈良時代，**ウ**は室町時代，**ア**，**イ**は江戸時代で，問屋制家内工業は18世紀ごろから，工場制手工業は19世紀ごろから発達した。
8 1792年にラクスマンが通商を求めて根室に来航した。これをきっかけに，幕府はロシアに近い蝦夷地(北海道)や樺太を警戒するようになり，間宮林蔵などの探検家に北方を調査させた。

4 **2** 自由民権運動に対して，政府は集会を制限するなどして取り締まりを強化した。
3 帝国議会において，**Y**は国民の選挙を受けているため衆議院であることが分かる。そのため，**X**は貴族院である。**ア**は枢密院，**イ**は陸海軍，**ウ**は明治時代初期に設置されていた太政官について述べている。
4 (第一次)石油危機は，1973年におきた。
5 1932年の五・一五事件以降，政党政治が途絶え，軍部が勢いを増してきた。さらに日中戦争が始まり，これが長期化すると国家総動員法が制定された。そのため，武器や兵器を中心とした重化学工業の生産が大幅に増えた。

5 **1** 提案**A**は，反対が1名で否決されているが，提案**B**は全員賛成で成立となっている。このことから，参加者全員の賛成が得られないと提案が成立しない，全会一致で採択されていると判断する。
5(1) 比例代表制は，各政党が得た得票数を，1，2，3…の整数で順に割り，得られた商の多い順に当選者を決めていくドント方式が採られている。**図2**では，a党が3名，b党が2名，c党が1名の当選者を出す。
(2) 小選挙区制では，一つの選挙区で1人の議員が当選する。そのため，議員1人当たりの有権者数の違いは，有権者が投じる一票の価値の違いになり，一票の価値に2倍以上の差がつくこともある。この状態に対し，最高裁判所が「違憲状態」と判決を下したこともある。

6 **2**(2) 臨時会(臨時国会)は，内閣が必要と認めたとき，または，参議院，衆議院のいずれかの議院の総議員の4分の1以上の要求があった場合に召集される。
3 刑事裁判では，検察官が被疑者を裁判所に訴える(起訴)。その際，被疑者は被告人となる。
4 過疎化が進むと，地方税などによる収入が減り，財政が悪化する。地方公共団体の財政の健全化や仕事の効率化のため，平成時代には「平成の大合併」が行われた。この時，地方自治の対象となる範囲が大きくなりすぎると，住民の意見が反映されにくくなるとして，合併を拒否した地方公共団体もあった。

7 **1**(2) 明は，北のモンゴル民族，南の倭寇の対応に苦しめられた。そのため，足利義満が貿易を求めた際には，倭寇の禁止を条件とし，貿易船には勘合を持たせる勘合貿易を行った。
3 **図3**から，自家用乗用車は，航空，バス，鉄道よりも二酸化炭素排出量が多いことが読み取れる。二酸化炭素は地球温暖化の大きな原因の一つとされており，これを減らすための取り組みが，世界中で行われている。
4 **ア**は対馬海流，**ウ**は黒潮(日本海流)，**エ**は親潮(千島海流)である。

第194回 下野新聞模擬テスト
英語 【解説】

英語 〔解説〕

1 リスニング台本と解答を参照。

2 **1** (1) <who＋動詞～>が，人を表す名詞を後ろから修飾している。who が主格の関係代名詞。「～を訪れていた」という意味の was visiting が適切。

(2) 過去分詞の spoken が「話され(てい)る」という意味で，spoken in English が直前の speech を説明している。過去分詞の形容詞的用法。

(3) 音楽家が話すことをやめて，通訳者が翻訳したという流れなので，stop の過去形 stopped が適切。

(4) 生徒たちが驚いたのは，音楽家のやや長いスピーチを，通訳者がすぐに短い言葉で翻訳したからである。よって，選択肢の中で最も短い時間である half a minute「30 秒」が適切。

(5) 音楽家が，自分のやや長いスピーチをどのように短い日本語にしたのかと，通訳者に尋ねた場面。

(6) (4) の後の，通訳者が訳し終えた後の生徒たちの反応を示している Most of us ～の部分を参照。

2 (1) <It is[It's] …＋for＋(人)＋to＋動詞の原形～>「(人)にとって～することは…である」。否定文は，is の後に not を置く。

(2) <Do I have to＋動詞の原形～？>「(私が)～しなければなりませんか」

(3) 主格の関係代名詞の which は，<which＋動詞～>の形で，ものを表す名詞を後ろから修飾する。

3 **1** 本文訳参照。最初のさくらの発言を参照。

2 本文訳参照。直前のリー先生の発言を参照。

3 (3) **図2**の「本を借りる・・・ 1ポイント(1冊につき)」の部分を参照。この部分を英語にする。

(4) **図3**のグラフ全体を参照。小学生が中高生より多くの本を読んでいることを，比較級を用いて表現する。

(5) **図4**の「本を読む必要があると思わない」を参照。この部分を英語にする。

4 本文訳参照。<bring＋A＋to＋B>「B に A を連れて来る」

5 **図4**の「どんな本を読むべきか分からない」の部分を参照。「何を～する(べき)か」は，<what to＋動詞の原形>で表すが，「どんな～を」と言うときは，<what＋名詞＋to＋動詞の原形>の形になる。

6 本を読む利点について自分の考えを述べる。理由を述べるときは，because や so を用い，具体例を述べるときは，for example を用いるとよい。設問文に書かれている指示をよく読んで英文を作成すること。

4 **1** 本文訳参照。直後のミエコの発言を参照。この内容をまとめる。

2 本文訳参照。「樋口先生(Ms. Higuchi)は英語を少し話すことができる」→「彼女があなたを大いに助けることができると思う」という流れになると分かる。

3 本文訳参照。直前のカレンの発言を参照。この内容をまとめる。

4 第4段落の最終文を参照。ミエコの将来の夢について書かれている。

5 **ア**…第2段落の第1文を参照。カレンの滞在期間は，二週間なので，誤り。

イ…第3段落の第1文を参照。樋口先生がミエコの家に来たという記載はなく，ミエコが母親とカレンと共に樋口先生の料理教室に行っているので，誤り。

ウ…第4段落の半ばを参照。樋口先生は，日本食が世界中で人気が出ていることを知っていたと分かるので，誤り。

エ…最終段落を参照。同じ内容を読み取ることができるので，正しい。

5 **1** 本文訳参照。挿入する英文を並べかえる問題では，接続詞や代名詞に着目しながら，空所の前後との話のつながりを考えるとよい。

2 本文訳参照。inside を入れて，「群れの中はとても暖かい」という意味の文にすると前後の内容と合う。

3 本文訳参照。直後の内容を参照。これらの内容をまとめる。

4 **ア**…第1段落を参照。「ペンギンは海での暮らしのために完璧にできている」と書かれているので，誤り。

イ…第2段落を参照。「ネコやキツネは，可能なときにペンギンを食べる」と書かれており，クジラについても「空腹のときだけペンギンを食べる」とは書かれていないので，誤り。

ウ…第3段落の最終文を参照。同じ内容を読み取ることができるので，正しい。stay with their group friends for many years＝don't change the group to be with for a long time

エ…最終段落を参照。ほとんどのペンギンが二個の卵を産むが，多くの場合，育つ卵は一つだけであると書かれており，全ての卵が安全だとは書かれていないので，誤り。

第194回 下野新聞模擬テスト

英語 【解説】

〔本文訳〕

3 リー先生：私が図書室を訪れると，いつも多くの三年生を見かけます。彼らはそこで多くの本を借りていますね。
さくら：そうなんです，リー先生。図1を見てください。それは生徒が図書室から借りた本の数を示しています。4月は，三年生だけが200冊より多くの本を借りました。5月は，彼らが借りた本の数は変わりませんでした。そして二年生に借りられた本の数は下がりました。彼らは6月に120冊の本を借りました。
リー先生：なるほど。一年生と二年生が，もっと頻繁に図書室を訪れて，もっと多くの本を借りてくれることを願います。
さくら：私たちはそのことについてよく話し合って，ポイントシステムを思いつきました。
リー先生：ポイントシステム。それは何ですか。
さくら：生徒が図書室を訪れると，それぞれが1ポイントもらえます。それから，生徒が1冊の本を借りると，それぞれもう1ポイントもらえます。生徒が50ポイント集めると，どの生徒も特製の栞がもらえます。
リー先生：おもしろそうですね。あなたたちのアイデアが多くの生徒を図書室に連れて来ることを願います。最近，日本の多くの学生は本を読むのが好きではありません。
さくら：図3を見てください。そのグラフから何が言えますか。
リー先生：毎年，小学生の方が中高生よりも多くの本を読んでいますね。
さくら：その通りです。小学生は月に約10冊の本を読んでいますが，中学生は約4冊の本しか読んでいません。そして，高校生は1冊か2冊の本しか読んでいません。
リー先生：中高生は，月に数冊の本しか読まないのですね。それはどうしてでしょう。
さくら：図4を見てください。約60パーセントの生徒が，「本を読む必要があると思わない」と回答しました。50パーセントを超える生徒が，「勉強や部活動で本を読む時間がない」と回答しました。三番目の理由は，「どんな本を読むべきか分からない」です。私は多くの生徒が今よりもっと頻繁に本を読んでくれることを願います。この状況を改善するために，何かアイデアはありませんか。
リー先生：彼らが本を読む利点を知れば，本を読むようになるだろうと思います。
さくら：おっしゃる通りですね。私たちはそのことについて考えてみます。ありがとうございます，リー先生。

4 僕はサトルです。僕は料理が大好きです。僕の叔母のミエコは，外国から来た学生に，栃木の郷土料理の作り方を教えています。僕はよく叔母から料理を学びます。また，料理の後に，僕はよく叔母と話します。これは叔母から聞いた話のひとつです。

僕の叔母が中学生のとき，カナダから少女が叔母の家へ来て，二週間滞在しました。彼女の名前はカレンでした。彼女は日本の食べ物にとても興味がありました。カレンが叔母の家に初めて来たとき，彼女は多くの質問をしました。たとえば，「栃木では，どんな食べ物が人気ですか」「いただきますとはどんな意味ですか」といった質問です。叔母はそれらに答えようとしましたが，できませんでした。その夜，叔母が自分の部屋で，一人で座っていたとき，叔母のお母さんが来て，「あなたは悲しそうに見えるわよ。何があったの」と言いました。叔母は，「カレンが私に質問をしてくれたのに，私はうまく答えることができなかったの」と言いました。すると，叔母のお母さんは，「あなたが知っているように，私はときどき公民館の料理教室に行っているわ。私たちの講師の樋口先生は，私たちに栃木の郷土料理の作り方を教えてくれるの。彼女は少し英語を話すことができるわ。彼女はきっとあなたを大いに助けてくれると思う。カレンと一緒に参加したいかしら」と言いました。叔母はほほ笑んで，「もちろん」と言いました。

翌日，叔母は，お母さんとカレンと料理教室へ行きました。樋口先生が来て，彼女たちに，「私たちの郷土料理を作って楽しんでくださいね。私がそれらのうちのひとつの作り方を説明します。カレン，あなたはカナダのご家族やお友達に，それを紹介できますよ」と言いました。叔母とカレンは，一緒に料理を楽しみました。彼女たちが料理をしていたとき，みんなはとてもうれしそうに見えました。カレンが質問をしたときは，樋口先生がそれらすべてに答えました。料理教室の他の女性たちも，彼女たちを手伝いました。彼女たちは栃木に関する多くのことについて話しました。

掃除の後に，カレンは叔母に，「私はあなたと一緒にとてもいい時間を過ごしました。栃木の郷土料理について学べてとてもうれしいです」と言いました。それから，樋口先生が彼女たちに，「あなたたちは何を学びましたか」と尋ねました。カレンは，「郷土料理は，そこに住んでいる人たちにとって大切だということを学びました。私たちは，地元の食べ物を料理し，その食べ物を学ぶことによって，地元の歴史について学ぶこともできます」と答えました。樋口先生は，「はい，その通りです。あなたたちは今日，栃木についてたくさん学びましたね。日本食は，世界中で人気が出ています。それについてもっと学んでみてはどうですか」と言いました。カレンは，それを聞いてとてもうれしそうでした。カレンの言葉を聞いた後に，叔母は，「私は郷土料理について知っていると思っていたけど，そうじゃなかったわ。私もそれについてもっと学びたい。将来，私は樋口先生のような料理の先生になって，郷土料理の作り方を外国の学生に教えたい」と思いました。

僕の叔母は，僕にこの話をしてくれて，その料理教室で撮影された一枚の写真を僕に見せてくれました。叔母のとなりでひとりの女の子がほほ笑んでいました。「彼女の名前はカレンで，私の親友なの。彼女のおかげで，私は郷土料理の大切さに気付いたの。私は自分の夢も見つけたのよ」と叔母はうれしそうに言いました。

5 ペンギンは，その一生のほとんどを海の中で過ごすので，水の近くにいる必要がある。ペンギンの体は海での暮らしのために完璧にできている。速く泳ぐために，滑らかな体形をしている。強みはもう一つある。それは彼らの大きな黄色い足だ。彼らは速く走ったり，歩き回ったりできるのだ。

ペンギンは大量の魚を食べる。彼らはえさを捕まえるのに役立つくちばしを持っている。**エ** だから，水中で動いている魚を捕まえるのは彼らにとって困難なことではない。 **ア** しかし，ペンギンの子どもにとって，自分でえさを捕るのはとても難しい。 **ウ** 彼らは親によってえさを与えられる。 **イ** えさと一緒に，ペンギンの子どもは塩水も飲んでしまう。でも心配ない。 ペンギンは海水から塩分をきれいにする(＝取り除く)ことができる。彼らは飲むための新鮮な(＝無塩の)水を得て，塩分を海に返すことができるのだ。ペンギンは食事中，気をつけなくてはならない。というのも，彼らをえさとして捕らえようとする動物もいるからだ。ペンギンは，ヒョウアザラシやクジラの大好物である。ウミワシのような鳥もペンギンを食べる。ネコやキツネでさえも，可能なときはペンギンを食べる。

陸上では，ほとんどのペンギンが数千羽，またはもっと多くの他のペンギンたちと大きな集団を作り，その中で暮らす。気温がとても低いなら，彼らは寄り集まる。保温するためにペンギンはいつも動いているので，群れの中はとても暖かい。ペンギンは巣まで行くのに集団で歩く。彼らは仲間を見つけるために，呼びかけたり，踊ったり，歌ったりする。大半のペンギンが自分の群れの仲間と何年も一緒に過ごす。

ほとんどのペンギンが二個の卵を産むが，多くの場合，育つ卵は一つだけである。彼らはすぐに両脚の間に卵をはさんで温める。ひな鳥が卵の外に出てくると，親鳥はひな鳥を保温しておこうとして，えさを運んで来る。待っている間，ワシやその他の動物たちが常にひな鳥を捕まえようと狙っている。また，親鳥は他の多くのひな鳥の中から自分のひな鳥を見つけなくてはならない。彼らはどのようにしてそれをするのだろうか。ひな鳥は自分の親を呼ぶために，特別な歌を歌うのだ。親鳥がその歌を聞いて，自分のひな鳥を見つけるのである。

第194回 下野新聞模擬テスト
英語 【解 説】

英語問題 1 〔リスニング台本〕

<table>
<tr><th>台本</th><th>時間</th></tr>
<tr><td>
これから中学3年生　第194回　下野新聞模擬テスト　英語四角1番，聞き方のテストを行います。
なお，練習はありません。
（ポーズ約5秒）
これから聞き方の問題に入ります。問題用紙の四角で囲まれた1番を見なさい。問題は1番，2番，3番の三つあります。
最初は1番の問題です。問題は(1)から(4)まで四つあります。英語の対話とその内容についての質問を聞いて，答えとして最も適切なものをア，イ，ウ，エのうちから一つ選びなさい。対話と質問は2回ずつ言います。
では始めます。
(1)の問題です。　A : Mom, I'm going to go to the park to play tennis this morning.
B : OK, Eric. Can you go to the supermarket to buy some eggs after playing tennis? I want to make a cake.
A : Sure, Mom. I'll go there in the afternoon. Can I buy a notebook at the supermarket, too?
B : Yes, you can.
質問です。　Q : Where will Eric go in the afternoon?　（約5秒おいて繰り返す。）（ポーズ約5秒）

(2)の問題です。　A : What should we get Mom for her birthday?
B : She will be happy if we give her something to wear.
A : That's a good idea. Let's get her some new clothes.
B : Yes, let's.
質問です。　Q : What will they give to their mother?　（約5秒おいて繰り返す。）（ポーズ約5秒）

(3)の問題です。　A : Have you finished the English homework?
B : No, I haven't. I visited my grandparents' house yesterday. How about you?
A : I have already finished it. I can help you after school today.
B : Oh, really? Thank you very much.
質問です。　Q : What are they talking about?　（約5秒おいて繰り返す。）（ポーズ約5秒）

(4)の問題です。　A : I went to the summer festival yesterday evening.
B : How was it, Alice?
A : There were so many people, so I got very tired.
B : Oh, that's too bad.
質問です。　Q : Why did Alice get tired yesterday evening?　（約5秒おいて繰り返す。）（ポーズ約5秒）
</td><td>（1番）
約5分</td></tr>
<tr><td>
次は2番の問題です。英語の対話とその内容についての質問を聞いて，答えとして最も適切なものをア，イ，ウ，エのうちから一つ選びなさい。質問は(1)から(3)まで三つあります。対話と質問は2回ずつ言います。
では始めます。
Mike : I want to join this Summer Volunteer Program. Do you want to join it with me, Rina?
Rina : Yes, of course. Mike, look at this website. It says that we need to join a meeting.
Mike : Which day shall we go?
Rina : Let me see.... We need to choose one of the four days. Today is June 11th, Thursday. I want to go next week.
Mike : I'm sorry, but I can't go next Tuesday because I have something to do in the evening.
Rina : How about going on Saturday next week?
Mike : OK. Let's go on that day. Also, we need to choose the place for the meeting.
Rina : Volunteer Center is far from our houses. City Hall is near Kita Station, so it's better for us. We can walk there in ten minutes from the station.
Mike : Then, we should go to City Hall.
Rina : Right. In this program, there are four kinds of activities. Which activity do you want to do?
Mike : I want to clean the river. I sometimes enjoy fishing at the river, so I want to make it clean. How about you?
Rina : I like growing flowers in our garden. So, I want to plant flowers.
Mike : Good. Only five people can do it, so I hope you get chosen.
(1)の質問です。　Why does Mike want to make the river clean as a volunteer?　（ポーズ約3秒）
(2)の質問です。　Which day will they join the meeting?　（ポーズ約3秒）
(3)の質問です。　Which is true for [A] in the picture?　（約5秒おいて繰り返す。）（ポーズ約5秒）
</td><td>（2番）
約4分</td></tr>
<tr><td>
次は3番の問題です。あなたは，英語の授業で，ホワイト先生(Mr. White)のスピーチを聞いています。そのスピーチを聞いて，英語で書いたメモを完成させなさい。英文は2回言います。
では始めます。
I'll tell you about sports in my country. Among many kinds of sports, people in my country like soccer very much. A lot of people enjoy playing it or watching games on TV. People in my country like tennis, too. I like tennis the best. A famous tennis tournament is held in my town every year. People from other countries come to watch it. Some people like walking. My parents walk in the park before eating breakfast. On weekends they often go walking in the mountains. I also like walking with them. I feel good after walking. Sports are a lot of fun.
（約5秒おいて）繰り返します。（1回目のみ）　（ポーズ約5秒）
これで聞き方の問題を終わります。では，ほかの問題を始めなさい。
</td><td>（3番）
約2分</td></tr>
</table>

第194回 下野新聞模擬テスト

数学 【解説】

数学 〔解説〕

□1 1 $-1-(-4)=-1+4=+(4-1)=3$
2 $ab^2\times 3ab=a\times b\times b\times 3\times a\times b=3a^2b^3$
3 $(x+5)^2=x^2+2\times x\times 5+5^2=x^2+10x+25$
4 $x^2-9x=0$の左辺を因数分解して，$x(x-9)=0$より，$x=0,\ 9$
5 $y=\dfrac{a}{x}$と表し，$x=-3$，$y=8$を代入して，$8=\dfrac{a}{-3}$より，$a=-24$
$y=-\dfrac{24}{x}$に$x=4$を代入して，$y=-\dfrac{24}{4}=-6$
6 立体は右の図のような三角錐で，体積は，$\dfrac{1}{3}\times\dfrac{1}{2}\times 6\times 6\times 6=36\ (\text{cm}^3)$
7 △ADE∽△ABCより，AE：AC＝DE：BCだから，$5:(x+5)=8:12$，$5:(x+5)=2:3$
これより，$2(x+5)=15$を解くと，$x=\dfrac{5}{2}$
8 **ウ**…4個の頂点を通る3通りの平面で切断すると，切り口の四角形ABFD，ACFE，BCDEはいずれも合同な正方形になる。よって，3本の線分AF，BD，CEの長さはすべて等しい。

□1 6

6cm
6cm
6cm

□2 1 $\sqrt{16}<\sqrt{19}<\sqrt{25}$より，$4<\sqrt{19}<5$だから，$\sqrt{19}=4.\cdots$ よって，$\sqrt{19}$の整数部分は4である。したがって，$\sqrt{19}$の小数部分は$\sqrt{19}-4$
2 余った25個と参加者の関係についての方程式をつくる。
3 $x^2+px-32=0$に解の1つである$x=4$を代入して，$16+4p-32=0$より，$p=4$
$x^2+4x-32=0$を解くと，$(x+8)(x-4)=0$より，$x=-8,\ 4$ したがって，$q=-8$

□3 1 $a>b$となるa，bの組み合わせは，
$(a,\ b)=(2,\ 1),\ (3,\ 1),\ (4,\ 1),\ (5,\ 1),\ (3,\ 2),\ (4,\ 2),\ (5,\ 2),\ (4,\ 3),\ (5,\ 3),\ (5,\ 4)$
の10通りである。また，$a-b$の値が奇数になるのは，a，bのうちの一方が奇数でもう一方が偶数の場合となる。
$(a,\ b)=(2,\ 1),\ (4,\ 1),\ (3,\ 2),\ (5,\ 2),\ (4,\ 3),\ (5,\ 4)$
の6通りである。したがって，求める確率は，$\dfrac{6}{10}=\dfrac{3}{5}$
2 数直線上で，ある数に対応する点と原点との距離を，その数の絶対値という。絶対値が4未満の整数は，右の図より，
$-3,\ -2,\ -1,\ 0,\ +1,\ +2,\ +3$の7個

□3 2

−10 −4 0 +4 +10

3 (1) Ⅰ 階級は5分ごとに区切られている。
Ⅱ 度数が最も多い10分以上15分未満の階級の階級値を求めて，$(10+15)\div 2=12.5$（分）
(2) 0分以上5分未満，5分以上10分未満，10分以上15分未満，15分以上20分未満の階級の相対度数はそれぞれ
$2\div 40=0.050$，$8\div 40=0.200$，$10\div 40=0.250$，$9\div 40=0.225$
だから，15分以上20分未満の階級の累積相対度数は
$0.050+0.200+0.250+0.225=0.725$ または，$(2+8+10+9)\div 40=0.725$

□4 1 ∠BAP＝90°となるような点Pは，点Aを通って直線ABと垂直に交わる直線上にある。
【作図法】① 半直線BAをひく。
② 点Aを中心とする円をかく。
③ ②でかいた円と半直線BAの2つの交点を中心とする，等しい半径の円をかく。
④ ③でかいた2つの円どうしの交点と点Aを通る直線をひく。
⑤ ④でひいた直線と直線ℓとの交点が，求める点Pである。

□4 1

③ ④ ③ ⑤P ℓ ① ② A B

2 (1) 立体Xは，底面の半径が15cm，高さが20cmの円錐だから，その体積は$\dfrac{1}{3}\times\pi\times 15^2\times 20=1500\pi\ (\text{cm}^3)$
(2) △ABCの頂点Cから辺ABに垂線CHをひくと，立体Yは，右の図のように，線分CHを底面の半径，線分AHを高さとする円錐①と，線分CHを底面の半径，線分BHを高さとする円錐②に分けられる。
3 平行線の錯角は等しいから∠AEB＝∠DAFであることを導き，直角三角形の合同条件「斜辺と1つの鋭角がそれぞれ等しい」を利用する。

□4 2(2)

A 円錐① 20cm 12cm H C 15cm 円錐② B

□5 1 (1) 2点A，Bのx座標より，$x=1$，4をそれぞれ$y=\dfrac{1}{2}x^2$に代入して，
$y=\dfrac{1}{2}\times 1^2=\dfrac{1}{2}$　　$y=\dfrac{1}{2}\times 4^2=8$
よって，$A\left(1,\ \dfrac{1}{2}\right)$，B(4，8)であり，これらの点は関数$y=mx+n$のグラフ上にあるから，
$x=1$，$y=\dfrac{1}{2}$と$x=4$，$y=8$をそれぞれ$y=mx+n$に代入して，
$\dfrac{1}{2}=m+n$ …①　　$8=4m+n$ …②　　①，②を連立方程式として解くと，$m=\dfrac{5}{2}$，$n=-2$
(2) 直線APの傾きは，$p=-1$のときに0になり，$p<-1$のときには負に，$-1<p<1$，$1<p$のときには正になる。

第194回 下野新聞模擬テスト

数学 【解説】

発展的内容　$p=1$ でないときの直線APの傾きは，$\dfrac{\frac{1}{2}\times1^2-\frac{1}{2}\times p^2}{1-p}=\dfrac{(1+p)(1-p)}{2(1-p)}=\dfrac{1+p}{2}$

よって，$\dfrac{1+p}{2}<0$ より，$p<-1$

⑤1(3)

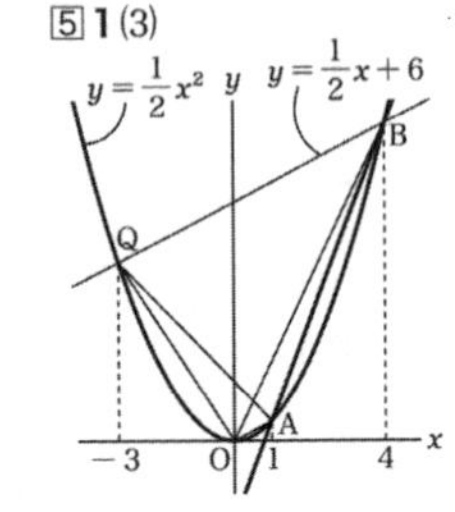

(3)　△OABと△OAQにおいて，共通な辺であるOAを底辺としたときの高さが等しくなればよい。よって，右の図のように，点Bを通って辺OAに平行な直線をひくと，この直線と関数 $y=\frac{1}{2}x^2$ のグラフとの交点が点Qであり，直線OAの傾きは $\frac{1}{2}$ だから，点Bを通って辺OAに平行な直線の式を $y=\frac{1}{2}x+b$ と表し，点Bの座標より $x=4$，$y=8$ を代入して，

$8=\frac{1}{2}\times4+b$ より，$b=6$　よって，$y=\frac{1}{2}x+6$

点Qは関数 $y=\frac{1}{2}x^2$ のグラフ上の点だから，$Q\left(t,\ \frac{1}{2}t^2\right)$ と表すことができる。また，点Qは直線 $y=\frac{1}{2}x+6$ のグラフ上の点でもあるから，$Q\left(t,\ \frac{1}{2}t^2\right)$ より $x=t$，$y=\frac{1}{2}t^2$ を $y=\frac{1}{2}x+6$ に代入して，$\frac{1}{2}t^2=\frac{1}{2}t+6$

これを2次方程式として解くと，$t^2-t-12=0$

$(t+3)(t-4)=0$ より，$t=-3,\ 4$

ただし，$t<0$ だから，$t=-3$　　したがって，$Q\left(-3,\ \frac{9}{2}\right)$

(別解)　$y=\frac{1}{2}x^2$ を $y=\frac{1}{2}x+6$ に代入して，

$\frac{1}{2}x^2=\frac{1}{2}x+6$，$x^2-x-12=0$，$(x+3)(x-4)=0$，$x=-3,\ 4$　$x<0$ より $x=-3$

$y=\frac{1}{2}\times(-3)^2=\frac{9}{2}$　したがって，$Q\left(-3,\ \frac{9}{2}\right)$

2　(1)　最初は排水口Aのみを開いて排水するから，3分間に $3\times3=9$ (L) 排水される。よって，

$70-9=61$ (L)

(2)　2点(5，55)，(10，15)を通る直線の式を求める。求める式を $y=ax+b$ と表して，この式に $x=5$，$y=55$ と $x=10$，$y=15$ をそれぞれ代入することで，a，b についての連立方程式を解いて求めてもよい。

(3)　1回目に水そうが空になるのは，排水を始めてから

$10+15\div5=13$ (分後)

だから，2回目に水そうが空になるのは，排水を始めてから

$13-1.5=11.5$ (分後)

排水口A，Bの両方を開いて排水した時間を t 分間とすると，排水口Aのみを開いて排水した時間は

$11.5-4-t=7.5-t$ (分間)

と表されるから，

$5\times4+3\times(7.5-t)+(3+5)\times t=70$

$20+22.5-3t+8t=70$

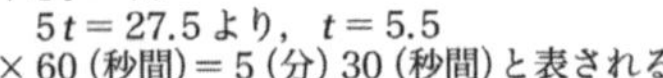

$5t=27.5$ より，$t=5.5$

この時間は5.5 (分間) = 5 (分) + 0.5 × 60 (秒間) = 5 (分) 30 (秒間) と表される。

⑤2

(L) y　70　55　15　O　5　10　13　x (分)

⑥　**1**　Ⅰ　C列には，3，6，9，12，……と3の倍数が順に書き入れられている。

Ⅱ　8行目のC列に書き入れられている自然数は，小さい方から8番目の3の倍数であり，

$3\times8=24$

2　C列を基準にすると，G列に書き入れられている自然数はC列の自然数より4だけ大きくなっている。19行目のC列に書き入れられている自然数は

$3\times19=57$

だから，19行目のG列に書き入れられている自然数は

$57+4=61$

3　それぞれの行に書き入れられている自然数の和は，

1行目　…　$1+2+3+4+5+6+7=28=7\times4$

2行目　…　$4+5+6+7+8+9+10=49=7\times7$

3行目　…　$7+8+9+10+11+12+13=70=7\times10$

4行目　…　$10+11+12+13+14+15+16=91=7\times13$

で，これらは中央のD列に書き入れられている自然数の7倍になっている。n 行目のC列に書き入れられている自然数は $3n$ と表されるから，n 行目のD列に書き入れられている自然数は $3n+1$ と表される。よって，

$7(3n+1)=1183$

$3n+1=169$

$3n=168$ より，$n=56$

(別解)　n 行目のA列からG列までに書き入れられている自然数の和は

$(3n-2)+(3n-1)+3n+(3n+1)+(3n+2)+(3n+3)+(3n+4)=3n\times7+7$

と表されるから，$3n\times7+7=1183$，$n=56$

第194回 下野新聞模擬テスト

理　科　【解　説】

理　　科 〔解説〕

1
1 乱層雲は，穏やかな雨を広い範囲に長時間降らせることが多い。
2 物質が状態変化すると，その物質をつくる粒子の運動のようすや，粒子どうしの間隔が変化する。
3 カメは脊椎動物のは虫類で，カニ，クモ，アリは無脊椎動物の節足動物である。
4 光が異なる物質どうしの境界を斜めに進むときには，その境界で折れ曲がって進む。この現象を屈折という。
5 最初の小さなゆれである初期微動は，P波によって伝えられる。一方，後からの大きなゆれである主要動は，S波によって伝えられる。
6 二酸化炭素から酸素がうばわれて炭素ができる。
7 栄養生殖は無性生殖の一種なので，親とまったく同じ形質をもつ子が得られる。
8 1秒間に3600〔回〕÷60 s＝60〔回〕変化するので，その周波数は60 Hzである。

2
1 有色鉱物であるクロウンモは，黒色の六角形をしていて，うすくはがれる特徴がある。
2 下線部Ⓧはチョウ石，下線部Ⓨはセキエイという無色鉱物である。チョウ石は，花こう岩だけでなく，すべての火成岩に最も大きな割合で含まれている。
3 マグマが地下深くでゆっくりと冷え固まってできる火成岩は深成岩とよばれ，地表や地表付近で急速に冷え固まってできる火成岩は火山岩とよばれる。深成岩は等粒状組織を，火山岩は斑状組織をしている。

3
1 アンモニアは，塩化アンモニウムと水酸化バリウムをよく混ぜ合わせることによっても発生する。
2 アンモニアは水に非常によく溶け，空気よりも密度が小さい。したがって，上方置換法で集める。また，特有の刺激臭があり，水溶液(アンモニア水)はアルカリ性を示す。
3 1個のアンモニア分子はNH_3という化学式で表される。

4
1 被子植物では，受粉が行われると，花粉から花粉管が胚珠に向かってのびる。一方，裸子植物の場合は，風によって運ばれてきた花粉は，むき出しになっている胚珠に直接つく。
2 受精後に，子房は果実，胚珠は種子，卵細胞(受精卵)は胚へと成長していく。
3 生殖細胞がつくられるときには，染色体の数が半分になる減数分裂が行われる。

5
1 電力〔W〕は，電圧〔V〕と電流〔A〕の積で求める。
2 規格が「6V－9W」の電熱線に実際に6.0Vの電圧を加えているので，9W÷6.0V＝1.5Aの電流が流れていた。
3 電熱線から1分間あたりにつき発生した熱量は9W×60s＝540 Jである。また，水の上昇温度が1分間あたりにつき1.1℃なので，水が受けとった熱量は$4.2\,\text{J}\times\frac{100\,\text{g}}{1\,\text{g}}\times\frac{1.1\,℃}{1\,℃}=462\,\text{J}$である。したがって，540 J－462 J＝78 Jの熱量が水の温度を上昇させること以外に使われたことがわかる。

6
1 一般的な天気図においては，等圧線は1000 hPaを基準として4 hPaごとに引かれ，20 hPaごとに太線で引かれている。また，気圧を詳細に表すために，2 hPa間隔の点線を引く場合もある。
2 風の強さを表す風力階級においては，風速17.2 m/sは風力8に相当する。
3 台風は北半球における低気圧の一種であるため，中心付近の地表(海面)では，温帯低気圧と同じく，風は周囲から中心部に向かって反時計回りに吹き込んでいる。ただし，温帯低気圧とは異なり，台風の等圧線はほぼ同心円状になっていて，寒冷前線・温暖前線・閉塞前線などの前線はともなわない。
4 高気圧とは，中心に向かって周囲よりも気圧が高くなっているところをいい，その中心には下降気流が生じていて，中心付近の地表では，周囲に向かって右回り(時計回り)に風が吹き出している。

7
1 酸性やアルカリ性の水溶液をしみ込ませると，電圧を加えなくてもろ紙にのせたリトマス紙の色が変化してしまう。
2 硫酸の溶質は，水溶液中で$H_2SO_4\rightarrow 2H^{+}+SO_4^{2-}$のように電離している。このように，水に溶かすと水素イオンH^{+}が生じる硫酸や塩酸，炭酸水などをまとめて酸という。
3 pHの値は，中性の場合が7で，酸性の場合は7より小さな値を，アルカリ性の場合は7より大きな値を示す。
4 水酸化バリウム水溶液の溶質は，水溶液中で$Ba(OH)_2\rightarrow Ba^{2+}+2OH^{-}$のように電離している。電圧を加えると，アルカリ性の性質を示す陰イオンである水酸化物イオンOH^{-}は陽極側へ移動する。そのため，陽極側の赤色リトマス紙R_1が青色に変化する。

8
1 植物の根から吸い上げられた水が大気中に放出される現象を蒸散という。蒸散においては，水は水蒸気の状態で気孔から放出されている。
2 茎の切り口に食用油がつくと，道管をふさいでしまうことがあるので，正確な測定ができなくなる。
3 枝Aでの水の減少量50.0 mL－46.1 mL＝3.9 mLは葉の裏側と茎から，枝Bでの水の減少量50.0 mL－48.5 mL＝1.5 mLは葉の表側と茎から，枝Cでの水の減少量50.0 mL－44.9 mL＝5.1 mLは葉の表側と裏側と茎から放出された水の量である。したがって，枝BとCでの水の減少量の差は，葉の裏側から放出された水の量を表している。
4 葉の表側から放出された水の量は枝AとCでの水の減少量の差5.1 mL－3.9 mL＝1.2 mLとなり，葉の裏側から放出された水の量は枝BとCでの水の減少量の差5.1 mL－1.5 mL＝3.6 mLとなる。

9
1 質量600 gの物体を引き上げるのに必要な力の大きさは$1\,\text{N}\times\frac{600\,\text{g}}{100\,\text{g}}=6\,\text{N}$なので，50 cm(0.5 m)の高さに引き上げられる間にされた仕事は6N×0.5m＝3 Jである。
2 図2より，ばねののびが5 cmのときに物体が床から離れたので，ばねを1 cmのばすのに必要な力は$6\,\text{N}\times\frac{1\,\text{cm}}{5\,\text{cm}}=1.2\,\text{N}$である。また，ばねののびが2 cmになったとき，物体は上向きに$1.2\,\text{N}\times\frac{2\,\text{cm}}{1\,\text{cm}}=2.4\,\text{N}$の力で引かれている。よって，物体は床から6N－2.4N＝3.6Nの垂直抗力を受けていた。
3 図2より，最初の10秒間でばねを5 cmのばしたので，モーターが糸を巻きとる速さは5 cm÷10 s＝0.5 cm/sである。よって，電流を流し始めてから物体が50 cmの高さに引き上げられるまでにかかった時間は，10 s＋50 cm÷0.5 cm/s＝110 sである。
4 床を離れた後の物体は真上の向きに等速直線運動をしているので，運動エネルギーの大きさは一定である。ただし，物体の高さはしだいに高くなっていくので，位置エネルギーの大きさは大きくなっていく。よって，運動エネルギーと位置エネルギーの和である力学的エネルギーの大きさは，しだいに大きくなっていく。

第195回 下野新聞模擬テスト

国語・社会・英語 【解 答】

国 語

1 1 (1) じゅんかん〔2点〕 (2) すきま〔2点〕 (3) た（えない）〔2点〕
(4) ぬぐ（う）〔2点〕 (5) しんちょく〔2点〕
2 (1) 至福〔2点〕 (2) 唱（える）〔2点〕 (3) 奮戦〔2点〕
(4) 燃（やす）〔2点〕 (5) 朗報〔2点〕
3 ア〔2点〕 4 エ〔2点〕 5 ウ〔2点〕 6 エ〔2点〕 7 イ〔2点〕

2 1 あたえずして（ひらがなのみ可）〔2点〕 2 ウ〔2点〕 3 イ〔2点〕 4 エ〔2点〕
5〔例〕利益をむさぼったりしない賢明な人〔2点〕

3 1〔例〕電子出版なら自分の硬い本も少しは売れて、出版社の顔も立ち、本のファンも増えるかもしれないから。〔4点〕
2 エ〔3点〕 3 ア〔3点〕
4 (I) 文化〔3点〕
(II)〔例〕紙の本として出版されることは、長く読まれる価値がある本だということになるから。〔4点〕
5 イ〔3点〕

4 1 変わらない味〔3点〕 2 ウ〔3点〕
3 樋口さんのは、きちんと出汁が取れてうまかった〔4点〕 4 ア〔3点〕
5〔例〕二年ぶりに菜っ葉だけの味噌汁を飲んで、奥さんの作った味噌汁やその時のことを懐かしく思い出したということ。〔4点〕
6 エ〔3点〕

5〔例〕【資料】からは、年齢が上になるほど「自分の考えをはっきり相手に伝えることができる」に「あてはまる・どちらかといえばあてはまる」と考える人が増えていますが、「いまの自分自身に満足している」人は年齢が上になるほど減っています。これには、年齢が上がると自分に対しても問題意識が高くなることが関連しているのだと思います。
「自分の考えを相手に伝えること」はとても大事なことで、私はまだ十分に伝えることができているとは思えません。問題意識を高めて自分の考えを明確にすることは、とても大切ですが、それとともに自分自身にも批判的になりすぎず、心のバランスがとれるようになれたらいいなと思います。〔20点〕

社 会

1 1 (1) 奥羽(山脈)〔2点〕 (2) ア〔2点〕 (3) 酪農〔2点〕 (4) エ〔2点〕
(5) Y：〔例〕津波による被害を軽減する〔2点〕
Z：〔例〕低地を住めない区域にし，住居地を高台に集団移転〔2点〕
2 ウ〔2点〕 3 エ〔2点〕 4 ア〔2点〕

2 1 永久凍土〔2点〕 2 イ〔2点〕 3 エ〔2点〕
4〔例〕赤道周辺の標高が低い場所は暑いが，標高が高い場所は涼しいため。〔4点〕
5 ア〔2点〕 6 ウ〔2点〕 7 イ〔2点〕

3 1 桓武(天皇)〔2点〕 2 エ〔2点〕 3 イ〔2点〕 4 エ〔2点〕
5 (1) イ〔2点〕 (2) ウ→イ→ア→エ（完答）〔2点〕 6 井原西鶴〔2点〕
7〔例〕世直しを求めて一揆や打ちこわしなどをおこしたため，幕府の権威は低下〔4点〕

4 1 征韓論〔2点〕 2 エ〔2点〕 3 エ→イ→ウ→ア（完答）〔2点〕
4 (1) ヨーロッパの火薬庫〔2点〕
(2)〔例〕日英同盟を理由に第一次世界大戦に参戦し，ドイツが持つ山東省を占領〔4点〕
5 ウ〔2点〕 6 エ〔2点〕

5 1 差別〔2点〕 2 (1) 弾劾裁判〔2点〕 (2) イ〔2点〕
3 (1) ア〔2点〕 (2)〔例〕衆議院の議決が国会の議決〔4点〕 4 イ〔2点〕 5 エ〔2点〕

6 1 45,000(円)〔2点〕 2 ア〔2点〕 3 製造物責任法(PL法)〔2点〕
4 ウ〔2点〕 5 イ〔2点〕 6 ア〔2点〕
7〔例〕企業がお金を借りやすくするため，一般の銀行の国債を買う。〔4点〕

英 語

1 1 (1) ウ〔2点〕 (2) エ〔2点〕 (3) ウ〔2点〕 (4) イ〔2点〕
2 (1) ア〔3点〕 (2) ア〔3点〕 (3) エ〔3点〕
3 (1) September〔3点〕 (2) four〔3点〕 (3) live〔3点〕

2 1 (1) ウ〔2点〕 (2) イ〔2点〕 (3) エ〔2点〕 (4) エ〔2点〕 (5) ア〔2点〕 (6) ウ〔2点〕
2 (1) ウ→ア→イ→エ（完答）〔2点〕 (2) エ→イ→ウ→ア（完答）〔2点〕
(3) イ→ア→オ→エ→ウ（完答）〔2点〕

3 1 ア〔3点〕
2 ①〔例〕健康のために運動をすることが大切〔3点〕 ②〔例〕十分な運動をしていない〔3点〕
3 (3)〔例〕there are not many good places to do exercise(.)〔3点〕
(4)〔例〕enjoy meeting each other〔3点〕
(5)〔例〕people to support our idea(.)〔3点〕
4 ウ〔3点〕
5〔例〕I think walking is good. Walking is not too hard for many people, so everyone can enjoy it. Soccer comes next. We know many popular soccer players. Also, we need only a soccer ball to play it. It's easy!〔6点〕

4 1 イ〔3点〕 2〔例〕私たちの牛乳を飲んでくれている多くの人たちを幸せにする〔4点〕
3 people working hard（完答）〔3点〕 4 twice[two times]〔2点〕 5 ウ〔3点〕

5 1 ウ〔3点〕 2 エ→イ→ウ→ア（完答）〔4点〕
3〔例〕（旅行で砂漠を訪れた）人々が，車で砂漠を走り回ること。〔4点〕 4 イ〔3点〕

第195回 下野新聞模擬テスト

数学・理科 【解　答】

数　　学

① 1　−8〔2点〕　2　$3a^2b$〔2点〕　3　x^2+3x-4〔2点〕　4　$x=\pm 2\sqrt{2}$〔2点〕
5　$0 \leqq y \leqq 12$〔2点〕　6　26倍〔2点〕　7　32度〔2点〕　8　エ〔2点〕

② 1　54.77〔3点〕
2〔例〕線分APの長さを$x$cmとすると，PB＝PR＝$(15-x)$cmと表され，
QR＝AP＝DQ＝$x$cmと表される。
四角形PBTRは1辺が$(15-x)$cmの正方形で，四角形QDSRは1辺が$x$cmの正方形だから，
$(15-x)^2+x^2=137$
$225-30x+x^2+x^2=137$
$2x^2-30x+88=0$
$x^2-15x+44=0$
$(x-4)(x-11)=0$より，$x=4,\ 11$
ただし，$0<x<\frac{15}{2}$だから，$x=4$は問題に適している。
$x=11$は問題に適していない。　答え（ 4cm ）〔7点〕
3　aの値：$a=3$〔3点〕　bの値：$b=-5$〔3点〕

③ 1　$\frac{2}{9}$〔3点〕　2　0.5g〔3点〕
3 (1)　ⅠとⅡ：Ⅰ 10　Ⅱ 11（順不同・完答）〔2点〕　Ⅲ 5〔2点〕　(2)　50分〔3点〕

④ 1　右の図〔4点〕
2 (1)　$\frac{6}{5}$cm〔2点〕　(2) ①　72〔2点〕　②　$4\sqrt{3}$〔2点〕
3（証明）〔例〕△BCDと△BAEにおいて，
弧BDに対する円周角は等しいから，
∠BCD＝∠BAE　……①
弧CDと弧ACの長さは等しく，等しい弧に対する円周角は等しいから，
∠CBD＝∠ABE　……②
①，②より，2組の角がそれぞれ等しいから，
△BCD∽△BAE〔6点〕

④1

⑤ 1 (1)　aの値：$a=\frac{1}{2}$〔2点〕　bの値：$b=6$〔2点〕
(2)　Ⅰ（−2，2）〔3点〕　Ⅱ　$\frac{7}{8}x+\frac{15}{4}$〔3点〕　(3)　2〔3点〕
2 (1)　625m〔3点〕
(2)〔例〕弟がスタート地点から1325m歩くのにかかる時間は
$1325 \div 60=\frac{265}{12}$分$=22\frac{1}{12}$分$=22$分$+\frac{1}{12}\times 60$秒$=22$分5秒
である。よって，午前9時よりも22分5秒前の
午前8時37分55秒にスタートした。　答え（ 午前8時37分55秒 ）〔4点〕
(3)　午前9時37分30秒〔5点〕

⑥ 1 ①　9〔3点〕　②　10〔3点〕　2 (1)　n^2-2n+2〔4点〕　(2)　6119〔4点〕

理　　科

① 1　エ〔2点〕　2　ウ〔2点〕　3　エ〔2点〕　4　イ〔2点〕　5　2.4(N)〔2点〕
6　風化〔2点〕　7　空気〔2点〕　8　消費者（漢字のみ可）〔2点〕

② 1 ①　オーム〔2点〕　②　反比例〔2点〕　2　5：3〔2点〕　3　1350(J)〔3点〕

③ 1　(例) 煙の粒子を，水蒸気が凝結するときの核にするため。〔3点〕
2 ①　引いた　②　低く（完答）〔3点〕　3　500(m)〔3点〕

④ 1　CO_2〔2点〕　2　(例) ガラス管の先を石灰水から出す。〔3点〕
3 ①　塩化コバルト紙〔2点〕　②　水〔2点〕

⑤ 1 ①　小さい　②　右心房（完答）〔3点〕　2　管X：輸尿管(尿管)〔2点〕　袋Y：ぼうこう〔2点〕
3 ①　肝臓　②　尿素（完答）〔3点〕

⑥ 1　0.06(J)〔2点〕
2 ①　運動〔2点〕
②　力学的エネルギーの保存（力学的エネルギー保存の法則）〔2点〕
3　右図〔3点〕　4　8(cm)〔3点〕

⑦ 1　(例) 日の出の位置が真東よりも南寄りだから。〔3点〕
2　∠MOB(∠BOM)〔3点〕　3 ①　西から東　②　自転（完答）〔3点〕
4　11(時)48(分)〔3点〕

⑧ 1　$ZnSO_4 \rightarrow Zn^{2+}+SO_4{}^{2-}$〔3点〕　2　エ〔2点〕
3 ①　亜鉛イオン〔2点〕　②　硫酸イオン〔2点〕　4　一次電池〔3点〕

⑨ 1　ア〔2点〕　2 ①　呼吸　②　二酸化炭素（完答）〔3点〕
3　(例) オオカナダモが行ったはたらき。〔2点〕
4　はたらき：光合成〔2点〕　つくり：葉緑体〔2点〕

⑥3

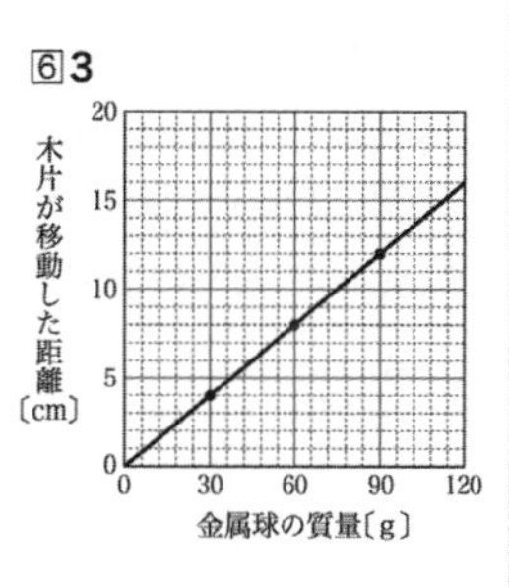

第195回 下野新聞模擬テスト

国語 【解説】

国語 〔解説〕

□1 **3** 「明日も、雨は降らないと思う。」と**ア**「準備しない」は助動詞である。**イ**「きりがない」は形容詞、**ウ**「うれしくない」は補助形容詞、**エ**「あどけない」は形容詞の一部。

4 「いただく」は「もらう」の謙譲語。AのBへの敬意を表している。

5 「とりあえず」は副詞で〈さしあたって〉の意味。用言の**ウ**「施されて」を修飾している。

6 **エ**「一進一退」は進んだり退いたりするという意味で、空欄にあてはまる。**ア**は喜んだり心配したりすること、**イ**は一つ一つの動作や振る舞い、**ウ**は長所もあるが短所もあること。

7 「春の夜の…」は夢がはかなくとぎれる様子を、「夏草や…」は夏草が茂る光景に武士たちの戦いの跡を重ね合わせて表現している。

□2 **1** 助詞と語頭以外の「はひふへほ」は「わいうえお」に直す。「へ」は「え」となる。

2 **ウ**のみ「子」、他はすべて「ある俗(＝かの俗)」が主語である。

3 「いふ所当たれり」は「言うことが当たっている」という意味であるが、直前に『共に賢人なり』とあるので、どちらも言うことが正しい(理にかなっている)という意味になる。

4 「ある俗、……世財を争はん」までが「大覚連和尚」の発言なので、「まのあたり見聞きし」たのは和尚であることをとらえる。また、「まのあたり」は直接、実際に、という意味。

5 「共に賢人なり」、「世俗塵労の俗士、なほ利養を貪らず」とあることに着目して、「利益をむさぼったりしない賢明な人」などのようにまとめる。

〈口語訳〉

中国の育王山の僧二人が布施を争って騒いでいたので、その寺の長老の大覚連和尚がこの僧二人を戒めて言うには、「ある世俗の人が、他人の銀を百両預かって置いていたところ、かの主が死んで後、その子にこれを与えた。子はこれを取らなかった。『親はすでに(私に)与えずに、あなたに寄付した。あなたのものである。』と言う。その世俗の人は、『私はただ預かっただけである。譲り得たわけではない。親の物は子の物となるべきだ。』と言って、また返した。互いに争って取らない、結局は公の役所に判断を仰ぐと、『共に賢人である』と。『どちらも言うことが理にかなっている。ぜひともお寺に寄付して、死者の菩提を助けなさい。』と判断した。この事は、直接見聞きしたことである。俗世間で生活する人が、やはり利益をむさぼらない。欲望や執着を断ち切って僧になり、修行する人が、どうして金銭や品物を争うのだろう」と言って、寺の決まりに従って(二人を)追放した。

□3 **1** 傍線部(1)と同じ段落に「宇宙論の硬い本だから売れ行きが悪い」、「出版社の顔を少しは立てられるかもしれない」、「ファンが少しは増えるかもしれない」とあることを踏まえて、「電子出版なら自分の硬い本も、……本のファンも増えるかもしれないから。」といった内容でまとめる。

2 傍線部(2)と同じ段落に「ページを何度も行き来するうちに理解が深まり、いつ手にとっても新しい発見がある」、「科学の古典として自分と重ね合わせることができる」、「アナログ的に内容が頭の書庫に並べられる」とある。これらの点を踏まえた**エ**が適当。

3 筆者は自分の考えた「電子書籍」と「紙の本」の棲み分けは可能なように思ったが、空欄の後では可能というよりも、それしかない(＝必然である)と思い返しているという文脈をとらえる。

4 (I) 電子出版に対する筆者の考えとして、第一段落に「電子出版なんて文化を貶めるもの」、最後の段落に「それこそが省資源となり文化の継承を確実なものとする」とあることに着目する。

(II) 本文最後の段落に「始めは両方で出版し、生き残ったものだけが紙の本として継続されることになる」とあるので、「紙の本として出版されることは、長く読まれる価値がある本だということになるから。」といった内容でまとめる。

5 〈A〉では筆者の電子書籍に対する否定的な考えと「電子出版」を勧められて動揺したことが述べられ、〈B〉では電子書籍を認めた上で紙の本との棲み分けについて思考を広げて述べている。つまり、〈A〉を導入として〈B〉で考えをまとめているので**イ**が適当である。**ア**は「具体的な事例を更に発展させて」、**ウ**は「反対意見に対して」、**エ**は「問題点を絞り込んで」がそれぞれ適当ではない。

□4 **1** まりあが食べている「羽二重餅」は、岡本が持参した、味を改良中のものだが、本文後半の内容から、「変わらない味」の大切さに気づいたという文脈をとらえる。

2 傍線部(3)の後に、「羽二重餅と小松菜の味噌汁とがどうつながっていくのかわからないまま」とあるため、**ウ**が適当。

3 「杞憂」は(注2)にあるように「無用な心配」という意味。つまり、岡本がまりあの作った味噌汁を気に入っていることがわかる部分を探す。

4 岡本が「気づいたんだ。うまいもんを作るだけじゃだめなんだって」と言った後に、米田が「たしかにそうだな」と続けているが、まりあはまだ話の流れをつかめていないことを読み取る。

5 「二年ぶりに菜っ葉だけの味噌汁を飲んだ」、「それを食べれば、記憶の中の味が甦る。甦るのは味だけじゃない」とある部分を設問の内容に合うようにまとめる。

6 傍線部(6)の直前で岡本が「くたくたでよかった」と言っていることを踏まえて、「インスタントのダシ」にすれば、より奥さんの味噌汁に近づきますよ、と冗談のように言うことで笑いを誘っているという内容をとらえる。

□5 ・形式　氏名や題名を書かず、二百四十字以上三百字以内で書いているか。二段落構成で、原稿用紙の正しい使い方ができているか。

・表現　文体が統一されているか、主述の関係や係り受けなどが適切か、副詞の呼応や語句の使い方が適切か、など。

・表記　誤字や脱字がないか。

・内容　第一段落では、【資料】から気づいたことについて具体的に書いているか。第二段落では、自分の体験を踏まえて、「自分の考えを相手に伝えること」について、自分の意見や考えを具体的に書いているか。

といった項目に照らし、総合的に判断するものとする。

第195回 下野新聞模擬テスト

社　会　【解　説】

社　　会 〔解説〕

1　1(2)　雨温図は，冬の降水量が多く，日本海側の気候の特色を示している。**イ**は一年間の気温差が大きく，比較的年降水量が少ない中央高地(内陸)の気候の都市，**ウ**は季節風が中国山地と四国山地にはばまれるため，年降水量が少ない瀬戸内の気候の都市，**エ**は気温が高く，熱帯の気候に近い南西諸島の気候の都市である。

(4)　静岡県は沿岸部に東海工業地域が広がっており，輸送用機械の製造額が多い。福岡県にも北九州工業地域(地帯)が位置しているが，東海工業地域の方が製造業が盛んである。また，福岡県は，九州地方の地方中枢都市である福岡市があるため，情報通信業が発達している。

(5)　石巻市を含む，東北地方の太平洋沿岸は，東日本大震災が発生したときに大きな津波の被害にあった。そのため，津波による被害を減らすためのまちづくりが行われている。

3　岡山県が位置する中国地方は，中央部に中国山地がのびており，これらの山間部に位置する市町村は，人口が減少している。

4　農業就業者を含む第一次産業では，担い手の高齢化や後継ぎがいないことが課題となっている。

2　**1**　**X**の地点が位置するシベリアは，冷帯(亜寒帯)に属しており，この地域には，永久凍土が広がっている。

2　会話文から，けんさんがいる地点は「日本と時間・季節が逆であること」が分かる。このことから，**イ**の地点であると判断する。**ア**，**エ**は日本と季節が同じであり，**ウ**は日本と季節が逆だが，時差が1時間しかない。

4　赤道の近くの地域は，気温が高い。しかし，標高が高くなるほど気温が下がるため，赤道周辺の標高が高い場所は快適な気温となる。

6　マレーシアは，近年になって外国企業の進出により工業化が進み，機械類を多く輸出するようになった。それまでは，ゴムやあぶらやし(パーム油のもととなる木)のプランテーション農業が行われており，あぶらやしは，現在も盛んに栽培されている。

7　**ア**APEC(アジア太平洋経済協力会議)は，太平洋地域の国々が加盟している国際機関，**ウ**AUはアフリカ連合で，アフリカの国々が加盟している国際機関である。**エ**はイギリスについて述べている。

3　**1**　桓武天皇は，朝廷に反抗する蝦夷がいる東北地方に朝廷の勢力を広げるため，坂上田村麻呂を征夷大将軍に任命し，大軍を送った。また，この時期，平安京の造営にも力を入れていた。

3　元寇の1度目を文永の役，2度目を弘安の役という。元軍は，対馬や博多湾などに押し寄せた。

4　**ア**は関ヶ原の戦い，**イ**は応仁の乱，**ウ**は桶狭間の戦いについて述べている。

5(1)　京都所司代は，江戸幕府において朝廷や西国の大名を監視するために設置された。**ア**は鎌倉幕府における朝廷や西国の武士の監視機関，**ウ**は律令体制における太政官の長，**エ**は室町幕府における将軍の補佐役である。

(2)　**ウ**は17世紀後半から18世紀初頭，**イ**は1742年，**ア**は1841年から1843年，**エ**は1860年のできごとである。

6　井原西鶴は元禄文化を代表する浮世草子の作者である。元禄文化が栄えた時期には，松尾芭蕉や近松門左衛門なども活躍している。

7　開国による混乱の中，民衆は一揆や打ちこわしを行い，さらに「ええじゃないか」という騒ぎもおこした。このように社会が混乱したため，幕府の権威はさらに低下した。

4　**2**　新聞紙条例が制定された1875年は，自由民権運動が盛んになっていた時期である。**図1**の「政府をたおし，国家をくつがえすような言論～禁獄1年から3年」などから，政府は自由民権運動をおさえようとしていたことが読み取れる。

3　井上馨による欧化政策の中で，**エ**鹿鳴館が1883年に建てられたがうまくいかず，1886年におきた**イ**ノルマントン号事件により領事裁判権の撤廃の声が，民衆からあがるようになった。そのため，1894年に**ウ**領事裁判権が撤廃され，1911年には**ア**関税自主権が完全に回復した。

4(2)　日本はロシアとの戦争に備えて，1902年に日英同盟を結んでいた。イギリスが第一次世界大戦に参戦しているため，日本は日英同盟を理由に参戦し，イギリスの敵国であったドイツが持っていた山東省を攻め，占領した。

5　**2**(1)　裁判官は，国会が行う弾劾裁判と心身の病気，最高裁判所の裁判官は国民審査以外の理由で辞めさせられることはない。これは，司法権の独立を確保するためである。

(2)　2009年に裁判員制度が始まった。これは，一般の国民が裁判員として重大な刑事裁判に参加し，裁判官とともに被告人が有罪か無罪か，有罪であればどのような刑罰を与えるかを決める制度である。裁判員が参加するのは，地方裁判所で行われる第一審のみである。

3(2)　条約の承認など，一定の事項については衆議院の優越が認められている。

4　衆議院議員の被選挙権を得るには，満25歳以上であることが条件である。

6　**1**　**図1**中では，税金と社会保険料が非消費支出にあたる。

3　製造物責任法(PL法)は，欠陥商品で消費者が被害を受けたときの企業の責任について定めた法律である。

4　**ア**株式は証券取引所を通して売買される。**イ**企業の経営方針などは，株主総会で決められる。**エ**株式を求める人が増えると，一般的に株価は上がる。

5　**図3**は寡占状態の市場であり，このような市場では，企業同士が協力して価格を設定し，価格競争がおきにくくなる。

6　1ドルを手に入れるために，より多くの円が必要になっているということは，円の価値が下がっている(円安)ということである。そのため，外国からの輸入品の仕入れ価格が上がる。

7　**図5**から，対前年度比の経済成長率が下がっていることが分かる。この状況は，景気が悪くなっていると考えられるため，企業の収入が減り，経済活動が縮小しがちになる。このとき日本銀行は，一般の銀行の国債を買い，一般の銀行が持つお金の量を増やし，企業などへの貸し出しをしやすくする。

第195回 下野新聞模擬テスト

英　語　【解　説】

英　語　〔解説〕

1　リスニング台本と解答を参照。

2　**1**　(1)　＜Have you ever been to ～?＞「あなたは今までに～へ行ったことがありますか」

(2)　surprise は，「～を驚かせる」という意味なので，「驚く」は，be surprised という受け身の形にする。

(3)　窓「からの」眺めという意味になるよう，from を選ぶ。

(4)　主格の関係代名詞を用いて，「すてきなドーナッツを売っている有名な店」という意味にする。先行詞が the famous shop という人間以外のものなので，which を選ぶ。

(5)　nervous は，「緊張して」という意味。

(6)　「そのときに私たちは～と思いました」という意味になるよう，think の過去形である thought を選ぶ。

2　(1)　＜too … to＋動詞の原形＞「…すぎて～できない」

(2)　＜would like＋to＋動詞の原形～＞「～したい(のですが)」。＜want＋to＋動詞の原形＞「～したい」よりも丁寧な言い方。

(3)　疑問詞の how much が，I don't remember ～の文中に入り込む形の間接疑問文になっている。間接疑問文は，＜疑問詞＋主語＋動詞～＞の語順になることに注意する。

3　**1**　本文訳参照。下線部を含む文に続く一文を参照。運動不足だと感じている人は，「大いに当てはまる」「当てはまる」と回答したものと考える。

2　本文訳参照。下線部を含む文の直前の二文を参照。

3　(3)　**図2**の「3位：運動をするためのよい場所があまりない」の部分を参照。この部分を英語にする。＜There is[are] ～.＞「～がある」の文や，不定詞の形容詞的用法を用いるとよい。

(4)　**図3**の「人との交流」の部分を参照。この部分を英語にする。「人との交流」は，「お互いに会うこと」や「人と会って話すこと」などのように読みかえるとよい。

(5)　**図4**の「人々に自分たちのアイデアを支援してくれるように頼む」の部分を参照。この部分を英語にする。＜ask＋(人)＋to＋動詞の原形＞「(人)に～するように頼む」。

4　本文訳参照。collect「～を集める」を入れると，前後の流れに合う。

5　誠とエマが話しているスポーツイベントを自分が開催するとしたら，どのような運動やスポーツを選ぶか答える。理由を述べるときは，because や so を用いるとよい。英作文は，設問文に書かれている指示をよく読んで解くこと。

4　**1**　本文訳参照。牛の乳しぼりは簡単そうに思えたが，やってみたら難しかったという流れになると分かる。

2　本文訳参照。直前の遙香の叔父の発言を参照。この内容をまとめる。

3　本文訳参照。下線部を含む文の直前の文を参照。「遙香の叔母や叔父のように，一生懸命に働いている人たちのおかげで，私たちは毎日何かを食べたり飲んだりすることができます」という意味の文になる。

4　第2～3段落を参照。遙香は2日目の午前と午後に，牛の乳を1回ずつしぼったと分かる。twice[two times]「2回」。

5　**ア**…第1段落の前半を参照。遙香は手伝うように言われたからではなく，自分が手伝いたいから叔母と叔父のところを訪ねたので，誤り。

イ…第1段落の後半を参照。新鮮な牛乳がおいしいことを知って驚いたのは遙香なので，誤り。

ウ…第4段落を参照。同じ内容(＝叔母が乳牛をよく観察する理由)を読み取ることができるので，正しい。

エ…最終段落を参照。遙香が牛乳を飲むときに思い浮かべるのは，彼女の叔母と叔父であり，叔母と叔父の(乳牛の)牛乳を必要としている人たちを思い浮かべるわけではないので，誤り。

5　**1**　本文訳参照。主語が「種」なので，stay を入れて，「種は地中にとどまり～」という意味にすると，前後の流れに合う。

2　本文訳参照。挿入する英文を並べかえる問題では，接続詞や代名詞に着目して考えるとよい。

3　本文訳参照。直前の内容を参照し，その内容をまとめる。

4　**ア**…第1段落を参照。「砂漠では，五年間も雨が降らないことがある」と書かれているが，ほぼ毎日雨が降る砂漠があるという内容は本文中に書かれていないので，誤り。

イ…第3段落の後半を参照。同じ内容(＝どこに雨が降るか知っている人たちのこと)を読み取ることができるので，正しい。

ウ…最終段落を参照。砂漠で食べ物を育てることができる可能性について言及されているので，誤り。

エ…本文全体を参照。砂漠に大量の雨が降ったときに，ほとんどの動物たちが砂漠から離れて行くという内容は本文中に書かれていないので，誤り。

第195回 下野新聞模擬テスト

英語 【解説】

〔本文訳〕

③ 誠：僕は昨日，市内に住んでいる人たちの運動習慣について調べたよ。図1を見て。僕たちの市の約80パーセントの人たちが十分な運動をしていないんだ。君はこのことについてどう思うかな。
エマ：彼らは健康のためにもっと運動をするべきだと思うわ。
誠：僕もそう思うよ。図3を見て。ほとんどの人たちが，健康のために運動をすることが大切だと理解しているんだ。でも実際は，図1が示すように，彼らは十分な運動をしていない。君はこのことについてはどう思うかな。
エマ：彼らの健康のために私たちができることを何か見つけるべきだと思うわ。
誠：君に同意するよ。図2を見て。多くの人たちが，運動をすることが楽しいと思っておらず，ひとりで運動をしたくないと思っている。それに，運動をするためのよい場所があまりないと思っている。僕たちはこの状況を何とかするべきだ。それで，みんなが運動を楽しめるようにね。この市に住んでいる人たちが参加できるスポーツイベントを開催するのはどうかな。
エマ：おもしろそうね。
誠：図3をもう一度見てよ。それは約50パーセントの人たちが，運動を通じて，お互いに交流を楽しみたいと思っていることも示しているんだ。だから，僕たちが楽しくてわくわくするスポーツイベントを開催すれば，多くの人たちがそれに参加してくれる。
エマ：なるほどね。もし私たちがそのようなイベントを開催したら，(地域の)人々は，そこで運動を楽しんだり新しい友達を作ったりする機会を得られるでしょうね。でも，私たちはどうしたらそんな大きなイベントを開催できるかしら。
誠：僕たちは何か大きなことをしなければならないね。例えば，僕たちは有名なスポーツ選手を招くことができる。彼らが運動や，みんなが楽しむことができるスポーツを教えてくれたら，多くの人たちがそのイベントにもっと興味を持つだろうね。彼らがそれに参加して，一緒に運動を楽しむと，彼らの中にはもっと運動をし始める人もいるかもしれないよ。
エマ：あなたの考えは理解できるけれど，そんな大きなイベント(の開催)には大金が必要になるでしょう。私たちはどうやってこのスポーツイベントのためにお金を集めることができるの。
誠：僕に良い考えがある。クラウドファンディングに挑戦してみるのはどうだろう。インターネットで，僕たちは人々に自分たちのアイデアを支援してくれるように頼むことができるんだ。もし彼らが僕たちに寄付してくれれば，有名なスポーツ選手を招待できる。
エマ：すごいわね。それは大変かもしれないけれど，挑戦してみるべきね。
誠：実は，クラウドファンディングのやり方について叔父さんから聞いたんだ。彼は昨年，自分のイベントのためにそれに挑戦したんだよ。彼ならきっと僕たちを助けてくれるよ。
エマ：それはよかったわ。私たちのイベントには，どんな運動やスポーツを選ぶべきかしら。
誠：それはとても重要な点だから，他のメンバーとそれについてもっと話し合おう。
エマ：ええ，そうしましょう。

④ 夏休みの間，私は叔母と叔父の家を訪れて，そこに三日間滞在しました。彼女たちはたくさんの乳牛を飼育しています。彼女たちの乳牛を世話することで彼女たちを助けたかったので，私は彼女たちを訪ねました。彼女たちの家に着いたとき，叔母が私に牛乳をくれました。その牛乳はおいしかったです。「私はこのようにおいしい牛乳を飲んだことがないわ。どうしてそんなにおいしいの」と叔母に尋ねました。彼女は，「それが新鮮な牛乳だからよ。私たちは牛の乳をちょうどしぼったところだったの」と答えました。私はそれを聞いて驚きました。彼女は私に，「明日私たちと牛の乳しぼりに挑戦してみたいかしら」と尋ねました。私は，「もちろん」と答えました。

翌朝，叔母と私が六時に牛舎に着いたとき，叔父はすでにそこにいました。彼は毎朝五時にその場所の掃除を始めます。彼は，「もし私たちが牛舎を掃除しないと，乳牛たちがストレスを感じて，牛乳を作らなくなってしまうんだ。それじゃあ，乳牛たちにご飯をあげようか」と言いました。乳牛たちは食事している間，とてもうれしそうでした。

その後，叔父が私に牛の乳しぼりのやり方を教えてくれて，「私たちは午前に一回，午後に一回，牛の乳をしぼるんだよ」と言いました。彼が牛の乳をしぼっている間，それは簡単そうに見えました。でも，それをやったとき，本当に難しかったのです。私が牛の乳をしぼっているとき，牛乳が生きている動物から作られているということを実感しました。午後に，私は叔母，叔父ともう一度，牛の乳しぼりに挑戦しました。

翌朝，私は叔母，叔父と牛舎を掃除しました。叔母は掃除している間，乳牛たちを注意深く見ていました。私は彼女に，「どうして乳牛たちをそんなに注意深く見ているの」と尋ねました。彼女は，「乳牛たちは，自分たちが必要なものを私たちに伝えることができないから，私たちが乳牛たちを注意深く見る必要があるのよ」と答えました。

夕方，叔父が私に，「乳牛たちを世話することについてどう思ったかな」と尋ねました。私は，「それをとても楽しんだけど，疲れちゃった。毎日乳牛のために早起きして働くことは大変でしょう」と言いました。彼は，「そうだね。でも私たちは乳牛たちが大好きで，おいしい牛乳を，毎日たくさんの人たちに飲んでほしいんだ」と言いました。また，叔父は私に一通の手紙を見せました。「おいしい牛乳をありがとうございます」と，その手紙に書かれていました。叔父は，「私たちの家の近くに住んでいる一人の男の子が，これを私たちにくれたんだよ。私たちの牛乳を飲む多くの人たちを幸せにするために，私たちは一生懸命に働いているんだよ」と言いました。叔母と叔父は本当にすごいなと思いました。

叔母と叔父は，乳牛たちが大好きで，朝から晩まで世話をしているから，多くの人たちが毎日牛乳を飲むことができます。お店で牛乳を買うことは簡単ですが，乳牛たちから牛乳を手に入れることはそれほど簡単ではないということを私は学びました。今では，私が牛乳を飲むときは，いつも叔母と叔父のことを考えます。また，お店で売られている食べ物を見るときは，私たちの食べ物を生産するために，一生懸命に働いている人たちについて考えます。私たちが毎日食べたり飲んだりするときは，これを思い出すべきです。

⑤ 砂漠とはどんな所か。あなたが思い浮かべるのは，水のない場所かもしれない。砂漠では，雨が十分に降らないと思っているかもしれない。ところが，どんな砂漠にも生命は存在するのである。そこでは，植物，動物が生息し，人間も生活している。いったいどうして，こんなことが起こるのか。砂漠では，五年間も雨が降らないことがある。そのうちある日，嵐がやってきて，大量の雨が降る。その後，砂漠は緑でおおわれる。数多くの種類の植物や小さな花々を目にすることができる。それらはすぐに成長する。一週間のうちに，種から花に成長して，(再び)種に戻る。それから，種はもう五年間，地中にとどまって雨を待つ。

砂漠の植物は，とても一生懸命に水を見つけようとする。根を地中深くに伸ばすものもあれば，茎から根をずっと遠くまで張るものもある。また，茎や葉に水をたくわえる植物もある。

砂漠の動物もまた，生きるために体の中に雨水を保つ。その中には水をたくわえ，7日間から9日間生きるものもいる。**エ** それらの動物は水の見つけ方も知っている。 **イ** 砂漠でそれらを所有している人間は，そのことを知っている。 **ウ** そして彼らは自分たちの動物を使うことで水たまりを見つけることができる。 **ア** このようにして人間は，ごくわずかの水で生きる術を身に付けてきた。

砂漠に生きる人々の中には，どこで雨が降るのかを知っているように見える者もいる。彼らは急いでその場所へ行く。運がよければ，そこに雨が降る。

今日，旅行で砂漠を訪れた人々は，砂漠を車で走り回りたがる。しかしながら，これは，しばしばとても危険なことである。時によっては，水たまりが100マイルも離れて(点在して)いることがある。砂漠では，飲むための水がないと，人はおよそ14時間で死んでしまうかもしれないのだ。砂漠は，生きるには大変な場所である。植物にも，動物にも，人間にとっても，水は必須だ。

生きるために砂漠に水をもたらそうと，人間は努力を重ねてきた。例えば，近くの川からパイプで水を引き始めた人もいる。もしかすると，いつの日にか，砂漠に水を運ぶための新しいさらに良い方法が発見されるかもしれない。そうなれば，いつか人々は砂漠で十分な食料を育てられるようになるだろう。

第195回 下野新聞模擬テスト

英語 【解説】

英語問題 1 〔リスニング台本〕

<table>
<tr><th>台本</th><th>時間</th></tr>
<tr><td>
これから中学3年生　第195回　下野新聞模擬テスト　英語四角1番，聞き方のテストを行います。
なお，練習はありません。
（ポーズ約5秒）
これから聞き方の問題に入ります。問題用紙の四角で囲まれた1番を見なさい。問題は1番，2番，3番の三つあります。
最初は1番の問題です。問題は(1)から(4)まで四つあります。英語の対話とその内容についての質問を聞いて，答えとして最も適切なものをア，イ，ウ，エのうちから一つ選びなさい。対話と質問は2回ずつ言います。
では始めます。
(1)の問題です。　*A* : Hi, Kenta. Do you know what I saw yesterday?
B : Umm..., I have no idea. What did you see, Emma?
A : I saw some fish-like things. They were flying above a house.
B : Oh, I see. May 5th is coming soon.
質問です。　*Q* : What did Emma see yesterday?　（約5秒おいて繰り返す。）（ポーズ約5秒）

(2)の問題です。　*A* : Look at this. English is the most popular in our class. Thirteen students like it the best.
B : That's good. Do you like English, too?
A : Yes, but I like math better than English.
B : Oh, do you? There are eight students who like math the best in our class.
質問です。　*Q* : Which graph shows their class?　（約5秒おいて繰り返す。）（ポーズ約5秒）

(3)の問題です。　*A* : What are you going to do this Sunday, Daisuke?
B : I'm going to watch a soccer game with my brother. How about you, Emily?
A : My sister is going to come to see me from America. We want to have dinner together Sunday evening.
B : Oh, that sounds nice.
質問です。　*Q* : What is Emily going to do Sunday evening?　（約5秒おいて繰り返す。）（ポーズ約5秒）

(4)の問題です。　*A* : Hello. This is Nami. Can I speak to Davis?
B : I'm sorry, he is out. He went to the library to do his homework.
A : Could you tell him to call me back? I want to borrow some books from him.
B : All right. I'll tell him.
質問です。　*Q* : Why did Nami call Davis?　（約5秒おいて繰り返す。）（ポーズ約5秒）
</td><td>（1番）
約5分</td></tr>
<tr><td>
次は2番の問題です。英語の対話とその内容についての質問を聞いて，答えとして最も適切なものをア，イ，ウ，エのうちから一つ選びなさい。質問は(1)から(3)まで三つあります。対話と質問は2回ずつ言います。
では始めます。
Aya : Jack, welcome to my house. Let's talk about the things you'll do during your stay. My family and I made plans for you. We'll have a welcome party at our school gym this evening. Many people will come to the party. Can you talk about yourself there?
Jack : Sure. I'll be nervous, but I'll do my best. I hope they'll be interested in my story.
Aya : I'm sure they will be interested. After the party, let's watch the stars in the sky at night. Is there anything you want to do tomorrow morning?
Jack : Well..., you're good at playing basketball, right? I'd like to play it with you.
Aya : I'm afraid it's going to rain then. How about visiting a museum? You can see many Japanese pictures there. We can play basketball on the morning of the third day.
Jack : All right. Oh, you have the autumn festival on the third day.
Aya : Right. Let's go to the festival together. On the last day, we want to go to the mountain in our city.
Jack : That sounds nice. You said the mountain is very beautiful.
Aya : Right. In the evening, my family and I are going to have a goodbye party for you. Let's go shopping before the party. You can ask my mother to buy anything you want to eat.
Jack : Oh, really? Then, I want to try *sushi*.
Aya : Good. I hope you will enjoy your stay!
(1)の質問です。　What does Aya want Jack to do at the welcome party?　（ポーズ約3秒）
(2)の質問です。　Which day will they watch the stars at night?　（ポーズ約3秒）
(3)の質問です。　Which is true for [A] and [B] in the picture?　（約5秒おいて繰り返す。）（ポーズ約5秒）
</td><td>（2番）
約4分</td></tr>
<tr><td>
次は3番の問題です。あなたは，英語で学級新聞を作るために，カナダから来た留学生のケイト（Kate）にインタビューをしています。そのインタビューを聞いて，英語で書いたメモを完成させなさい。対話は2回言います。
では始めます。
You : Can you tell me about your school life in Canada?
Kate : OK. In my country, the school year starts in September and ends in June. My school starts at nine o'clock. We have two classes in the morning. Then, after lunch, we have two classes in the afternoon. Every class is seventy-five minutes long. Students living far from school can take a school bus. Some of my friends take the bus every day, and it takes them more than thirty minutes to come to school. In winter, we have a lot of snow, but we often enjoy playing outside.
（約5秒おいて）繰り返します。（1回目のみ）　（ポーズ約5秒）
これで聞き方の問題を終わります。では，ほかの問題を始めなさい。
</td><td>（3番）
約2分</td></tr>
</table>

第195回 下野新聞模擬テスト

数学 【解説】

数学 〔解説〕

① **1** $-6+(-2)=-6-2=-(6+2)=-8$

2 $6a^3b^2 \div 2ab = \dfrac{6a^3b^2}{2ab} = 3a^2b$

3 $(x-1)(x+4)=x^2+(-1+4)x+(-1)\times 4=x^2+3x-4$

4 左辺の-8を移項して，$x^2=8$より，$x=\pm 2\sqrt{2}$

5 xの変域に$x=0$を含むから，yの最小値は0である。また，-2の方が1よりも絶対値が大きいから，yの最大値は$x=-2$のときの$y=3\times(-2)^2=12$となる。よって，$0\leqq y\leqq 12$

6 切り離す前の立体と立体Aは相似な円錐で，その相似比は，

(切り離す前の立体)：(立体A)＝6：2＝3：1

切り離す前の立体の体積をV，立体Aの体積をV_A，立体Bの体積をV_Bとすると，相似な立体では，体積比は相似比の3乗に等しいから，

$V : V_A = 3^3 : 1^3 = 27 : 1$

よって，$V_A : V_B = V_A : (V - V_A) = 1 : (27-1) = 1 : 26$

したがって，立体Bの体積は立体Aの体積の$26\div 1=26$(倍)である。

7 △ABDの内角と外角の関係より，$\angle BAD=95^\circ-42^\circ=53^\circ$

$\angle CAD$の大きさも53°であるから，△ACDの内角より，$\angle x=180^\circ-95^\circ-53^\circ=32^\circ$

8 **エ**…線分AB，ADを底辺と考えたとき，△AOBと△AODの高さが等しくなる場合(弧AB＝弧ADである場合)のみ**エ**が成り立つ。

② **1** $\sqrt{3000}=\sqrt{30\times 100}=10\sqrt{30}=10\times 5.477=54.77$

2 四角形PBTRは1辺が$(15-x)$cmの正方形になり，四角形QDSRは1辺が$x$cmの正方形になることから，これらの正方形の面積の和についての2次方程式をつくる。また，AP＜BPより，$0<x<\dfrac{15}{2}$である。

3 $x=4$，$y=b$をそれぞれの式に代入して，$4a+b=7$ ……① $4-b=9$ ……②

②より，$b=-5$ これを①に代入して，$4a-5=7$より，$a=3$

③ **1** Aを1つの頂点とする二等辺三角形は，△ABF，△ACE，△ABC，△AFEである。

△ABFができる場合は，(1回目，2回目)＝(1，1)，(5，5)の2通り

△ACEができる場合は，(1回目，2回目)＝(2，2)，(4，4)の2通り

△ABCができる場合は，(1回目，2回目)＝(1，4)，(2，5)の2通り

△AFEができる場合は，(1回目，2回目)＝(5，2)，(4，1)の2通り

だから，求める確率は，$\dfrac{2+2+2+2}{6\times 6}=\dfrac{2}{9}$

2 測定値が3.27×10^2と表されているから，有効数字は3けたであることがわかる。

また，

$3.27\times 10^2=3.27\times 100=327$

だから，上から4桁目である小数第1位を四捨五入したことがわかる。

したがって，真の値の範囲は326.5以上327.5未満であり，誤差の絶対値は最大で$327-326.5=0.5$(g)

3 (1) Ⅰ，Ⅱ $20\div 2=10$より，中央値は10番目と11番目の値の平均値となる。

Ⅲ 10番目も11番目も80分以上100分未満の階級に含まれ，この階級の階級値は90分である。また，ヒストグラムから求められる平均値は

$(30\times 2+50\times 3+70\times 4+90\times 5+110\times 2+130\times 3+150\times 1)\div 20$

$=1700\div 20=85$(分)だから，$90-85=5$(分)異なっている。

(2) データを小さい順に並べると，

30，30，50，50，50，70，70，70，70，90，

90，90，90，90，110，110，130，130，130，150

だから，第2四分位数は $(90+90)\div 2=90$(分)

第1四分位数は $(50+70)\div 2=60$(分)

第3四分位数は $(110+110)\div 2=110$(分)

となり，四分位範囲は$110-60=50$(分)

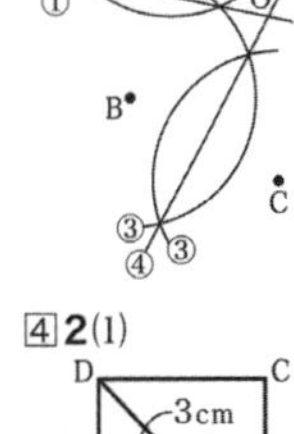

④ **1** 3点A，B，Cは円周上にあるから，線分AB，BCは弦になる。円の中心Oは，弦の垂直二等分線上にあるから，弦AB，BCの垂直二等分線の交点を求めればよい。

【作図法】① 点A，Bを中心とする，等しい半径の円をかく。

② ①の円の2つの交点を通る直線をひく。

③ 点B，Cを中心とする，等しい半径の円をかく。

④ ③の円の2つの交点を通る直線をひく。

⑤ ②，④でひいた直線どうしの交点が，求める円の中心Oである。

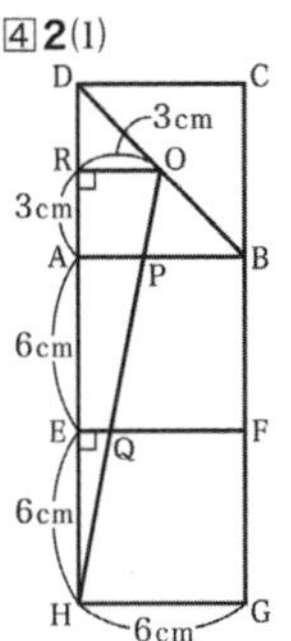

2 (1) 右の図のような，面ABCD，ABFE，EFGHのみの展開図において，点Oから辺ADに垂線ORをひくと，△ORHと△QEHは，

$\angle OHR=\angle QHE$(共通の角) $\angle ORH=\angle QEH=90^\circ$

だから，2組の角がそれぞれ等しいことより，$\triangle ORH \backsim \triangle QEH$

したがって，RO：EQ＝RH：EHが成り立つ。ここで，

$RO=6\div 2=3$(cm)，$RH=(6\div 2)+6+6=15$(cm)，$EH=6$cm

だから，$3 : EQ=15 : 6$より，$EQ=\dfrac{6}{5}$(cm)

第195回 下野新聞模擬テスト

数　学　【解　説】

(2) ① 三角錐BDEGは立方体ABCD－EFGHから4つの三角錐ABDE，CBDG，FBEG，HDEGを除いたものだから，その体積は $6^3-\frac{1}{3}\times\frac{1}{2}\times6\times6\times6\times4=72\,(\text{cm}^3)$

② △BDEは1辺が $6\sqrt{2}$ cmの正三角形だから，$\text{BM}=6\sqrt{2}\times\frac{\sqrt{3}}{2}=3\sqrt{6}\,(\text{cm})$

よって，$\triangle\text{BDE}=\frac{1}{2}\times6\sqrt{2}\times3\sqrt{6}=18\sqrt{3}\,(\text{cm}^2)$

線分GNの長さが最も短くなるとき，GN⊥BMだから，GNは面BDEを底面としたときの三角錐BDEGの高さになる。したがって，$\frac{1}{3}\times18\sqrt{3}\times\text{GN}=72$ より，$\text{GN}=4\sqrt{3}\,(\text{cm})$

3 同じ弧に対する円周角は等しいことと，等しい長さの弧に対する円周角は等しいことより，三角形の相似条件「2組の角がそれぞれ等しい」を利用する。

⑤ **1** (1) 点A，Bは関数 $y=\frac{1}{4}x^2$ のグラフ上にある点だから，$x=-4$，6を $y=\frac{1}{4}x^2$ にそれぞれ代入して，

$y=\frac{1}{4}\times(-4)^2=4$　$y=\frac{1}{4}\times6^2=9$

よって，A$(-4,\ 4)$，B$(6,\ 9)$である。点A，Bの座標より $y=ax+b$ に $x=-4$，$y=4$ と $x=6$，$y=9$ をそれぞれ代入して，$4=-4a+b$，$9=6a+b$

これらを連立方程式として解いて，$a=\frac{1}{2}$，$b=6$

(2) Ⅰ 四角形ADOEは正方形で，正方形は特別な平行四辺形である。平行四辺形の面積を二等分する直線は，その平行四辺形の対角線の交点を通ればよい。平行四辺形の対角線はそれぞれの中点で交わるから，A$(-4,\ 4)$，O$(0,\ 0)$を両端とする線分AOの中点を求めると，$\frac{-4+0}{2}=-2$，$\frac{4+0}{2}=2$ より，$(-2,\ 2)$

Ⅱ 線分AOの中点とB$(6,\ 9)$を通る直線の式を $y=mx+n$ と表し，$x=-2$，$y=2$ と $x=6$，$y=9$ をそれぞれ代入して，$2=-2m+n$，$9=6m+n$

これらを連立方程式として解いて，$m=\frac{7}{8}$，$n=\frac{15}{4}$

したがって，求める直線の式は $y=\frac{7}{8}x+\frac{15}{4}$

(3) 右の図のように，点Pの x 座標を t とすると，y 座標は $\frac{1}{4}t^2$ と表される。△PCOは底辺が6，高さが t で，△PFOは底辺が6，高さが $\frac{1}{4}t^2$ だから，$\frac{1}{2}\times6\times t+\frac{1}{2}\times6\times\frac{1}{4}t^2=9$

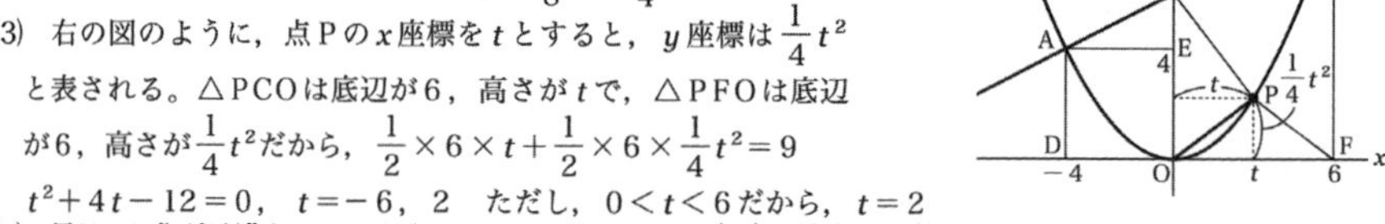

$t^2+4t-12=0$，$t=-6$，2　ただし，$0<t<6$ だから，$t=2$

2 (1) 兄は10分だけ進んでいるから，$130\times10=1300$ (m)の地点に，弟は $1325+60\times10=1925$ (m)の地点にいる。よって，$1925-1300=625$ (m)離れている。

(2) 午前9時には，弟はスタートしてから1325m進んでいる。8時59分60秒－22分5秒＝8時37分55秒

(3) 午前9時30分には，兄は2600m，弟は $1325+60\times30=3125$ (m)の地点に，午前9時40分には，兄は $2600+130\times10=3900$ (m)の地点に，弟は $3125+60\times10=3725$ (m)の地点にいるから，午前9時30分から午前9時40分までの間に2人が進んだ道のりが最初に等しくなることがわかる。この間の兄のグラフの式は $y=130x-1300$，弟のグラフの式は $y=60x+1325$ であることから，これらを連立方程式として解いて，

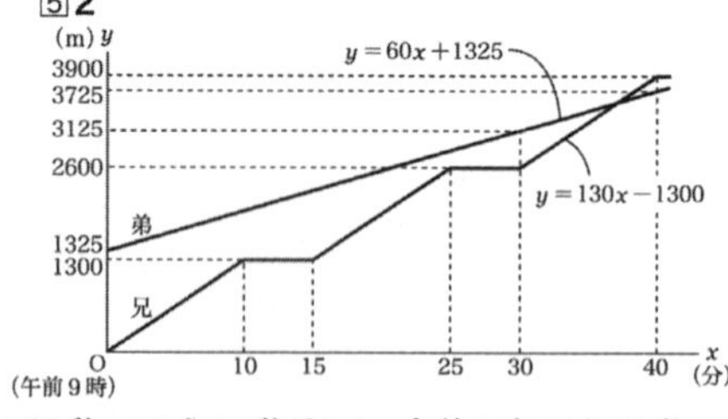

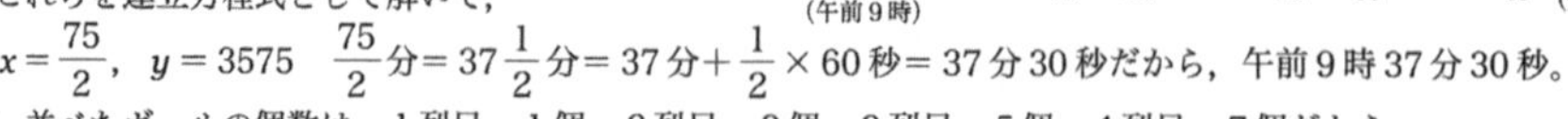

$x=\frac{75}{2}$，$y=3575$　$\frac{75}{2}$分$=37\frac{1}{2}$分$=37$分$+\frac{1}{2}\times60$秒$=37$分30秒だから，午前9時37分30秒。

⑥ **1** ① 並べたボールの個数は，1列目…1個，2列目…3個，3列目…5個，4列目…7個だから，n 列目…$(2n-1)$個と表される。よって，5列目では $2\times5-1=9$ (個)

② 最大の数と最小の数の差は，1列目…0，2列目…2，3列目…4，4列目…6だから，n 列目…$2(n-1)$と表される。よって，6列目では $2\times(6-1)=10$

2 (1) 右下の角に並んでいるボールに書かれている数は，その列の最小の数である。つまり，1つ前の列である $(n-1)$列目の最大の数に1を加えたものになる。ここで，最大の数は，1列目…1，2列目…4，3列目…9，4列目…16だから，$(n-1)$列目…$(n-1)^2$ と表される。よって，n 列目の右下の角に並んでいるボールに書かれている数は，$(n-1)^2+1=n^2-2n+2$

(2) (1)を利用して，$n^2-2n+2=197$，$(n+13)(n-15)=0$，$n=-13$，15　ただし，$n>0$ だから，$n=15$　15列目の最大の数は $15^2=225$ であり，並べたボールの個数は $2\times15-1=29$ (個)である。ここで，最小の数と最大の数の平均値は $\frac{197+225}{2}=211$ であり，15列目の29個の数の和は，211を29個加えた値と等しい。したがって，$197+198+\cdots+211+\cdots+224+225=211\times29=6119$

なお，211は15列目の15番目に並ぶ数である。

第195回 下野新聞模擬テスト
理科 【解説】

理科 〔解説〕

1
1 放射線を出す物質を放射性物質といい，放射性物質が放射線を出す能力を放射能という。
2 太陽に近い順に，水星，金星，地球，火星，木星，土星，天王星，海王星の８個の惑星がある。
3 選択肢**エ**のアンモニアは分子からできているが，**ア**の塩化ナトリウム，**イ**の硫化銅，**ウ**の酸化銀は分子からできておらず，２種類の原子が切れ目なく規則的に並んでいる。
4 接眼レンズは筒が長い方が倍率が低く，対物レンズは筒が長い方が倍率が高い。
5 直方体の体積の半分で5.0 N − 3.7 N = 1.3 Nの浮力を受けているので，全体では1.3 N × 2 = 2.6 Nの浮力を受ける。したがって，ばねばかりは5.0 N − 2.6 N = 2.4 Nを示す。
6 岩石が雨水や流水のはたらきで削りとられることは侵食という。
7 Aで示したねじは空気調節ねじ，Aのすぐ下のねじはガス調節ねじである。
8 有機物に対する役割から，植物を生産者，動物を消費者，菌類・細菌類などの微生物を分解者という。

2
1 電熱線を流れる電流の大きさは，電熱線に加わる電圧の大きさに比例する。この関係をオームの法則といい，電圧が一定ならば，電熱線を流れる電流の大きさは，電熱線の抵抗の大きさに反比例する。
2 並列回路なので，どちらの電熱線にも9 Vの電圧が加わり，電熱線Xを流れる電流は9 V ÷ 12 Ω = 0.75 A，電熱線Yを流れる電流は9 V ÷ 18 Ω = 0.5 Aになるので，I_1 = 0.75 A + 0.5 A = 1.25 A，I_2 = 0.75 Aである。よって，I_1：I_2 = 1.25 A：0.75 A = 5：3と表される。
3 電熱線Yは9 V × 0.5 A = 4.5 Wの電力を消費するので，５分間では4.5 W × 300 s = 1350 Jの熱量を発生する。

3
1 線香の煙の粒子を核(凝結核)とすることで，水蒸気が水滴に変化しやすくなる。自然界では，空気中の細かいちりやほこりなどを凝結核としている。
2 ピストンを強く引くと，丸底フラスコの中の空気が膨張するため，気圧が下がって気温が下がる。気温が露点を下回ると，白いくもりが生じる。
3 気温が26 ℃で湿度が75 %なので，空気1 m^3中に24.4 g × 0.75 = 18.3 gの水蒸気を含んでおり，露点は21 ℃である。よって，空気が$100\,\text{m} \times \dfrac{26\,℃ - 21\,℃}{1\,℃} = 500\,\text{m}$上昇したとき，雲ができ始める。

4
1 炭酸水素ナトリウムを加熱すると，$2NaHCO_3 \rightarrow Na_2CO_3 + CO_2 + H_2O$という化学反応式で表される熱分解が起こり，気体の二酸化炭素が発生する。
2 先にガスバーナーの火を消すと，試験管Aが冷えて内部の気圧が下がるため，石灰水が試験管A内に逆流して試験管Aが割れる恐れがある。
3 試験管Aの口付近の内側についていた液体は水である。

5
1 血管Pは静脈で，じん臓で不要物をこし出した直後の血液が流れている。
2 血液中からこし出された不要物は，尿として，輸尿管を通ってぼうこう内に一時ためられ，体外に排出される。
3 尿素などの不要物は，じん臓で血液中からこし出されて尿になる。

6
1 質量30 g (重さ0.3 N)の金属球の高さを20 cm (0.2 m)だけ高くしたので，その仕事の大きさは0.3 N × 0.2 m = 0.06 Jである。
2 物体がもつ位置エネルギーと運動エネルギーの和を力学的エネルギーといい，摩擦などがない場合，力学的エネルギーの大きさは一定に保たれる。
3 図3より，金属球を離した高さを20 cmにした場合，質量30 g，60 g，90 gのときに木片が移動した距離は，それぞれ4 cm，8 cm，12 cmであったことがわかる。
4 木片が移動した距離は，金属球の質量と高さに比例している。質量30 gの金属球を20 cmの高さから離したときに木片が移動した距離は4 cmであり，これに対して質量が40 g ÷ 30 g = $\dfrac{4}{3}$〔倍〕，高さが30 cm ÷ 20 cm = $\dfrac{3}{2}$〔倍〕になるので，4 cm × $\dfrac{4}{3}$ × $\dfrac{3}{2}$ = 8 cmになると考えられる。

7
1 春分の日(３月下旬)と秋分の日(９月下旬)は，日の出の位置が真東(点C)，日の入りの位置が真西(点D)になり，昼間と夜間の長さがほぼ同じになる。観察を行った日は，日の出の位置Pが真東よりも南寄り，日の入りの位置Qが真西よりも南寄りであり，昼間の長さの方が夜間の長さよりも短い冬の時期である。
2 太陽が真南の空にくることを南中といい，そのときの高度を南中高度という。
3 地球の自転の割合は，１時間に約15°である。
4 図２より，２時間(120分)の間隔が6.0 cmなので，2.4 cmは$120\,\text{min} \times \dfrac{2.4\,\text{cm}}{6.0\,\text{cm}} = 48\,\text{min}$に相当する。したがって，11時から48分後が南中時刻である。

8
1 硫酸亜鉛は$ZnSO_4 \rightarrow Zn^{2+} + SO_4{}^{2-}$のように，硫酸銅は$CuSO_4 \rightarrow Cu^{2+} + SO_4{}^{2-}$のように電離している。
2 水溶液中の銅イオンが銅板から電子を受けとって，銅原子になっている。
3 硫酸亜鉛水溶液側では陽イオン(亜鉛イオン)が増加し続け，硫酸銅水溶液側では陽イオン(銅イオン)が減少し続けるので，電池のはたらきが低下する。そのため，セロハンにあいている穴を通って，硫酸亜鉛水溶液側で増加している亜鉛イオンが硫酸銅水溶液へ移動していき，銅イオンの減少によって余った硫酸イオンが硫酸銅水溶液側から移動してくる。
4 一次電池に対して，鉛蓄電池やリチウムイオン電池のような，充電が可能な電池を二次電池という。

9
1 BTB溶液は，酸性で黄色，中性で緑色，アルカリ性で青色になる。アルカリ性のBTB溶液に息をふき込むと，液中に二酸化炭素が溶けるので，BTB溶液は中性を経て酸性になろうとする。
2 ペットボトルXのオオカナダモには日光が当たっていないので，呼吸のみを行い，二酸化炭素を放出した。
3 確かめたいこと以外の条件をすべて同じにして行う実験を対照実験という。ペットボトルXとYでは日光，YとZではオオカナダモという条件が異なっている。
4 光合成は，細胞内に見られる葉緑体という緑色のつくりの中で，無機物である水と二酸化炭素を材料として，有機物であるデンプンをつくり出すはたらきである。このとき，無機物である酸素もできる。

高校入試中サポ講座

合格への近道

下野新聞社キャラクター「どっとこちゃん」

下野新聞は、過去40年以上にわたり高校進学を目指す中学生の進学指導を行っており、教育関係者の方々より高い評価を得ています。4月から土曜日と日曜日の週2回、11月からは月・水・金・土・日曜日の週5回**「高校入試中サポ講座」**を新聞紙上に掲載しています。学校の授業内容と並行して出題される問題を通じ、実力アップを図ってください。

令和6年度 日程・出題内容一覧表

下野新聞紙上で連載中!

◆国語・社会・数学・理科・英語各25回ずつ掲載。基礎からしっかり学べます。

回＼教科	国語		社会		数学		理科		英語	
1	4/6(土)	説明的文章、漢字	4/7(日)	地球の姿をとらえよう	4/13(土)	正の数・負の数	4/14(日)	植物の特徴と分類	4/20(土)	be動詞(現在、過去)
2	4/21(日)	説明的文章、漢字	4/27(土)	文明のおこりと日本の成り立ち、古代国家の歩みと東アジアの世界	4/28(日)	文字式と式の計算	5/4(土)	動物の特徴と分類	5/5(日)	一般動詞(現在、過去)
3	5/11(土)	文学的文章(小説)、漢字	5/12(日)	日本の姿をとらえよう	5/18(土)	1次方程式とその利用	5/19(日)	いろいろな物質、気体の発生と性質	5/25(土)	進行形
4	5/26(日)	説明的文章、漢字	6/1(土)	中世社会の展開と東アジアの情勢、世界の動きと天下統一	6/2(日)	比例と反比例	6/8(土)	水溶液、物質の状態変化	6/9(日)	助動詞、未来表現
5	6/15(土)	古文、小問	6/16(日)	人々の生活と環境	6/22(土)	平面図形と空間図形	6/23(日)	光による現象、音による現象	6/29(土)	名詞、代名詞、冠詞
6	6/30(日)	文学的文章(随筆)、漢字	7/6(土)	近世社会の発展、近代ヨーロッパの世界支配と日本の開国	7/7(日)	連立方程式の基礎	7/13(土)	力による現象	7/14(日)	形容詞、副詞
7	7/20(土)	文学的文章(小説)、漢字	7/21(日)	世界の国々を調べよう	7/27(土)	連立方程式の利用	7/28(日)	火山、地震	8/3(土)	比較
8	8/4(日)	説明的文章、漢字	8/10(土)	近代日本の歩み	8/11(日)	1次関数の基礎	8/17(土)	地層、大地の変動	8/18(日)	いろいろな文(命令文、There is～など)
9	8/24(土)	俳句・短歌(和歌)	8/25(日)	世界から見た日本の姿	8/31(土)	1次関数の応用	9/1(日)	物質の成り立ち、さまざまな化学変化	9/7(土)	いろいろな疑問文
10	9/8(日)	説明的文章、漢字	9/14(土)	現代社会とわたしたちの生活	9/15(日)	平行と合同 ※反例追加	9/21(土)	化学変化と物質の質量の規則性	9/22(日)	不定詞(1)
11	9/28(土)	文学的文章(随筆)、漢字	9/29(日)	二度の世界大戦と日本、現代の日本と世界	10/5(土)	三角形	10/6(日)	生物の体をつくる細胞、植物の体のつくりとはたらき	10/12(土)	不定詞(2)、動名詞(1)
12	10/13(日)	説明的文章、漢字	10/19(土)	都道府県を調べよう	10/20(日)	平行四辺形	10/26(土)	動物の体のつくりとはたらき、感覚と運動のしくみ	10/27(日)	1・2年の総復習
13	11/1(金)	古文、小問	11/2(土)	人間の尊重と日本国憲法	11/3(日)	データの活用と確率 ※箱ひげ図追加	11/4(月)	地球の大気と天気の変化	11/6(水)	受け身
14	11/8(金)	説明的文章、漢字、敬語	11/9(土)	歴史のまとめ(古代～平安時代)	11/10(日)	展開と因数分解	11/13(水)	電流の性質	11/15(金)	現在完了(1)
15	11/16(土)	文学的文章(小説)、漢字	11/17(日)	世界地理のまとめ	11/18(月)	平方根	11/20(水)	電流の正体、電流と磁界	11/22(金)	現在完了(2)、現在完了進行形
16	11/23(土)	説明的文章、漢字	11/24(日)	現代の民主政治と社会	11/25(月)	2次方程式とその利用	11/27(水)	生命の連続性 ※多様性と進化追加	11/29(金)	前置詞、接続詞、連語
17	11/30(土)	古文	12/1(日)	歴史のまとめ(鎌倉～江戸時代)	12/2(月)	関数$y=ax^2$	12/4(水)	力と物体の運動 ※水圧、浮力追加	12/6(金)	いろいろな会話(1)、原形不定詞
18	12/7(土)	説明的文章、漢字	12/8(日)	日本地理のまとめ	12/11(水)	関数$y=ax^2$の応用	12/13(金)	仕事とエネルギー	12/14(土)	関係代名詞
19	12/15(日)	文学的文章(小説)、漢字	12/16(月)	わたしたちの暮らしと経済	12/18(水)	図形と相似の基礎 ※誤差と有効数字追加	12/20(金)	水溶液とイオン	12/21(土)	分詞、動名詞(2)
20	12/22(日)	文学的文章(随筆)、漢字	12/23(月)	歴史のまとめ(明治時代～現代)	12/25(水)	図形と相似の応用	1/6(月)	酸・アルカリと塩	1/8(水)	間接疑問文
21	1/10(金)	小問、古典総合	1/11(土)	地球社会とわたしたち	1/12(日)	円、三平方の定理の基礎	1/13(月)	地球の運動と天体の動き	1/15(水)	いろいろな会話(2)
22	1/17(金)	作文	1/18(土)	地理分野の総合	1/19(日)	三平方の定理の応用	1/20(月)	太陽系の天体、恒星の世界	1/22(水)	仮定法
23	1/24(金)	小問、古文	1/25(土)	公民のまとめ(政治)	1/26(日)	図形の総合問題	1/27(月)	自然と人間	1/29(水)	総合問題(Ⅰ)
24	1/31(金)	説明的文章総合	2/1(土)	歴史分野の総合	2/2(日)	数式と規則性の総合問題	2/3(月)	総合問題(1)	2/5(水)	総合問題(Ⅱ)
25	2/7(金)	文学的文章(小説)総合	2/8(土)	公民のまとめ(経済)	2/9(日)	関数の総合問題	2/10(月)	総合問題(2)	2/12(水)	総合問題(Ⅲ)

※新聞休刊日の変更や紙面の都合上、掲載日程や内容が変わる場合がございます。

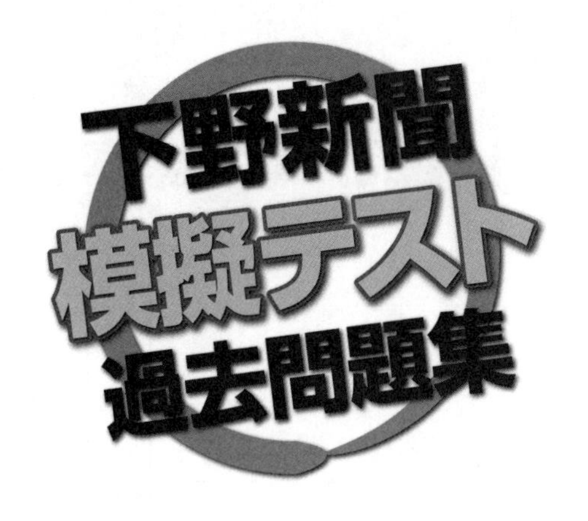

2022・2023

［令和7年高校入試受験用］

解答用紙を切り取りましょう。
拡大コピーすると使いやすくなります。

解答用紙

令和５年度

第198回下野新聞模擬テスト

国語 【解答用紙】

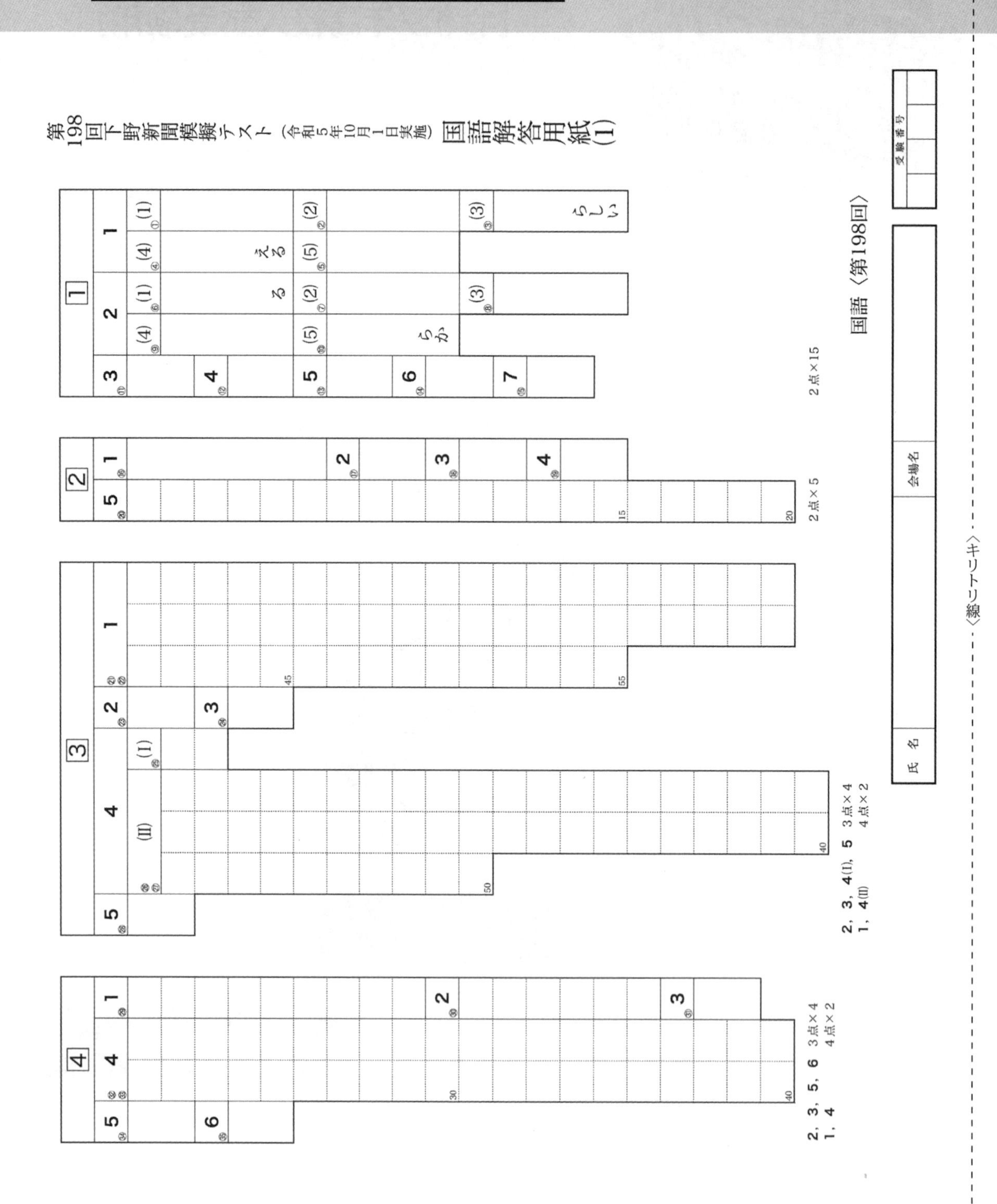
第198回下野新聞模擬テスト（令和5年10月1日実施） 国語解答用紙(1)

国語〈第198回〉

受験番号

会場名

氏名

〈キリトリ線〉

1
1 (1)① (2)② (3)③ らしい (4)④ える (5)⑤
2 (1)⑥ る (2)⑦ (3)⑧ (4)⑨ (5)⑩ らか
3⑪ 4⑫ 5⑬ 6⑭ 7⑮
2点×15

2
1⑯ 2⑰ 3⑱ 4⑲ 5⑳ 15 20
2点×5

3
1㉑㉒ 45 55
2㉓ 3㉔
4 (I)㉕ (II)㉖㉗ 40 50
5㉘
2，3，4(I)，5 3点×4
1，4(II) 4点×2

4
1㉙ 2㉚ 3㉛
4㉜㉝ 30 40
5㉞ 6㉟
2，3，5，6 3点×4
1，4 4点×2

第198回 下野新聞模擬テスト

国語 【解答用紙】

国語解答用紙(2)

形式 ㊱	表現 ㊲	表記 ㊳	内容 ㊴
／4	／4	／4	／8

5

◎氏名と題名は書かないこと。

300字 240字 200字 100字

20点

〈キリトリ線〉

第198回 下野新聞模擬テスト

社　会　【解答用紙】

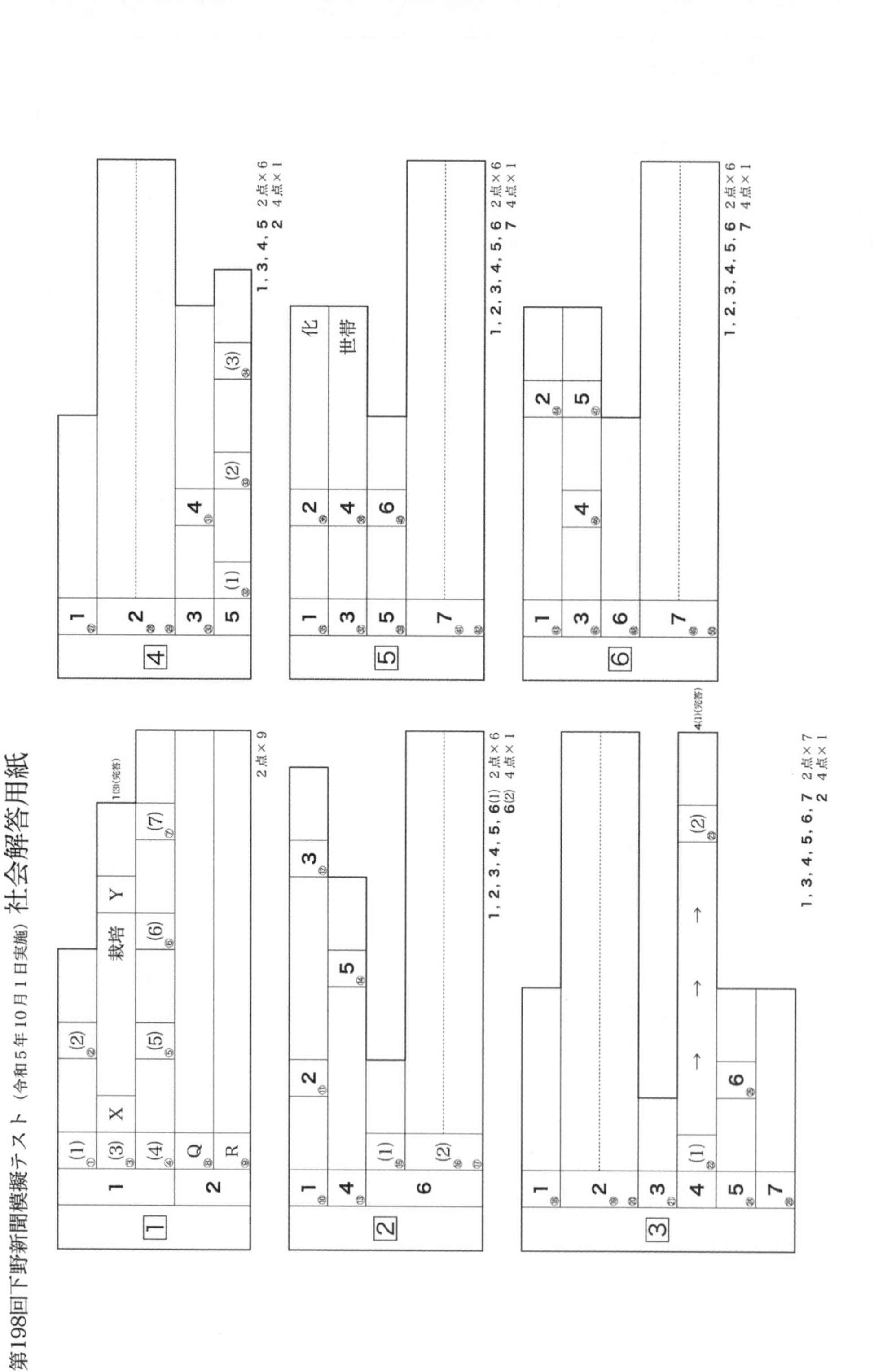

第198回 下野新聞模擬テスト

英　語　【解答用紙】

〈キリトリ線〉

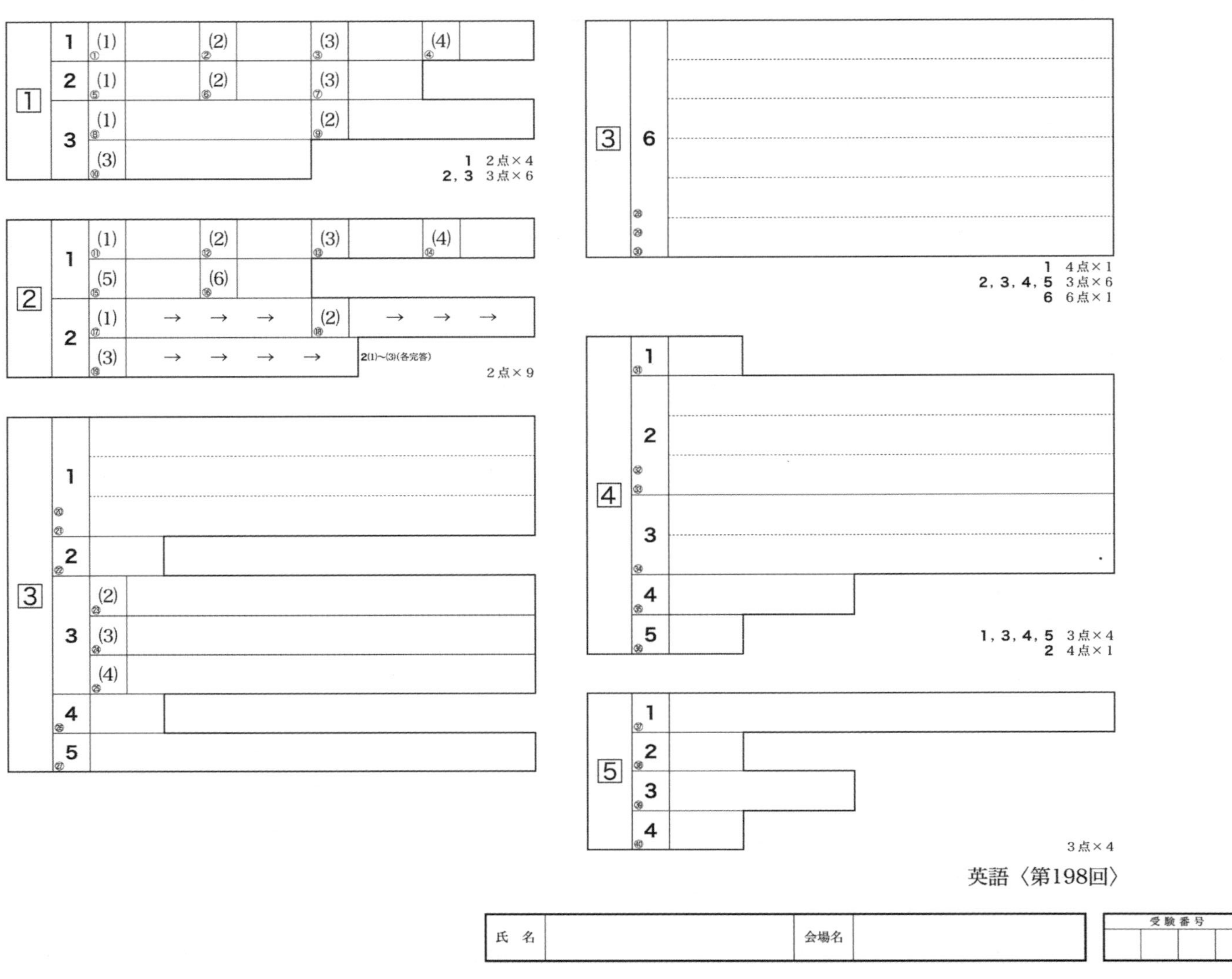

第198回下野新聞模擬テスト（令和5年10月1日実施）英語解答用紙

1　1 (1) (2) (3) (4)　2 (1) (2) (3)　3 (1) (2) (3)

1　2点×4
2, 3　3点×6

2　1 (1) (2) (3) (4) (5) (6)　2 (1) → → → (2) → → → (3) → → → →

2(1)〜(3)(各完答)
2点×9

3　1　2　3 (2) (3) (4)　4　5　6

1　4点×1
2, 3, 4, 5　3点×6
6　6点×1

4　1　2　3　4　5

1, 3, 4, 5　3点×4
2　4点×1

5　1　2　3　4

3点×4

英語〈第198回〉

氏　名　　会場名　　受験番号

第198回 下野新聞模擬テスト

数　学　【解答用紙】

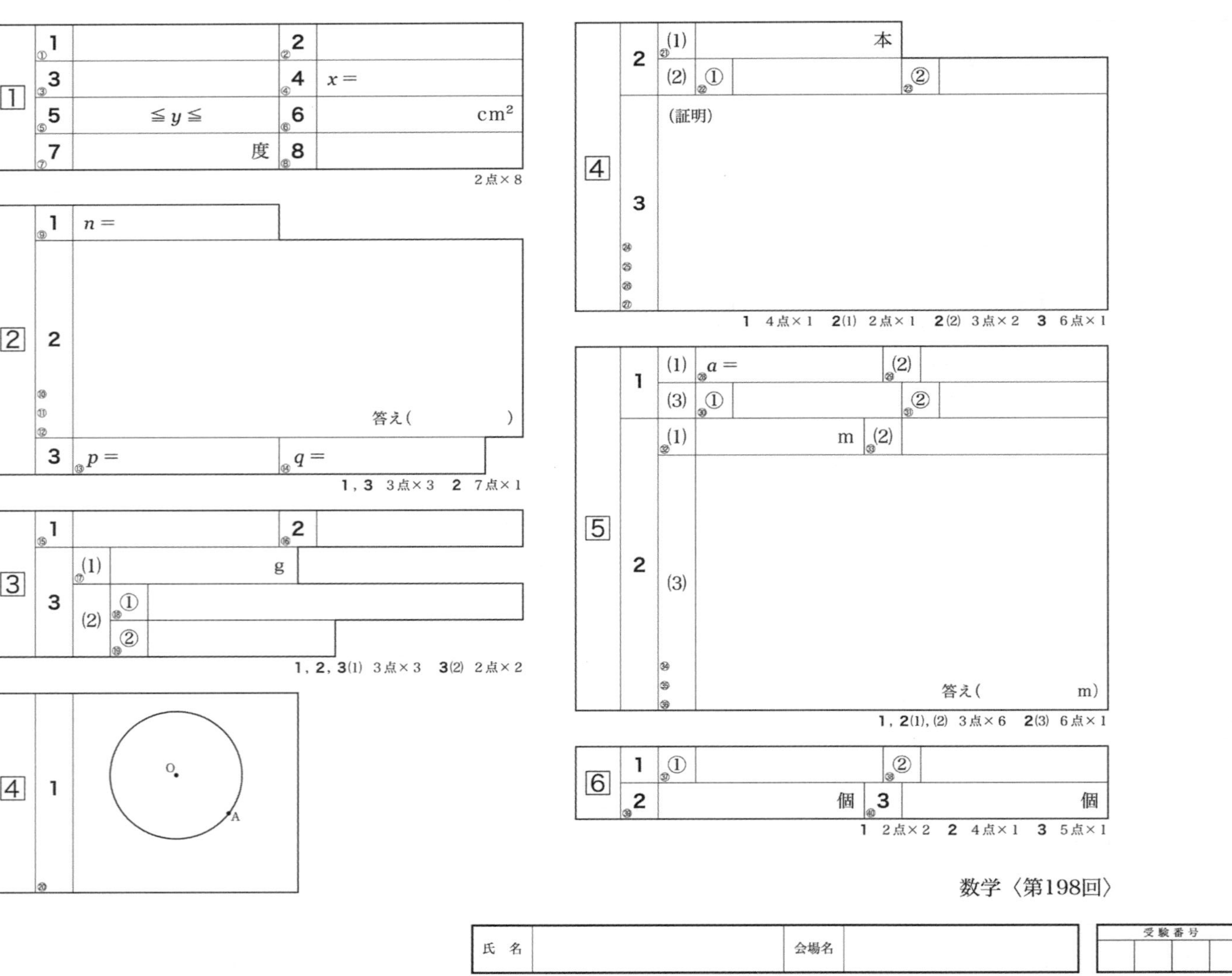
第198回下野新聞模擬テスト（令和5年10月1日実施）数学解答用紙

1
1 ①
2 ②
3 ③
4 ④ $x=$
5 ⑤ $\leqq y \leqq$
6 ⑥ cm^2
7 ⑦ 度
8 ⑧
2点×8

2
1 ⑨ $n=$
2 ⑩⑪⑫ 答え（　　）
3 ⑬ $p=$ ⑭ $q=$
1，3 3点×3　2 7点×1

3
1 ⑮
2 ⑯
3 (1) ⑰ g
3 (2) ① ⑱ ② ⑲
1，2，3(1) 3点×3　3(2) 2点×2

4
1 ⑳ (O, A)
2 (1) ㉑ 本
2 (2) ① ㉒ ② ㉓
3 ㉔㉕㉖㉗ （証明）
1 4点×1　2(1) 2点×1　2(2) 3点×2　3 6点×1

5
1 (1) ㉘ $a=$ (2) ㉙
1 (3) ① ㉚ ② ㉛
2 (1) ㉜ m (2) ㉝
2 (3) ㉞㉟㊱ 答え（　　m）
1，2(1)，(2) 3点×6　2(3) 6点×1

6
1 ① ㊲ ② ㊳
2 ㊴ 個
3 ㊵ 個
1 2点×2　2 4点×1　3 5点×1

数学〈第198回〉
氏名
会場名
受験番号
〈キリトリ線〉

第198回 下野新聞模擬テスト

理　科　【解答用紙】

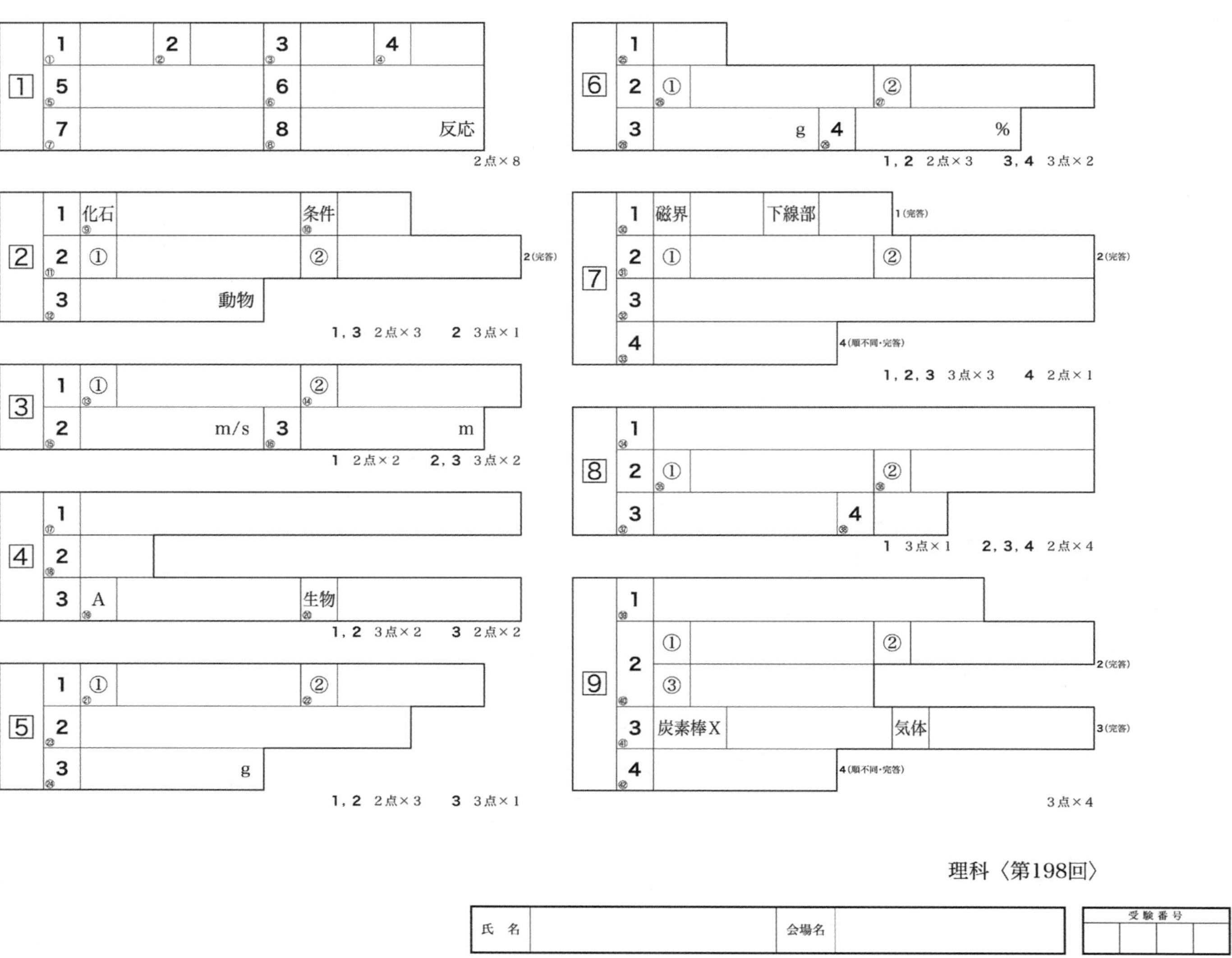
〈キリトリ線〉

第198回下野新聞模擬テスト（令和5年10月1日実施） 理科解答用紙

1　1 ①　2 ②　3 ③　4 ④　5 ⑤　6 ⑥　7 ⑦　8 ⑧ 反応
2点×8

2　1 化石 ⑨ 条件 ⑩　2 ① ② 2(完答) ⑪　3 動物 ⑫
1，3 2点×3　2 3点×1

3　1 ① ⑬ ② ⑭　2 m/s ⑮　3 m ⑯
1 2点×2　2，3 3点×2

4　1 ⑰　2 ⑱　3 A ⑲ 生物 ⑳
1，2 3点×2　3 2点×2

5　1 ① ㉑ ② ㉒　2 ㉓　3 g ㉔
1，2 2点×3　3 3点×1

6　1 ㉕　2 ① ㉖ ② ㉗　3 g ㉘　4 % ㉙
1，2 2点×3　3，4 3点×2

7　1 磁界 下線部 1(完答) ㉚　2 ① ② 2(完答) ㉛　3 ㉜　4 4(順不同・完答) ㉝
1，2，3 3点×3　4 2点×1

8　1 ㉞　2 ① ㉟ ② ㊱　3 ㊲　4 ㊳
1 3点×1　2，3，4 2点×4

9　1 ㊴　2 ① ② 2(完答) ③ ㊵　3 炭素棒X 気体 3(完答) ㊶　4 4(順不同・完答) ㊷
3点×4

理科〈第198回〉

氏名　会場名　受験番号

第199回下野新聞模擬テスト

国語

【解答用紙】

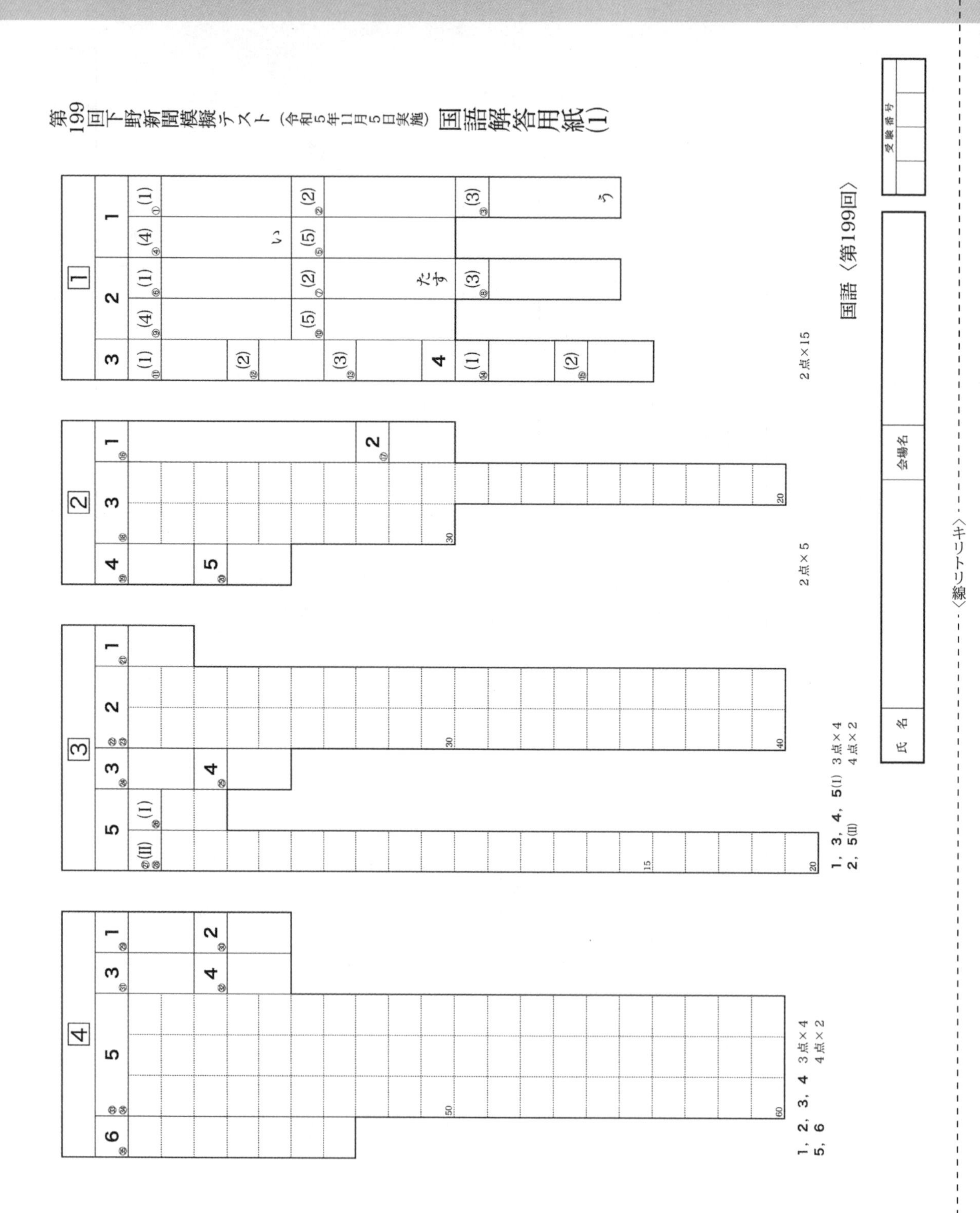

第199回下野新聞模擬テスト（令和5年11月5日実施）国語解答用紙(1)

国語〈第199回〉

受験番号

会場名

氏名

1
1 (1) (2) (3) う (4) い (5)
2 (1) (2) たす (3) (4) (5)
3 (1) (2) (3)
4 (1) (2)
2点×15

2
1 2 3 4 5
2点×5

3
1 2 3 4 5 (I) (II)
1, 3, 4, 5(I) 3点×4
2, 5(II) 4点×2

4
1 2 3 4 5 6
1, 2, 3, 4 3点×4
5, 6 4点×2

〈キリトリ線〉

国語解答用紙(2)

◎氏名と題名は書かないこと。

形式 ㊱	表現 ㊲	表記 ㊳	内容 ㊴
/4	/4	/4	/8

5

240字　200字　100字

20点

〈キリトリ線〉

第199回 下野新聞模擬テスト

社　会　【解答用紙】

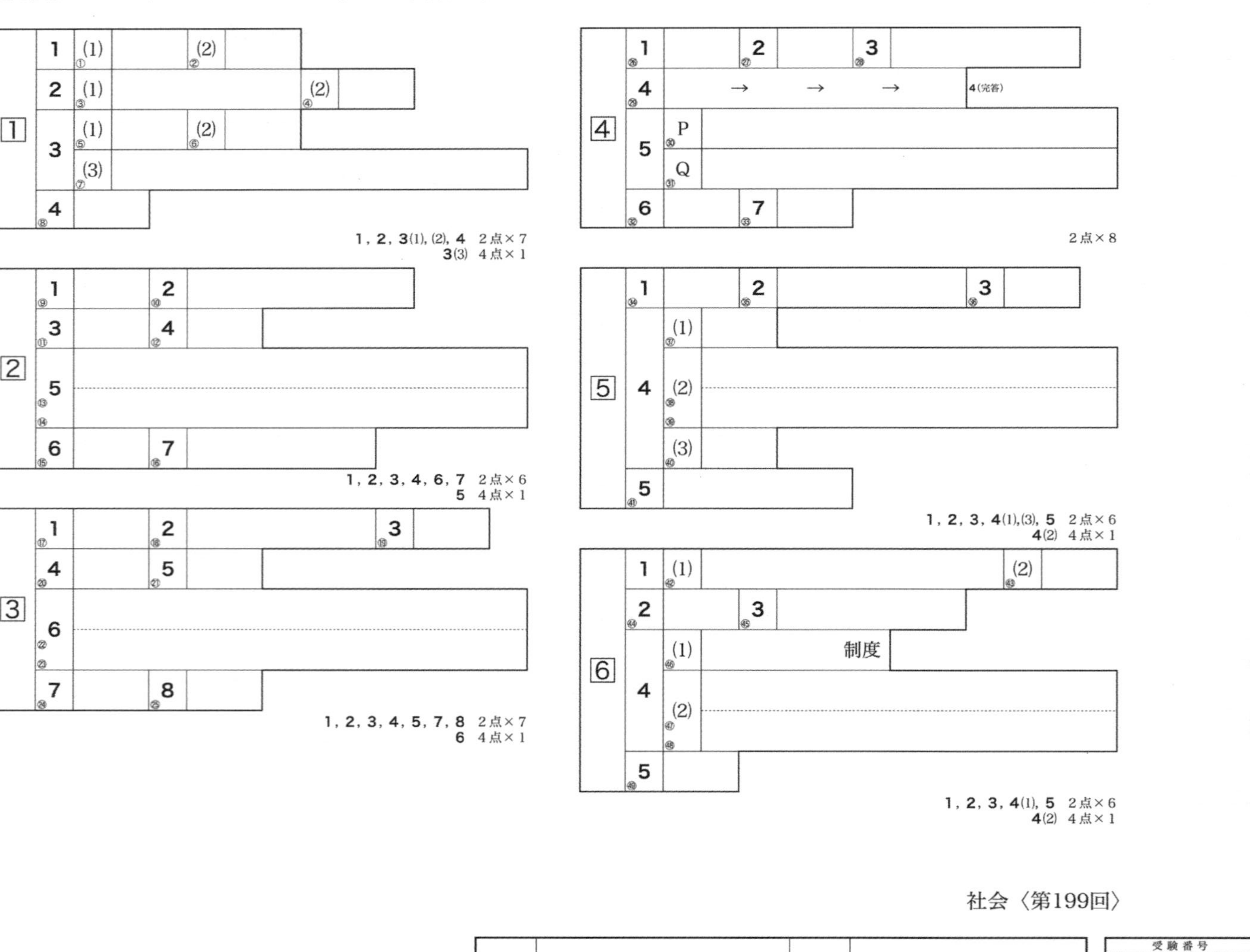

第199回 下野新聞模擬テスト

英　語　【解答用紙】

〈キリトリ線〉

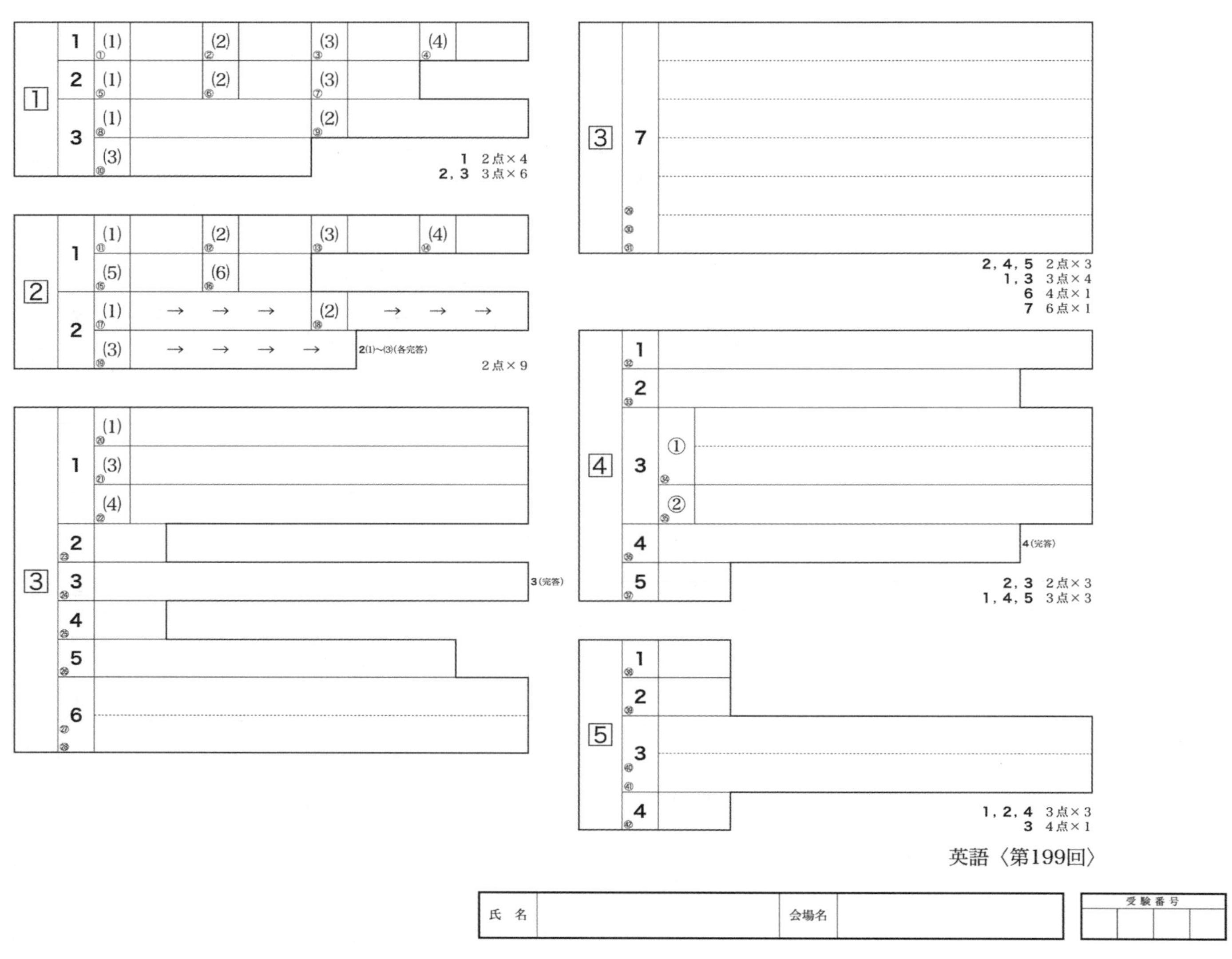

第199回 下野新聞模擬テスト

数学 【解答用紙】

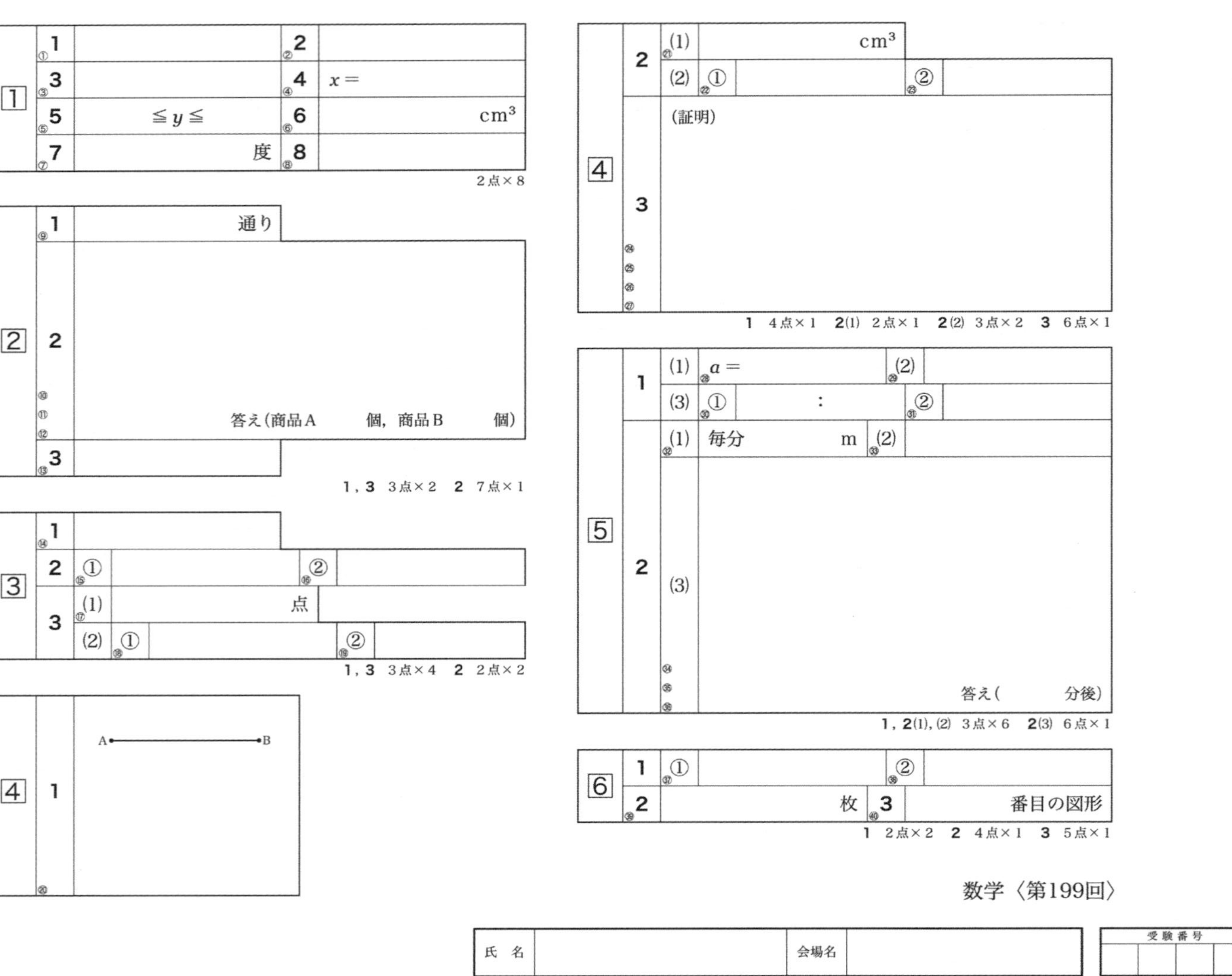

第199回下野新聞模擬テスト（令和5年11月5日実施） 数学解答用紙

1			
1		2	
3		4	$x =$
5	$\leqq y \leqq$	6	cm³
7	度	8	

2点×8

2	
1	通り
2	答え（商品A　個，商品B　個）
3	

1，3 3点×2 2 7点×1

3				
1				
2	①		②	
3	(1)	点		
3	(2)	①	②	

1，3 3点×4 2 2点×2

4			
1	A―B		
2	(1)	cm³	
2	(2)	①	②
3	(証明)		

1 4点×1 2(1) 2点×1 2(2) 3点×2 3 6点×1

5			
1	(1)	$a =$	(2)
1	(3)	①　：	②
2	(1)	毎分　m	(2)
2	(3)	答え（　分後）	

1，2(1)，(2) 3点×6 2(3) 6点×1

6			
1	①		②
2	枚	3	番目の図形

1 2点×2 2 4点×1 3 5点×1

数学〈第199回〉

氏名		会場名		受験番号

〈キリトリ線〉

第199回 下野新聞模擬テスト

理　科　【解答用紙】

キリトリ線

第199回下野新聞模擬テスト（令和5年11月5日実施） 理科解答用紙

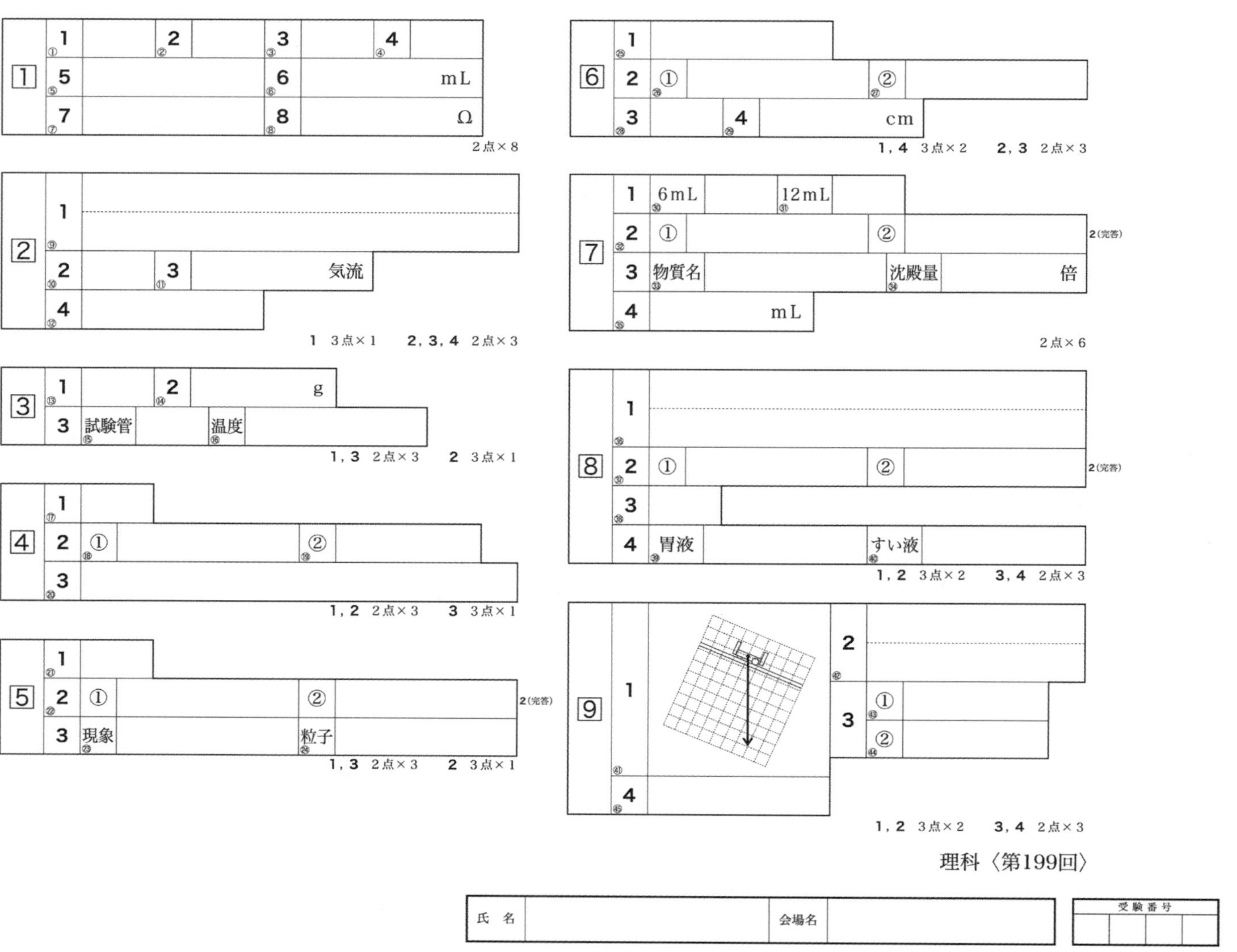

1
1 ①　2 ②　3 ③　4 ④
5 ⑤　6 ⑥ mL
7 ⑦　8 ⑧ Ω
2点×8

2
1 ⑨
2 ⑩　3 ⑪ 気流
4 ⑫
1 3点×1　2, 3, 4 2点×3

3
1 ⑬　2 ⑭ g
3 試験管 ⑮　温度 ⑯
1, 3 2点×3　2 3点×1

4
1 ⑰
2 ① ⑱　② ⑲
3 ⑳
1, 2 2点×3　3 3点×1

5
1 ㉑
2 ① ㉒　②　2（完答）
3 現象 ㉓　粒子 ㉔
1, 3 2点×3　2 3点×1

6
1 ㉕
2 ① ㉖　② ㉗
3 ㉘　4 ㉙ cm
1, 4 3点×2　2, 3 2点×3

7
1 6mL ㉚　12mL ㉛
2 ① ㉜　②　2（完答）
3 物質名 ㉝　沈殿量 ㉞ 倍
4 ㉟ mL
2点×6

8
1 ㊱
2 ① ㊲　②　2（完答）
3 ㊳
4 胃液 ㊴　すい液 ㊵
1, 2 3点×2　3, 4 2点×3

9
1 ㊶
2 ㊷
3 ① ㊸　② ㊹
4 ㊺
1, 2 3点×2　3, 4 2点×3

理科〈第199回〉

氏名　会場名　受験番号

第２００回下野新聞模擬テスト

国語　【解答用紙】

第200回下野新聞模擬テスト（令和5年12月3日実施）国語解答用紙(1)

受験番号

国語〈第200回〉

会場名

氏名

1
1 (1) ① れる　(2) ② らせる　(3) ③
(4) ④　(5) ⑤
2 (1) ⑥ える　(2) ⑦ れ　(3) ⑧
(4) ⑨　(5) ⑩
3 ⑪　4 ⑫　5 ⑬
6 ⑭　7 ⑮

2点×15

2
1 ⑯　2 ⑰
3 ⑱　4 ⑲ 初め　終わり　4（完答）
5 ⑳　15　20

2点×5

3
1 ㉑　2 ㉒　3 ㉓
4 Ⅰ ㉔　20
Ⅱ ㉕ ㉖　25
5 ㉗

1, 2, 3, 5　3点×4
4　4点×2

4
1 ㉘　2 ㉙
3 ㉚
4 ㉛ ㉜　30　35
5 ㉝　6 ㉞

1, 2, 5, 6　3点×4
3, 4　4点×2

〈キリトリ線〉

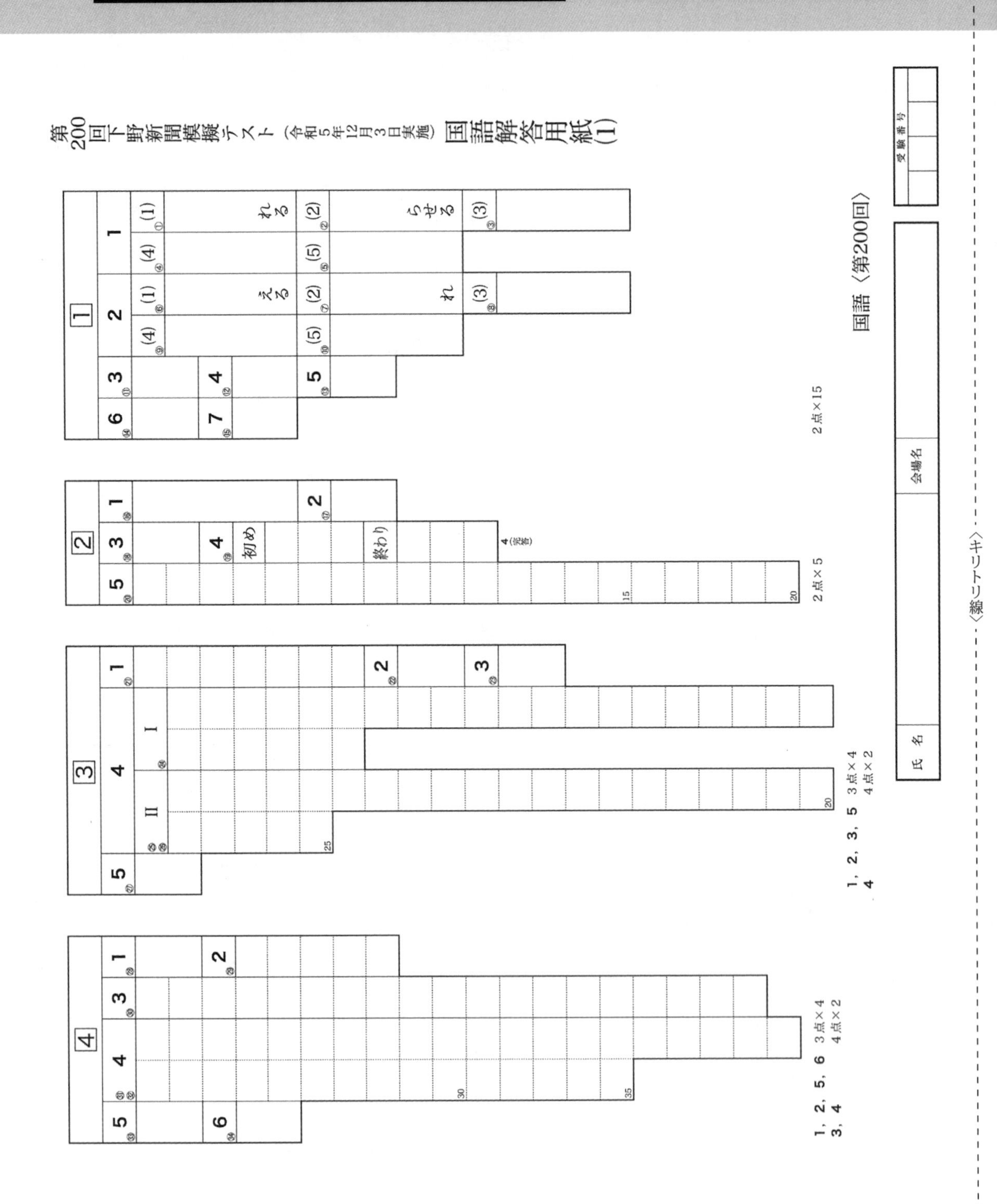

第200回 下野新聞模擬テスト

国語 【解答用紙】

国語解答用紙(2)

◎氏名と題名は書かないこと。

形式 ㉟	表現 ㊱	表記 ㊲	内容 ㊳
/4	/4	/4	/8

5

240字　200字　100字

20点

〈キリトリ線〉

第200回 下野新聞模擬テスト

社　会　【解答用紙】

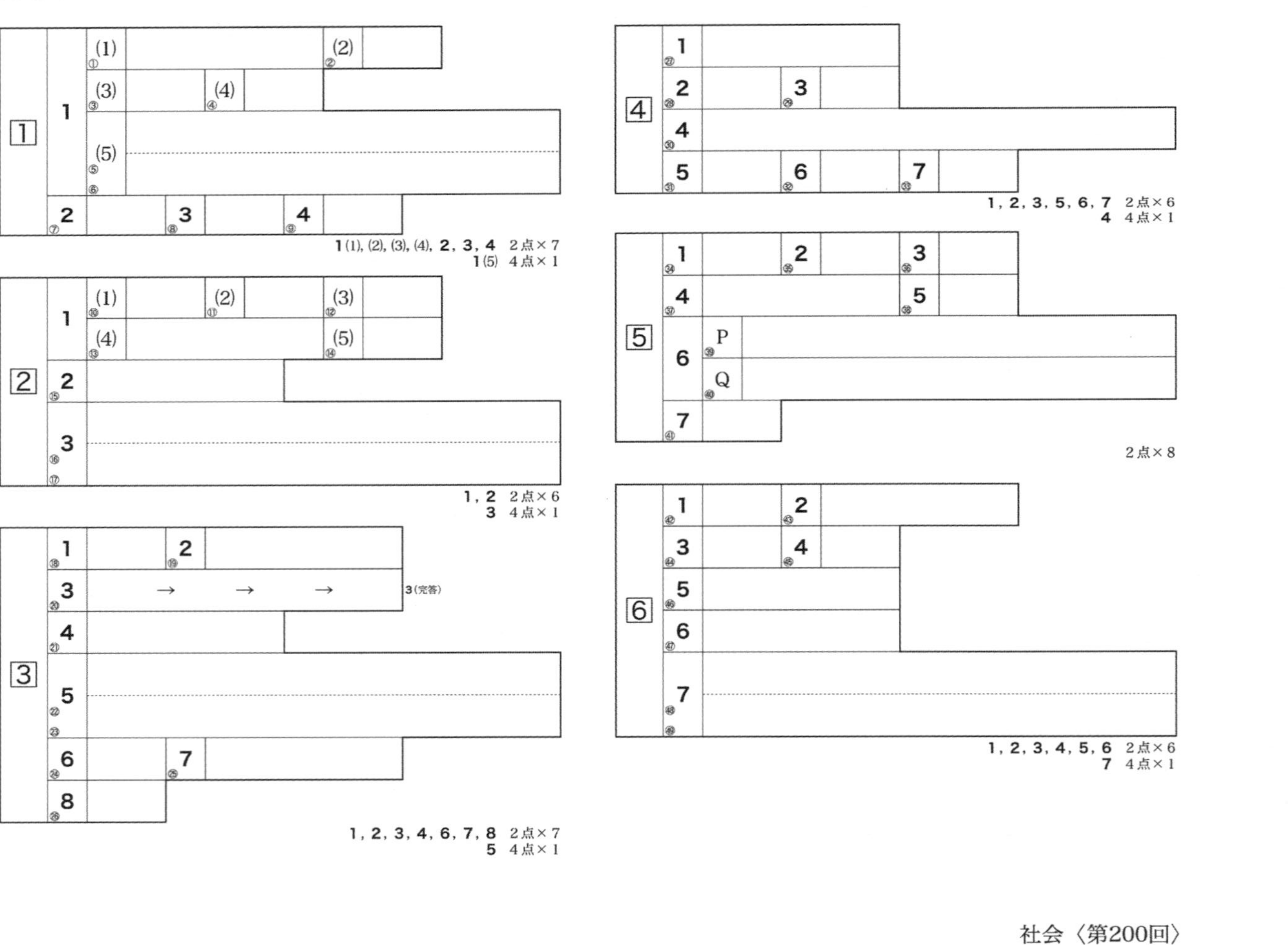

第200回下野新聞模擬テスト（令和5年12月3日実施）社会解答用紙

1　1 (1)(2)(3)(4)(5)　2　3　4

1 (1), (2), (3), (4), 2, 3, 4　2点×7
1 (5)　4点×1

2　1 (1)(2)(3)(4)(5)　2　3

1, 2　2点×6
3　4点×1

3　1　2　3 → → →　4　5　6　7　8

3（完答）

1, 2, 3, 4, 6, 7, 8　2点×7
5　4点×1

4　1　2　3　4　5　6　7

1, 2, 3, 5, 6, 7　2点×6
4　4点×1

5　1　2　3　4　5　6 P Q　7

2点×8

6　1　2　3　4　5　6　7

1, 2, 3, 4, 5, 6　2点×6
7　4点×1

社会〈第200回〉

氏名　会場名　受験番号

〈キリトリ線〉

第200回 下野新聞模擬テスト

英　語　【解答用紙】

〈キリトリ線〉

第200回下野新聞模擬テスト（令和5年12月3日実施） 英語解答用紙

1	1	(1) ①		(2) ②		(3) ③		(4) ④
	2	(1) ⑤		(2) ⑥		(3) ⑦		
	3	(1) ⑧				(2) ⑨		
		(3) ⑩						

1　2点×4
2，3　3点×6

2	1	(1) ⑪		(2) ⑫		(3) ⑬		(4) ⑭
		(5) ⑮		(6) ⑯				
	2	(1) ⑰	→ → →			(2) ⑱	→ → →	
		(3) ⑲	→ → → →					

2(1)〜(3)(各完答)

2点×9

3	1 ⑳		
	2 ㉑		
	3	(1) ㉒	
		(4) ㉓	.
		(5) ㉔	
	4 ㉕		
	5 ㉖		
	6 ㉗ ㉘		
	7 ㉙ ㉚ ㉛		

5(完答)

1，2，4　2点×3
3，5　3点×4
6　4点×1
7　6点×1

4	1 ㉜ ㉝	
	2 ㉞	
	3 ㉟	
	4 ㊱	
	5 ㊲	

1　4点×1
2，5　3点×2
3，4　2点×2

5	1 ㊳		
	2	① ㊴	
		② ㊵	
	3 ㊶		
	4 ㊷		

1，2，4　3点×4
3　2点×1

英語〈第200回〉

氏　名		会場名	

受験番号			

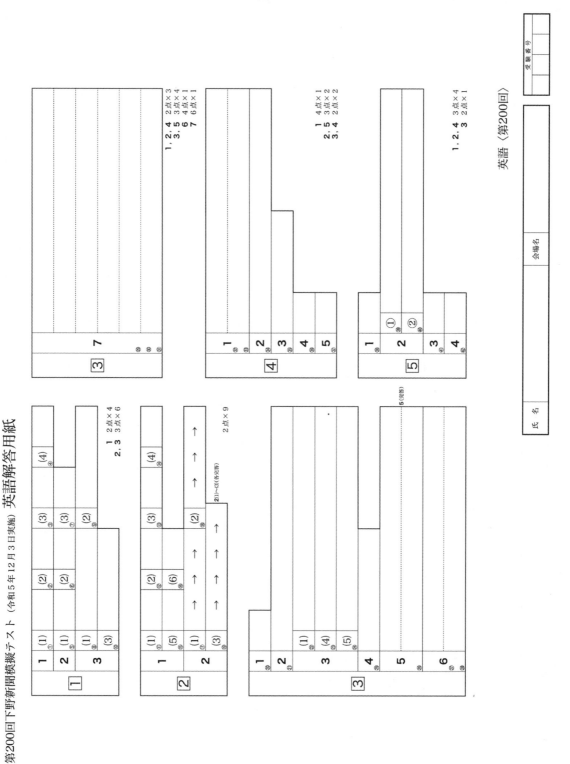

第200回 下野新聞模擬テスト

数　学　【解答用紙】

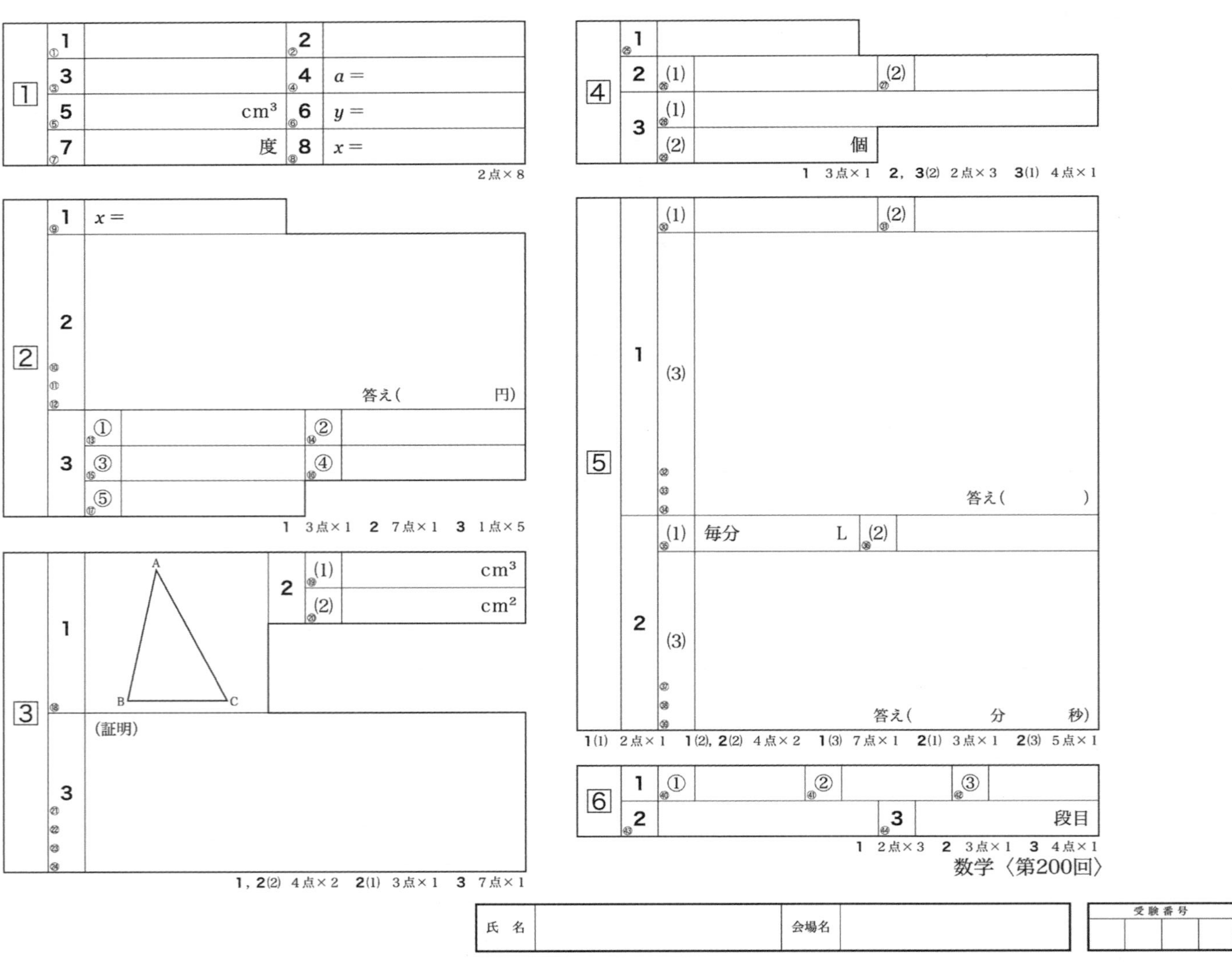

第200回 下野新聞模擬テスト

理　科　【解答用紙】

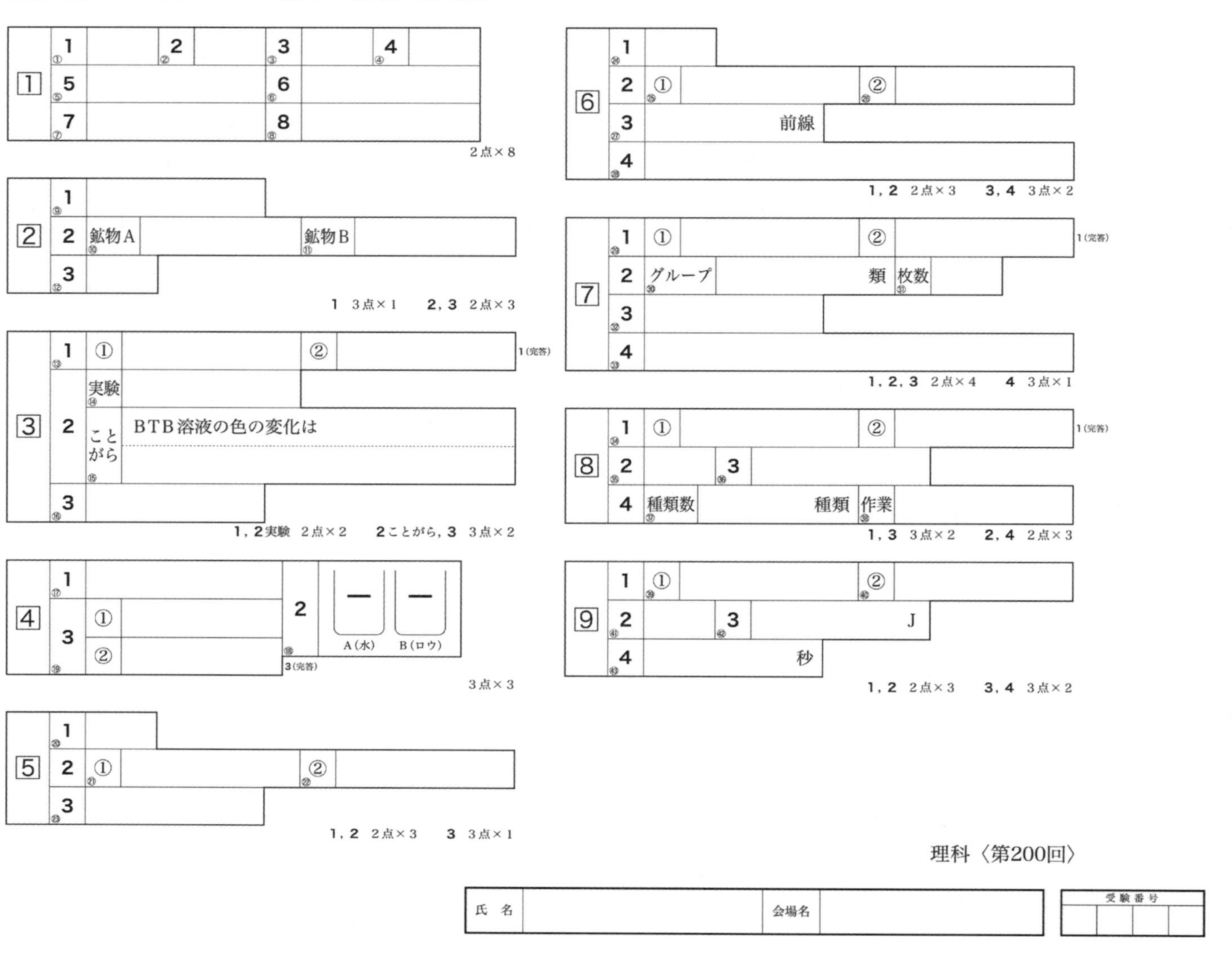

〈キリトリ線〉

第200回下野新聞模擬テスト（令和5年12月3日実施）理科解答用紙

1　1①　2②　3③　4④　5⑤　6⑥　7⑦　8⑧　　2点×8

2　1⑨　2 鉱物A⑩　鉱物B⑪　3⑫　　1　3点×1　2，3　2点×3

3　1 ①⑬ ②（1 完答）　2 実験⑭　ことがら⑮　BTB溶液の色の変化は　3⑯　　1，2実験　2点×2　2ことがら，3　3点×2

4　1⑰　2⑱　A(水)　B(ロウ)　3 ①⑲ ②（3 完答）　　3点×3

5　1⑳　2 ①㉑ ②㉒　3㉓　　1，2　2点×3　3　3点×1

6　1㉔　2 ①㉕ ②㉖　3㉗ 前線　4㉘　　1，2　2点×3　3，4　3点×2

7　1㉙ ① ②（1 完答）　2 グループ㉚　類　枚数㉛　3㉜　4㉝　　1，2，3　2点×4　4　3点×1

8　1㉞ ① ②（1 完答）　2㉟　3㊱　4 種類数㊲　種類　作業㊳　　1，3　3点×2　2，4　2点×3

9　1 ①㊴ ②㊵　2㊶　3㊷ J　4㊸ 秒　　1，2　2点×3　3，4　3点×2

理科〈第200回〉

氏名　会場名　受験番号

第201回下野新聞模擬テスト

国語 【解答用紙】

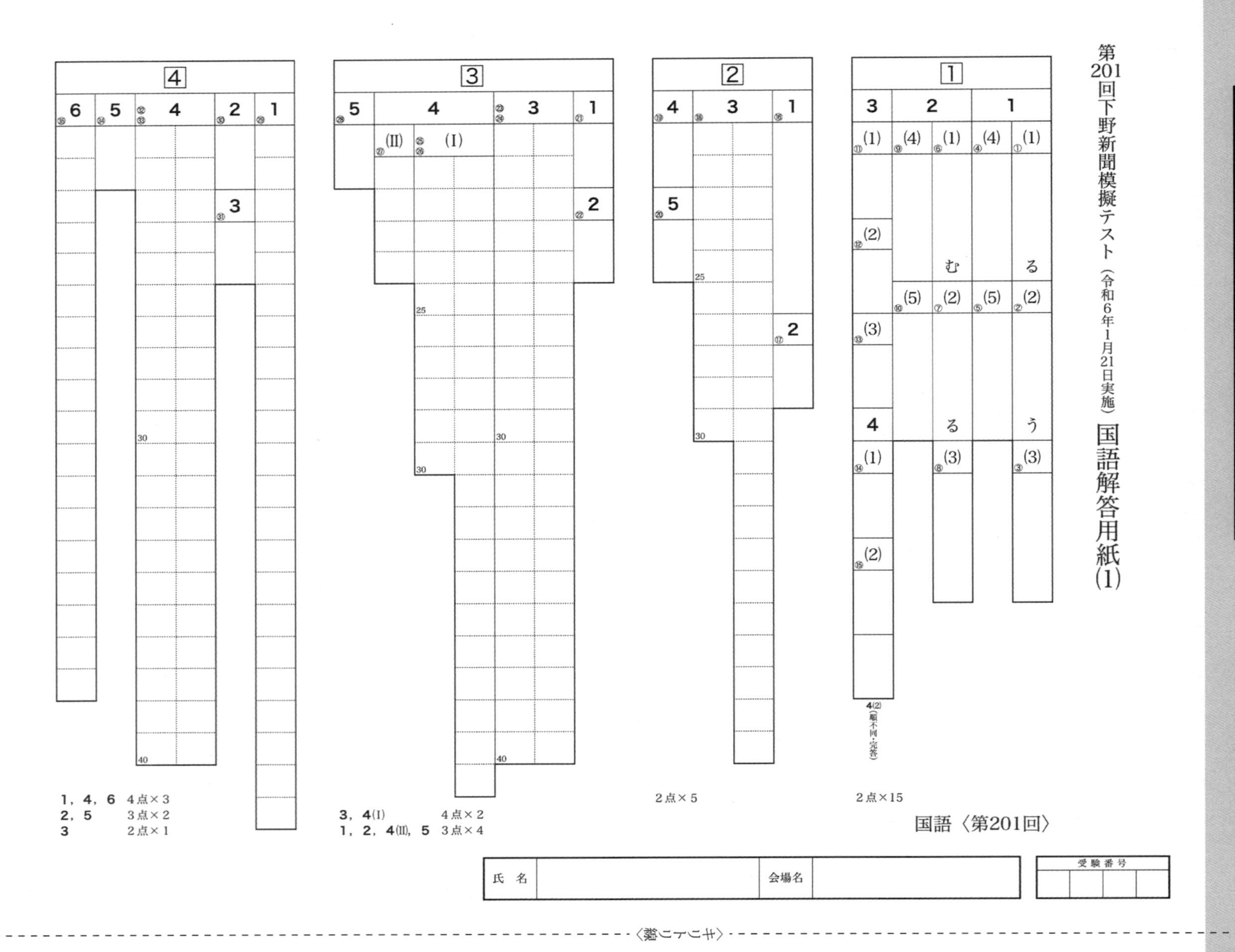

第201回下野新聞模擬テスト

国語 【解答用紙】

国語解答用紙(2)

形式 ㊱	表現 ㊲	表記 ㊳	内容 ㊴
/4	/4	/4	/8

5

◎氏名と題名は書かないこと。

240字　200字　100字

20点

〈キリトリ線〉

第201回 下野新聞模擬テスト

社　会　【解答用紙】

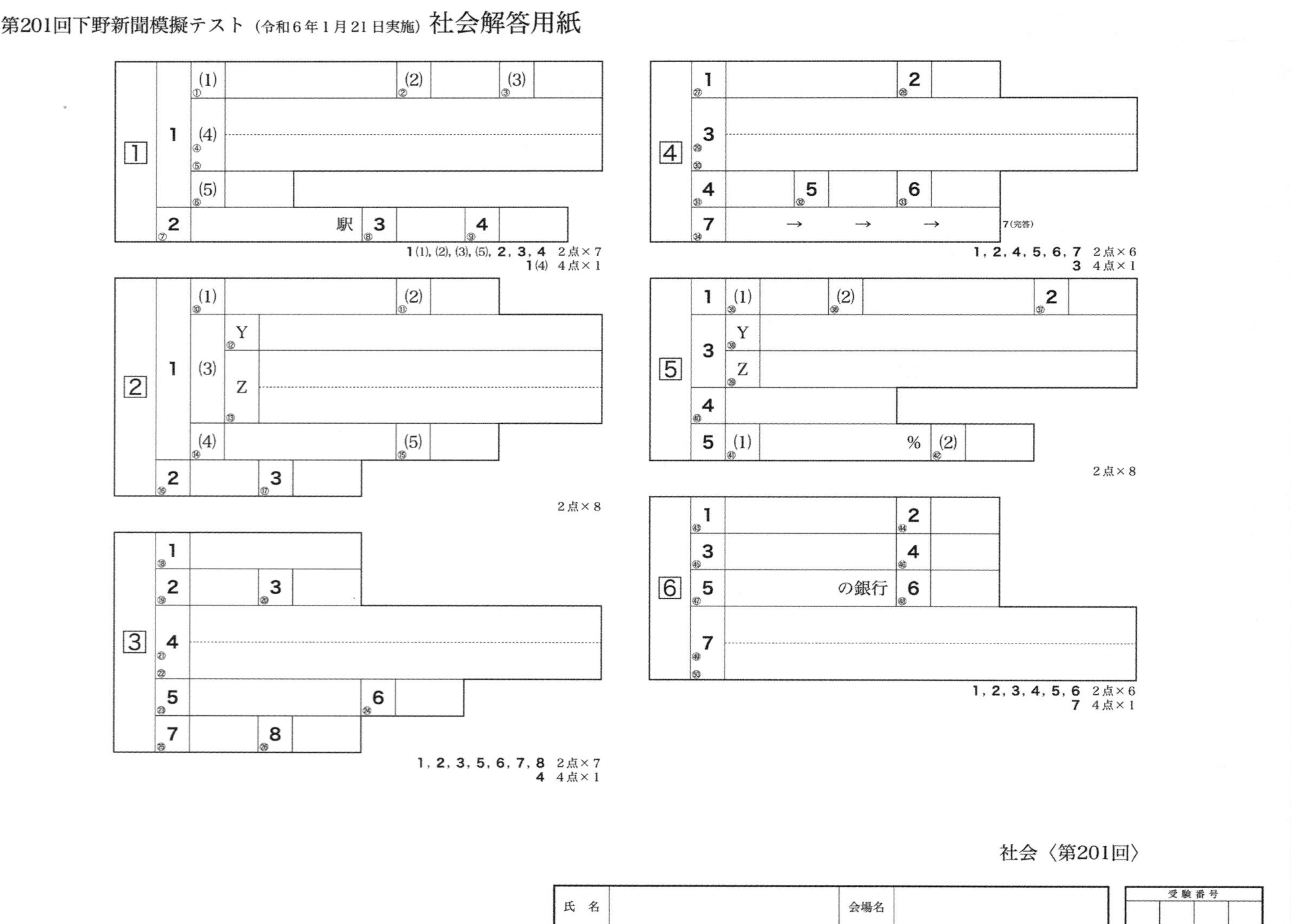

第201回下野新聞模擬テスト（令和6年1月21日実施）社会解答用紙

1
1 (1)① (2)② (3)③ (4)④⑤ (5)⑥
2⑦ 駅
3⑧
4⑨
1(1),(2),(3),(5), 2, 3, 4 2点×7
1(4) 4点×1

2
1 (1)⑩ (2)⑪ (3) Y⑫ Z⑬ (4)⑭ (5)⑮
2⑯
3⑰
2点×8

3
1⑱
2⑲
3⑳
4㉑㉒
5㉓
6㉔
7㉕
8㉖
1, 2, 3, 5, 6, 7, 8 2点×7
4 4点×1

4
1㉗
2㉘
3㉙㉚
4㉛
5㉜
6㉝
7㉞ → → →
7(完答)
1, 2, 4, 5, 6, 7 2点×6
3 4点×1

5
1 (1)㉟ (2)㊱
2㊲
3 Y㊳ Z㊴
4㊵
5 (1)㊶ (2)㊷ %
2点×8

6
1㊸
2㊹
3㊺
4㊻
5㊼ の銀行
6㊽
7㊾㊿
1, 2, 3, 4, 5, 6 2点×6
7 4点×1

社会〈第201回〉

氏名

会場名

受験番号

〈キリトリ線〉

第201回 下野新聞模擬テスト

英語 【解答用紙】

〈キリトリ線〉

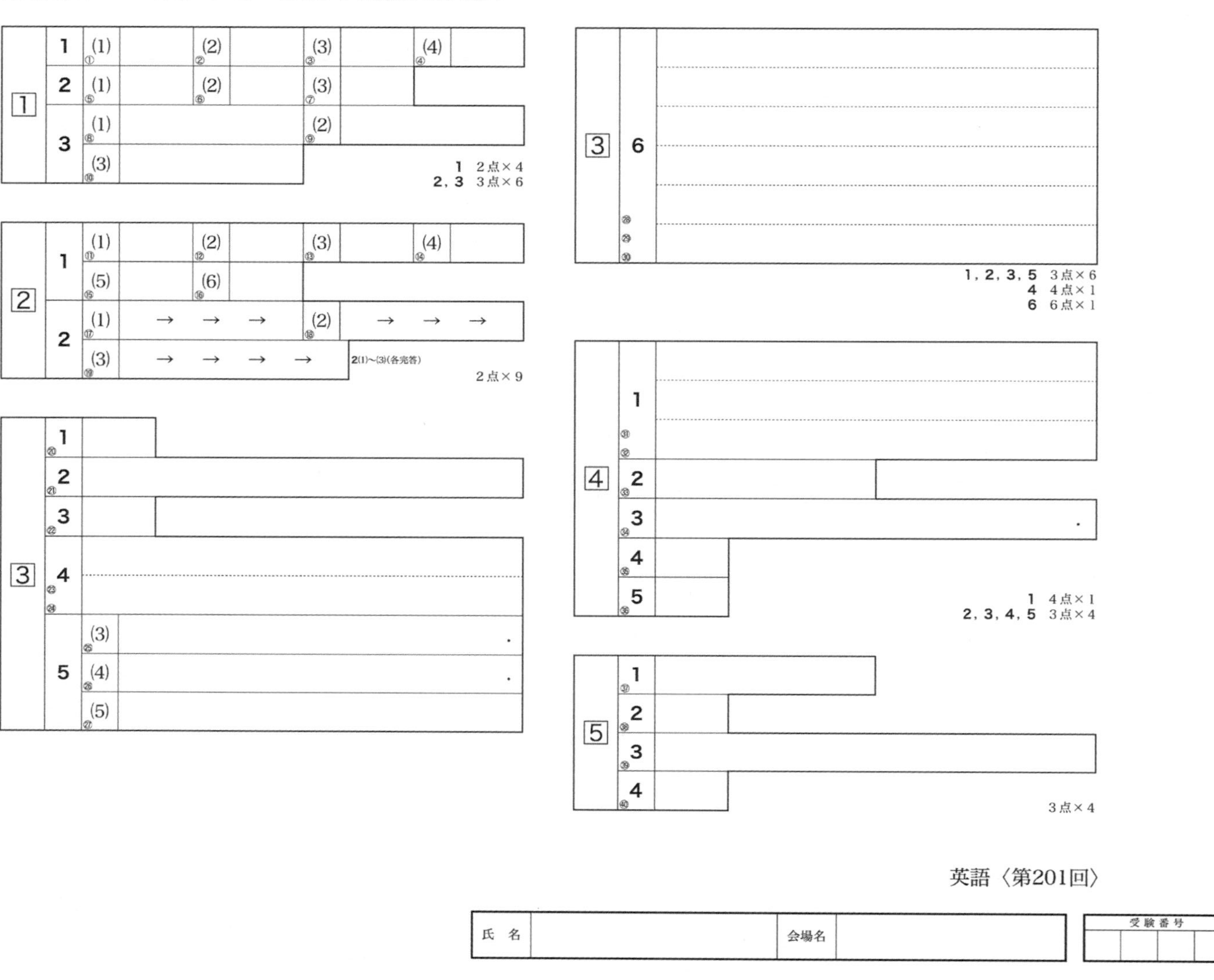

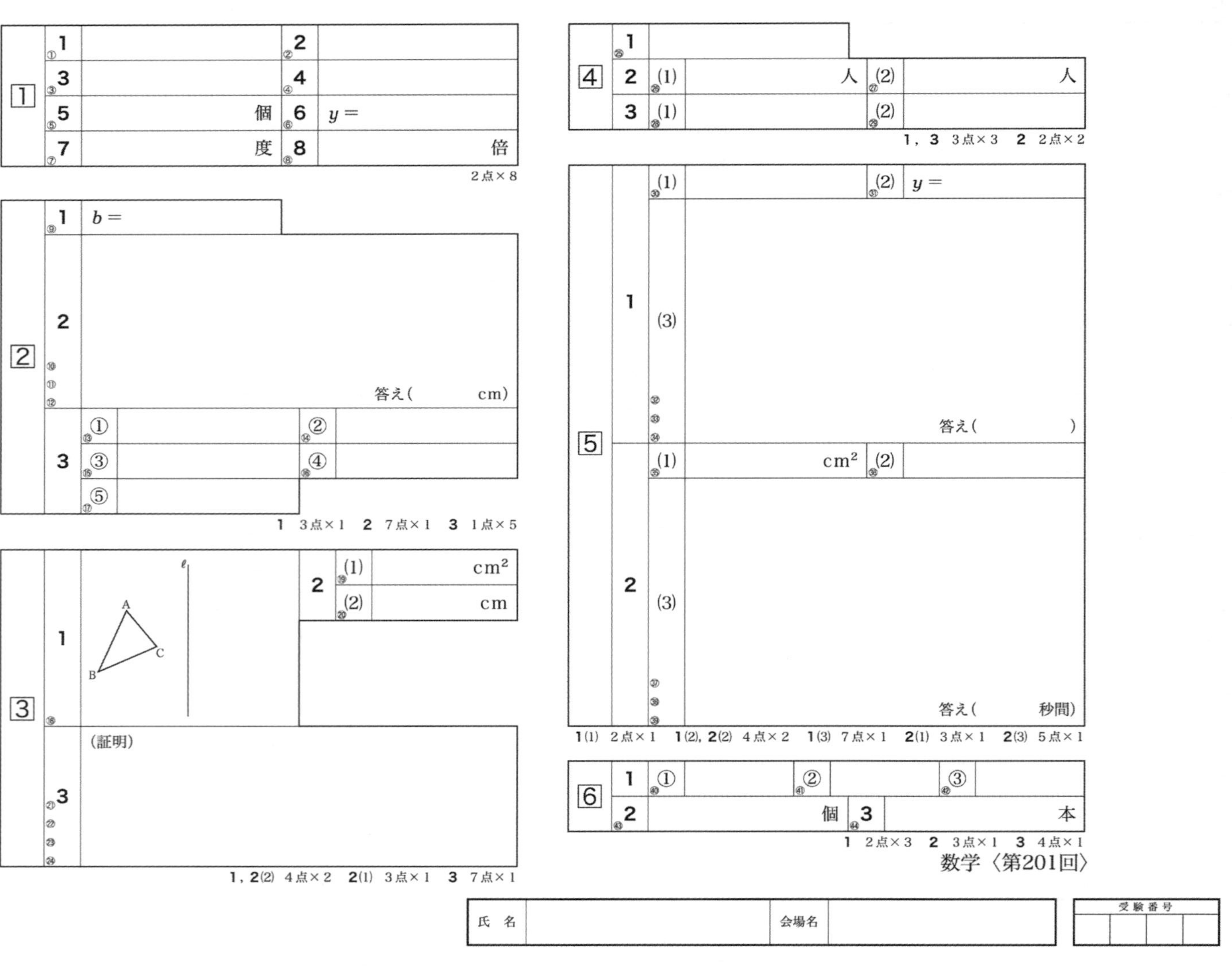
第201回下野新聞模擬テスト（令和6年1月21日実施） 数学解答用紙

1
1 ① | 2 ②
3 ③ | 4 ④
5 ⑤ 個 | 6 ⑥ $y=$
7 ⑦ 度 | 8 ⑧ 倍
2点×8

2
1 ⑨ $b=$
2 ⑩⑪⑫ 答え（ cm）
3 ① ⑬ ② ⑭ ③ ⑮ ④ ⑯ ⑤ ⑰
1 3点×1 2 7点×1 3 1点×5

3
1 ⑱ ℓ A B C
2 (1) ⑲ cm^2 (2) ⑳ cm
3 ㉑㉒㉓㉔ （証明）
1，2(2) 4点×2 2(1) 3点×1 3 7点×1

4
1 ㉕
2 (1) ㉖ 人 (2) ㉗ 人
3 (1) ㉘ (2) ㉙
1，3 3点×3 2 2点×2

5
1 (1) ㉚ (2) ㉛ $y=$
(3) ㉜㉝㉞ 答え（ ）
2 (1) ㉟ cm^2 (2) ㊱
(3) ㊲㊳㊴ 答え（ 秒間）
1(1) 2点×1 1(2)，2(2) 4点×2 1(3) 7点×1 2(1) 3点×1 2(3) 5点×1

6
1 ① ㊵ ② ㊶ ③ ㊷
2 ㊸ 個 3 ㊹ 本
1 2点×3 2 3点×1 3 4点×1

数学〈第201回〉

氏名
会場名
受験番号

〈キリトリ線〉

第201回 下野新聞模擬テスト

数学 【解答用紙】

〈キリトリ線〉

第201回下野新聞模擬テスト（令和6年1月21日実施） 理科解答用紙

1	1		2		3		4	
	5				6			
	7				8			

2点×8

2	1				
	2	①		②	
	3				

1 3点×1 2，3 2点×3

3	1			2	
	3	①		②	

2点×4

4	1	回			
	2	①		②	2(完答)
	3	3(順不同・完答)			

3点×3

5	1		2		
	3	①		②	

2点×4

6	1	①		②	1(完答)
	2	g	3	→ → →	3(完答)
	4				

3点×4

7	1				
	2		2(順不同・完答)		
	3	A		B	
	4	①		②	

1 3点×1 2，3，4 2点×5

8	1				
	2	向き		運動	
	3	J			
	4	①		②	4(完答)

1，2 2点×3 3，4 3点×2

9	1					
	2					
	3	時刻	時 分	方角	側	
	4	①		②		4(完答)

1，2，4 3点×3 3 2点×2

理科〈第201回〉

氏 名		会場名	

受験番号

2022・2023

[令和7年高校入試受験用]

解答用紙を切り取りましょう。
拡大コピーすると使いやすくなります。

解答用紙

令和4年度

第192回下野新聞模擬テスト

国語 【解答用紙】

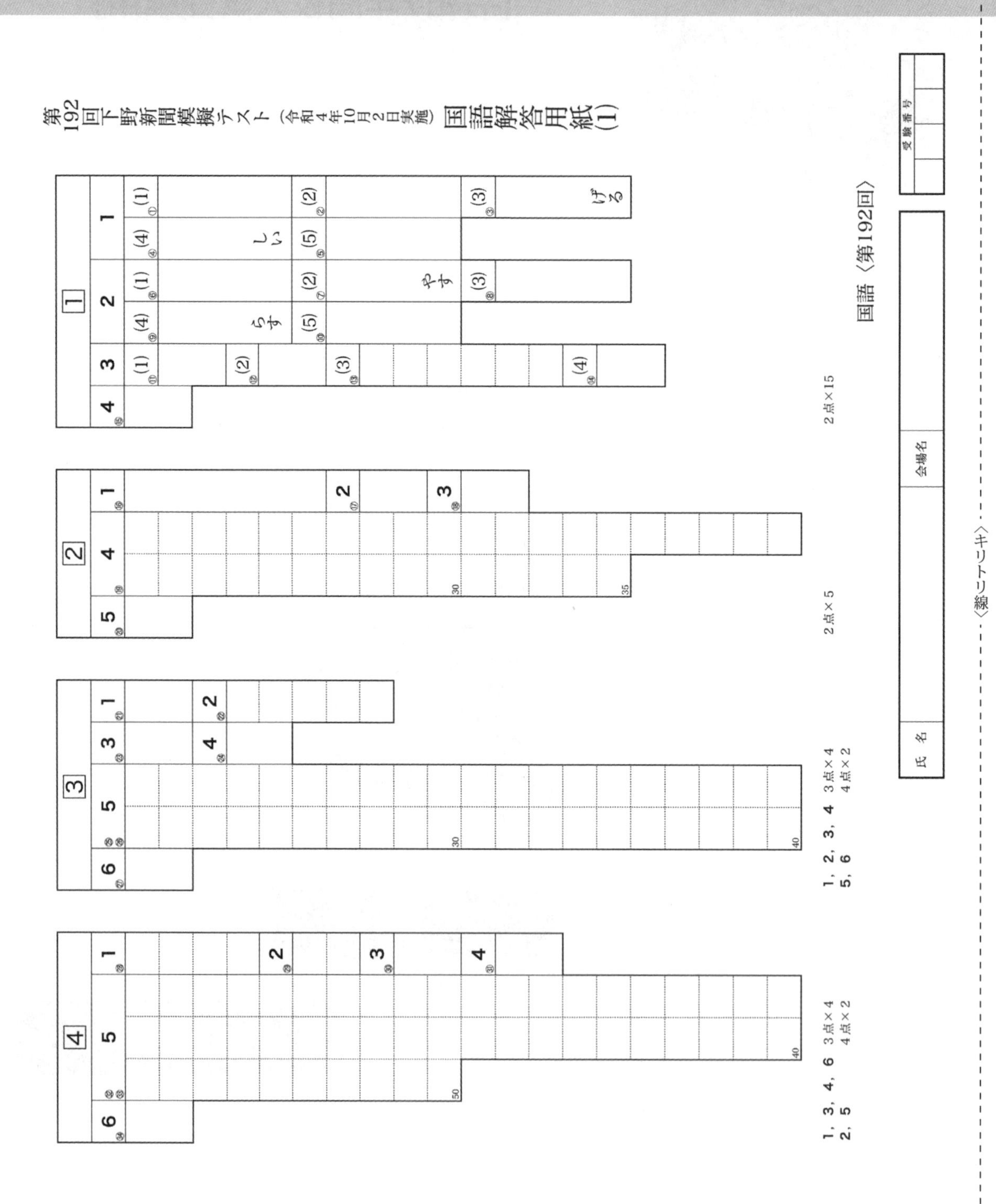

第192回下野新聞模擬テスト（令和4年10月2日実施）国語解答用紙(1)

国語〈第192回〉

受験番号

会場名

氏名

〈キリトリ線〉

1
1 (1)　(2)　(3) げる　(4) しい　(5)
2 (1)　(2) やす　(3)　(4) らす　(5)
3 (1)　(2)　(3)　(4)
4

2点×15

2
1　2　3　4　5

2点×5

3
1　2　3　4　5　6

1, 2, 3, 4　3点×4
5, 6　4点×2

4
1　2　3　4　5　6

1, 3, 4, 6　3点×4
2, 5　4点×2

第192回下野新聞模擬テスト

国語　【解答用紙】

国語解答用紙(2)

5

形式 ㉟	表現 ㊱	表記 ㊲	内容 ㊳
/4	/4	/4	/8

◎氏名と題名は書かないこと。

300字　240字　200字　100字

20点

〈キリトリ線〉

第192回 下野新聞模擬テスト

社　会　【解答用紙】

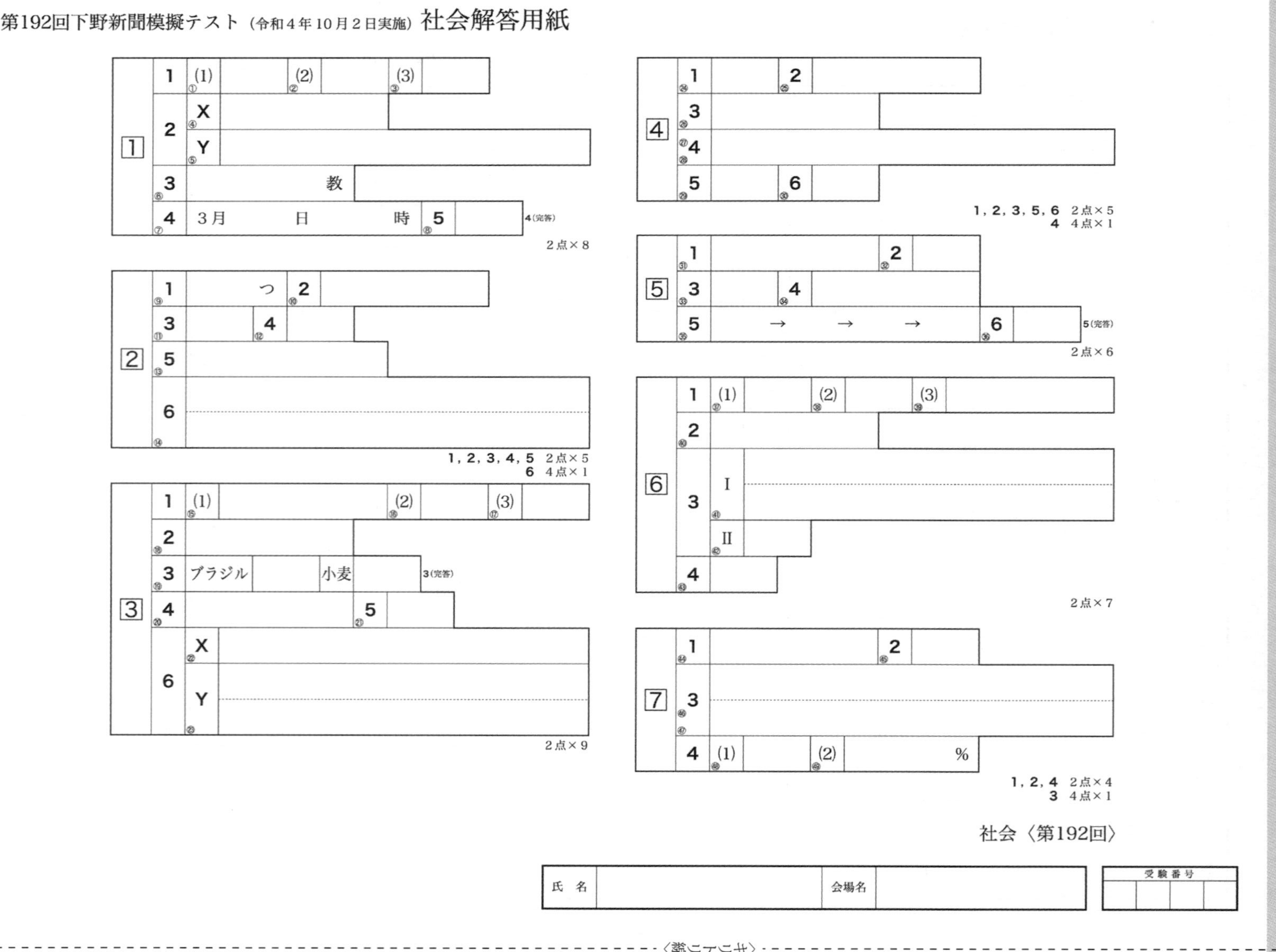
第192回下野新聞模擬テスト（令和4年10月2日実施）社会解答用紙

1	1	(1) ①		(2) ②		(3) ③	
1	2	X ④					
1	2	Y ⑤					
1	3 ⑥	教					
1	4 ⑦	3月　日　時	5 ⑧		4(完答)		

2点×8

2	1 ⑨	つ	2 ⑩		
2	3 ⑪		4 ⑫		
2	5 ⑬				
2	6 ⑭				

1，2，3，4，5　2点×5
6　4点×1

3	1	(1) ⑮		(2) ⑯		(3) ⑰	
3	2 ⑱						
3	3 ⑲	ブラジル		小麦		3(完答)	
3	4 ⑳		5 ㉑				
3	6	X ㉒					
3	6	Y ㉓					

2点×9

4	1 ㉔		2 ㉕	
4	3 ㉖			
4	4 ㉗㉘			
4	5 ㉙		6 ㉚	

1，2，3，5，6　2点×5
4　4点×1

5	1 ㉛		2 ㉜		
5	3 ㉝		4 ㉞		
5	5 ㉟	→　→　→	6 ㊱		5(完答)

2点×6

6	1	(1) ㊲		(2) ㊳		(3) ㊴	
6	2 ㊵						
6	3	Ⅰ ㊶					
6	3	Ⅱ ㊷					
6	4 ㊸						

2点×7

7	1 ㊹		2 ㊺		
7	3 ㊻㊼				
7	4	(1) ㊽		(2) ㊾	%

1，2，4　2点×4
3　4点×1

社会〈第192回〉

氏　名		会場名		受験番号

〈キリトリ線〉

第192回 下野新聞模擬テスト

英　語　【解答用紙】

〈キリトリ線〉

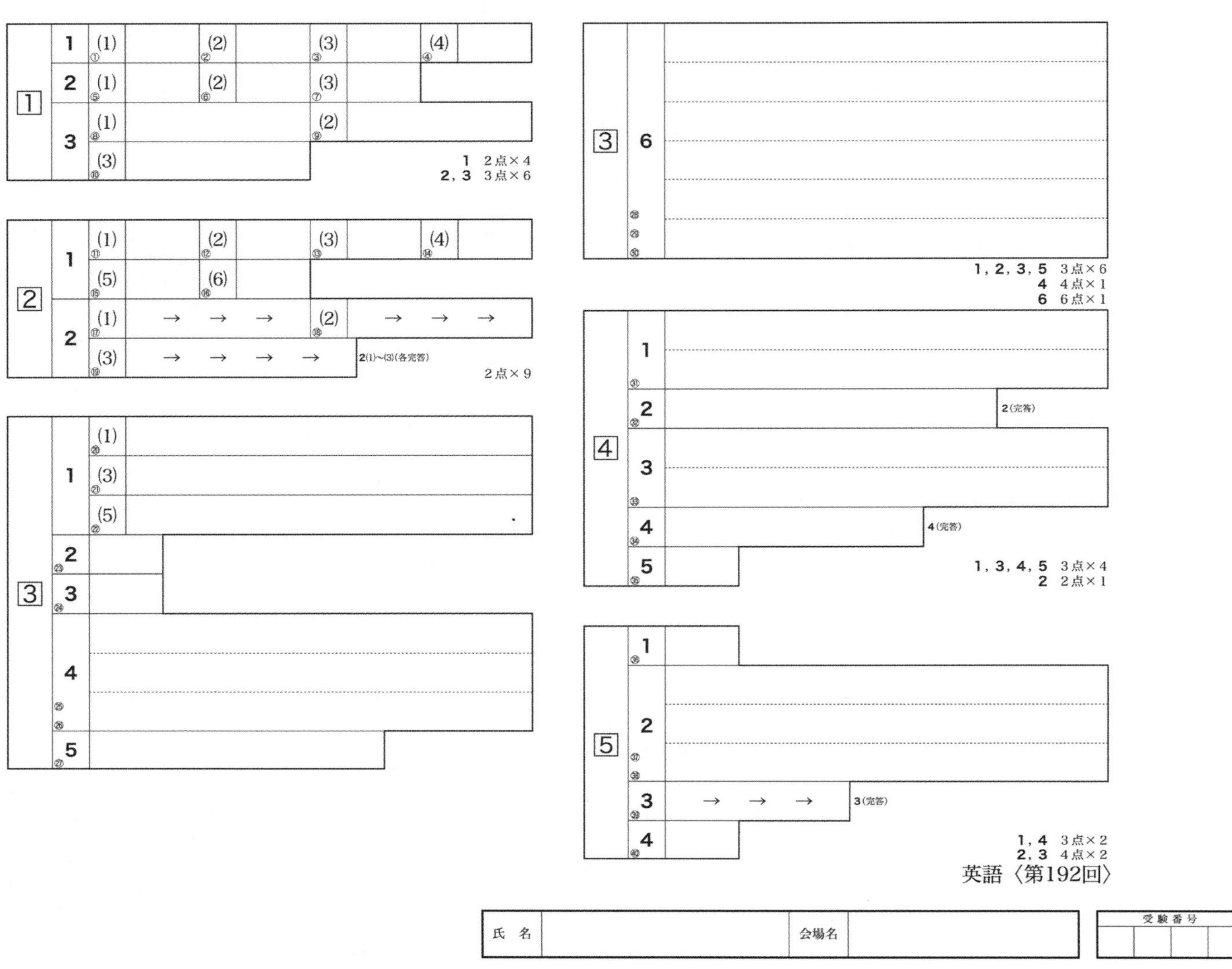
第192回下野新聞模擬テスト（令和4年10月2日実施）英語解答用紙

1　1 (1) (2) (3) (4)　2 (1) (2) (3)　3 (1) (2) (3)

1　2点×4
2，3　3点×6

2　1 (1) (2) (3) (4) (5) (6)　2 (1) → → →　(2) → → →　(3) → → → →

2(1)～(3)(各完答)

2点×9

3　1 (1) (3) (5)　2　3　4　5

3　6

1，2，3，5　3点×6
4　4点×1
6　6点×1

4　1　2　3　4　5

2(完答)　4(完答)

1，3，4，5　3点×4
2　2点×1

5　1　2　3 → → →　4

3(完答)

1，4　3点×2
2，3　4点×2

英語〈第192回〉

氏名　会場名　受験番号

第192回 下野新聞模擬テスト

数学 【解答用紙】

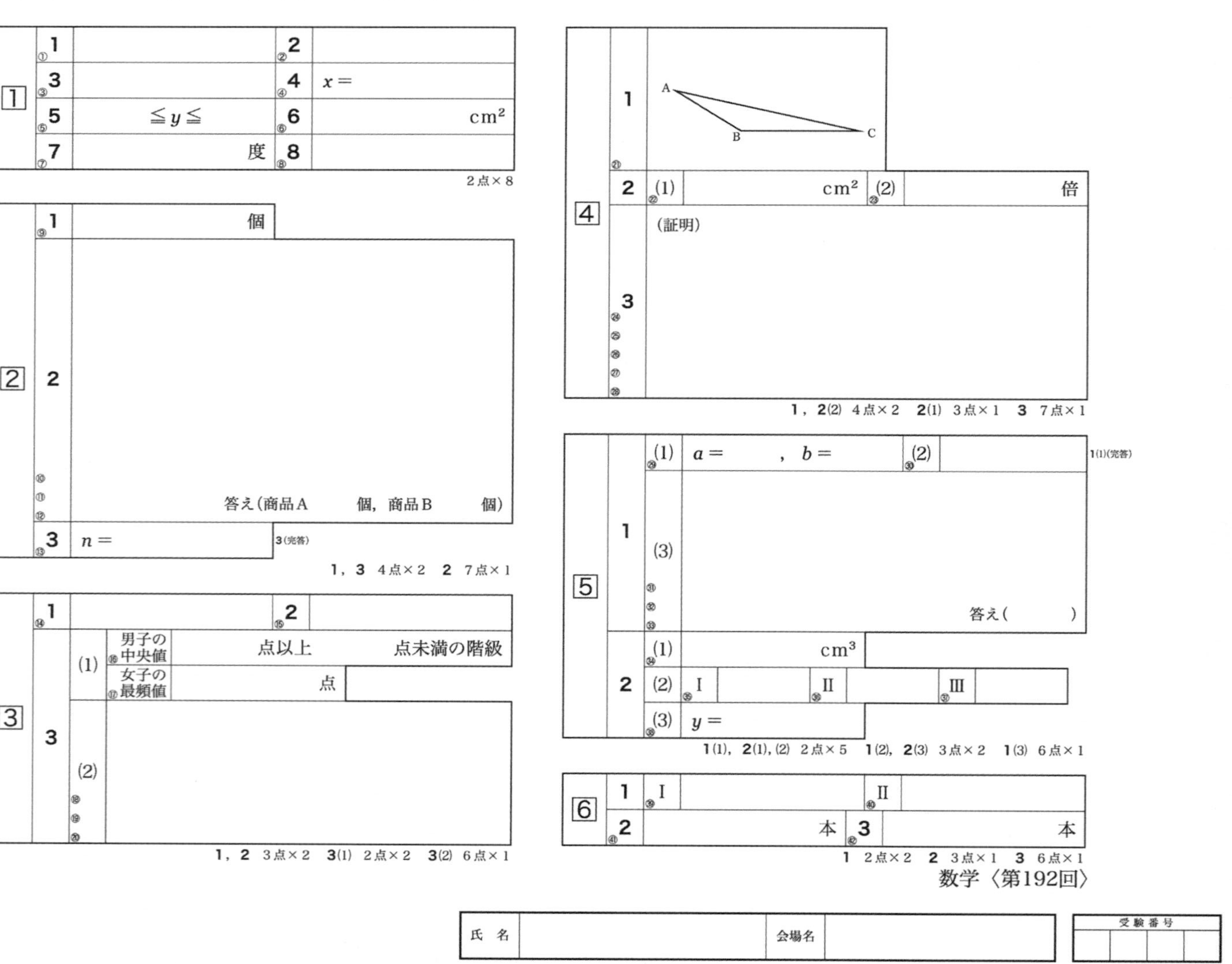

第192回下野新聞模擬テスト（令和4年10月2日実施） 数学解答用紙

1
1 ① / 2 ② / 3 ③ / 4 ④ $x=$ / 5 ⑤ $\leqq y \leqq$ / 6 ⑥ cm^2 / 7 ⑦ 度 / 8 ⑧
2点×8

2
1 ⑨ 個
2 ⑩⑪⑫ 答え（商品A 個，商品B 個）
3 ⑬ $n=$ 3(完答)
1，3 4点×2 2 7点×1

3
1 ⑭
2 ⑮
3 (1) ⑯ 男子の中央値 点以上 点未満の階級 ／ ⑰ 女子の最頻値 点
(2) ⑱⑲⑳
1，2 3点×2 3(1) 2点×2 3(2) 6点×1

4
1 ㉑ A B C
2 (1) ㉒ cm^2 (2) ㉓ 倍
3 ㉔㉕㉖㉗㉘ (証明)
1，2(2) 4点×2 2(1) 3点×1 3 7点×1

5
1 (1) ㉙ $a=$ ，$b=$ (2) ㉚
(3) ㉛㉜㉝ 答え（ ）
2 (1) ㉞ cm^3 (2) ㉟ Ⅰ ㊱ Ⅱ ㊲ Ⅲ (3) ㊳ $y=$
1(1)(完答)
1(1)，2(1)，(2) 2点×5 1(2)，2(3) 3点×2 1(3) 6点×1

6
1 ㊴ Ⅰ ㊵ Ⅱ
2 ㊶ 本 3 ㊷ 本
1 2点×2 2 3点×1 3 6点×1

数学〈第192回〉

氏名

会場名

受験番号

〈キリトリ線〉

第192回 下野新聞模擬テスト

理　科　【解答用紙】

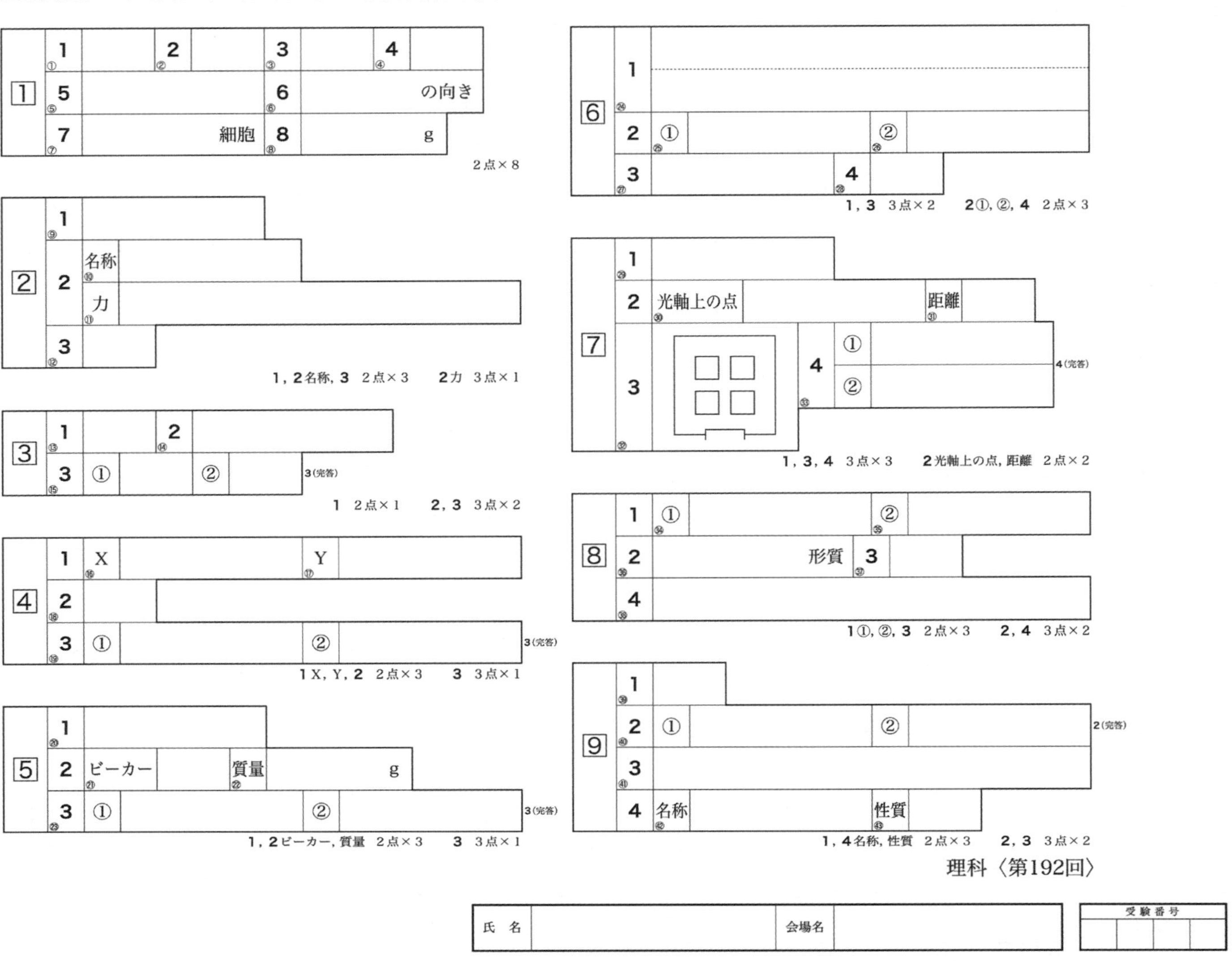

〈キリトリ線〉

第192回下野新聞模擬テスト（令和4年10月2日実施）理科解答用紙

1 — 1① 2② 3③ 4④ 5⑤ 6⑥ の向き 7⑦ 細胞 8⑧ g
2点×8

2 — 1⑨ 2 名称⑩ 力⑪ 3⑫
1，2名称，3 2点×3　2力 3点×1

3 — 1⑬ 2⑭ 3⑮ ① ② 3(完答)
1 2点×1　2，3 3点×2

4 — 1 X⑯ Y⑰ 2⑱ 3⑲ ① ② 3(完答)
1X，Y，2 2点×3　3 3点×1

5 — 1⑳ 2 ビーカー㉑ 質量㉒ g 3㉓ ① ② 3(完答)
1，2ビーカー，質量 2点×3　3 3点×1

6 — 1㉔ 2 ①㉕ ②㉖ 3㉗ 4㉘
1，3 3点×2　2①，②，4 2点×3

7 — 1㉙ 2 光軸上の点㉚ 距離㉛ 3㉜ 4㉝ ① ② 4(完答)
1，3，4 3点×3　2光軸上の点，距離 2点×2

8 — 1 ①㉞ ②㉟ 2㊱ 形質 3㊲ 4㊳
1①，②，3 2点×3　2，4 3点×2

9 — 1㊴ 2㊵ ① ② 2(完答) 3㊶ 4 名称㊷ 性質㊸
1，4名称，性質 2点×3　2，3 3点×2

理科〈第192回〉

氏名　会場名

受験番号

第193回下野新聞模擬テスト

国語 【解答用紙】

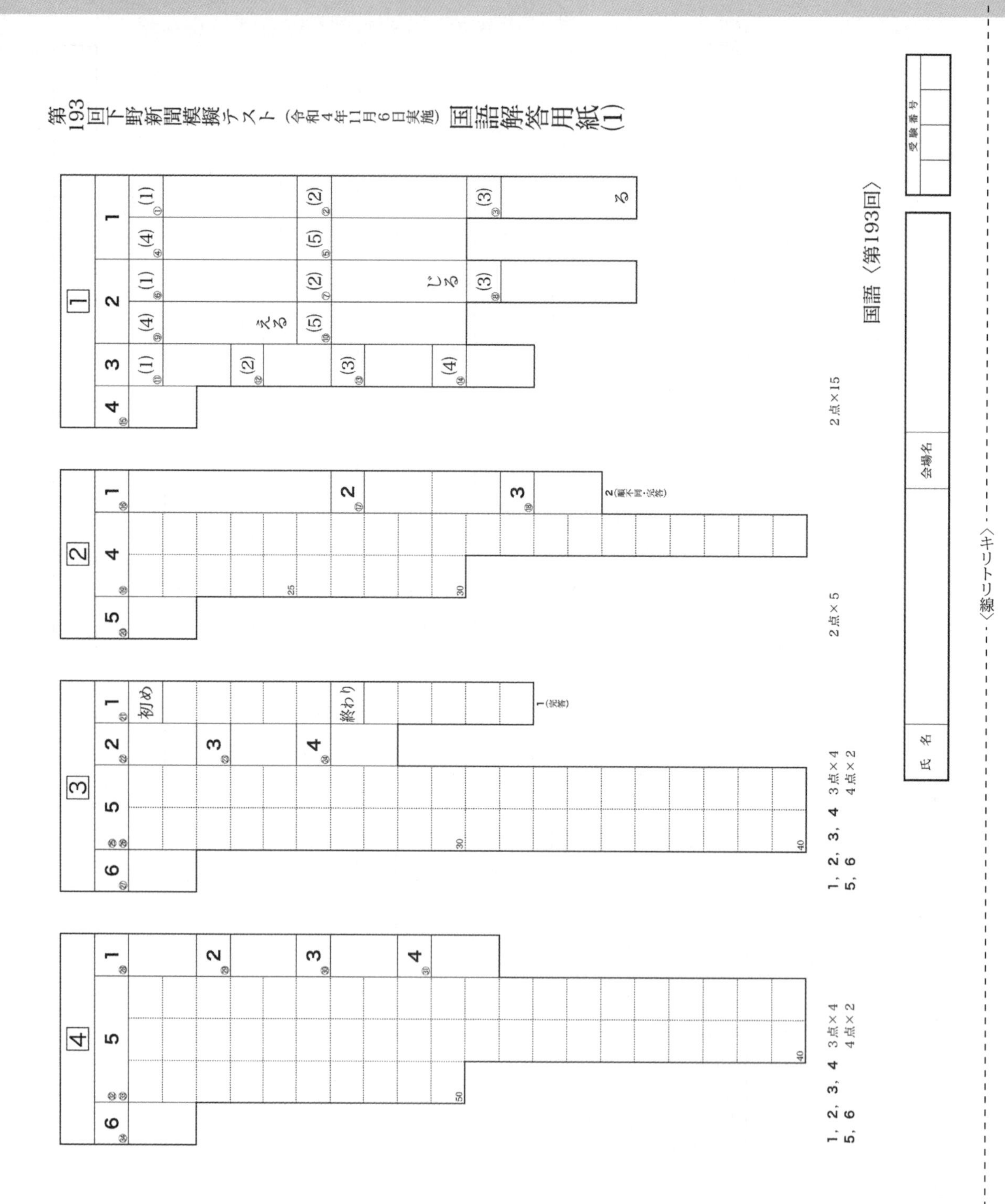

第193回下野新聞模擬テスト（令和4年11月6日実施）国語解答用紙(1)

国語〈第193回〉

受験番号

会場名

氏名

〈線リトリキ〉

1 ① (1) ② (2) ③ (3) る ④ (4) ⑤ (5)

2 ⑥ (1) ⑦ (2) じる ⑧ (3) ⑨ (4) える ⑩ (5)

3 ⑪ (1) ⑫ (2) ⑬ (3) ⑭ (4)

4 ⑮

2点×15

2 1 ⑯ 2 ⑰ 3 ⑱ 2（順不同・完答）

4 ⑲ 25 30

5 ⑳

2点×5

3 1 ㉑ 初め 終わり 1（完答）

2 ㉒ 3 ㉓ 4 ㉔

5 ㉕㉖ 30 40

6 ㉗

1，2，3，4 3点×4

5，6 4点×2

4 1 ㉘ 2 ㉙ 3 ㉚ 4 ㉛

5 ㉜㉝ 40 50

6 ㉞

1，2，3，4 3点×4

5，6 4点×2

第193回下野新聞模擬テスト

国語 【解答用紙】

国語解答用紙(2)

◎氏名と題名は書かないこと。

5

形式 ㉟	表現 ㊱	表記 ㊲	内容 ㊳
/4	/4	/4	/8

300字 240字 200字 100字

20点

〈キリトリ線〉

第193回 下野新聞模擬テスト

社 会 【解答用紙】

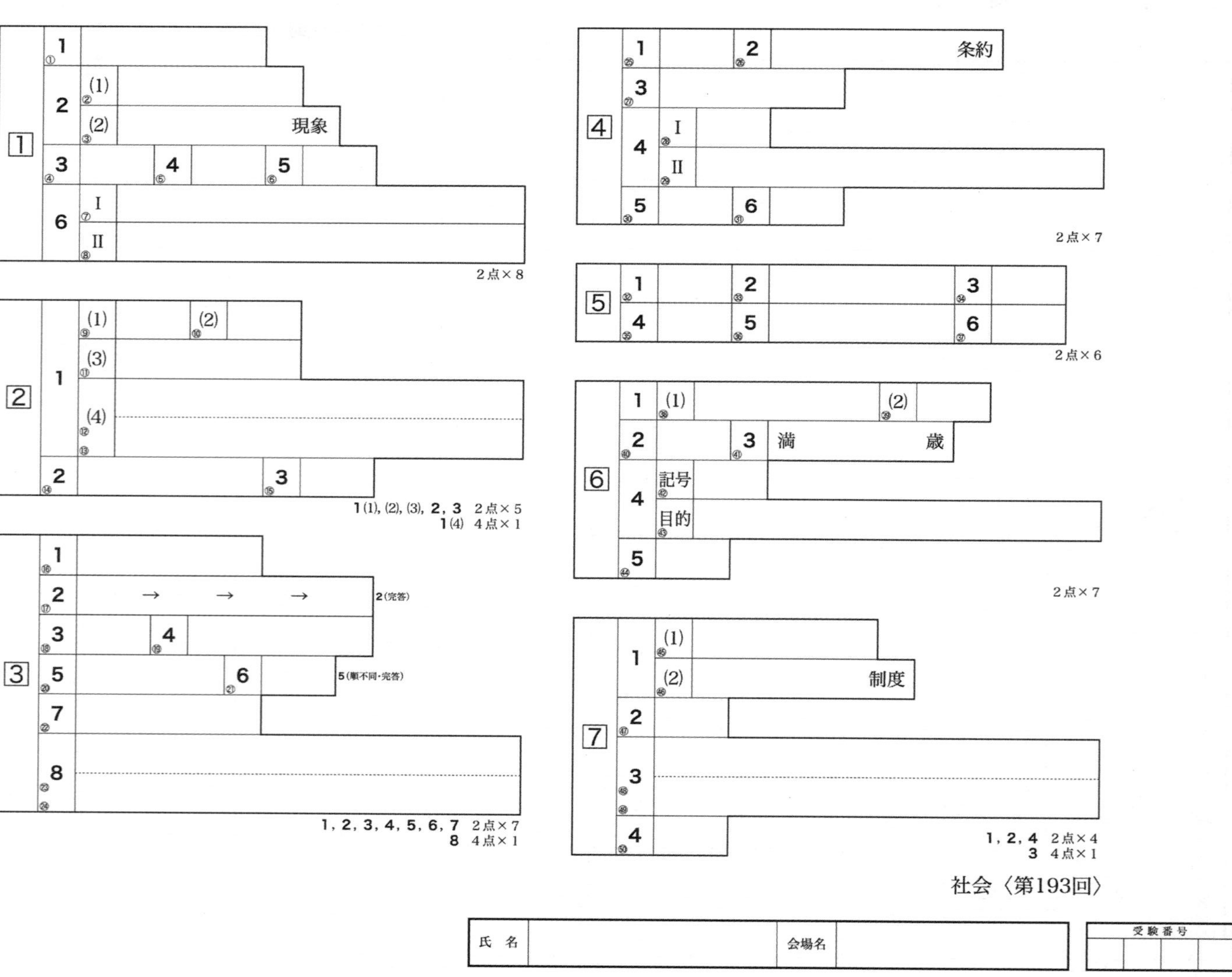

第193回下野新聞模擬テスト（令和4年11月6日実施）社会解答用紙

1			
1 ①			
2	(1) ②		
	(2) ③	現象	
3 ④		4 ⑤	5 ⑥
6	Ⅰ ⑦		
	Ⅱ ⑧		

2点×8

2			
1	(1) ⑨		(2) ⑩
	(3) ⑪		
	(4) ⑫ ⑬		
2 ⑭		3 ⑮	

1(1), (2), (3), 2, 3 2点×5
1(4) 4点×1

3		
1 ⑯		
2 ⑰	→ → →	2（完答）
3 ⑱		4 ⑲
5 ⑳		6 ㉑
7 ㉒		
8 ㉓ ㉔		

5（順不同・完答）

1, 2, 3, 4, 5, 6, 7 2点×7
8 4点×1

4			
1 ㉕		2 ㉖	条約
3 ㉗			
4	Ⅰ ㉘		
	Ⅱ ㉙		
5 ㉚		6 ㉛	

2点×7

5					
1 ㉜		2 ㉝		3 ㉞	
4 ㉟		5 ㊱		6 ㊲	

2点×6

6			
1	(1) ㊳		(2) ㊴
2 ㊵		3 ㊶	満　歳
4	記号 ㊷		
	目的 ㊸		
5 ㊹			

2点×7

7		
1	(1) ㊺	
	(2) ㊻	制度
2 ㊼		
3 ㊽ ㊾		
4 ㊿		

1, 2, 4 2点×4
3 4点×1

社会〈第193回〉

氏　名		会場名		受験番号

〈キリトリ線〉

第193回 下野新聞模擬テスト

英　語　【解答用紙】

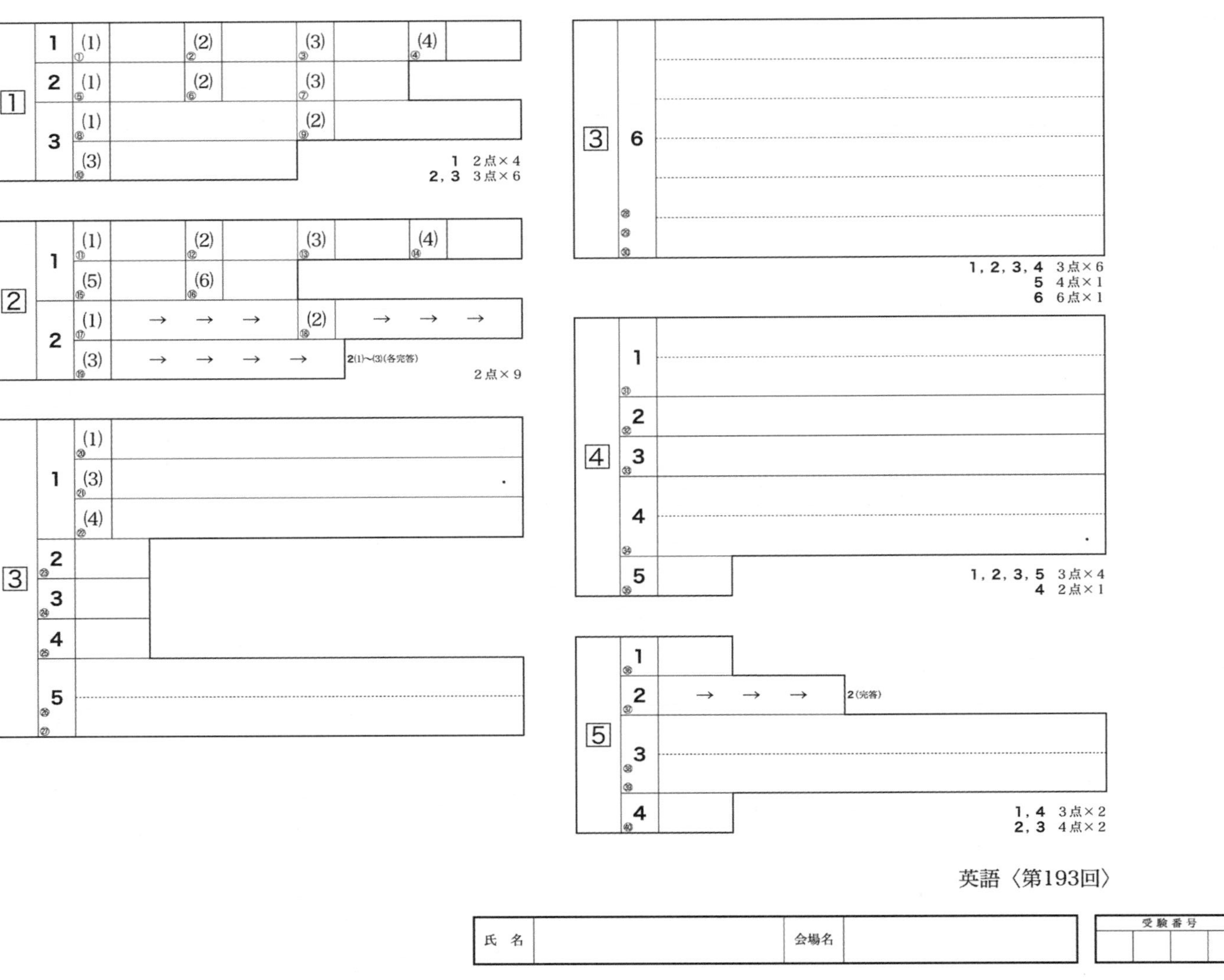
〈キリトリ線〉

第193回下野新聞模擬テスト（令和4年11月6日実施）英語解答用紙

1
1 (1) (2) (3) (4)
2 (1) (2) (3)
3 (1) (2) (3)
1　2点×4
2, 3　3点×6

2
1 (1) (2) (3) (4) (5) (6)
2 (1) → → → (2) → → → (3) → → → →
2(1)～(3)(各完答)
2点×9

3
1 (1) (3) (4)
2
3
4
5
6
1, 2, 3, 4　3点×6
5　4点×1
6　6点×1

4
1
2
3
4
5
1, 2, 3, 5　3点×4
4　2点×1

5
1
2 → → →
2(完答)
3
4
1, 4　3点×2
2, 3　4点×2

英語〈第193回〉
氏名
会場名
受験番号

第193回 下野新聞模擬テスト

数　学　【解答用紙】

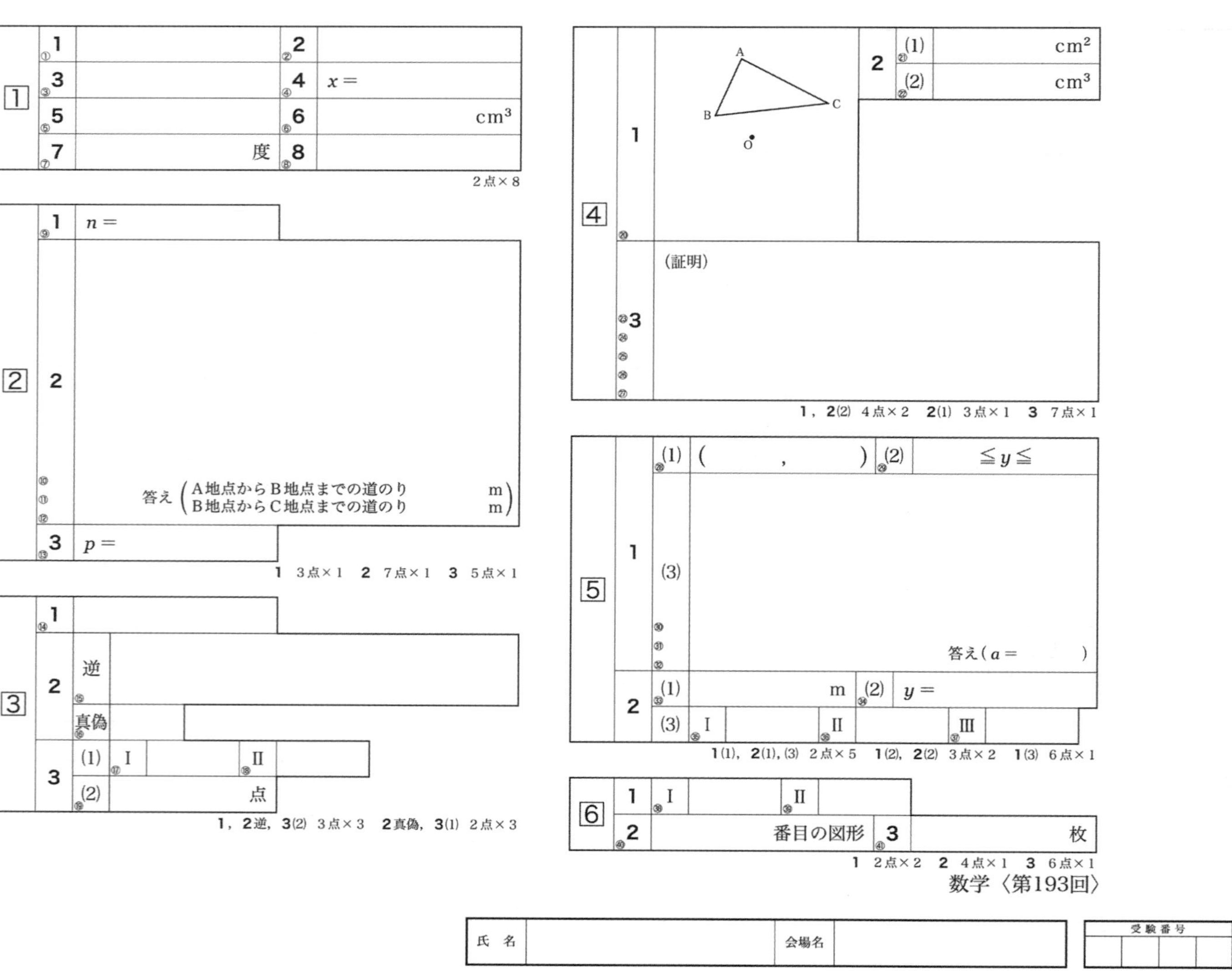
第193回下野新聞模擬テスト（令和4年11月6日実施）数学解答用紙

1

1		2	
3		4	$x=$
5		6	cm^3
7	度	8	

2点×8

2

1　$n=$

2　答え（A地点からB地点までの道のり　m／B地点からC地点までの道のり　m）

3　$p=$

1　3点×1　2　7点×1　3　5点×1

3

1

2　逆　／　真偽

3　(1)　I　II　(2)　点

1，2逆，3(2)　3点×3　2真偽，3(1)　2点×3

4

1

2　(1)　cm^2　(2)　cm^3

3　（証明）

1，2(2)　4点×2　2(1)　3点×1　3　7点×1

5

1　(1)　（　，　）　(2)　$\leqq y \leqq$　(3)　答え（$a=$　）

2　(1)　m　(2)　$y=$　(3)　I　II　III

1(1)，2(1)，(3)　2点×5　1(2)，2(2)　3点×2　1(3)　6点×1

6

1　I　II

2　番目の図形

3　枚

1　2点×2　2　4点×1　3　6点×1

数学〈第193回〉

氏名　会場名　受験番号

〈キリトリ線〉

〈キリトリ線〉

第193回下野新聞模擬テスト（令和４年11月６日実施）理科解答用紙

1

1		2		3		4	
5				6			
7				8			

2点×8

2

1	器官			
	期間			
2	→ → →			2(完答)
3	①		②	3(完答)

1器官，2　2点×2　　1期間，3　3点×2

3

1	記号		理由	1(完答)
2	g/cm³	3	Pa	

3点×3

4

1				
2	①		②	2(完答)
3				

3点×3

5

1			
2	①		②
3	m		

1，2①，②　2点×3　　3　3点×1

6

1			
2			
3	①		②
4			

1，3①，②，4　2点×4　　2　3点×1

7

1			
2	①		②
3	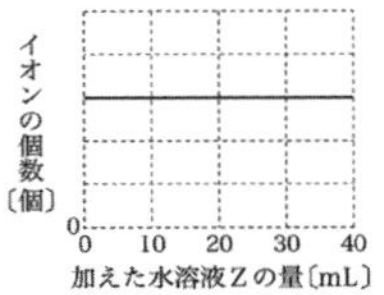	4	

1，3　3点×2　　2①，②，4　2点×3

8

1		2	%	3	
4	①		②		4(完答)

3点×4

9

1	運動の	2	
3	cm/s	4	

3点×4

理科〈第193回〉

氏 名		会場名	

受 験 番 号			

第194回下野新聞模擬テスト
国語【解答用紙】

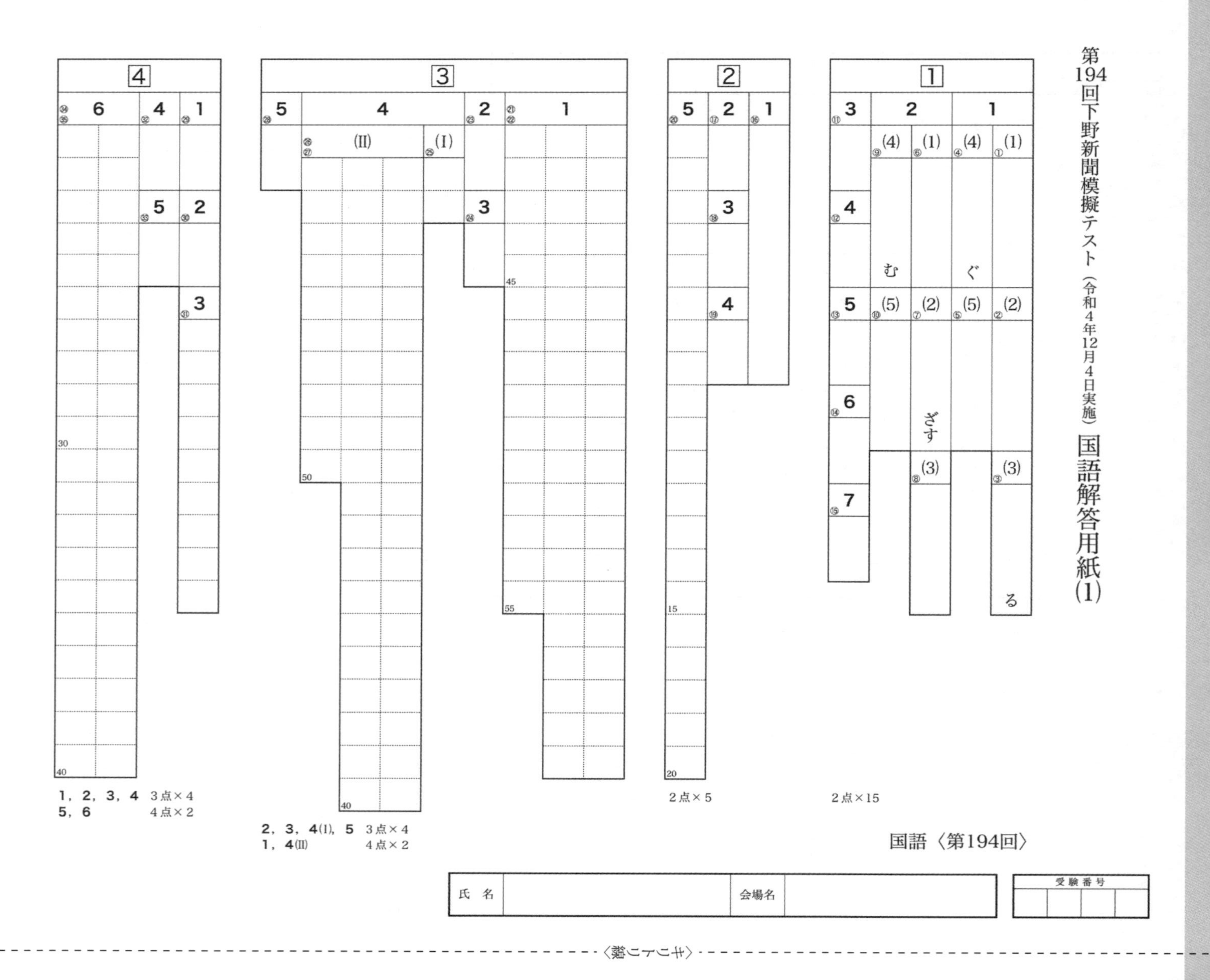

第194回下野新聞模擬テスト

国語

【解答用紙】

国語解答用紙(2)

形式 ㊱	表現 ㊲	表記 ㊳	内容 ㊴
／4	／4	／4	／8

5

300字　240字　200字　100字

◎氏名と題名は書かないこと。

20点

〈キリトリ線〉

第194回 下野新聞模擬テスト

社　会　【解答用紙】

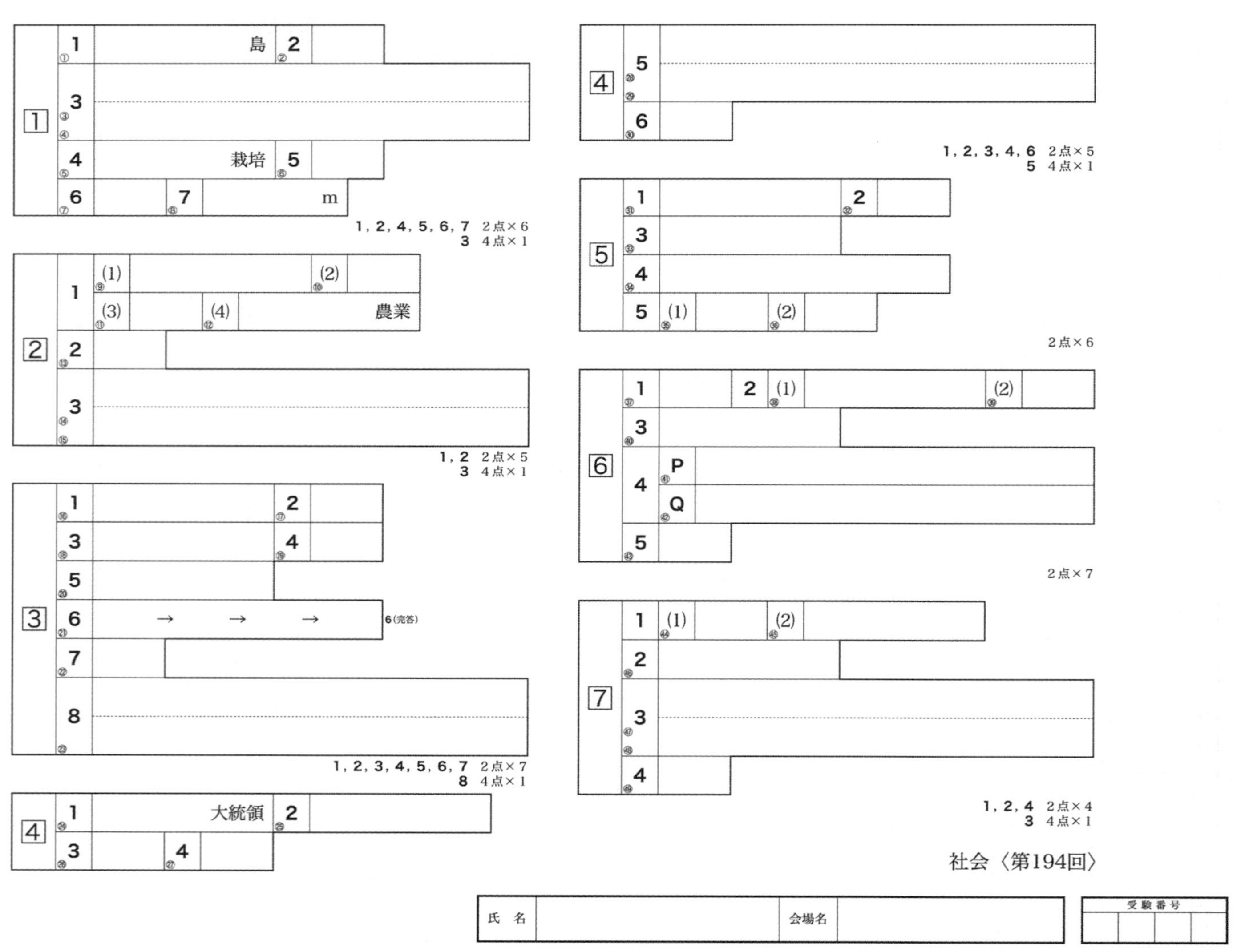

〈キリトリ線〉

第194回下野新聞模擬テスト（令和4年12月4日実施）英語解答用紙

1

1	(1) ①		(2) ②		(3) ③		(4) ④	
2	(1) ⑤		(2) ⑥		(3) ⑦			
3	(1) ⑧				(2) ⑨			
	(3) ⑩							

1　2点×4
2，3　3点×6

2

1	(1) ⑪		(2) ⑫		(3) ⑬		(4) ⑭	
	(5) ⑮		(6) ⑯					
2	(1) ⑰	→ → →			(2) ⑱	→ → →		
	(3) ⑲	→ → → →						

2(1)〜(3)(各完答)
2点×9

3

1 ⑳		
2 ㉑ ㉒		
3	(3) ㉓	
	(4) ㉔	
	(5) ㉕	.
4 ㉖		
5 ㉗		

6 ㉘ ㉙ ㉚	

1，3，4，5　3点×6
2　4点×1
6　6点×1

4

1 ㉛		
2 ㉜		
3	① ㉝	
	② ㉞	
4 ㉟		
5 ㊱		

4(完答)
1，2，3　2点×4
4，5　3点×2

5

1 ㊲	→ → →	2 ㊳	
3 ㊴ ㊵			
4 ㊶			

1(完答)
2，4　3点×2
1，3　4点×2

英語〈第194回〉

氏　名		会場名	

受験番号			

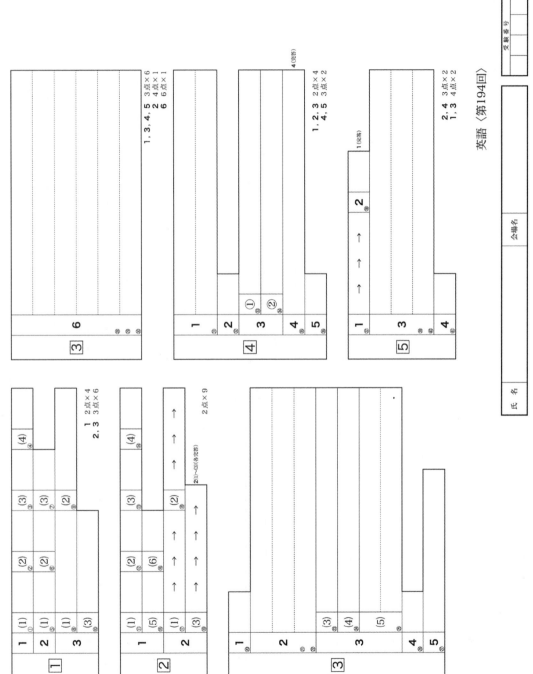

第194回下野新聞模擬テスト（令和4年12月4日実施）数学解答用紙

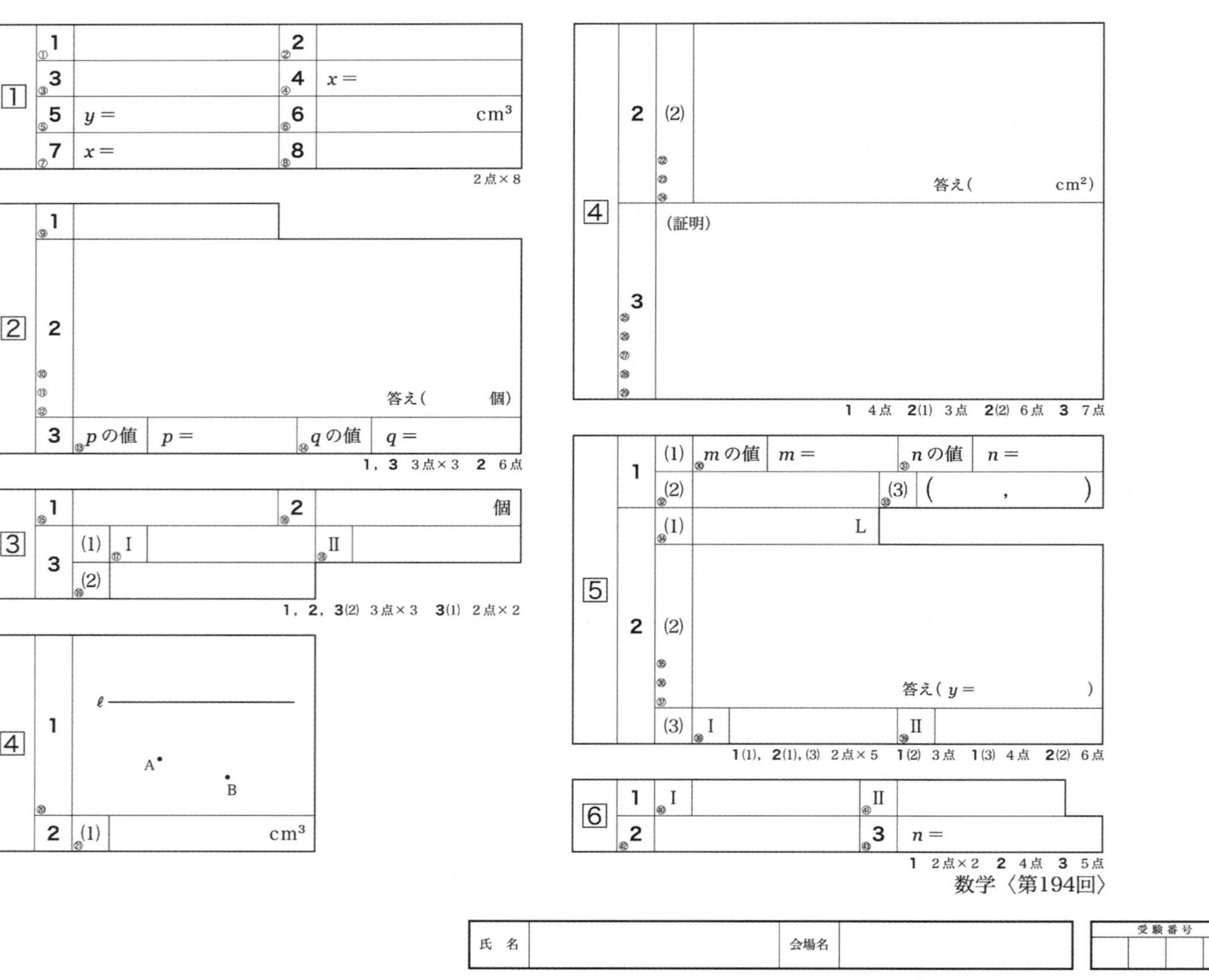

1			
1		2	
3		4	$x=$
5	$y=$	6	cm^3
7	$x=$	8	

2点×8

2		
1		
2	答え（　　個）	
3	pの値 $p=$	qの値 $q=$

1，3 3点×3　2 6点

3		
1		2 個
3 (1)	Ⅰ	Ⅱ
3 (2)		

1，2，3(2) 3点×3　3(1) 2点×2

4	
1	ℓ　A　B
2 (1)	cm^3
2 (2)	答え（　　cm^2）
3	（証明）

1 4点　2(1) 3点　2(2) 6点　3 7点

5		
1 (1)	mの値 $m=$	nの値 $n=$
1 (2)		(3)（　，　）
2 (1)	L	
2 (2)	答え（$y=$　　）	
2 (3)	Ⅰ	Ⅱ

1(1)，2(1)，(3) 2点×5　1(2) 3点　1(3) 4点　2(2) 6点

6		
1	Ⅰ	Ⅱ
2		3 $n=$

1 2点×2　2 4点　3 5点

数学〈第194回〉

氏名		会場名	

受験番号

〈キリトリ線〉

第194回 下野新聞模擬テスト

数 学 【解答用紙】

第194回 下野新聞模擬テスト

理　科　【解答用紙】

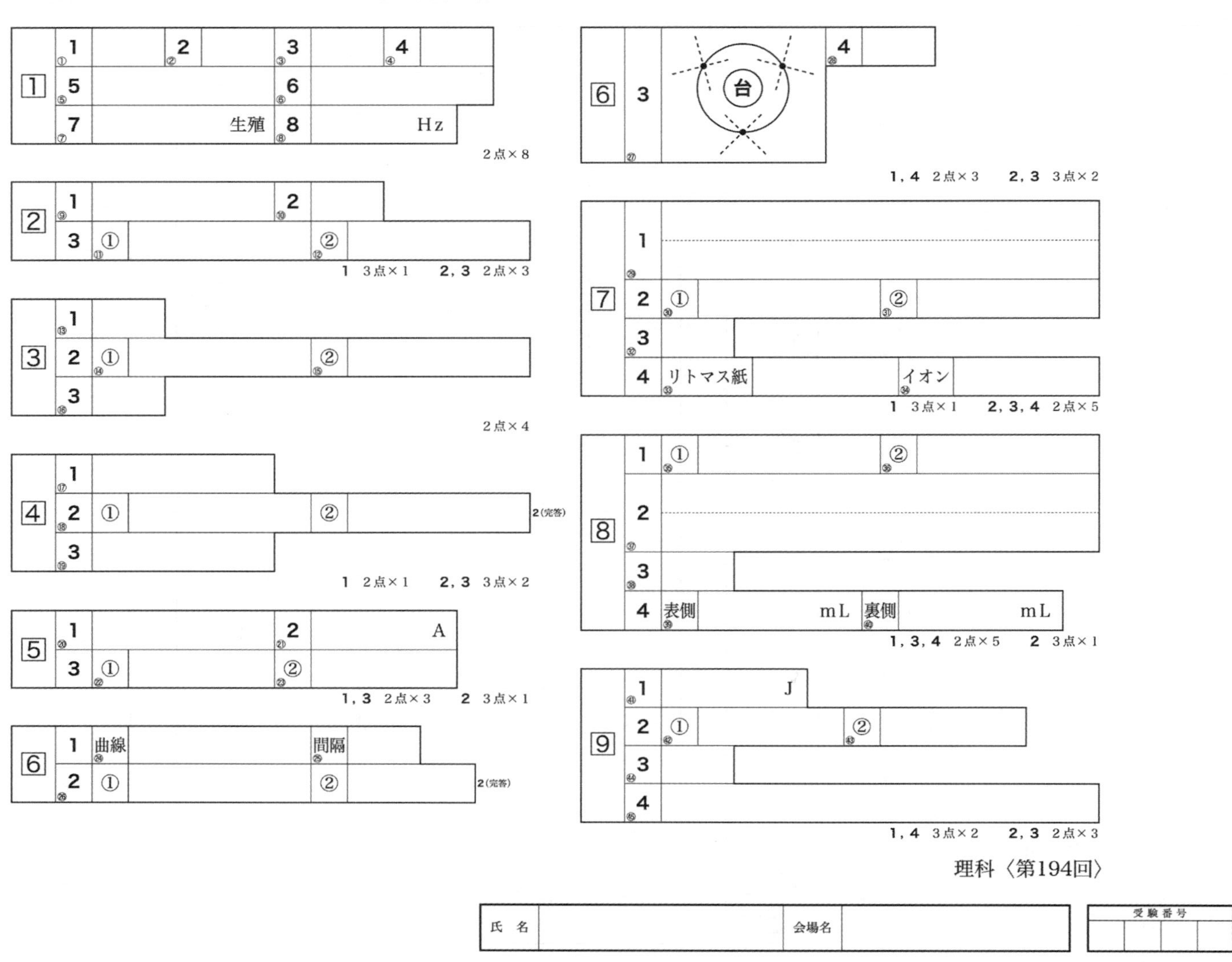

〈キリトリ線〉

第194回下野新聞模擬テスト（令和4年12月4日実施）理科解答用紙

1
1　2　3　4
5　6
7　生殖　8　Hz
2点×8

2
1　2
3　①　②
1　3点×1　2，3　2点×3

3
1
2　①　②
3
2点×4

4
1
2　①　②　2（完答）
3
1　2点×1　2，3　3点×2

5
1　2　A
3　①　②
1，3　2点×3　2　3点×1

6
1　曲線　間隔
2　①　②　2（完答）

6
3　台
4
1，4　2点×3　2，3　3点×2

7
1
2　①　②
3
4　リトマス紙　イオン
1　3点×1　2，3，4　2点×5

8
1　①　②
2
3
4　表側　mL　裏側　mL
1，3，4　2点×5　2　3点×1

9
1　J
2　①　②
3
4
1，4　3点×2　2，3　2点×3

理科〈第194回〉

氏名　会場名　受験番号

第195回下野新聞模擬テスト

国語 【解答用紙】

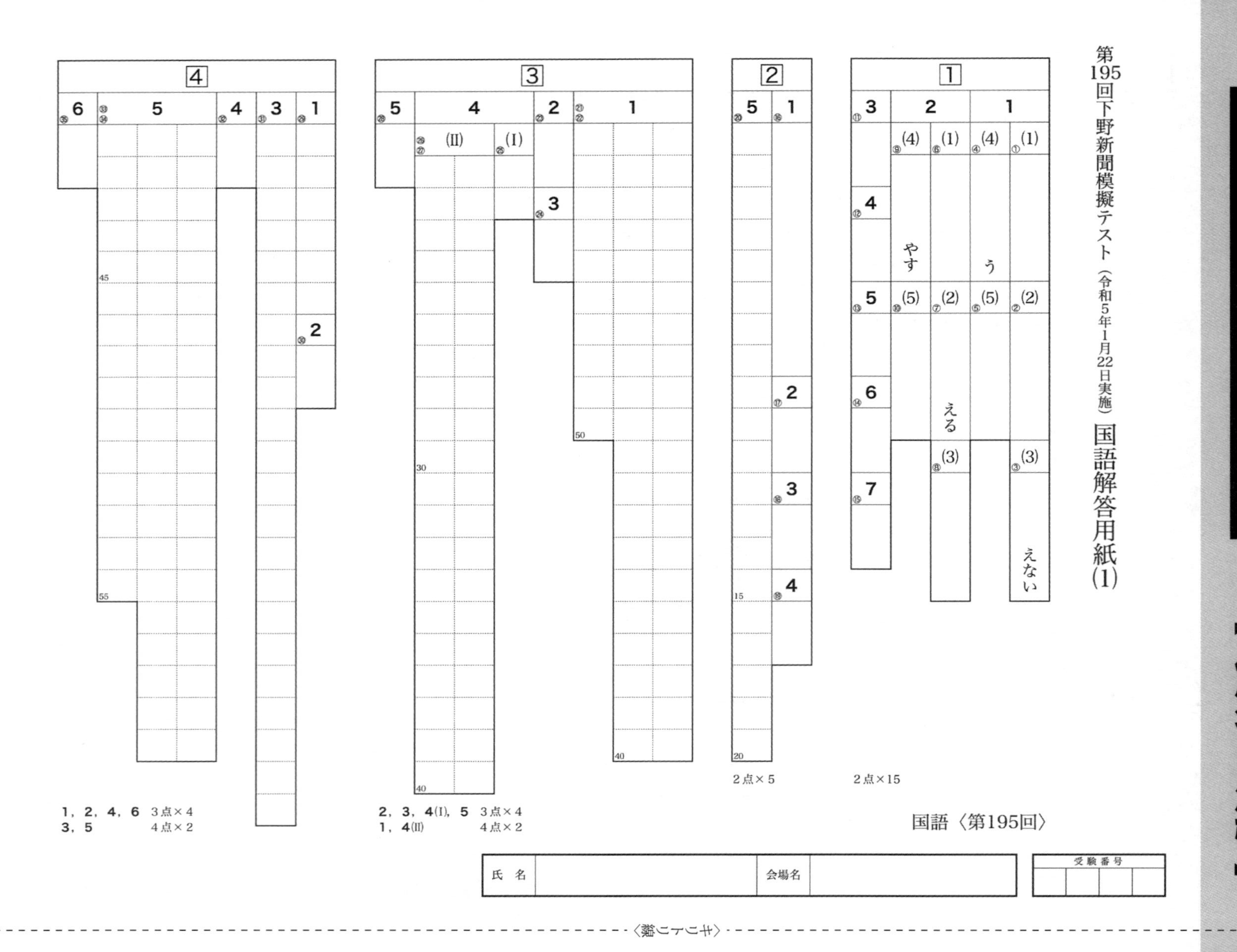

第195回下野新聞模擬テスト（令和5年1月22日実施） 国語解答用紙(1)

受験番号

国語〈第195回〉

会場名

氏名

1
1 (1) (2) (3) えない
(4) う (5)
2 (1) (2) える (3)
(4) やす (5)
3 4 5 6 7
2点×15

2
1 2 3 4
5（20字）
2点×5

3
1（50字）
2 3
4 (I) (II)（40字）
5
2，3，4(I)，5 3点×4
1，4(II) 4点×2

4
1 2
3
4
5（55字）
6
1，2，4，6 3点×4
3，5 4点×2

〈キリトリ線〉

第195回下野新聞模擬テスト

国語 【解答用紙】

国語解答用紙(2)

形式 ㊱	表現 ㊲	表記 ㊳	内容 ㊴
／4	／4	／4	／8

5

300字　240字　200字　100字

◎氏名と題名は書かないこと。

20点

〈キリトリ線〉

第195回 下野新聞模擬テスト

社　会　【解答用紙】

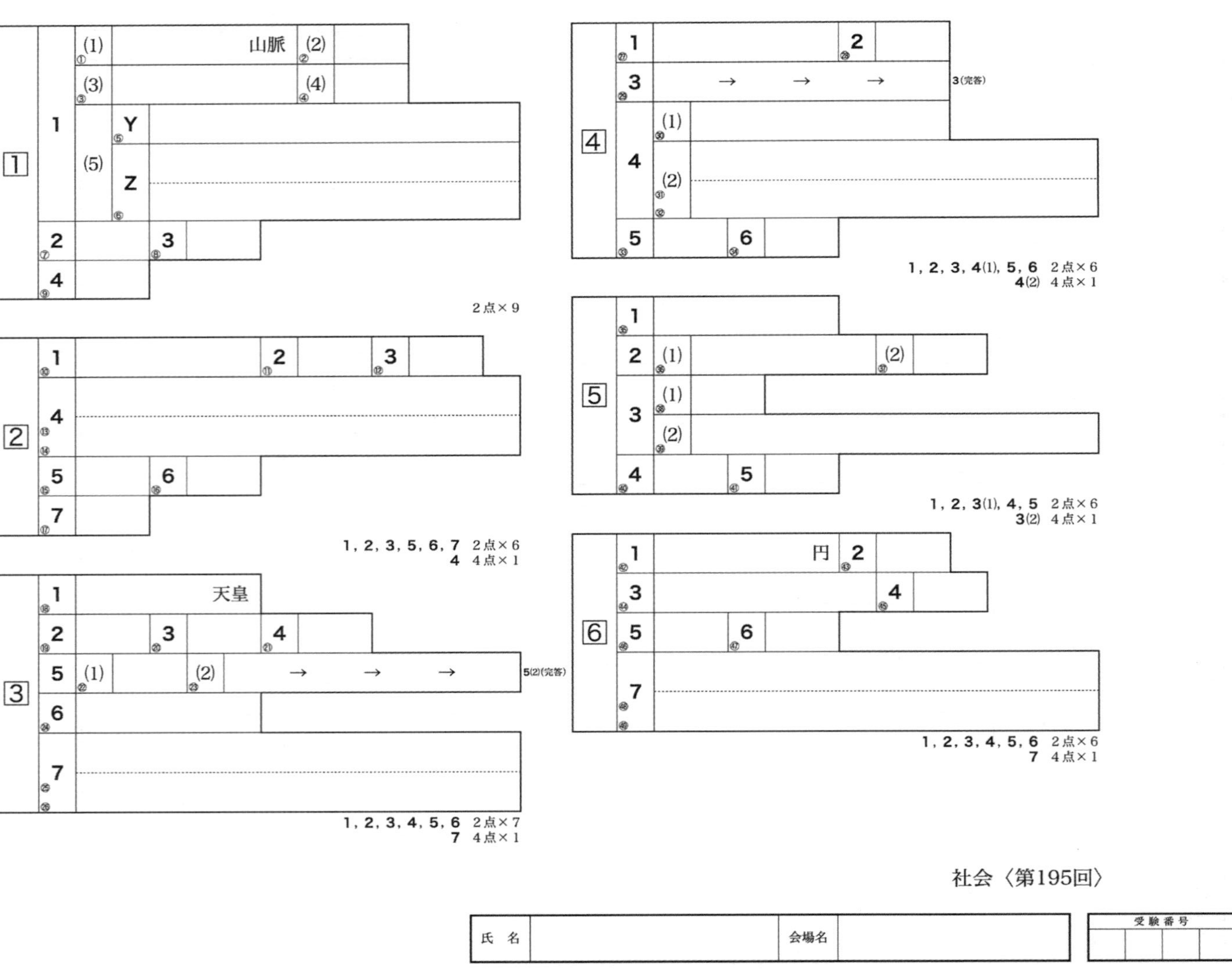

第195回 下野新聞模擬テスト

英　語　【解答用紙】

〈キリトリ線〉

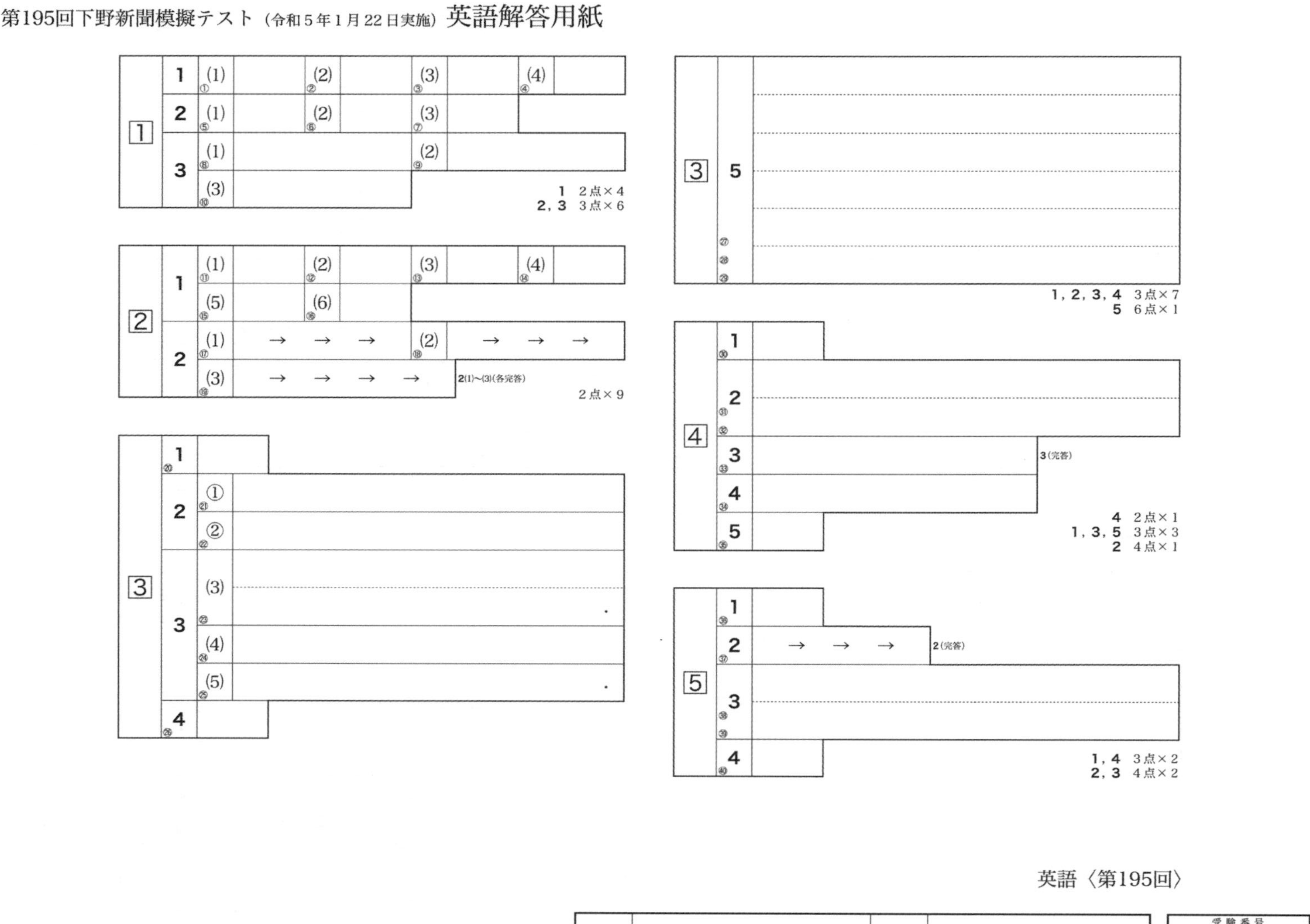

第195回下野新聞模擬テスト（令和5年1月22日実施）英語解答用紙

1
- 1　(1)　(2)　(3)　(4)
- 2　(1)　(2)　(3)
- 3　(1)　(2)　(3)

1　2点×4
2, 3　3点×6

2
- 1　(1)　(2)　(3)　(4)　(5)　(6)
- 2　(1) → → →　(2) → → →　(3) → → → →

2(1)〜(3)(各完答)

2点×9

3
- 1
- 2　①　②
- 3　(3)　(4)　(5)
- 4
- 5

1, 2, 3, 4　3点×7
5　6点×1

4
- 1
- 2
- 3
- 4
- 5

3(完答)

4　2点×1
1, 3, 5　3点×3
2　4点×1

5
- 1
- 2　→ → →
- 3
- 4

2(完答)

1, 4　3点×2
2, 3　4点×2

英語〈第195回〉

氏名	会場名	受験番号

第195回 下野新聞模擬テスト

数学 【解答用紙】

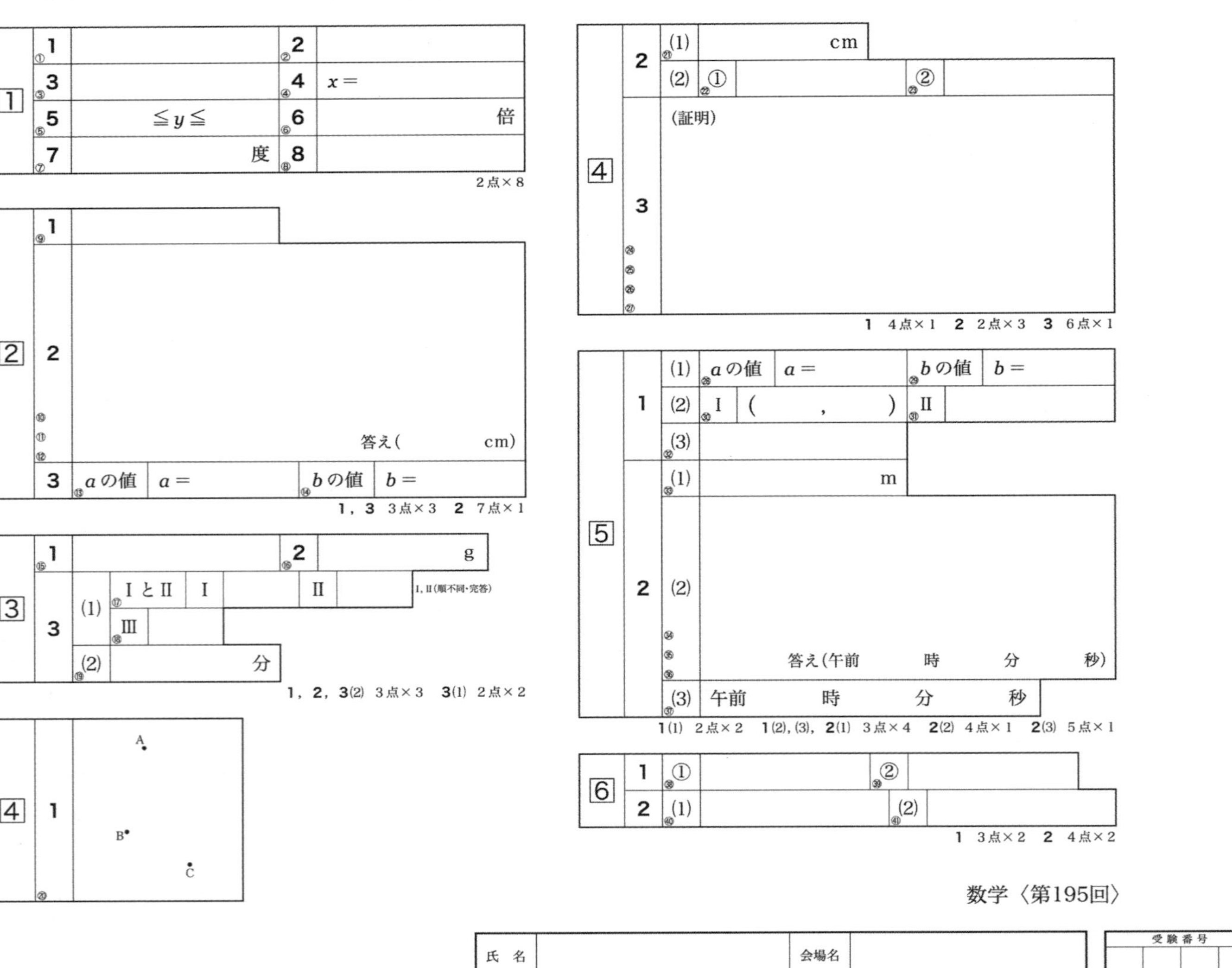

第195回下野新聞模擬テスト（令和5年1月22日実施）数学解答用紙

1
- 1 ①
- 2 ②
- 3 ③
- 4 ④ $x=$
- 5 ⑤ $\leqq y \leqq$
- 6 ⑥ 倍
- 7 ⑦ 度
- 8 ⑧

2点×8

2
- 1 ⑨
- 2 ⑩⑪⑫ 答え（　　cm）
- 3 ⑬ aの値 $a=$　⑭ bの値 $b=$

1，3　3点×3　2　7点×1

3
- 1 ⑮
- 2 ⑯ g
- 3 (1) ⑰ ⅠとⅡ　Ⅰ　Ⅱ　Ⅰ，Ⅱ(順不同・完答)　⑱ Ⅲ
- 3 (2) ⑲ 分

1，2，3(2)　3点×3　3(1)　2点×2

4
- 1 ⑳ A　B　C
- 2 (1) ㉑ cm
- 2 (2) ㉒ ①　㉓ ②
- 3 ㉔㉕㉖㉗ （証明）

1　4点×1　2　2点×3　3　6点×1

5
- 1 (1) ㉘ aの値 $a=$　㉙ bの値 $b=$
- 1 (2) ㉚ Ⅰ（　，　）　㉛ Ⅱ
- 1 (3) ㉜
- 2 (1) ㉝ m
- 2 (2) ㉞㉟㊱ 答え（午前　時　分　秒）
- 2 (3) ㊲ 午前　時　分　秒

1(1)　2点×2　1(2)，(3)，2(1)　3点×4　2(2)　4点×1　2(3)　5点×1

6
- 1 ㊳ ①　㊴ ②
- 2 ㊵ (1)　㊶ (2)

1　3点×2　2　4点×2

数学〈第195回〉

氏　名　　会場名　　受験番号

〈キリトリ線〉

第195回 下野新聞模擬テスト

理　科　【解答用紙】

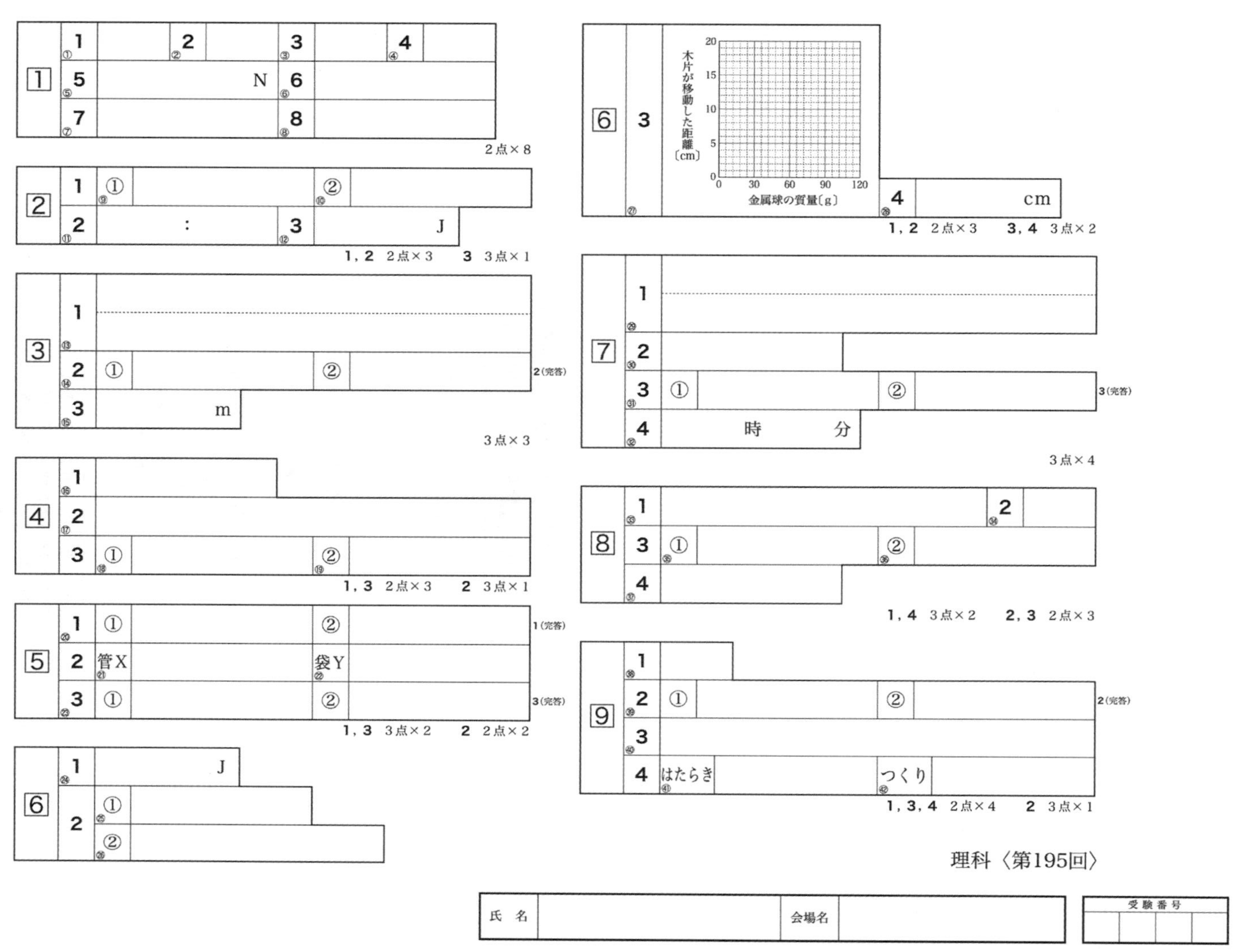

令和7年高校入試受験用
下野新聞模擬テスト過去問題集

令和6年6月28日　第1刷　発行

●監　修●
下野新聞社
高校進学指導委員会

●制作発行●
下野新聞社
〒320-8686　栃木県宇都宮市昭和1-8-11
TEL028-625-1135

●印　刷●
TOPPAN